KB163444

트랜스:
아시아 영상문화

국립중앙도서관 출판시도서목록(CIP)

트랜스: 아시아 영상문화 = Trans: Asian Screen Culture : 텔레비전
과 스크린을 통해 아시아를 횡단하고 통과하기 그리고 넘어서기 /
김소영 편저. -- 서울 : 현실문화연구, 2006
  p. ; cm

ISBN 89-87057-50-X 93680 : \32000

688.091-KDC4
791.43095-DDC21   CIP2006000446

트랜스:
아시아 영상문화

Trans: Asian Screen Culture

텔레비전과 스크린을 통해 아시아를 횡단하고 통과하기 그리고 넘어서기

김 소 영   편 저

현실문화연구

차 례 ●

2장 (트랜스) 아시아 시네마

3장: (동)아시아 ‘내셔널’ 시네마의 새로운 토픽들

서문

김소영

　　세계질서 안에서 한국의 곤경을 설명하던 익숙한 용어 중의 하나는 이웃 대국들로 인한 상시적 위기상황, 즉 이웃이 가하는 지정학적 위협이다. 일본, 중국, 러시아와 같은 강대국 그리고 분단으로 인한 북한과의 긴장상태. 이러한 지리적 조건이 정치적 위기 서사로 거듭 강조되는 환경 속에서 성장하고, 지금은 상황이 다소 달라졌지만 제2외국어로 영어, 프랑스어, 독일어가 추천되는 교육체계 속에서 동아시아 이웃 나라에 대한 우정 어린 시선과 지적 호기심을 견지하기는 어려운 일이다. 지리적으로 먼 미국과 유럽에 대한 지정학적 환상은 그래서 더욱더 강력한 것이 된다. 반면, 이웃 나라들에 대한 지리정치적 인식은 훈육 서사에서 맴돌거나 머물고 있었다. 이러한 낙차는 식민 지배 이후 냉전 시기에 더욱 심화되다가 포스트 냉전의 시기, 즉 1990년대 후반 한류(韓流)를 통한 (동)아시아의 한국 발견, 한국의 아시아 재발견으로 다른 국면을 맞고 있다. 또한, 이러한 상황은 상당한 부분 대중문화의 교류에 의해 활성화되고 있다. 할리우드 대 나머지의 지배 구도가 아닌 아시아 각국의 내셔널 단위에서 만들어졌거나 범아시아 합작으로 제작되어 아시아를 가로지르려는 트랜스 아시아(trans-Asia), 그리고 간(間), 인터 아시아(inter-Asia)적 흐름이 출현한 것이다. 일본 아니메와 J-팝 그리고 홍콩영화와 칸톤 팝 등에 이어 한국드라마가 동아시아, 동남아시아에서 인지도를 높이고 있는 것이 그 예 중의 하나다. 그리고 중국, 일본, 한국 배우가 출연하고 홍콩 감독이 연출하고 인도의 파라 칸(Farah Khan)이 일부 안무를 담당하며 미국 출신인 홍콩의 베테랑 제작자인 앤드레 모건(Andre Morgan)이 참여한 범아시아 혹은 초국적 공동 제작 영화인《퍼햅스 러브(Perhaps Love/如果 · 愛)》(2005) 등은 이전 아시아 지역의 할리우드 대 아시아의 국가 단위의 내셔널 시네마라는 이전 양상을 다른 방향으로 이끌고 있다.

　　TV와 영화를 통한 아시아 상호 간의 교류는 이제까지 지리적, 인식적 오지로 남아 있던 아시아의 어떤 곳(elsewhere)을 구체적으로 TV와 영화의 스크린 위로 가져온다는 의미에서, 새로운 지정학적 서사와 이미지로 아시아를 상상 가능하게 하는 자원이다. 물론 여기서 아시아의 중요성은 한편으로는 신자유주의적 세계질서를 장악하고 있는 미국의 대중문화에 대한 저항의 거점을 함의하며, 다른 한편으로는 제국주의와 냉전에 의해 막혀 있던 아시아 상호 간(Inter-Asia)의 대화의 가능성을 전제하는 데 기반을 두고 있다.

《트랜스: 아시아 영상문화(Trans: Asian Screen Culture)》는 트랜스 아시아와 아시아 상호 간의 대화를 촉진시키는 인터 아시아적 새로운 문화 흐름과 공간, 그리고 텍스트와 콘텍스트를 개념화하고 활성화하려는 시도다. 책에서는 TV 연구와 영화 연구를 '영상문화(Screen Culture)'로 다시 이름 짓고, 아시아를 횡단하는 영상문화에 대해 쓰인 논문들을 모두 3장으로 구성했다. 1장의 부제는 '트랜스 아시아 영상문화'이며, 2장은 '(트랜스) 아시아 시네마', 그리고 3장은 그러한 형성을 이해하기 위한 내셔널 시네마의 근본적인 토픽들—중국영화의 기원 및 일본영화에 대한 페미니즘적 독해와 일본영화에 나타나는 정체성과 차이의 문제—을 다룬 논문들로 엮어 동아시아 영상문화의 구체성과 동시에 횡단 가능성을 폭넓게 이해할 수 있게 했다.

이 책은 기 간행된 출판물의 번역이 아니라 지난 5년간 필자가 동료들과 함께 꾸준히 조직해 온 아시아 영화와 문화연구 관련 국제 심포지엄의 결과물들과 새 기고문들을 위의 세 주제로 기획, 선정, 번역, 편집한 것이다. 구체적으로 영화 연구의 경우를 언급하자면, 아시아와 미국, 유럽에서 탈서구중심적 연구를 하고 있는 학자들의 논문들을 소개하고, 또 트랜스

(아시아) 영화라는 틀을 개념화함으로써 지금까지 내셔널 시네마와 인터내셔널 시네마, 혹은 월드 시네마라는 틀 속에서 논의되지 못하던, 지역 내의 흐름과 초국적 흐름, 매체의 다변화 등을 다루려고 한다. 이때 트랜스는 세계화의 시대 빈번히 통용되고 있는 초국적(transnational)의 트랜스로도 사용되지만, 그보다 더 적확하게 말하자면 '트랜스(trans)'는 횡단하고 통과하면서 동시에 넘어서는 존재의 다른 상태로의 전이를 의미한다. 그런 점에서 앤솔로지의 형식으로 발간되는 이 책은 2000년 봄에 1호가 발간되었던 저널 《역: 트랜스》를 단행본 형식으로 펴내는 후속작업이기도 하다.

1장의 추아 벵후아의 〈동아시아 대중문화의 개념화〉와 이와부치 고이치의 〈전 지구적 프리즘: 트랜스 아시아 미디어 연구를 위해서〉는 이러한 트랜스 아시아, 그리고 인터 아시아적 흐름을 포착해 개념화하고 그것을 트랜스 아시아, 동아시아 대중문화 연구로 끌어올리려는 기조 논문들이다. 이와부치 고이치는 동아시아와 동남아시아 지역의 대중문화를 통한 문화교류와 공동제작, 아시아 시장의 동시화를 지적한다. 그리고 아시아의 지역문화에 나타나는 초국적이면서 탈식민주의적이고 다중문화적 절합을 연구할 수 있는 트랜스 아시아 미디어 연구를 제안한다. 그리고 아도르노의 프리즘적 비평 실천을 환기시킨다. 프리즘을 분광(스펙트럼)이 아닌 콘덴서(집광)로 강조하면서 현재에 대한 비판적 개입을 통해 미래를 향한 희망을 포착하자는 것이다. 싱가포르 대학 ARI(Asia Research Institute)에서 아시아 문화연구를 주관하고 있는 추아 벵후아는 연구 범위를 보다 구체적으로 동아시아 플러스 싱가포르로 설정한다. 이때 동아시아는 유교적, 경제적 (네 마리 용)으로 규정된 기존의 정체성이 아니라 대중문화의 흐름으로 다시 구성되는 중국, 일본, 한국, 타이완, 홍콩 그리고 싱가포르다. 여기에서 필자는 영화나 TV 그리고 대중음악 분석이 갖는 근본적 문제점, 즉 분석에 필요한 시간이 확보되기도 전에 사라져버리는 것 그리고 분석이 되었다고 하더라도 대부분의 관객이나 독자가 그 텍스트에 익숙하지 않을 수 있는 점을 지적한다. 그래서 분석적 초점이 텍스트 분석에 치중하기보다는 그 문화상품들이 생산·유통·소비되는 사회적·경제적 관계를 밝혀내는 구조와 양상의 문제를 볼 것을 강조한다. 그리고 흥미롭게도 대중문화의 직접적 생산자라기보다는 소비자 위치에 있는 싱가포르가 방법론적 관점에서 보자면 흥미로운 시각을 제공할 수 있다고 제안한다. 그리고 바로 그 맥락에서 '싱가포르인들이 어떻게 TV를 감상하는가' 하는 인류학적 보고서를 첨부한다. 이렇게 아시아를 트랜스하는 연구는 가까운 이웃에 대한 새로운 지정학적 이해에 기반을 둔 통찰을 가능하게 한다.

도쿄대학 요시미 슌야의 〈욕망과 폭력으로서의 '아메리카' : 전후 일본과 냉전 중 아시아에서의 미국화〉는 냉전 시기 미국의 아시아 지배가 상당 부분 그 이전 시기 일본의 점령지와 중첩된다는 사실을 역사적, 정치적으로 강조한다. 즉, 과거 일본의 식민지였던 아시아 시역의 미국주의는 상당 부분 일본 제국의 지리적 영토를 승계하고 있다는 것이다. 또한 아시아에서의 미국주의의 차이들을 살펴보면서 1960년대 후반 이후 미국주의가 일본 본토에서 미국적 소비주의 라이프스타일로 나타났다면, 오키나와, 한국, 타이완에서는 군사기지 문화로 나타났음을 지적하고 있다. 그리고 일본을 비롯한 위의 국가 및 지역에서 미국이 '금지와 유혹' 그리고 '욕망과 두려움'의 양가적 이미지를 가지고 있는 반면, 필리핀에서는 미국을 모방하는 것이 미국이라는 타자에 대한 복속이라기보다는 자기변화의 계기로 작동하기도 한다고 지적한다.

하승우와 프랜 마틴의 글은 섹슈얼리티를 문제 설정의 주 토픽으로 설정하고 있는데, 하승우의 〈자본의 분할 전략과 동아시아의 성: 쾌락/향유 기계의 선용은 가능한가?〉는 전자부품과 근대화의 공간적 상징이면서 동시에 포르노 판매, 위반의 상징이기도 한 세운상가라는 이중적 공간의 정치학을 가리키는 데서 출발한다. 그리고 세계화와 함께 출현, 증식하는 인터넷과 같은 비장소들에서 유통되는 일본 성인비디오(AV: Adult Video)가 남한이나 타이완에서 형식적 변형을 거치는 과정을 설명한 후, 동아시아에서 포르노를 사유한다는 것은 민족 판타지를 가치 형성의 중요 구성요소로 배치하는 글로벌 자본의 정치적 전략을 논하는 것이라는 문제틀을 제시한다. 오스트레일리아 멜버른 대학에서 학생들을 가르치고 있는 중국 학자인 프랜 마틴의 〈사랑했고 상실한: 트랜스 중국 스크린 문화에서 나타나는 성장기 소녀들의 동성 로맨스〉는 타이완과 초국적 중화권 지역 소녀들의 로맨스물의 근간이 1920년대 문학 형식에서 나타났던 일본화에 있다고 보고, 유럽 섹스올로지가 일본어로 번역되어 다시 중국어로 번역된 이중 번역화 과정을 거친 동성애 성애학의 문화적 서구성을 지적하고 있다. 그리고 1990년대 후반 타이완 스크린 문화의 일본 망가화 경향, 퀴어 지역 문화의 일본화, 소녀들의 동성애의 로맨스 회상의 이야기 구조의 일본과 타이완의 동일성을 지적하면서, 이것을 대안적인 성적 근대성의 양상으로 그리고 동아시아의 문화 횡단의 역사로 짚어낸다.

안민화의 〈알려지지 않은 또 다른 한류 붐: 재일 붐과 영화《박치기》와 모리 요시타카의 《《겨울연가》와 능동적 팬의 문화실천》은 한류와 재일 붐에 대한 비평적 개입이다. 일본 메이지가쿠인 대학에서 영화학을 수학한 안민화는 한국에서 잘 알려지지 않은, 그러나 한류 붐과 맞물려 있는 일본 TV드라마와 영화 속에 드러나는 재일 붐 현상을 생생하고 비판적으로 폭넓게 짚어낸다. 재일 붐이 일본에서 차용되는 방식은 한류 붐을 적극 이용해 재편집과 모방이라는 혼종화를 통해 그것을 다시 일본적인 것으로 재구축하는 과정으로 볼 수 있다. 반면 2005년 화제작인 《박치기》같은 영화는 이러한 혼종성 속에서 해방적 순간을 포착해 내는 탁월한 예로 민족주의를 넘어선 계급적 연대의 실마리를 보여 준다. 특히 재일 소녀로 살아간다는 것의 이중적 속박―일본의 식민지 상황과 가부장적인 민족 공간―에 대한 저항을 그려내고 있으며, 혼종적 로컬리티를 경유해 1960년대 일본의 탈식민적 주체로서의 '학생' 그리고 '청춘'이라는 이상적 주체의 위치를 설정해 그 속에서 재일 문제를 논함으로써 일본과 한국을 뛰어넘는 트랜스 아시아적 판타지를 수행하고 있다.

　　모리 요시타카는 일본에서 한류의 정점을 이룬 《겨울연가》에 대한 일본 중노년층 여성들의 팬문화를 인터뷰와 분석을 통해 연구하면서, 의외로 이들이 애니메이션에 대한 오타구적 시청방식처럼 반복 시청의 패턴을 보이고 있음을 밝힌다. 그리고 이들이 상당한 문화적 자원을 이미 갖고 있는 사람들임을 밝히고 있다. 더 나아가, 이 여성들이 《겨울연가》에 나타나는 이야기가 포괄하고 있는 한국문화의 의미를 이해하기 위해 한국문화와 역사를 수집, 편집하고 재구성하는 매우 능동적인 성향을 보인다고 강조한다. 또 이 여성 팬들은 TV 시청만이 아니라 인터넷과 DVD를 활용하고 있으며, 가장 중요한 점은 이 여성 팬들이 가지는 가면극(masquerade)적 수행성이라고 말하고 있다. 즉, 《겨울연가》의 중노년층 여성 팬들은 '팬'이면서 동시에 자신이 '팬'을 연기하고 있음을 성찰하고 있다는 것이다. 《겨울연가》의 이러한 능동적 팬들은 과거 한일 관계에 대한 일본 좌파/자유주의자 그룹의 역사적 인식에 기초한 한국에 대한 호의적 견해와 대중들의 폄하성 견해 그 양 극단을 조율할 수 있는 문화적, 역사적인 능동적 실천을 하고 있는 것으로 보인다.

　　위의 논문들 중 이와부치 고이치, 프랜 마틴의 글은 2003년 한국예술종합학교 영상원 영상이론과 주최로 열린 국제 학술회의 '모바일 스크린 컬처'에서 발표된 것이다. 추아 벵후아와 모리 요시타카, 요시미　야의 글 역시 2004년 영상이론과 주최 학술회의 '세계화, 근대성, 젠더: 《하녀》에서

《올드보이》까지'에 이어 열린, 연세대 · 서울대 · 영상원에서 문화연구를 하고 있는 대학원생들이 중심이 된 워크숍에서 발표된 것이다(이 중 추아와 요시미의 글은《인터 아시아 문화연구》저널에 실려 있다).

　　할리우드나 유럽 중심이던 세계 영화 지도에 중국 · 홍콩 · 타이완 · 일본 · 한국 · 타이 영화가 등재되고 국제영화제를 중심으로 한 문화 유통에 아시아 영화들이 등장하면서 (동)아시아 영화에 대한 관심이 꾸준히 증폭되고 있다. 1장이 미디어 영역을 다루었다면 2장과 3장에서는 최근 아시아 영화 생산방식에 중요한 요소로 부상한 합작 · 차용을 통한 리메이크, 로케이션 촬영 등으로 활성화된 아시아 상호 간(Inter-Asia)을 잇는 인터 아시아 혹은 인트라(intra) 아시아 영화군의 부상에 주목한다. 그리고 아시아와 서구를 횡단하는 트랜스 아시아 영화에 대한 개념화를 시도하고자 한다. 즉, 동아시아 영화연구의 장에 내셔널 시네마와 인터 아시아 시네마 그리고 트랜스 아시아 시네마를 배열하고자 하는 것이다. 그리고 동아시아 지역의 한국 · 일본 · 중국 내셔널 시네마들의 기원과 경계 그리고 젠더 정치학의 문제, 또한 우회로나 새롭게 상상된 공동체로서의 내셔널 시네마에 대해 다루는 글들을 소개하고자 한다.
　　2장 트랜스 아시안 시네마는 동아시아의 내셔널 시네마와 아시아를 횡단하는 인터 아시아 시네마 그리고 자국과 아시아 지역 또 국가와 지역을 넘어서 글로벌한 흐름을 보이는 트랜스 아시아 시네마에 대한 개념화 작업이다. 현재 뉴욕 대학에서 가르치고 있는 미츠히로 요시모토의 〈민족적/국제적/초국적: 트랜스 아시아 영화의 개념과 영화비평에서의 문화정치학〉은 홍콩, 타이완, 한국, 일본, 중국에서 만들어진 아시아 영화들이 구성하고 있는 새로운 배열을 개념화하고 아시아 영화 연구를 재구성할 수 있는 개념의 단위로 초국적, 즉 트랜스 내셔널 아시아 영화가 아닌 트랜스 아시아 영화라는 개념을 지지하고 검토한다. 김소영의 〈글로벌 시대의 지역 페미니스트 장의 탄생: 트랜스 시네마와 여성장〉은 극장만이 아니라 전광판처럼 거리에 나와 있는 비(非)극장 영화들, 넷상에서만 상영되는 새로운 디지털 영화들을 트랜스 시네마라고 명명하면서 새로운 여성주의적 미디어 실천을 분석하고 있다. 인도 출신으로 영국에서 박사학위를 받은 헤마 라마샨드란의 〈트랜스 아시아 영화들이라는 문제에 대하여〉는 동아시아 영화를 넘어서 남아시아 영화, 디아스포라 영화들과 같은 경계 영화들을 다룰 수 있는 개념으로 트랜스 아시아 영화, 마이너 영화를 제안한다.

위 세 논문들 중 미츠히로 요시모토와 헤마 라마샨드란의 논문은 2000년 전주국제영화제 세미나에서 필자가 구성했던 '트랜스 아시아 영화'에서 발표된 것이다.

데이비드 엥의 〈퀴어 디아스포라/심리적 디아스포라: 왕자웨이의 공간과 세계〉는 왕자웨이 감독의 《중경삼림》, 《해피투게더》 등의 영화들이 이산, 초국적주의 그리고 세계화의 문제를 다루고 있음을 지적하고 있으며, 크리스 베리의 〈스타의 횡단: 초국적 프레임에서 본 이소룡의 몸 혹은 중화주의적 남성성〉은 이소룡의 몸, 스타성이 미국과 홍콩 그리고 그의 영화가 상영되었던 다양한 초국적 장들에서 어떠한 방식으로 읽히고 있는가를 추적하고 있다. 데이비드 데서의 〈지구를 둘러싸기: 세계 영화에서 《링》 리메이크 하기〉는 각각 일본 (《링》, 나타다 히데오) ,한국 (《링》, 김동빈), 할리우드(《링 바이러스》, 미국)에서 만들어진 《링》의 비교연구를 통해 교차문화적이고 초국적인 링 컬트 현상을 다루고 있다.

데이비드 엥의 논문은 2000년 전주 국제영화제 학술회의에서 그리고 크리스 베리와 데이비드 데서의 논문은 2003년 '모바일 스크린 컬처'에서 발표된 것이다.

3장 (동)아시아 '내셔널' 시네마에 소개되는 논문들은 동아시아 영화를 구성하는 중국 · 일본 · 한국의 내셔널 시네마에 대한 기존의 민족주의적 · 국족주의(國族主義)적 혹은 오리엔탈리즘적 방식의 접근을 지양하며, 이 논문들은 어떻게 아시아 영화들이 민족국가를 넘어선 새로운 공동체를 상상하며, 글로벌한 세계질서의 충격을 재현하면서, 동시에 그 힘들에 개입하고 과거 식민주의 역사를 재기술하는지를 묻는다. 그리고 젠더 정치학의 문제를 전면화하는 방식과 한국영화가 제기하는 이론적 구체성을 요구하는 사례들이 어떻게 서구 영화이론을 발본적으로 다시 사유하게 하는지 등을 논하고 있다. 동아시아 영화의 궤적에 개입해 온 서구 제국과의 관계 속에서 중국 내셔널 시네마의 기원과 탄생을 살펴보는 논문이 박병원의 〈중국영화사의 영화시원 서술과 루쉰의 글쓰기 기원을 논함〉이다. 〈중국 영화학을 둘레 짓기 위한 물음: 중국 영화학은 웨인 왕의 영화를 다룰 수 있는가?〉에서 임대근은 중국 영화학을 각각 중국, 영화, 학으로 분절해 제학문적(interdisciplinary)인 절합을 시도하면서 '화인영화'라는 동시대의 초국적 중국영화를 가리키는 개념으로 중국영화의 윤곽을 다시 지도화한다.

일본영화라는 내셔널 시네마를 새롭게 단층화하는 두 논문은 얼 잭슨의 〈새로운 상상의 공동체들: 현대 일본영화에서의 차이와 정체성〉과 사이토 아야코의 〈일본 고전영화에서의 저항하는 여성들〉이다. 얼 잭슨은《월드 아파트먼트 호러》(1991)와《스왈로우 테일》(1996) 두 영화를 통해 동시대 일본 사회를 다룬다.《월드 아파트먼트 호러》는 정체성을 형성하는 자아/타자의 패러다임이 진행 중인 상호주체적 프로젝트로서 현실화되는 자아를 포함하고 있으며, 이때 자아는 비(非)일반화된 타자들과 능동적으로 공존하는 것이다.《스왈로우 테일》은 배타적인 일본 정체성의 한계들을 보여주면서 타자의 덕성을 보여 준다. 그래서 이 두 영화가 가리키는 방향은 일본 사회가 새로운 공동체를 상상할 수 있는 사유 공간을 탐색하고 있다는 것이다. 페미니스트 일본 영화학자인 사이토 아야코는 일본의 근대화와 근대성을 다루는 일군의 영화들에서 걸출한 여배우들이 영화의 의미화 과정에 어떻게 개입하며 일본 근대화의 궤적에 어떻게 기여하고 교란시키는지를 여성주의적으로 읽는다. 폴 윌먼의 〈한국영화를 통해 우회하기〉는 한편으로는 세계 영화 속에서 한국영화의 특정성을 다루면서, 탈서구중심적 비교 영화 연구의 방법론을 마련하려는 시도다. 이 글은 영화학에 비서구적 비교 영화 연구라는 패러다임을 마련하고자 하는 발본적인 작업이다.

사이토 아야코의 논문은 2003년 서울여성영화제 '일본영화 회고전'에서 발표된 것이다.

한국예술종합학교 영상원 영상이론과의 대학원 과정에는 동아시아 영화 전공이 있어, 한국영화, 일본영화, 중국영화 그리고 동아시아 비교 영화 연구를 진행하고 있다. 학부에서도 동아시아 영화에 대한 폭넓은 이해를 강조하고 있다. 동아시아 영화와 트랜스 아시아 영화에 관심을 갖고 이 책에 실린 몇몇 논문들의 번역뿐만 아니라 지난 5년간 국제 학술회의를 조직하는 데 열정을 보인 모든 학생들에게 고마움을 표한다. (참고, 영상이론과 웹 저널 www.screenculture.net과 www.cinealt.com). 또 현실문화연구의 김수기 사장과 아이디가 획기적으로 Mr. Left인 좌세훈 차장께 감사한다. 그러나 무엇보다도 가장 큰 감사의 몫은 역시 원고를 만들어준 여러 필자와 번역자들이며, 이 책이 앞으로 트랜스 아시아 영상문화 연구 집단이라는 공동체를 지속시킬 수 있는 촉매제가 되었으면 하는 바람이 있다.

2005년 12월 연구 학기를 맞아
싱가포르의 아시아 연구소에서
김소영

1장 트랜스 아시아 영상문화

동아시아 대중문화의 개념화[1]

추아 벵후아 저
이정일 역

서론

누구도 아시아를 문화적으로 동질의 공간으로 개념화하자고 제안하지는 않을 것이다. '아시아의(Asian)' 라는 형용사는 다양한 문화적 참조물로 복잡하게 구성되어 있다. 상대적으로 문화적 동질성을 지닌 동아시아의 국가, 즉 일본이나 한국[2] 같은 나라들부터 다민족적/다인종적/다문화적/다종교적/다언어적인 남동아시아와 남아시아의 후기식민(post colonial) 국가들에 이르기까지 다양하다.

여기에서 나는 이러한 복잡함(complexity)을 감수하면서 동아시아와 다른 한 국가, 즉 압도적인 다수가 중국계인 싱가포르에 대해 이야기하고자 한다. 이렇게 이 국가들을 묶어내는 상상적 통일은 '동아시아' 라는 정체성을 건설하려는, 상대적으로 상상할 수 있는 가능성에 기대고 있다.

이렇게 통일되고 안정적인 동아시아 정체성을 건설하고자 하는 프로젝트는 꽤 오랜 역사를 지니고 있다. 가장 최근은 1990년대 초로 이 지역에서 자본이 승승장구하던 때였다. 이 국가들은 상대적으로 '문화적' 통일성을 지닌 '용(dragon)'[3] 경제라는 이름 아래에 묶여 있었다.

'용'이라는 상징은 중화제국의 표식으로 명백하게 이 국가들이 공통으로 지닌 유교적 유산을 가리킨다. 여기에는 중국계뿐만 아니라 일본인과 한국인들도 포함된다. 동아시아 국가들에서 확연히 드러나는 유교의 영향은 개신교가 서구 자본주의 초기에 수행한 역할과 동일선상에서 유사점을 지닌 것으로 평가되어 이 나라들이 이룩한 자본주의 성장의 이유를 제공해 주었고, 동시에 이러한 성장에 대한 설명방식으로서의 '유교'를 발명했다(Tu, 1991).

1997년 아시아 경제위기 이후 이러한 유교 프로젝트는 대체되었다. 이 프로젝트를 대신해 나는 '동아시아 대중문화'라는 분석대상에 대한 묘사를 시도하려고 한다. 이는 한국, 중국, 일본, 타이완, 홍콩, 싱가포르 간의 대중문화 생산물들의 발달, 생산, 교환, 흐름, 소비를 명시하려는 것이다.

I-1. 유교적 아시아는 대체되었다

우선, 유교적 동아시아라는 개념을 간단히 되짚어보자. 1980대 중반부터 1997년까지 승승장구하던 시기에 한국, 타이완, 홍콩, 싱가포르의 내수경제는 일본을 선두주자이자 모델로 삼아 그리고 중국의 경제개방과 더불어 지속 성장했다. 그리고 이러한 성장은 이데올로기적으로 의미 있는 행동들을 낳았다. 아시아의 빠른 경제성장에 대한 이유를 일상 속 유교철학에서 찾으려고 하는 시도가 급격히 늘어난 것이다(MacFarquar 1980).[4] 더 정확히 말하면, 아시아에서 해외 화교 자본의 눈에 띄는 성장은 소위 중국적

'문화'의 새로운 자신감을 불어넣었고 또 다른 '민족문화적' 특징들, 예를 들어 사업에 적극 참여하는 것 같은 특징들이 지리적으로 분산되어 있는 화교들 사이에 문화적 연속성을 제공해 줄 것으로 기대되었다. 이는 식민지 경제 · 사회구조에서 이민자인 중국인들에게 장사 말고는 다른 기회가 별로 없었다는 사실을 무시하고 있는 것이다.[5] 그럼에도, 분산되어 있는 화교 사업 공동체와 그들의 지식인 선동자들은 안정적이고 기적적으로 보이는 경제성장의 행복감에 젖어 중화 경제, 중화 공동체, 중화 정체성에 대한 국제 콘퍼런스를 열었었다.

　이 새로운 자신감은 '문화 중국'이라는 생각을 낳았고, 이에 관해서는 신유교주의자, 두웨이밍(杜維明, Tu Weiming)이 가장 앞장선 인물이었는데《다이달로스(Daedelus)》(1991) 특별판《살아 있는 나무: 오늘날 중국인이라는 변화하는 의미(The Living Tree: The Changing Meaning of Being Chinese Today)》에서 편집자(두웨이밍) 서문 '문화 중국: 주변을 중심으로 (Cultural China: The Periphery as the Center)'를 통해 잘 알려졌다. 두웨이밍은 중국 밖에서 화교 경제의 성장에 대해, 이러한 '주변적' 위치가 '중심(중국)의 경제적, 문화적 기획(agenda)을 마련할 것'이라고 요약한다. '문화 중국'이라는 개념 뒤에 숨어 있는 욕망은 이미 시장경제화한 중국에서 공산당을 축출하는 것이 아니라, 여기저기 분산되어 있는 중국계 인구와 넓게는 아시아 인구 전체를 하나로 묶어줄 신유교주의의 부활 가능성까지 타진해 보는 것이다.
　이러한 유교적 동아시아 건설에 포함된 국가들은 상대적으로 고정된 형상으로 구성되어 있다. 중국계가 다수인 지역들 즉 홍콩 · 타이완 · 싱가포르는 대표적인 '주변'이고, 중국은 비교적 최근에서야 세계 자본주의 시장경제에 편입되었으므로 경제 면에서 지체된 것으로 여겨진다. 하지만 동시에 중국은 그 어마어마한 소비능력 때문에 이 그룹들의 경제적 미래로 평가된다. 중국계가 다수인 지역을 넘어서는, 비록 제2차 세계대전에 대한 기억으로 다소 문화적 의심을 받기도 하지만 여전히 경제적 리더·모델로 평가되는 일본이 있고, 마지막으로는 경제에서는 홍콩·타이완·싱가포르와 비슷한 수준이지만 문화적으로는 (논란의 여지가 있지만) 이들 나라보다도 더 유교적인 것으로 여겨지는 한국이 있다.

1997년 아시아의 경제위기가 이러한 행복감과 문화 중국의 기획을 뒤엎어 버리기 전에도 이에 대한 의심은 많았다. 비판세력들은 유교적 가치를 찾는 것이 이 지역의 민주주의 국가들에서 정치적 권위주의에 이데올로기적 광택을 내는 정도 이상은 아니라는 것을 알았다. 이 지역에서 해외 화교 공동체의 실재적인 힘과 경제 능력의 범위는 또한 지속적인 불화의 이유였다. 여러 예 중에서도, 중국식 가족회사의 '독창성'은 가족에 대한 착취, 특히 여성과 아동 노동의 착취를 위한 기구인 것으로 폭로되었다(Yao, 2002).

그러나 비판세력들은 경제위기가 오기 전까지는 주변에 머물러 있어야만 했다. 경제위기가 닥치자 그 상황의 한 축으로 여겨진 '유교'는 재빨리 무대에서 사라져버렸다. 오직 고집스럽게 이데올로기적으로 충실한 싱가포르의 수상 리콴유(李光耀) 같은 사람들만이 깃발을 부여잡고 있을 뿐이다.

경제위기가 닥쳤을 때 자신의 소위 '아시아적 가치'에 대한 한 잡지와의 인터뷰에서 리콴유는 다음과 같이 말했다

"제가 유교적 가치라고 부르는 것, 그러니까 친구나 가족에게 의무를 다하는 것을 무시하는 경향이 있었습니다. 가족 그리고 확장된 의미의 가족들을 돌보고 친구에게 충실하고 또한 지지해 주어야 합니다. 그리고 이는 자기 돈으로 하는 것이지 공금을 사용해서는 안 됩니다. 정부가 약해지면 부패가

생겨나고 이러한 사적 의무가 공적 자금을 통해 수행됩니다. 이건 잘못된
것이죠.

—《스트레이츠 타임스(Straits Times)》, 1998. 5. 28.

유교문화권 동아시아에 대한 이데올로기적이고 감정적인 욕망은 유
교가 동아시아인들의 일상생활의 문화 지반을 구성하고 있다는 단순한 가
정을 근거로 한다. 경험적으로 말해 남동아시아 화교 인구들에 대한 피상적
인 관찰만으로도 이것이 얼마나 허술한 가정인지 알 수 있다.

예를 들어 모든 1, 2차 교육기관에서 중국계 학생들이 만다린어를 배
우는 것이 의무인 싱가포르를 보자. 여기에서 30세 이하, 심지어는 40세 이
하에서도 아주 소수만이 유교 경전을 읽었을 뿐이다. 유교를 중국계 학생들
의 도덕교육 커리큘럼에 포함시키려는 시도가 실패했다는 사실은 싱가포르
인들의 일상생활에서 유교가 거의 영향력이 없다는 것을 보여 준다.

1980년대 후반 서구 문화의 부패한 영향에 맞서 도덕 가치를 고양시
키려는 시도가 있었는데, 기독교적 신이 아닌 종교교육이 도덕교육으로 1, 2
차 교육기관에 의무적으로 도입되었다. 유교 도덕은 무신론자인 중국계 학
생들을 위한 선택과목이었다. 교육자료는 두웨이밍을 포함한 해외 전문가
들이 개발했다. 이 유교 도덕을 포함한 도덕교육 커리큘럼은 지역의 사회과
학자들이 이런 교육의 결과로 학생들이 보다 더 종교적으로 변화하고 있으
며, 이는 다인종적 · 다문화적 사회에서 더 큰 분열을 가져올 수 있다는 것
을 밝혀내자 곧 폐기되었다.

이러한 증거들은 싱가포르의 중국계들 사이에서 위대한 중국철학
전통의 문화적 '깊이'를 가정하는 것이 의심스럽다는 것을 암시한다.[6] 싱가
포르에서 유교 전통의 깊이가 얕다는 것은 동아시아 6개국의 일상생활에서
유교가 매우 불균질하게 새겨져 있다는 것을 보여 주는 가장 극단적인 예이
며, 그 반대 축에는 아마도 한국이 놓여 있을 것이다. 사실 한국의 학자들은

동아시아 지식인들 중에서 유교를 동시대 사회이론과 민주주의 정치학에 연관시키려는 지속적인 기획에 가장 열정적으로 참여하고 있다.

I -2. 동아시아 대중문화라는 개념

매우 불균질하고 추상적인 유교에 비해, 1980년대 이후로 대중문화 생산물들은 동아시아 국가들의 경계를 넘어 문화 소비의 일부를 이루며 이 지역 사람들의 일상생활 중 많은 부분을 규정하고 있다. 경험적으로 쉽게 확인할 수 있는 이러한 문화 소통은 '동아시아 대중문화' 의 담론 구성을 분석대상으로서 삼을 수 있게 한다.

미국의 음악, 영화, TV 산업은 전 지구적으로 즉 그 지역의 소득수준이 이 산업에 대가를 지불할 만한 단계에 이른 곳 모두에 침투하고 있다. 결과적으로 경제적 성숙을 이룬 아시아 국가들에서 대중문화에서의 문화적 · 도덕적 관심과 소비는 흔히 미국산 수입물에 집중된다. 그리고 이 문제에 관한 대중적 논의는 미국의 대중문화 상품이 묘사하는 일반화된 자유주의적 태도에 대해 이데올로기적으로 집중한다. 어떤 사람들은 이러한 문화적 자유주의가 아시아의 보수주의를 몰아내는 것으로 본다. 또 어떤 사람들은, 이것이 '건전한' 아시아적 가치[7]를 문화적 · 도덕적으로 좀먹는 것으로 본다. 의미심장하게도 미국 대중문화와 함께 동아시아 모든 대도시(서울, 홍콩, 타이페이, 싱가포르, 상하이, 도쿄)의 중심에는 한 곳에서 다른 곳으로 두터운 문화상품의 물결이 흐르고 있다. 비록 이들 사이에 이 흐름의 방향과 정도가 불균질하게 다양하더라도 말이다.

이 동아시아 도시들의 모든 주류 신문에는 대중문화 상품과 명사(名士)들에 관한 기사가 일상적으로 실린다. 팝 스타 혹은 연예인이 끼어 있는 재판이나, 이들의 수난사는 비록 서로 다른 곳에 사는 팬들이라고 해도 공유하고 있는 일상적인 가십거리다. 음악, 영화, TV의 리뷰를 쓰는 사람들은 대중 '아이돌(idol)'들에 대해 나쁜 평을 썼을 때 종종 아이돌 스타의 팬들에게 비난을 받는다.

이 '아이돌'이라는 말은 이제 대중문화 상품의 특정 분야를 특징짓는 형용사가 되었는데, 예를 들자면 '아이돌 드라마'처럼 쓰이는 경우다. 어떤 예술가들, 즉 중국의 5세대 영화감독들이나 왕자웨이(王家衛) 같은 홍콩 영화감독은 집중적인 분석대상이 되었다. 왜냐하면 이들이 국제적인 '예술가'의 지위에 올랐기 때문이다. 또한 1990년대 말 이후로 인기가 사그라졌던 일본의 '트렌디 드라마'도 분석대상이 되었다. 그러나 이 모두는 보다 더 큰 지역적 현상의 일부일 뿐이다.

대중문화가 불가피하게 자본 활동의 범위 안에 위치하기 때문에, 실제로는 보다 더 큰 현상의 경제적 측면이 가장 명확하게 관찰 가능하다. 동아시아 전역을 대상으로 대중문화 상품의 마케팅, 배급, 프로모션, 유통을 고민하는 것은 이제 모든 상품 생산자들에게 기획과정의 일부가 되었다. 이는 투자자에서 감독·프로듀서·예술가에 이르기까지, 이 개인들이 지리적으로 어디에 있던지 마찬가지다. 예를 들어, 싱가포르 같은 곳은 동아시아 전역에서 온 TV 쇼, 영화, 대중음악, 패션, 음식으로 넘쳐난다. 동시에 싱가포르 TV회사들은 동아시아 다른 지역의 제작사들과 이 제작에 참여하고 있는 인력들과 공동으로 투자해 시장과 사업을 넓히려 한다.

동아시아에서 이처럼 자금, 제작 인력, 소비자의 흐름이 언어와 국경을 넘나들고 있다는 사실이 '동아시아 대중문화'[8]라는 개념에 실체를 부여한다. 이 지역들 사이의 이러한 두텁고 강도 높은 흐름—지역을 넘어선

(trans-location) 문화산업 경제, 국경을 넘나드는 대중문화 상품과 인력 그리고 각기 다른 지역에서 다른 미디어에 따라 다양하게 변화하는 관객의 소비 형태―은 문화현상으로서 상대적으로 적은 분석적 관심을 받아왔다.

비록 사정이 이렇다 하더라도, 몇몇 선구자적 연구는 있으며 더 많은 연구들이 있다. 그 중 가장 잘 알려진 것은 이와부치 고이치(岩淵功一, Iwabuchi, 2002)가 일본의 대중문화 상품이 어떻게 동아시아와 남동아시아에 파고들었는지에 대해 분석한 연구다.

이와부치는 보다 넓은 동아시아 지역적 맥락에서 대중문화의 제작, 유통, 소비를 살펴보는 것이 '문화 세계화 연구에서 미개척 영역'이라는 사실을 잘 알고 있었다(2002: 50). 그의 작업은 일본 대중문화 산업이 1990년대 이래로 아시아 시장을 뚫고 들어가기 위해 채택한 산업 전략에 대해 중요한 통찰을 제공했다. 그는 최소한 음악산업에서만은 '범아시아(pan-Asia)적인 스타를 육성하려는 일본의 시도가 기껏해야 부분적으로만 성공했을 뿐'이라고 결론 내렸다(2002: 107). 왜냐하면 음반사인 포니캐니언(Pony Canyon)이 '1997년 말에 아시아 시장에서 철수'했기 때문이다(2002: 107). 부분적인 성공이라는 평가도 어쩌면 지나치게 낙관적인 것인지도 모른다.

반면에 일본 TV의 로맨스 드라마는 1990년 후반에 아시아 도시 젊은이들 사이에서 큰 인기를 얻었다.[9] 이와부치는 타이완에서 이 드라마들이 인기가 있었던 것은 타이완의 시청자들과 드라마에 표현된 일본인들 사이의 '동시대성(coevalness)'에 대한 감각, 즉 타이완이 일본과 같은 근대를 공유하고 있다는 느낌에 근거하고 있음을 보여 주었다. 이러한 동시대성은 시청자들과 드라마에 의해 중재된 재현된 일본인 상(像) 사이의 '문화적 근접성(cultural proximity)'을 생산하고 유지하는 역동적인 벡터에 의해 구성된다(2002: 122).

마지막으로 이와부치는 아시아의 다른 지역에서 수입된 대중문화

생산물에 대한 일본 시청자들의 수용양태도 분석했다. 여기서 그는 일본 TV드라마가 타이완에서 받아들여지는 것과는 정반대로 일본 시청자들은 수입된 아시아 대중문화를 '일본이 다른 아시아 국가들과 같은 시대를 공유한다는 사실에 대한 거부'를 기반으로 수용하고 있다는 사실을 밝혀냈다 (2002: 159). 그리고 수입 문화상품에 대한 이러한 수용양태는 아시아 다른 지역의 현재에서 일본의 과거에 대한 노스탤지어를 느끼기 때문이라는 것도 보여 주었다.[10] 이러한 두 경험적 사례들에 대한 분석과 설명은 수입된 대중문화 상품을 시청하는 지역 시청자들 사이의 차이점에 대한 통찰을 제공한다. 즉 문화를 넘어선 수용성 연구에서 방법론적인 의미를 지니고 있는 것이다.

일본 TV프로그램 전체 수출의 상당량이 드라마이기는 하지만, 이 드라마들이 아시아 지역에서 거둔 성공은 다소 운이 따른 것이라고 할 수 있다. 왜냐하면 제작비용 대비 환수액이 상대적으로 적어서 TV산업은 수출시장에 별로 관심이 없었기 때문이다. 2000년대 초가 되자 이 지역에서 일본 TV드라마는 비슷한 상품을 공격적으로 수출하려는 한국과의 경쟁에 직면하게 되었다.

한국은 1997년의 아시아 경제위기 이후로 정부가 대중문화 수출을 새로운 경제 주도권 확보를 위한 수단으로 생각하고 이에 전력투구하고 있다. 대중음악 산업에서는 중국이 거대한 소비시장으로서 개방되었는데, 이는 1990년대의 중화권 대중음악 산업을 되살리는 데 필요한 에너지를 충전해 주었다. 시들해진 광둥어 팝 음악(칸토팝: Cantopop)은 점차로 북경어 대중음악으로 대체되었고, 곧이어 타이완에 북경어-중국어 음악 제작의 중심공간이 마련되었다. 그리하여 20세기가 시작되자 위에서 언급했던 동아시아에서 국경과 문화를 넘나드는 대중문화 상품의 두터운 흐름이 한 특정 지역에 초점을 맞춘 분석 범위를 훨씬 넘어서 버렸다. 이제 현재의 시도를 예비단계로 하여 아시아에서 문화연구는 바로 이러한 경험적 현실의 개념적·분석적 형태와 윤곽을 만들어나가야만 한다.[11]

II. 방법론

나는 이미 다른 곳에서 다음과 같이 주장했다.

소비제품의 수명은 매우 짧다. 이는 그 상품을 생산하는 공장을 계속 가동하기 위해서, 노동자들이 계속 일할 수 있도록, 소비자들이 행복을 아주 짧게 느끼도록, 그리고 경제가 계속 움직이도록 하기 위해 의도된 것이다. 이러한 짧은 수명은 단일한 것이든, 여러 가지가 모여 트렌드나 라이프스타일을 이룬 것이든 어떠한 소비 대상에 대해 비판적 분석을 하는 데 장애가 된다. 문제는 분석자가 어떤 대상에 대해 언급할 만한 것을 찾을 때쯤에는 그 대상은 이미 소비되어 버리거나, 쓰레기더미에 들어가 버린 후라는 사실이다. 소비되고 거부되거나, 소비되지 않고 거부되거나 어쨌든 버려지는 것은 마찬가지다. 소비 대상과 소비 트렌드는 이렇게 수명이 짧기 때문에 소비 대상이나 소비 트렌드에 대한 모든 출판물은 어쩔 수 없이 이미 '역사 속으로' 흘러가 버린 것이 되어버린다.

—Chua, 2003: vii

이는 물론 대중문화 상품에도 마찬가지다. 영화, TV프로그램, 대중음악과 가수들은 누군가 이들에 대한 정보를 가지고 분석을 하기 훨씬 전에 이미 스크린을 떠나 있다. 두 번째로, 많은 독자들과 관객들은 이 영화나 음악을 보지도 듣지도 못한다. 다시 말해, 이들은 분석자가 분석하려는 상품들에 대해 잘 알지 못한다. 이런 이유들 때문에 비록 이 상품들이 분석의 경험적 재료를 구성하므로 이 상품들에 대한 분석과 언급을 피할 수는 없지만 분석적 관심은 상품 자체에 대한 것이어서는 안 된다. 보다 큰 분석적 관심은 여러 다른 지역에서 생산·유통·소비되는 이러한 상품들이 사회적이고 경제적인 물질관계를 맺고 있는 구조와 양태에 관한 것이어야 한다.

    분석대상으로서 동아시아 대중문화의 가장 일반적인 모습은 제작, 배급, 소비의 세 구성요소로 그려질 수 있다. 각 동아시아 지역은 서로 불균등한 수준으로 대중문화 제재의 제작, 유통, 소비에 참여하고 있다. 여기서 이미 대체된 '유교적 동아시아 기획'에서 지적했던 구조적 배치가 유효한 것처럼 보인다. 즉, 경제적 리더일 뿐 아니라 여러 면에서 대중문화가 나아가야 할 길을 보여 준 제작지로서 일본의 역할이다. 중국계가 다수를 차지하고 있는 지역은 서로 다른 중국어로 된 문화상품들을 생산하고 소비하는 부분집합으로 이루어져 있다. 즉 북경어, 광둥어(廣東語), 민난어(閩南語) 그룹이다. 민난어는 또 다른 이름으로 호키엔(Hokkien)어 또는 푸젠어(福建語)라 불리는데 타이완 독립세력들에게는 타이완어로 일컬어진다. 비록 광둥어와 푸젠어가 단어를 쓰는 방식이 다소 다르고 지역의 특색이 있지만, 어떤 중국어를 사용하는 사람이든지 그 단어를 글로 쓰면 읽을 수 있다. 이처럼 글로 인해 서로 다른 중국어로 된 제재들에 접근하는 것이 가능해지며, 이는 때로 중국인들이 중국어 자막으로 영화나 TV를 보는 재미있는 현상을 설명해 준다. 중국계들에게 중국(PRC)은 여전히 남아 있는 사회주의 이데올로기와 정치의 영향으로 인해 제작영역 바깥에 있다. 이에 대해서는 이후에 다시 자세히 논하겠다. 아주 허술했던 한국의 일본 문화상품 수입 '금지'가 공식 철폐된 1998년 이후에는 한국과 일본 사이의 내중문화 흐름이 새로이 나타나고 있다(Han, 2000). 또 한국은 소위 '한류(韓流)'를 불러일으키며 다른 동아시아 국가들에도 자국의 문화상품을 수출하기 시작하고 있다. 제작, 배급, 소비가 이 지역들에서 얼마나 불균형적인지를 고려해 볼

후지TV에서 방영된 나카야마 코조(永山 耕三) 감독의《도쿄 러브스토리》(1991). 사이몬 후미(柴門ふみ)의 동명 만화가 원작인《도쿄 러브스토리》는 일본 트렌디 드라마의 전형을 제시했다는 평가를 받는다.

때, 지금의 이 추이는 모든 동아시아 지역 각각에서 점검되어야 할 필요가 있다. 그러므로 동아시아 대중문화라는 대상을 포괄적으로 분석하기 위해서는 협동연구를 위한 노력이 필수적이다. 이어지는 글은 이 지역에 대한 비교연구를 촉진하기 위해 제작, 분배, 소비 과정이라는 구성요소를 확보하려는 시험적인 시도다.

II-1. 제작과 수출/배급

대중문화 상품의 제작 즉 각본, 연기, 노래, 영화 제작, 녹음 같은 온갖 전문기술과 재정 등은 모두 지리적으로 한 장소에 위치할 수도 있고 또

《도쿄 러브스토리》의 한 장면. 일본 '트렌디 드라마' 제작과 수출은 1990년대 후반에 들어서자 느려졌다. 홍콩과 타이완, 싱가포르의 미디어 영역은 어떤 의미에서 한국 수입품으로 대체되거나 점유되었다.

는 현재의 기술과 세계화된 경제 덕택으로 각각 필요한 과정들이 서로 다른 지역에서 따로따로 수행될 수도 있다. 동아시아 문화산업의 경우에 둘 중에 어떤 방식을 선호하는가가 최종 상품 수출에서 제작 지역의 상대적 우월성을 반영한다. 이러한 우월성의 한쪽 끝에는 TV드라마와 대중음악에서의 일본이 있다. 값비싼 TV드라마와 콘서트 무대를 준비할 수 있는 재정 능력 덕택에 일본의 대중문화 산업은 지배적인 수출지역의 위치를 차지했고, 이와부치(2002: 85~120)에 따르면, 일본 대중문화 산업이 아시아 지역으로 팽창하는 것을 주저하고 있었음에도 불구하고 이 지역 어디에서나 대중문화 분야에서 '일본의 침략' 또는 '일본화'가 이루어지고 있다는 인상을 강하게 풍기고 있다.

일본 TV가 질이 높다는 사실은 다소 본질주의적 태도를 지닌 미국의 한 비평가에 의해 포착되었다.

형식의 탁월함과 역할의 완벽성에 대한 가장 긍정적인 측면은 아주 뛰어난 이미지를 만들어낸다는 것이다. 일본인들은 뛰어난 기술의 도움을 받아 시각 측면에 신경을 많이 쓰는데, 덕분에 일본 TV는 종종 눈에 아주 즐겁다. 세트는 기술적으로 잘 디자인 되고, 촬영도 뛰어나다. 만약 TV가 교육이나 계몽이 아니라 기분전환과 도피의 수단이라면 이러한 영상들을 보며 아무 생각 없이 풀어져 보는 것도 아주 즐거운 일이다.

—Stronach, 1989: 155

가장 명료한 예는 도시를 배경으로 한 일본드라마 시리즈들이다. 이 드라마들은 몇몇 명백한 이유들 때문에 '트렌디 드라마'라고도 불린다. 스토리는 보통 도시의 젊은 전문직들의 로맨스다. 시각적인 즐거움은 세트와 신(scene)에서 비중이 크거나 작거나 등장인물들이 디자이너 의상을 차려 입고 아늑한 작은 아파트에서 살며 도시 최고 번화가의 비싼 양식당에서 식사를 하는 모습을 바라보는 것에서 나온다. 그러나 그 무엇보다도 아름다운 배우들을 보는 재미가 가장 크다. 이 부분은 이후에 다시 논의하겠다.

이런 드라마 중 맨 처음에 만들어진《도쿄 러브스토리(東京ラブスト—リ—)》의 프로듀서에 따르면, 그가 28세에 프로듀서 일을 시작할 때 일본 TV에는 그가 별로 보고 싶지 않은 중년들만 잔뜩 나왔다고 한다. 그는 스스로에게 자신과 같은 사람들이 TV에서 무엇을 보고 싶은지 물어보았고 아주 단순한 답을 찾았다. 아름다운 사람, 아름다운 옷, 좋은 음식, 좋은 오락거리가 그 답이었고 플롯은 그다음이었다.[12] 편당 제작비는 경이적으로 높았고 그중 약 50%는 배우들의 출연료였지만 거품경제의 황금기였던 일본 경제는 이 비용을 충당할 수 있었다. 여기에는 잠재적인 수출시장에 대한 고

려는 없었다. 이 드라마 시리즈의 이어진 인기는 일본 프로듀서들에게는 예상치 못한 일이었고, 일단 인기를 끌기 시작하자 드라마는 잉여 수익을 내기 시작했다.

동아시아 전역에 걸친 성공은 무시할 수 있는 것이 아니었다. 이러한 성공은 곧 광범위한 시청 인구를 대상으로 한 명백한 야망을 낳았다. 2000년에는 드라마 《로망스 2000》 시리즈가 도쿄, 타이완, 홍콩, 싱가포르에서 동시에 방송되었다. 개념적으로는 늘어난 시청자를 사로잡기 위한 욕망으로 인해, 이 시리즈의 플롯은 '범아시아적' 관심에 맞도록 조정되었다. 이 드라마는 동아시아에 여전히 남아 있는 냉전 정치를 포함한 단순한 공식의 스토리라인을 넘어서는 것이었다. 플롯은 당연히 매우 복잡했고 정치 이데올로기에 의해 저주 받은 아름다운 연인들이 주인공이었다.

스토리를 요약하면, 정체가 확인되지 않은 정부가 한 젊은 한국인 남자의 어머니와 여동생을 납치한다. 이들은 남자가 일본에서 암살자 일을 하지 않으면 인질을 죽이겠다고 위협한다. 그 와중에 그 남자가 부상을 당하자 운명적으로 한 젊은 일본 여성이 그 남자를 발견하고는 건강해질 때까지 치료해 준다. 물론 둘은 사랑에 빠진다. 그 여자는 남자가 하는 일에 휘말리게 되고 결국에 죽음에 이른다. 그 여자는 놀이동산에서 폭탄이 터지는 것을 막아 수많은 목숨을 구하기 위해 자신을 희생한다. 아마도 지역의 정치적 긴장을 일반화한 복잡한 플롯이 결국 이런 드라마의 로맨스를 유지하는 판타지를 파괴해 버렸다고 말할 수 있을 것이다. 결국 이런 이유로 드라마는 실패한다.

아이러니하게도 일본 관객을 대상으로 만들어진 드라마는 운이 좋게도 성공했던 반면에 내용을 보다 더 넓은 동아시아 시청자들과 관련되게 하려는 의도적인 초국화(transnationalize) 시도는 실패했다. 이러한 '값비싼' 실패는 몇몇 흥미로운 문제를 제기했다. 동아시아 대중문화 관객들이 다른 지역에서 가져온 문화와 정치가 뒤섞인 주제에 준비가 되어 있을까? 이러한 실패가 TV드라마 같은 대중문화를 통해 발생하는 '동아시아 정체성'이라 불릴 수 있는 것이 출현할 가능성이 없다는 의미인가? 이 문제나 또 다른 문제들의 해답은 물론 이러한 상품의 내용을 개발하는 데에 그리고 동아시아가 문화 면에서 상대적으로 동질적인 존재라는 생각에 심각한 의미를 포함하고 있을 것이다.

이와 같은 실패 사례를 제외하면 1990년대 중반에서 후반까지 동아시아에서 일본 '트렌디 드라마'의 인기는 의심의 여지가 없다. 이러한 인기는 일본과 동아시아 다른 지역 모두에서 미디어의 관심뿐 아니라 많은 학문적 관심도 끌었다.[13] 이런 드라마에 관한 국제 콘퍼런스가 도쿄의 국제기독교대학에서 열렸을 때는 아시아 모든 지역에서 참석자들이 오고 심지어 미국에서 공부하고 있는 젊은 동아시아 연구자들까지 찾아왔었다.[14] TV드라마 산업 내에서는 일본드라마 제작의 질이 명백한 산업적 표준이 되었고 동아시아 다른 지역의 제작자들은 일본을 산업의 선도자로 여기게 되었다. 아마도 높은 제작수준은 일본 시청자들의 요구수준도 높여 놓았을 것이고, 문화상품들이 동아시아 지역에서 일본 시장으로 상대적으로 적게 수입되는 데 영향을 주었다. 그러나 이와부치는 일본 내외부에서 불균형적인 상품 흐름에 대한 이데올로기적 설명을 제공한다. 그는, 이것이 '일본이 다른 국가들과 같은 시대를 공유하고 있다는 사실을 받아들이기를 거부하고' 있기 때문이라고 말한다(2002: 159). 그럼에도 이러한 경계가 무너지는 일이 종종 있다. 예를 들어, 일본 팝가수가 다른 지역 출신의 가수와 듀엣을 부른 적이 있다. 이는 부분적으로는 광대한 중국인 청취자들에게 다가가기 위한 노력이었고, 영어로 노래를 부름으로써 심지어는 전 세계를 대상으로 한 것이기도 했다.[15] 어떤 경우든 동아시아 다른 지역에서 들어온 수입물들이 일본 대중문화의 경계를 뚫고 들어가기가 상대적으로 어려운 이유는 보다 많은 연구가 필요한 문제다.

한국 대중문화 산업은 위에서 언급한 일본의 제작수준에 영향을 가장 많이 받은 것으로 보인다. 이것이 탈식민적인 연결점의 일부라고 감히 제안할 수 있을 것인가? 정치적 수준에서 보면 제2차 세계대전 직후 일본 제국으로부터 한국이 독립된 이후 일본 대중문화 상품은 공식적으로 금지되었다. 이 조치는 1998년 10월 '새로운 21세기 한일 파트너십 공동선언'이 발표되기까지 해지되지 않았다. 그러나 이 금지조치가 일본 대중문화 상품이 한국에 들어가지 못하도록 만들지는 못했다. 심지어 정부 소유의 한국방송공사(KBS)도 불법으로 일본 대중문화 상품을 수입했다(Han, 2000: 14~15). 한 한국 문화 논평자의 말에 따르면 '우리는 앞문은 굳게 닫아걸었지만 뒷문은 활짝 열어두었다. 왼손으로는 어떤 제안이든 화를 내며 물리치면서 오른손으로는 어떤 기회든지 잡아보려고 하고 있다. 지난 30년간 일본 대중문화에 대한 우리 사회의 태도가 그랬다.' (도정일 재인용, 김현미, 2002: 1)[16]

지속적인 불법 수입 말고도 일본 대중문화 상품은 한국 상품으로 '복제'되고 '부분적으로 합성'되고, '표절'되고 '혼합'되고 '재생산'되었다. 한국의 일본 대중음악 팬들이 '한국 노래를 들을 때 일본 노래와 비슷하거나 같은 부분을 찾는 것은 어렵지 않다'라고 말하는 것은 놀라운 일이 아니다(재인용 김현미, 2002: 4). 또한 김현미는 'TV 애니메이션이나 만화의 경우에 〔한국 상품의〕 대부분이 일본 상품의 각색이다. 그러므로 한국에서 일본문화는 이미 한국인의 감정구조 깊숙이 뿌리 내리고 있다'고 결론 내린다(2002: 4). 금지가 철폐된 이후에 일본 문화상품은 한국 대중문화 속으로 술술 흘러들고 있다. 그리고 2002년 첫 일본과 한국의 공동제작 TV드라마인 《프렌즈(Friends)》─한국 남자와 일본 여자의 교제에 대한 내용을 담은─가 양국에서 동시에 방송되었다. 이는 한일관계에서 단지 대중문화적인 사건일 뿐 아니라 '정치적' 사건이었다.

의미심장하게도 일본 '트렌디 드라마' 제작과 수출은 1990년대 후반에 들어서자 느려졌다. 홍콩과 타이완, 싱가포르의 미디어 영역은 어떤 의미에서 한국 수입품으로 대체되거나 점유되었다. 한국드라마에서 일본 트렌디 드라마의 흔적은 의심의 여지가 없다. 한국드라마 수출의 중요성은 싱가포르에서 관찰할 수 있다. 1999년에 이 도시국가의 네 개의 공식어[17]로 출판되는 모든 주요 신문을 소유한 독점기업이 두 개의 상업 TV방송을 시작했는데, 미디어워크(Mediawork)라는 새로운 회사명의 영어(I채널)방송과 북경어(U채널)방송이었다.

두 채널 중에 영어방송은 완전히 실패였고 설립된 지 2년 만에 방송국은 문을 닫았다. 지역 영어방송은 데일리뉴스를 전하는 정도로 줄어들었고, 다른 모든 프로그램은 대부분 미국에서 수입되었다. 반면에 북경어방송은 살아남았고 국가가 소유한 방송국인 미디어콥(MediaCorp)의 시청자들을 상당수 뺏어왔다. 이 방송은 한국드라마와 지역 버라이어티쇼의 조합이었는데, 이 버라이어티쇼는 타이완의 것과 유사하고 또 이는 일본 것과 닮아 있었다. 미디어콥도 그 이후로 한국드라마를 수입했다. 그 결과 2003년 말부터는 데일리뉴스 이후에 최소한 한 곳의 싱가포르 TV방송에서 한국드라마가 매일 밤 방영되고 있다. 드라마 덕택에 한국 연예인들은 싱가포르 TV 화면뿐 아니라 인쇄매체의 연예면에 특히 북경어 신문에 등장하게 되었다. 한국드라마를 두고 지역의 방송국이 경쟁을 벌이는 형국이 되었고 이를 한국영화와 대중음악의 수출까지 포함한 소위 '한류'의 일부로 정당화했다. 이 세 장르 중에 대중음악은 언어 장벽 때문에 영향이 가장 영향력이 적다. 아주 적은 비한국인만이 한국어를 할 줄 알며 더빙은 거의 불가능하고 또 짧은 방송수명과 유통수명을 지닌 대중음악에 이는 너무 비싸기 때문이다.

한국영화는 다른 곳에서도 마찬가지겠지만 동아시아에서 할리우드 스타일 블록버스터 《쉬리》와 《공동경비구역 JSA》가 1990년대 후반에 처음

배급되었다. 두 영화는 남북 사이 냉전의 긴장감을 개인적 관계의 문제로 풀어냈다. 《쉬리》는 둘로 나뉜 각 나라 출신의 비밀요원들 간의 사랑이야기다. 《공동경비구역 JSA》는 비무장지대에서 근무하는 남북 군인들 사이의 '불법적인' 우정과 동료애를 주제로 하고 있다. 현재 인기 있는 둘째 부류의 한국영화는 아마도 '조폭 코미디'라고 불릴 수 있는 것으로, 여기서 범죄자들은 모든 죄의식과 처벌에서 벗어나서 그들 일상의 다른 면인 바보 같고 얼빠진 짓을 하는 것을 보여 주어 인간화하는 것이었다.[18] 그 후로 동아시아 시장에서 한국영화는 비록 아주 강하지는 않아도 지속적인 존재감을 지니고 있었다. 또한 일본영화가 이 시장에서 거의 부재한 시기에 한국영화가 존재감을 나타내기 시작했다는 것도 지적해야 한다. 그러나 1990년대 후반 일본 공포영화 《링(リング: The Ring)》(1998)의 성공은 한국, 홍콩, 싱가포르, 타이에 만들어진 '호러 심령' 영화들에 불을 붙였고, 이는 2003년에도 이어졌다.

　　　　제작과 수출 능력의 관점에서 홍콩과 타이완은 한국의 대중문화 산업과 같은 중개자적 위치를 차지하고 있다고 말할 수 있다. 그러나 이 국가들은 동아시아 대중문화의 범중국계 영역에서 지배적은 아니라 하더라도 중요한 위치를 차지하고 있다. 첫 번째 시장을 구성하는 국가들의 국내 시청자에 덧붙여 중국계가 다수인 싱가포르, 말레이시아와 경제자유화 이후의 중국과 같은 다른 지역에서 이들은 TV, 영화 음악에서 여전히 상당한 존재감을 가지고 있다. 홍콩은 비록 1990년대에 이르러서는 제작 비율이 상당히 줄어들기는 했지만 1950년대부터 1980년대 후반까지 수십 년간 중국계 영화의 가장 중요한 제작지였고, 여전히 광둥어와 북경이로 만들어지는 가장 중요한 중국영화 제작지로 남아 있다. 그러나 쇼브라더스처럼 TV로 전향한 영화제작자들 때문에 TV드라마가 늘어났다.

　　　　타이완은 이른바 '전통적'인 가족 드라마를 지속적으로 수출하고 있는데, 이들 드라마에서는 강력한 반대에 시달리던 며느리가 오랜 고생 끝에 도덕적으로 올바르다는 것을 보여 주며 결국 반대를 이겨낸다. 그러나 젊은 성인들의 로맨스 드라마 《유성화원(流星花園)》이 성공을 거둔 이후에 타이완도 동시대를 다룬 드라마를 수출하기 시작했다. 이러한 드라마 중 일부는 전통 가족 드라마에서 플롯이나 테마는 바꾸지 않고 캐릭터들의 의상만 현대에 맞게 재빨리 바꾼 것들도 있다.

대중음악에서 1970년대와 1980년대 홍콩은 칸토팝의 발명으로 경쟁자가 없을 정도로 번성했다. 그러나 1990년대 홍콩이 중국의 특별관할로 합병될 시기가 다가오자 칸토팝은 급속히 쇠약해졌고 대부분의 인기 있는 가수들은 거대한 본토시장을 공략하기 위해 북경어로 전환했다. 이러한 언어 전환에 따라 타이완이 만다린팝의 주요 녹음지로 새로이 등장했다. 타이완은 홍콩 출신이 아닌 가수들, 남동아시아 특히 싱가포르나 말레이시아 출신 가수들이 중국계 전체를 시장으로 음반을 녹음하고 공연훈련을 하는 장소로 훨씬 각광을 받게 된다.[19]

중국이 동아시아 대중문화의 생산지로서 가지는 존재감은 아주 적다고 할 수 있지만 반면에 동아시아의 다른 곳에서 들여온 수입품들의 소비지로서는 거대한 지역이라고 할 수 있다. (홍콩이 특별행정구로 중국에 통합된 이래로 홍콩의 TV회사들은 본토 시청자들을 대상으로 한 TV시리즈들을 만들어 이 거대한 시장을 자본화하기 위해 재빨리 움직이고 있다.)[20] 이는 부분적으로는 사회주의하에서는 이런 종류의 산업이 발달하지 못했고 시장경제화는 아직 초기 단계이기 때문이다. 중국에서 소비자 중심주의가 새로운 현상이고 대중문화 상품이 질과 스타일에서 여전히 뒤져 있어서 보다 풍요로운 아시아의 다른 지역 소비자들이 중국의 상품을 구입하지 않기 때문이다. 중국 상품들은 보통 '촌스러운' 것으로 여겨진다.

그러나 수출시장에서 중국의 문화상품을 제약하는 보다 심각한 '문화적 문제'가 둘 있다. 첫째, 아이러니하게도 중국은 '전통적'인 중국문화의 뿌리 역할을 하도록 제한되어 있다. 둘째, 록음악에서 TV, 영화나 다른 시각예술 형태에 이르기까지 중국의 대중문화는 과거의 혁명정치 특히 공산혁명에 의해서 그리고 그 정반대인 '전통'과 전통적이고도 동시대적인 권위주의에 의해 여전히 지대한 영향을 받고 있다. 중국계 역사의 시발점으로서 중국의 제작자들은 역사적인 내용이나 신화적 내용의 고전들, 예를 들면《수호전》이나《삼국지》같은 소설들을 역사 드라마로 번안하거나 변형하도록 강요받는다. 이 두 소설은 긴 TV드라마 시리즈로 만들어졌는데 제작의 질도 높았다. 하지만 고대 중국 역사의 신화적 인물의 영웅적 행동을 담은 기나긴 내러티브로는 대중문화의 젊은 소비자들에게 다가가기 어렵다. 젊은 소비자들에게 이러한 시리즈는 그저 지겨움만을 더할 뿐이다.

동시대 대중문화의 측면에서 보았을 때, 깊이 새겨져 있는 혁명정치와 이에 대한 불만이 가장 잘 나타난 것은 중국의 록음악이다. 이 음악의 가사는 지역 정치의 내용이 너무나 많아서 같은 지역이 아닌 곳에 소비자들은 동참하기 어렵다. 결과적으로 중국계가 대부분인 동아시아의 다른 지역에서 이 노래들은 '대안' 음악의 매우 제한된 영역만을 차지하고 있을 뿐이다. 유사하게 중국의 TV는 이데올로기적으로 과도하고 정규적으로 본토의 사회적·정치적 환경에 반하는 인사들의 비자발적인 추방이나 자발적 이민을 주제로 한 방송을 내보낸다.

서로 다른 이 두 이데올로기적 제약은 국제적으로 잘 알려진 장이모(張藝謀) 감독의 작업에 잘 반영되어 있다.《홍등(大紅燈籠高高掛: Raise The Red Lantern)》(1992)에서 보여 준 '중국 전통'의 억압성에 대한 비판과《책상서랍 속의 동화(一個都不稜少: Not One Less)》(1999)에서 보여 준 동시대 중국 시골의 가난에 대한 묘사와 더불어 그는 기념비적인 영화《영웅(英雄:

Hero)》(2002)에서는 처음으로 중국을 통일했던 잔혹한 진시황에 대한 실패한 암살을 보여 준다.

장이모의 영화는 다른 중국감독들의 영화와 마찬가지로 외국관객들에게는 정치적으로 독해되는 것을 피할 수 없다. 서구나 서구식 교육을 받은 동아시아의 관객들이 어떻게 독해를 하는지에 대해 천샤오밍(陳曉明)이 아주 간결하게 묘사한 바 있다.

> 장이모의 영화가 세계 영화시장에 들어가자마자 어쩔 수 없이 그의 정치성이 조명을 받았다. 서구 관찰자들의 눈에는 장이모의 《국두(菊豆)》(1991)는 경직된 관료주의에 대한 풍자로 그리고 《홍등》은 정치투쟁으로 해석되었다. 이러한 중국영화에 대한 정치적인 독해가 항상 지나친 오해인 것은 아니다. 오리엔탈 문화에 대한 문화적 상상이 장이모의 영화나 다른 영화들에 짙게 드리운 불가시적이지만 편재하는 절대권력과 전체주의의 핵심을 이미 삽입했다고 한다면 말이다. 이러한 권력의 핵심이 고대 봉건주의나 전제정치인지 아니면 근대 중국의 '프롤레타리아 독재'인지는 중요하지 않다. 왜냐하면 오리엔탈 문화에 대한 문화적 상상은 근본적으로 시간의 제약을 받지 않기 때문이다. 현재는 단지 과거가 반복되는 것을 뿐이다. 그래서 정치는 중국의 문화적 상상에서 규정적인 조건이다.
>
> —2000: 299

이러한 복잡한 정치적 각인은 일반 대중문화 관객에게는 너무 부담스러운 것이고 이 영화들은 결과적으로 국제영화제나 아트하우스영화제에서 고급 관객만을 만나게 되었다.[21]

또 하나 근본적으로 소비지인 곳이 싱가포르다. 매우 제한된 내수시장 때문에 싱가포르에는 영화산업이나 음악산업이 없으며 상대적으로 신생인 TV산업만이 있다.[22] 하지만 이곳은 자금이 풍부하다. 여기에서 제작과정의 해체, 즉 서로 다른 지역에서 각 부분이 만들어져 수입되는 현상이 가장 명확하게 관찰된다. 매우 초기부터 그리고 지속적으로 싱가포르 TV산업은 홍콩에서 옮겨온 전문가들에 의존하고 있다. 최근까지 홍콩 출신 전문가들이 은막의 이면에서 작업을 했다.

그러나 2000년 초 이후로는 홍콩 TV 배우들이 시트콤과 다른 제작물의 주인공 역할마저 맡고 있다. 가장 잘 알려진 예는 《리디아와 살기(Living with Lydia)》의 주인공인 리디아 섬(Lydia Sum)과 《오! 캐롤(Oh! Carol)》의 주인공 캐롤 청(Carol Cheng)이 있다. 두 프로그램 모두 첫 시즌을 무사히 넘기고 매주 방영되고 있다. 이러한 예에서 싱가포르의 위치가 더 적어진 것이 명확히 반영되어 있다. 싱가포르 배우들은 조연만을 맡고 있고 거의 홍콩 스타의 '도제'라고 해도 좋을 정도이기 때문이다.[23] 이와 비슷한 경향이 싱가포르에서 자금을 대고 있는 영화들에서도 나타난다.[24] 또 다른 TV방송사인 미디어워크(Meidawork)도 2004년에 타이완회사와 첫 합작물을 만들었는데, 이는 《웨스트엔드 유스(Westend Youth)》라는 제목으로 5566이라는 전원 남성의 가수/배우 그룹의 멤버들이 출연하는 틴에이지 드라마로 타이페이 10대들의 쇼핑지역인 시먼딩(西門町)을 배경으로 하고 있으며 유명한 싱가포르 여배우가 주인공 캐릭터의 어머니 역으로 안정된 연기를 선보이고 있다. 싱가포르 TV산업 발전의 현시점에서 이러한 합작은 싱가포르 배우들을 동아시아 대중문화의 중국계 시장에 소개하는 역할을 하고 있는 것으로 보아야 한다. 왜냐하면 이러한 합작물들이 종종 타이완이나 중국의 방송사에 판매되기 때문이다.[25]

최근에는 합작이나 공동제작 또는 영화에 대한 직접투자의 속도가 빨라지고 있다. 지식기반 경제에서 '창작산업'을 세우려는 싱가포르 정부의 야심이 반영되어 영화 기획에 재정적 도움을 주는 영화위원회가 만들어

타이완 CTS방송이 제작한 드라마 《유성화원》(2001). 가미오 요코(神尾葉子)의 일본 망가 《꽃보다 남자》를 원작으로 한 드라마로 동아시아에서 F4 현상을 불러일으켰다.

졌다. 이러한 산업적 전략의 일환으로, 레인트리픽처스(Raintree Pictures)라는 영화사가 정부 소유 TV방송사인 미디어코프(MediaCorp) 내에 설립되었다. 지금까지는 제작 자금지원에 대한 관심이 범중국계 파트너, 특히 홍콩과의 협력에 제한되어 있다. 여기에 추가로 다른 남동아시아 국가 출신의 배우 개인과의 공동작업들이 있다. 공동제작의 성공 사례로는 2003년에서 2004년에 개봉한 3부작 영화 시리즈 《무간도(無間道, Infernal Affair)》가 있는데, 전적으로 홍콩을 배경으로 홍콩배우들이 출연한 영화로 싱가포르는 배경으로도 배우로도 전혀 나오지 않는 경찰이야기다. 홍콩 출신이 아닌 주인공 역은 본토 중국 배우가 맡았다. 그리고 이 영화 시리즈의 프로듀서는 싱가포르 영화사 레인트리(Raintree)에서 일하는 홍콩인이라는 점도 반드시 언급되어야 할 것이다.

　　방법론 면에서 보자면 싱가포르 같은 장소는 제작이라는 계열에서

《유성화원》의 한 장면. 드라마는 홍콩, 싱가포르, 한국에서 방영되었고 중국에서는 DVD를 통해 알려지는 등 동아시아 전역에서 즉각적인 성공을 거두었다.

극단적 끝에 위치하고 근본적으로 소비지역이기 때문에 이러한 모든 제작지의 상대적 배치를 관찰하고 연구하는 데 매우 큰 이점이 있다. 싱가포르의 라디오 전파, TV 스크린, 영화극장은 한국·일본·홍콩·타이완의 영화, TV드라마, 버라이어티쇼, 대중음악이 공간을 차지하기 위해 경쟁하는 장소이며, 이는 각기 다른 미디어와 장르에서 이들의 시장에서의 상대적인 위치를 반영하고 있다. 이 부분은 다음 장에서 논의될 것이다.

물론, 선형적일 수밖에 없는 글과 독해로 이러한 문제를 파악하는 것은 동아시아 전역에 걸쳐 대중문화 상품의 흐름이 얼마나 복잡한지를, 또 '국경'이라는 것이 얼마나 허술한지를 보여 주기에는 어색하다. 이러한 흐름은 동시적 차원에서 이 공간들 내에서 만화, 영화, TV 음악, 패션을 포함한 다양한 미디어를 통해 주기적으로 발생한다. 이러한 흐름에 대한 이해를 돕기 위해 가장 최근에 동아시아 대중문화에서 센세이션을 일으키고 있는 'F4현상'을 예로 들도록 하겠다.

　　2000년에 한 타이완 프로듀서는 일본 만화를 TV시리즈로 옮겨《유성화원》(한국 제목: '꽃보다 남자')을 만들었다. 이 대학생 드라마는 완전히 무명이던 네 젊은 남자배우가 주연이었는데 이들 모두를 미디어에서 F4라고 통칭했다. 이 드라마는 동아시아 전역에서 즉각적인 성공을 거두었다. 2002년에는 홍콩과 싱가포르에 이어 한국에서 방영되었고 중국에는 DVD를 통해 알려졌다.[26] F4는 완전히 무명에서 최근 2년 사이에 가장 유명한 보이밴드가 되었다. 비록 노래 실력은 그다지 뛰어나지 않지만 TV 출연이 이들을 대중음악으로 진입하도록 해주었다. 이 지역에서 F4가 공개석상에 나타날 때마다 엄청난 규모의 열광적인 팬들이 몰려들었다. 예를 들어 이들이 상하이의 한 쇼핑센터에 모습을 드러냈을 때는 갑자기 몰려드는 군중으로 인해 행사를 10분 만에 끝내야 했고 지역 당국은 이들의 예정된 콘서트를 취소해야 했다. 동아시아에서 이들의 성공으로 인해 당연히 중국계가 다수인 동아시아 지역을 타깃으로 한 다른 타이완 보이밴드들과 남자 싱글 가수들이 나타났고 홍콩가수들과 칸토팝이 상대적으로 하강 추세인 때에 대중적 관심을 독차지했다.

　　소비문제를 다루기 전에 동아시아 문화상품의 제작과 수출에 관한 현재의 구조적 배치를 요약하자면 다음과 같다. 일본은 산업의 질적 수준을 정초한 리더로서 가장 중요한 제작 수출 지역이면서 상대적으로 적은 양만을 다른 곳에서 수입하고 있다. 한국은 수출주도형 경제의 일부로 특히 1997년 아시아 지역 경제위기 이후에 대중문화 상품을 수출하려는 매우 의도적인 노력을 기울이고 있다. 홍콩과 타이완은 중국계 언어로 된 대중문화 상품 제작의 중심 역할을 하는데 명백히 비대칭적 노동 분업의 양상을 보이고 있다. 즉 영화와 TV는 홍콩에서, 대중음악은 타이완에서 제작되는 식이다. 중국과 싱가포르는 대략 동아시아 대중문화의 소비지로 남아 있는데, 이 둘은 제작지로 상승하기에 각기 문제점을 지니고 있다. 중국은 현 시점에서는 중국의 대중문화 상품이 다수에게 어필하기에는 전통적/역사적 그리고 동시대적/정치적 이데올로기의 짐을 떨어버리지 못하고 있는 것으로 보이며, 반면 싱가포르는 어떤 다른 이데올로기적 관심 없이 투자 능력을 통해 이 산업에 진입하려고 노력하고 있다.

II-2. 방법론적 제약으로서의 관객 위치

대중문화 상품의 제작과정이 분해되어 초국가적으로 구성될 수 있는 반면에 소비는 오직 특정 지역만을 기반으로 하고 있다. 소비자는 자신들이 속한 문화영역 내에 지리적으로 분포되어 있고, 의미나 시각적 쾌감은 특정 관객의 지역문화 내에서 생성된다. 물론 '지역' 문화 공간을 완전히 밀봉된 것으로 보아서는 안 되며 오히려 구멍이 많고 적극적 개입이 이루어지고 '지역'과 접촉하는 모든 곳에서 문화적 요소 혹은 파편을 흡수하는 것으로 보아야 한다. 이러한 개방성 없이는 동아시아 대중문화라는 담론적 대상은 존재하지 않을 것이다. 그럼에도, 지역문화는 끊임없이 운동하며 스스로 영역의 한계를 지으려는 경향이 있다.

개념적으로 대중문화 프로그램 소비에서 세 가지 가능한 관객 혹은 소비 위치가 있다. 첫째는 가장 덜 복잡한 위치인데 자기 지역에서 생산된 프로그램을 시청하는 것이다. 여기서 관객은 제작 장소의 문화에 속해 있다. 이때 주제 및 캐릭터와의 동일시는 '자연스럽게' 이루어진다고 할 수 있다. 다시 말해, 현상적으로 '일상생활의 자연스러운 태도'를 보여 준다. 그리고 화면 속 사건, 인물이나 기타 활동과 실제의 유사점이 쉽게 발견된다. 관객들은 아마도 '내부'로부터 사건, 이슈, 캐릭터의 영화적 혹은 가사에 나타난 재현을 눈치 챌 수 있을 것이다. 이러한 문화 프로그램 내용의 '정확성', '진실', '비판적 반성'을 판단하는 데 과도한 지식이 사용된다. 한 예시 사례로 김소영이, 대규모 예산을 들여 만든 최근 한국영화들, 예를 들어 《공동경비구역 JSA》 같은 영화에서 '남한 여성'이 사라지고 있다고 분석한 것을 들 수 있다. 이는 1997년 경제위기 이후 한국에서 '여성'의 공간이 일반적으로 축소되고 남성 간의 연대가 강화되고 있음을 지적하고 있다 (2003).

둘째, 고향을 주제로 한 프로그램을 시청하거나 청취하는 이산 (diasporic) 주체로서의 관객이 있다. 이 프로그램들은 고향에서 제작된 것일 수도 외국 제작자가 만든 것일 수도 있다. 여기서 관객 위치와 내용의 관계는 일단 제거된다. 즉, 첫째 경우에 비해 훨씬 덜 직접적이다. 그렇지만 여전히 관객은 자발적이든 아니든 이 프로그램 속으로 호명되고 있다. 첫째 관객 위치와 같은 인지가 프로그램의 내용에 적용될 것이다. 그러나 고향과의 공간적·시간적 거리 때문에 또는 이에 준해 (첫 번째 경우와 같은) 판단을 망설이게 되기가 쉽다. 만약 이 프로그램이 외국에서 제작된 것이라면 '민족주의적' 요소가 덧붙여지는 경우도 있다. 관객들은 외국 제작자가 정치적인 이유로 왜곡되게 재현했다고 항의하기도 하고 만약 제작자가 정치적 망명 중인 경우에는 이 재현이 '본토'의 상황을 이성적으로 비판하고 있다고 단언하기도 한다. 비판이던 왜곡이던 이는 분명히 프로그램 내용 때문이 아니라 관객의 관람 위치 때문이다. 동아시아 대중문화에서 이산ㄴ 주체의 위치에 대한 자세한 분석은 와닝 선(Sun,2002)이 중국관객들을 대상으로 지역에서 외국에서 아니면 합작으로 자금을 대어 제작한 여러 영화와 TV 프로그램에 대한 통찰력 있게 분석한 내용을 살펴보기 바란다.

셋째는 수입 프로그램을 보는 관객이다. 이때 관객은 제작지역의 문화에 속해 있지 않다. 그러므로 관객은 첫째와 둘째 경우와 같이 내용에 대한 자세한 지식을 알고 있지는 않다. 관객이 알고 있는 지식은 프로그램 자체 외부에서 온 것이다. 소비지역의 문화와 제작지역의 문화 사이의 차이가 가장 뚜렷하게 드러나는 것이 바로 이 관람 위치에서다. 프로그램의 '의미'는 관객의 고유한 문화 맥락과의 연관 범위에 따라 재조정된다. 관객들은 자신들의 고유한 문화 맥락을 끌어들여 프로그램 내용에 적용하고 그에 따라 독해한다. 여기에 앞서 언급했던 일본드라마를 보는 타이완의 관객과 아시아 다른 지역에서 수입된 대중문화 상품을 소비하는 일본의 관객들에 대한 이와부치의 경험론적 연구(2002)가 예증적이고 교훈적이다. 경제활동으로서 문화상품이 다른 장소로 수출/수입되고 있다는 단순한 사실을 넘어, 문화상품이 '문화적' 경계를 넘어서고 있다고 말하는 것은 바로 이 의미에서다.

각각 이러한 위치에서 관객들은 음악 속의 혹은 스크린 위의 캐릭터들이나 주제와 동일시할 때 자기를 각기 다른 방식으로 투입한다. 수입된 문화상품 소비의 효과와 영향은 관객이 속한 문화를 재현하는 상품을 소비하는 것과는 물론 다르다. 자기투입(self-investment)의 강도는 '고향/민족'에 대한 자기 동일성이 얼마나 즉각적인가에 따라 증감하는 것처럼 보인다. 즉 셋째 관람 위치는 '단순한' 오락에 가장 가깝다. 물론 이러한 관객 위치는 각각의 영역에서 일종의 분석의 장을 마련해 주고 있으며 이는 관객성의 서로 다른 여러 측면들을 조명해줄 것이다.

이러한 특정한 경우에서, 동아시아 대중문화의 담론적 개념이나 대상의 묘사에서 분석의 핵심은 [문화]상품들이 어떻게 지역 내의 문화적 경계를 가로질러 다른 지역의 관객들에게까지 도달하는가다. 결과적으로 분석적 시작점은 셋째 관객 위치, 즉 지역관객이 외국의 수입물들을 시청하는 상황에 관한 것이 되어야만 할 것이다. 이는 대중문화의 제재들이 문화적 경계를 가로지르는 현상에 대한 분석에서 필연적인 방법론적 제약이다. 그러므로 동아시아 대중문화는 반드시 제작문화와 소비문화로서의 각 지역의 대중문화에 의해 구성된 복합적인 담론 대상으로 개념화되어야 한다. 그래서 이처럼 끊임없이 윤곽과 형상 그리고 실체가 변화하는 담론적 실체에 관해서는 전 지역에 걸친 분석가들의 협동 연구가 필수적이다.

싱가포르인으로서 싱가포르에 살면서 나는 방법론적으로 내 자신을 동아시아 대중문화 영역의 일부분으로서의 싱가포르 관객들의 특징들을 아주 철저히는 아니지만 대략적 윤곽을 그리는 것으로 한정한다.[27] 그러므로 지금의 시도는 다른 곳에서 다른 결과들을 가지고 연구하는 분석가들에게도 똑같이 적용할 수 있는 대략적 상을 그리려는 것이다. 더욱이, 나는 나의 연구를 음악보다는 TV와 영화에 한정하려고 하는데 왜냐하면 음악보다는 이들이 덜 추상적이어서 설명하기에도 수용하기에도 쉽기 때문이다.[28]

III. 싱가포르인은 수입된 TV프로그램을 어떻게 감상하는가

III-1. 도시이야기(Urban Stories)

싱가포르는 도시국가로 시골이 없다. 싱가포르인들은 일반적으로 '시골(rural)' 풍의 물건이나 정서와 접할 기회가 거의 없거나 전혀 없다. 종종 '시골'은 이데올로기적으로 '후진', '저개발된' 그리고 도시적 쾌적함이 없어 불편한 것으로 환원되곤 한다. 기껏해야 '시골'을 도시의 스트레스를 벗어버릴 노스탤지어적 장소로 본다. 결과적으로 인기 있는 수입드라마 시리즈들은 모두 젊고 싱글에 전문직인 사람들의 도시로맨스 스토리들이다. 이들은 혼자 살거나 가족들과 산다. 보통 일본드라마 속 전문직 젊은이들은 잘 갖추어진 아파트에서 사는 반면에 한국드라마에서는 아직 가족이라는 멍에를 벗지 못하고 있다. 일본과 한국에는 역사드라마들이 아주 많지만 싱가포르에 잘 전해지지는 않는 편이어서 한 번도 지역 TV에서 상영된 적은 없다. 그러나 중국계 싱가포르 관객들 사이에 막연히 중국 역사를 알고 있다는 정서가 있어서 중국왕조를 배경으로 하는 드라마들은 아주 흔하다.

도시 삶의 시련이나 고난이라는 주제는 물론 싱가포르인들에게는 매우 익숙하다. 이런 익숙함 때문에 도시 이야기는 다가가기 쉽다. 즉 관객 친화적이다. 싱가포르 소비자는 '도시' 사람들과 익숙한 상황을 재현한 주제나 캐릭터에 쉽게 동일시한다. 다시 말해, 싱가포르 관객들은 원하기만 한다면 스크린 위의 도시적 캐릭터들과 완전히 동일시할 수 있다. 그러나 같은 관객들이 또한 '외국풍(foreignness)도' 원한다. 우선 지역 프로그램들은 일반적으로 싱가포르인들의 일상생활을 다룬다. 이는 당면한 주제이기도 하고 교훈적이기도 하지만 바로 그 이유 때문에 재미있기보다는 지루할 수 있다. 그래서 지역 관객들의 욕망과 시각적 쾌락의 일부는 수입물들의 외국풍과 이국 정서에서 채워진다.

그러나 개념적으로 보다 중요한 것은 '수입' 프로그램이라는 지위가 싱가포르 관객들의 동일시 정도, 즉 스크린상의 주제와 캐릭터의 주체 호명의 정도를 제한할 수도 있다는 것이다. 어떤 프로그램이 외국에서 수입되었다는 사실은 관음증적 의미에서 싱가포르 관객들이 동아시아 다른 곳 사람들의 삶을 '관찰'할 수 있는 지위를 유지할 수 있게 해준다. 이는 비슷한 도시환경과 가족구성에도 불구하고 자신과 다른 동아시아인들이 다른 점이 무엇인지를 깨닫게 한다. 그러므로 이러한 프로그램에서 '외국풍'은 외국풍으로 알아볼 수 있어야만 한다. 가장 직접적인 이국적 차이점은 물론 언어다. 그러나 아래에서 논의할 내용에서 볼 수 있듯이, 이는 더빙을 통해 가장 쉽게 극복될 수 있는 것이기도 하다. 외국풍을 만들어내는 또 다른 두 가지는 배경음악과 야외풍경이다.

배경음악은 특히 프로그램의 주제곡인 경우에 외국풍을 유지하기 위해 건드리지 않고 남겨 두는 것이 보통이다. 그러나 이는 점차 제작지의 창작자의 의도와는 상관없는 일이 되어가고 있다. 첫째로 한 프로그램의 오디오 부분과 비주얼 부분을 분리해서 제작하는 것이 가능하다. 수입하는 곳에서는 비주얼 부분에 대화나 음악을 마음대로 바꿀 수 있다. 즉, 수입된 티가 나거나 외국풍이 나는 부분은 지역 관객들을 위해 제한된다. 둘째, 배경음악은 제작지에서 의도적으로 외국풍이 나도록 만들어지는 수도 있다. 예를 들어 타이완드라마 시리즈는 일본음악을 종종 배경음악으로 사용한다. 이는 지역 제작물을 이국적으로 보이게 하기 위한 것이기도 하고 외국에 수출하기 위해서이기도 하다. 타이완과 일본 모두가 외국인 싱가포르와 같은 곳에서는 이러한 혼합을 통해 '외국풍'을 느끼는 데 별 문제가 없지만, 이 제작물이 어디서 온 것인가를 알아보려할 때는 문제가 된다.

풍경은 이야기를 이끌어가는 비주얼로 사용될 경우에 보다 안정되게 외국풍을 만들어내는 요소가 된다. 풍경은 지역의 관객들을 외국의 공간으로 옮겨 간다. 비주얼 관광인 셈이다. 그래서 TV드라마의 열광적 팬들은 종종 풍경에 너무나 매료되어 그들이 문제의 나라에 직접 관광을 갈 기회가 생기면 드라마의 장소를 꼭 찾아본다. 그리고 이들은 그곳에 도착하자마자 분위기에 금세 완전히 익숙해지며 일종의 기시감까지 느끼기도 한다. 스크린 위의 장소가 관광지가 된 것이다. 이런 관광의 절정기에는 싱가포르 관광회사들이 '트렌디 드라마' 팬들을 위해 도쿄 투어를 기획하기도 했고 한국드라마 팬들을 위한 관광도 기획했다.[29]

'풍경'과 연장선에서 싱가포르 관객들에게 외국풍을 느끼게 해주는 것은 계절이다. 열대지방에 사는 싱가포르인들에게 계절은 완전히 이국적인 것이다. 단풍이 드는 가을과 춥고 하얀 눈 내리는 겨울은 아주 로맨틱하다. 이는 싱가포르인들에게는 프로그램에 녹아 있는 로맨틱 요소를 한층 강화시켜 주는 구실을 한다.[30] 또한 추운 날씨는 패션에도 영향을 준다. 덥고 습도 높은 열대기후는 계절별로 옷을 갈아입을 일이 없으므로 패션에는 취약이다. 그러므로 패션감각이 있는 싱가포르인들은 겹겹이 입어 패션을 뽐낼 수 있는 겨울옷을 아주 부러워한다. 싱가포르에서는 '레이어링(layering)' 패션은 있을 수 없다.

III-2 중국어

싱가프로에는 4개의 공식어가 있다. 이 중 영어와 북경어가 동아시아에서 수입한 TV프로그램이나 영화를 더빙하거나 자막을 붙이는 데 사용된다.[31] 모든 수입 영화나 TV프로그램들은 한국어로 된 것이든, 일본어이든 아니면 다른 중국계 언어 즉 홍콩의 광둥어나 타이완의 민난어이든 할 것 없이 모두 북경어로 더빙된다. 이러한 관행은 동아시아 대중문화 소비에서 지대한 의미가 있다. 싱가포르에서 가장 중요한 언어인 영어는 자막으로 종종 제공된다. 몇 번은 TV시리즈가 아주 인기가 있었는데 영어 자막이 제공되지 않아 북경어를 사용하지 않는 중국계인들이 시청자의 즐길 권리가 무시되었다고 항의한 적도 있었다.[32] 물론 외국어를 더빙하면 싱가포르 관객들이 문화상품들에 보다 쉽게 다가갈 수 있다. 일본과 한국의 대중음악은 인기 TV드라마나 영화에 비해 훨씬 존재감이 덜한데 가장 큰 이유는 언어장벽 때문이다. 그러나 TV의 음성다중기술을 이용하면 원하는 사람들은 한국어나 일본어로 방송을 시청할 수도 있다.

중국계가 지배적인 다른 동아시아 지역에서는 북경어가 항상 공식어가 아니며 때로는 그곳 중국계들이 가장 많이 사용하는 언어가 아닐 때도 있다. 홍콩에서는 공식어가 광둥어인데 북경어가 점차 늘어나고 있다. 타이완에서는 북경어와 민난어(푸젠어)가 뒤섞인 말이 흔하게 사용된다. 이 모든 중국계 언어들은 얼마 전까지만 해도 싱가포르인들 사이에서 사용되지 않았었다. 1970년대 초에는, '사투리'로 멸시의 대상이었고 대중매체에서는 사용이 금지되어 있었다. 다양한 언어를 사용하는 중국계들을 하나의 공식어를 통합하려는 정부의 욕망 때문에 북경어가 말할 때나 쓸 때나 중국계 싱가포르인들이 사용해야 할 유일 언어로 채택되었다. 그래서 중국어로 더빙할 때는 북경어를 사용한다.

엄격히 말해서 중국계 언어들은 말할 때 서로 다르다. 비록 글을 아는 사람들은 상대적으로 공통점이 많은 쓰는 언어로 의사소통을 쉽게 할 수 있다고 하더라도 말이다. 결과적으로 중국계 영화나 TV프로그램에서는 대화이거나 노래가사이거나 중국계 언어 중 하나로 되어 있고 여기에 중국어 자막이 붙어 있다. 이러한 자막은 예를 들어 일어에서 영어로 영화의 내용을 완전히 다른 언어로 옮기는 일반적 자막과는 다르다. 비록 중국어 자막도 마찬가지로 번역 역할을 한다고 하더라도, 이는 한 중국어에서 다른 중국어로 옮기는 일이다.
비록 사람들이 종종 글이 중국인들에게 공통언어를 제공한다고 가정할지도 모르지만 쓰인 단어의 의미가 항상 확실히 전달되는 것은 아니다. 왜냐하면 이 글이라는 것이 글자의 의미는 완전히 떨어져 나가고 들리는 말소리를 그대로 옮기는 것에 지나지 않기 때문이다. 그래서 글자 그대로 읽으면 전혀 의미가 없다. 예를 들어 광둥어에서 '네(yes)'를 뜻하는 말의 발음은 '하이'인데, 신문이나 자막에서는 이를 적기 위해서 '계(係)'를 쓴다. 그런데 이 한자는 북경어로 '계열'이라는 뜻이다. 이렇게 중국어가 여러 개로 되어 있는 것은 때로 흥미로운 탈구(脫臼, disjuncture)를 만들어내기도 한다.

예를 들면 중국 관객이 더빙은 북경어, 자막은 광둥어로 된 영화나 TV를 보면서 대화를 듣기도 하고 동시에 읽기도 하는 상황이 발생한다.

소비의 지역성을 상당히 반영하는 한 가지 예시적인 상황이 있다. 앞서 말했듯이 싱가포르의 중국계들은 1970년대 이전에는 중국어를 여러 개 사용했다. 그러나 북경어를 제외한 다른 '사투리'를 금하는 정책이 공식 채택된 뒤로 여러 개의 중국어를 사용할 수 있는 사람들의 수가 점차 줄어들고 있다. 그렇지만 금지된 언어들이 완전히 사라진 것은 아니다. 이 정책이 만들어낸 심각한 사회적·문화적 문제 중 하나는 북경어를 제외한 다른 중국어를 사용하는 것이 무식하고 투박하고 무례하다는, 즉 하층계급이라는 징표가 되어버린 것이다. 이제 다른 중국어들은 더 이상 중요한 의미를 전하기에 미덥지 않은 것으로 생각된다. TV나 영화 속에서 북경어를 쓰지 않는 사람들이 출연한다는 것 자체가 '우스운' 것이 되었고 따라서 이제는 지역 제작자들이 '코미디' 효과를 내야 할 때 이러한 인물들을 사용한다 (Chua and Yeo, 2003). 이러한 '코미디' 효과는 최근의 지역에서 제작된 영화에서 중요하게 사용되었다. 이 영화들에서 중국어 사투리를 사용하는 인물은 자기 비난을 싱가포르 사회에서 특히 영어를 사용하는 집단들로부터 스스로를 주변화하는 방법으로 사용한다. 이는 인구로는 중국계가 지배적인 사회에서 소위 '중국적인 것'이 간접적으로 주변화된 것이다.

다른 중국어가 주변화되는 상황은 중국계가 많은 수를 차지하는 다른 동아시아 지역들에서 만들어진 영화나 TV프로그램의 경계를 허무는 효과도 있다. 예를 들어, 타이완에서는 중국(PRC)으로부터 독립을 주장하는 사람들은 '푸젠어'만을 사용하기를 원한다. 이 말은 쓰는 사람이 자랑스레 '타이완인다움'을 표현하는 정치적 지위마저 지니게 되었다. 이처럼 싱가포르와 타이완에서 푸젠어의 정치적 지위가 달라서 때로 싱가포르 관객들이 엉뚱한 곳에서 웃음을 터트리거나 타이완 TV, 영화, 음악 속에 흔히 숨어 있는 정치적 의도를 완전히 놓쳐 버리는 수도 생긴다.[33] 이러한 결과는 단지 말이 잘 안 통하는 정도에 그치는 것이 아니라 아직은 푸젠어를 아주 조금씩은 알고 있는 싱가포르 관객이 타이완 영화를 볼 때 정치적인 오독을 할 수도 있다는 것이다(Chua, 2003). 비슷한 상황이 중국계 싱가포르인이 홍콩 광둥어 프로그램을 볼 때도 벌어진다.

꼭 북경어가 관련된 문제가 아니더라도 다른 종류의 괴리가 어떤 것이든 두 중국어가 대화와 자막에 동시에 사용될 때면 생겨난다. 한번은 내가 한국 조폭 코미디를 보고 있었는데 대화는 북경어로 나오고 자막은 광둥어로 나왔다.[34] 그때 이 영화가 어떻게 이동했을까 하는 의문이 생겼다. 지금의 중국계 언어의 상황을 고려한다면 아마도 자막은 홍콩에서 달고 싱가포르에서 다시 더빙을 했을 확률이 높았다. 그렇지 않다면 대화도 광둥어였을 테니까[35] 만약 이 말이 맞는다면 이 영화는 한국을 떠나 홍콩을 거쳐, 다시 싱가포르로 수출된 것이다. 또는 애초에 홍콩에서 북경어와 광둥어 관객 모두를 겨냥해 두 언어로 더빙도 하고 자막도 달았을 수도 있다. 왜냐하면 본토에서 온 북경어만 사용하는 사람들의 인구가 늘어나는 추세이기 때문이다. 그리고 나서 영화가 다시 싱가포르로 수입된 것일까? 아니면 처음부터 싱가포르에 수입되어서 홍콩 수출을 위해 의도적으로 두 언어로 더빙과 자막을 했을 수도 있을까? 이 특정 영화의 배급경로는 흥미로운 퍼즐이다. 이러한 문제는 중국계 싱가포르인들에게만 특별한 것이 아니라 모든 중국계 인구들에게 해당되는 것이다.

위에서 논의한 요소들이 동아시아 대중문화에서 싱가포르 소비자들의 관객 위치를 구성한다. 이는 동아시아 다른 곳의 관객들과 공유할 수 있는 부분도 있고 그렇지 않을 수도 있다. 사실, 동아시아 각 지역 관객들이 자신들의 일상생활을 기반으로 하여 혹은 일상생활에서 생겨난 특성을 지니고 있으리라고 생각할 수 있을 것이다. 그리고 같은 상품을 사용하는 소비자라는 의미에서 어떤 특징들은 공유하고 있으리라고도 생각할 수 있다. 이는 지역을 아우르는 공동 비교 분석을 통해서 대답할 수 있는 질문이다. 공유하는 특징이 있을 것이라는 가능성은 아마도 지금의 개념적 시도와 리서치프로그램 밑에 자리한 가장 논란이 되는 질문일 것이다.

천수이볜 총통 취임행사에서 타이완 국가를 부른 후 중국 매체에 출연이 금지되었던 타이완 가수 아메이. 중국에서 여전한 인기를 누리는 아메이는 대중문화를 통한 동아시아 정체성 형성의 가능성을 보여 준 경우다.

Ⅲ-3. 보기의 효과: 범(凡)동아시아 정체성

마지막으로 동아시아 대중문화를 개념화하는 데 고려되어야 할 가장 쟁점이 되는 주제는 대중문화 생산과 소비의 이데올로기적 효과로서 동아시아 정체성의 문제다. 이는 의심의 여지없이 가장 다루기도 어렵고 논쟁이 되는 문제다. 첫째 단계로 어떻게 문화상품이 이러한 정체성의 출현에서 담론적이고 상상적인 공간을 만들어내기 위해 함께 작동하고 있는가를 확인해야 한다.

우선 국경을 가로지르는 인기 도시 TV드라마와 영화 때문에 동아시아를 '시골'과 관계된 의미에서 '전통적'인 공간으로 지칭하는 일은 사라졌다. 시골에서 도시로 더 나은 삶을 찾아 이주해 온 사람들이 겪는 고초라는 주제는 거의 중국(PRC) 제작물과의 사회적 관계에서만 배타적으로 사용된다(Sun, 2002). 나머지 동아시아의 이미지는 도시적이고 현대적이다. 때로 '시골' 이미지는 삶이 단순하고 사람들이 지금의 도시인들보다 덜 영악했던 신화적 시간을 노스텔지어적으로 다룰 때에만 나타난다. 이는 회피의 공간이지 현재적 삶의 공간은 아니다.[36] 도시에 대한 강조는 문화적 경계 횡단을 촉진한다. 한 문화의 '독특함'이나 '고유함'을 특징짓는 '전통'이라는 생각과는 대조적으로 도시적이라는 것은 점점 특징은 사라지고 '어디서나', '어느 장소에서나' 그리고 '누구나'에게 해당되는 것이다. 도시적이라는 말은 문화적 경계를 넘어 '동질성'에 기반을 둔다. 도시적 동질성의 가장 극단은 물론 각 도시의 금융 중심지와 수입 상품을 판매하는 쇼핑상가들이다. 이들 각각은 유명한 건물 정도로만 차이가 난다. 누군가가 이 건물을 알아볼 수 있다면 말이다.

둘째로 가족 중심에서 도시적이고 젊고 싱글인 전문직들에게로 포커스가 옮겨 가는 추세다. 도시의 소비중심문화는 전통적인 유교사상을 대체하고 있다. 그러나 가족이 사라져버린 《프렌즈(Friends)》나 《섹스 앤드 시티(Sex and City)》 같은 미국드라마들과는 달리 동아시아 TV드라마나 영화에서는 아직도 가족의 존재감이 느껴진다. 가족은 때로는 장애물이기도 하고 때로는 로맨스와 도시를 벗어나 찾아갈 수 있는 피난처이기도 하다. 가족의 존재감이나 영향은 제작지에 따라서 문화상품에 새겨진 정도에 따라 다양하다. 앞서 말했듯이 일본 트랜디 드라마에서 제도로서의 가족에 대한 언급은 거의 사라졌다. 그러나 한국의 도시 드라마에서는 가족이 여전히 매우 중요하게 다루어지고 있고 아주 강력한 유교적 효사상이 자주 나타난다. 전통적 가족이 있고 없고의 문제는 부분적으로는 캐릭터들의 '나이'에 의해 결정된다. 20대 후반 이상의 도시, 성인, 전문직이 주인공인 경우에는 가족은 완전히 사라지지만 주인공이 아직 틴에이저이거나 학교에 다닌다면 가족이 아주 희미하게라도 반드시 등장한다. 예를 들어 최근의 타이완드라마의 경우에는 대학생들에 초점이 맞추어져 있는데 가족이 대화상에서 언급되기는 하지만 부모는 등장하지 않는다. 그래서 이들은 부모의 뜻에 반하는 일도 할 수 있다.[37] 게다가 이런 드라마의 경우에 캐릭터들은 부모에 대해 반항하는 것을 서로 공감하거나 공모한다. 대중문화의 맥락에서 유교적 가족관은 현재의 동아시아에서 노동계급의 이데올로기인 것 같다. 노동계급을 주제로 하거나 그런 캐릭터가 나오는 드라마에서 가족은 주인공이 계급상승을 하는 데 장애물로 그려지는 경향이 있다. 반면 중산층은 점차로 도시적이 되고 글로벌 자본주의가 지배하는 경쟁적인 소비 중심적 개인주의를 몸에 새긴 채 살아간다.

셋째로 도시의 라이프스타일에 대한 강조는 스크린에 등장하는 중산층의 모습이 서로 다른 동아시아 지역의 상대적 실질임금을 초월하는 것처럼 보이도록 한다. 예를 들면, 비록 회계사 임금이 타이완이나 한국에서는 도쿄나 싱가포르에서보다 훨씬 적지만, 상대적 생활비도 마찬가지다. 결과적으로 각 도시의 중산층은 서로 다른 공간에 속해 있지만 라이프스타일에 대한 소비는 비교할 만한 수준이다. 라이프스타일에 대해 강조하면 아시아의 도시 중산층은 비록 임금의 차이가 있고 지리학적으로 흩어져 있지만 스크린상에서는 서로 교환 가능한 신체를 부여받았다. 동아시아의 젊은 전문직들은 '확실하고 직접적이고 명백하게' '즉각적이고 효과적인' 미디어인 TV와 영화를 통해 스크린 위의 자신의 자화상과 동일시할 수 있을 것이다(Chow, 1995: 10). 이를 보다 명확하게 설명한다면 도시 드라마는 상상 가능하고, 실제적이다. 그리고 스스로를 스크린에 호명하고자 하는 이들에게 동일시를 제공한다. 잠깐씩 아니면 영원히 자신의 국가적/민족적 정체성을 억누른 채 말이다. 다시 말하지만, 이와부치의 타이완 관객들이 일본 트렌디 드라마를 어떻게 받아들였는지에 대한 실증연구와 이러한 수용의 개념화가 '동시성'에 근거했음이 증명된다(2002: 85~120).

넷째로 일본 대중문화를 뒤따르고 있는 동아시아 대중문화는 '아름다운' 젊은이라는 장르를 의도적으로 길러내고 있다. 특히 주인공 남자는 소년 같고, 거무잡잡하며, 이제 솜털이 났고, 머리는 길고, 순수하지 않다면 열정적이다. '아름다운 남성성'이라고 할 수 있다.[38] 주인공 여자는 물론 아름답지만 몸을 거의 가리는 옷을 입는데 보통은 사무실 유니폼 같은 것이다. 이들은 성적 매력을 그다지 직접 드러내지 않는다. 이러한 구성은 너무나 유사해서 열성 팬의 훈련된 눈이 아니면 어느 나라에서 만들어졌는지 구별이 안 될 정도다. 한국드라마의 실내장면은 타이완이나 일본 그리고 최근의 홍콩드라마의 실내장면과 거의 같다.[39] 논쟁의 여지가 있지만 연기나 노래를 비롯한 다른 재능보다는 아름다운 것이 더 중요하다. 이러한 구성의 유사성과 구별이 안 될 정도의 공통점이 국적은 제쳐두고, '아시아성'이라는 생각을 삽입하고 투사할 만한 시각적·담론적 공간을 창조하였다.

   마지막으로, 유교적 정체성이 수년간의 사회화를 통해 조용히 우리 생활에 스며들어 동아시아인으로서의 정체성이 되는 것과는 달리 범동아시아 정체성을 만들어내는 것은 보다 많은 관객과 더 넓은 시장을 확보하려는 상업적 욕망에 근거한 동아시아 문화상품 제작자들의 의식적이고 이데올로기적인 프로젝트다. 공동투자 외에도 제작자들은 동아시아 연예인들을 TV 프로그램이나 영화에 함께 출연시키기도 한다. 관객들이 각자 같은 나라 연예인들과 동일시하여 소비가 팽창하기를 바라면서 말이다. 가장 극단적인 것은 한 영화가 여러 단편 영화로 나누어져 각 부분이 서로 다른 지역에서 다른 감독과 배우에 의해 만들어 질 수도 있다는 것이다.[40]

   물론 대중문화 소비가 관객에 미치는 영향은 단순하지 않다. 아무런 영향을 받지 않는 사람도 있고 아주 강하게 동일시하는 사람도 있다. 그러나 '전통'의 대체, 젊고 도시적인 중산층 소비자의 라이프스타일에 대한 강조 그리고 '아시아성'이라는 기획 등 동아시아 관객들이 스크린 위의 페르소나와 동일시할 수 있는 이유가 늘어나고 있다. 범동아시아 정체성의 형성이나 출현이 가능한 담론적 · 개념적 공간이 마련되었다고 말할 수도 있을 것이다. 관객 위치에 대한 전략적 방법론적 주장은 이제 당연한 수순이다. 수입물을 시청하는 지역 관객만이 잠재적으로 자신들의 국적을 넘어 스크린 위의 외국인 인물과 추상적인 동일시할 수 있을 것이다. 이때 '외국'은 '아시아'라는 개념에 다시금 흡수된 것이다.

동아시아 대중문화의 팽창은 여전히 새로운 현상이다. 이는 일반적으로 현재 30세 이하의 세대 즉 일본이 한국 · 타이완을 식민지화한 것이나, 제2차 세계대전 이전에 중국에 침입한 것이나, 전쟁 중에 싱가포르를 점령한 사실에 대해 감정이 약화된 세대들에 해당되는 현상이다. 이 새로운 현상이 동아시아인으로서의 정체성을 형성하려면 아직 가야할 길이 멀다. 이 정체성이 생겨나리라는 조짐은 아이러니하게도 이러한 시도가 국가의 정치 이익 때문에 막힐 때 드러난다. 장후이메이(張惠妹)의 경우가 좋은 예다.

장후이메이는 아메이 '(阿妹)'라는 애칭으로 더 잘 알려져 있는 타이완 가수인데, 천수이벤(陳水扁) 타이완 총통 취임 축하행사에서 타이완 국가(國歌)를 불렀다는 이유로 중국의 모든 매체에 출연이 금지되었고, 심지어 그녀가 모델로 나오는 음료수 광고마저 금지되었다. 그렇지만 중국에서 아메이의 인기는 지속되었고 결국 아메이는 2001년 정부 지원을 받는 싱가포르 무역노조 노동절 행사와 같은 해 8월 홍콩에서 있었던 자선행사에 참여하고 난 후 중국에서 공연하는 것이 허용되었다. 아메이는 동아시아에 중국계가 다수인 지역 전체에서 인기를 누리면서 국가의 한계를 넘어선 것으로 보인다. 이러한 새로운 정체성을 욕망하는 것에 대한 정치적 의미가 무엇이든지 간에 이 정체성이 가능하다는 사실은 지적으로 정직한 사람이라면 무시할 수 없는 분석 주제가 되었다.

결론

 동아시아에서 대중문화 상품은 문화적 경계를 매일 넘나든다. 동아시아 대중문화는 이 지역의 소비경제의 주요한 부분을 맡고 있다. 비록 미국 대중문화산업이 여전히 공중파와 크고 작은 스크린에서 우위를 점하고 있고 이는 짧은 시간 내에는 바뀔 것 같지 않지만 말이다. 게다가 미국 미디어산업이 가만히 앉아 자신들의 제국 한쪽을 잃는 것을 보고만 있는 것은 아니다. 이들은 동아시아 대중문화를 생산하는 제작자들과 파트너십을 만들어왔다.[41] 물론 이러한 초국가적 상품 유동의 경제에 관한 많은 연구가 필요하다. 또 미디어산업 조직들이 지역에서 그리고 초국가적으로 어떻게 활동하는 지에 대한 연구도 필요하다. 대중문화의 제작과 소비에 의해 촉진된 초국가적 동아시아 정체성의 가능성 혹은 실현은 각 동아시아 지역에서 풀어야할 실증적 문제로 남아 있다. 범아시아 정치성을 보다 명확한 형식과 내용으로 정리하기 위해서는 이 정체성이 모습을 갖추고 변화하는 것에 따라 각 지역 연구자들의 협력이 필수적이다. 이러한 실증적 연구의 시작점을 찾을 수 있는 개념적 범위에 대한 대강의 윤곽이 희미하게나마 이 글에서 마련되었기를 희망한다.

주

1) 이글의 초기 버전 〈동아시아 대중문화 만들기〉는 2003년 2월 28일 미국 노스캐롤라이나대학의 캐롤라이나 아시아센터에서 열린 '저명 방문교수 취임 강연'에서 발표되었다.

2) 이 글 전체를 통해 한국(Korea)은 남한(South Korea)만을 의미한다.

3) 1970~90년대 권위주의 정부의 주도하에 급속한 경제성장을 이루었던 아시아의 4개국인 한국, 타이완, 홍콩, 싱가포르를 '아시아의 네 마리 용'이라고 불렀다—옮긴이.

4) 이는 이후에 '아시아적 가치'를 싱가포르나 말레이시아 같은 남동아시아의 다민족사회에서 찾아내려는 시도로 변화한다.

5) 이주 중국인의 사업수완에 관한 글은 찬양에서 비판에 이르기까지 매우 많다. 이런 글을 모아둔 것을 보려면 Redding(1990), Ong과 Nonini(1997), Ong(1999), Yao(2002)를 보라. 범 중국 정체성에 관한 글은 Ang(2001), Chun(1996)을 보라.

6) 중국계 싱가포르인들에게 유교를 이식하려는 시도는 이 지역에 교양 있는 중국인들이 1990년대의 5·4문화운동의 영향을 받았으며 그 이후로 교과과정에 중국 고전 대신에 '보통어(普通語)'를 채택해 왔다는 역사적 사실마저 무시했다.

7) 일반적으로 '서구'의 영향이라고 말할 때 대중문화의 영역에서는 유럽은 제외되는 것이 보통이다(Chua, 2001).

8) 수많은 남동아시아인들과 말레이시아인들이 살고 있는 싱가포르 같은 소비지에서, 볼리우드(Bollywood)의 상품들도 대중문화 영역에서 중요한 위치를 점한다.

9) 일본 TV드라마의 인기 때문에 이와부치는 일본드라마에 관한 국제 콘퍼런스를 2001년 도쿄의 국제기독교대학에서 열었다. 여기서 발표된 글들이 홍콩 대학출판부에 의해 발매될 예정이다.

10) 일본의 관객이 다른 아시아 대중문화를 일본의 과거에 대한 노스탤지어로 받아

들인다는 사실에 대한 발견은 친(Chin, 2000: 205)도 지적했지만, 다른 일본인 비평가인 츠보시 타카히코(Tsubouchi Takahiko)가 드라마《오싱(おしん)》이 1980 년대에 아시아에서 누렸던 인기를 설명할 때도 발견된다. 친 자신도 아시아 관객의 수용성을 단순한 환원주의적 독해로 비판하는 대신에 이러한 일본식 독해를 '아시아 지역주의', '아시아주의', '아시아적 의식'이 존재한다는 증거로 사용했다. 다양한 아시아 지역의 관객들의 수용성에 관해 근거가 될 만한 실증적 증거 없이 타카히코식 독해는 기껏해야 비평가 자신의 '아시아를 일본화하려는' 그리고 '일본을 아시아화하려는' 욕망, 즉 '일본을 아시아를 체현한 것으로 그리고 아시아를 일본의 과거의 반영으로 구성하려는 욕망'을 드러낸 것일 뿐이다. 이러한 일본의 '우월성'은 아시아 지역주의의 근거라기보다는 다른 아시아인을 소외시키는 확실한 방법이다.

11) 지금의 미완성된 개념적 작업의 아주 대략적이고 예비적인 내용이 캐롤라이나 아시아센터 취임 강연에서 제안되었는데, 이런 특징의 정의가 실질적 작업이 이루어져야 하는 곳에서 새로운 리서치센터를 여는 것으로 이어지기를 희망한다.

12) 이는 2001년 도쿄 국제기독교대학에서 있었던 일본드라마에 관한 국제 콘퍼런스에서《도쿄 러브스토리》의 프로듀서가 한 말이다. 그때까지는 도시의 아름답고 독립적인 미혼의 전문직 젊은이들이 나오는 '트렌디 드라마'와는 대조적으로 일본의 드라마는 대체로 가족문제를 다루고 있었다(Grossmann, 2000).

13) 에바 츠사이(Eva Tsai, 2003)는 이러한 드라마에 관한 연구자로서 아주 흥미로운 반성적 전기적 설명을 제공한다.

14) 2001년 "'아시아적' 모더니티 느끼기: 동아시아와 남동아시아에서 TV드라마 소비"라는 제목으로 열린 콘퍼런스 기간 동안 남동아시아에서 온 분석자들이 (싱가포르 논문은 제외하고) 일본드라마에 관한 연구를 진행했다.

15) 2004년 2월 교토를 여행하면서, 나는 한국 TV드라마가 두 언어로 방송되는 것을 보았다. 이 드라마와 하나의 뉴스 채널만이 열두 채널 중에 일본어가 아닌 방송이었다.

16) 일본 대중문화 상품이 '불법'이었던 것이 오히려 소비에서 부가적 쾌락을 주었다(Kim, 2002).

17) 싱가포르에는 베이징어, 영어, 말레이어, 타밀어 등의 4개 공식어가 있다.—옮긴이.

18) 첫째 부류의 영화는 《쉬리》와 《공동경비구역 JSA》가 있고, 둘째 부류의 영화로는 《조폭 마누라》와 《킬러들의 수다》 같은 영화들이 있다. 《킬러들의 수다》에서는 20대 중후반의 아주 정교한 살인 계획을 세울 수 있는 킬러들이 의뢰인이자 희생자인 한 여자에게 꼼짝 못하는 모습을 보여 준다.

19) 스타의 자리에 오른 가장 뛰어난 싱가포르 가수의 예는 스테파니 선 양지(Stefanie Sun Ynazi)이다. 나와 이야기를 나눈 한 타이완인은 그녀가 타이완 사람이라고 주장했다.

20) 홍콩의 중국 대학의 에릭 마(Eric Ma)는 200년 ICU에서 있었던 '아시아 느끼기' 콘퍼런스에서 이러한 제작양식에 대한 연구를 발표했다.

21) 예를 들어 미국에서 자금을 댄 무협 블록버스터 영화인 장이모의 《영웅》이 개봉되자 정치적으로 비판적인 입장 때문에 중국에서 영화가 금지되었던 장이모 감독이, 자신의 영화가 상업적인 성공을 거두지 못하자 공산당에 '팔려갔는지'에 대한 논란이 불거졌다.

22) 1950년대에 말레이시아 영화를 만드는 영화사 두 곳이 있었을 뿐이다.

23) 가장 최근의 합작 TV드라마는 2002년에서 2003년 사이에 방영된 《순수하게 유죄(Innocently Guilty)》였다. 중국어로는 엉뚱하게도 '법에는 맑은 날이 있다(法內情)'로 번역되었다. 이는 보통 중국인 정서가 법정에 가는 일은 어떻게든 피해야 한다는 사실을 암시하고 있다. 여기에는 홍콩스타인 위안융이(袁詠儀, Anita Yuen)가 출연한다.

24) 그러한 예의 하나가 '귀신 이야기'인 《나무(The Tree)》다. 여기에는 싱가포르 여배우인 조 타이(Zoe Tay)가 홍콩 남자배우 우전위(吳鎭宇, Francis Ng)와 함께 출연한다.

25) 이러한 방식으로 성공을 거둔 영화배우가 판원팡(范文芳, Fann Wong)이다. 그녀는 2003년에 유명한 무협 시리즈에서 소용녀 역을 했고, 성룡의 블록버스터 할리우드 영화인《상하이 나이트(Shanghai Knights)》에도 출연했다.

26) 이 드라마는 또한 중국문화에 대한 공식 금지가 해제된 후 처음으로 인도네시아에 방영된 북경어 TV드라마였다. '《유성화원》이후에 인도네시아인들이 중국 것이라면 뭐든지 좋아하게 되었다'고 단언하는 사람도 있었다(2002년 7월 21일자《스트레이츠 타임스》).

27) 중요하게도 만약 '아시아성'이라는 것이 없다면 동일시도 존재하지 않는다. 예를 들어 와닝 선(Sun 2002:100)은 중국 관객들이 자신들이 타이완이나 홍콩의 TV 문화상품과 동일시가 안 된다고 말했다는 사실을 지적한다.

28) 나는 이 글에서 오직 중국계 관객들에 관해서만 쓰려고 한다. 다른 중요한 인종 그룹인 인도계 말레이시아계들은 힌디영화를 더 좋아한다. 그러므로 지리적·국가적 위치에도 불구하고 이들은 동아시아 대중문화 영역에 속하지 않는다.

29) 싱가포르의 관광회사들은 팬들을 위해 드라마 촬영지 투어를 기획한다. 최근에는 (2002년 12월) 한 그룹의 싱가포르 관광객들이 겨울휴가를 즐기기 위해 한국에 갔는데 그중 한 명이《겨울연가》에 나왔던 스키장에 가자고 해서 일정을 바꾸기도 했다(2003년 1월 4일자《스트레이츠 타임스》).

30) 싱가포르인들은 편지를 쓸 때나 추억을 이야기할 때 처음으로 눈을 본 것을 꼭 말한다. 예를 들어, 외국 통신원인 한 친구가 다음과 같은 편지를 썼다(2003년 1월). '뉴욕은 지금 아주 춥다. 온도가 매일 영하로 떨어진다. 하지만 내가 눈이 내린 멋진 모습을 보다니 정말 운이 좋은 것 같다. 눈이 내리면 뉴욕 사람들은 정신없이 좋아하고 나도 하루 종일 얼굴에서 미소를 지울 수 없다.'

31) 다른 두 공식어는 말레이어와 타밀어다. 타밀어는 남부 인도어로 인도계 주민들 대다수가 사용한다.

32) 원칙적으로 영어 자막이 있으면 남아시아인 들이나 말레이시아계 관객들도 드

라마를 볼 수 있다. 하지만 각주 28에서 지적했듯이 아주 적은 수의 말레이시아계 주민들과 인도계 주민들만이 동아시아 대중문화를 소비한다. 이들은 힌디영화나 말레이시아 프로그램을 선호한다.

33) 푸젠어와 하층계급의 연관성은 대중음악에서 가장 잘 드러난다. 푸젠어로된 타이완 대중가요는 거의 가라오케에서 노동계급 남성들만이 부른다.

34) 1990년대 후반과 2000년대 초반에 싱가포르에서는 한국영화가 큰 성공을 거두었는데 사회에는 잘 적응하지 못하지만 살인이나 폭력을 행할 때는 아주 명민하게 해내는 '감정적으로 예민한' 남자 혹은 여자 깡패가 나오는 영화였다. 그리고 이러한 캐릭터 뒤에는 코미디가 숨어 있었다. 예를 들면 《킬러들의 수다》나 《조폭 마누라》 같은 영화가 있으며, 이러한 영화는 보다 심각한 영화인 《친구》와 대조된다.

35) 광둥어가 중국어 글자로 발음대로 옮겨질 수 있다는 것을 모르는 중국계 싱가포르인이 있다면 이런 자막은 이해가 불가능할 것이다. 하지만 여전히 대화는 이해할 수 있을 것이다.

36) 급속한 도시화를 거쳐 새로이 산업화된 대부분의 국가들에서는 물질적인 향상만을 쫓는 도시의 삶이 주는 스트레스가 전(前) 산업화·도시화 사회의 단순했던 삶에 대한 노스텔지어적 상상력을 자극하고는 한다.

37) 이렇게 부모가 등장하지 않을 때는 부모가 사업에서 아주 성공을 거두고 있지만 가족에게는 특히 10대 아들, 딸에게 무관심한 경우로 묘사된다. 예를 들어, 《MVP 러버(MVP Lover)》나 앞서 얘기한 《웨스트엔드 유스》의 경우에 그러하다.

38) 예를 들어 타이완 F4(《유성화원》)의 4명과 타이완 태생의 일본 배우인 가네시로 다케시(金城武,, 금성무), 한국 배우 배용준(《겨울연가》)과 원빈(《프렌즈》) 등이 있다.

39) 한번은 하노이에 있을 때인데 TV 속 드라마가 동아시아 어디에서 만들어진 것인지를 질 낮은 베트남어 내레이션 사이로 들리는 북경어를 듣기 전까지는 알 수가 없었다. 베트남에서는 자금 부족으로 인해 본래 대화를 더빙하기보다는 내

레이터가 스토리를 이야기해 주는 경우가 많다.

40) 가장 최근에 이러한 '단편' 영화로 만들어진 것이 《쓰리(Three)》다. 이는 세계의 유령이야기를 다루고 있는데 각각은 한국, 타이, 홍콩에서 만들어졌으며, 의식 적으로 범아시아를 겨냥하고 있는 제작사에 의해 만들어졌다.

41) 사실 모든 대규모 레코드사-폴리머, EMI, 버츨만, 워너, 소니 등은 이미 동아시 아에 진출해 있다. 이들은 1990년대 이후로 동아시아에서 전체 수입의 1/4이상 을 거두고 있고 워너브라더스는 2003년에 싱가포르의 레인트리픽처스, 홍콩의 밀크웨이 이미지와 함께 타이완의 인기 로맨스 소설《턴 레프트, 턴 라이트(Turn Left, Turn Right)》를 영화화하는 합작 사업을 벌이고 있다(2002년 12월 17일《스 트레이츠 타임스》).

참고문헌

Ang, Ien. 2001. *On Not Speaking Chinese*. London: Routledge.

Chen, Xiaoming. 2000. 'The mysterious other: postpolitics in Chinese films.' In Arif Dirlik and XudogZhang (eds.) *Postmodernism and China*. Durham, US: Duke University Press.p.222~238.

Chin, Leo. 2000. 'Globalizing the regional, regionalizing the global: mass culture and Asianism in the age of late capitalism.' In *Public Culture* 12(1): p. 233~258.

Chow, Rey. 1995. *Primitive Passions: Visuality, Sexuality, Ethnography and Contemporary Chinese Cinema*. New York: Columbia University Press.

Chua, Beng-Huat. 1995. 'That imagined space: nostalgia for the kampungs.' In Brenda S.A Yeoh and Lily Kong (eds.) *Portrait of Places: History, Community and Identity in Singapore*. Singapore: Times Editions. p. 222~241.

Chua, Beng-Huat. 2003. *Life is not complete without shopping*. Singapore: Singapore University Press.

Chua, Beng-Huat and Yeo Wei Wei. 2003. 'Singapore cinema: Eric Khoo and Jack Neo ? critique from the margin and mainstream.' In *Inter-Asia Cultural Studies* 4(1): p. 117~125.

Chun, Allen. 1996. 'Fuck Chineseness: on the ambiguities of ethnicity as culture as identity.' In *Boundary* 2, Vol. 23, No. 2: p. 111~138.

De Kloet, Jeroen. 2000. '"Let him fucking see the green smoke beneath my groin": the mythology of Chinese rock'. In Arif Dirlik and Xudong Zhang (eds.) *Postmodernism and China*. Durham, US: Duke University Press. p. 239~274.

Gossmann, Hilaria M. 2000. 'New role models for men and women? Gender in Japanese TV drama' In Timothy J. Graig (ed.) *Japan Pop: Inside the World of Japanese Pop Culture,*

Armonk. New York: M. E. Sharpe. p. 207~221.

Han, Seung-Mi. 2000. 'Consuming the modern: globalization, things Japanese, and the politics of cultural identity in Korea.' In *Journal of Pacific Asia* 6: p. 7~26.

Iwabuchi, Koichi. 2002. *Recentering Globalization: Popular Culture and Japanese Transnationalism*. Durham, North Carolina: Duke University Press.

Kim, Hyun-Mee. 2002. 'The inflow of Japanese culture and the historical construction of "Fandom" in South Korea'. Paper presented at the International conference on Culture in the Age of Informatization: East Asia into 21st Century, Institute of East and West Studies, Yonsei University,16 November.

Kim, Soyoung. 2003. 'The birth of the local feminist sphere in the global era: trans-cinema and Yosongjang.' In *Inter-Asia Cultural Studies* 4(1): p. 10~24.

MacFarquar, Roderick. 1980. 'The Post-Confucian challenge.' In *Economist*, 9 February.

Ong, Aihwa and Nonini, Donald M. 1997. *Ungrouded Empires: the Cultural Politics of Modern Chinese Transnationalism*. London: Routledge.

Ong, Aihwa. 1999. *Flexible Citizenship: the Cultural Logic of Transnationalism*. Durham, North Carolina: Duke University Press.

Redding, S.G. 1990. *The Spirit of Chinese Capitalism*. Berlin/New York: W. de Gruyter.

Stronach, Bruce. 1989. 'Japanese television' In Richard G. Powers and Hidetoshi Kato (eds.) *Handbook of Japanese Popular Culture*. New York: Greenwood Press. p. 127~166.

Sun, Wanning. 2002. *Leaving China: Media, Migration and Transnational Imagination*. Lanham, Maryland: Rowan and Littlefield Publishers.

Tsai, Eva. 2003. 'Decolonizing Japanese TV drama: syncopated notes from a "sixth grader researcher relocated in Taiwan.' In *Inter-Asia Cultural Studies* 4(3): p. 503~512.

Tu, Wei-Ming. 1991a. *The Triadic Chord: Confucian Ethics, Industrial East Asia and Max Weber*. Singapore: Institute of East Asia Philosophy.

Tu, Wei-Ming. 1991b. *The Living Tree: the Changing Meaning of Being Chinese Today*. Special issue, Daedelus, Annals of the American Academy of Arts and Science.

Tu, Wei-Ming. 1991c. 'The search for roots in East Asia: the case of the Confucian revival' In Martin E.Marty and R. Scott Appleby (eds.) *Fundamentalism Observed*. Chicago: Chicago University Press.

Yao, Souchou. 2002. *Confucian Capitalism*. London: Routledge.

전 지구적 프리즘:

트랜스 아시아 미디어 연구를 위해서

이와부치 고이치 저
임지연 역

　　동아시아와 동남아시아 내의 문화교류는 전 지구화의 진행과 함께 활기를 띠고 있다. 특히 1990년대 중반 이후, 미디어회사들이 마케팅 전략을 펼치고, 공동제작이 도전적으로 다른 시장들을 연결하면서 친밀한 파트너십이 미디어산업 내에 형성되었다. 일본, 홍콩, 한국 등지의 대중문화는 아시아의 대중, 특히 젊은이들 간의 새로운 유대를 형성하면서, 아시아 지역 전체에서 전례 없는 호응을 얻고 있다. 이러한 흐름은 수그러들 기미가 보이지 않는다. 아시아 시장은 더욱 동시화되었으며, 영화와 음악에서 동아시아 공동 프로젝트들이 더 일반화되었고, 가수와 배우들은 이 국경을 초월한 사업에 점점 더 많이 참여하고 있다.

　　이렇게 대중문화의 붐이 일어나는 상황에서 특히 일본의 망가(만화)와 아니메(애니메이션 영화)의 부상은 두드러진다. 망가와 아니메의 전세계적인 진출은 일본의 베스트셀러 주간 만화잡지인《소년점프(少年ジャンプ)》의 영어판이 현재 미국에서 출판된다는 사실을 통해서 설명된다. 그러

나 이러한 문화적 형태들에 대한 대중적 호응은 동아시아 지역에서 가장 강하게 정착되었다.

　　동아시아 지역에서 일본 주간 만화잡지들의 번역본은 일본에서 원본이 발간된 뒤 불과 며칠 만에 나오고, 다양한 아니메 시리즈들 역시 TV를 통해 서구에서보다 훨씬 더 많이 방영된다. 11개 혹은 12개 에피소드를 가진 TV드라마 시리즈—일본 TV 편성의 주요한 형태—는 정기적이고 동시적인 호응을 얻으며 동아시아 지역에서 하나의 장르로 빠르게 자리 잡고 있다. 우타다 히카루(宇多田 ヒカル)와 하마사키 아유미(浜崎あゆみ) 같은 일본 대중스타들의 CD 음반들은 일본과 다른 동아시아 국가들에서 거의 동시에 발매가 되며, 동아시아 지역의 수많은 젊은이들은 이 일본 스타들이 부르는 노래들을 정기적으로 듣는다. 타이완에서는 일본 대중문화를 좋아하고 따라하는 젊은이들을 칭하는 '하르주(哈日族)'가 중요한 사회현상이 되기도 했다. 한 메이저 광고회사의 2001년 조사는 동아시아 각 도시들에 거주하는 젊은이들이 일본의 소비문화와 상품을 미국 것보다 "멋지다"고 여긴다고 밝혔다.

　　다른 나라들에 대한 일본의 문화적 영향력이 경제력에 비해 미약하다는 것이 일본을 비롯한 다른 지역에서 지배적인 견해였다. 일본의 미디어는 이러한 이미지를 바꾸기 위해 젊은 아시아인들 사이에서 높아지고 있는 일본 대중문화에 대한 인기를 빠르게 포착했고, 여러 신문들은 "오늘 아시아는 일본을 사랑한다", "젊은이들은 일본문화에 열광한다"와 같은 평이 실린 기사들을 대서특필했다. 하지만 아시아에서 일본 대중문화의 확산이 언급되는 방식은 역사적인 요소들, 특히 다른 아시아 국가들과 맺고 있는 일본의 불평등한 관계와 일본인들이 '아시아'를 생각하는 방식에 의해 제한된다.

　　위 인용의 예에서 보이듯 이러한 논제의 범위는 국수주의적 수사법으로 쉽게 빠져들 수 있으며, 일본문화의 우수성을 전제하는 듯한 인상을 준다. 그런 적용 범위는 근대 일본 제국주의를 배경으로 형성된 아시아에 대한 일본인의 시각을 어렴풋이 제공한다. 이 시각에 따르면, 일본은 아시아 '안'에 있지만, 또 아시아 '위'로 부상한다. 일본 대중문화 확산의 또 다른 결과는 일본과 '아시아' 사이에 있었던 과거의 불행을 극복하기 위해 문화적 이해를 진전시키는 데 도움을 주며, 일본의 인간적인 특질을 더 폭넓은 관객에게 소개할 수 있다는 희망을 불러일으킨 것이다. 대중문화를 통한 상호교류가 일본과 다른 아시아 국가들 간의 관계를 개선하고, 대화를 촉진하는 데 도움이 될 것이라는 희망들이 있다. 특히 이런 기대들은 최근 한국의 사례에서 그 계기가 만들어졌는데, 한국 정부는 1998년 말부터 일본 대중문화 수입에 대한 금지를 해제해 나가고 있다.

대화를 촉진하는 대중문화의 잠재력을 쉽게 잊어서도 안 되지만, 동시에 대중문화가 그와 관련된 문제들을 주의 깊게 고려하지 않고 수용되어서도 안 된다. 고도로 산업화한 대중문화가 경계를 가로질러 서로 대화할 수 있도록 만들 수 있을까? 가능하다면, 어떻게 할 수 있을까? 문화적 대화가 자율적으로 따를 것이라는 관점은, 다른 아시아 국가들과의 역사적인 난국을 해결하는 데에서 일본의 국가 이익에 대한 배타적인 관심 때문에 일본 대중문화의 확산 현상을 단순화하는 경향이 있다. 대중문화의 생산과 분배, 소비에 대해 생각해 볼 때는 대중문화가 가져오는 트랜스적 관계가 세계를 상호적으로 연결할 때 끊임없이 불평등을 (재)생산하는 복잡한 지구화 과정의 맥락에서 형성된다는 것을 명확히 한다. 즉, 트랜스 아시아적 문화의 흐름은 다중-벡터화한 전 시구석인 힘들이 특정한 지역적 국면에서 다양하게 굴절되는 프리즘을 통해 보여질 수 있다.

전 지구적 문화권력의 탈중심화

세계 시장, 특히 동아시아와 동남아시아 시장으로의 일본의 문화 수출이 증가하는 것은 경계를 가로지르는 문화교류에서 일어나고 있는 변화의 조짐으로 볼 수 있다. 일본의 문화 수출은 지난 10여 년에 걸쳐 붐을 이루었는데, 이 시기는 역설적으로 특정 국가나 문화들이 절대적인 문화 헤게모니를 얻기가 어려웠던 시기였다. 이 시기는 거대 다국적기업들에 의한 시장과 자본의 지구적 통합, 지구 구석구석의 사람들을 동시에 연결하는 커뮤니케이션의 놀라운 발전, 비서구 국가에서 부유한 중산층의 출현 등을 통해 문화의 전 지구화가 가속화하던 시기였다. 이 요인들의 복잡한 상호작용은 문화의 트랜스적 흐름을 더욱 복잡하고, 모순되며, 예측할 수 없게 만들었다. 전 세계에 대한 미국의 거대한 영향력을 부인할 수는 없지만, 자동적으로 전 지구화와 미국화를 동일시하는 것은 지나친 단순화다. 이제 전 지구적 문화권력의 구조를 양극적인 것으로, 중심에서 주변부로의 일방적 이전으로 이해하는 것은 불가능하다. 문화권력은 여전히 중요한 문제긴 하지만, 선진국의 다국적기업들은 앞장서서 문화권력을 탈중심화하고, 분산시키며, 편재하는 것으로 만들고 있다.

권력의 탈중심화는 지구적 경기자(global player)로서 일본과 다른 비서구 국가들의 다국적기업의 출현에서 보여진다. 이것은 새로운 중심부가 미국의 자리를 차지하기 위해 등장했다기보다는 오히려 일본과 다른 비서구 지역들과 관련된 자본과 다국적기업들 사이에서 경계를 가로지르는 협력과 협조를 통해 미국과 함께 중추적 존재로서 더 전진되고 있는 것이다. 일본 회사들이 할리우드에 침입한 것과 아니메와 비디오게임의 지구적 확산이 미국이 지구적인 문화 헤게모니를 잃고 있다는 조짐처럼 보여졌지만, 현실적으로 이러한 현상은 미국 중심의 다국적 미디어 합작기업에 의해서

미야자키 하야오 감독의 《모노노케 히메(もののけ姫)》(원령공주). 《모노노케 히메》(1997)는 일본의 제작사 스튜디오 지브리(Studio Ghibli)와 미국의 배급사 디즈니가 업무 제휴를 한 첫 작품이다.

지구적 지배 경향이 더 확고해진다 것을 시사한다.

　　1989년 소니사의 메이저 할리우드 스튜디오 매입은 지구적인 오락 소프트웨어 사업에 일본 기업의 획기적인 약진을 극적으로 보여 준 것이었다. 그러나 이것은 미국의 자리를 차지하기보다는 미국 문화의 권력과 배급망에 통합된 일본 기업의 문제였다. 일본 아니메와 비디오게임의 전 세계적인 확산은 원개발 국가들, 주로 미국에 기반을 둔 다국적 미디어기업들 가운데 합병, 협력, 협조의 다른 형태들이 한 단계 발전하면서 든든한 버팀목을 얻게 되었다. 미국의 배급망이 없었다면, 포켓몬(Pokemon: 워너 배급)과 미야자키 하야오(宮崎駿)의 애니메이션 영화들은(디즈니 배급) 세계적으로 보급되지 못했을 것이다. 더구나, 미국의 닌텐도(Nintendo)는 세계의 관객들에게 선보인 포켓몬 애니메이션 시리즈와 영화들을 ―아시아의 어떤 지역에서 보여진 예외도 있지만― 세계 관객들에게 더 잘 수용될 수 있도록 일본성(Japaneseness)의 한 부분을 제거하는 과정을 통해 '미국화(Americanized)' 시켰다. 전 지구적인 문화구조는 개발국가들에 기반을 하는 다국적기업들에 의해 주도되어 고도로 분산되고 편재되어 있는 기업의 기본 단위인 국가의 지배형태로부터 재조직되고 있다.

전 지구화는 단순히 미국과 선진 서구국가들로부터 전해진 상품들, 가치들과 이미지들의 확산을 통해 만들어진 세계의 표준화를 의미하지는 않는다. 사실 전 지구화는 끝없이 새로운 차이들을 만들어내고 있다. 전 지구적으로 보급된 문화상품들과 이미지들은 각각의 지역성의 정치적·경제적·사회적 맥락에 의해, 그리고 성차·인종·계급·연령과 그 밖의 요소들에 의존하는 다른 상황의 사람들에 의해 형성된 특정한 문화적 틀 내에서 다르게 소비·수용된다. 동시에 이 문화상품과 이미지들은 각각의 지역적 맥락에서 혼종화 과정을 통해 재배치된다. 미국의 대중문화는 전 세계로 수출되지만, 가장 활발한 문화상품들은 미국의 문화적 영향력을 흡수하면서 동시에 지역적 요소들과 결합한 것들이다. 그것은 지역적으로 협상하면서 단순한 모방 이상의 새로운 상품을 만들어내는 결과를 낳는다.

하지만 이러한 문화 다양성의 증가는 자본의 논리에 의해 지배되고 있으며 전 지구화의 맥락 안에서 조직되고 있다(Hannerz, 1996). 전 지구화는 문화적 차이를 파괴한다기보다는 그 차이를 육성하면서 '균질화의 특정한 형식'을 만들어낸다(Hall 1991). 미국적 소비문화의 전 지구적 확산은 일련의 문화형식의 창조로 이어지고, 이를 통해 다양한 차이들은 조정될 수 있다. 이 형식들은 전 지구적 문화체제의 축으로 묘사될 수 있는 것이다. 이러한 의미에서 '미국'은 근대문화가 배치되고 장르/형식의 이동성이 전 세계에서 가속화하는 과정을 규제하는 기본 형식이 되었다고 할 수 있다. 다국적 미디어기업들이 전 지구적 제휴와 협력으로 나아갈 때, 이 기업들은 모든 시장에서 문화 다양성을 장려하는 동시에 세계 곳곳에서 이 축을 재단함으로써 자신들의 이익을 창출하려 노력하고 있다.

다시 말해, 유사성은 전 지구화 과정하에서 증가하는 문화적 차이들의 버팀목이 되었다(Pieterse, 1995). 세계는 표준화를 통해 더욱 다양해지고, 다양화를 통해 더욱 표준화된다. 전 지구화 시대의 문화권력은 그 문화가 시작된 곳에 집중되어 있지 않다. 문화권력은 각각의 지역적 맥락에서 일어나는 능동적인 문화 협상의 과정을 통해 실행된다. 사실, 지금은 다국적기업들에 의한 글로벌리제이션의 맥락 바깥에서 지역의 문화적 창조성을 상상하는 것은 거의 불가능하다.

아시아의 '지금 여기'에

문화권력의 탈중심화는 또한 많은 비서구 세계에서 점진적인 미디어문화의 지역화를 가져오고 있으며, 동아시아 역시 예외는 아니다. 1990년대 중반부터 일본, 홍콩, 타이완, 한국 등의 미디어산업과 시장에서 모험적인 합작이 눈에 띌 정도로 늘어났고, 현재 일본의 대중문화는 시간차 없이 계속해서 동아시아 시장에 수출된다.

일본 대중미디어 텍스트들이 재현되는 스타일은 미국적 미학과 다르지 않다. 대조적으로, 위에서 논의한 대로, 그것은 미국 문화의 상상계에 깊이 각인된 대중문화의 한 형식이다. 하지만, 그렇다고 해서 아시아의 젊은이들이 호의적으로 비서구 대중문화를 통해서 발견하는 특정한 문화적 의미들과 감정들을 무시하도록 방관해서는 안 된다. 왜냐하면 그 젊은이들은 미국과 서구 문화와 동일시하는 일반적인 '전 지구적 이미지'에 포섭될 수 없기 때문이다. 일본 대중문화의 차별적인 매력은 전 지구적으로 확산된 문화적 형태 위에 기반을 두면서만 분명히 전시될 수 있다. 하지만, 일본 대중문화를 통해 재현되는 젊은이의 고뇌, 꿈, 로맨스는 특정 양식과 현재적 근대의 의미와 깊은 연관을 가지고, 그 양식과 의미는 일본적 맥락에서 지구적인 균질화와 이질화가 서로 뒤섞인 구성을 분명하게 절합한다.

이런 의미에서, 관객이 일본의 청춘드라마를 통해 호의적으로 지각하는 특정한 의미는 본질주의적 의미에서 서구 근대성의 단순한 복제나 '일본'이나 '아시아'로 여겨도 안 된다. 많은 병자들은 일본 대중문화가 동아시아에서 받는 환대를 설명하기 위해 일본과 동아시아 국가들의 문화적 근접성을 인용한다. 즉, 일본이 동아시아 국가들과 문화적으로 가깝게 느껴지기 때문에 일본의 문화상품이 동아시아 지역에서 시청자들과 청취자들에게 친근하게 느낀다고 주장한다.

나는 타이완에서 미국 TV시리즈보다 일본 TV시리즈가 문화적으로 더 가깝게, 더 친근하게, 더 현실적으로 보이고, 감정이입이 잘된다는 의견을 자주 들었다. 《도쿄 러브 스토리(Tokyo Love Story/東京ラブストーリー)》와 《롱 베케이션(Long Vacation/ロングバケーション)》 등의 일본 TV드라마와 미국의 인기 프로그램을 비교하면서, 응답자들은 일본드라마 배우들에 대한 공감을 강조했다. 어떤 이는 "일본 시리즈는 우리 삶의 현실을 반영해요. 미국 시리즈는 우리의 현실적 경험도 열망도 표현 못해요"라고 말했다. 다른 사람은 "일본드라마처럼 우리 감정을 정확하게 표현하는 프로그램을 본 적이 없어요. 서구의 생활방식과 문화는 우리와는 너무 달라서 미국 TV시리즈에 감정적으로 몰입하기가 어려워요"라고 말했다. 이들에게 미국 쇼들이 제작의 질적인 면에서는 우위에 있다 해도, 그들에게 맞고 친구들과 함께 대화할 수 있는 이야기는 바로 일본 TV드라마다.

그러나 일본 TV드라마가 문화적 근접성 덕택에 다른 곳에서 만들어진 프로그램들과 비교할 수 없을 정도로 동아시아의 '지금 여기'를 매력적으로 묘사하고 있는 것처럼 보인다면, 이것이 왜 전 지구화의 핵심 경향과 모순이 되지 않았는지와, 맺어진 접속들이 왜 전 지구화의 틀에서 벗어나지 않았는지에 대한 적어도 두 이유가 있다.

첫째, 일본 TV드라마를 보면서 느낀 공감을 통해 첫눈에 타이완과 홍콩 같은 문화적으로 일본에 가까운 장소들을 보여 주는 것처럼 보여도, 문화적 근접성에 대한 이런 인식은 주어진 조건이 아니라는 것을 아는 것은 중요하다. 타이완과 홍콩 관객들이 일본 TV시리즈를 볼 때 느끼는 근접성과 친밀감에 대한 편안한 감정은 비슷한 재산수준, (전 지구화한) 소비문화, 이런 장소의 거주자들이 일본과 공유하는 생활방식에서 나온 동시대성이라는 의미에 기반을 한다. 경제발전의 일정한 수준을 획득했던 자본주의 사회 국민들의 공통적인 경험—동시적인 정보와 상품의 배급과 글로벌리제이션에 의한 소비주의 문화의 확산, 미디어산업의 팽창과 다국적화, 상당한 권력을 가진 젊은 중산계급의 출현, 여성의 지위와 태도의 변화—은 아시아 지역에서 일본 대중문화의 우호적인 수용을 지지하는 동시성을 생기게 했다. 이런 의미에서, 이와 같이 인식된 문화적 근접성의 경험은 사람들의 존재가 아니라, 무엇이 되는지를 묘사하는 역동적인 것으로 고려되어야 할 것이다. 그것은 근접함의 문제라기보다는 근접하게 됨의 문제이고, 이것은 우리가 공간적 축은 물론 시간적 축을 고려해야 함을 의미한다(더 자세한 논의는 Iwabuchi, 2002를 보라).

이런 의미에서, 최근 아시아가 일본 대중문화에 보내는 환대는 1980년대의 '일본 붐'과는 근본적으로 다르다. 당시 일본이 서구에 현지화한 소비문화를 생산하는 능력을 주면서 서구와 동등한 부의 수준을 지닌 유일한 동아시아 국가였던 반면, 최근의 환대는 일본이 더 이상 배타적으로 누릴 수 없는 특권이다. 지금은 동아시아의 다른 국가들도 그 지역의 문화산업이 일본에서 유행하는 모든 TV시리즈와 음악에서 상품 가치를 보고, 이 상품들이 각각 나라에 수출되었을 때 많은 젊은이들이 열광하는 것은 동아시아 지역 국가들의 문화적 생산을 하는 능력과 부의 수준이 일본과 비슷해 졌기 때문이다.

두 번째로 일본이라는 무대 안에서 일본의 대중문화는 미국 문화에 영향을 받으면서도 다른 곳에서는 발견되지 않는 정체성을 만들어낸다. 하지만 이것은 단순히 일본에 특정한 '국가적 문화'의 출현에 대한 문제가 아니다(사실 그런 단일한 실재는 상상할 수 없다). 오히려 위에서 주목한 대로, 일본의 '독창성'은 지구화된 소비 대중문화의 핵심 형태들과 조화를 이루면서 표현된다. 이 문화가 예시하는 동아시아의 근대성은 전 지구적이며 지역적인 힘, 균질화와 이질화의 상호작용에 의해 일본적 맥락에서 이런 경향들의 기술적 혼성화에 의해 형성되어 왔다.

전 지구화는 전 세계에서 서구 지배하의 근대 역사라는 맥락에서 불평등하게 경험되어 왔다. 서구의 부정할 수 없는 문화적 · 정치적 · 경제적 · 군사적 헤게모니는 근대적 '세계체제'라고 부를 수 있는 것을 만들어 냈고, 서구 자본주의 사회(특히 미국)에서 구성된 근대성의 영향은 전 세계에 퍼진다. 그러나 비서구 국가들에 강제된 근대적 경험은 토착적인 근대성의 다양한 형식들을 생산해 왔고, 동시에 서구적 경험의 관점에서 배타적으로 근대성을 논의하는 오류를 강조했다. 서구적 근대성이 확산되는 과정에서 진행되는 비대칭적인 문화적 조우의 당연한 결과로, 전 세계의 많은 문화들이 자신의 문화와 유사하게도 되고 다르게도 되었다는 것을 알 수 있다 (Ang and Stratton, 1996). '친근한 차이들'과 '기괴한 유사성'은 불평등한 문화의 전 지구적인 조우의 역동성 안에서 다중적 층위 위에 서로 관계를 맺고, 문화적 거리에 대한 복잡한 인식을 만들어낸다.

딤섬이나 김치가 지역적인 진수성찬의 냄새를 풍기는 것처럼 일본의 대중문화가 아시아에서 환영을 받는다면(《Newsweek》, 아시아판, 11. 8, 1999), 그것은 일본의 대중문화가 동아시아의 맥락에서 전 지구화가 장려하는 차이와 유사성을 혼합하면서 문화적 배열/지형(configuration)을 재현하기 때문이다. 나는 일본 TV드라마가 그리고 있는 젊은 도쿄인(Tokyoites)의 삶에서 매일(더 특별하게) 일어나는 일들을 순수하게 연관 지으면서 자기 자신과 일본 배우들의 꿈과 욕망을 동일시하는 동아시아 지역의 젊은 시청자들이 많이 있음을 이미 언급했다. 이것은 일본 대중문화의 가까움/가까워지는 것이 타이완과 홍콩 관객들이 일본에 대해 느끼는 편안한 차이를 반영한다는 나의 제안을 실제로 보여 준다. 아시아 시청자들은 일본이 다르지만 유사하고, 동일하지만 다르기 때문에 일본의 극중 인물들과 자신을 동일시한다. 동일성과 차이, 가까움과 거리, 현실과 꿈이 정교하게 섞여 있는 리얼리즘의 감각은 관객에게서 공감을 이끌어낸다.

일본 대중문화가 다중적 근대성 사이에서 유사성들과 차이들의 혼합을 통해 아시아의 지금과 여기를 재현하는 유일한 형식은 아니다. 또한 대다수의 다른 아시아 지역에서, 대중들은 미국과 최근 일본에 의해 영향을 받으면서 자국의 특정한 사회적 · 문화적 맥락 안에서 문화형식들을 창조하고 있다. 예를 들어, 중국과 타이완 같은 곳에서 TV드라마 제작은 젊은 관객을 겨냥해 일본 시리즈 물들에 의해 자극을 받아왔다. 하지만 일본 프로그램들에 대한 단순한 모방이 아닌, 재창작된 시리즈는 다양한 지역 요소들을 교묘하게 혼합한다.

특히 흥미로운 케이스는 고등학생들의 생활에 관한 일본 망가《꽃보다 남자(花より男子)》를 원작으로 하는 《유성화원(流星花園)》으로, 이 시리즈는 원래 인물들과 그 인물들의 일본명을 그대로 사용하면서 망가의 스토리를 기술적으로 타이완의 상황에 옮겨 놓았다. 2002년 7월 12일치《아사히신문(朝日新聞)》에 의하면, 비록 드라마의 연애와 폭력이 학생들에게 나쁜 영향을 준다는 우려 때문에 중국에서는 방송이 금지되었지만, 그 시리즈는 해적판 비디오 CD의 유통으로 젊은 중국인들 사이에 크게 유행했다. 이것은 일본과 타이완의 문화적 상상력의 혼성이 정치적 억압을 피해 새로운 동아시아 문화적 유대를 창조한 사례다.

《유성화원》의 원작인 가미오 요코(神尾葉子)의 일본 망가《꽃보다 남자》.《꽃보다 남자》는 일본 사립고등학교를 배경으로 'F4' 라는 부유층 남학생 4명과 가난한 여학생 1명의 사랑과 우정을 그린 순정만화다.

한국 TV가 제작하는 버라이어티쇼와 젊은층을 겨냥한 드라마 시리즈는 일본드라마의 영향을 거의 받지않았다는 사실은 종종 주목받는다(Lee, 2003).《도쿄 러브 스토리》와 유사한 한국 시리즈들이 제작된 1993년 이후, 일본 TV시리즈는 한국드라마 제작에 신선한 공기를 불어넣었다. 하지만 한국인들은 일본 프로그램에 대한 모방을 넘어서서 자신의 매력을 살려 아시아의 '지금 여기'를 묘사하면서 드라마를 제작했고, 지금 이 드라마들은 아시아 시장을 매료시키고 있다. 최근 몇 년간, 한국의 대중문화는 아시아 시장을 휩쓸었고, 그 인기는 한류(韓流) 현상을 만들어냈다. 한국 TV시리즈와 대중음악은 지금 타이완, 홍콩, 중국 등지에서 일본드라마와 대중음악보다 더 많은 환대를 받고 있다.

　　한국 TV드라마가 성공한 주요 이유 중 하나는 일본 프로그램보다 더 넓은 시청자들에게 어필할 수 있는 가족에 대한 묘사다. 많은 젊은 시청자들은 리얼리즘과 캐릭터들과 스토리를 연관 짓는 능력이라는 점에서 일본드라마보다 한국드라마를 선호한다.

　　타이완 대학생들과의 인터뷰에 따르면, 일본 시리즈물은 젊은이들의 사랑과 일에만 초점을 맞추는데, 이것은 스토리의 범위를 제한한다. 반면 한국드라마는 중심 주제로서 젊은이의 로맨스를 다루면서도 부모와 자식, 조부모, 그 밖의 여러 친인척들과의 문제와 유대를 그린다. 이러한 점이 타이완의 젊은이들에게는 한국드라마를 자신들의 진짜 삶에 더 유사하게 느끼게 한다. 일본 TV드라마 세계의 특징인 젊은이들의 제한된 관계와 일상은 이토 마모루(伊藤守)가 '마이크로코즘(microcosm)'이라고 묘사한 것으로 아시아 지역의 많은 추종자의 마음을 끌었다(1999). 그러나 한국드라마는 약간 다른 아시아 지역의 '지금 여기'를 묘사함으로써 리얼리즘의 새로운 수준에 이르렀다.

트랜스 아시아 미디어 연구를 위하여

일본 역시 특히 한국, 타이완, 홍콩과 함께 점점 다국적 문화 흐름을 향한 경향을 목격하고 있다. 예를 들어 동아시아 영화들은 대중적 환호를 받았고, 한국과 합작하는 TV시리즈는 영화로 만들어졌다. 아시아의 다른 지역에 대한 일본의 우수성에 대한 믿음─국가가 지리적으로 문화적으로 아시아에 속했다는 것을 받아들이면서도 일본과 아시아 간의 차이를 만들었던 생각─은 뿌리깊게 자리 잡고 있지만, 아시아 국가들이 대중문화의 흐름들을 통해 점점 더 서로 연결되면서 그런 태도들은 흔들리고 있다. 이것은 일본인들이 다른 아시아 지역의 사람들과 동일한 개발의 시간대에 산다는 것과 근대화, 도시화, 전 지구화라는 유사한 흐름들에 침식되는 동안, 아시아 사람들은 자국의 특별한 상황에 따라 유사하지만 다른 방법으로 이러한 현상들을 경험한다는 것을 깨닫게 할 것이다. 또 이것은 일본인들이 자국의 근대성의 상태를 비판적으로 재검토하는 적절한 순간임을 증명할 수 있을 것이다.

하지만 동시에 동아시아와 동남아시아 미디어문화가 번영하고, 지역 교류를 시작하면서, 이것은 다른 아시아를 열등한 것으로 여기는 관점을 재생산하며 구조적 불평등으로 나아가고 있다. 예를 들어, 대중문화의 소비를 통한 동아시아의 '친근한' 문화적 차이들에 대한 자각이 평등한 조건에서의 문화적 대화를 촉진하는 공유된 동시대성에 항상 이르게 되는 것은 아니다. 실은, 다른 아시아 국가들에서 일본으로의 대중문화 유입은 아시아 국가들이 여전히 일본에 뒤쳐진다는 상반된 의미를 불러일으키고 있다. 아시아 문화가 일본에서 더 광범하게 소비되면서, 과거 일본 부흥의 시기와 아시아의 현재를 동일한 것으로 이해하려는 오리엔탈리즘적 사고는 끊임없이 고개를 든다(자세한 논의는 Iwabuchi, 2002를 보라).

아시아의 문화교류에 대한 고도로 민족화된 이해는 확실히 문제적이다. 트랜스적 문화 흐름에 대한 토론에서 국가 간 문화교류에 지나치게 초점이 맞추어져 있는 것은 문화적 단절/연결이라는 사회 내적 문제와 이민자, 인종적 소수자, 성차/성, 계급에 관한 타자화를 무시하는 경향으로 이어진다. 대략해서 말하자면, 트랜스적 흐름과 연결들이 탈식민 정치와 다중문화적 정치학과 반드시 교차하는 것은 아니다. 트랜스 내셔널리즘의 국가화한 버전은 일상에서 실천하는 미디어 표현과 '지금 여기'에 이민과 디아스포라의 육성을 연결함으로서 강제된 트랜스 내셔널리즘에 무관심하며 이와 완전히 다르다. 트랜스적 흐름은 소수자의 자리 매김과 소수자가 사는 사회에서 정체성 형성에 영향을 주는(주지 않는) 방법에도 무관심하다. 후자는 2002년 월드컵을 공동으로 주최할 때 진전된 한국-일본의 대중문화 접점을 개발하면서 인식했다. 한국 정부가 2004년 일본 대중문화 수업 규제 정책을 철폐하는 단계적인 과정을 완성하는 동안에, 두 국가 사이에 문화적 흐름과 산업적 협력은 영화·TV드라마·대중음악의 합작, 동시 상호 마케팅, 쌍방간 소비의 측면에서 이미 강화되었다. 위에서 말한 대로, 《쉬리》나 《겨울연가》 같은 미디어상품들이 일본에서 놀라운 히트를 치면서 한류는 이미 일본에 상륙했다. 일본 신문에서 실시한 여론조사에서 보여 준 대로, 두 국가 사이에 문화적인 대화와 이해가 전례 없는 규모와 방법으로 용이해졌는데, 여기서 대중문화 흐름의 역할이 컸다. 그러나 두 국가의 문화적 대화에서 종종 놓치는 것은 일본에 거주하는 한국인들이 쌍무관계를 점유하는 불안정한 위치들이다.

한편으로, 재일동포가 한국 대중문화의 유입을 능동적으로 촉신했다. 《K.T》를 한국과 합작했던 이봉우는 《쉬리》 배급에 성공했다. 재일교포 3세인 여성이 책임자로 있는 도쿄 메트로폴리탄 TV는 한국드라마 시리즈를 정기적으로 방송한다. 두 경우 모두 미디어 보도에서 한국-일본의 문화

교류를 촉진하려는 의지가 나타났다. 어떤 사람들은 일본에서 한국 이미지와 문화가 증가함에 따라서 권력이 생겼다는 느낌을 받는다. 예를 들면, 일본 정부에 중립주의 적용을 제출하려고 했던 젊은 남자가 이탈리아와 벌인 월드컵 축구 경기에서 한국의 승리와 일본 미디어의 긍정적인 반응을 보고 나서 이를 제출하지 않았다. 그는 한국에 갔던 적도 없고, 한국에 강한 우호 관계를 갖지 않았음에도, 국제적인 문화의 경합장에서 한국의 상승은 그에게 일본 사회에서 한국인으로서 살게 해주었다.

그러나 다른 대학생은 2002년 월드컵 시기에 한국과 일본의 왜곡된 문화교류에 대해 깊은 좌절감을 표현했다. 그는 월드컵 공동개최가 재일교포의 존재를 훨씬 강조하고, 현재의 고통스럽고 불안정한 삶의 역사를 대중이 더 잘 이해하지 않을까 희망했지만, 별 효과가 없었다고 TV 토크쇼에서 말했다. 그 교섭은 국가 중심적인 틀 안에서만 가장된 것이고, 재일교포로서 그는 그 안에서 어떠한 공간도 발견하지 못했다. 설상가상으로, 재일교포에 대한 차별수단들은 계속되었다. 특히 북한이 일본 국민을 납치했다는 것을 공식 인정함으로써 재일교포에 대한 폭력과 차별이 더 심해졌다.

우리는 아시아에서 대중문화를 통해 가장된 새로운 교섭들이 지구화한 소비주의에 기반했기 때문에 특정 그룹을 더 배제한다는 것을 기억해야 한다. 대중문화에 의한 유대는 동아시아의 방콕, 홍콩, 서울, 상하이, 싱가포르, 도쿄 같은 주요 도시들의 미디어산업들 사이에 모든 협력 이상이고, 이 대도시에 사는 상대적으로 부유한 젊은 사람들(TV드라마의 경우, 특히 여성)을 포함한다. 그들은 무수한 지역들과 사람들을 배제한다. 탈레반 정부가 2001년 11월에 카불로부터 쫓기고 있었을 때, 일본 신문들은 일본제 비디오게임을 하면서 노는 아프간 아이들의 사진을 평화의 상징으로 실었다. 그러나 전쟁에서 막 탈출한 카불의 어린이가 풀밭에 앉아서 정신없이 게임을 하는 행동과 도쿄와 홍콩의 집에서 안전하게 어린이가 게임을 갖고 노는 것과는 비교할 수 없다. 다국적기업들과 자본의 권력(이 체제를 지원하는 절대적인 미국 군대 힘)이 대중문화에 의해 가장된 동아시아 교섭들을 지지한다.

이런 집단들은 기본적인 소비주의 교의(敎義)와 조화하면서 국가적 틀의 한계를 넘어서 자유롭게 행동하는 한편, 행운의 몇몇에게만 이익을 준다. 수많은 국민과 문화는 트랜스적 축제에 참여할 수 없으며, 국가의 경계를 넘지 않는다. 문화적 도전을 너무 강조하면 다른 현실들을 가려버리는 글로벌리제이션의 이데올로기로서 작용할 것이다.

미디어가 '지구촌'의 주민들 사이에 코스모폴리탄적 의식을 자극하고 있다는 낙관적인 시각이 있다. 하지만 21세기 초에 있었던 일련의 사건들은 세계 경제의 불균형이 어떻게 절망적인 수준으로 커졌는지 그리고 '그들' — '우리'를 위협하는 야만적인 불량배—이 어떻게 재생산되고, 세계 밖으로 추방되었는지 다시 적나라하게 드러내었다. 경계가 국가를 분리하고, 문화가 더럽혀지고, 권력구조가 탈중심화를 통해 분절화하면서, 배제와 불균형은 많은 층위 위에서 폭력적으로 제도화한다. '진부한 세계주의'의 시대에 필요한 대화체적 상상력은 우리가 다른 지역의 다양한 사회적 문제들을 인식하게 하고, 글로벌리제이션 과정에 의해 생긴 사회 간이나 사회 내부의 다양한 모순들과 연동하게 하는 것이다(Beck 2002). 매개된 트랜스적 조우가 부분적이라면 대화적이고 자아비판적인 관점을 촉진시켜야 한다. 그러나 그것은 너무 소박해서 그런 대화를 가장하면서 트랜스적 대중문화 교섭들에 대한 기대를 품을 수 없고, 반면 너무 조급해서 하찮고 상업화한 잠재력을 버릴 수가 없다. 우리는 미디어와 대중문화가 글로벌리세이션의 다양한 과정에서 어떻게 멀리 있는 다양한 지역—균질적이지만 비균질적, 친밀하지만 무관심하게, 우호적이지만 같지 않게—을 연결하는지와 어떻게 트랜스적(대중, 자본, 미디어의 공간적 흐름), 탈식민주의적(역사적 과

잉결정), 다중적 문화(특별한 지역 문화 정치)를 특별한 결합으로 서로 절합시키는지에 대해 확실히 파악한 대화의 가능성을 실제화시키고, 찾도록 노력해야 한다. 이를 이루기 위해, 나는 대중문화를 통해 위장된 경계를 가로지르는 교섭의 중요성을 수용하고, 세상을 진짜로 다르게 만들기 위해 다중면을 가진 교섭들을 비판적으로 조사하는 협동적인 트랜스 아시아 미디어 연구를 개발할 필요가 있다고 제안한다.

이 비판적 프로젝트는 탈국적이고 창조적 상상력과 연구자들, 학생들, 실천적인 다양한 문화적 표현들, 많은 사회의 문화적 중재와 관련된 트랜스적 연합을 통해서만 완성할 수 있는 에드워드 사이드(Edward Said)의 의미에서 지적인 아마추어리즘 위에 기반을 둔다. 접두사 'trans'는 'cross', 'through(out)', 'beyond'(훈련, 국적, 주거지의 위치, 점유, 사회-문화적 자리 매김 등)을 의미한다, 하지만 이것은 또한 '존재의 다른 상태로 전이하는' 의미도 있다. 이것은 후자의 의미에서 트랜스 아시아 미디어 연구의 프로젝트에서 우리 협력은 테오도어 비젠그룬트 아도르노(Theodor Wiesengrund Adorno)가 콘덴서로서 프리즘을 언급한 것처럼 필요한 것 이상이고, 현재와 비판적 충돌을 통해 미래를 향한 희망의 섬광을 감지하는 스펙트럼 그 이상이다.

참고문헌

Ang, Ien, and Jon Stratton. 1996. 'Asianizing Australia: Notes Toward a Critical Transnationalism in Cultural Studies.' In *Cultural Studies 10* (January).

Beck, Ulrich. 2002. 'The Cosmopolitan Society and its Enemies.' In *Theory, Culture & Society 19* (1~2): p. 17~44.

Hall, Stuart. 1991. 'The Local and the Global: Globalization and Ethnicity.' In *Culture, Globalization, and the World System: Contemporary Conditions for the Representation of Identity*, edited by Anthony King. London: Macmillan.

Hannerz, Ulf. 1996. *Transnational Connections: Culture, People, Places*. London: Routledge.

Ito, Mamoru. 1999. Terebi dorama no gensetsu to riariti kosei (The discourse and reality structure of TV dramas). In *Terebijon porifoni* (Television polyphony). Kyoto: Sekaishisosha.

Iwabuchi, Koichi. 2002. *Recentering Globalization: Popular Culture and Japanese Transnationalism*. Durham: Duke University Press.

Lee, Dong hoo. 2003. Cultural Contact with Japanese TV Dramas: Modes of Reception and Narrative Transparency. In *Feeling Asian Modernities: Japanese TV Dramas* in East/Southeast Asia, edited by Koichi Iwabuchi. Hong Kong: Hong Kong University Press. In press.

Pieterse, Jan Nederveen. 1995. Globalization as Hybridization. In *Global Modernities*, edited by Mike Featherstone, Scott Lash, and Roland Robertson. London: Sage Publications.

Said, Edward. 1994. *Representations of the Intellectual*. New York: Vintage.

욕망과 폭력으로서의 '아메리카' :

전후 일본과 냉전 중 아시아에서의 미국화

요시미 슌야 저
데이비드 비스트 영역
이정일 역

1. 동아시아에서 자아(self)로서의 '미국'

제2차 세계대전 이후에 동아시아 사람들에게 '미국'이란 무슨 의미
였는가? 그리고 현재에는 무슨 의미인가? 냉전 기간에 복잡한 지역적 관점
으로 세워진 미국과의 관계를 군사적, 정치경제적 측면이 아니라 민중의 일
상의식과 문화의 측면에서 되돌아보는 것이 가능하지 않을까? 남아시아,
서아시아, 유럽, 남아메리카와는 다른 방식으로, 최소한 일본, 한국, 타이
완, 필리핀, 베트남, 인도네시아 같은 나라들에서 '미국'은 특별히 강하고
의미심장한 존재감을 지니고 있었다. 환태평양에 위치한 이 나라들의 대부
분은 짧든 길든 일본의 군사적 지배하에 있었다. 또 이 나라들은 그 이후에
는 미군이나 다국적기업 활동의 전초기지로서 미국의 영향권에 있어왔다.
미국의 냉전전략의 관점에서 보자면, 환태평양지대—일본부터 인도네시아

까지—가 아시아의 주도권을 확립하는 지속적인 공간이 되어왔다는 것은 의심할 여지가 없다. 이 지역에 사는 민중들의 일상의식과 문화적 실천을 살펴본다면 '미국'의 두드러진 존재감을 유사하게 찾을 수 있을 것인가? 이 지역 전체에 걸쳐 '미국'에 대한 유사한 문화적 반응을 보이는 공간적 연속체가 있다고 말할 수 있는가?

이러한 광범위하고 복잡한 현상에 대한 연구의 중요성이 명백함에도 불구하고 최근까지 일상의식과 문화의 관점에서 지역 전체의 콘텍스트와 정치적, 군사적 문제까지 고려하며 '미국'이라는 의미를 연구한 사례는 거의 없었다. 최근 미국과 동아시아 지역 전체와 관련된 국제정치 관계와 전략에 관한 연구가 있기는 했다. 그러나 이러한 연구는 좁은 의미의 정치에 크게 제한되어 있다. 일상문화의 정치학이라는 보다 넓은 의미에서 국제정치 관계를 분석하려는 연구는 거의 이루어지지 않고 있다. 예를 들어, 미국 군사기지가 일본, 한국, 타이완, 필리핀의 도시음악 문화와 성에 미친 영향에 관한 국제적 비교연구는 많은 연구자들에게서 흥미로운 주제로 제안되었지만, 아직 아무도 그 주제에 손을 대지 않고 있다. 전후(戰後), 미국문화가 아시아에 끼친 영향에 대한 문제가 연구주제가 될 때면 거의 항상 한 나라의 관점에만 한정되곤 했다.

논점을 명확히 하기 위해 1980년대에 일본에서 '미국문화'라는 제목으로 나온 사전 형식의 책을 살펴보자. 이는 제2차 세계대전 이후의 미국문화가 어떻게 일본의 문화와 관습에 침투해 들어왔는지를 여러 관점에서 살핀 아주 중요한 시도였다. 이 책은 전후부터 1970년대까지를 세 시기로 구분했다.

첫 시기는 1945~60년으로 '미국에 대한 애증기'라고 불렸다. 이 시기는 미국에 대해 전쟁기에 가지고 있던 불편한 감정이 동경으로 바뀌던 때였으며, 사람들은 미군기지 반대 시위에 정치적으로 공감하면서도 미국식 모델에 따라 일상을 살았다. 이 시기의 특징으로 이 책에 인용된 상품과 유행은 다음과 같다. '추잉 검', '영어회화', '리더스 다이제스트', '재즈', '블론디', '프로레슬링', '웨스턴', '디즈니', '뽀빠이.' 이 모든 것들은 '미국'의 향취가 흠뻑 묻어나는 것들이었다.

둘째 시기는 1960년대로 '미국의 침투기'로 불렸다. 빠른 경제성장을 배경으로 미국식 생활양식이 보통 일본인들에게까지 깊숙이 침투한 시기였다. 이 시기를 대표하는 물건들은 '코카콜라', '홈드라마', '슈퍼마켓', '주방혁명', '미니스커트', '청바지', '포크송', '히피' 등이었다.

셋째 시기인 1970년대의 '야외생활', '다이어트', '스니커즈', 'TV 시청률 전쟁' 등은 '미국'이 더 이상 욕망의 대상이 아니라 최신의 세계 경향을 알 수 있는 정보의 원천으로 여겨졌다(Ishikawa et al. 1981). 이 책은, 전후 일본사회에서 나타난 '아메리카니즘' 현상이 단지 미국의 군사적·정치적 강점의 결과라기보다는 일본 민중의 감정과 욕망이 연관된 중대한 구조적 변화로 보고 있다. '미국'은 전쟁의 패배로 인한 집단의식의 상실감에 대해 설득력 있는 답변을 해주었다. 전후 역사에서 일본 민중들은 미국을 향한 욕망과 적개심을 매개로 그들만의 국가 정체성을 재건했다.

이 연구의 중요성을 인식하는 것과 동시에 접근방식에서 두 가지 한계점을 지적하고 싶다. 첫째, 이 책은 문화와 관습이라는 주테마에 너무 한정되어 있다. 예를 들어 이 분석에서 언급된 아이템들에 '천황', '맥아더', '검열', '군사기지', '폭력', '오키나와' 등을 포함시킬 수도 있음에도, 이런 것들은 빠져 있다. '문화'라는 개념이 탈정치화해 정치문제나 군사문제들과 완전히 분리된 채 다루어지고 있다. 그리고 '미국'이, 일본 민중들이 희망으로 삼고 있는 부와 자유의 상징이 되고 있다는 사실이 강조되고 있다. 불균등한 권력관계와 지배의 문제를 분석의 영역 밖으로 위치시키는 것은 미국을 욕망의 대상으로 투사함으로써 작동하는 이념적, 정치적 과정을 보지 못하게 가려버린다. 예를 들어, 전후 음악문화는 미군기지에서 일본인 음악가를 고용하는 것을 통해 발전되었는데, 미군들과의 접촉에 결정적인 영향을 받았다. 이 책은 이 문제에 적절한 관심을 기울이지 못하고 있다. 그 대신에 이 책은 전후 음악의 발전을 설명하며, 일본 팬들이 미국 재즈 연주 자들을 얼마나 열정적으로 받아들였는지 그리고 이것이 어떻게 결국에는 일본의 음악문화에서 재즈가 정착하는 것으로 이어졌는지에 주목한다. 미군기지 내부와 주변에서 벌어졌던 일들은 괄호 안에 남겨지고, 초점은 철조 망 밖의 더 넓은 세계의 미국문화로 옮겨간다.

문화적 역사기술을 시도한 이 작업의 둘째 한계는, 책이 일본 본토 에만 한정되어 있다는 점이다. 그러나 충분한 분석이 이루어지기위해서는 오키나와의 동시대 상황을 넘어서, 멀리는 한국, 타이완, 필리핀까지 살펴 보는 것이 필수다. 예를 들어, 미군정 기간에 미군기지에서 발전된 음악문 화, 즉 나중의 오키나와 음악 같은 문화는 동시대 필리핀 밴드에서 무시할 수 없을 정도의 영향을 받았다. 두 지역의 군사기지 간 인력 교환의 관점에 서 보면, 일본과 필리핀의 문화관계를 1950년대까지 거슬러 올라갈 수 있을 지도 모른다. 그리고 이는 당시 음악의 발전과 성(sexuality)에 영향을 주었 다. 또한 어떻게 '미국'이, 옛 '일본'의 지배적 존재가 부정된 것처럼, 한국 과 타이완 사람들의 의식에 받아들여졌는지도 살펴볼 필요가 있다. 고려해 야 할 또 하나의 중요 테마는 한국전쟁과 베트남전쟁 기간에 동아시아에서 '미국'의 역할과 관련된 문화적 역사다. 소위 '일본화' 현상을 포함해, 일본 의 경제적 팽창에 이어 동남아시아에서 나타난 다양한 사회적 의식과 문화 적 소비는 전후 '미국화'와 연장선의 맥락에서 고려되어야만 한다. 이러한 광범위한 연구는 전후 일본에서의 '미국'과 냉전시대 동아시아에서의 '미 국' 문제를 연결하려고 하는 순간 필수적이 된다.

이런 접근방법은 (동아시아에서 급속히 성장하기 시작한) 탈식민주의 연구의 영역과 연관된다. 전후 미국의 동아시아 지배는 어떤 의미에서 전쟁 전까지 존재했던 일본 제국주의 질서를 재건하는 것이었다. 조지 F. 캐넌(George F. Kennan)이 처음 고안한 중국 봉쇄책과 아울러, 일본의 산업적 능력은 동남아의 자연자원과 시장에 연결되었다. 동시에 한국, 타이완, 오키나와는 그때 형성되었던 공동 번영을 위한 군사적 완충지대 구실을 했다.

냉전질서 체제하의 아시아에서 식민지적 의식과 실천이 전후에 더욱 전개된 사실을 연구하는 데에도 미국의 중재자 구실이 필수적으로 고려되어야 한다. 천광싱(陳光興)이 강조했듯이, 냉전질서와 미국주의의 분석은 동시대 탈식민의 지평과 관계에서만 추구될 수 있다(2002: 77~83).

2. 금지하는 미국: 미군정과 검열시스템

우선 1945년 일본의 패전과 이어지는 미군의 점령이 일본의 전후 대중문화 발전에 어떤 영향을 주었는지 살펴보자. 한 견해에 따르면, 군정기간 중 미국 민간정보교육국(Civil Information and Education Bureau: CIE)에 의해 주로 추진된 문화정책이 미국주의를 일찍이 전전(戰前)의 군사기지에서 도심의 중산층 사이로, 그리고 국가 전체로 확산시키는 데 영향을 주었다. 실제로 1945년 8월 15일 일본의 무조건 항복 이후 딱 한 1개월 만에 《일영회화 북클릿》이라는 영어책이 출판되어 400만 부가 넘게 팔려나갔다. 1947년에는 NHK가 〈미국으로부터의 편지〉라는 라디오 프로그램을 방송하기 시작했는데, 워싱턴의 현황 따위를 전하는 단순한 것이었다. 이 프로그램도 엄청난 인기였다. 1949년에는 《아사히신문(朝日新聞)》 조간에 〈블론디(Blondie)〉라는 미국만화가 실렸는데, 만화는 미국식 생활양식과 풍요로움을 코믹하게 전달했다. 이 만화는 1951년에 일본만화 〈사자에 상(サザエさん)〉

에 의해 대체될 때까지 상당한 인기를 누렸다. 〈블론디〉에서 묘사된 장면들이 전기용품이나 자동차등을 직접 보여 주는 것은 아니었지만, '미국식 번영'에 대한 욕망을 이미 가지고 있는 전후 일본인들은 만화의 애매한 그림들에서도 미국식 번영의 상징들을 읽어냈다(Iwamoto, 1997: 155~166, 1998: 147~158). 1950년에 《아사이신문》은 오사카 외곽에서 열린 '미국박람회'를 후원했는데, 기대했던 것보다 훨씬 인기가 있었다. 수많은 군중들이 전시를 보러왔는데, 전시품 중에는 메이플라워 호에서 루즈벨트 대통령까지 미국 역사를 재연하는 '백악관전시관'과 미국의 풍요로움을 전시한 주전시관, 텔레비전관, 뉴욕의 고층빌딩과 자유의 여신상, 새로 개발된 서부, 금문교 등의 사진으로 가상관광을 제공하는 파노라마관 등이 있었다. 그러므로, 일반적으로 말해, '미국'을 향한 대중적 욕망의 폭발이 단순히 군정의 강압이나 그들이 추진했던 민간정책에 의한 것이 아니라는 점은 자명하다.

그러나 전후 일본인들과 '미국'의 조우가 가진 복잡한 성격을 전전에 이미 존재했던 경향이 '미국화'로 확장된 것이라고 단순히 이해할 수는 없다. 말할 필요도 없이 미군정 기간 내내, 일본은 압도적으로 강력한 '타자'와 협상하지 않고는 스스로의 미래를 결정할 수 있는 위치에 있지 않았다. 이는 삶의 모든 영역, 경제와 정치에서 문화와 생활양식까지도 영향을 주었다. 존 다워(John Dower)가 보여 주었듯이, 미국의 지배가 완전히 일방적이었던 것은 아니며 항상 의도한 효과를 본 것도 아니었다. 그럼에도 이와 직접 관련된 경험들을 고려하면, '미국'은 압도적인 권력의 원천으로 제시되었으며, 그에 반하는 도전을 한다는 것은 아주 어려운 일이었다. '미국'은 새로운 생활양식과 문화라는 이미지 이상의 것이었다. 이는 사람들의 일상에 항시 존재하며 간섭하는 힘이었고 도전을 용납하지 않았다. 그리고 사람들이 매일 접해야만 하는 직접적으로 현전하는 '타자'였다. 이러한 미군정의 직접 영향은 두 가지 범주로 구분할 수 있다. 군정정책의 일부로 의식적으로 추진되어 나타난 영향과 정복자와 피정복자의 상호작용을 통해 무의식적으로 나타난 영향이다. 의식적 영향이라는 전자의 주요한 요소는 물론 검열제도와 이에 동반한 여러 문화정책이었다. 이는 주로 영화, 방송, 신문, 출판을 포함한 매스미디어와 관련되어 있으며, 이 모두는 미국문화에서 강력한 힘을 가지고 있는 것들이었다.

미군정하의 검열은 저널리즘, 영화, 문학 영역의 많은 역사연구자들에 의해 상당히 광범하게 연구되었다. 이러한 연구들은 주로 미태평양군의 대항정보국(Counter Intelligence Section: CIS) 산하조직인 민간 검열지부(Civil Censorship Detachment: CCD)의 검열활동에 집중되어 있었다. 아리야마 데우로(有山輝雄)가 지적했듯이, 이 지부의 검열활동은 본래 일본군으로부터 다시 점령한 영토들에 대한 미국의 군사전략의 일부로 시작되었다. 예를 들어 필리핀 같은 곳 말이다. 이는 주로 군사첩보의 관점에서 수행되었으며 그래서 일본 본토에서 추진되기에는 다소 이상한 정책이었다(대부분의 정책은 미 행정부의 원조계획이었기 때문이다). 본래 연합국의 이 전략은 필리핀과 오키나와 점령에 따른 일본 공략을 추진하기 위한 것이었다. 이 계획에 따르면 CCD의 역할은 군사적인 것으로 침략할 곳의 저항군의 활동정보를 모으는 것이었다. 그래서 이 지부는 전보나 전화 같은 통신매체 검열에 초점이 맞추어져 있었다. CCD는 신문, 방송, 잡지나 다른 매스미디어에 관여할 의도로 조직된 것이 아니었다.

그러나 일본 점령은 본토에 대한 침략 없이 시작되었다. 매스미디어 검열을 책임질 다른 조직의 부재로, 매스미디어 검열의 역할은 CCD에 맡겨졌다. CCD는 곧 조직의 지위에 걸맞지 않은 영향력을 행사하기 시작했다. 군정 초기 단계에 CCD의 검열은 여러 형태의 매스미디어(영화, 라디오, 신문, 잡지 등)와 교과서를 비롯한 도서 일반, 극장, 편지, 전보, 전화 등을 포함한 극단적으로 넓은 범위에서 행해졌다(Ariyama, 1996: 41~61).

CCD의 조직적 성장의 놀라운 점은, 이 조직이 일본인을 상당수 고용했다는 점이다. 극도로 넓은 활동범위에도 불구하고, 임무 수행 능력이 있는 미국인의 수가 부족했다. 그래서 임무 달성을 위해서는 일본인 인사들에 의존할 수밖에 없었다. 야마모토 타케토시(山本武利)에 따르면, 매스미디어의 대표적인 매체들을 직접 다룬 하급 검열관은 대부분 일본인이었다. 일본인들은 또한 미군 장교들이 검열을 할 수 있도록 신문이나 잡지의 기사들을 영어로 옮기기도 했다. 검열 대상이 된 미디어가 늘어나면서 일본 고용인들도 점차 늘어났다. 최초에는 임시방편이던 것이 나중에는 정상적인 절차가 되었다. 1947년경에는 8,000명이 넘는 일본인이 CCD를 위해 검열 작업을 수행했다(Yamamoto 1996: 298~299). 이는 다른 군정기관의 조직원수와 비교할 때 놀라운 것이었다. 비록 정확히 확인할 방법은 없지만, 마쓰우라 소조(松浦總三)는 이 일본인들의 적지 않은 수가 전쟁 중에 해산된 내무성에서 검열관으로 일했던 사람들이었다고 추측한다(Matsuura 1969: 50). 마쓰우라는 여기서 마크 게인(Mark Gain)이 사카타(酒田: 일본 혼슈 야마가타 현에 있는 도시)에 머무는 동안에 기록한 일기의 한 사건을 지적한다. 그에 따르면, 특공경찰이 해산되면서 일자리를 잃었던 사람들 중 많은 수가 일본과 미군 간의 '연락관'으로 재임용된 것으로 보인다. 사카타에 있던 특수경찰 6명 중 3명이 '연락관'으로 다시 일자리를 찾았다(Gain 1998).

전쟁 중 해산된 내각 정보국이나 내무성 공공질서국에 있었던 사람들의 이후 경력을 명확히 보여 주는 어떤 문서도 남아 있는 것은 없다. 그러나 군정이 일본어로 명령을 내릴 수 있는 인력의 심각한 부족을 겪었다는 것과 어떤 일본인이든 검열작업을 수행할 능력이 있는 사람들을 고용했으리라는 것은 의심의 여지가 없다. 모니카 브로(Monica Braw)에 따르면 CCD에 고용된 사람의 수는 1946년에 8,743명까지 증가했고, 그중 최대 8,084명이 일본인이거나 한국인이었다. 이중 대부분은 일본 내에서 고용된 사람들이었다. 이 새 고용인들은 6일 동안 하루 1시간의 간단한 교육을 받았다. 각 검열관은 작업을 개인적으로 수행했으며 '여러 교본, 카탈로그, 명령서 등'의 지도를 따랐다. 그리고 이러한 문서들은 흔히 수정, 첨가되곤 했다. 결과적으로 검열활동은 종종 매우 임의적이었다(Braw 1988: 84~89). 게다가 CIS(CCD는 CIS의 하부기관이었다)의 브리거디어 소프(Brigadier Thorpe)가 명확히 진술했듯이, CCD와 CIS는 상당 부분 전시의 내각정보국의 역할을 이어받고 있었다. 이는 일본인 '재교육'이라는 이름으로 수행되었다. 사실 아주 다른 이념적 태도를 제외하고는 CCD의 작업은 해산된 정보국이나 내무부 공공질서국의 작업과 공통점이 아주 많았다.

덧붙여서, 내각정보국의 조직구조는 애초 해산 시에 단순히 사라진 것이 아니었다. 많은 활동들이 정부 내에서 다른 이름으로 계속되고 있었다. 예를 들어 가와시마 다카네(川島高峰)에 따르면, 1945년 11월 해산 직전에 정보국은 공공의견조사처를 신설했다. 이는 12월 정보국의 폐지가 확정되자 내무성으로 옮겨졌다. 1946년 1월 조사처는 다시 공공의견연구과라는 이름으로 내각 사무실로 옮겨졌다. 이 과가 설립될 때 직원의 2/3는 정보국에서 일했던 사람들이었다. 정보국이 내무성으로, 다시 내각 사무실로 옮겨 가는 과정에서 공공의견연구과는 총 32명으로 상당히 커져 있었다. 이 기관은 옛 정보국의 임무를 일부 물려받았는데, 공공모임에서 정보를 조작하거나, 신문이나 다른 출판물을 분석하거나 공공의견을 조사하는 것이었다. 비슷한 조직 보전 방식이 내무성 공공질서국에서도 이루어졌다. 특수경찰은 공식 해체되었고, 그 일원이었던 사람들은 관공서에서 일하는 것이 금지되었지만, 공공질서 유지를 목적으로 정보를 모으는 조직을 건설하기 위한 시도는 계속되었다. 1945년 12월, 현의 본부에 보안부가 생겼고 내무성 공공질서국에도 공공안전처가 설립되었다. 이는 결국 전국 경찰서에 보안경찰을 두게 되는 결과를 낳았다. 그래서 내각 정보국의 일부와 내무성 공공질서국의 치밀한 전후 조직적 생존전략이 준비완료되었는데 이는 일본

정부가 민주절차를 조작함으로써 '질서 잡힌 복종'을 이루려고 했던 것과 GHQ가 '질서 잡힌 정령'을 이루고자 했던 차이를 효과적으로 연결시켰다 (Kawashima 1995: 54~62).

　군정에 의해 수행된 과도한 검열은 군정체계 전체의 근본적 모순을 드러냈다. 군정은 전시 사상통제와 거의 같은 방법을 사용해 '민주주의'를 강제하려 했다. 모든 매체에 표현의 자유의 중요성을 강조하면서도 맥아더 장군은 문화적 표현활동의 작은 부분들까지로 확대된 강력할 검열체제를 만들었다. 게다가 이 체계의 가장 명백한 금지조치 중 하나는 검열 사실 자체를 대중에게 알리지 못하도록 한 것이었다. 출판사들은 자신들의 출판물에서 검열의 흔적을 없애도록 명령 받았다. 검열기관이나 검열관에 대한 어떤 글도 출판되는 것이 허락되지 않았다. 사실, 점령군의 존재 자체를 미디어에서 언급하는 것 자체가 제한되었다. 미디어는 마치 점령군들이 더 이상 일본에 있지 않은 것처럼 해야 했다.

　히라노 교우코(平野共余子)는 흥미로운 일화를 전하는데, 이는 아버지의 직업 관계상 미군정하 일본에서 유년 시절을 보냈던 영화역사가 조 L. 앤더슨(Joseph L. Anderson)이 겪은 것이었다. 앤더슨은 시미즈 히로시(清水宏) 영화감독의《벌집의 아이들(蜂の巣の子供たち)》을 본 적이 있는데, '점령군의 흔적을 없애려는 노력에 놀랐다. 그때 점령 시절에는 대규모 철도 역사들은 점령군 병사들로 붐볐었다. 그럼에도 영화 속 철도역에는 군인의 흔적은 전혀 없었다. RTO(철도수송지휘관) 표시를 그때는 어디서든 볼 수 있었는데 영화에서는 찾을 수 없었다'(Hirano 1998: 87~88). 즉 검열이 있다는 사실 자체가 검열되었다. 그리하여 점령군이 스스로의 존재를 감춤으로 해서 오웰(George Orwell)식 담론 공간이 전후 일본 미디어에 생겨난 것이다.

　군정 검열정책의 또 다른 특징은 심지어 임의적이라고 할 만큼의 비일관성이다. 1949년 해산될 때까지 CCD의 기능은 점령기 내내 일관되었다.

그러나 검열의 내용은 그때그때의 상황에 따라 끊임없이 바뀌었다.

유혹하는 미국-도쿄 도심의 점령군

군정 기간에 '미국'이 그저 명령하고 조종하는 '타자'로 전후 일본 문화의 외부에 존재했던 것만은 아니다. 검열을 통해 영화와 출판물에서 자신들의 흔적을 감추려는 광적인 시도에도 불구하고 점령군 자체가 전후 일본의 대중문화에서 중요한 위치를 차지했다. 이를 무의식적인 차원에서 생각해 보자면, 미국은 당시 일상의식 속에서 '금지'보다는 '유혹'하는 자였다. 이를 잘 보여 주는 예로 미군기지와 전후 대중음악의 관계를 살펴보자.

당시 많은 수의 젊은 일본 가수들이 미군기지나 오락시설에서 일자리를 구할 수 있었는데, 이곳의 생활은 외부 사회와는 고립되고 일할 조건은 상대적으로 좋은 편이었다. 많은 젊은 가수들이 미군기지에서 노래를 부르는 것으로 자신의 경력을 시작했다. 이토 유카리(伊東ゆかり)는 6세 때에 아버지 등에 업혀서부터 미군기지에서 노래를 부르기 시작했다. 에리 치에미(江利チエミ)는 초등학교 4학년 때부터 미군들에게 노래를 불렀다. 마츠오 카즈코(松尾和子)는 15세에 기타 후지(北富士演) 기지 무대에 올랐으며, 모리 미츠코(森光子)는 새로 배운 재즈곡을 부르며 기지투어를 가졌다. 수백 명의 뮤지션들이 매일같이 도쿄역 마루노우치(丸の内) 북쪽 출구에 모여들었으며 거기에서 미군 트럭이 도착하기 전에 '경매'되었다. 이로부터 브로커에 의해 연예 지망생들이 차출되는 시스템이 만들어졌고, 이후 이는 TV 시대의 대중 연예산업에 일반적 관행이 되었다(Kuwabara 1981: 48~54). 수많은 문화적 영향들, 예를 들어 재즈, 패션, 성문화 등이 미군기지에서 파생되었으며 점령 직후에 곧바로 뿌리를 내렸다.

미군기지에서 뻗어 나온 이러한 문화적 영향은 일본에만 국한된 것이 아니다. 이러한 현상은 냉전 기간에 세워진 미군기지가 있는 곳 전역에서 일어났다. 여기에는 일본, 오키나와, 한국, 필리핀 등이 있다. 강신자(姜信子, 교우 노부코)는 한국전쟁 이후에 세워진 미군기지와 한국의 록음악 발전의 관계에 대한 생생하게 묘사하고 있다. 강신자의 글에는 이후에 한국 록음악계의 '대부'로 알려진 신중현의 이야기도 있다. 신중현은 어려서 한국전쟁에서 부모를 잃었으며 AFKN 라디오 방송을 들으며 자랐다. 이후에 기타를 독학으로 깨우치고 서울 거리를 돌아다니며 연주를 했다. 기타선생에게 교습을 받은 뒤 미8군 기지 공연을 통해 데뷔한다. 1950년대 한국에서 미8군에서 공연한다는 것이 뮤지션으로 살아갈 유일한 방법이었다. 한창일 때는 이런 공연 장소가 264곳에 이를 정도였으며 미8군 기지에서 출연하면 연간 120만 달러의 외화를 벌어들일 수 있었다. 당시는 한국 연간 수출 총가치가 100만 달러를 넘지 않던 시절이었다(Kang, 1998: 149~154). 아마도 이를 점령기 일본에서 어떻게 가수와 연예인이 태어났는지와 견주어볼 수 있을 것이다. 이와 유사하게 1960년대에는 오키나와 록음악이 베트남전쟁 때문에 주둔한 미군기지들과의 상호작용에 의해 탄생한다.

그러나 전후 일본에서 대중문화와 미군기지의 연계가 단순한 영향 관계로 환원되지는 않는다. 물론 대중문화의 많은 요소들이 점령군과의 직접 접촉에 의해 확고한 지위를 마련하기는 했지만 대중문화 그 자체는 이러한 연계를 거부하는 수사를 채택했다. 달리 말하면, 점령기가 끝나면서 일본의 대중문화는 점령하던 자들과 연관을 잊으려 했다. 점령과 관련한 좋지 않은 이미지들, 예들 들어 '암시장', '팡팡 걸' 등은 점차 소외되었다. 폭력적인 미군정이 감춰지면서, '미국'은 대신 라이프스타일을 소비하는 데에서 모델 역할을 하게 되었다. '미국'의 이러한 두 요소는 하나로 뒤얽혀 있다. 여기서 이를 도시 공간의 측면에서 살펴보려고 한다. '미국'과 연관을 맺는 방식에는 여러 가지가 있다. 그중 한쪽 끝에는 오키나와, 다치카와, 요코스카 같은 곳에서 있었던 폭력사태들이 있다. 또 다른 끝에는 록폰기, 하라주쿠, 긴자 같은 소비문화의 중심지로서 '미국'과의 숨겨진 연관이 있다. 후자가 오늘날에는 특별히 미군과 연관이 있다고 여겨지지는 않지만, 그 장소들이 왜 전후 일본 젊은이들에게 그다지 특별한 장소가 되었는지는 한때 그곳에 자리하고 있던 미군시설을 고려하지 않고는 설명할 수 없다.

전쟁 전에 록폰기는 군사도시였다. 근위사단이나 헌병대 같은 육군을 포함해 많은 군 시설들이 집중해 있었다. 이 지역은 전쟁 기간에 공중폭격에 의해 완전히 파괴되었으며 그나마 살아남은 시설들은 항복 이후에 미국 차지가 되었다. 군 본부, 병역, 군 인력을 위한 관사 등이 그곳에 세워졌다. 이 시설들이 1960년대까지도 일본에 반환되지 않았기 때문에 록폰기는 1950년대 동안 미군기지의 영향력에 있었다. 요코타나 다치카와, 요코스카와는 달리 공군기지나 대규모 관사가 이곳에 세워지지는 않았다. 그러므로 이곳에는 '폭력의 근원으로서의 미국'이라는 이미지가 거의 없었다. 곧 이곳은 '록폰기족'으로 알려진 젊은이들이 모이는 장소가 되었다. TV관계자들이나 로커빌리(rock-a-billy) 가수들 및 관계자들이 록폰기로 모여들기 시작했으며 점차로 유행에 민감하고 식민지 스타일의 밤문화가 자리 잡은 곳으로 변했다.

이와 마찬가지로 하라주쿠가 '젊은이들의 도시'로 변한 것도 한때 미군 장교들의 숙박시설이었던 워싱턴 하이츠(Washington Heights)를 고려하지 않고는 설명할 수 없다. 이 시설은 종전 직후 건설되었다. 여기에는 병원, 학교, 소방서, 교회, 백화점, 극장, 테니스 코트, 골프 코스 등 없는 것이 없었다. 그래서 이 장소는 불타 쓰러진 잔해들과, 병영, 암시장 등에 둘러싸여 갑자기 솟아난 신기루처럼 '미국의 풍요함'을 상징하게 된다. 1950년에는 상점들이 이곳의 장교 가족들을 겨냥해 장사를 했으며 키디랜드, 오리엔털 바자 같은 점포가 들어선다. 이러한 새로운 도시 전경의 한가운데에 하라주쿠(原宿) 센트럴 아파트먼트가 들어선다. 이 건물은 도쿄에서 가장 고급스러운 건물로 알려졌으며 곧 이 지역의 명물이 된다. 1960년대 초에 하라주쿠에 거주했던 고바야시 노부히코(小林信彦)에 따르면, 이 아파트에 살던 사람들은 대부분 무역회사에 일하거나 미군기지와 관련된 직업을 지녔으며, "'보통의 쪽발이'에 비하면 구름 위에 살고 있었다"(Kobayashi, 1984). 당시에 하라주쿠는 미군을 위해 마련된 공간으로 마치 '출입금지' 사인이 붙어있는 듯했다. 결국 미군 병력이 감축되고 아파트에 사는 사람들이 미군과 관련된 사람들에서 패션계의 인물들 즉 사진사나, 디자이너, 카피라이터 등으로 바뀌게 된다.

긴자와 관련해서는 '점령군이 사용할 목적으로 주요 건물들이 징발되었기 때문에 성조기가 여기저기에 휘날렸으며 마치 미국의 마을처럼 보였다. 마츠야 백화점의 PX 주위에서 많은 활동들이 이루어졌는데, 연합군 장교 및 사병들이 이곳을 수시로 들르곤 했기 때문이다. 전쟁고아들이 그 입구에서 진을 치고 앉아 물건을 팔거나 구두를 닦을 사람을 찾곤 했다.'(Harada, 1994: 176) 심지어는 전쟁 전에도 긴자는 미국풍이 나는 곳이었는데 점령 기간에는 외국인 거류지가 됨으로써 보다 직접적인 의미에서 '미국화'했다. 심지어 거리 이름도 식민지풍으로 붙여졌는데, 뉴 브로드웨이(New Broadway), 10 에비뉴(X Avenue), 엠버시 스트리트(Embassy Street), 세인트 피터 스트리트(Saint Peters Street), 포커 스트리트(Poker Street), 홀드 업 에비뉴(Hold Up Avenue) 등의 이름이 붙었다. 이러한 미국식 거리이름은 긴자에만 국한된 것이 아니었다. 점령군은 황궁에서 외곽으로 뻗어 나오는 도로는 '에비뉴(avenue)'로, 중심부를 싸고돌며 불규칙한 원으로 된 도로들을 '스트리트(street)'로 불렀다. '에비뉴'는 시계 방향으로 A~Z순으로 이름 붙었고 약 60개 이름이 각각의 '스트리트'에 주어졌다. 공식 거리명은 주로 기능적인 목적으로 사용되었지만 긴자에서는 아니었다. 이곳 지휘본부가 있는 곳에서는 꽤 인기가 있는 거리명도 있었다.

　　당시 유행가에서 긴자에 대한 언급을 보면 점령군이 파괴되고 타버린 도시의 성적인 이미지와 결합되어 상당한 존재감을 지니고 있었음을 알 수 있다. 예를 들어, 1946년의 히트송 〈도쿄의 꽃 파는 아가씨(東京の花賣郎)〉에서는 당시 긴자의 풍경이 다음과 같이 재현되어 있다. '재즈가 연주되고 홀에는 램프불이 그림자를 드리우네/ 제 꽃을 사세요, 제 꽃을 사세요 / 세련된 점퍼를 입은 미군 아저씨/ 달콤한 향내가 그의 그림자를 쫓네' 앞서 언급했던 CCD의 까다로운 검열을 생각해 보면 이처럼 긴자와 미군의 관계를 직접적으로 표현하는 노래가 불렸다는 것이 다소 의아하다. 이후의 노래들은 보다 모호한 방식으로 표현하는 경향을 보여 준다. 1949년 히트송인 〈긴자 캉캉 무스메(銀座かんかん娘)〉의 가사는 다음과 같다. '저 소녀 귀엽네, 저 캉캉걸/ 붉은색 블라우스와 샌들을 걸치고/ 긴자 거리 코너에서 누군가를 기다리네/ 시계를 보고 긴장한 듯 미소 지으며/ 이 소녀가 긴자의 캉캉걸이네.' 1951년의 〈도쿄 슈사인 보이(東京シューシャインボーイ)〉라는 노래는 다음과 같은 내용으로 되어 있다. '빨간 구두를 신은 저 소녀/ 오늘도 긴자를 걷네/ 초콜릿과/ 추잉 검, 카스텔라 선물을 들고 가네.' 역사적 기억의 불연속성이, 한때 미군시설이었던 곳이 젊은이들의 소비문화 중심으로 바뀐 이러한 과정을 이제 흐릿하게 만들고 있다.

　　지금까지 1950년대 말에 나타난 '록폰기족'에 대해서 그리고 긴자에 관한 유행가 가사에 나타나는 흥미로운 변화들을 살펴보았다. 1957년에는 긴자의 니세이 극장에서 '웨스턴 카니발'이 열렸는데, 야마시타 게이지로, 히라오 마사키, 미키 큐티스 등이 출현했다. 로커빌리 음악을 유행시켰던 엘비스 프레슬리의 영향으로 이 행사는 엄청난 인기를 끌었다. 하지만 이때 즈음에는 점령군 세력과의 연계가 더 이상 명백하지 않게 된다. 1940년대의 일본 음악인들이 미군들을 상대로 자신들의 실력을 갈고 닦았다면,

1960년대와 그 이후로는 일본 젊은이들의 지지가 주가 되었다. 이미 1950년대 초에 일본 본토에서 미군이 철수하면서, 미군을 위해 연주하던 일본 재즈밴드들이 기지를 떠나서 일본 가수들을 위해 연주하기 시작했다. 당시에는 도쿄에 최대 150개의 밴드들이 있었으며 3,000명 이상의 연주자들이 있었다(Komota 1970: 143). 에리 치에미와 유키무라 이즈키는 둘 다 재즈곡으로 데뷔했다. 미소라 히바리와 함께 이 두 가수는 이러한 경향 속에서 스타로 성장한다. 그리고 이러한 상황 속에서 TV 연예계가 1960년 초부터 형태를 갖추기 시작한다. 이때부터 '미국'과의 관계는 이제 간접적이 된다.

나누어진 미국-욕망과 망각 사이

그러나 1950년대 후반에서 1960년대 사이, 즉 위에서 우리가 젊은이 문화의 발전기로 보았던 시기가 또한 미군기지에 대한 반대 투쟁이 아주 격렬했던 때라는 점을 잊지 말도록 하자. 이 투쟁은 1953년 이시카와에 있던 미군의 시험 사격장에 대한 반대에서 시작되었다. 도쿄에서 첫 번째 미군기지 반대운동은 세타가야 기지에 반대해 그곳 거주민이 벌인 대규모 시위와 같은 해에 있었다. 1955년에는 다치카와(도쿄 외곽)에 있는 미군 공군기지 확장에 반대하는 시위가 있었다. 그리고 다음 해 10월에는 농부들, 무역 노조원들, 학생들이 토지 조사를 막기 위해 연좌시위를 벌이면서 경찰과 충돌해 약 1,000여 명의 사상자가 나기도 했다. 거의 비슷한 시기에 오키나와에서는 미군병사들에 의해 빈번히 발생한 강간 및 살인, 그리고 주민들의 요구와 불일치하는 점령정책 일반에 반대하는 대규모 시위가 벌어졌다.

그러니까 1950년대 후반의 일본에서는 두 개의 '미국'이 나타나기 시작한 것이다. 한편으로는 상품이나 미디어 이미지를 통해서 드러나는 소비의 대상으로 '미국'이 있었다. 이 '미국'은 미군기지와 미군 오락시설에서 태어났음에도 점차 군사적 폭력과의 연계성을 잃어가고 있었다. 또 한편으로는 말 그대로 폭력의 육화인 '미국'이 있었으며 이는 미군 기지 반대 시위의 대상이 되었다. 그러나 이는 동일한 '미국'의 다른 측면일 뿐이다.

　　미군기지와의 관계가 위에서 언급한 모든 장소들의 전후 이미지를 구성하는 배경이 된다. 이 범위 내에서 한쪽편의 긴자, 록폰기, 하라주쿠와 또 한편으로 요코스카, 오키나와 사이의 문화적 지정학상의 지속적인 지평선을 그릴 수 있는 가능성이 마련된다. 그럼에도 불구하고 1950년 후반 일본이 경제적 고성장의 시대에 진입할 즈음 이 두 '미국' 사이에 잘못된 선이 그어졌다. 긴자, 록폰기, 하라주쿠로 체현된 '미국'과 요코스카, 오키나와의 '미국'은 전혀 다른 존재인 것처럼 보인다. 앞쪽의 '미국'은 초창기부터 전적으로 소비문화 수준에서 존재했던 것으로 이해된다. 뒤쪽의 '미국'은 문화적 측면이 완전히 지워지고 미군기지에서 시작된 환경오염, 폭력, 매춘 등의 문제로 모든 관심이 집중된다.

　　이러한 두 '미국' 사이의 분리는 일본 본토와 오키나와 사이의 역할 분리에 의해 반영되고 강화되었다. 이에 대해서는 환율정책이 잘 보여 준다. 본토에서는 '다지 라인(Dodge Line: 1945년 일본 패전 직후 미국인 은행가 조지프 다지[Joseph M. Dodge]에 의해 마련된 경제정책. 전쟁으로 인한 인플레이션을 잠재우기 위해 세금을 늘리고, 국가 보조금을 폐지하는 등의 조치를 취했다—옮긴이)'에 상응해 환율이 1달러에 360엔으로 고정되어 있었다. 수출에 도움을 주어 경제회복에 추진제 노릇을 할 수 있도록 엔을 의도적으로 저평가했던 것이다. 그러나 오키나와의 경우는 미국의 주목적이 경제회복이 아니라, 군 기지를 짓기에 안정적인 환경을 마련하는 것이었다. 지역 노동자들, 건설회사들, 공공사업자들이 기지를 짓는 데 동원되었다. 그러므로 여기서 발생한 자금은 상품을 수입하고 지역경제에 다시 활용될 수 있도록 사용되었다. 수입을 장려하기 위해 환율은 1달러에 120 'B-엔'으로 고정되었다. 본토와 오키나와 사이의 이러한 극단적 환율 차이는 아주 상반된 경제구조를 만들어냈다. 본토에서는 수출 주도의 성장경제가 발전되었고, 반면 오키나와에서 경제는 미군기지에 크게 의존하게 된다. 이는 동전의 양면과도 같았다. 오키나와에서 채택된 정책 때문에 종속적 경제구조가 발전되었는데, 제조업은 아주 취약해졌고 수입무역을 중심으로 제3부문은 지나치게 비대해졌다. 본토에서는 수출산업이 지속적으로 성장했으며 대중소비 사회가 형성된다(Makino, Minamura 1995).

오키나와와 본토의 분리는 1947년경 미국의 아시아에 대한 정책이 크게 바꾸었음을 반영한다. 냉전이 시작되면서 민주화와 권력의 분산이라는 이전의 목표에서 일본을 아시아에서 서구의 전진기지로 만들기 위한 정책으로 그 중심이 이동한다. 이러한 정책 전환은 중국의 혁명 이후에 확정적이 되었다. 만약 중국 본토에 친미정부가 남아 있어 소련의 남하를 막아줄 수 있었다면 일본은 미국에 훨씬 덜 중요했을 것이다. 그러나 중국에 공산정부가 세워지면서 일본은 미국의 아시아 정책에서 가장 핵심적인 위치를 점하게 되었다. 동아시아에서 공산주의에 대항하는 군사적 방호막을 설치하는 것이 필수적이었고, 이를 위해 일본의 경제를 이 지역 경제성장의 중심으로 안정화하는 것 또한 필수적이었다. 일본과 중국의 경제관계를 확대하는 것이 짧은 기간 내에 이루어지지 않을 것이라는 전망에서 일본 경제를 남동아시아 시장과 연결시켜 되살리자는 생각은 이미 조지 F. 캐넌에 의해 트루먼 정부에서 제안된 바 있었다. 이는 미국의 보호막 아래의 '대동아공영권' 계획이었다. 그러나 이는 아시아에서 일본을 반공산 경제권역의 중심으로 만들기에는 충분하지 못했다. 경제성장의 속도에 지장을 주지 않기 위해 일본의 군사 부담을 덜어줄 필요가 있었다. 이러한 딜레마를 해결하기 위해 군사적 부담은 주로 오키나와에 주어지게 되었고 반면 일본 본토는 그 에너지를 경제성장에만 집중할 수 있었다. 맥아더 장군은 이러한 전술에 특히 열정적으로 지지를 보냈다. 오키나와를 요새로 만듦으로써, 일본 본토를 비무장 시키는 한편 동아시아의 군사적 안정을 보장할 수 있었다.

　　동아시아 국가 간의 경제적 역할과 군사적 역할을 분리하는 미국의 전술은 한국의 경우를 고려했을 때 보다 명확해진다. 이종웅은 어떻게 일본과 한국이 1950년대 미국의 대아시아 정책의 결과로 분리된 역할을 수행하게 되었는지를 매우 설득력 있게 설명한다. 아이젠하워 정부는 정부 예산 부족을 줄이면서도 전 지구적 군사 균형을 유지하기 위한 방법을 찾고 있었다. 이를 위해서는 일본과 한국, 타이완, 필리핀 사이의 노동 분화가 요청되었다. 그리하여 1950년대에는 '아시아 정책이 일반적으로 군사 중심이었던 데 반해 대일본 정책은 경제 중심이었다. 이와는 대조적으로 한국과 같은 '최전선국' 들에는 보다 강력하게 군사적 측면이 강조되었으며 결국 경제성장의 잠재성은 억압되었다' (Lee, 1996). 물론 경제적, 군사적 역할 사이의 이러한 노동 분화 체제는 초기 냉전시대에 지속적으로 이루어지지는 않았다. 아이젠하워 정부 초기에는 일본을 동아시아 경제의 중심뿐 아니라 군사적 중심으로 만들려했다. 이종웅은 미국 합동참모본부의 1954년 기록에서 일본의 군사적 능력 회복이 '극동에서 공산주의에 대항하기위한 힘점을 건설하는데 굉장히 중요하다' 라고 한 진술을 찾아냈다.

　　실제로 1953년에는 동아시아에서의 사정이 악화됨에 따라서 미 군 관계자들의 주된 의견은 일본의 대대적 재무장에 찬성하는 쪽이었다. 그러나 일본을 주된 군사중심지로 만들려고 했던 이러한 계획은 일면 일본에서의 미군기지에 반대하는 평화운동의 성장에 의해, 또 일본 제국주의의 부활에 불안에 하는 아시아 국가들 때문에 중단되었다. 결국 일본의 군사적 측면은 주변화되었고, 대신 경제성장에 집중하도록 지원을 받게 된다. 중국과 북한을 경계하기 위한 군사적 부담은 한국과 타이완으로 옮겨 간다. 그래서 미국은 장제스(蔣介石)와 이승만의 독재정권을 지원했으며 이러한 독재자의 권력에 의해 이들은 자국의 경제 능력에 걸맞지 않는 군사력을 소유하게 된다. 이런 식으로 1950년 중반 이후로 극동에서의 사회주의 블록에 맞서는 군사적 방어의 역할은 한국과 타이완 그리고 오키나와에 주어졌다. 반면에 일본 본토는 경제성장의 중심이 된다. 1955년은 일본의 소위 '1955 시스템'의 시작을 알리는 해였다. 그해는 또한 전후 급속한 경제성장의 시작이었으며 왕태자의 결혼, 내수 설비의 폭발적 성장, 도쿄올림픽, 오사카박람회 등으로 상징되는 해이기도 하다.

　이 글의 주제와 관련해서는 일본에서의 '미국'의 이미지가 1950년대 중반 이후로 구조적 변화와 은닉의 과정에 진입한 것으로 볼 수 있다. 달리 말해, 미국에 직접 기반을 두었던 미국주의에서보다 특정한 국가의식에 의해 체현된 그리고 소비생활의 이미지에 보다 집중한 미국주의로 변화되었다고 말할 수 있을 것이다.

　1950년대 말부터 미군 시설은 일본 본토에서 거의 자취를 감추었다. 오키나와에서는 이와는 정반대의 일이 벌어졌는데, 이는 인도차이나에서의 상황이 악화되면서 보다 명확해졌다. 1953년 일본에는 733개의 미군시설이 있었는데, 이는 약 1,000평방킬로미터의 대지를 점유했다. 이 시설들은 일본 전역에 있었는데, 공군기지 44개, 훈련소 79개, 해군설비 30개, 병영 220개, 관사 51개 등이었다. 그러므로 미군의 존재는 누구나 볼 수 있는 일상생활의 일부였다.

　그러나 이러한 존재감은 1950년대 말을 지나 1960년대를 거쳐 점차 감소되어 1968년에는 단지 공군기지 7개, 훈련소 16개, 해군설비 9개, 병영 4개, 관사 17개만이 남게 된다. 군 병력도 점차 줄어 1952년에 26만 명이던 것이 1955년에는 15만 명, 1957년 7만 7,000명, 1960년 4만 6,000명으로 축소되었다. 가장 많이 줄어든 것은 육군이었는데, 이로 인해 미군은 해군과 공군으로 그 강조점이 옮겨 간다. 1960년 말이 되면 요코타, 다치카와, 요코스카, 자마를 포함해 도쿄 지역에는 상대적으로 아주 적은 시설만이 남게 된다. 이제 미군 인력의 존재는 더 이상 일반인들 일상의 일부가 아니었다. '기지문화'는 그 주위의 사회와는 거의 고립된 채 남아 있게 되었다.

그러므로 일본에서 '미국'의 이미지는 동아시아의 다른 지역, 예를 들어 오키나와, 한국, 타이완 등과는 완전히 대조적으로 미군기지와 이와 연관된 폭력들에 직접적인 접촉에 의한 경험이나 기억 따위와는 분리되었다. '미국'은 미디어를 통해 소비된 이미지에 의해 정제되었고, 전 인구에 걸쳐 그 매혹적인 능력을 퍼트려나갔다. 1940년대 후반과 1950년대 초반에 '미국'은 일본의 여러 그룹의 사람들에게 서로 다른 의미를 지녔다. 어떤 사람들에게는 '미국'은 '해방자'였으며 다른 사람들에게는 '정복자'였다. '미국'은 동시에 욕망의 대상이면서 공포의 원천이었다. 이는 부와 타락을 동시에 의미했다. 계급, 세대, 성, 지역 또는 개인적 상황에 따라 서로 다른 '미국'들이 존재했다. 이는 미국이 단지 이미지가 아니라 일상에서 마주치는 삶의 일부였기 때문이다. '미국'에 대한 사람들의 개념은 특정한 미군 병사, 체제, 변화에 대한 직접 경험에 의해 그 형태가 만들어졌다.

그러나 1950년대 후반 이후로 '정복자 미국'은 더 이상 대부분 사람들의 일상적 경험의 일부가 아니었다. 문제를 '특정 지역(즉 여전히 미군기지가 남아있는 곳)'에 한정함으로써 '미국'은 어느 때보다 더욱 사람들의 마음을 사로잡는 동일한 이미지로 변해 갔다. 이는 당시 광고에서 나타난 미국에 대한 묘사에서 잘 살펴볼 수 있다. 1950년대 초까지는 '미국'이 단지 모방해야 할 모델에 불과했지만 1950년대 후반부터는 일본 가정에서, 특히 수부들에게 '미국식 삶'은 모방해야 힐 이상으로 제시된다. '미국'은 또한 일본 젊은이들의 '대중문화'와 관련을 맺는다. '미국'이 단지 이상으로 재현되는 한 이에 사람들이 부과하는 의미는 다양할 수 있다. 그러나 '미국'이 구체적이고 직접적인 일상 경험의 일부가 아니게 되면서, 그 이미지는 일본인의 정체성에 아로새겨지게 되었다. '미국'이 덜 직접적이고, 보다 더 중재되고, 이미로서만 한정됨으로써 '미국'은 보다 내재화되었고 사람들의 의식과 정체성에서 그 영향은 보다 심도가 깊어졌다.

한국, 타이완, 필리핀에서의 '미국'

전후시대에 다른 동아시아 국가의 사람들에게 '미국'은 무슨 의미였을까? 냉전시대 한국의 경우에 사람들 의식 속의 '미국'의 위치는 북한과의 관계에 의해 정해졌다. 제2차 세계대전의 말미에 '미국'은 증오스러운 일본 식민지 통치자들로부터 한국인을 해방시켜 준 존재로 큰 환영을 받았다. 이 단계에서 미국에 대해 느꼈던 친밀감은 일본에 대한 적대감과 관련이 있었다.

그러나 이는 한국전쟁의 발발과 함께 변화한다. 남북분단이 한국인의 삶에서 불가항력적인 일이 되면서, '미국'은 일상의 의식에서 '반공'과 연관을 맺기 시작했다. 이때 미국의 대아시아 정책의 강조점이 민주화와 일본제국주의의 추방에서 아시아에서의 '반공'의 거점요새를 짓는 것으로 옮겨 간다. 일본의 보수적 정치세력들은 이러한 목표를 위한 기작으로서 되살아난다. 한국의 정체성은 '북쪽의 적'이라는 분열된 자아가 만들어내는 위협으로부터 스스로를 지키는 것에 집중한다. 그러므로 '미국'에 대한 사람들의 심리학적 의존은 점차 심화된다. 문부식에 따르면, '한국전쟁이 진행되면서 친미와 반공은 단순한 원리의 수준에서 "민간 신앙"으로 승화했다.' 실제로 미국이 광주민주화운동 당시 독재정권을 지지한 것에 반대해 일어난 1982년의 시위에서는 부산 미 문화원이 불탔는데, 이 모든 것이 북쪽 간첩들의 공작이라고 알려졌다(Mung, 2001). '반미'가 곧 친북과 동일시되는 사고체계 내에서는 '미국'을 타자로 개념화하는 것조차 불가능했다. 당시 한국에서는 '미국'을 의심하는 행위조차 반정부적이고 상상의 한계를 넘은 것으로 취급되었다. 모든 사건들이 치명적인 공산주의가 퍼져나가는 것을 막는다는 미명하에 아주 단순히 분류되었다.

북쪽 적의 험악한 이미지에 의해 강화된 '미국'에 대한 이러한 태도는 민주화 운동을 거치면서 커다란 변화를 겪는다. 문부식은 이에 대해 다음과 같이 말한다. '독재정권이 광주민주화운동을 군사력으로 억압한 것에 대한 미국정부의 묵시적 동의(혹은 심지어 능동적 지지)는 한국인들에게는 큰 충격으로 다가왔다. 그리고 이 사건은 1950년대 한국전쟁이후로 오랜 기간 동안 사라졌던 미국에 대한 비판적 시선이 되살아나는 계기가 되었다.'

이와 유사하게 권혁범은 박정희 암살과 광주민주화운동 이후로 '1980년대의 한국은 반미의 중심'이 되었다고 말한다. 박정희 정권에 의해 수행된 경제성장 정책은 '선진국이 되어 미국처럼 풍요로운 삶을 살고 싶은 집단적 욕망'의 한 표현이었으며, 이는 일본이 추구하던 것과 유사했다.

그러나 1980년대에 들어서서 '민주화와 통일운동을 통해 오랫동안의 금기가 깨어졌고 예전에는 들을 수 없었던 말들, 예를 들어 '양키 고 홈'이나 '미제국주의' 같은 말들이 일상에 유통되기 시작했다. 한국전쟁 이후 처음으로 미 대사관과 다른 시설들이 점거의 목표가 되었다. 성조기를 태우는 행위도 잦아졌다. 미국이 한국의 독립과 통일, 평화에 장애가 되는 악한 존재가 되어버린 것처럼 보였다(Kwang, 2001: 31)'. 친미가 현대화와, 반미가 공산주의로 즉각 연결되었던 구식 사상체계가 이제는 친미가 독재와 분열, 반미가 민주화와 통일로 연결되는 새로운 사상체계로 대체되었다.

이러한 상황에도 불구하고, 문부식이 적절히 지적했다시피, 미국에 대한 우리의 이해는 이제껏 권위정부에 지지를 보내는 미국에만 집중되었다. 의식적이든 무의식적이든 '욕망하는 대중'은 이 모든 상황에도 불구하고 미국적 가치를 내재화했다. 현실에서 반미나 찬미 둘 다 미국에 대한 의존을 반영하고 있다는 점에서 기본적으로 한국사회에서 이는 같은 방향을 향하고 있다. 극단적인 추종이나 증오 모두는 자아가 타자에 종속되는 것에서 비롯된다. 미국을 물리치는 것만으로 모든 문제를 해결하려 하는 한 '미국 중심주의'에서 벗어날 길은 없다.

　　문부식은 한국에서 냉전 기간에 있었던 광주민주화운동과 그 밖의 다른 모든 사건들을 '미국 대 한국 민중의 대결'의 관점이 아니라 한국인들의 욕망이라는 측면에서 재고해 볼 필요가 있다고 강조한다. 여기서 중요한 점은 위 사건들에 미국이 부당하게 개입했던 것을 폭로하는 것이 아니라 미국을 중심으로 한 식민지적 구조가 얼마나 한국인의 욕망에 각인되어 있는지를 보여 주는 것이다. 실제로 문부식에 따르면, '미국'은 이제 광주민주화운동이 있던 시절보다 한국인의 일상에서 더욱더 큰 존재감을 지니고 있다. 냉전이 끝난 이후로 미국은 압도적으로 세계의 주도권을 쥐게 되었고 한국으로서는 심각한 경제위기 상황에서 벗어날 수 있는 유일한 탈출구는 미국뿐이었다.

　　한국에서 '미국'의 중요성은 두 가지 중요한 역사적 사실에 크게 영향을 받았다. 바로, 일본의 식민지배와 한반도의 분단이다.

　　한국인의 의식 속에서 '미국'에 대한 욕망과 의존은 한편으로는 '일본'에, 다른 한편으로는 '북한'에 대한 복잡한 감정과 연관되어 변화한다. 이것이 전부가 아니다. 경제발전과 소비사회라는 꿈을 실현하기 위한 도정에서 '미국'을 향한 욕망은 보다 깊어졌다. '미국'이 일본의 경우처럼 직접적인 의미에서 자기의식을 구성하는 데 관여한 것은 아니지만 여전히 '일본' 그리고 '북한'과의 복잡한 연관관계를 통해 한국인의 일상의식 속에 자리 잡았다.

　　오랫동안 일본의 식민치하에 있었던 타이완에도 복잡한 상황이 발견된다. 한국과 타이완의 경우 둘 다 중요한 요소는 일본의 전전(戰前)식민지배가 있었던 곳이 전후에는 미국의 헤게모니로 대체되는 과정이다.

양쪽 경우 모두 미국이 처음으로 두 나라를 침범했던 외부세력은 아니었다. 이전에 '타자'로서의 일본과의 만남이 있었던 것이다. 미국은 냉전 기간 동안 일본과 동아시아 사이의 제국적 관계를 명민하게 물려받는다. 이러한 점에서 '미국'은 이 지역에서 근대화 모델로서 일본의 역할까지 물려받았다고 할 수 있다. '미국'은 영어, 영화, TV, 광고 등을 통해 새로운 생활양식을 제공했다. 이런 의미에서 '미국'은 일본, 한국, 타이완에 소비사회 근대의 모델 역할을 했다. 그럼 미국이 타이완의 옛 군사기지 그리고 이 나라와 국민당에 준 경제원조에서 정확히 어떤 역할을 했는지 고려해 보도록 하자.

네덜란드와 중국에 침범을 당했던 타이완은 근대에 들어서면서 일본 제국주의의 제물이 되었다. 그리고 국민당 정부에 의해 다시 식민지화되었으며 냉전 기간의 반공산주의 정책에 따라 미국으로부터 경제원조를 받게 된다. 그러나 현재 타이완은 자신의 영향력이 미치는 범위 내에서 해외시장을 확대해 나가면서 '반(半)제국적' 권력이 되어가고 있는 중이다. 이러한 팽창은 이익을 끌어내기 위해 군사력을 이용하기 보다는 다른 나라의 정책에 영향을 주고 시장을 조종하면서 간접적으로 이들 나라에 간섭하고 있다(Chen 1996: 167~169). 스스로도 지배세력에 여러 번 종속된 바 있는 타이완은 이제 자신이 '반(半)제국적' 위치를 획득했으며 더 많은 주변 지역들을 경제적, 정치적, 문화적으로 종속시키고 있다. '미국'이 타이완의 식민지에서 '반(半)제국'으로의 이러한 위치 상승에 어떤 역할을 했는지 궁금해 할지도 모르겠다. 한국, 타이완과 같은 나라에서 '미국'과 관련된 모든 문제는 일본, 북한, 중심을 포함한 동아시아의 문화적 지정학의 콘텍스트 내에서 고려해야 한다는 사실은 최소한 명확하다.

그러나 필리핀은 '미국'이라는 문제가 보다 직접적이고 전방위적이라는 점에서 다소 대조적이라고 할 수 있다. 이는 페넬라 카넬(Fennella

Cannell)이 필리핀 루손의 남동부 비콜 지역에서 수행한 민족지적 연구에서 잘 드러난다. 이 연구는 가난한 젊은이들이 그들의 일상 대화에서 그리고 아마추어 노래자랑, 미인대회 등의 다양한 문화활동에서 어떻게 '미국'을 내재화하고 있는지 잘 보여 준다. 이 연구의 대상은 미국에 가서 일자리를 찾을 기회도 미국 상품을 살 여유도 없는 가난한 젊은 농부들이었다. 카넬은 이 사람들이 참여하는 여러 행사에서 표현된 '아름다워'지려는 욕망과 상상된 '타자'로서 '미국'을 모방하는 것 사이에 연관이 있다고 본다.

그러나 이러한 '모방'은 미국 문화를 삶의 부차적인 일부로 삼는 것 이상이다. '미국' 모방은 가난한 필리핀 젊은이들에게는 자기변화의 수단이 되었다. 그리고 이제 이러한 자기변화의 문화적 관행은 비콜 지역문화의 내재적 일부가 되었다.

스페인 식민지 기간에 비콜의 도심에는 거대한 교회들이 많이 세워졌다. 그러나 현재 필리핀의 일상의식 속에서 훨씬 더 큰 영향력을 지닌 것은 상상된 '미국'이다. 필리핀 전역에서 고급 상품들, 공공건물, 의상, 도시의 식당, 영화는 모두 '미국 것들'로 취급된다. 비록 이 물건들이 실제로는 아시아에서 생산되었다고 하더라도 말이다. '미국'은 모든 권력, 부, 깨끗함, 아름다움, 즐거움, 매력의 원천이다. 필리핀인들은 자신들의 문화적 정체성을 항상 이 상상된 '타자'와 연결해 생각한다. 그러므로 할리우드영화는 고급 아이템으로 통하며 비콜의 중심 도시인 나가의 중심가에서 에어컨 설비가 잘된 극장에서 상영된다.

타갈로그어(필리핀 루손 섬 중부의 원주민어―옮긴이) 영화는 상대적으로 저급의 극장에서 상영된다. 하지만 심지어 이 영화들도 '미국'의 이미지와 가장 가까이 연결되어 있는 도시인 수도 마닐라에서 촬영된다. 심지어 시골에서도 '미국'은 상징질서의 꼭대기에서 필리핀 문화산업 상품전체를 굽어본다.

나아가 중심가에 늘어선 '미국' 설비들은 지역의 가난한 사람들은 접근도 할 수 없는 곳들이다. 시골에서 올라온 여성들이 도시로 물고기로 팔러갈 때면 장사를 하기 위해 시장바닥을 불법 점거해야만 한다. 또 이들은 중심가의 백화점이나 레스토랑, 패스트푸드점 따위는 쳐다볼 수도 없다. 만약 도시에서 음식을 먹어야 한다면 이들은 골목으로 들어가 작은 가게에서 사먹는다. 중심가에 있는 상점들은 이런 시골 아낙들과는 전혀 다른 세계에 속해 있다. 하지만 심지어 이런 가난한 사람들에게도 '미국'이라는 상상된 외부세계는 힘을 돋우어주는 소중한 곳이다. 일상에서 미국 상품과 접촉할 일이 없는 이런 사람들도 특별한 날이면 외국산 통조림을 먹곤 한다. 게다가 미국으로 일하러 가는 것이 필리핀인들이 가난에서 벗어날 수 있는 유일한 길로 치부된다. 한 사람의 운명이 그/그녀가 살고 있는 나라와의 관계에 의해 결정되는 것이 아니라 외부, 즉 미국과의 관계에 따라 정해진다. 최근에 많은 필리핀인들이 일본이나 중동으로 일자리를 찾아가는 것은 사실이다. 하지만, '미국'은 여전히 '풍요로운 외국'이 어떠해야 하는지를 보여 주는 가장 중요한 모델이다(Cannell 1995: 224~228).

그러나 카넬에 따르면 필리핀인들이 '미국'을 모방할 때 이들이 단순히 미국문화를 추종하는 것만은 아니다. 오히려 이들은 자기변화의 과정을 통해 상상된 '미국'의 힘을 획득하려고 시도하는 것이다. 예를 들어, 비콜 지역 여성들은 이웃집 결혼잔치에서 술에 취하면, 자기 나라 노래도 잘 알고 있고 취하지 않았더라면 절대 부르지 않았을 것임에도 미국 팝송을 부르기를 좋아한다. 술 때문에 대담해지고, 자신을 보다 잘 인식하게 된 여성들은 의미는 정확히 알지 못하지만 열심히 외워두었던 영어노래를 부른다. 이런 '고급문화'에 속하는 노래를 부를 수 있는 능력을 뽐냄으로써 이들은 상징적으로 '미국'의 능력을 이용하는 것이다. 이러한 상징적 행위를 통해 미국산 소비재를 살수 없는 사람들도 '미국'과 근사치에 있는 무엇인가를 얻을 방법이 있는 것이다. 물론 노래를 부르는 여성이나 그 주변인들도 그녀가 미국인도 프로페셔널한 가수도 아니고 단지 꾀죄죄하게 차려입은 시골 아낙일 뿐이라는 사실을 잘 알고 있다. 하지만 현실과 이미지 사이의 차이는 상상력으로 메워진다. 상상력이 때로는 우스운 결과를 낳기도 한다.

카넬은 별명이 '부자 메리'라는 여성의 이야기를 글에 실었다. 이 여성의 집은 라디오, 냉장고, 선풍기 같은 전자제품으로 가득 차 있다고 소문이 났는데, 그녀는 '미국에서처럼' 조금만 낡아도 이 물건들을 내다버린다고 한다. 그녀가 그 마을에서 가장 가난한 부족의 일원이고 집은 흙바닥에 천장은 물이 새는데도 그렇다고 한다. 또 태풍 때문에 벽에 난 구멍은 비꼬는 말로 '에어컨'이라 불린다. 진흙으로 덮인 들판에서 일을 해야 하기 때문에 발에 흙이 잔뜩 묻으면 이를 '매니큐어'라고 부르고 누군가의 잔치에서 음식이 입맛에 맞으면 미국 식당음식 같다고 말한다.

비콜 지역의 일상문화 관행에 대한 이 연구는 문화연구의 중심인 문제들, 즉 헤게모니 투쟁이나 주체성의 역학과 같은 문제와 관련이 있다. 카넬은 필리핀에서 '미국'을 자신과 동일시하는 것이 미국이라는 '타자'에 종속되는 과정이라고 보지 않는다. 오히려 이를 필리핀인들 스스로 자기변화 과정을 통해 종속구조 내에서 불리한 위치를 점하고 있는 자들이 힘을 얻을 수 있는 그런 문제라고 본다. 그러나 이는 또한 필리핀인들의 자아성립 과정이 '미국'에 의해 중재된다는 것을 보여 준다. 아르준 아파두라이(Arjun Appadurai)가 이제는 고전이 된 세계화에 대한 글에서 말했듯이, '필리핀식으로 해석된 미국의 대중음악은 미국에서 오리지널 송들이 누렸던 인기보다 필리핀에서 더 큰 인기가 있다.'

게다가 오리지널에 대한 충실도에서는 미국을 능가한다(Appadurai 1996). 미국인보다 훨씬 더 많은 필리핀인들이 미국 노래를 연주할 수 있다. 이 음악을 통해 필리핀인들은 자신들이 한 번도 잃은 적 없는 세계에 대해 회상하며 노래를 부른다. 그러나 다시 한 번 핵심을 강조하자면, 바로 이러한 '미국'과의 동일시가 필리핀의 가난한 민중들에게 비록 잠정적이고 상상에만 한정된 것이기는 하지만 문화적 자본을 손에 넣을 수단을 제공한다. '미국'을 통해 필리핀인들이 정체성을 구성한다는 사실은 제1차 세계대전 직후 미국으로의 대규모 이민에까지 그 흔적을 추적해 볼 수 있다. 이 이민은 일본이나 중국 이민자들이 배제정책에 의해 제한되었던 데 비해 당시에 필리핀이 '외국'으로 여겨지지 않았기 때문에 더 강력히 진행되었다.

카를로스 브론산(Carlos Bronsan)은 자서전《내 마음 속 미국(America in Our Hearts)》에서 필리핀인들이 제1차 세계대전과 일본 식민치하 동안 온 갖 고생을 겪으면서 어떻게 '미국'을 내재화했는지 잘 증언해 준다. 브론산은 20세기 초에 일로카노 지역의 가난한 농부 집안에서 태어난다. 이때가 바로 독립운동이 실패하고 행정부는 친미 엘리트의 손아귀로 넘어갈 때였다. 당시 '필리핀은 천천히, 하지만 확실히 경제 붕괴를 향해 가고 있었다. 또한 미국화된 젊은 세대는 어른들을 전혀 이해하지 못하게 되었다. 심지어 지주를 위해 뼈 빠지게 일하는 시골에서도 젊은이들은 유행에 사로잡혀 전통을 공격하곤 했다.' 영어를 배우기 위해 전력을 기울였고 미국에 가는 것을 심각하게 고민했다. 그러나 막상 '자유'를 찾아 미국에 갔을 때 그들이 찾은 것은 노골적이고 폭력적인 인종차별과 착취, 부패 그리고 필리핀에서는 찾아 볼 수 없는 야만적 행동들이었다. 이런 상황에 직면하게 되자 브론산은 '부패한 미국의 한쪽 귀퉁이에서 폭력과 증오만을 보며' 점차 폭력과 잔혹함에 익숙하게 되었다.

하지만 브론산이 '자유의 땅 미국'에 대한 믿음을 완전히 잃은 것은 아니었다. 수 차례 도박장을 드나든 후에 그는 결국 글쓰기를 통해 자신을 추스를 수 있었다. 잠시 동안 그는 필리핀 농부를 위한 신문의 편집장으로 활동했다. 그는 글을 통해 '미국'을 새로 발견한 것이다. 현실의 미국이 얼마나 부패로 가득 차 있던지 간에 '여기에서 태어났든지 외국에서 태어났든지, 교육을 받았든지 못 받았든지, 가장 중요한 것은 우리가 바로 미국인이라는 사실이다' (Bronsan 1984: 208~210). 필리핀이 일본군의 침략을 받았을 때 미국의 필리핀인들은 미군에 지원하기 위해 몰려들기도 했다.

　　그러므로 필리핀인들은 '미국' 과의 동일시를 통해 동포로서의 동질감 그리고 독립을 위한 집단적 욕망을 불러일으켰던 것이다. 일본의 필리핀 점령은 '미국' 이라는 상위의 존재에 의해 중재되었던 이들의 국가 정체성을 마련하는 일을 보다 복잡하게 만들었다. '미국' 을 이미 '자유와 문화의 땅' 으로 받아들었던 필리핀인들은 일본의 침략군이 '야만인' 으로 볼 수밖에 없었다. 츠노 가이타로(津野海太郎)는 일본의 필리핀 점령에 대해 다음과 같은 이야기를 통해 설명한다. 일본의 침략이 있기 전, 필리핀에서 보드빌 (vaudeville: 음악이 있는 짧은 희극, 가벼운 희가극—옮긴이)은 이미 인기 있는 오락거리였다. 이 장르의 배우들은 '필리핀의 프레드 아스테어', '필리핀의 클라크 게이블', '필리핀의 찰리 채플린' 등의 별명으로 유명했다. 이들은 실제의 배우들과 아주 비슷한 외모를 지니고 있었기 때문이다. 일제 치하 동안 영화관들은 문을 닫아야 했고 재상영이 가능하게 되었을 때에도 엄격한 검열 때문에 그다지 많은 영화들이 상영될 수 없었다. 허용된 영화가 부족하기 때문에 생긴 빈자리를 메우기 위해 극장들은 영화배우들이 등장하는 무대공연을 올렸다. 이 공연에는 종종 일본 통치자들을 조롱하는 콩트가 오르기도 했다. 한 콩트에서는 일본 사병이 손목에 시계를 여러 개 차고 미친 듯이 또 시계를 빼앗기 위해 돌아다는 모습을 그리기도 했다(Tsuno 1999: 73~86). 손목시계가 근대성을 상징한다고 보면 일본은 필리핀에 이미 존재하고 있던 근대성을 약탈하는 자들로 묘사된 것이다. 필리핀인들은 이 극동의 '제국' 에 대해 어떠한 환상도 지니고 있지 않았다.

　　필리핀인들은 일본을 야만적이고 악하며, 저질로 보았다. 이러한 견해는 '미국' 에 대한 필리핀인들의 환상 때문에 보다 강화되었다. 이케하타 유키수케(池端雪浦編)는 이 상황을 아래와 같이 묘사한다. 일본의 필리핀 점령에서 가장 아이러니한 점은 필리핀이 미국에 보다 더 의존하게 되었다는 것이다. 이는 미국의 식민지배에서 필리핀을 해방시킨다고 생각했던 일본 군과는 정반대였다. 미국을 향한 필리핀인들의 기대와 충성은 일제 치하에서 보다 더 커져만 갔다. 이들은 잔혹한 일본군의 점령에서 미국이 어서 빨리 필리핀을 해방시켜 다시 통치해 주기를 기대했다. 일제 기간에 쌓인 친미 정서는 전후 필리핀이 정치, 경제, 군사 영역을 포함해 모든 영역에서 미국에 크게 의존했던 사실을 설명할 때 반드시 고려해야 할 점이다(Ikehatha 1996: 18~19).

완전히 실패한 일본의 필리핀 점령은 식민통치의 전통적 방법이 군사 면에서든 문화 면에서든 미국식으로 민주적 요소들을 융화시키는 통치 방식과는 상대가 되지 않는다는 점을 잘 보여 준다. 필리핀인들이 '미국'에 대해 특별히 의존하고 있다는 점을 고려해 보면 이러한 의존이 미국 식민 정책의 특징에서 기원한다는 사실을 알 수 있다. 20세기로 접어들 시점에서의 미국의 필리핀 식민지화는 반대세력을 철저히 억누르고 섬 전체에 통일 정부를 강제하는 것을 포함했다.

하지만 베네딕트 앤더슨(Benedict Anderson)이 지적했듯이 20세기 초 윌슨 대통령 시대의 미국에는 강력한 식민지 경영을 할 열정이 없었다. 1909년의 관세법이 발효되면서 필리핀은 완전히 미국 소비경제의 영역으로 흡수된다. 설탕과 코코넛 따위의 농산품에 기초한 고도의 의존경제 구조가 만들어진 것이다. 그러나 여기에는 강력한 식민경영이 부재했다. 겨우 지방의 지주들과 연결된 연약한 행정 조직만이 구성되었다(Anderson 1995: 10~13). 미국의 지배는 대부분 군사적, 경제적 영역으로 제한되었다. 미국으로의 대규모 이민도 식민 정부와 독립운동 간의 공개적 충돌이 일어나는 것을 가로막는 역할을 했다. 전전(戰前) 미국의 필리핀 지배는 정치적·행정적 식민 지배보다는 경제력과 군사기지를 마련하는 데 초점을 두었었는데, 이는 전후 아시아 전체를 지배하는 데 일종의 모델을 제공했다.

위의 논의에서 보여 주려 시도했던 것처럼, 전후 일본의 대중문화에서 '미국'의 역할 분석에는 단순히 경제적 소비의 차원 이상의 것이 있다. 아시아의 다른 지역에서 '미국'이 소비되었던 여러 방법들을 명확히 살펴보는 것과 전전의 역사와 연속성 안에서 고려하는 것이 필수적이다. '미국'을 향한 일본인들의 욕망이 무의식 속에 침전되고 망각으로 사라져가고 있다는 점에서 이러한 무의식을 가능하게 한 문화적 지정학은 반드시 그 역사적 콘텍스트 내에서 검토되어야한다. 이러한 불연속은 또한 일본을 오키나와 한국, 타이완으로부터 공간적으로 분리하고, 같은 방식으로 전쟁 기간을 전후 시대와 분리했던 그런 불연속이다. 오키나와나 한국, 타이완과 같이 전후 군사독재가 있었던 곳에서는 이와 같은 시간적 불연속은 나타나지 않는데 한국전쟁과 베트남전쟁이 전쟁 기간이라는 시간적 연속성을 만들어냈기 때문이다.

이러한 관점에서 일본의 '전후'는 지속적인 연구의 대상이 되어야 한다. 일본 본토에서 1950년대 이후로 미국주의의 소비는 세계 어디에서도 그 유래를 찾아볼 수 없을 지경이 되었다. 이는 미국보다 미국 노래가 더 충실하게 불리는 필리핀과도 다르고 북부의 잘사는 이웃에게 지속적인 간섭을 받았던 라틴아메리카의 상황과도 다르다. 제2차 세계대전 이후에 미국은 일본이 예전에 '반제국적' 권력이었던 것이 그 자신의 종속적인 거울이 될 조건임을 발견했다. 일본은 반면 '미국'이라는 초강력 거울을 들여다보며 자신의 정체성을 다시 구성할 방법을 찾아냈다. 그러므로 일본 제국의 옛 점령지가 전후 어떻게 미국을 받아들였는지 그리고 그 과정에서 그들의 주체의 위치를 어떻게 변화시켰는지 보다 심도 깊은 연구를 수행하는 것이 필수적이다.

참고문헌

Anderson, Benedict. 1995. 'Cacique Democracy in the Philippines: Origins and Dreams. InVincente L. Rafael, (ed.). *Discrepant Histories.* Manila: Anvil Publishing. p. 10~13.

Appadurai, Arjun. 1996. *Modernity at Large: Cultural Dimensions of Globalization.* University of Minesota Press.

Ariyama, Teruo 有山輝雄. 1996. *Study of Media History During Ocupation* 占領期メディア史研究. Kashiwa Shobo 柏書房.

Braw, Monica. 1988. *Inspection : 1945~1949.* Jiji Tsushin Sha 時事通信社. 1988.

Bronsan, Carlos. 1984. *America in Our Hearts*, 我が心のアメリカ. Imura Bunka Jigyo Sha 井村文化事業社.

Cannell, Fenella. 1995. 'The Power of Appearances: Beauty, Mimicry, and Transformation in Bicol.' Ln Vincente L. Rafael (ed.). *Discrepant Histories.* Anvil Publishing, Manila. p. 224~228.

Chen Kuan Hsing 陳光興. 1996. 'Eyes of the empire' 帝國の眼差し. Thought 'Cultural Studies', 思想「カルチュラル・スタデイ?ズ」. p. 176~169.

Chen Kuan Hsing 陳光興. 2002. 'Why is 'Great Reconciliation' impossible? De-Cold War/Decolonization, or Modernity and its Tears.' In *Inter-Asian cultural Studies*, Vol. 3 No. 1. p. 77~99

Dower, John. 1999. *Embracing Defeat.* W. W. Norton & Co.

Gain, Mark.1998. *Japanese Diary* ニッポン日記. Chikuma Gakugei Bunko 筑摩書房.

Harada, Hiroshi 原田弘. 1994. Tokyo Under Occupation As Seen From MP Jeep のジープから見た占領下の東京. Soshisha 草思社.

Hirano, Kyouko 平野共余子. 1998.. Emperor and Kiss 天皇と接吻. Soushisha 草思社.

Ikehata, Yukisuke 池端雪浦編(ed).1996. *Philippine Under Japanese Occpuation* 日本占領下のフ

イリピン. Iwanami Shoten 岩波書店.

Ishikawa Hiroyoshi, Fujitake Akira, & OnoKousei 石川弘義・藤竹曉・小野耕生(eds.) 1981. *Amerikan, Culture.* アメリカン・カルチャー 1~3. Sanseidou 三省堂.

Iwamoto Shigeki 岩本茂樹. 1997. 'Blondie' ブロンデイ. In *Sociology Department Journal, Kansai College* No. 78. 關西學院大學社會學部紀要. No. 78. p. 155~166.

Iwamoto Shigeki 岩本茂樹. 1998. 'Blondie' ブロンデイ. In *Sociology Department Journal, Kansai College* No. 79. 關西學院大學社會學部紀要. No. 79.

Kang Nobuko 姜信子. 1998. *Japanese and Korean Musical Note* 日韓音樂ノート. Iwanami Shinsho 岩波新書.

Kawashima, Takane 川島高峰. 1995. "Investigation on post-war theories." *Study of Media History* メディア史研究 No. 2.

Kobayashi Nobuhiko 小林信彦. 1984. *Personal Account of Tokyo's Prosperity* 私說東京繁昌記. Chuo Koron Sha 中央公論社.

Komota, Nobuo 古茂田信男他.1970. *History of Japanese Pop Music* 日本流行歌史. Shakai Shiso Sha 社會思想社.

Kuwabara, Inetoshi.1981. 'Occupying army and the arts' 進駐軍と戰後芸能 in *Art Review in Post-war Japan* 別冊新評戰後日本芸能史. Shimpyosha 新評社.

Kwon Hyok Bom 權赫範. 2001. 'Joining the world and knowing America' 世界化とアメリカ認識 Modern Thought 'Post-war east Asia and the Existence of America' 現代思想「戰後東アジアとアメリカの存在」. Seidosha 青土社.

Lee Jong Wong 李鍾元. 1996. *Cold War in east Asia and Japanese, Korean and American Relations* 東アジア冷戰と韓日米關係.. Tokyo Daigaku Shuppan Kai 東京大學出版會

Makino, Hirotaka 牧野浩隆. 1996. *Rethinking Okinawan Economy* 再考沖繩經濟. Okinawa Times Sha 沖繩タイムス社.

Matsuura, Souzou 松浦總三. 1969. *The Suppression of Speech During Occupation* 占領下の言論彈壓. Gendai Janarizumu Shuppan Kai 現代ジャーナリズム出版會.

Minamura, Takeichi 皆村武一. 1995. *The Formation and Development of Post-war Japan*, 戰後日本の形成と發. Nihon Keizai Hyoron Sha 日本經濟評論社.

Mung Bu Shuk 文富軾. 2001. "'Kwangju' 20 years later: the memories of history and men"「光州」二十年後：歷史の記憶と人間の記憶 Modern Thought 'Post-war East Asia and the Existence of America", 現代思想「戰後東アジアとアメリカの存在」. Seidosha 青土社. p. 105~107.

Schaller, Michael. 1985. *The American Occupation of Japan: The Origin of the Cold War in Asia*. Oxford University Express.

Tsuno, Kaitaro 津野海太朗. 1999. Story, the Occupation of Japanese 語物語日本人の占領 Heibonsha 平凡社.

Yamamoto, Taketoshi 山本武利. 1996. Analysis of Media During Occputation 占領期メディア分析. Hosei Daigaku Shuppan Kyoku 法政大學出版局.

자본의 분할 전략과 동아시아의 성:

쾌락/향유 기계의 선용은 가능한가

하승우

1. 성과학과 포르노그래피

우리 사회의 민중(people)은 아주 어렸을 때부터 가정과 학교에서 삶 권력을 경험하며, 남성은 군대에서 공권력이 개인의 신체에 미치는 직접적인 신체구속을 체험하게 된다. 여성에게 가해지는 수많은 금지의 언표행위들은 말할 것도 없지만. 이제 그들이 성인이 되어서 활발한 지적 생산을 할라치면, 구조적 폭력이 자신의 무의식 속에 깊게 내면화되어 있음을 깨닫게 된다.

삶 권력은 자본주의 폭력과 연결된다. 자본주의 폭력의 다양한 모습들은 노동중독과 같은 반복강박의 형태로 나타나는데, 자본의 관점에서 볼 때 이러한 반복강박은 지극히 행위합리적이며 생산적이다. 자본 축적이 "죽은 노동의 산 노동에 대한 지배"(마르크스, 1988: 64)의 형태로 나타난다면[1], 노동중독은 죽은 노동이 체화된 결과다. 이것은 빈곤의 문제다. 마르크스가 지적한 대로, 빈곤은 물질의 빈곤만을 뜻하지 않으며 비참한 현실의 삶 모두를 아우른다.

노동착취를 통한 상품생산이 당연시되던 시대, 종로와 남산을 잇는 도로 위에 세워진 세운상가와 주변의 슬럼은 근대화 프로젝트의 흔적을 남기고 있다. 공간의 의미는 선험적으로 주어져 있지 않다. 의미는 그 공간이 사용되는 방식에 따라 계열화된다. 세운상가는 적어도 두 이질적인 계열이 수렴되는 곳이었다. 이를테면 세운상가—전자부품—근대화의 계열에서 세운상가는 근대적 태도의 확산이 이루어지는 장소였다. 반면 세운상가—음란물—위반의 계열에서 이곳은 남한 민중의 은밀한 쾌락이 '교환'되는 장소이기도 했다. 지구적 커뮤니케이션 네트워크가 지금처럼 활성화되기 이전에 미로처럼 얽힌 세운상가는, 국민국가가 설정한 문화 정체성의 경계선을 넘어서는 것, 즉 내부의 외부를 지시하기도 했다. 그러나 상징적 질서가 재생산되기 위해서는 일정한 예외와 위반을 전제하기 마련이다. 이런 점에서 세운상가는 한편으로는 위반의 공간이기도 했지만, 다른 한편으로는 근대화 프로젝트가 허용한 일정한 예외의 공간이기도 했다.

이제, 은밀한 위반의 공간에서 포르노 스타와의 우연한 마주침을 기다리던 민중들은 사라지고 있다. 새로운 세계질서로의 이행과 더불어 지구적 커뮤니케이션 네트워크가 비약적으로 발전하면서, 내부와 외부의 지리적 경계가 점차 그 유효성을 상실해 가고 있는 것이다. 물론 이것이 지리적, 영토적 경계가 완전히 붕괴되었음을 뜻하지는 않는다. 새로운 세계질서로의 이행은 국민국가의 영토적 경계를 여전히 포함하고 있다. 그렇지만 오늘날의 자본주의가 새로운 형태의 자본주의로 이행하고 있음을 부정할 수는 없다. 제국주의가 내부와 외부를 잇는 경계선을 끊임없이 재배치함으로써 특정한 국민국가의 주권을 확대하는 통치형태라면, 제국 권력은 '비장소'(non-place)[2]에서 실현되고 있다. 제국 시각 논리의 직접적 표현인 포르노 역시 지구적 네트워크의 발전과 더불어 '비장소'를 지향하고 있다.

이처럼 지구적 주권 형태의 차원에서 포르노를 다룰 때, 이것은 결코 만만한 문제가 아니다. 그러나 지금까지 포르노는 의미의 과잉과 결핍으로 채워져 왔다. 그것은 허리 아랫도리의 문제로 간주되어 완전히 무시되거나, 아니면 이와 동일한 논리에서 과대포장된 의미로 둘러싸여 왔다. 사람들은 어떤 영화를 볼 때, 그것이 포르노인지 아닌지를 직감적으로 인식한다. 그러나 언제나 그랬듯이, 그 직관은 격렬한 비난과 분별없는 긍정을 수반할 뿐이었다. 이러한 현상이 벌어지게 된 원인은 포르노를 하나의 개념으로 틀 지우는 작업이 국내에서 거의 이루어지지 않았기 때문이다. 그럴수록 우리는 과연 포르노란 무엇인지 꼼꼼하게 따져보고 질문할 필요가 있다. 포르노에 동의하건, 동의하지 않건 간에 이를 개념화하지 않는다면 제국의 문화논리를 비판적으로 사유하는 것은 더욱 묘연해질 것이기 때문이다. 여기서는 포르노의 개념을 구성하기 위해 미셸 푸코(Michel Foucault)를 경유하는 것에서 시작한다.

푸코(1990: 57~64)는 성에 관한 진리를 생산하는 두 가지 중요한 절차로 "성애의 기술(ars erotica)"과 "성 과학(scientia sexualis)"을 구별한다. 아시아의 일부 지역과 고대 로마 시대에 발전했던 성애의 기술은 쾌락에 관한 경험 자체를 진리로 간주했던 반면, 적어도 중세 이후 서구사회에서는 성에 관한 진리를 산출하기 위해 '고백'의 절차를 활용했다. 고백은 성에 관한 참된 담론의 생산을 지배하는 일반적인 제도였으며, 이러한 사정은 오늘날에도 마찬가지다. 고백은 오랫동안 가톨릭의 고백성사 관행 속에 단단히 묻혀 있었지만, 18~19세기에 교육학과 의학·정신분석학이 도입됨에 따라 자녀와 부모, 학생과 교사, 환자와 정신과 의사와 같은 사회의 국지적 관계망 속으로 급속하게 확산되었다. 이에 따라 권력은 쾌락을 배제하지 않고 그것들 각각을 특성별로 분류하고 세분화하기 시작한다.

그렇다면 왜 권력은 성(sex)을 앎의 대상으로 삼는가? 푸코가 보기에 그것은 "성(sex)이 감각과 쾌락, 법이나 금지뿐만 아니라 진리와 거짓의 문제가 되어왔다는 것…… 성의 진리가 본질적인 어떤 것으로 변했다는 것, 요컨대 성이 진리의 쟁점으로 성립되었기"때문이다(Foucault, 1990: 56). 이제 '나는 누구인가'의 문제는 그 주체의 성적 정체성을 아는 것으로 변하게 되었다. 개인의 자기 정체성이 성적 정체성과 동등하게 취급되는 까닭은 성에 관한 진리를 알고 싶어하는―이른바, 권력의 '앎 의지'라는 것―권력의 전략이 삶 속으로 확대되었기 때문이다.

린다 윌리엄스(Linda Williams)는 푸코의 쾌락/지식의 문제틀을 빌려와 포르노를 설명한다. 요약하면 하드코어 포르노는 성 과학의 일종으로, "쾌락에 관한 지식, 쾌락을 아는 것으로부터 발생하는 쾌락, 쾌락-지식" (Foucault, 1990: 77)이고, 그 속에는 "끊임없이 성에 대해 말하게 하는" (Williams, 1999: 2~3) 권력이 자리 잡고 있다.[3] 포르노가 성 과학의 일종이라면, 성 과학에 내재한 권력이 성의 억압이 아니라 성의 확산에 몰두했듯이, 포르노는 "최대한의 가시성(maximum visibility)"(48)의 원칙 아래 성에 관한 모든 지식을 공개하려고 한다.

성 과학이 '고백'을 통해 성을 진리에 관한 문제로 대체시켰듯이, 포르노 역시 '고백'의 방법을 활용한다. 그러나 포르노는 '최대한의 가시성' 원칙에 충실하면서도 여성의 실제 오르가슴을 명확하게 보여 줄 수 없는 한계를 지니고 있다. 성에 관한 지식을 남김없이 보여 주려고 하는 장르의 원칙과 상반되게, 여배우가 실제로 오르가슴을 경험했는지 그 누구도 확신할 수 없기 때문이다. 그래서 포르노는 "본의 아니게 고백하는 여성의 쾌락, 통제할 수 없는 쾌락의 고백"(50)을 발견하기 위해 필사적으로 노력한다. 이런 이유에서 진리를 얻기 위해 고백을 강요하는 성 과학의 앎 의지에서 파생된 포르노는 성 과학의 특성상 결코 소멸하거나 위축되지 않으며, 좀 더 세분화된 하위장르를 양산할 뿐이다.[4]

푸코는 《섹슈얼리티의 역사(Histoire de la sexualité)》 1권에서 성(sex)과 섹슈얼리티 사이에서 발생하는 권력작용이 신체의 표면에서 진행되고 있음을 밝혔다. 그러나 신체를 권력관계의 효과로만 볼 수는 없는데, 푸코가 지적한 대로 저항은 권력관계에 내재적이기 때문이다. 그렇다면 성 과학에 대한 저항은 어떻게 이루어질 수 있는가?

> 나는 성을 섹슈얼리티에 내재하는 것으로 파악하고, 그러한 권력장치에서 발견할 수 있는 것이 결코 성의 거부가 아니라 신체와 쾌락의 실증적 경제라는 점을 분명히 하고 싶었습니다.
>
> —Foucault, 1980: 190

윌리엄스는 더 많은 쾌락/지식을 생산하는 것이 성 과학에 맞설 수 있는 하나의 전략일 수 있다는 푸코의 통찰을 놓치지 않았다. 그는 지금까지 만들어진 대부분의 이성애적 하드코어 포르노가 남성의 성적 만족을 위해 여성을 대상화했음을 인정하면서도, 포르노가 역사적·사회적·문화적으로 형성된 구성물임을 간과하지 않으면서 여성 스스로 포르노에서 쾌락을 선용할 가능성은 없는지 반문한다. 포르노에 침투하는 권력행사 방식을 예리하게 포착한 윌리엄스의 방법론은, '표현의 자유' 논쟁에 머물던 기존의 포르노 연구에서 이정표를 이룬 야심 찬 성과다. 그렇지만 포르노를 논의하기 위해서는 이것만으로는 부족하다. 쾌락/향유 기계의 선용은 자본의 분할 전략, 그리고 이에 대한 대응전략으로서 다중의 '적대적 주체성의 생산'과 같은 정치경제학 '비판'의 문제와 맞닿아 있기 때문이다. 이런 점에서 윌리엄스는 정치경제학 '비판'을 누락함으로써 구조의 문제를 배제했을 뿐만 아니라, 푸코의 권력론 중에서도 극히 일부분만을 적용했다는 비판을 면하기 어렵다.

또 윌리엄스는 《하드코어(Hard Core: Power, Pleasure, and the "Frenzy of the Visible)》의 에필로그에서 1990년대 후반의 미국상황(빌 클린턴 대통령의 섹스 스캔들이 모든 매체에서 상세하게 노출되는 상황을 염두에 두며)

에 주목하며, 이제 '무대 뒤에 감추어져 있는' 의미로서 외설(obscene)을 논하는 것이 무의미해졌다고 판단한다. 그는 이러한 미국의 상황을 묘사하기 위해 '무대화됨(on/scenity)'이라는 용어를 사용한다. 그러나 과연 그럴까? 9·11테러 이후 미국 시민사회 공론장에서 진행되는 정황들을 살펴보면, '무대화됨'이라는 용어가 무색할 정도로 국가폭력의 외설성(즉 무대 뒤에 숨어 있는 것)이 증가하고 있음을 어렵지 않게 발견할 수 있다. 이라크 침략 전쟁에 대한 비판의 목소리가 공론장에서 사라지거나 배제되고 있는 미국의 상황은, 외설성의 문제가 이미 종결되거나 해결된 문제가 아니라 언제나 현재진행형의 문제임을 시사한다.

따라서 이 글에서는 우선 포르노 이미지의 속성을 '시각의 추상'의 차원에서 살펴보고, 이와 같은 시각의 추상화 경향이 사이버스페이스로 요약되는 지구적 커뮤니케이션 네트워크 속에서 어떻게 수용되고 있는지, 또 이러한 이미지들이 촉발시키는 정서적 반응에 대해 어떠한 윤리적 원칙을 갖고 대응할 것인지를 살펴볼 것이다. 이에 덧붙여 노동이 자본에 실질적으로 포섭되고 시민사회가 국가에 실질적으로 포섭되는 새로운 세계질서 속에서, 쾌락/향유 기계의 선용을 통해 적대적 주체성을 생산할 수 있는지, 그럼으로써 다중이 소통과 협력적 실천을 통해 '자유의 새로운 공간'을 구성할 수 있는지, 마지막으로 이와 같은 '자유의 새로운 공간'이 성 노동과 같은 정치사회 영역과 절합될 수 있는지를 검토할 것이다.

2. 근대성의 시각체제, 시각의 추상

포르노는 영화의 발명과 밀접한 관계를 이루고 있다. '세계에 대한 시각적 통제 가능성'으로 요약되는 뤼미에르 전통은 포르노 이미지의 속성을 연구하는 데 많은 부분을 시사한다. 대략 1905년 이전의 초기 영화들은 실제 현실, 풍경, 뉴스, 여행 정보를 기록하는 데 열중했는데, 이러한 전통은 아방가르드(avant-garde), 디렉트 시네마(direct cinema), 미니멀 시네마(minimal cinema), 포르노 등에 많은 영향을 미쳤다. 매혹(attraction)으로서 초기 영화는 시각적 이미지가 제시하는 "공격적 경험"과 이에 대한 관객의 호기심을 특징으로 한다(Gunning, 1997: 121). 아름다움이 감성과 범주적 인식(오성)의 결합에서 나온다면, 숭고함은 감성과 오성을 연결하는 상상력이 능력의 한계에 직면하게 될 때 발생한다. 이때 감성은 총체성의 표상(이성)과 연결된다. 놀라움과 경이로움으로 가득 찬 초기 영화의 시각적 속성은 칸트적 의미에서 아름다움이라기보다는 숭고한 체험에 가까웠다.

　　현재 국내에서 제작되고 있는 상당수의 포르노 역시 초기 영화, 즉 액추얼리티와 유사한 형태를 취한다. 이는 여성의 성기를 시각적으로 보여주는 데 급급했던 스태그필름(stag film)의 '성기 쇼(genital show)'나, 성기 삽입을 중요하게 생각했던 '성기 이벤트(genital event)'를 떠올리게 한다. 노엘 버치(Noel Burch)는 '재현의 원시적 양식(Primitive Mode of Representation: PMR)'으로 "비종결(non-closure), 자유로운 무단 복제 및 편집, 고전적 페르조나의 부재"를 꼽는데(Burch, 1999: 188~197), 영화 스타일상 대부분의 국내 포르노는 버치가 말한 '재현의 원시적 양식'에 가깝다고 할 수 있다.[5]

　　포르노 이미지의 속성을 좀 더 면밀하게 살펴보기 위해서는 근대성과 시각성의 관계를 주의 깊게 들여다보아야 한다. 조나단 크래리(Jonathan Crary)에 따르면(Crary, 1991), 19세기 초반(1820~40)에 등장한 생리학적 광학이 17~18세기 동안 유행했던 기하학적 광학장치(카메라 옵스큐라)를 대체하기 시작한다. 생리학적 광학이 등장하면서 감각의 분리가 가속화되고 이에 따라 시각성과 촉각성이 급격하게 분리된다. 스테레오스코프(stereoscope: 입체경)는 그러한 분리가 가장 극적으로 드러난 경우다. 사진 두 장이 나란히 붙어 있는 직사각형의 카드를 양안렌즈로 바라보는 스테레오스코프에서 원근법적 심도는 약화되며, 이미지의 평면성이 강조된다. 공간 표상이 약화됨에 따라 각각의 평면적 이미지 중에서 관찰자에게 가장 근접한 대상이 시각적 우위를 확보하게 된다. 카메라 옵스큐라(camera obscura)가 내부와 외부의 경계를 기반으로 하고 있다면, 스테레오스코프는 눈과 이미지 사이의 매개를 없앤다. 이미지와 눈이 직접적으로 연결되어 있다는 점에서 스테레오스코프는 외설 효과를 자아낸다. 그러나 그 이미지는 평면적인 공간으로 이루어져 있지만, 촉각성을 결여하고 있는 이미지다. 촉각성의 효과가 전혀 없다고는 할 수 없지만, 이때의 촉각성은 순수하게 시각적인 경험으로 축소된 것이다. 근대성의 시각체제에서 신체의 각 감각기관들은 공통감각의 지반에서 분리되기 시작하며, 국지적 자율성을 획득한다. 신체는 훈육의 대상으로 놓이기 시작했으며, 신체에 대한 지식이 확대되면 될수록 시각 정보에 대한 중요성도 커졌다. 신체를 측정 가능한 양적 대상으로 파악하기 위해서는 무엇보다도 시각에 대한 정보가 축적되어야 했기 때문이다. 이에 따라 시각적 경험은 '가치화'의 대상으로 설정된다. 이른바 '시각의 추상'이라는 것. 시각의 추상이 가속화될수록 시각적 경험은 교환가치를 목적으로 하는 상품처럼 측정가능한 양적 단위로 균등화된다.

　　포르노 이미지가 국민국가의 경계를 넘어 지구적 네트워크를 형성하면서 시각의 추상화 경향은 더욱 보편화된다. 이에 따라 고전적 관람양식으로는 설명할 수 없는 새로운 관람성이 출현하고 있다. 이는 근대적 시각체제의 속성이 변했다기보다는, 그 이미지들을 수용하는 방식에 급격한 변화가 일어났기 때문이다. 초기 영화 시각성의 주요한 특징 가운데 하나인 숭고함이 지구적 네트워크의 발전에 힘입어 급격하게 확산되고 있는 것이다. 제국의 시각체제는 초기 영화의 시각적 속성을 포획하여 공포의 스펙터클을 형성한다. 그것은 화폐 이미지와 파국의 이미지로 구성된다.

　　우선 화폐 이미지를 살펴보자. 기업은 이제 사건의 논리마저 전유하고 있다. 사건은 광고로 표현되며, 명령의 형태를 취한다. 명령어들(카피)

은 자본주의적 주체성을 생산하기 위해 고안된 지식들이다. 광고는 다중(multitude)의 정서에 액추얼한 변환을 일으키면서, 다중의 몸을 사회적 몸으로 변형시키고 있다.

그러나 자본주의의 세련된 명령어들이 파국의 이미지와 매우 밀접한 공모관계를 형성하고 있다는 점을 놓쳐서는 안 될 것이다. 파국의 이미지가 일상화되면서 도덕적 규범성이 활성화되고, '정당한 전쟁'의 수사학이 울려 퍼지며, 예방과 치안의 관념이 만개하게 된다. 파국의 이미지가 불러일으키는 공포는 제국의 스펙터클을 구성하는 주된 요소다. 그 이미지들이 다중을 수동적으로 조작한다는 비판이론의 어떤 흐름은 이제 더 이상 유효하지 않다. 이미지는 다중을 수동적으로 만들지 않는다. 대신 그것은 끊임없이 다중의 관심을 유도함으로써 거짓 활성화를 도모할 뿐이다.

이와 연관해서 할리우드 재난영화가 포르노라면, 9·11테러 이미지는 스너프(snuff film)와 유사한 것 아니냐는 슬라보예 지젝(Slavoj Žižek)의 질문은 매우 도발적인 문제 제기로 다가온다(2002a: 11). 포르노와 재난영화에서도 실재(the Real)는 나온다. 물론 포르노와 재난영화 사이에 무시할 수 없는 차이가 존재한다는 점을 간과해서는 안 되지만, 여기에서 나타나는 실재는 판타지 스크린으로 둘러싸여 있는 것이다. 판타지는 욕망과 충동을 분리하는 스크린이며, 주체가 잉여-향유의 늪에 빠지는 것을 막아주는 방어물이다. 다시 말해, 판타지 스크린은 외부에서 다가오는 성적 외상의 침입을 적절하게 방어해주는 구실을 한다. 그러나 주체가 자신의 판타지에 너무 깊숙이 다가가는 것은 위험하고 치명적인데, 그것은 주체 스스로 자신의 잉여-향유에 지나치게 근접해 가는 것이 주체의 '소멸(aphanisis)'로 이어질 수 있기 때문이다.

9·11테러 이미지에서 볼 수 있는 실재는 판타지 스크린을 뚫고 나오는 소멸의 이미지 그 자체다. 김선일의 피랍 동영상 역시 포르노보다는 스너프에 가깝다고 할 수 있다. 우리는 이 폭력적 이미지 앞에서 무엇을 사

유할 수 있는가? 이를 위해서는 모든 폭력에 대한 반대라는 '정치적으로 올바른' 수사학이 유효한 것인지를 검토해 볼 필요가 있다.

우선 비폭력적 행동을 강조하는 입장들이 창백한 도덕주의의 수사학이라는 점을 지적하고자 한다. 테러리즘이 자신의 목적을 위해 폭력적 수단을 이용하고, 그것을 타인들에게 과시함으로써 재현의 정치를 이용한다면, 비폭력의 수사학 역시 자신들의 희생을 타인들에게 전시함으로써 재현의 정치를 실행한다는 점에서 테러리즘과 유사한 방법을 공유하고 있다. 한국의 시민사회 공론장에서 일종의 상식으로 받아들여지고 있는 '모든 폭력에 대한 부정과 비폭력의 옹호' 논리는 자본주의 생산양식에 내재한 본원적 폭력과 국가폭력을, '적대적 주체성의 생산'과 통합되는 폭력과 구별하지 못한다. 사적 폭력을 국가에 위임하는 부르주아 도덕과 다르게, 유물론적 전통 속에서 폭력과 활력은 매우 밀접한 관계를 맺어왔다.

그러나 미군의 이라크 포로 학대 이미지나 김선일 피랍 동영상은 유물론적 차원에서의 폭력과는 완전히 다른 것이다. 그것은 발터 벤야민(Walter Benjamin)의 말을 빌리면(2000), 일종의 '신화적 폭력' 같은 것이다. '신화적 폭력'은 수단을 목적에, 원인을 결과에 연결시키는 폭력이다. 그것은 목적을 위해 수단을 정당화한다. 대다수의 포르노 역시 '신화적 폭력'의 궤도에서 자유로울 수 없음은 물론이다. 그리고 바로 이것이야말로 지젝이 강조하는 도착의 전형적 사례다. 도착은 타자(Other)의 질문에 자신을 하나의 대상-수단으로 설정하는 것이다. 질문을 하는 사람은 주체가 아니다. 질문의 외설성은 말해지지 않고 남겨져야만 하는 것을 말하도록 강요하는 것이기 때문이다. 주체는 타자의 질문에 대한 응답(answer)으로 나타나며, 외설적인 것은 질문 자체다. 그러므로 김선일 피랍 동영상에서 주체는 김선일이며, 이라크 포로 학대 이미지에서도 주체는 이라크 포로다. 그들은 '실재의 주체들'인 것이다. 이는 포르노 이미지의 경우에도 마찬가지로 적용된다. 대부분의 이성애적 하드코어 포르노에서 여성 성노동자들은 성산업이 강요하는 질문에 대한 응답으로 자신을 드러내야 하기 때문이다.

3. 가장 a에서 버추얼로

도착적 이미지의 속성을 좀 더 자세히 파악하기 위해서는, 지젝 (1997: 111~122)이 제시한 '상호수동성'의 개념을 면밀하게 검토할 필요가 있다. 상호수동성은 대상이 주체를 수동적으로 만드는 것과는 아무런 관련이 없다. 이를테면, 미국 시트콤에서 많이 나오는 미리 녹음된 웃음소리 (canned laughter)는 상호수동성의 적절한 예가 아니다. 지젝이 상호수동성에 관한 사례로 자주 언급하는 것은 어떤 영화를 직접 보기보다는 녹화를 통해서 마치 그 영화를 본 것처럼 일종의 안도감을 맛보는 경우다. 이를 좀 더 명확하게 이해하기 위해서는, 상징적 법과 초자아를 구분할 필요가 있다.

상징적 법은 금지와 위반을 특징으로 한다. 위반과 예외를 허용하지 않는 상징적 질서는 없기 때문이다. 적절한 관리와 통제를 위해서라도 어느 정도의 위반은 반드시 허용되어야 한다. 설사 상징적 법이 완전히 금지만으로 채워져 있다 하더라도 위반은 불문율의 형태로나마 반드시 등장하게 마련이다. 그러나 초자아는 상징적 법과 대략 유사하지만 조금 다른 형태를 취한다. 상징적 법이 우회적으로 예외를 인정한다면, 초자아는 직접적으로 향유를 명령한다. 라캉이 초자아의 궁극적 명령을 '안 돼'가 아니라, "향유하라(enjoy)"(Lacan, 1999: 3)로 설정한 것도 이런 이유에서 비롯된 것이다.

주체는 '향유하라'를 외치는 초자아의 명령에 따라야 하지만, 사실 이는 매우 당혹스러운 것이다. 상호수동성은 이때 발생한다. 상호수동성은 '향유하라'는 초자아의 명령을 녹화 비디오테이프 같은 것에 떠넘김으로써 초자아에 대한 의무감(수동성)에서 벗어나려는 시도를 뜻한다. '나는 지금

당장 그 영화를 볼 수 있는 시간이 없기 때문에, 녹화 비디오테이프에 그 일을 떠넘김으로써 다른 일을 할 수 있다.' 그러나 이처럼 '녹화 비디오테이프가 나를 대신해서 영화를 보고 있기 때문에 나는 다른 일을 할 수 있다'는 믿음은 중대한 착각이며, '거짓 능동성(false activity)'에 불과할 뿐이다. 주체의 존엄성을 훼손하는 초자아의 명령 때문에, 주체는 녹화 비디오테이프와 같은 것, 조금 거칠게 말해서 '향유할 것으로 가정된 주체'에게 향유의 부담을 떠넘긴다. 이런 점에서 상호수동성은 정확히 향유에 대한 주체의 방어(defence)를 이르는 이름이다. 그러나 바로 이때 나를 대신해서 향유하고 있는 녹화 비디오테이프가 주체가 되고, 나 자신은 대상으로 전락하게 되는 역설이 발생하게 된다.

정신분석이 개입해야할 지점은 바로 이곳이다. 도착자는 녹화 비디오테이프에 자신의 향유를 위임하지 말고, 직접 초자아의 명령과 마주해야 한다. 즉, 도착자는 자신이 원래 부담해야 할 의무를 직접 떠맡아서 끊임없이 유예되고 있는 자신의 근본적인 수동성과 다시 맞닥뜨려야 한다는 것이다. 지젝은 여기서 좀 더 나아가 타자가 나를 위해 일하고 있다는 관념에서 내가 타자를 위해 일하고 있다는 관념으로의 성찰적 반전(reflective reversal)을 대안으로 제시하고 있다(1997: 117). 이런 이유에서 지젝은 매체가 우리를 수동적으로 만든다는 종래의 진부한 관점을 뒤집어, 매체가 우리의 "진정한 수동적 경험(authentic passive experience)"을 박탈한다는 점을 강조한다 (122)[6].

지젝은《실재 사막으로의 초대(Welcome to the Desert of the Real: Five Essays on September 11 and Related Dates)》에서, 현실이 점점 더 '실재 없는 현실(IRREAL reality)'로 변하고 있다는 판단 아래, '실재에 대한 열정(passion for The Real)'과 '가장(假裝)에 대한 열정(passion for semblance)'을 구별하고, '가장에 대한 열정'을 철회할 것을 주장한다. 물론 '실재에 대한 열정'이 무조건적으로 급진적인 것은 아니다. 지젝은 '실재에 대한 열정'을 보수적인 것과 진보적인 것으로 다시 구별한다. '실재에 대한 열정'이 파괴적으로 흐를 수 있는 위험이 있지만, 그럼에도 지젝은 '실재에 대한 열정' 자체를 거부해서는 안 된다고 주장한다. 지젝이 비판적으로 개입하는 지점은 '실재에 대한 열정'이 '가장에 대한 열정'으로 대체되고 있는 상호수동성의 상황이다. 지젝에게 '가장에 대한 열정'은 실재와의 우연한 마주침을 회피하기 위한 반동적 제스처에 불과한 것이다.

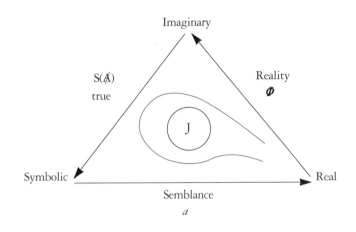

〈상징계와 실재 사이에 위치한 가장과 대상 a〉[7]

카페인 없는 커피, 알코올 없는 맥주 등의 가장(semblance)의 범람은 지구적 자본주의 체제에서 더욱 공고화되고 있다. 그 결과는 매우 참담하다. 현실에서 실재가 배제되면서, 우리는 '실재의 현실(the Real reality)'을 버추얼을 통해서만 경험하고 있기 때문이다. 사이버 섹스는 이것의 직접적인 증거다. 지젝은 《믿음에 대하여》에서도 언제든지 접속을 끊음으로써 실재와의 조우를 회피할 수 있는 사이버스페이스에 대해 매우 비관적인 태도를 보이고 있다. 가장의 이미지, 즉 현상과 본질이 뫼비우스의 띠처럼 얽혀 있는 표면에서 발생하는 가장을 열망하는 것은 우리가 직접 체험하는 실재와 다를 뿐 아니라, 자신이 필요할 때마다 언제든지 접속을 끊을 수 있기 때문에 이미 언제나 특정한 거리(distance)를 전제로 하는 것이고, 그런 만큼 그 거리는 이데올로기 자체라는 분석이다. 슬로베니아 학파, 특히 그중에서도 주판치치(Alenka Zupancic, 1988: 70)는 이처럼 거리를 전제로 한 숭고한 이미지에 매우 부정적이다. 거리를 전제하고 있다는 점에서 숭고함은 '판타지 논리'와 다를 바 없다는 것이다.

이제 지젝(2002b: 1~5)은 그리스도와 레닌의 제스처를 '반복'할 것을 주장한다. 그리스도와 레닌의 제스처는 '가장에 대한 열정(혹은 대상 a에 대한 열정)'이 아니라 '실재에 대한 열정'(진보적인 '실재에 대한 열정')이고, 그것에 무조건적으로 개입하는 것이며, 그 선택에 따른 모든 결과에 완전히 책임지는 것이다. 그리스도와 레닌의 제스처는 이런 의미에서 정확히 윤리적이다. 윤리는 자신의 행위(act)를 남의 탓으로 돌리지 않으며, '그것이 바로 나의 행위며, 책임은 내게 있다'는 존재론적 토대 위에서만 발생하기 때문이다. 그것은 다시 말해, 인식론적 장애를 존재론적 실천으로 전환시키는 것이다. 윤리는 오로지 행위(act)의 차원에서만 발생한다. 행위는 분노의 메시지를 던지는 '행동화(acting out)'나 폭력적인 '행위로의 이행(passage to act)'과도 다르다. 행위는 주체가 이성적으로 판단할 수 없는 곳, 즉 '무뇌의(acephalous)' 지점에서 발생한다. 숭고함에 전제되어 있는 거리를 파괴하고, 그것을 자신의 행위로 반복하기. 이미 지젝의 질문은 정해진 듯 보인다. '가장에 대한 열정'에 만족할 것인가? 아니면 '실재에 대한 열정'을 혁명적으로 '반복'할 것인가? 그렇다면 이제는 우리가 응답할 차례다. 우리는 과연 무엇을 선택할 것인가?

가장에 둘러싸여 있는 대상 a는 그 자체로 전복적이지도 반동적이지도 않다. 아마도 지젝이라면, 대상 a를 다루는 예술의 윤리적 책임을 대상 a

에 문자 그대로 동일시하는 것(과잉 동일시)으로 볼 것이다. 과잉 동일시를 통해 상징적 질서의 중핵에 맴돌고 있는 잉여-향유를 폭로하고 그리하여 새로운 상징적 질서를 요구하는 것, 바로 이것이 지젝이 강조하는 전략이 아닌가? 그러나 가장에 둘러싸여 있는 대상 a와 관찰자 사이의 거리가 이데올로기적이라면, 관람성의 차원에서 이미지를 전복적으로 실천하는 것은 처음부터 불가능한 것은 아닐까? 리얼(정신분석학에서 말하는 실재가 아니다)이 물질적인 것에 관련된 것이라면, '힘'을 뜻하는 라틴어 virtus에서 비롯된 버추얼은 정신적인 것에 관련된 것으로 이미 현실적으로 특정한 효과를 발휘하고 있는 잠재력이다.[8] 그러므로 버추얼은 가상(假想)이 아닌 실상(實相)이며, 버추얼 리얼리티가 있는 것이 아니라 버추얼 액추얼리티와 리얼 액추얼리티가 있는 것이다. 따라서 인터넷 접속을 끊음으로써 대상 a와의 조우를 회피하는 것이 아니라 대상 a와 만나는 순간 혹은 만나지 않는 순간 모두 삶의 한 부분을 구성하고 있는 것이다.

우리는 현재 구체적인 장소에서 지배와 종속의 권력관계가 행사되는 훈육사회에서 권력이 삶 전반으로 확대되고 있는 '통제사회'(Deleuze, 1995: 177~182)로의 이행을 목격하고 있다(그것은 물론 훈육사회를 포함한 통제사회로의 이행이다). 훈육이 고정된 주형(molds)과 결부되어 있다면, 통제는 "하나의 계기에서 다른 계기로 지속적으로 자기-변이하는(self-transmuting) 주형"(178~179) 즉, 유동적인 모듈레이션(modulation)과 직결되어 있다. 그러므로 인터넷 접속을 끊음으로써 대상 a와의 조우를 피한다는 생각은 적절치 않다. 인터넷 접속 여부에 상관없이 그것 모두는 우리의 삶과 맞닿아 있기 때문이다.

논의를 좀 더 확장할 필요가 있다. 나는 여기서 대상 a를 주체성의 생산과 연결시키려 했던 가타리(1995: 14)를 따르고 있다.[9] 이는 대상 a에 문자 그대로 동일시하기보다는 대상 a를 확장하고, 그것을 '적대적 주체성의 생산'에 연결시키는 것이며, 버추얼에 대한 우리의 윤리적 판단 기준을 정하는 것이다. 활력이 아닌 권력으로서의 공포의 스펙터클은 우리를 지식과 권력의 테두리 바깥으로 내몰면서, 우리의 활력을 재영토화시키는 버추얼들이다. 우리는 끔찍한 화폐/파국의 이미지 앞에서 스피노자(Baruch de Spinoza)가 말한 '영원성(aeternitas)'에서 멀어지며 윤리적 책임성을 상실한다. 그러나 여기서 정말로 중요한 것은 부적합한 버추얼 액추얼리티를 적합한 액추얼리티로 바꾸려는 또 다른 노력이다. 수십 가지의 정서(affect) 중에서 자신의 몸에 적합한 정서를 구별하고 선택하며 재구성하려는 노력이야말로 스피노자 윤리학의 정수다. 그리고 여기에는 부적합한 정서를 적합한 정서로 전환시키는 '공통된 이름(the common name)'이 놓여 있다. 만약 지금 우리에게 단 하나의 '공통된 이름'이 있다면, 그건 아마도 제국이 생산하는 주체성에 저항하는 '적대적 주체성의 생산'이 아닐까. 그것은 수많은 격자들과 굴곡들을 가로지르면서 한편으로는 말할 수 없는 비참함을, 다른 한편으로는 '기쁨의 실천'을 경험하는 것이기도 하다.

그러나 오해하지 말아야 할 것은 '기쁨의 실천'이 권력관계 내에서 완전히 해방된 유토피아의 계기를 뜻하는 것도 아니며, 라캉적 의미에서 향유할 것을 외치는 초자아의 명령과도 거리가 멀다는 것이다. 다중은 언제나 구성된 권력 안에 존재하며, 구성된 권력 속에서 유한성의 한계를 인식한다. 그러므로 '기쁨의 실천'은 한껏 접혀 있던 주름이 끝없이 펼쳐져, 이제는 더 이상 피할 곳조차 없는 제국의 매끄러운 공간에 조그만 구멍을 뚫음으로써 그 구멍 속에서 새로운 지식과 장소를 생산하는 것으로 이해되어야 한다.

4. 자본의 새로운 분할 전략

　동아시아에서 포르노는 통념적으로 서구문화의 한 양식으로 이해된다. 그러나 보편주의적인 성격을 띠고 있는 포르노는 경우에 따라, 문화 민족주의와 마찰을 빚으면서 미묘한 진동을 자아낸다. 동아시아에서 포르노는 특정한 국면에 따라, 보편주의와 특수주의 혹은 글로벌과 로컬 사이에서 발생하는 진동과 긴장을 번역하는 문화적 실천으로 전화되기도 한다. 상황이 그렇다면 이제 '적대적 주체성의 생산'을 동아시아의 맥락에서 살펴보아야 한다. 그렇지만 포르노가 동아시아의 맥락에서 어떻게 번역되고 있는지를 전면적으로 검토하는 것은 이 글의 지면을 넘어서는 것이다. 여기서는 남한과 일본의 경우로 문제를 좁혀 보기로 한다. 우선 남한의 경우를 살펴보기로 한다.

　1997년 남자 고교생 3명과 여중생 1명이 체포되었다. 일본 포르노를 모방해 캠코더로 자신들의 성행위를 촬영한 뒤 유통시켰다는 혐의였다. 이들은 단순히 자신들의 성행위만을 시각적으로 기록하는 데 머무르지 않고, 성행위를 끝낸 후 옷을 입고 있는 자신들의 모습을 카메라에 담아내기도 했다. 자기-재현(self-representation)의 방식으로 촬영된 '아마추어 포르노'가 국내에서도 본격 등장하기 시작한 것이다. 그러나 〈빨간 마후라〉는 이후에 벌어질 포르노 범람을 예고하는 전주곡일 뿐이었다. 이제 우리에게 포르노는 그다지 낯선 문화가 아니다. 한국어로 서비스되는 포르노사이트가 7만 개에 육박할 정도인데, 이는 미국에 이어 두 번째로 많은 경우에 해당한다.

　자본이 거대한 탈영토화된 흐름들의 총체라면, 이는 국내 포르노산업에도 마찬가지로 적용되는 얘기다. 대략 2000년을 기점으로, 국내 인터넷 성인방송이 급속하게 감소하면서 국내 법망을 피해 미국이나 캐나다 등지에 운영 서버를 두고 있는 하우스-스튜디오 형태로 제작된 포르노가 등장하기 시작했다. 그러나 사실 국내에서 유통되고 있는 포르노는 상품교환보다는 파일공유를 통해서 순환되는 경우가 지배적이다. P2P 프로그램을 통해 다운로드를 받는 게 좀 더 일반적인데, 교환이 하나의 상품을 구매하기 위해 이에 상응하는 대가를 동시적으로 지불하는 것이라면, P2P 프로그램을 통해서 파일을 공유하는 것은 상품 교환이 아니라 하나의 사회적 네트워크를 형성하는 과정으로 이해될 수 있다.

　　이제 일본 AV(Adult Video)를 만나는 것도 그다지 어렵지 않게 되었다. 일본 현지에서 출시되는 AV는 실제 성행위를 보여 준다는 점에서 여타의 포르노와 다를 바 없지만, 성기의 직접적인 노출만은 허용되지 않고 있는데, 여기서 발견할 수 있는 것은 극한을 향해 치닫기만 하는 자본의 속성이 민족 판타지[10]의 형태—일본 AV의 모자이크 처리 등—로 한 발짝 물러서는 방식이다. 모자이크 처리를 하지 않는 AV는 일본의 실정법상 불법이고, 당연히 공식 출시될 수도 없다. 모자이크 처리된 일본 AV도 대여용 AV와 판매용 AV로 나뉘는데, 상대적으로 대여용 AV의 모자이크의 입자가 두껍고, 판매용 AV의 입자가 얇은 편이다.[11]

　　일본 AV에서 미트 샷과 머니 샷이 형상화되는 방식은 모자이크의 유무에 따라 차별화된다. 가령 국내에서도 비교적 널리 알려진 일본 AV의 아이돌 스타, 아오이 소라(Aoi Sora)가 출연한 〈여동생의 비밀〉에서 미트 샷과 머니 샷은 대부분 클로즈업이 아닌 미디엄숏(medium shot)으로 촬영되었다. 모자이크 입자가 프레임 안에서 상당히 많은 부분을 차지하고 있기 때문에 여배우의 얼굴에 초점을 맞춘 미디엄숏에 주로 의존하고 있는 것이다. 간혹 클로즈업이 나타나기는 하지만, 이것 역시 아오이 소라의 얼굴에 초점을 맞춘 것이다. 그러나 사무라이비디오사에서 제작된 〈My Tokyo Tutor〉나 〈Samurai Voyeur〉처럼 미국, 캐나다 등지에서 출시되는 노모자이크 AV를 보면, 서구의 하드코어 포르노와 매우 유사한 방식으로 촬영되었음을 확인할 수 있다. 이는 〈Greatest Body〉같은 (극)박소(薄消) 계열의 AV에도 동일하게 적용된다.

흥미로운 것은 남한이나 타이완을 거치면서 일본 AV의 모자이크 범위가 축소되거나 제거되고 있다는 사실이다. 모자이크 입자를 얇게 하거나 없애는 프로그램이 개발되는가 하면, 아예 타이완에서는 (극)박소 AV나 완전 노모자이크 AV가 출시되기도 한다. (극)박소 AV나 완전히 노모자이크 처리된 AV는 일본 현지에서는 공식적으로 출시될 수 없지만, 타이완에서 출시될 수 있기 때문에 통상 타이완계 AV라고 불리기도 한다. 모자이크 처리된 일본 AV가 민족 판타지에 관련된 것이라면, 적어도 사이버스페이스에서는 민족 판타지에서 벗어난 다수의 일본 AV들이 트랜스내셔널하게 공유되고 있는 것이다. 이는 민족 판타지가 지극히 우연적인 요소에 의해 결정되고 있음을 보여 준다.

민족 판타지가 역사적으로 우연하게 결정되는 것이라면, 여기서 놓치지 말아야 할 것은 민족 판타지를 문화적 특수성의 개별 사례로 간주해서는 안 된다는 점이다. 왜냐하면 보편성을 문제 삼지 않은 채 단지 특수성을 병렬적으로 나열하는 것만으로는 급변하는 현재의 세계질서에 급진적으로 저항할 수 있는 이론적 힘을 지닐 수 없기 때문이다. 보편성과 특수성의 공범적 관계는 사카이 나오키(酒井直樹, 2003: 55)의 다음과 같은 글에서도 확인된다.

(아시아인의 고유성이나 본래성을 고집하는)[인용자 추가] 맥락에서는 아시아 국민의 통일성이 서양의 '외래성'에 의해 뒷받침되고 있을 뿐 아니라, 서양의 상상된 통일성-지배적이고 보편적인 위치-은 아시아와 마찬가지로 상상된 통일성-종속적이고 특수한 위치-에 의해서 뒷받침되고 있는 것이다. 따라서 유럽 중심주의에 대한 탄핵은 국지적인 아시아의 문화들이 각각 통일적인 것임을 당연시함으로써 결국 유럽 중심주의를 옹호하게 된다.

지금까지 동아시아의 문화 정체성은 주로 특수성의 차원에서 다루어져 왔다. 그러나 지금 우리에게 필요한 것은 이처럼 문화적 특수성에 내포된 보편적 속성에 대한 비판이다. 결국 문화적 특수성에는 특수성의 계기와 보편성의 계기가 모두 공존하고 있는 것이다. 동아시아의 문화 정체성을 단지 특수성의 차원에서만 고찰하는 것은, 궁극적으로 서구(the west)/나머지(the rest) 담론 형성체를 강화시키는 데 기여할 뿐이다. 동아시아의 문화 정체성은 특수성의 차원을 넘어서 자유 · 평등 · 연대와 같은 보편성의 문제를 속에서 사유되어야 한다. 그렇다면 이제 우리에게 필요한 것은 보편성의 지속적인 확장, 그리고 이것에 개입하기 위한 정치철학으로서 민주주의를 사유하는 것이 아닐까. 물론 '어떤' 민주주의인가의 문제가 남아 있기는 하지만 말이다.

　　이처럼 통상 '아시아적 가치'로 이해되고 있는 문화적 특수성을 분석하기 위해서는 매우 정치한 이론적 개입이 필요하다. 예컨대 동아시아 대중의 자유시간은 서구에 비해 상대적으로 적은 편이지만, 동시에 동아시아는 신비로운 쾌락, 자유로운 매매춘, 반(反)사회적 성적 쾌락의 모든 것을 제공해 줄 것 같은 이미지로 비쳐지기도 하는데, 이러한 현상을 바라보면서 문득 다음과 같은 의문이 든다. 일본이나 타이완 등을 제외한 다른 동아시아 지역에 포르노가 공식 유통되는 곳이 거의 없다는 사실은 무엇을 뜻하는가? 성에 관한 이중 규범이 동아시아 전 지역의 문제라면, '아시아적 가치'의 이면에 국제노동분업의 현실이 은폐되고 있는 것은 아닐까. 동아시아의 성 문화를 오로지 '아시아적 가치'의 탓으로만 돌리는 견해는 엄밀한 이론적 범주의 적용이라는 차원에서 올바른 태도라고 할 수 없기 때문이다.

　　마르크스가 《자본》에서 밝혔듯, 노동력 상품의 본질은 추상적 노동이고, 이러한 추상적 노동의 척도는 사회적 필요노동시간이다. 사회적 필요노동시간은 가치의 양적 측면이지만, 사실 이것은 질적 측면에 해당되는 것이기도 하다. 사회적 필요노동시간은 각 국민국가의 사회적 생산조건, 노동의 숙련도 및 강도, 역사적 · 도덕적 요소에 의해 결정되기 때문이다. 이는 각 국민국가의 자본주의 생산양식에 어떤 사회적 평형의 원칙이 있음을 뜻한다. 그러나 지구적 차원에서 사회적 필요노동시간은 상이한 방식으로 계열화된다. 이른바 "세계적 차원에서의 가치법칙의 수정"(마르크스, 2002b: 758)원칙이 적용되고 있는 것이다. 전 지구적으로 노동력 가치는 경향적으로 상승하지만, 자본은 노동력 가치의 경향적 상승을 지역별로 차별화함으로써, 전 세계 다중의 사회적 평균비용을 균등화하지 않는다. 자본이 노동력의 가치를 국가(민족)별로 구분하는 이유는 무엇인가? 홀거 하이데(Holger Heide, 2000: 106)는 다음과 같은 두 측면을 지적한다.

① 계급투쟁에서의 우세를 지키기 위한 토대로서 계급구성을 통제 하고자 하는 자본의 이해
② 구조개편의 전략변수로서 산업 입지의 창출과 유지에 관한 자본의 이해

자본은 다중을 지역, 노동숙련도, 강도에 따라 분할한다. 이로 인해 동아시아에서 노동력의 확대 재생산은 소모적인 것이거나 낭비적인 것으로 묘사된다. 국제노동분업의 전략이 효과적으로 적용되기 위해서는 지속적으로 아시아의 '민족적 가치'를 낮은 수준으로 유지해야 한다. 자본은 이와 같은 전략을 뒷받침하기 위해 다양한 형태의 민족 판타지와 이데올로기를 활용한다. 이런 이유에서 민족 판타지는 "가치 형성의 중요한 구성요소"이고, 민족 판타지를 활용하는 자본의 분할전략은 '정치적' 분할전략이다(110). 따라서 동아시아에서 포르노를 사유한다는 것은 '아시아적 가치'에 피상적으로 저항하는 것을 넘어서, 민족 판타지를 가치 형성의 중요 구성요소로 배치하는 자본의 '정치적' 전략을 문제시하는 차원으로까지 넓혀져야 한다.

그러나 이와 동시에 새로운 세계질서가 경향적으로 출현하고 있다는 점을 지적하지 않을 수 없다. 제국주의에서 제국으로의 이행과 더불어

국제노동분업의 형태가 변형되고 있는 것이다. 물론 이것이 국제노동분업의 현실이 소멸되었다거나 축소되었다는 것을 뜻하지는 않는다. 착취는 더욱 심해지고 있으며 국제노동분업의 효과는 더욱 강렬해지고 있다. 그러나 생산·유통·소비가 지구화됨에 따라 해외투자가 일반화되었고, 프롤레타리아의 이동성이 증가함에 따라 국가적·지리적 경계선이 약화되었다. 착취의 유형은 1세계/3세계의 범주에서 1세계내의 3세계, 3세계내의 1세계로 재구조화되고 있으며, 노동력 상품의 가치를 판단하는 척도는 측정 불가능해지고 있다. 이미 자본주의 생산양식은 세계시장을 조절하기 위해 새로운 통치 메커니즘을 도입했다. 제국의 질서에서 새로운 (노동) 분할(제국의 노동정치)은 다음과 같은 과정을 거친다(Negri/Hardt, 2000: 336~339).

① 다중의 재프롤레타리아화를 추진하는 새로운 생산성 규범의 도입
② 금융 자본주의의 이동성 증가에 따른 지구적 화폐 메커니즘의 도입

남한 역시 자본의 새로운 분할 전략에서 자유로울 수 없다. 1987년 노동자대투쟁 이후 자본은 노동과정에서는 테크놀로지의 도입에 따른 자동화와 컴퓨터화를, 노동시장에서는 비정규직 노동의 확산을, 노동력 재생산 과정에서는 개인적 소비를 생산적 소비로 전환시켰다. 우리가 주목해야 할 부분은 노동(labor)의 계급구성이 먼저 발생한 후에 자본의 대응이 뒤따랐다는 점이다. 자본은 다중의 취향, 감수성, 쾌락과 욕망에 민감하게 주목했으며 재빨리 이들을 상품화했다. 또 자본은 다중의 계급구성에 대응하기 위해 신속하게 재구조화를 진행했다. 유연화·합리화·효율성에 대한 강조, 자유화로 특징지어지는 신경영전략(능력을 우선시하는 인사관리 정책)은 서구의 신자유주의 정책에 대한 모방이고, 자본 재구조화의 구체적 내용들이다. 생산과정은 공장을 넘어 사회 전체로 확대되었으며, 노동력 재생산 과정은 사회적 생산/재생산의 과정에 포섭되었다.

생산과정이 사회 전체로 확대됨에 따라 시민사회가 성장하기 시작했고, 민주주의 이행이 남한 사회 전반에 조금씩 뿌리를 내리면서, '국가의 과잉발전에 따른 시민사회의 저발전' 형태도 약간씩 변화되기 시작했다. 훈육사회에서 사회적 적대들, 갈등들, 법률적 변화들이 표현되고 조직되는 장소인 시민사회는 보편적 이익의 대표자인 국가가 자신의 질서에 외부적이거나 특이한(singular) 이익들을 포섭하는 "형식적 포섭의 공간"이었다(네그리/하트, 1997: 137). 그러나 훈육사회에서 통제사회로 이행함에 따라 즉, 통제가 공장을 벗어나 사회체 전체로 확산되면서, 사회가 국가에 실질적으로 포섭되기 시작한다. 국가와 사회를 연결하는 고리인 시민사회는 쇠퇴하거나 국가에 통합되는 방식으로 재구조화된다. 이에 따라 시민사회는 국가의 시뮬라크르(simulacre)로 축소되고, 사회의 현실적인 적대들은 회피되거나 추방된다. 사회가 국가에 실질적으로 포섭되는 경향이 증가하면서, 역설적으로 포스트모던 국가형태는 사회로부터 분리되기 시작하며, 국가는 스스로를 사회로부터 분리시키면서 마치 이 분리가 이루어지지 않은 것처럼 위장한다. 자신의 이해관계를 자본주의 생산양식에 관철시키려고 했던 근대 국민국가와 달리, 포스트모던 국가는 이를 사회의 변증법적 관계 속에서 찾으려고 하지 않는다. 포스트모던 국가 형태는 사회적 생산/재생산 과정에서 벗어난 하나의 독립된 행위자를 지향한다(네그리/하트, 1997: 135~142, 190).

근대적 주권 체제가 사회적 통합을 추구했다면 지구 제국의 행정은 좀 더 기능적, 도구적 방식으로 행사된다. 요컨대 제국의 행정은 사회적 통합의 낡은 외투를 벗어 던지고 자신이 해결할 수 있는 특정한 이슈들에만 관심을 집중한다(Negri/Hardt, 2000: 339~343). 이는 1987년 노동자대투쟁 이후 형식적 민주화가 사회체 전반에 확산되고 있음에도, 포르노가 한국의 시민사회 공론장에 쉽게 진입하지 못하는 이유를 부분적으로 설명한다. 설사 포르노가 시민사회 공론장에 진입한다 하더라도, 그것은 대개 '표현의 자유'라는 사법적 개혁주의의 외양을 띠고 나타난다. 그러나 포르노를 사법적 개혁주의로 판단하는 것은 기본적으로 매우 나이브한 접근인데, 왜냐하면 이럴 경우 결국 논쟁은 표현의 자유라는 실정법상의 권리를 이끌어내는 것으로 축소되고 말 것이기 때문이다. 규범에 맞서기 위해 규범을 동원하는 것은 좌파적 관점에서 적절한 정치적 전략이 될 수 없다. 이런 점에서 급진적 성 정치는 "규범들 자체를 생산하는 역량(capacity)을 목표로 삼는 비판"(네그리/하트, 1997: 207)에 입각해서 국가의 통치기술 형태를 비판하는 방향으로 전개되어야 한다.

5. 적대적 주체성의 생산

자본의 새로운 분할 전략과 더불어 제국의 시각체제에서 파국과 재난의 이미지는 더욱더 확장된다. 이미지는 점점 더 충격과 공포의 방향으로 나아가고 있으며 '시각의 추상화' 경향에 의존하고 있다. 여기서 우리는 매우 이질적인 문화횡단의 몽타주를 목격할 수 있는데, 《겨울연가》가 일으킨 한류열풍이 바로 그것이다. 남한의 다중들이 일본 AV가 내미는 은밀한 쾌락과 향유의 손짓에 몰입하고 있을 때, 일본에서 남한의 멜로드라마 《겨울연가》가 크게 인기를 끌었던 현상을 어떻게 해석해야 할까? 멜로드라마란 기본적으로 낡은 질서가 새로운 질서로 이행하면서 기존의 가치관이 크게 흔들릴 때, 그 혼란을 줄이기 위해 선과 악의 이분법적 구도와 같은 도덕적 가치관에 의존하는 경향을 이르는 이름이다. 그래서 멜로드라마 양식은 주로 주인공의 죄 없음과 결백을 증명해 가는 과정으로 표현된다. 멜로드라마가 파토스(pathos)의 수사학을 통해 관객의 정서를 특정한 방향으로 액추얼하게 변환시키는 것이라면, 《겨울연가》 열풍의 '정치적 무의식'에는 지구화 시대에 저항하는 혹은 반작용하는 포드주의 신화가 장착된 것은 아닐까?

주권적 시선에 입각해서 각 지역의 문화현상을 파악할 때, 일본 AV와 《겨울연가》는 민족적 문화 정체성의 반영으로 해석된다. 그러나 일본 AV와 남한의 《겨울연가》는 완전히 상반된 문화현상이 아니다. 매체들은 한류열풍을 문화 민족주의의 관점에서 접근하기 위해 여념이 없지만, 사실 중요한 것은 일본 AV나 《겨울연가》의 유행은 지구 제국에서 펼쳐지는 다양한 양태들 가운데 하나라는 점이다.

내부와 외부가 하나의 평면에 자리 잡고 있는 제국의 질서에서 일본의 한류열풍과 남한의 일본 AV의 수용은 문화 혼종성의 형태로 나타난다. 그러나 혼종성은 복수의 힘/권력들이 상호 작용하는 현상을 서술할 수는 있어도, 생산의 개념을 결여하고 있다는 점에서 일정한 한계를 노정하고 있다. 혼종성 개념이 제국의 문화 논리나 통치성, 국가형태와 같은 구조의 문제를 배제한다면, 결국 정치경제학 '비판' 없이 문화에 대한 과도한 강조로 흐르고 마는 것은 아닌가 하는 의심을 지울 수 없기 때문이다.

> 차이, 혼종성, 이동성은 그 자체로 해방적이지 않을 뿐만 아니라, 진리, 순수성, 그리고 정지(stasis)도 그 자체로 해방적이지는 않다. 진정한 혁명적 실천은 생산의 수준을 지시한다. 진리는 우리를 자유롭게 만들지 않겠지만, 진리 생산을 통제하는 것은 우리를 자유롭게 만들 것이다. 이동성과 혼종성은 해방적이지 않지만, 이동성과 정지, 순수물과 혼합물의 생산을 통제하는 것은 해방적이다(Negri/Hardt, 2000: 156).

결국 지식/권력 관계의 대당(對當)에서 완전히 해방되는 것이 또 다른 유토피아에 불과하다면, 요체는 권력관계의 폐지나 소멸이 아니라 지식/권력 관계의 전도인 셈이다. 포르노와 《겨울연가》에서 제국 커뮤니케이션의 명령을 발견하기란 그다지 어렵지 않다. 이것들 모두 도착적 시선의 구조를 공유하고 있다는 사실이 이를 입증하고 있다. 포르노에서는 여배우가 카메라를 직접 바라보며 관객에게 말을 걸 때 관객은 대상으로 축소된다. 라캉적인 의미에서 도착이 타인의 눈(eye)과 나의 눈이 일치하는 형식이라면(Lacan, 1999: 76), 노스텔지어 역시 도착적 시선의 메커니즘을 공유하고 있다.《겨울연가》처럼 노스텔지어를 지향하는 드라마에서 관객은 포드주의 시대의 시선으로 드라마를 관찰하고 있기 때문이다(Jameson, 2003: 20~21). 남한에서 공유되고 있는 일본 AV가 '시각의 추상'에 관련된 것이라면, 노스텔지어에 기반을 한《겨울연가》는 지구화시대에 대한 집합적 저항으로 읽힐 수 있다. 얼핏 겉으로 보기에 상반된 것처럼 보이는 두 현상은 지구적 자본주의를 수용하는 지역 나름의 반응을 표현하고 있는 것이다.[12] 이와 유사한 맥락에서 포르노는, 문화 지구화에 반작용하는 문화 민족주의를 촉발시키는 계기를 제공하기도 한다. 예컨대 문화 지구화와 문화 민족주의는 서로 반대되고 대립되는 두 개의 대당이 아니라 동전의 양면과 같은 것으로, 문화 동질화가 가속화될수록 이질화 역시 증가하기 마련인데, '백지영 비디오' 사건은 문화 지구화와 문화 민족주의가 모순적으로 충돌한 결과로 이해될 수 있다. 또 한편으로 그것은 여성의 쾌락과 향유가 민족 판타지를 벗어날 때 남성 공동체의 무의식 속에서 일어나는 반동적 저항이 가장 잔인한 형태의 테러리즘으로 나타난 경우이기도 했다. 백지영에 대한 남성 공동체의 사이버 테러는 백지영의 작용적 힘을 갉아먹는 반(反)작용적 권력이었으며 그런 만큼 프리드리히 니체(Friedrich Wilhelm Nietzsche)가 말한 르상티망(ressentiment)과 정확히 일치한다.

　　그렇다면 이러한 시각체제에서 벗어나기 위해 과거의 아방가르드 전략처럼 '변증법적 이미지'를 동원하는 전략이 유효한 것일까? 권력관계에서 완전히 벗어난 순수한 '변증법적 이미지'를 기대한다는 것은 포드주의체제나 훈육사회에나 어울릴 법한 얘기다. '변증법적 이미지'는 권력관계 내에서 이미 어느 정도 오염이 된 이미지다. 만일 순수한 '변증법적 이미지'가 존재하고, 이를 지향하는 아방가르드적 실천이 있다 하더라도, 그것은 결국 제국의 시각체제에서 고립되고 말 것이다. 통제사회에서 노동력의 사용가치를 강조하거나, 순수한 '변증법적 이미지'를 기대하는 것은 더 이상 유효하지 않다. 대신 오늘날의 계급투쟁은 추상적 시각의 표면에 펼쳐져 있는 수많은 국지성들(localities) 내에서 발생한다. 코뮤니즘이 "현재의 상태를 지양해 나가는 현실적 운동"(마르크스, 1999: 215)이라면, 코뮤니즘은 바로 이처럼 수많은 국지성들 속에서 '적대적 주체성의 생산'을 사유하는 것이 아닐까.

　　물론 산 노동 역시 자본의 재구조화 과정 속에서 끊임없이 굴곡 지워지고 황폐화된다. 그럼에도 불구하고 자본에 앞서 존재하는 것은 산 노동이다. 산 노동은 질적으로는 정서적 노동이고, 양적으로는 협력적 노동이며, 형식적으로는 기술-과학적 노동이다. 산 노동이 집합적 힘으로 솟구쳐 오를 때 자본은 다중의 산 노동을 새로운 분할 방식에 따라 재구조화한다. 자본은 끊임없이 분할전략을 추구하지만(가치화), 그럼에도 다중은 일방적으로 자본에 포섭되지 않으며 자기-가치화를 표방한다. 자본의 재구조화를 직접 촉발시킨 원동력이 다름 아닌 산 노동 자신이기 때문이다. 때문에 새로운 자본주의 생산양식이 다중의 생산력(labor-power)에 의존하는 역설이 발생하게 된다. 결국 제국은 스스로 살아남기 위해 생산적 협동을 하는 자율적 세력에 의존하고 기생하는 새로운 주권 형태인 셈이다. 따라서 자본의 분할(분리) 전략에 맞서는 다중의 투쟁은 역설적으로 분리의 방식을 통해 표현되어야 한다. 68혁명은 노동계급의 분리가 현실화된 경우였으며, 그 슬로건은 노동거부였다. 그러나 이제는 새로운 주체성의 생산이라는 차원에서 다중의 자기-가치화가 시급한 관건으로 설정된다. 자본의 분할 전략 및 재구조화에 대한 선녕석인 비판, 혹은 이에 대한 대안으로 시급히 요청되는 것은 다중이 자본으로부터 분리되면서, 스스로를 자기-가치화 할 수 있는 가다.

6. 자유의 새로운 공간과 정치사회의 절합

　　삶 시간을 노동시간으로 전환하려는 자본의 분할 전략에 대한 투쟁은 '자유의 새로운 공간'에서 일어난다. '자유의 새로운 공간'은 지식/권력 관계의 전도를 통해 노동시간을 삶-시간으로 통합하는 공간이고, 쾌락/향유의 지식을 공유하면서 새로운 주체성을 생산하는 영역이다. 또 '자유의 새로운 공간'은, 도덕과 합리성의 원칙이 적용되는 시민사회 공론장으로 흡수될 수 없는 영역이기도 하다.

　　그러나 다중이 쾌락/향유 기계인 포르노를 통해 '자유의 새로운 공간'을 구성하는 것과 별개로(물론 이는 그 방향성에 따라 결정될 사안이다), 포르노 여배우들과 같은 성 노동자들의 노동은 가치화 과정에서 잉여가치를 생산한다는 점에서 생산적 노동(work)이긴 하지만, '기쁨의 실천', '가치 창조적 실천'으로서 산 노동은 아니다. 성 노동은 안토니오 그람시(Antonio Gramsci)가 말했고, 파르타 채터지(Partha Chatterjee)가 좀 더 정교하게 발전시킨 '정치사회(political society)'에 해당된다.

　　그람시에게서 상부구조는 두 가지 수준으로 구성된다. 하나는 한 사회를 이끌어나가는 지적, 도덕적 리더쉽인 헤게모니가 작동하고 있는 시민사회 영역이다. 다른 하나는 지배와 명령에 기반하고 있는 국가·정치사회 영역이다. 국가·정치사회가 시민사회에 흡수되고, 시민사회가 토대에 의해 결정된다는 것이 그람시 정치사회 논의의 핵심이라고 할 수 있다. 바로 이런 이유에서 일각에서는 정치사회론을 선거를 통한 국가권력 획득의 전략과 동일시하기도 한다. 그러나 채터지가 주장하는 정치사회는 그람시의 논의를 변형시킨 것으로, 국가와 시민사회를 매개하는 영역으로 받아들여져야 한다. "내가 정치사회란 용어를 사용할 때, 나는 언제나 그람시의 《옥중수고(Quaderni del Carcere)》를 떠올린다. 그람시는 정치사회와 국가를 동등하게 취급하면서 시작한다. 그러나 곧, 정치사회는 국가 범위를 넘어서 발생할 수밖에 없는 사회적이고 문화적인 개입의 전체 영역으로 이동한다."
(Chatterjee, 2001: 17)

　　채터지의 논의를 좀 더 자세히 들여다보기로 하자. 탈식민시대 인도의 국가형태는 자유주의이지만, 인도에는 서구의 부르주아 시민사회 도덕률에 포섭되지 않는 다수의 인구들이 존재한다. 채터지에 따르면, 이와 같은 인구(다수)/시민(소수) 사이의 간극이야말로 "비서구 근대성이 언제나 미완의 '근대화' 기획임을 보여 주는 징표"다(채터지, 2001: 143). 이 간극을 분석하기 위해 전통/현대의 이분법이 종종 사용되나, 이 방법은 전통을 탈역사화하고 본질화한다는 점에서 비생산적이다. 때문에 채터지는 다수의 인구와 관련된 이와 같은 영역을 정치사회(민주주의)의 문제로 판단한다.

　　인도 시민사회에서 제기하는 주장이 서구의 부르주아 이데올로기(합리적 계약, 자립적 개인에 입각한 자유, 평등, 박애의 정신)를 모방한 것에 불과하다면, 다수의 인구들은 법률적 규범성과는 거리가 멀며, "원시성(primordiality)", "전-합리성(pre-rational)"(144)을 특징으로 한다. 인도의 서발턴(subaltern)은 상습적으로 법을 위반하는 사람들이며, 앞으로도 법을 지킬 가능성이 거의 없는 사람들이다. 이들은 국가에 대해 "통치적 복지(Governmental Welfare)"(148)의 권리를 주장한다. 이는 얼핏 공동체주의의 논리와 유사한 것처럼 들리기도 한다. 그러나 '통치적 복지'는 부분적 공동체들을 국가의 한 요소로 환원하며, "분화의 회복"(테일러, 1997: 189)을 근대성의 폐해에 대한 유일한 해결책으로 설정하는 공동체주의의 논리와는 전혀 다른 별개의 개념으로 이해되어야 한다. 서발턴이 국가에게 주장하는 권리는 '통치적 복지'의 형식을 띠지만, 이들은 민족의 문화 정체성을 강제하는 국가 통치권에서 벗어나 있으며, 주권적·사법적 주제와도 거리가 멀다. 이런 맥락에서 '통치적 복지'는 차이에 대한 단순한 인정이나 봉합을 주장하는 공동체주의와 관련이 없고, 대신에 국가의 문화 정체성을 동일한 방식으로 전개하려는 근대국가의 폭력에 맞서 "대안적 민족체(alternative nationhood)" (채터지, 1993: 238)를 주장하는 것으로 받아들여져야 한다.

천광싱(陳光興, 2001)은 채터지가 주장했던 정치사회 개념을 받아들이면서도, 다시 이를 만다린어를 사용하는 중국사회의 현실에 맞추어 수정한다. 채터지가 언급한 정치사회가 국가와 시민사회 사이에 위치하고 있는 영역이라면, 천광싱은 국가와 시민사회를 매개하는 영역으로서 민간(民間)을 강조한다. 민간은 음력을 기본적인 시간체계로 사용하거나 사원, 시장, 축제 등의 비공식 경제를 구성하는 인구 층위, 국가와 시민사회 엘리트가 미신이나 구습으로 간주하는 특정한 종교행위 등을 포괄하는 영역이다. 이런 이유에서 천광싱은 1997~98년에 일어난 타이페이 공인 성 노동자 투쟁을 정치사회에서 벌어진 투쟁으로 판단한다.

> 타이완에서의 많은 예들 속에서 우리는 시민사회 성원 및 집단들의 근대화 욕망이 소위 후진적이고, 퇴행적이며, 버려져야 할 이들 집단을 동원해 왔음을 알 수 있다. 현재 시민사회는 국가와 연대하고 있고 국가로 하여금 민간에 대한 공격을 하도록 강요하기까지 하는데 이것이 바로 근대성의 폭력적인 사명을 구성하는 것이다. 다시, 1997~98년 타이페이의 공인 성 노동자 투쟁이 바로 그것이다. 그것은 민간의 나쁜 퇴행적 요소들을 근절하기 위한 자칭 근대적, 진보적 국가 페미니즘과 근대화 민족주의 시민 국가간의 연계이다. 이것이 정확하게 파르타 채터지가 근대성의 폭력이라고 하는 것이다 (165).

김소영(2003) 역시 채터지와 천광싱이 제기한 정치사회, 민간을 '여성장(女性裝)'이라는 개념으로 재번역한다. 여성장은 '군산 개복동 화재참사' 사건 이후, 사상 처음으로 14명의 성 노동자에 대한 합동 장례식이 여성 장례식으로 치러진 것을 가리키는 것으로, 원래는 참사를 당한 성 노동자들에 대한 추모 장례식을 지칭하는 뜻으로만 사용되었다. 그러나 김소영은

'여성장'을 페미니즘 정치가 개입하는 여성의 영역(women's sphere)으로 확대할 것과 이를 유럽 중심적인 공론장(die Öffentlichkeit)이라는 개념 대신 채터지와 천광싱이 제시한 정치사회, 민간의 연속선에서 볼 것을 제안한다.

정치사회, 민간, 여성장이라는 영역은 포르노 여배우들처럼 법을 위반하지 않고서는 생존할 수 없는 사람들에게도 적용된다. 여기에 한 가지를 덧붙이자면, 포르노 산업과 매매춘 같은 성 노동은 단순히 일을 하기 때문에 노동(work)으로 간주되는 것이 아니라, 사회적 (재)생산 과정에서 잉여가치를 생산하기 때문에 생산적 노동으로 인식되어야 한다는 것이다. 오늘날 노동과정이 공장 외부로 확대되면서 자본의 생산은 사회적 삶의 생산 및 재생산 과정으로 통합되었고, 이런 배경에서 성 노동자들은 사회적 삶의 (재)생산 과정에 전적으로 진입했다고 볼 수 있다. 그러나 여기서 놓치지 말아야 할 것은 성 노동이 척도 외부에 놓여 있다는 점이다. 재생산 노동으로서 성 노동은 노동력 상품의 가치를 측정하는 척도에서 벗어나 있을 뿐만 아니라[13], 도덕주의가 강제하는 척도에서도 벗어나 있다. 이처럼 성 노동이 척도의 외부에 자리 잡고 있기 때문에, 초월적 가치는 언제나 성 노동에 척도와 한계를 부여하려고 하거나, 아니면 배제의 전략을 취하려고 한다. 성 노동은 공통적인 것을 생산하면서도 척도 외부에 놓여 있다는 이유로 사회적 관계에서 배제되고 있는 것이다. 때문에 이에 대한 저항은 성 노동이 사회의 (재)생산과정에서 공통적인 것을 생산하고 있다는 사실을 완전히 긍정하는 것에서 출발해야 한다. 일단 이것이 가능하다면, 저항은 성 노동자가 자신이 살고 있는 곳에서 이동하거나 머무르는 것을 스스로 통제할 수 있는 권리, 이른바 '지구적 시민권'의 권리를 요구하는 것에서부터 (가족임금에 대립되는 개념으로서) 사회적 임금을 요구하는 수준으로까지 확대될 수 있어야 한다. 그리고 이때의 저항은 자기가치화를 표현하는 것으로 이해되어야 할 것이다.

결국 시민사회가 국가에 실질적으로 포섭되면서 성 노동이 시민사회와 국가 사이에 위치하고 있는 불투명한 영역인 정치사회에 관련된 것이라면, '자유의 새로운 공간' 역시 시민사회와 국가의 실질적 포섭관계 속에서 새로운 장소를 구성하는 것과 관련된 것이다. 정치사회와 '자유의 새로운 공간'의 관계는 상당히 이질적이고 모순적이지만, 두 영역 모두 국가와 자본이 부과하는 척도의 외부에 놓여 있다는 점에서 최소한의 가족유사성을 공유하고 있다.[14]

지금까지 나는 포르노가 성 과학(권력) 장치이며 자본주의 쾌락/향유 기계라는 사실을 분명히 인식하면서, 동시에 성 과학의 지식-권력 관계를 전도시킬 수 없는지, 동아시아 다중이 이를 자기-가치화의 맥락 속에 위치시킬 수 없는지 질문해 왔다. 그리고 이는 다중 스스로 자신의 신체적 특이성을 조절하고 강화하는 차원에서 포르노를 선용할 방법은 없는가에 관한 질문이기도 했다. 만약 이것이 가능하다면, 즉 포르노의 선용(善用)이 동아시아 다중의 자유시간을 노동시간으로 전환시키려는 자본의 전략에 맞서 삶-시간을 확보하는 것과 절합될 수 있다면, 이것은 '가치 창조적 실천'으로서 노동(labor)이며, 지적이고 정서적이며, 기술적 노동이라는 점에서 산 노동이 될 수 있을 것이다. 여기서 주의해야 할 부분은 단순히 포르노를 관찰하는 모든 행위가 노동으로 전화되는 것은 아니라는 점이다. 우리가 명심해야 할 부분은 쾌락/향유 기계의 "합법적 사용"(legitimate use)[15]이다. 그럴 때야 비로소 그것은 전쟁기계가 될 수 있다.

주

1) 네그리와 하트(네그리/하트, 1996: 34~42)는 마르크스가 노동을 긍정적인 관점과 부정적인 관점으로 동시에 판단하고 있다고 본다. 부정적인 관점은 《자본》에서 나타난다. 《자본》에서 가치로서 노동력 상품에는 질적 차원과 양적 차원이 있는데, 추상적 노동이 질적 차원에 해당된다면, 그것의 (양적) 척도는 사회적 필요노동시간이다. 《자본》에서 제시된 가치법칙은 자본주의 생산양식에서 "사회적 평형이 유지되는 이유"(네그리/하트, 1996: 37)를 설명한다. 이는 자본의 권력이 무차별적으로 행사되는 것 같지만, 그럼에도 불구하고 그곳에는 어떤 합리성, 원칙, 질서 같은 것이 있음을 의미한다. 《자본》에서 산 노동이 필요노동과 잉여노동을 포함한 노동일반의 문제로 축소되었다면(마르크스, 2002a: 307), 《정치경제학 비판 요강》에서 산 노동은 대상화된 노동과 비교되면서 긍정적 힘으로 표현된다. 대상화되지 않은 노동 즉, 산 노동은 "주체성으로서 노동"이고, "가치의 살아 있는 원천"이며, "가치를 창출하는 생산적 노동"이다(마르크스, 2002c: 274, 279). 《자본》에서 노동이 체제의 재생산을 설명하는 데 그쳤다면, 《요강》에서 말하는 산 노동은 자본주의 체제를 파열시키는 역동적 힘으로 묘사된다. 나는 이 글에서 네그리를 따라, 노동을 "가치 창조적 실천"으로 정의했다(네그리/하트, 1996: 35). '기쁨의 실천'으로서 노동. 그러나 노동이 단순히 어떤 행위나 활동으로 협소하게 정의되어서는 안 되며, 어떤 실천이 노동인가에 관한 물음은 역사적, 사회적 맥락에 따라 결정되어야 한다(38). 다만, 성 노동은 가치 창조적 실천으로서 산 노동(living labor)이 아니라, 가치화 과정에서 잉여가치를 생산하는 노동으로서 생산적 노동(work)이다. 자본주의 체제하에서 판매될 수밖에 없는 노동(work), 가치화 과정에서 잉여가치를 생산하는 노동(work)을 말할 때는 혼란을 피하기 위해 괄호 안에 영어를 명시했다.

2) 네그리와 하트는 《제국》에서 제국 권력의 유동적이면서도 무정형적인 성격을

강조하기 위해 '비장소'라는 개념을 사용한다. 이는 제국주의에서 제국으로의 이행과 더불어 착취 및 지배가 특정 장소에서 특정 상품을 생산하는 데 머무르지 않고, 고정된 장소의 경계를 넘어 점점 더 보편적인 생산능력을 지향하고 있다는 판단에서 나온 것이다. 따라서 '비장소'는 착취가 실행되는 장소가 없어졌다는 것이 아니라, 그 착취가 특정 장소에 머무르지 않고 끊임없이 장소를 옮겨가며 이동하고 있음을 뜻한다. 그러나 여기서 유의해야 할 것은 착취와 지배만이 '비장소'를 구성하는 것이 아니라, 산 노동의 창조적 힘 역시 '비장소'의 방식으로 스스로를 구성한다는 점이다.

3) 수없이 많은 하위장르를 포함하고 있는 포르노를 하나의 개념으로 일반화하려는 것은 불가능한 작업이다. 아니, 그것은 어쩌면 매우 위험한 발상일지도 모른다. 그래서 여기서는 이성애적 하드코어 포르노에 국한해서 논의를 펼쳐 나가려고 한다. 그것은 결국 우리가 통념적으로 알고 있는 하드코어 포르노란 장르를 특정 방식으로 추상한 것에 지나지 않는다. 여기서 푸코와 윌리엄스의 주장을 확대하면, 포르노는 쾌락/향유(혹은 충동)의 기계(지식)라고 할 수 있다. 쾌락이 흥분의 양을 최소한으로 낮추고 그것을 일정한 상태로 유지하려는 것인 반면, 향유(jouissance, enjoyment)는 쾌락원칙을 넘어선 것으로 '참을 수 없는 긴장', '고통스러운 쾌락'의 모습으로 다가온다. 머니 샷과 미트 샷은 쾌락과 향유의 직접적인 표현이라고 할 수 있다. 쾌락으로서 머니 샷(money shot)은 남성배우의 사정이 여성배우의 질 내부가 아닌 외부로 분출되는 장면을 말한다. 머니 샷은 대부분 여성배우의 신체에 사정하는 장면으로 나타나며, 컴 샷(come shot)이라고도 불린다. 물론 모든 포르노에 머니 샷이 등장하는 것은 아니다. 예컨대 리얼 섹스(real sex)라는 하위장르에서는 남성배우가 여성배우의 질 내부에 사정을 하기도 한다. 하지만 그럼에도 불구하고 항상 남성배우는 자신의 사정을 시각적 증거물로 카메라 앞에 제시한다. 이런 점에서 리얼 섹스는 변형된 머니 샷을 차용한 하위장르라고 할 수 있다. 또 포르노는 향유의 기계(지식)이기 때문에 텍스트에 등장하는 배우들이 실제로 성행위를 벌이고 있다는 '사실'을 일종

의 시각적 증거물로 관객들에게 확인시켜 주어야 한다. 이에 따라 거의 대부분의 이성애적 하드코어 포르노에서는 남성의 성기와 여성의 성기가 결합하고 있음을 클로즈업으로 보여주는 미트 샷(meat shot)이 등장하기 마련이다. 여기서 미트 샷은 스태그필름(stag film)처럼 남녀 간의 실제 성행위를 보증하는 시각적 증거로 작용하며, 하드코어의 재현양식을 이루는 필요조건으로 기능한다. 미트 샷과 머니 샷은 고립된 채 존재하는 것이 아니라 장르를 구성하는 요소들인 성적 항목들(sexual numbers)과 내러티브와의 지속적인 통합과 단절의 과정을 거치며 '포르노토피아'를 완성한다.

4) 포르노에 대한 미학적 가치판단을 일단 유보하면서, 이를 다양한 영화장르 가운데 하나로 놓고 본다면, 포르노는 뮤지컬 장르와 많은 부분을 공유하고 있는 특정한 영화장르에 불과할 뿐이다. 뮤지컬과 포르노가 상당한 구조적 유사성을 보유하고 있다는 관점은 윌리엄스 이전에 폴 윌먼(Paul Willemen)이 제시했다. "포르노와 뮤지컬에서, 스토리는 시각적 성 항목(sex numbers)/음악 항목을 쉽게 예상 가능한 약호 전환(내러티브의 진행과 중단)의 과정에 단순히 연결시키는 역할을 하기 때문에(여기서 내러티브를 중단시키는 방해물은 자기 충족적 요소로 작동한다), 장르의 의무 시퀀스는 취약한 내러티브를 보상하는 역할을 한다…… 양 장르는 플롯 발전을 변경하지 않으면서도 쉽게 신을 추가하거나 삭제할 수 있다. 마침내, 양 장르에서 (내러티브를) 방해하는 단편(segment)들은 (다른 장면들과) 분리되거나 혹은 리드미컬하게 조화되면서 (배우들의) 육체적 특성을 드러내는 것으로 채워진다."(Willemen, 1992: 182)

5) 톰 거닝(Tom Gunning), 노엘 버치(Noel Burch), 토머스 앨세서(Thomas Elsaesser)를 비롯해서 데이비드 보드웰(David Bordwell), 크리스틴 톰슨(Kristin Thompson) 등의 포스트이론 학파는 근대성의 시각체제를 단순히 기술결정론의 차원에서만 살피고 있는 듯하다. 그러나 영화의 전사를 구성하고 있는 다양한 시각장치들을 단순히 영화의 발명을 위한 하나의 전제조건으로 바라볼 수는 없다. 예컨대 머이브리지가 인간과 동물의 신체 동선을 그토록 강박적으로 재단하려 했던 것은

노동력 통제의 지식 축적(테일러주의)과 분리될 수 없기 때문이다.

6) 사이버스페이스에 대한 지젝의 입장은 시간이 지나면서 다른 양상으로 전개된다.지젝은 1999년에 출시된 〈사이버스페이스에서 판타지의 횡단은 가능한가〉에서 사이버스페이스를 전복적으로 재전유할 가능성을 열어놓고 있다. 그것은 사이버스페이스에서 판타지를 횡단할 수 있는가에 달려 있다. 판타지의 횡단은 판타지가 상징적 질서의 빈 공간을 메우고 있음을 체험하면서, '탈승화'의 계기와 직접 대면하는 것에서 시작된다. 결국 주체가 자신의 원인과 맺고 있는 관계를 가리키는 '근본적 판타지(fundamental fantasy)'를 횡단한다는 것은, 주체가 자신의 근본적 판타지를 변형하거나 파괴한 후에도, 그럼에도 불구하고 끈질기게 남아있는 탈승화, 또는 '불가분의 잔여'로서의 충동(drive)을 견뎌내는 것이다. 지젝은 〈사이버스페이스에서 판타지의 횡단은 가능한가〉의 마지막 부분에서, 판타지의 횡단을 과잉 동일시(over-identification)의 전략과 연결시킨다. 그것은 주체가 사물의 실제 상태를 명료하게 파악하는 것도 아니며, 자신의 근본적 판타지로부터 비판적 거리를 확보하는 것도 아니다. 과잉 동일시한다는 것은 근본적 판타지의 상상적 요소들에 문자 그대로 동일시하는 것을 가리킨다. 과잉 동일시를 끝까지 밀어붙여, 경험의 일관성을 보증하는 판타지 프레임을 극복하는 것, 그럼으로써 존재의 비일관성과 마주하기, 바로 그것이 판타지 횡단의 주된 내용이다. 그러나 이후에 지젝은 《믿음에 대하여(On Belief)》(2002b)와 《실재 사막으로의 초대》(2002a)에서 사이버스페이스에 대한 비판적 입장을 분명히 하면서 그노시스주의의 현대판 판본인 사이버스페이스에 대한 믿음을 철회한다.

7) 포르노(특히 미트 샷)에서 발견할 수 있는 것은 '신체없는 기관'의 콜라주다. 우리는 '신체 없는 기관'들의 가벼운 경련, 근육의 수축과 이완 운동들 속에서 어떠한 메시지도 해석할 수 없다. 이러한 장면들은 기표가 아닌 기호의 위상을 획득한다. 지젝(1997: 178~179)은 포르노의 성행위를 실제 섹스와 성적 항목(sexual numbers) 사이에서 발생하는 것으로 본다. 포르노산업이 요구하는 규칙(성적 항목)이 상징계를 구성한다면, 배우들의 실제 섹스는 실재와 맞닿아 있

다. 여기서 핵심은 카메라의 개입이 디제시스(diegesis) 내에서 실제 성행위를 벌이고 있는 주체들의 향유를 망가뜨리는 것이 아니라, 오히려 배우들의 신체 속에서 향유를 더 잘 드러나게 한다는 것이다. 이처럼 '신체 없는 기관'들의 연속적 배치 속에서 대상 a가 가장(대상 a는 가장의 토대 위에서 발생하고 가장으로 덮여 있다)의 방해를 뚫고 간간이 솟아오를 때, '응시(gaze)'가 발생한다. 그것은 마치 '내 안에 있는 나 이상의 것'이 드러날 때 시선을 거두는 것과 비슷하다. 한편 포르노 여배우들은 자신들을 지켜보는 남성관객이 어떤 반응을 보일지 이미 잘 알고 있다. 이런 점에서 포르노 여배우들이야말로 실재의 주체이고, 남성주체는 대상-응시(object-gaze)로 축소된다는 지젝의 견해는 매우 신선하다(1991: 110). 이는 수많은 포르노에서 여배우가 우리를 똑바로 쳐다보는 이유를 부분적으로 설명한다. 지젝의 말을 빌리면 이때의 포르노 이미지는 매우 밋밋한(flat)한데, 이는 응시가 관객(대상) 쪽에서 일어나기 때문이다.

8) 리얼과 버추얼을 이런 식으로 구분하는 것은 윌리엄 반 덴 호이벨(William van den Heuvel , 2002)의 설명에 따른 것이다.

9) 지젝(2004: 173)은 포르노가 거세를 부인하기 때문에 결국 실패할 수밖에 없다고 본다. 헤겔주의에 기반하고 있는 슬로베니아 학파의 정신분석학에서 부정성의 계기를 마련하지 않는 것은 당연히 실패하기 마련이다. 나는 여기서 "비변증법적 부정"(Hardt, 2002: x ii)을 가장 급진적으로 실천했던 질 들뢰즈(Gilles Deleuze)를 따르고 있다. 들뢰즈의 부정은 헤겔주의에서 말하는 부정의 변증법과는 완전히 다른 것이다. 그것은 존재하는 모든 것을 부정한다는 의미에서가 아니라, 무제한적인 활력으로 대상을 부정한다는 점에서 절대적이고 순수하다(19). 그러나 여기서 중대한 오해가 생길 수 있다. 들뢰즈는 쾌락과 향유에 그 어떤 긍정적인 가치도 부여하지 않았기 때문이다. 들뢰즈에게 쾌락은 욕망의 내재적 과정을 중단시키는 재영토화의 수단이다(들뢰즈, 1997). 또 욕망에 내포된 기쁨은 불가능성으로서 향유와도 관련이 없다(질 들뢰즈/펠릭스 가타리, 2001: 296~298). 심지어 가타리는 다음과 같이 단언한다. "혁명적 쾌락과 향유는 없노

라고."(가타리, 1998: 61) 그러므로 이 글에서 전개하고 있는 나의 입장은 들뢰 즈와 가타리의 입론을 나름의 방식으로 확장하고 재전유한 것이라는 것을 밝혀 둔다. 이에 따라 쾌락이 욕망의 내재적 과정을 중단하는 수단이지만, 이와 동시 에 언제나 쾌락은 욕망을 전제한 개념이라는 사실에 주목할 필요가 있다. 욕망 의 생산은 쾌락에 의해 억제되지만, 쾌락은 욕망을 전제하며 욕망의 현실적 형 태는 언제나 쾌락(권력)의 형태를 취하고 있기 때문이다. 그러므로 관건은 욕망 과 쾌락의 관계를 정확히 구별하는데 있는 것이 아니라 쾌락에 내재한 욕망의 힘을 어떻게 재전유(착취)할 수 있을 것인가에 있다. 이보다 좀 더 중요한 것은 라캉적 의미에서의 쾌락, 향유, 욕망, 대상 a, 충동, 실재와 들뢰즈가 말하는 욕 망 이 모두는 우리의 정서가 다른 존재 양태들과 우연하게 마주치는 관계를 이 르는 이름이라는 것이다. 그래서 우리는 다시 스피노자로 좀 더 깊숙이 들어갈 필요가 있다. 스피노자 윤리학의 정식은 가장 낮은 수준의 수동정서(passion)를 배제-만약 그렇다면 이것은 초월적이다-하는 것이 결코 아니라, 반대로 정서의 가장 낮은 단계로 내려가는 것에서부터 시작한다. 스피노자 윤리학에서 핵심은 "활력의 한계와 우리가 할 수 있는 것 사이"에 놓여 있는 팽팽한 긴장 속에서 "어떠한 도덕적 질서로부터도 자유로운 활력을 표현하면서"(109) 그 한계를 넘 어서려는 노력이다. 따라서 스피노자의 윤리학은 언제나 권력 내에서, 그 권력 을 상대로, 그 권력을 넘어서서, 끊임없이 차이를 생성시키면서 리좀적으로 사 회적 관계들과 접속하는 것이며, 그런 만큼 생성의 반복이며, 차이의 반복이다. 물론 여기에는 수동정서(passion)를 능동활동(action)으로 변형시키는 구성적 행 위자로서 '적합성'의 윤리가 반드시 뒤따라야 하지만 말이다.

10) 각 국민국가의 문화 정체성은 역사적으로 구성된 것이다. 문화 정체성을 불변 의 본질로 상정하는 것은 기원을 향한 강박적 추구를 표현한 것에 지나지 않는 다. 동시에 이러한 시도는 필연적으로 실패할 수밖에 없다. 왜냐하면 하나됨을 가정하는 단일한 민족문화는 상실된 것이 아니라, 처음부터 부재했기 때문이다. 이에 따라 국민국가는 처음부터 존재하지 않았던 문화 정체성을 마치 존재했던

것처럼 위장하는 방식을 취한다. 바로 여기가 민족 판타지가 개입하는 지점이다. 다시 말해 각 국민국가는 처음부터 부재했던 것을 판타지 구조 속으로 통합함으로써 일관된 문화 정체성의 신화를 완성하고 있는 것이다. 따라서 중요한 것은 우연성과 비일관성에서 면제된 국민국가의 문화 정체성은 존재하지 않음을, 그리하여 민족 판타지야말로 철저하게 우연적임을 인식하는 것이다. 민족 판타지의 횡단은 상실했다고 오인했던 것이 애초부터 부재한 것이라는 사실을 받아들이는 것에서 시작된다.

11) 물론 일본에 노모자이크 AV가 없는 것은 아니지만, 그것들은 음성적인 경로를 통해 유통되는 것들이다. 동아시아에서 일본의 노모자이크 AV가 유통되는 경로는 대략 다음과 같다. 우선, 일본 현지에서 출시되는 AV의 원본, 셀프카메라 등의 아마추어 포르노, 몰래카메라가 유통되는 경우다. 다음으로, 일본이 아닌 미국, 캐나다 등지에서 출시되는 AV가 있는데, 이는 국외에 서버를 두고 포르노사이트를 운영하는 국내와 유사한 경우라고 할 수 있다. 마지막으로, 모자이크를 엷게 지워서 성기의 형상이나 움직임을 육안으로 식별할 수 있게끔 만든 (극)박소형 AV를 예로 들 수 있다.

12) 강상중과 요시미 슌야(2004)에 따르면 전후 일본에서 국민적 내러티브를 형성하는 데 주된 역할을 한 것은《우주소년 아톰(鐵腕アトム)》, NHK의 대하드라마나 가요홍백전(紅白歌合戰) 등의 텔레비전 프로그램이었다. 그러나 대략 80년대 말쯤부터 탈장소화, 비동시화, 자기편집성을 특징으로 하는 새로운 커뮤니케이션 체제가 도입되면서 국민적 미디어로서 텔레비전의 영향력은 약화되기 시작한다. 여기서 강상중과 요시미는 텔레비전이 떠맡아온 국민적 내러티브가 약화되고 있다는 것이 민족주의 내러티브의 상실을 의미하지 않음을 정확히 지적한다. 1990년대 일본에서 일어나고 있는 국민적 내러티브의 역습은 지구화 흐름을 받아들이면서도 이에 대항하는 국사(national history)와 문화 정통성의 재구축을 주장하는 방식으로 전개되는가 하면, 전쟁책임이나 종군위안부 등의 문제를 축소 보도하는 방향으로 전개되기도 한다는 것이다.

13) 남성 노동력의 성적 재생산 능력으로서 성 노동은 겉으로 보기에 남성 노동력
의 교환가치에 포함되지 않는다. 그러나 성 노동은 남성 노동력의 사용가치를
창출시킨다는 점에서 자본의 이익에 부합된다(포르뚜나띠, 1997: 87). 따라서
형식적으로는 남성 노동계급의 구매행위와 성 노동 사이에 교환이 발생하는 것
처럼 보이지만, 사실은 남성 노동계급에 의해 매개되는 자본과 성 노동자 간의
교환이 존재하는 것이다. "재생산과정 안에서 생산되는 성 노동의 잉여가치는
생산과정 속에서 생산되는 잉여가치의 전제조건"이라는 점에서, 그리고 "재생
산 노동이 생산과정 안에서 생산적 노동의 전제조건인 한에서"(159) 성 노동은
생산적 노동으로 취급되어야 한다. 따라서 성 노동에 대한 페미니즘의 대응전략
은 성 노동 자체를 폐지하거나 소멸시키려는 불가능한 전략을 취할 것이 아니
라, "비직접적으로 임금을 받는 노동관계에 저항하는 여성들의 모든 투쟁에 성
노동을 포함"(186)시키면서 투쟁의 대상을 국가의 통치성으로 설정하는 것이다.
성 노동을 포함한 재생산 노동의 통제와 관리의 역할을 맡는 주된 행위자는 국
가이기 때문이다.

14) 채터지는 시민사회를 부르주아사회로 인식하고 있는데, 채터지가 말하는 시민
사회는 헤겔의 시민사회에 가깝다. 네그리와 하트가 말하는 시민사회 역시 헤겔
의 시민사회를 뜻한다. 따라서 '자유의 새로운 공간'이나 정치사회를 강조하기
위해서는 그 시민사회가 헤겔의 시민사회(시장경제, 민법, '특수한 이해관계를
공통의 이익으로 보장하는' 치안과 조합 등의 가외 영역)임을 전제해야 한다.
이를 전제하지 않으면, '대안적 공론장'을 사유할 수 있는 가능성이 처음부터
봉쇄되고 말 것이기 때문이다. 엄밀하게 말해서 하버마스(Jürgen Habermas)가 주
장하는 시민사회 공론장을 부르주아사회라고 말할 수는 없다. 하버마스의 공론
장 개념을 비판한다면, 그것은 공론장이 부르주아사회이기 때문에 그런 게 아니
라, 도덕성과 합법성의 원칙이 적용되고 있기 때문이다. 한편 정치사회와 자유
의 새로운 공간 사이의 가족 유사성은 채터지의 다음과 같은 주장에서도 확인될
수 있다. 채터지(Chatterjee, 2004: 103~104)는 네그리와 하트가 《제국》에서 기존

의 주권형태와 새로운 주권형태 사이에 급격한 단절이 있다고 지적한 것을 성급한 이론적 시도라고 간주하면서도, 기본적으로는《제국》의 문제설정을 수용하고 있다. 구하(Ranajit Guha)의 말을 인용해서 오늘날의 지구 제국을 "헤게모니 없는 지배"로 묘사하는 채터지는, 지구화에 반대하기 위해 국민국가의 경계를 강화하는 전략이 결코 적절한 전략이 될 수 없음을 강조하면서, 탈영토화된 흐름을 특징으로 하는 제국에 맞서기 위해 반제국의 정치학 역시 유연성, 혼종성에 기초한 민주주의가 되어야한다고 주장한다.

15) 혹시 있을지도 모를 오해를 피하기 위해 '합법적 사용'이 포르노의 합법화 주장과는 전혀 다른 맥락에서 나온 개념이라는 설명을 덧붙인다. 포르노를 '쾌락/향유 기계'로 정의한다면 여기서 주목해야 할 것은 기계의 '사용'이다. 기계를 물질들의 흐름을 절단하고 채취하는 것으로 정의했던 들뢰즈와 가타리의 입론에서 관건으로 작용하는 것은 기계 자체에 해방적 힘이 있는지 여부가 아니라, 이 기계를 '어떻게' 사용할 것인가, 즉 이 기계를 다른 사회적 관계들과 어떻게 접속할 것인가의 문제이기 때문이다. "무의식은 의미(meaning)의 문제가 아니라, 단지 사용(use)의 문제만을 제시할 뿐이다. 욕망에 관한 문제는 "이것이 무엇을 의미하는가?"라는 질문이 아닌 "이것이 어떻게 작동하고 있는가?"에 관한 문제다...... 우리가 만일 (기계의)[인용자 주] 합법적 사용(legitimate use)을 결정할 수 있는 내재적 기준(immanent criteria)을 가지고 있다면, 의미란 단지 사용에 지나지 않는다는 것이 확고한 원칙으로 자리 잡을 수 있을 것이다. 단 이때 말하는 사용(use)이란 초월성(transcendence)의 재구축과 가설적 의미와 관련된 [기계의] 비합법적 사용과는 거리가 멀다."(Deleuze/Guattari, 1983: 109)

참고문헌

Benjamin, Walter. 2000. 'Critique of Violence.' In *Selected Writings Vol.1: 1913~1926*. Marcus Bullock and Michael W. Jennings eds. Cambridge · Massachusetts · London · England: The Belknap Press of Harvard University Press.

Burch, Noel. 1999. *Life to those Shadows*. Ben Brewster trans. and ed. Berkeley · Los Angeles : University of California Press.

Chatterjee, Partha. 1993. *The Nation and Its Fragment: Colonial and Postcolonial Histories*. Princeton University Press.

Chatterjee, Partha. 2001. 'Democracy and violence of the state: a political negotiation of death' In *Inter-Asia Cultural Studies*. Volume 2. Number 1.

Chatterjee, Partha. 2004. *The Politics of the Governed: Reflections on Popular Politics in Most of the World*. Columbia University Press.

Crary, Jonathan. 1991. *Techniques of the Observer*. Cambridge · Massachusetts · London · England: MIT Press. [국역: (2001)《관찰자의 기술》. 임동근 · 오성훈 외 옮김. 문화과학사.]

Deleuze, Gille. 1995. *Negotiations*. Martin Joughin trans. New York: Columbia University Press.

Deleuze, Gilles & Guattari, Félix. 1983. *Anti-Oedipus: Capitalism and Schizophrenia*. Robert Hurtly, Mark Seem, and Helen R. Lane trans. Minneapolis: University of Minnesota Press.

Foucault, Michel. 1980. *Power/Knowledge: Selected Interviews & Other Writings 1972~1977*. Colin Cordon ed. Colin Gordon, Leo Marshall, John Mepham, Kate Soper trans. New York: Pantheon Books.

Foucault, Michel. 1990. *The History of Sexuality. vol. 1: An Introduction*. Robert Hurley trans. New York: Vintage Books.

Guattari Félix. 1995. *Chaosmosis: An Ethico-Aesthetic Paradigm*. Paul Bains and Julian Pefanis

trans. Bloomington · Indianapolis: Indiana University Press.

Gunning, Tom. 1997. 'An Aesthetic of Astonishment.' In *Viewing Positions*. Linda

Williams ed. New Brunswick · New Jersey: Rutgers University Press.

Hardt, Michael. 2002. *Gille Deleuze: An Apprenticeship in Philosophy*. Minneapolis · London:

University of Minnesota Press.[국역: (1996)《들뢰즈의 철학사상》. 이성민 · 서창현 옮김. 갈

무리.]

Jameson, Fredric. 2003. *Postmodernism, or, The Cultural Logic of Late Capitalism*. Duke

University Press.

Kim, Soyoung. 2003. 'The birth of the local feminist sphere in the global era: 'trans-

cinema' and Yosongjang' In *Inter-Asia Cultural Studies*. Volume 4. Number 1.

Lacan, Jacques. 1999. *Encore: The Seminar of Jacques Lacan Book Ⅹ Ⅹ*. Jacques-Alain\Miller ed.

Bruce Fink trans. New York · London: W W Norton & Company.

Negri, Antonio & Hardt, Michael. 2000. *Empire*. Cambridge · Messachusetts · London ·

England: Harvard University Press.

Willemen, Paul. 1992. 'Letter to John.' In *The Sexual Subject : A Screen Reader in Sexuality*.

London · New York: Routledge.

Williams, Linda. 1999. *Hard Core : Power, Pleasure, and the "Frenzy of the Visible."* Berkeley

Los Angeles London: University of California Press.

Žižek, Slavoj. 1991. *Looking Awry*. The MIT Press.

_____ 1997. *The Plague of Fantasies*. Verso.

_____ 2002. 'Is it Possible to Traverse the Fantasy in Cyberspace?' In *The Žižek*

Reader. Elizabeth Wright and Edmond Wright ed. Blackwell Publishers.

_____ 2002a. *Welcome to the Desert of the Real*. London · New York: Verso.

_____ 2002b. *On Belief*. London · New York: Routledge.

_____ 2004. *Organs without Bodies: On Deleuze and Consequences*. New York · London:

Routledge.

Zupančič, Alenka. 1998. 'The Subject of the Law.' Cogito and the Unconscious. Slavoj
 Žižek ed. Durham and London: Duke University Press.

가타리, 펠릭스 . 1998.《분자혁명》. 윤수종 옮김. 푸른숲.

강상중 · 슌야, 요시미 . 2004.《세계화의 원근법》. 임성모 · 김경원 옮김. 이산.

나오키, 사카이 . 2003.《국민주의의 포이에시스》. 이규수 옮김. 이연숙 대담. 창비.

네그리, 안토니오 / 하트, 마이클. 1996.《디오니소스의 노동: 국가형태 비판 I 》. 이
 원영 옮김. 갈무리:

네그리, 안토니오 / 하트, 마이클. 1997.《디오니소스의 노동: 국가형태 비판 II 》. 이
 원영 옮김. 갈무리.

들뢰즈, 질. 1997. 〈욕망과 쾌락〉.《탈주의 공간을 위하여》. 푸른숲.

들뢰즈, 질 / 가타리, 펠릭스 . 2001.《천개의 고원》. 김재인 옮김. 새물결.

마르크스, 칼. 1988. 〈직접적 생산과정의 제결과〉.《경제학 노트》. 김호균 옮김. 이론
 과 실천.

마르크스, 칼. 1999. 〈독일 이데올로기〉.《칼 마르크스 프리드리히 엥겔스 저작선집
 1》. 최인호 외 옮김. 박종철출판사.

마르크스, 칼. 2001.《정치경제학 비판 요강 II 》. 김호균 옮김. 백의.

마르크스, 칼. 2002a.《자본론 I (상)》. 김수행 역. 비봉출판사.

마르크스, 칼. 2002b.《자본론 제 1권 (하)》. 김수행 역. 비봉출판사.

마르크스, 칼. 2002c.《정치경제학 비판 요강 I 》. 김호균 옮김. 백의.

채터지, 파르타. 2001. 〈탈식민지 민주 국가들에서의 시민사회와 정치사회〉.《문화과
 학 25호》.

천광싱. 2001. 〈시민사회와 민간: 정치사회와 민중 민주주의에 대하여〉.《문화과학
 26호》.

테일러, 찰스. 1997.《헤겔철학과 현대의 위기》. 박찬국 옮김. 서광사.

포르뚜나띠, 레오뽈디나. 1997.《재생산의 비밀》. 윤수종 옮김. 박종철출판사.

하이데, 홀거. 2000.《노동사회에서 벗어나기》. 강수돌 · 김수석 · 김호균 · 황기돈 옮김. 박종철출판사.

호이벨, 윌리엄 반 덴. 2002. 〈버추얼 질서〉. 이종호 옮김.《자율평론》창간호.

사랑했고 상실한:
트랜스 중국 스크린 문화에서 나타나는
성장기 소녀들의 동성 로맨스

프랜 마틴 저
황미요조 역

들어가며[1]

중화권에서는 최근 소녀들 사이의 동성 로맨스 이야기에 바탕을 둔 드라마나 영화가 봇물을 이루고 있다. 이런 이야기가 TV에서 방영되기 시작한 것은 2000년부터였는데, 2000년 T-TV에서는 13부작 연속극인 《역녀(逆女)》를 제작해서 방영했고 타이완공영 TV에서는 85분짜리 2부작 TV영화인 《소녀들의 춤(童女之舞)》과 《그 여름 파도 소리(那年夏天的浪聲)》를 2002년에 방영했다. 동성애 성향이 있는 소녀들의 로맨스는 2002년에 타이완과 프랑스의 합작으로 《감색대문(紺色大門)》(이즈엔[易智言])이란 영화로 만들어지기도 했다. 이러한 타이완의 작품들은 중국 본토와 홍콩의 레즈비언 사이에서 합법적, 탈법적 채널을 통해 차례로 유통된다.[2]

이 글에서 나는 봇물을 이루는 타이완 소녀들 사이의 로맨스물과 관련해서 두 가지 문제를 제기하려고 한다. 첫째, 나는 중국 소녀들의 로맨스의 최초를 1920년대의 문학형식에서 나타났던 일본화의 두 순간으로 본다. 일본화의 첫 순간은 현대 중국의 레즈비언(女同性愛) 범주의 시초로, 20세기 초반 유럽의 성애학(性愛學)이 일본적 번역을 경유해 중국으로 유입되는 과정에서 발견할 수 있다. 둘째, 오늘날의 트랜스적 중화권에서 소녀들의 로맨스 이야기의 광범위한 소비다. 특히 타이완의 TV드라마가 레즈비언 관객들과 이성애 여성들 모두에게 인기 있는 현상에 대한 관심이 그것이다.

일본화 1: 1920년대 성애학과 소설

현대 중국 사회의 섹슈얼리티에 대한 많은 이론적 작업들은 동성연(同性戀) 혹은 동성애(同性愛)라고 불리는 동성애 성애학의 창안을 문화적 서구화의 가장 직접적인 예라고 본다. 그러나 상즈란(桑梓蘭)의 연구에서 볼 수 있듯이, 중국의 동성애 개념은 유럽에서 직접 건너왔다기보다는 1920년대 일본의 번역 도세이아이(同性愛)[3]를 경유해 굴절된 형태로 들어왔다. 독일에서 일본, 그리고 중국으로 건너오는 과정에서 이중의 번역과 제거라는 점에서, 초기 중국의 동성애 개념 형성에는 아마도 일본의 선택과 독해가 스며들어 있을 가능성이 크다.[4] 이러한 관점에서 일본의 현대적 신조어 도세이아이(同性愛)가 주로 학교 내에서 여자아이들 사이의 로맨틱한 우정을 묘사하는 데 쓰이는 단어라는 사실에 주목하는 것은 상당히 흥미롭다.[5] 소설 콘셉트의 일종인 소녀(少女: 쇼조)와 도세이아이는 유럽 성애학의 일본적 번역으로 맺어진 결합이 명백히 다시 번역되어 중국으로 간 것으로, 중국의 동성애 논의는 일본의 논의, 특히 학교의 소녀들 사이의 동성애 논

의에서 많은 부분을 가져온 것이다.[6]

이러한 유럽 섹스올로지(sexology)를 이중 번역한 상황에서, 상즈란은 1920~30년대에 중국에서 현대 통속문학의 한 장르로 떠오른, '여성 동성애 학교 로맨스'에 대해 연구했다.[7] 이 영향력 있는 현대 중국의 문학담론은 애초에 루인(盧隱), 링수화(凌叔華), 딩링(丁玲)의 글에서도 나타난다. 이 문학담론이 20세기 초 중국과 유럽 사이에서 뿐만 아니라 중국과 일본 간 문화 흐름의 역사에 의해 뒷받침된다는, 특히나 소설의 한 분야로서 소녀(들)와 동성애의 강한 결합의 모방에서 그러하다는 논의는 주목할 만하다.

소녀들의 로맨스와 회상의 모드

텔레비전과 문학, 영화의 형식으로 중국과 타이완, 홍콩의 20세기 후반을 채우고 있는 소녀들의 동성애 로맨스는 학교에서 만난 어린 여성들 사이의 강렬한 성(性)적 관계, 혹은 원형적(proto) 성 관계의 특성을 지닌다. 이러한 이야기에서 주인공 여성과 주요 인물의 나이는 대부분 사춘기 소녀부터 20대 초반까지다. 중요한 것은 이러한 이야기가 '회상 모드(memorial mode)'라고 (내가) 칭하는 구조와 관련되어 있다는 것이다. 주요한 사건들은 지나간 시간과 현재 시간에 연계되어 있으며 1인칭, 혹은 3인칭 화자에 의해 먼, 혹은 그보다 조금 가까운 과거로부터 이야기는 회상된다. 이러한 내러티브들은 여성들 사이의 욕망의 관계를 재현하는 데 회상의 매커니즘을 강조하는데, 그 관계는 예외 없이 (현재에는) 끝나 버린 것으로 회상으로서만 재현된다. 일반적으로 주인공은 현재의 시점에서 감상적 노스탤지어를 지닌 채 이성애 집단에 들어가 있다.[8]

그렇게 볼 때, 이러한 내러티브들은 원형적 레즈비언(proto-lesbian)

에 대한 애정이 결국은 회복되는, 궁극적으로 이성애로 나아가기 위한 (때때로 필수적인) 우회로로서 하나의 통로,라는 여성적 성장기에 대한 앵거스 고든(Angus Gordon)의 '단계 이론'에 기초해 있는데, 고든의 논의는 유럽, 미국의 레즈비언과 게이 정체성에서 회상하는 구조를 가진 성장기 핵심 내러티브로서 커밍아웃 스토리를 파악한다.[9] 성장기의 회고적 내러티브를 가지고 있는 이야기가 게이와 레즈비언 정체성의 기반이 되는 커밍아웃 내러티브라면, 어떤 측면에서 중국 소녀들의 동성애 로맨스는 '진행되고 있는' 스토리다. 역설적이며 흥미롭게도 말이다. 퀴어(queer) 사춘기의 회고조 내레이션은 레즈비언과 이성애적 성인(成人) 여성, 둘 모두에게 문제가 된다. 나는 이 글의 둘째 파트에서 이러한 관련에 대해 더욱 심층적으로 논의할 것이다.[10]

일본화 2: 쇼조망가 타이완, 홍콩 스크린의 망가화

전쟁 이후, 타이완과 홍콩의 대중들은 일본의 소녀문화(少女文化: shojo bunka)를 쇼조망가(少女漫畵)의 형식으로 접할 수 있었다[11] 일본의 레즈비언 하위장르는 1970년대 초기까지 야마기시 료코(山岸凉子)의 《하얀 방의 두 사람》과 《베르사이유의 장미(ベルサイユのばら)》(이케다 리요코 작품), 그리고 이케다 리요코(池田理代子)의 다른 시리즈들의 출판과 함께 (그보다 더 유명한 쇼넨아이[少年愛] 혹은 소년들의 로맨스 하위장르와 더불어) 쇼조망가에서 발전하고 있는 중이었다.[12] 이러한 레즈비언 쇼조망가는 학교를 배경으로 하고 동성의 반 친구와 벌어지는 일을 소재로 하는 등 쇼넨아이 장르와 유사한데 이러한 지점에서 당시의 쇼조망가는 당연히도 20세기 초반의 일본 대중저널들과 소녀잡지 소설에 등장하는 여학생 사이의

타이완과 홍콩의 대중들에게 일본의 소녀문화로 받아들여진 쇼조망가《베르사이유의 장미》. 1972년부터 1973년까지 잡지에 연재되었으며, 1979년에는 데자키 오사무에 의해 애니메이션으로도 만들어졌다.

도세이아이를 생각나게 한다.[13] 일본 망가는 국민당(國民黨)이 권력을 잡은 1949년에 이미 타이완에서 유통되고 있었고, 1960년대 비공식 출판과 값싼 해적판의 유포가 활발했다. 저작권 계약이 일본출판사와 타이완 번역가 및 유통사 사이에 맺어진 것은 1990년대 초반에 정식화되었다.[14] 이러한 상황에서 쇼넨아이 시리즈와 소녀문화 안의 많은 레즈비언 만화는 중국어로 번역되어 타이완에서 유통되었다.[15] 오늘날, 쇼조망가 안에서 (더 확장된 장르인 쇼넨아이 장르와 함께) 레즈비언 하위장르는 젊은 타이완 레즈비언 사이에서 열광적으로 소비되고 있다.[16]

　　1990년대 초반 이래 타이완의 젊은이들과 미디어 컬처 안에서 새롭게 최근 떠오르고 있는 것은 '타이완 스크린 컬처의 망가화'라고 부를 만한 것이다.[17] 나는 이 용어를 통해 2000년 무렵부터 타이완에서 만들어진 TV 드라마에 본래 일본의 문화형식이었던 망가미학이 효과적으로 현지화했음을 말하려 한다.[18] 이는 2001년에 일본의 망가 내러티브를 기초로 하는 중국어 TV드라마 제작 전문의 코믹제조유한공사가 설립된 것으로 설명할 수 있다. 2001년부터, 코믹제조유한공사는 《피치 걸》,《빈궁귀공자(貧窮貴公子)》[19],《상상》,《내게로 와》,《장미의 사랑》 같은 시리즈물을 양산했다. 이러한 드라마들은 일본의 망가 내러티브에 토대를 두고 있는 것은 물론이며, 코믹제조유한공사의 대표 펑자루이가 직접 말하듯이 감정을 고조시키는 음악과 아름다운 화면 구성 역시 망가에서 가져온 것이다.[20]

　　타이완의 T-TV에서 2003년 방영한 《로즈(The Rose)》는 일본 문화상품이 이러한 형식으로 지역화가 되는 전형적인 예다. 일본의 요시무라 아케미(吉村明美)의 쇼조망가에 기초하고 있는 《로즈》의 스토리 라인은 평범하지만 강단 있는 18세 소녀 릴리(Lily)가 사실은 아름답고 부유하지만 냉정한 슈퍼스타의 딸인 것으로 밝혀지고 점차 어머니의 기묘한 가족의 퇴폐적인 삶으로 이끌리게 된다는 내용이다. 《로즈》는 양식 면에서 드라마 전편에 걸쳐 분위기를 고조시키는 주인공의 보이스 오버(voice over), 과장된 음악 등으로 사춘기 소녀의 감성을 표출하는 데 분명히 쇼조망가에 빚을 지고 있으며, 소프트 포커스(soft focus)와 슬로모션(slowmotion), 프리즈 프레임(freeze frame), 밝은 색상, 따뜻한 조명은 과도하게 양식화되어 있고 비현실적인 시각적 미학을 만들어낸다. 릴리의 시점에서 종종 끼어드는 판타지 장면들도 그와 비슷한 효과를 낸다. 릴리는 어머니의 시골 별장에서 (또 다른 꽃의 이름을 가지고 있는) 이복형제들과 지내게 되는데 평범하지만 순진무구한 릴리는 침울한 성격에, 알코올중독인 이복남매, 릭 블로섬(Leek Blossom)과 사랑에 빠지게 된다. 그런데 또 다른 이복형제인 선플라워(Sunflower)가 이미 릭 블로섬에게 은밀한 성적 관심을 보이고 있는 상태다. 이 이야기는 근친상간 경향의 쇼넨아이와 쇼조망가를 둘 다 차용하고 있다. 다른 코믹유한공사의 시리즈들처럼 《로즈》의 각 지고 장식적인 폰트는 일본 만화 타이틀 폰트를 참조하고 있으며, VCD에 포함되어 있는 줄거리 요약에서 사용하고 있는 모노가타리(物語: 이야기)라는 단어는 훨씬 더 명백한 문화횡단의 관계를 드러낸다.

그럼에도 불구하고, 이 시리즈는 타이완에서 제작된 것이다. 젊은 중산층의 인물들은 만다린어를 하고, 겉으로 보이는 장면들은 모두 타이페이를 배경으로 하며, 드라마 음악 역시 만다린어 노래다. 《로즈》는 일본 쇼조망가가 타이완 TV드라마에서 현지화했음을 보여 주는 최근 현상의 한 예가 된다. 《로즈》의 예처럼 망가를 토대로 한 타이완드라마의 홍수는 명백히도 지역화한 쇼조망가 양식을 구축하고 있다. 이와 유사한 망가 스타일은 같은 기간에 타이완에서 양산된 다른 TV드라마들에서도 찾아볼 수 있다.

소녀들의 로맨스를 다룬 영상물들의 다른 콘텍스트는 1998년 홍콩 영화인 《미소년의 사랑(美少年之戀)》(양판〔楊凡〕 감독)에서도 볼 수 있는데 《미소년의 사랑》은 지역적 퀴어 컬처의 일본화로 불리운다. 로미트 다스굽

남성 동성애를 다룬 홍콩 양판 감독의 《미소년의 사랑》. 영화 《미소년의 사랑》은 지역적 퀴어 컬처의 일본화로 불린다.

타(Romit Dasgupta)는 《미소년의 사랑》에서 망가화된 스타일과 퀴어적 접근은 아마도 망가 영상물 미학이 가지고 있는 쇼넨아이 하위장르의 동성애적 망가 이야기 구조에 익숙한 중국의 퀴어 관객들에게 고유한 파장을 가지고 있을 것이라고 주장한다. 나는 거기에 쇼조망가에서의 레즈비언 하위장르 또한 그렇다는 것을 덧붙인다.

소녀 관찰하기 1: 여학생의 로맨스, 그리고 망가화

《소녀들의 춤》[21]은 타이완의 여성작가인 차오리주완(曹麗娟)의 1991

년 단편을 TV영화로 만든 것이며, 2002년 1월에 처음 방송되었다. 이 장르의 전형적인 이야기답게 이 영화는 젊은 여성인 통수신(童素心)이 타이완 남부 고향의 남자아이 같던 친구 중위안(鍾沅)과 보낸 학창 시절의 열정적이고 로맨틱한 우정을 회상할 때 긴 플래시백(flashback)을 사용하고 있다. 이야기는 통수신이 신부복을 입고 고향의 푸른 하늘 위에 떠올라 있는 판타지 숏(fantasy shot)이 처음과 끝에 놓여 있는데, 그녀 자신과 중위안 사이의 사건들을 회상하는 구조로 되어 있다. 통수신의 보이스 오버에 의하면, 그녀는 로맨틱한 감상으로 학교친구였던 중위안에게 빠져 있었던 것이 분명하다. 그러나 중위안이 눈을 가린 채 사람을 알아맞히는 게임을 하다가 그녀에게 갑자기 키스했을 때 통수신은 혼란스러워 하고 그들의 관계는 깨어진다. 그리고 곧 중위안은 전학을 간다. 이어 중위안은 자신이 버린 여자 애인과 함께 통의 삶에 별다른 설명 없이 불쑥 불쑥 나타나는 장면들로 압축된다. 대학에서 통수신은 남자친구를 사귀지만, 그녀의 보이스 오버는 중위안이 자신의 진실한 사랑이었음을 분명히 하고 있다. 중위안과 통수신의 둘째 번 만남에서 중위안은 자신과 자신의 가족이 곧 미국으로 떠날 거라고 말한다. 이 영화의 마지막은 결혼을 하러 떠나는 통수신을 바라보며 회상에 잠긴 듯한 표정을 짓는 중위안의 얼굴을 보여 준다.

《소녀들의 춤》은 망가화한 이야기 구조와 양식에서 산발적으로 받은 영향을 보여 준다. 차오리주완의 소설처럼, 이 영화 역시 학교를 배경으로 하지만, 주요 인물들의 캐릭터로 인해 쇼조망가 내의 레즈비언 하위 카테고리를 상기시킨다. 중위안과 통수신의 본질적인 젠더 차이는 일종의 이중의 예를 수행한다. 첫째로 그것은 타이완의 일반적으로 T/po 젠더로 구축된 부치/팜므 젠더에 비유되는 지역적 레즈비언 서브컬처를 가지고 들어온다. 두 번째로 중위안과 통수신의 인물묘사는 후지모토 유카리(藤本由香里)가 '장미와 사탕과자' 원형으로 명명한 레즈비언 쇼조망가의 통상적인 젠더 역할이다. 후지모토는 레즈비언 쇼조망가가 시작되던 1970년에 자신의 논문에서 두 중심인물은 보통 아름답지만 보이시하며 무엇이든 잘하는 타입(장미)과 전형적인 캐릭터인 여성적이고 순진무구한 타입(사탕과자)으로 이루어져 있다고 썼다.[22] 이러한 이차적 젠더의 유형화는 순진하고 소녀적인 사탕과자 타입의 통수신과, 직설적이고 남자아이 같은 장미 타입의 중위 안의 경우에 잘 들어맞는다.

《소녀들의 춤》은 노골적인 센티멘털리즘(sentimentalism)에서도 쇼조망가를 떠올리게 하는데 《로즈》나 《미소년의 사랑》과 마찬가지로 여성적인 보이스 오버(통수신)와 감상적인 음악의 사용으로 이러한 센티멘털리즘을 구축한다. 《미소년의 사랑》과 《로즈》와 마찬가지로 《소녀들의 춤》은 양식화한 밝고 비자연적인 컬러, 양식화한 샷을 선호한다. 이 영화는 또한 중간 중간, 처음과 끝의 장면처럼 판타지 부분을 포함하는데, 그것 역시 현실적인 재현에서 보이지 않는 소녀적 감성이나 기억, 말하지 못하는 열망을 그림으로 표현하는 쇼조망가의 관습적인 양식이다.[23]

이 영화의 또 다른 유의할 특징은 고요함(quietness)이다. 이 드라마에는 다이얼로그가 제거된 롱테이크(long take)가 비교적 많이 쓰이는데, 특히 통수신의 얼굴과 눈을 클로즈업과 미드숏으로 잡을 때 카메라는 조용히 머문다. 이러한 말하지 않는 통수신의 얼굴로 표현하는 고독에 대한 외연적인 비주얼 포커스는 관객과의 독특한 동일시를 이끌어낸다.[24] 전형적인 클로즈업은 말없이 통수신이 겪고 있는 감정으로 관객을 이끈다. 이러한 점에서 영화의 기술적인 것들은 인물들의 감정의 재현과 관련되는 내러티브로서보다는 다시 한 번 쇼조망가의 관습들 인물의 특징을 나타내는 그림의 묘사에서 말을 아끼고 침묵을 사용해 과장된 눈과 얼굴의 조합을 불러온다.[25]

이와 관련해 《소녀들의 춤》에는 쇼조망가에서 여주인공의 감정 표현을 꽃그림으로 비현실적으로 묘사하는 것을 떠올리게 하는 은근한 표현들이 등장한다.[26] 꽃의 이미지는 종종 중위안이 학창 시절에 통수신에게 꽃 선물을 주었다던가, 침묵 속에서 생각에 잠겨 꽃을 바라보는 통수신을 잡는 카메라 등으로《소녀들의 춤》에 나타난다.[27] 영화 초반부에 반복적인 숏의 연속은 쇼조망가에서 소녀적 감성의 의미로 떠다니는 꽃 이미지를 환상적으로 사용하는 것을 떠올리게 한다. 이 프레임을 생각해 보자. 생각에 잠긴 통수신의 얼굴이 중위안이 준 꽃으로 테두리 장식되어 있는 거울에 비치고 있는데, 그녀는 넋을 놓고 거울을 바라보고, 카메라는 대사나 보이스 오버 없이 지속되는 시간 동안 조용하게 이 이미지에 멈추어선다. 이러한 효과, 떠다니는 꽃의 프레임에 잡힌 사춘기 소녀의 격정적인 사색에 잠긴 얼굴은 즉각적으로 쇼조망가의 떠다니는 꽃 컨벤션을 떠올리게 한다.

소녀 관찰하기 2: 여학생 로맨스와 회상하기

《소녀들의 춤》의 회상 구조는 영화의 첫 번째 프레임으로 구축되는데, 화자인 소녀가 늘 걷는, 그늘 진 여름 길이 있는 마을의 하늘 위에 떠서 정지해 있는 장면이다. 이 장면은 영화의 이야기 구조가 성장한 통수신이 학생 시절의 추억을 화자가 되어 이야기할 것임을 말해 준다. 그러나 하늘에 떠 있는 화자가 신부복을 입었다는 사실은 다른 방식으로 추억되는 자로서의 화자의 위치를 안전하게 구축하는 또 다른 방식이다. 이야기의 주요 내용이 소녀들 사이의 원형적 레즈비언 사랑이라는 점이 궁극적으로는 이 화자가 어른이 되어서는 이성애적 관계에 있으며, 결혼까지 하게 될 한 여성이 갖는 추억으로서의 동성간 사랑을 회상하는 것임을 알아차리게 한다.

《소녀들의 춤》의 회상 구조와 같은 해에 만들어진 타이완공영 TV의 또 다른 드라마인《그 여름 파도 소리》는 흥미롭게도 시청자들이 인테넷 게시판에 보여 준 반응에서 비슷한 효과를 만들어낸다. 드라마 시청자들의 반응에서 주목할 만한 경향은 시청자들이 자신의 개인 추억을 쏟아낸다는 것이다.

아래는 타이완공영 TV의 인터넷 게시판에 올라온 글들이다.

다른 사람들이 이 드라마를 어떻게 생각하는지가 나한테 중요하지는 않다. 나는 이 영화가 의도한 효과를 강력하게 느꼈다. 그것은 내 중학교 때의 복잡했던 감정과 같은 것이다. 마치 내 이야기를 보는 것 같았다.[28]

이 영화는 정말 두 여자 사이의 사랑의 감정을 잘 살려냈다. 레즈비언으로서 자기 정체성을 찾아가는 과정에 있는 많은 사람들은 이러한 단계를 경험한다. 나 역시 그랬다. 그리고 나는 다른 누군가가 카메라로 이러한 이야기를 만드는 것에 감동했다.[29]

나는 레즈비언은 아니지만,《소녀들의 춤》과《역녀》는 내 기억 한 켠에 잠자고 있던 추억을 일깨웠다. 초등학교 시절, 나는 같은 반 여자아이와 사랑에 빠졌었다. 지금은 추억일 뿐이지만, 나는 그것이 여자아이들이 가질 만한 아름다운 경험이라고 생각한다.[30]

또한《그 여름 파도 소리》와 관련해서는

이 드라마는 두 소녀 사이의 단순하고도 미묘한 심리를 그려냈다. 비록 그 감정은, 어떤 욕망과 결부되어 있지는 않다고 하더라도 마음을 휘저어 놓는다. 이 드라마는 그 중학교 여름, 순수하고 투명하던 시절, 어떤 한 소녀 때

문에 들뜨던 마음, 그런 감정을 밀려오게 한다. 하지만 그것은 이제 지나간 감정이다.[31]

나는 이성애자이면서도 리즈와 같은 중학교 시절의 추억을 가지고 있다. 모든 반 아이들이 그 이야기를 쑥덕거렸는데, 이 드라마에서 이쿼처럼 고독하면서도 똑똑한, 특히 수학을 잘하던 여자아이였다. 나는 그 아이에게 모르는 걸 물어봤고, 그 아이를 알고 가까워졌다. 그리고 최근 3, 4년 동안 남자들과 연애를 몇 차례 했지만, 내 깊숙한 마음에는 여전히 중학교 시절의 그녀가 남아 있다. 아마도 아쉬움이 가장 아름다운 감정일 것이다.[32]

흥미롭게도, 위 인용 글들이 보여 주듯이, 이러한 개인의 추억 이야기들은 이성애적 정체성을 가진 여성들과 동성애자 정체성을 가진 여성들 모두에서 나오고 있다. 우리는 아마도 이런 현상에서 이러한 드라마들을 (원형적) 레즈비언 추억과 레즈비언 노스탤지어를 소급해 내는 장치 혹은 내가 '동일시적 회상'이라 부르는 사춘기 여성들 사이의 친밀한 우정으로 읽을 수도 있다. 이러한 것들이 아마도 기억 속에서 이미 존재해 온 고리가 되어 실제로 기억하는 사건 혹은 감정적 경험, 또는 더 넓게 보자면 이러한 드라마를 보고 소감을 쓰는 행위들이 성인의 성적(레즈비언적)/혹은 젠더적(여성적) 정체성을 획득하는 지점으로서 소녀들 사이의 친밀한 우정을 강도 높게 위치시킬 수 있다.

그래서 《소녀들의 춤》의 오프닝 시퀀스와 《그 여름 파도 소리》의 긍정적인 효과는 긍정적으로 성인의 이성애적 여성성을 자신의 소녀 시절의 레즈비언 성향의 종착점으로 받아들이는 것이다. 안나마리 제이고스(Annamarie Jagose)는 레즈비언 주제에서 비교할 수 있는 회고담인 《댈러웨이 부인(Mrs. Dalloway)》에 대한 버지니아 울프(Virginia Woolf)의 해석과 소녀의 성적 발달에 대한 지그문트 프로이트(Sigmund Freud) 이론에서 레즈비언적 추억은 레즈비언을 과거로 격리한다고 말한다. 또한 그녀의 기억 속에서 추방된 불온한 허깨비는 결코 (이성애적인) 현재로 돌아올 수 없다는 것이다.[33]

만약《소녀들의 춤》의 오프닝숏이 이러한 이중의 기능 가운데 첫 번째를 그려내고 있다면, 클로징숏은 후자의 경우다. 통수신이 자신의 신랑을 기다리며 하늘에 매달려 있을 때, 그녀가 마침내 만나게 되는 것은 기다렸던 약혼자가 아니라 중위안이다. 중위안은 이성애적 현재에서 불쑥 끼어드는 잠재적인 레즈비언적 추억의 구체적 묘사로서 말쑥한 정장과 잘 다려진 흰 셔츠를 입은 활기찬 소녀로 나타나, 신랑을 대체하고 이성애적인 성인 여성으로서 이러한 가장 상징적인 장면을 뒤집어 버리는 것이다.

그러나 나는 어떤 특별한 동시대의 동성애적 소녀 이야기의 형식과 이야기 구조보다 중요한 것은 아주 간단한 사실, 당대 중국의 문화상품 가운데 이러한 이야기 구조가 광범위하게 퍼져나가는 것에 관련된 것이다. 제이고스의 논의는 결과적으로 한정된 독자와 문화적 영향을 가진 엘리트 모더니스트의 소설인 울프의 소설 한 편에 관한 것이다.

타이완과 홍콩, 중국의 문학계 안의 회상 모드의 동성애 소녀 로맨스의 예들은 훨씬 더 많다. 또한 그러한 이야기들은 엘리트적인 문학 형식 안에서 뿐 아니라, 앞서 얘기한 대로 최근에는 영화나 텔레비전으로 옮겨가고 있다. 도처에 편재하는 이러한 이야기들은 그 자체가 현재에도 지속적으로 출몰하는 소녀 시절의 레즈비언 추억으로 그 위치를 강조하고 있는데, 그것은 소중했지만 결과적으로 상실한 그 소녀 시절의 레즈비언 이야기가, 완전히 문학적 관점에서 지속적으로 현재의 문화상품들에 개입하는 한 그렇다.

결론

그런데 이러한 논의를 통해 무엇을 말할 수 있겠는가? 여성 동성애에 대한 의식화된 애도가 늘어난다는 것이 주석에서 한 연구자가 말하는 것처럼 중국 사회에서 동성애에 대한 관용이 넓어졌음을 보여 주는가?[34] 혹은 그것과는 달리 젊은 여성들이 반복적으로 고통스럽지만, 필연적인 동성애적 연계를 포기하는 과정을 보여 줌으로써 이성애적 권력이 더욱 유연하며 포괄적인 것으로 받아들여지게 되는 것인가?

물론 두 논의 중 그 어떤 것도 지지될 수 있다. 그러나 나는 퀴어 연구에 대한 이 너무나 일반화되고 안이한 이 주장에 그다지 흥미가 없다. '어떻게 자유롭게 동성애 섹슈얼리티를 표현할 것인가?' 대신, 나는 재현의 어떠한 특수한 종류가 애초에 카테고리로서 동성애와 이성애를 양산하는지에 관심이 있다.[35] 이는 곧 어떤 종류의 이성애자 여성이 이상화되어 있는 소녀적인 레즈비언 사랑, 그것이 결코 현재의 이성애 관계에서는 불가능하다고 스스로 인정하는 비교적 공공연하고 개방적인 기억에 의해 존재하고 정의되는가,로 이어진다.

이성애자 여성들 사이에서의 이러한 대중적 드라마나 영화의 내러티브들은 자신의 (실제) 이야기와 현재 이야기를 소비하는 사람인 관객으로서 명백히 이성애인 여성이 투사하는 두 가지 방식으로 무리하고 고통스러운 회상의 과정을 통해 성취되는데, 이것은 유럽, 미국의 성과 젠더의 영향력 있는 퀴어 이론에서 가정되는 지배적인 이성애적 여성성에서 온 것이다. 이런 두드러지는 현대 중국의 이야기 구조를 고려하는 데 가장 유용한 문제틀은 아마도 그것이 일종의 대안적 성적 근대성, 즉 근대성의 한 유형일 수도 있다는 것이다.[36]

위에서 살펴보았듯이 소녀들의 동성애 로맨스 속 회상하는 이야기

여고생들의 동성애와 투신자살 등을 다룬 공포물《여고괴담 두 번째 이야기》.《여고괴담 두 번째 이야기》의 홍콩판 DVD 표지는 중국의 회고적 레즈비언 사랑 이야기와 이 한국영화를 한 코에 꿰어 넣는다.

구조가 놓인 대안적인 성적 근대성은 다양한 지점에서 근 100년 동안 현대 일본의 재현에 대한 반응의 명징한 흔적을 가지고 있는 한 요소다. 이러한 구성은 중국적인 것으로 불릴 수 있을 텐데, 그것은 오직 근대적 중국성이라는 것이 지역 내적인 문화횡단의 역사를 써내려 가는 한에서만 그러한 것이다.

글을 나오며

이 글을 나오며 짧게나마 《여고괴담 두 번째 이야기》(김태용 · 민규동, 1999)의 홍콩판 DVD 표지를 언급하고 싶다. 이 DVD 표지는 중국의 회고적 레즈비언 사랑 이야기와 한국영화를 한 코에 꿰어 넣는다. '나는 예전에 너와 아주 가까웠어, 그렇다면 지금도 너는 나를 기억하고 있을까?(曾經和爾這樣親近, 今日, 可會記起我?)'《여고괴담 두 번째 이야기》의 회고적 이야기구조가 한국의 동성애 섹슈얼리티에 관한 담론과 어떻게 관련되어 있을지에 대한 질문은 잠시 제쳐두자면, 이 영화는 지금까지 내가 추적해 온 성장기, 기억, 소녀들 사이의 사랑이라는 이미 존재해 온 담론적 틀에 잘 들어맞는다. 만일 앞서 주장해 온 대로, 이 내러티브의 과거와 현재가 중국과 일본 문화 사이의 지역 내적인 대화로 두드러지는 것이라면 그 미래 또한 트랜스 아시아적인 유형을 나타낼 듯하다.

주

1) 이 원고를 쓰는 데 여러모로 도움이 된 Hiromi Tsichuya Dollase, Gregory Pflugfelder, James Welker, Taeko Yamada, Mark McLelland에게 감사한다. 또한 이 연구는 오스트레일리아연구기금에서 후원해 주었다.

2) 중국과 타이완의 레즈비언들은 이러한 드라마들을 길거리에서 파는 불법 VCD 나 DVD로 구하거나 인터넷에서 불법 파일로 받아보거나 또는 PTS나 TTV의 웹 사이트에서 구해서 봤다고 말한다.

3) Hinsch; Chou, Tongzhi, p. 13~55; Sang p. 102~103을 보라.

4) Gregory M. Pflugfelder는 20세기 초반 유럽의 섹스올로지(sexology)의 일본화된 역은 (중국의) 선택적인 읽기와 독해의 과정과 관련된다고 강조한다. 그 결과로 현대 일본의 도세이아이를 포함한 성 개념은 일본인들이 번역한 유럽의 개념과 동일한 것으로 추정될 수 없다고 말한다. *Cartographies of Desire*, p. 235~285.

5) 후루카와는 이렇게 말한다. '(20세기 초반 일본) 여학생들의 동성애는 동성의 두 파트너 사이에서 에로틱한 관계를 표현하는 것을 고무시켰다. 남색(男色)은 단지 남성에게만 적용되는 것이었기 때문이다. 외국 문학물의 번역으로 많은 용어가 발전해 갔다…… 이러한 용어들은 점차적으로 여성 동성애가 주된 역할을 하는 도세이아이에 모아졌다.' 후루카와는 '이는 레즈비언주의로서 동성애를 이해하는 중요한 역할을 했다'고 말한다(Furukawa Makoto, 115).
   Pflugfelder의 글 "S is for Sister"와 제니퍼 로버트슨의 글 가운데 159쪽, Chalmers 의 글 가운데 16번째, 17번째 단락을 참고하라.

6) Sang. p. 122. 문화횡단에 대해서는 Iwabuchi의 글 40쪽을 참고하라

7) Sang. p. 127.

8) 상즈란의 연구에 따르면, 이러한 내러티브들은 그 성장기 여성들 사이의 사랑에 대한 강하고 노스탤지어적인 이상, 그리고 이성애 관계의 어른이 되는 변환기의

그 사랑의 실패라는 점에서 주목할 만하다(p. 270).

9) Gordon. p. 3.

10) Gordon. p. 3.

11) 일본에서 쇼조망가가 소녀문화의 '지배적 요소'로서 대중잡지의 소설 등의 다른 문화 표현물을 앞지른 것은 1950년대다(Ogi, p. 172; Dollase, p. 220). 오기와 달라스, 둘 다 요시야 노부코(吉屋信子)가 자신의 동성애적 소녀대중소설에서 확립한 문학에서의 소녀 미학과 스타일이 확장된 것으로 쇼조망가를 개념화한다. 또한 요시야의 저작들의 커다란 눈, 날씬한 팔다리의 일러스트레이션은 나중에 망가에서의 스타일이 되었다.

12) Dollase, p. 233, Fujimoto, p. 180, Ogi p. 180~183를 참조하라.

13) Pflugfelder, "S is for Sister". 또한 요시야 노부코의 소설과, 전후 쇼조망가에서 그 스타일과 호모에로틱한 주제가 이어지고 있다는 점에 대해서는 Dollase의《다락방의 미친 소녀(Mad Girls in the Attic)》도 참고하라.

14) 자국 만화에는 가혹한 검열법을 시행하고 있던 타이완에서 국민당에 의해 통과된 1966년의 법률은 섹스와 폭력이 검열되고 있지 않던 일본 해적만화 출판에 시장을 열어주었다. Wei의 "Shaping a Cultural Identity", Lent의 "Comics In East Asian Countries", Ng의 "Comparative Study of Japanese Comics", "The Impact of Japanese Comics"

15) 타이완의 '동리(東立) Comics'는 1977년에 설립되어, 현재까지 1,000가지 타이틀의 시리즈를 출판한 타이완 최대 규모의 일본만화 출판사다. 애초에 '동리'는 일본만화의 해적판을 출판했었다. 그러나 검열과 당국에서 모두 눈감아 주었다. 그리고 그것은 타이완 해적판 회사에서 돈을 받는 일본 출판사의 비공식적 허용이 있었다(Lent, "Local comic books" p. 122~126). −동리 코믹스 당사의 웹사이트에 설명된 약사를 참고하라.

16) 일본 만화와 아니메에 대한 타이완 레즈비언 팬들 간의 광범위한 의견 교환은 http://www.to-get-her.org/cgi-bin/anime2002.pl이나 http://www.to-get-

her.org/cgi-bin/anime2003.pl 같은 웹페이지에서 확인할 수 있다. 웰커(James Welker)는 <Beautiful, Borrowed and Bent>에서 이르기를 타케미야 케이코(竹宮惠子)의 《바람과 나무의 시(風と木と詩)》(1976~84년 연재)나 하기오 모토(萩尾望都)의 《토마스의 심장(トーマの心臓)》 등의 쇼넨아이물들이 레즈비언 서브텍스트로 전환할 수 있는 강한 잠재력을 지녔다고 말한다. 그렇다고 내가 쇼죠문화를 "독창적인 일본"의 문화적 양식이라고 주장하는 바는 아니다. 돌라스가 지적했듯이, 요시야 노부코(吉屋信子)의 소설에 나타나는 전전의 쇼죠분카는 미국에서 출간된 여대생 소설들의 번역본에 크게 영향을 받았다. 또한 쇼넨아이 망가에 특유한 배경은 역사적으로 유럽적인 배경을 환상화시킨 것이다. 그렇다면 일본화한 섹스올로지와 같이, 전후의 쇼조분카란 "서구성(western-ness)"의 굴절되었고 지역화한 버전에 기초하고 있다고 말할 수 있을 것이다.

17) Iwabuchi의 글을 참고하라. Ching의 "'Give Me Japan and Nothing Else!' : Postcoloniality, Identity, and the Traces of Colonialism"도 함께 참고할 것.

18) 이러한 양식적 망가화(mangafication)는 종종 현대적 미디어로서 영화나 만화에서 종종 보이는 일반적인 역사와 공식적인 상호관계보다 더 특별한데, 예를 들어 비유적으로 프레임들 사이에서 몽타주를 사용한다던가 비쥬얼적으로 직접 만화를 차용한다.

19) 한국에서도 2002년 〈빈궁귀공자〉라는 타이틀로 방영되었다. 출판만화 타이틀은 〈타로 이야기(太郎物語)〉다. 이 글에 소개된 일본 만화들은 한국에서도 거의 라이센스로 출판되어 있다―옮긴이.

20) 펑자루이(Feng Jiarui)가 사용한 표현이며, 코믹 프로덕션 웹 사이트에 게재되어 있다.

21) 중국권에서는 동성애자들이 서로를 동지라고 부른다―옮긴이.

22) F ugimoto, P. 184.

23) Ogi의 글을 참고하라.

24) Deleuze, p. 87~101.

25) Ogi, p. 174.

26) Ogi, p. 174.

27) 일본만화와 아니메에서 장미의 상징이 함축하는 퀴어적 측면에 대해서는 Welker의 "Beautiful, Borrowed and Bent: Boys' Love as Girls' Love in Shojo Manga." Paper presented at the Third International Convention of Asia Scholars (ICAS3) National University of Singapore, August 19-22, 2003.을 참고하라.

28) 작성자 Dog, 2002년 10월 11일.

29) 작성자 Maomao, 2002년 10월 15일.

30) 작성자 Waiting, 2002년 10월 17일.

31) 작성자 Nanian, 2002년 10월 14일.

32) 작성자 Keleguo, 2002년 10월 14일.

33) Jagose, p. 77~100.

34) Chou wah shan의 *Houzhimin Tongzhi* 가운데 13~55쪽과 Hinsch의 *Passion of the Cut Sleeve* 가운데 162~171쪽을 참고하라.

35) 세지윅(Sedgwick)의 "퀴어 수행성(Queer Performative)", 14~15쪽과 비교해 보라.

36) Sang p. 122~125와 Donald M. Nonini와 Aihwa Ong이 함께 쓴 "대안적 근대성 으로서 중국의 초국성(Chinese Transnationalism as an Alternative Modernity)", Aihwa Ong의 "인류학, 중국, 근대성: 문화적 지식의 지정학(Anthropology, China and Modernities: The Geopolitics of Cultural Knowledge)"과 비교해 보라. 또 Lisa Rofel의 《다른 근대성들: 사회주의 이후 중국에서의 성차화된 열망들(Other Modernities: Gendered Yearnings in China After Socialism)》 1~37쪽과도 비교해 보라. 또한 전후 일본 대중문화가 아시아에 대해 지역적 지배력을 행사하는 데 에서 특징적이었던 아시아적 근대성을 논하는 Wee의 "Buying Japan: Singapore, Japan and an 'East Asian' Modernity." *Journal of Pacific Asia* 4 (1997)도 참고하라.

참고문헌

Chalmers, Sharon. August 2001. 'Tolerance, Form and Female Disease: The Pathologisation of Lesbian Sexuality in Japanese Society.' In *Intersections* 6. http://wwwsshe.murdoch.edu.au/intersections/issue6/chalmers.html.

Ching, Leo. 1994. 'Imaginings in the Empires of the Sun: Japanese Mass Culture in Asia.' In *Boundary 2* 21: 1. p. 198~219.

Ching, Leo. Fall 2000. "Give me Japan and nothing else! ' Postcoloniality, Identity, and theTraces of Colonialism.' In *South Atlantic Quarterly* 99. 4. p. 763~788.

Chou Wah shan. 1997. *Houzhimin Tongzhi*. Hong Kong: Xianggang Tongzhi Yanjiushe.

Chou Wah shan. 2000. *Tongzhi: Politics of Same-Sex Eroticism in Chinese Societies*. Haworth Press.

Comic Productions Website http://comicritz.com/pages/1/index.htm.

Dasgupta, Romit. 2001. 'The Love of 'Beautiful Boys': *Bishonen* and the 'Japanizing' of Asia (N) Queer.' Paper Printed at 'AsiaPacifiQueer 2: Media, Technology & Queer Cultures.' University of Queensland, December 3.

Deleuze, Gilles. 1986. *Cinema 1: The Movement-Image*. Trans. Hugh Tomlinson and Barbara Habberjam. London: Athlone Press.

Dollase, Hiromi Tsichuya. 2003. 'Mad Girls in the Attic: Louisa May Alcott, Yoshiya Nobuko and the Development of *Shojo* Culture.' PhD dissertation, Purdue University.

Fujimoto Yukari. 2003. *Watashi no ibasho wa doko ni aru no shojo manga utsuru kokaru nokatachi*. Tokyo, Gakuyo Shobo. 1998.

Furukawa Makoto. 1994. 'The Changing Nature of Sexuality: The Three Codes Framing Homosexuality in Modern Japan.' In Trans. Angus Lockyer. *U.S. Japan Women's Journal, English Supplement*, 7. p. 98~127.

Gordon, Angus. 1999. 'Turning Back: Adolescence, Narrative, and Queer Theory.' *GLQ* 5, 1.

Hinsch, Bret. 1990. *Passions of the Cut Sleeve: The Male Homosexual Tradition in China*. Berkeley and Los Angeles: California University Press.

Iwabuchi, Koichi. 2002. *Recentering Globalization: Popular Culture and Japanese Transnationalism*. Durham and London: Duke University Press.

Jagose, Annamarie. 2002. *Inconsequence: Lesbian Representation and the Logic of Sexual Sequence*. Ithaca and London: Cornell University Press.

Lent, John A. Summer. 1995. "Comics in East Asian Countries: A Contemporary Survey." *Journal of Popular Culture*. 29, 1, p. 185~198.

Lent, John A. Summer. 1999. 'Local Comic Books and the Curse of Manga in Hong Kong, South Korea and Taiwan.' In *Asian Journal of Communication* 9. 1. p. 108~128.

Ng, Wai ming. Spring 2000. "A Comparative Study of Japanese Comics in Southeast Asia and East Asia." , *International Journal of Comic Art*. p. 45~56.

Ng, Wai ming. July 2002. 'The Impact of Japanese Comics and Animation in Asia.' In *Journal of Japanese Trade and Industry* 21. 4. http://www.jef.or.jp/en/jti/200207_006.html.

Ogi, Fusami. "Gender Insubordination in Japanese Comics (*Manga*) for Girls" In John A. Lent(ed.), *Illustrating Asia: Comics, Humour Magazines, and Picture Books*. Honolulu: University of Hawaii Press, 2001.

Pflugfelder, Gregory. "S is for Sister: Schoolgirl Intimacy and 'Sex Love' in Early Twentieth-Century Japan." Forthcoming in Pflugfelder, *Queer Archipelago: At the Margins of Japanese Gender and Sexuality, 1100-2000*.

Sang, Tze-lan D. *The Emerging Lesbian: Female Same-Sex Desire in Modern China*. Chicago and London: University of Chicago Press, 2003.

Wei, Shu-chu. "Shaping a Cultural Identity: The Picture Book and Cartoons in Taiwan, 1945-1980" In John A. Lent (ed.), *Illustrating Asia: Comics, Humour Magazines, and Picture Books*. Honolulu: University of Hawaii Press, 2001.

알려지지 않은 또 다른 한류 붐:

재일 붐과 영화《박치기》

안민화

1. 들어가며

최근 일본에서《겨울연가》, '욘사마'를 비롯해 한국드라마와 스타의 한류 붐이 일고 있는 것은 이미 널리 알려진 사실이다. 드라마뿐만 아니라《쉬리》,《공동경비구역 JSA》 이후 약간 주춤했던 영화에서도 다시 스타 위주나 블록버스터,《겨울연가》류의 순정 러브스토리 영화가 인기를 끌고 있다. 이러한 인기를 반증하듯 2004년 일본 영화전문지《키네마 준보(キネマ旬報)》영화 결산에서 '독자가 뽑은 외국영화 베스트 10'과 '평론가가 뽑은 외국영화 베스트 10'에 한국영화가 절반을 차지했다(《살인의 추억》,《오아시스》,《올드보이》,《봄여름가을겨울 그리고 봄》,《태극기 휘날리며》).

신기한 사실은 '일본영화 베스트 10'에도 한국인 및 재일 한국인(조선인)을 소재로 한 영화가 한국영화에 뒤지지 않고 절반 이상 뽑혔다는 점이다. (《피와 뼈(血と骨)》,《닭은 맨발이다(ニワトリはハダシだ)》,《칠석날의

여름(チルソクの夏)》, 다큐멘터리영화《해녀할머니 양씨(海女のりゃンさん)》
와《꽃할매(花はんめ)》. 2005년 1월에는 제목이 순한국어로 된 영화《박치
기(パッチギ!)》가 개봉되어 홍행에 성공했다.《박치기》는 재일한국인 이봉우
가 대표이사로 있는 영화사 시네콰논(シネカノン)이 만든 영화로, 1960년대
의 재일교포 2세의 청춘과 사랑을 상업적인 문법으로 그렸다.

　　물론 이때까지 일본영화(특히 독립영화계) 안에서 재일교포를 다룬
영화의 역사는 매우 깊다고 할 수 있지만, 상업영화 안에서는 그렇지 못했
다. 이러한 현상은 드라마에서도 마찬가지였다. 재일문제를 소재로 다룬 경
우는 1990년대에 들어서 NHK가 겨우 몇 편의 드라마를 만들었을 뿐, 1960
년대부터 1980년대까지는 금기시되면서 전무했다고 해도 과언이 아니다.
그런데 2004년 후지TV는《도쿄만경(東京灣景)》과《해협을 건너는 바이올린
(海峽を渡るバイオリン)》등 재일교포를 주인공으로 내세운 드라마를 두 편
이나 만들었다.

　　《도쿄만경》은 아쿠타카와상(賞) 수상작가인 요시다 슈이치(吉田修一)
의 동명소설을 원작으로 하면서도 원작에는 없는 재일동포를 주인공으로
설정하고 있는데, 이는 민영TV 방송 사상 첫 시도였다.《도쿄만경》은 또한
주제곡, 삽입곡 등 음악 제작에서도 한국인 아티스트를 기용했다.《해협을
건너는 바이올린》은 재일교포 1세로 세계적 바이올린 명장인 진창현의 일
대기를 드라마로 만든 것인데, 진창현 역은 SMAP 멤버인 초난강(구사나기
츠요시[草なぎ 剛])이 맡았다. 그는 2001년부터 시작된 후지TV의《초난강》
이라는 프로그램에서 모든 대사를 한국어로 진행시키며 한국을 소개하는
등 한류 붐을 가속화해 왔다.

　　이러한 사실들과 더불어 재일교포의 성공담이 전격 드라마화된 것
은 한류 붐이 재일교포를 소재로 다루는 데 다분히 영향을 주었다고 볼 수
있다. 재일 1, 2세들은 격세지감을 느낄 일이다. 1945년 해방 이후의 역사를
보더라도 한국의 정치, 경제, 사회 분야가 아닌 문화 분야에서 이 정도까지

일본 대중들이 한국과 재일사회에 관심을 보인 적은 없었기 때문이다. 지금 현재 일본에서 한류 열풍과 재일사회를 문제화하고 소비하는 방식은 매우 깊은 관계를 갖는다. 이러한 흐름에서 북한의 일본인 납치 문제를 과잉 강조하며 북한사회와 재일 교포(조선인과 한국인 포함)에 대한 편견과 차별을 조장하는 일본 미디어와는 별도로, 한류의 원조라고 할 수 있는 '재일'이 트렌드가 되어 있는 상황에 주목할 필요가 있다 . 이것은 이와부치 고이치(岩淵功一)가 지적한 대로 "어떻게 하면 한류 붐이 일본의 근대성에 대한 믿음의 상태를 비판적으로 재검토하는 순간으로 바꾸는가"에 대한 구체적인 작업(단지 한류 붐 자체가 아시아에서의 일본문화 우월론에 대한 대항문화가 될 수 있다는 거시담론을 넘어서)이 될 것이며, 동시에 "트랜스적 문화 흐름인 한류 붐이 놓치기 쉬운 사회 내적인 문제와 이민자, 인종적 소수자, 성차, 계급의 관점을 포획할 수 있을까"라는 질문과 맞닿게 될 것이다[1].

나는 먼저 2004년의 상업영화와 드라마 안에서 한류 붐과 재일 붐의 연결 방식과 그 문제점을 대략적으로 살펴보고(드라마《도쿄만경》,《해협을 건너는 바이올린》와 영화《칠석날의 여름》을 중심으로), 나아가 2005년 히트작 영화《박치기》가 보여 준 재일문제를 통해 어떻게 일본과 남한과 북한의 역사적인 문제가 탈맥락화하지 않으면서 민족적 관점이 아닌 계급적 관점으로 치환될 수 있는지에 대해서 다루고자 한다.

그리고《박치기》가 한류 붐, 일본의 대중문화, 재일 조선인의 디아스포라 문화라는 트랜스적 문화의 흐름 속에서 복잡하게 작동하고 있는 것을 통해서, 영화에 내재된 '재일'의 문제가 제3의 소수집단 영역에서 '차이의 정치학'으로 강조되는 논리를 넘어서, 트랜스 아시아 문화현상 속에서 탄생해 아시아 맥락에서의 글로벌과 로컬의 내화 속에서 성찰되고 있는 지점에 대해서 살펴보고자 한다.

일본 아쿠타카와상(賞) 수상작가인 요시다 슈이치의 동명소설이 원작인《도쿄만경》.《도쿄만경》은 재일교포 3
세 여자의 사랑을 통해 재일문제에 대한 세대간의 의식 변화를 보여 준다.

《도쿄만경》의 한 장면. 《도쿄만경》은 재일 1세대와는 달리 민족으로만 귀결되지 않은 자기 정체성에 대해 고민하는 재일 2, 3세 젊은 세대들의 모습을 보여 주었다.

2. 오리엔탈리즘적 시선으로서의 '재일'과 '한국'
: 《도쿄만경》, 《해협을 건너는 바이올린》, 《칠석날의 여름》

　　후지TV 같은 민영방송의 드라마에서 재일교포를 주인공으로 내세운 것은 매우 놀랍고 평가받아야 할 일이지만 재일교포를 다루는 방식은 매우 복잡 미묘하다. 그 방식은 내용 면에서 알 수 있는데, 1990년대의 NHK 드라마는 개인 정체성의 갈등으로서 재일문제와 그들의 차별문제 등을 일본인의 시선을 통해 풀어내는 데 반해―《이별(離別)》(1992), 《1970 우리들의 청춘(1970 ぼくたちの青春)》(1991), 《하지만, 내 사랑(去れど, わが愛)》(1995), 《물 속의 팔월(水の中の八月/August In The Water)》(1997), 여기서 재일의 시선으로 재일 한국인 차별문제를 적나라하게 드러낸 《김의 전쟁》(1991)은 예외로 한다[2]―《도쿄만경》, 《해협을 건너는 바이올린》두 드라마는 재일교포 당사자의 시선으로 재일이라는 정체성에 대해 회의하고 어떻게 일본사회에서 공생할 것인가에 대한 질문으로 진행된다.

　　또한 두 드라마의 특징은 당대 한국의 대중문화(가요, 음식, 의상, 한글 등)가 두드러지게 표현되어 있는 등 한류 드라마의 붐에 편승하고 있다는 점이다. 《도쿄만경》은 재일교포 3세 여자의 사랑을 통해 재일문제에 대한 세대간의 의식 변화를 보여 준다. 드라마는, 부르주아의 딸인 여주인공이 집안의 반대로 일본인과의 사랑에 좌절을 겪는 이야기를 통해 보수적인 재일교포 가족 공동체의 억압을 드러냄으로써, 윗 세대의 민족 공동체 의식을 부정하고 자신의 사랑에 방점을 두는 젊은 세대를 다루고 있다.

　　실제로 귀화하지 않은 재일교포들(일본인 학교에 다니지 않고 조선인 학교에 다니고, 이름을 바꾸지 않는 교포들)의 커뮤니티는 일본인과의 연애와 결혼을 공공연히 금기시했다. 이러한 윗 세대의 폐쇄적인 공동체에서 반항적인 재일 2, 3세 젊은이들은 민족으로만 귀결되지 않은 자기 정체성의 복잡함에 대해 고민하기 시작했다[3]. 민족의 정체성보다는 한 개인으로서 여자의 욕망과 사랑을 강조하는《도쿄만경》은 이러한 세대 간의 변화를 잘 포착하고 있다.《도쿄만경》에는 또한 지금 일본사회가 가지고 있는 재일인에 대한 편견이 드러남과 동시에 그 편견에서 벗어나고자 하는 재일 3세의 고민이 자연스럽게 드러나고 있다. 여주인공은 일본인과 똑같이 일본문화를 좋아하고 즐기는데 왜 자신이 외국인등록증을 가지고 있으며 외국인 취급을 받아야하는지 울분을 토하며, 보수적인 아버지로 대변되는 본질주의로써의 재일 커뮤니티에 반발하고 민족 정체성보다 진짜 자기를 찾아주는(사랑해 주는) 사람을 갈구하게 된다. 이것은 여성의 욕망과 사랑을 강조함으로써 개인의 정체성이 민족 단위뿐만 아니라 취미, 기호, 젠더 등으로 이루어질 수도 있다는 것을 얼핏 보여 주는 것이다. 또한 텍스트 내에는 재일의 윗 세대가 겪은 고난의 역사는 제일 3세에게는 이제 더 이상 관심의 대상이 아니라는 지금 현실을 있는 그대로 반영하는 측면과, 그녀는 부르주아이고 일본인 남성은 노동자라는 계급적 문제 등의 복잡한 이데올로기 측면도 존재한다.

하지만《도쿄만경》속 사랑의 역학관계는 결코 평등하다고 할 수 없다. 이 드라마의 이데올로기는 자아에 대한 길 찾기보다는 재일의 역사와 타자에 대한 이해가 배제된 상태에서 사랑 지상주의를 가지고 일본인 남성을 좋아함으로써, 서로의 민족 정체성이 평등하게 초월된다기보다는 재일 3세가 일방적으로 일본인으로 재탄생하는 결과를 낳게 한다. 단적으로 그녀는 '일본인의 심성'을 가장 잘 알고 있는 존재로 나오며, 그것을 상대방 남자에게서 찾으려 함으로써 재일의 역사가 지워지고 그 위에 새롭게 일본인으로 탄생하게 된다. 또한 공교롭게도 여자가 제일 좋아하는 드라마인, 일본의 가장 대표적인 가족애를 그린 국민적 에니메이션《시지에상(サザエさん)》[4]은 그녀가 일본인과 전혀 다르지 않다는 것을 암시한다.

《해협을 건너는 바이올린》은 일제강점기 시절 어린 자신(진창현)에게 바이올린을 가르쳐준 일본인 선생을 크게 부각함으로써 자신의 성공의 계기를 일본인과 일본이 만들어준 듯한 혐의를 갖게 한다. 물론 이 드라마 역시 차별의 역사를 넘어서 성공의 역사를 보여 준다는 의미에서 재일에 대한 의식의 변화가 엿보이기는 한다. 하지만 한국인의 성공의 발판을 마련해 준 것으로서 일본 이미지를 강조해 식민지 시절의 역사를 소환한다는 것은 다분히 문제점이라 할 수 있다. 여기에 근저되어 있는 것은 말할 것도 없이 구식민지에 대한 일본의 노스탤지어다.

일본에서 한류 붐이 지금까지 관심 밖이었던 '재일문제'를 불러들이는 계기가 된 점은 다분히 긍정적이라고 해야겠지만 재일문제를 다루는 일본 미디어의 방식에는 이렇게 다분히 반동적인 부분이 있다. 말하자면 이 두 드라마는 재일한국인의 고난을 보여 주고, 그들을 보여 주는 방식은 친숙하지만 우리들(일본인)과 다름을 강조하는 동시에 나아가 일본 안으로 흡수될 수 있다는 '일본 안의 아시아 혹은 재일'을 표방하고 있는 것이다.

예컨대 《도쿄만경》의 구조 속에서는 일본 남자가 재일 한국인 여자를 받아들이고 이해한다는 의미에서 '일본인의 심성'을 가장 잘 드러내 주는 것으로 설정되어 있는 서예 속에 한글을 쓰거나 재일 한국인 여자의 정체성과 맞물려 한국 노래와 한복 의상이 나온다. 하지만 한글과 한국 노래 등을 재일 한국인 여자의 정체성으로 연결시키는 것은 그녀 안에 내재된 두 개의 타자성이 조우하고 있는 복잡함을 지나치게 단순화하는 것이다. 결과적으로 한류 붐에 아무리 친숙한 관객이라도 그것을 바라보는 시선은 일본인과 비슷하지만 뭔가 다른 엑조틱한 시선을 가진다. 나아가 《도쿄만경》은 이러한 엑조틱화한 재일을 끌어안을 수 있는 것은 일본이라는 사실을 강조하면서 끝을 맺는다.

《해협을 건너는 바이올린》에서도 진창현의 조국(한국)에 대한 그리움을 그의 어머니의 모성애와 연결시켜 조국은 항상 그립고 따뜻한 어머니처럼 여성화(타자화)시키면서(고향처럼 그리워해야 할 대상으로 고정시키고), 성공을 위해서는 일본의 근대적인 것을 취해야만 한다는 모습을 그리

NEW 最新作
NEW RELEASE

11408

テレビ開局45周年記念特別企画

文化庁芸術祭優秀賞受賞

海峡を渡るバイオリン

ディレクターズ・エディション

2

DVD
VIDEO

재일교포 1세로 세계적 바이올린 명장인 진창현의 일대기를 그린《해협을 건너는 바이올린》. 드라마는 재일교포 당사자의 시선으로 재일이라는 징세싱에 대해 회의하고 어떻게 일본사회에서 공생할 것인가에 내한 실문으로 진행된다.

고 있다. 즉 세계적인 유명인사 진창현이라는 재일 인물을 배출한 것은 아시아에서 우월한 일본의 근대성이며, 이에 대한 강조를 통해 아시아(한국인

혹은 재일 인물)를 발전시킨 일본사회를 부각시키고 있다는 혐의를 지우기가 힘들다

　'재일'의 '일본인 만들기'는 전후 일본의 아시아에 대한 시선을 전전(戰前)과 마찬가지로 '일본(제국) 안의 아시아로 지속시키려는 행위에 다름아니다(강상중) 이는 아시아(식민지 민족, 재일사회)에 차별을 가하면서도 일본인으로 동화시키고자 하는 전전의 아시아주의와 맥을 같이한다.[5] 다르게 말하자면 이것은 호미 바바(Homi Bhabha)가 지적하듯이 식민지적 시선이 피식민자(혹은 이주민)에게 오리엔탈리즘적인 정체성을 부여하려하고, 이를 통해서 타자를 동일화하려는 메커니즘과 맞물려 있다[6].

　이러한 재일에 대한 오리엔탈리즘적인 시선이 근대성에 대한 일본의 우월감에 대항할 수 있는 '한류'라는 문화현상이 일고 있는 지금 이 시점에서 재구축되고 있는 것은 의미심장하다. 말하자면 한류 붐을 적극 이용해 재편집과 모방이라는 혼종화 과정을 통해서 그것을 다시 일본적인 것으로 재구축하고자 하는 의도가 들어 있는 것이다. 이러한 작용은 근대 일본에서의 문화의 혼종과 혼종화가 문화의 민족이나 국가의 경계선을 흐리는 쪽으로 작용하는 것이 아니라, 언제나 일본의 국익을 위한 국가 정체성과 문화 정체성을 확립하는 경향을 띠어 타민족 이문화 사이를 경계 짓는 것으로 작용해 왔다고 지적하는 고이치의 '일본의 혼종주의[7]'의 혐의와 결부지어 해석될 수도 있을 것이다. 결과적으로 지금껏 타자화해 왔던 재일을 이러한 혐의성 짙은 혼종주의나 일본적 오리엔탈리즘(배제[차별]와 동화의 메커니즘)에 절합시킴으로써 복잡한 재일 아이덴티티에 얽혀 있는 차별문제를 무화시키고 마는 것이다.[8]

　《칠석날의 여름》은 재일을 소재로 매개하지 않고, 한국인 소년과 일본인 소녀의 사랑을 통해 한국과 일본 사이의 역사적 감정의 문제와 상황의 차이를 가볍게 건드리고 있다. 이 영화 또한 한국의 음식과 시모노세키에서 한국(부산)으로의 배 관광 등 한류 붐의 연장선에서 홍보되었다. 영화는 시

모노세키의 일본인 여성이 2004년 현재 시점에서 1977년의 소녀 시절을 회상하는 것으로 시작된다.

　1977년 당시 부산과 시모노세키 간에는 1년에 한 차례 체육대회를 열었는데, 부산으로 간 일본 소녀는 한국 소년을 보고 반하게 된다. 한국 소년도 이 일본 소녀에게 호감을 가지게 되면서, 둘은 펜팔을 시작한다. 둘은 1년 후에 다시 만날 것을 기약하며 편지를 통해 사랑을 키워나간다. 그러면서 일본 소녀는 한글을 공부하고 한국 방송을 듣게 되지만 그녀의 아버지는 한국인과 사귀는 것을 용납할 수 없다며 그녀를 억압한다. 부산에 있는 한국 소년 역시 일본 방송을 들으며 1년 뒤에 일본에 갈 것을 꿈꾸지만, 큰아버지가 전쟁에서 일본군에게 돌아가셨기 때문에 일본인 소녀와의 펜팔에 반대하는 어머니 앞에서 고민하게 된다.

　영화는 둘의 사랑을 가로막는 것으로서 한국과 일본 양국 간의 서로에 대한 편견과 차별을 자연스럽게 보여 준다. 이러한 편견의식은 젊은이들의 자유로운 관계와 사랑을 방해하는 윗 세대와 시대의 보수성으로 암시된다. 일본 소녀들이 한국어로 '일, 이, 삼, 사'의 구령을 붙이며 운동을 하자, 일본 학교 선생은 못마땅해 한다. 또한 한국 소년이 일본 소녀에게 들려주기 위해 일본 노래를 부르자, 한국 선생과 동료들은 그를 무대에서 끌어내리는 등 영화 곳곳에서 시대의 보수성이 확인된다.

　그러나 이러한 보수성이 어디서 기인하는지에 대한 묘사는 결여되어 있을 뿐만 아니라, 마지막 부분에서 한국 소년이 일본 소녀에게 말하는 장면은 매우 위험하기까지 하다. 그는 한국에는 병역 의무가 있어서 자기도 군대에 가야 한다고 말하며 일본이 평화로워서 부럽다고 말한다. 그리고 한국도 빨리 통일이 되어 일본처럼 평화로운 국가가 되기를 바란다고 얘기한다. 이러한 발언은 일본의 식민지 통치라는 역사적 사실이 한국의 근현대사에 매우 트라우마적으로 기입되어 있는 사실, 나아가 현재의 남북 정세와 일본의 정치 동향이 관련되어 있음을 간과하는 것이다. 이것은 이러한 간과된 사실과 함께 일본의 평화를 일방적으로 동경하는 한국인을 포착함으로써 '일본 안의 아시아'(즉 일본 아래의 아시아 혹은 아시아 위의 일본)라는 이데올로기를 고정시키려는 것에 다름없다.

물론《칠석날의 여름》에 나오는 일본 소녀들은 지금 한류 붐에 대한 일본 여성팬들의 원조격이라고 할 수 있으며, 이러한 것은 역사가 개입되는 본질적인 방식에 앞서 여성의 순애보 혹은 욕망의 주체로서 한일이 교류되는 실질적인 현상의 가능성을 제시하기도 한다.

그러나 영화는 일방적으로 일본 소녀의 시점으로 진행되는데, 한국 소년에 대한 일본 소녀의 변하지 않는 순애보는 일본은 한국과 대화하고 교류하기를 이렇게 줄곧 기다려 왔다는 국가적 알레고리로서 읽힌다. 다시 말하면 순정적이지만 귀엽고 자아가 강한 일본 소녀를 통해 일본의 밝은 이미지를 부각시키는 것과 이와 대조적으로 분단된 현실과 독재정치로 대변되는 한국의 1970년대를 불러내어 한국 소년과 겹쳐지게 함으로써 한국의 어두운 이미지를 강조하고 한국을 타자화시킨다. 더구나, 한국의 독재정치로 인해 중단된 한일교류(체육대회)가 한국의 독재정치가 끝나는 1990년대에 다시 열리는 것과 동시에 어른이 된 한국 소년이 그녀 앞에 나타난다는 설정은 이때까지 한일교류(대중문화의 교류 등)가 단절되었던 것은 한국의 어두운 이미지 때문이었다는 것을 넌지시 암시하고 있다.

《칠석날의 여름》은 한류 붐의 추세에 따라 한국과 일본을 서로 좋게 이해하자는 차원에서 만들어진 일본 측의 프로포즈라고 여겨진다. 하지만 한국 소년의 말 속에서 보이는 것은 '과거 따윈 이젠 필요 없어. 과거보다 현재가 중요해'가 아닌, 식민지적 과거가 있었는지에 대한 인식조차 없다는 것인데, 이것은 물론 일본의 일방적인 판타지다. 하지만 오히려 서로 무지했던 양국 간의 대중문화가 알려지고 단절되었던 양국 간의 대화가 시작되는 순간, 오히려 과거의 역사에 개입해 나가면서 그것을 뛰어넘을 수 있는 가능성을 모색하는 것이 중요한 것은 아닐까?

3. 한류 붐, 재일 디아스포라, 그리고 1960년대 일본

2005년 새해가 시작되자마자 제목이 순한글로 된 영화 《박치기(パッ
チギ!)》가 일본 전역에서 개봉되었다. 《박치기》를 만든 재일교포 이봉우는
1993년 재일영화인 《달은 어디에 떠 있는가(月はどっちに出ている)》를 만들
었으며, 1995년 《서편제》 이후, 《쉬리》, 《공동경비구역 JSA》, 《살인의 추억》
등의 블록버스터 영화와 임권택 영화 등 한국영화를 중점적으로 일본에 배
급, 소개해 왔다.

이봉우는 한 인터뷰에서 한국영화를 소개하고 한국 관계자와 만나
게 되면서 영화에 대한 한국영화인들의 열정과 높은 잠재력을 느꼈다고 한
다. 그러한 의미에서도 한일 영화계의 교류는 새로운 일본영화 탄생에 자극
이 될 수 있음을 덧붙였다.[9] 특히 한국영화의 엔터테인먼트 형식 안에 역사
적이고 정치적인 소재를 넣는 경향에 부정적이든 긍정적이든 많은 영향을
받았다고 하는 그는 2002년 한일 합작영화 형태로, 일본의 정치권과도 관계
있는 김대중 납치 사건을 소재로 다룬 《KT》를 만들었다. 그리고 한류 붐이
불고 있는 상황을 적절히 이용해 가면서 재일을 다룬 일본영화들의 계보를
이어 《박치기》를 만들었다.

《박치기》는 노래 〈임진강(イムジン河)〉과 일본인 소년의 만남을 그린
소설 《소년 M의 임진강(少年Mのイムジン河)》을 원작으로 기획된 영화다. 〈임
진강〉은 1950, 60년대 재일교포들이 남북분단의 슬픔을 달래기 위해 즐겨
부른 노래로, 1968년 당시 주로 사회적 메시지가 짙은 노래와 코믹 풍자풍
의 노래로 큰 인기를 모으고 있던 록 포크송 그룹 '포크 크루세더스(The
Folk Crusaders, ザ フォーク・クルセダーズ)'에 의해 리메이크되었으나 조선 민
요가 공식 발매되는 것이 금지되었던 때라 발매 중지되고 말았다. 하지만
그 뒤로 이 곡이 일본사회의 '표현의 자유에 대한 검열'의 상징이 되어 크
루세더스는 물론 여러 뜻있는 가수들에 의해 콘서트 등에서 은밀히 불리웠

다고 한다. 그 뒤 2001년 크루세더스의 강한 영향을 받은 알피의 사카자키 신스케(アルフィーの坂崎幸之助)가 DJ를 맡고 있던 인기 FM 라디오 프로그램에서 〈임진강〉 특집을 방송했는데, 여기에는 한국의 가수가 부른 것을 포함한 여러 버전들이 소개되어 주목을 받았다. 나아가 2002년 발매 중단 34년 만에 '크루세더스'의 오리지널곡이 발매되어 지금까지 꾸준히 인기를 얻고 있다.

일본에서 〈임진강〉 인기의 배경에는 2000년 남북 정상회담의 개최와 2002년 한일 월드컵 공동개최 등의 역사적 사건과 더불어 한일 대중문화의 교류가 시작된 후, 한반도 문화에 대한 관심이 고조되었기 때문이다. 또한 이 영화에 노골적으로 나오는 조선어(한국어)는 이때까지 일본에서 소수 언어가 가지는 타자성을 상징하는 것으로서 낯설었다면, 2000년도의 한국영화와 드라마 붐의 영향으로 TV에서 하루 종일 한국어 방송이 시작되자, 한국어를 사용하게 되면 굉장할 것 같고 실용성이 매우 높다는 의식으로 급격히 바뀐 관객에게는 매우 친숙한 오락으로 다가오고 있는 것이다.

영화를 둘러싼 이러한 정황과 더불어, 전작에서부터 사회의 소외받은 사람들에 주목해 왔던 감독 이즈츠 가즈유키(井筒和幸)와 프로듀서 이봉우는 지금의 일본 매스미디어는 한일(혹은 북일)의 관계를 일본인의 일방적인 시선으로 다루고 있는 데 반해, 그렇게 말고 양쪽의 이야기를 그리자는 의도로《박치기》를 출발시키자 했다 한다.[10]

《박치기》는 1960년대의 교토를 무대로 조선인 학교에 다니는 재일 소년과 교토 고등학교에 다니는 일본인 소년들의 패싸움을 주요 모티프로 하고 있다. 상업영화 안에서 주로 재일을 다룬 것은 바로 일본인과 재일 한국인의 대결 및 복수 구도 위주의 패싸움 영화였다. 패싸움 영화 중 대표적인 것은 실제로 재일교포이기도 한 액션스타 고바야시 아키라(小林旭)가 주인공으로 나오는 도에이(東映)영화사의 야쿠자영화《교토 오사카 고베 살인 군단(京阪神殺人軍團)》이다.

《교토 오사카 고베 살인군단》은 실력파인 주인공 야쿠자가 일본 야쿠자 조직 속에서 같은 민족임을 상징하는 동료를 유독 편애하며 그와 의기투합해서 교토, 오사카 야쿠자계를 평정해 나간다는 얘기인데, 결국 그 동료가 일본인 야쿠자에게 배반당해 죽자 고바야시도 동료의 복수를 하는 것으로 영화는 끝을 맺는다. 재일교포라는 사실이 공공연히 금기시되었던 1970년대, 영화 전반에 걸쳐서 주인공과 그의 동료가 재일교포라는 사실과 그들이 한국어를 쓰는 장면은 명백하게 묘사되지는 않는다. 그들이 재일교포라는 사실은 주인공 야쿠자와 그 동료가 김치와 갈비(호르몬)를 좋아하고 막걸리를 마시며 둘이 같은 피를 나눈 형제라며 서로 신뢰해 나간다는 사실에서 추측된다. 상대편 야쿠자 조직으로부터 계속 차별을 받자, 마지막 부분에서 주인공의 동료가, 왜 자기의 아버지는 여기에 강제로 끌려와서 살해당했냐며 더 이상 참을 수 없다고 일본 야쿠자에게 대항을 결의하는 장면에서 비로소 그들이 재일이라는 사실이 극명히 드러난다.

당시 재일교포들은 이렇게 다소 민족의식이 강하게 암시되어 있는 야쿠자영화를 보며 자기들의 민족 정체성을 확인해 갔다고 한다[11]. 이 영화는 일본인 대 재일 한국인(조선인)이라는 이항대립 구도 안에서 일본인을 적으로 삼고 그것에 대항하는 것으로 자기의 정체성을 확인해 가는 재일 야쿠자의 모습을 반영한 반일 민족영화라고도 볼 수 있다.

이에 이어서 패싸움 영화로 《박치기》의 감독인 이즈츠가 1981년에 만든 《악동제국(ガキ帝國)》이 있는데, 이 영화의 무대 또한 오사카로 폭력을 휘두르는 불량소년 그룹에 도전해서 싸우는 세 소년들을 그리고 있다. 재일소년인 창보와 켄, 일본인 소년인 류는 사이좋게 어울려 다니는 양아치로, 오사카 고등학교의 불량써클이 세력다툼을 할 때 그들도 친구들과의 의리 때문에 패싸움에 휘말린다. 영화에서는 공공연히 재일들이 쓰는 한국어(조선어)가 나오며, 조선인학교에 다니는 여자아이들의 한복 의상이 심심치 않게 등장한다. 켄과 그의 재일 친구가 한국어로 하는 대화에서도 '일본인들

忘れられない恋がある。
私たちは、七夕〈チルソク〉に再会する約束をした…。

チルソクの夏

佐々部清監督・脚本

スウィングガールズの
上野樹里出演❤

水谷妃里　上野樹里　桂 亜沙美　三村恭代

한류 붐의 연장선에서 홍보된 영화《칠석날의 여름》. 영화는 재일을 소재로 매개하지 않고, 한국인 소년과 일본인 소녀의 사랑을 통해 한국과 일본 사이의 역사적 감정의 문제와 상황의 차이를 가볍게 건드리고 있다.

을 우리와 다르다', '그래서 믿을 수 없다'라는 민족의식 강한 말들을 내뱉는다. 이러한 민족적 기표로서 한국어, 한국 의상, 한국인이라는 아이덴티티가 직설적으로 표현될 수 있다는 것은 1970년대와 마찬가지로 1980년대에서는 매우 놀라운 일이었다.

하지만 이러한 영화들은 정체성 본질주의에 기반해 민족을 얘기하고 있고, 남성 중심세계에서 여성의 착취 문제 등을 내포하는 한계를 보이고 있다. 《악동제국》은 패싸움 구도라고 해도 야쿠자영화에서의 본격적인 대결 및 복수의 구도를 취한다기보다는 청춘영화에서 흔히 보이는 양아치들의 방황과 갈등을 패싸움으로 풀어내고 있다. 즉 이 영화에서 패싸움은 재일 소년 대 일본인 소년의 대결구도가 아니라 친구들과의 의리에 기초해 있고, 공부를 못해 대학에도 갈 수 없고 돈이 없어 도쿄에도 갈 수 없는 패배감 젖은 사회의 주변부 아이들의 사회에 대한 저항으로 묘사되고 있다. 그러므로 같은 처지의 소년들은 재일이건 일본이건 문제가 되지 않은 채 낙오된 청춘이라는 공통점을 껴안고 있는 것이다.

어찌 보면 《박치기》는 위 두 영화의 계보를 각각 부분적으로 이어받고 있다고 할 수 있다. 《박치기》는 《교토 오사카 고베 살인군단》처럼 재일 한국인(조선인) 대 일본인이라는 기본 갈등구도를 가지고 있지만, 그것이 영화의 테마를 이루는 것이 아니라 《악동제국》처럼 청춘시절에 흔히 겪는 사회에 대한 모순을 청춘의 열정과 맞물려서 반항의식을 발휘시키는 데 초점을 맞추고 있다. 조선인 고등학교에 다니는 재일 소년들은 같은 학교의 여학생이 일본인 소년에게 이지메를 당하자 패거리로 몰려와 그들에게 복수하거나 일본인 고등학생이 교복 안에 '천하통일'이라는 글씨를 새겨 둠으로써 '제국'의 이미지를 은유하는 것에 반해, 재일 소년은 '조국통일'을 새겨둠으로써 재일이라는 존재가 일본의 식민지 상황과 남북분단의 현실과 깊은 관계를 가짐을 암시한다.

그리고 여기에 더해서 국가대표 축구선수가 되고 싶어하는 주인공

안성은 1960년대부터 일기 시작했던 북한으로의 귀환운동 물결에 힘입어, 여기서는 아무리 축구를 잘 해도 국가대표가 될 수 없다며 북한으로 귀환하기를 결심한다. 안성을 비롯한 친구 방호와 후배 채덕은 일방적인 차별을 겪는 피해자 모습이 아닌 오히려 민족의식이 강한 소년들로 묘사되는데, 특히 이는 그들의 대화에서 제일 두드러진다. 인민군과 미국군이 전쟁을 하면 누가 이길까 하는 질문에 아무리 최첨단 무기를 가지고 있어도 베트남 군인들이 땅굴을 파서 미군들을 꼼짝 못하게 했듯이 우리도 그렇게 하면 되고, 또 단결력이 강하니까 우리나라가 이길 것이라는 대화, 그리고 실제 1962년 가나가와(神奈川) 조선인 고등학생이 일본인 고등학생에게 살해된 사건 등에 대해 울분을 토한다든지 하는 등 당시의 실제 역사적인 부분을 배경으로 재일의 민족의식을 표출시키고 있다. 그리고 그들은 마을의 공중전화를 다 끊어서 거기에 있는 돈을 가지고 전화기들을 불태워 버리는 등 사회에 불만을 반항적으로 표시하기도 하고, 안성의 동생을 괴롭힌 일본소년들을 버스에 가두어서 버스를 전복시키는 등 자신들을 타자의 공간 안에 가두어두었던 일본인에게 그것을 되갚아줌으로써 일본인의 영역인 교토를 탈영토화시키는 순간을 재현하기도 한다.

《박치기》는 이렇게 민족적 대립과 사회에 대한 반항의식으로서 재일의 청춘을 그리는 한편으로, 《교토 오사카 고베 살인군단》과 《악동제국》에는 자세히 나오지 않는 1960년대 일본의 정치적, 문화적 상황을 또 다른 주인공인 코스케를 매개로 보여 준다. 그럼으로써 이 영화에 일본인이 개입 혹은 공유 할수 있는 공간이 마련된다.

코스케는 마오쩌둥사상에 심취한 담임선생과 베트남전쟁에 반대하는 등 혁명사상에 관심을 갖고 있는 친구 노리오를 주변 인물로 두고 짐짐 사회상황에 눈을 떠간다. 그러던 중 〈임진강〉을 연주하는 조선인 고등학교의 여학생 경자에게 첫눈에 반하면서 재일의 존재에 대해 조금씩 알아가게 된다. 우연히 만난 젊은 술집주인 사카자키에게 〈임진강〉에 얽힌 사연을 전

2005년에 개봉된, 제목이 순한글로 된 영화《박치기》.《박치기》는 재일한국인 이봉우가 대표이사로 있는 영화사 시네콰논이 만든 영화로, 1960년대의 재일교포 2세의 청춘과 사랑을 상업적인 문법으로 그렸다.

해 들은 그는 재일교포들이 일본의 식민지 시절, 강제로 끌려와 이름까지 바꾸도록 강요당했다는 사실을 알게 된다. 나아가 일본의 침략과 지배 그리고 한국전쟁이라는 소련과 미국의 대리 전쟁 때문에 남북분단이 일어났다는 사실도 배우게 된다.

코스케에게 이러한 역사적 사실을 깨닫게 해 주는 사카자키라는 존재는 다소 유머스럽게 그려져 있지만 사실 1970년대의 일본사회에 실제로 존재했던 히피족을 은유한다. 1970년대의 히피족은 1960년대의 학생운동에 좌절한 뒤, 미국의 흑인운동에 깊은 영향을 받은 인권운동, 프리섹스, 인도의 종교사상에 심취해 가는 등 당시 사회의 보수성에 냉소적이던 무정부주의자들이었다. 코스케는 이러한 인물들과 만나면서 사회의 모순에 대해서 조금씩 눈을 떠가고 있었던 것이다. 이러던 중 경자와 친해지기 위해 〈임진강〉을 배우며, 경자의 오빠인 안성과 방호, 채덕과도 친해지게 된다.

4. '혼성성' 속의 해방적 순간
: 계급, 로컬리티, 탈식민적 주체로서 청춘

한편, 재일 대 일본인의 대결구도 안에 있던 안성, 방호, 채덕은 그 당시 전공투 학생운동가들에게 고물을 모아 만든 헬멧과 쇠파이프를 팔러 감으로써 일본인들과 조우하게 된다. 안성은 거짓말로 자기들은 아리랑통일전선이며 산리츠카(三里塚) 투쟁에서 머리를 다친 형의 입원비를 구하려고 헬멧과 쇠파이프를 팔러왔다고 한다. 학생운동가는 반색을 하며 그들의 물품들을 다 사준다. 산리츠카 투쟁은 나리타 산리츠카에 국제공항 건설 계획이 세워져, 농지를 지키려고 하는 농민들을 지원하는 학생들과 농지를 빼앗으려고 하는 공단 및 기동대 간에 오랫동안 지속된 싸움으로, 학생운동

안에서 산리츠카는 반권력투쟁의 상징이 되었다.

　이러한 장면은, 실제 안성·방호·채덕이 학생운동과 관계는 없지만, 1960년대 일본에서 반미 성향을 가진 계급평등의 사회주의 국가 북한을 이상적인 국가로, 그들이 다니는 조선인 학교의 교육도 이러한 사회주의 혁명사상에 기반한 교육이었고, 그들의 존재 역시 반권력 민족주체사상임을 은유하고 있었던 것이다. 이러한 상징적인 존재감과 더불어 재일 양아치라는 계급적으로 소외된 그들은 당시 마이너리티 계급을 위해 싸우던 학생운동가들과 겹쳐질 수 있는 것이다. 마지막 장면에서 노리오가 아마도 안성이 만든 헬멧과 쇠파이프를 들고 체 게바라를 외치며 열심히 데모를 하는 장면은 매우 의미심장하다.

　앞서 언급했듯이 일본사회를 비판하는 히피족으로 메타포화된 사카자키가 재일에 대한 가해자로서의 일본을 폭로하고 있는 있는 부분과 일본인 학생운동가에게 쇠파이프와 헬멧을 파는 안성과 그 친구들의 행위는, 민족이라는 단위를 넘어서 일본의 사회저항 세력과 마이너리티인 재일이 함께 연대할 수 있는 가능성을 시사하는 순간으로 재현된다.

　다시 말하면 영화 중반까지 다소 본질적 정체성주의에 기반한 재일의 민족의식을 강조하고 있는 듯 보이나, 히피족 사카자키와 코스케의 만남, 그리고 이 코스케가 경자를 통해 재일의 공간에 발을 들이게 되는 부분과 안성·방호·채덕의 반항적 행위를 1960년대 반권력 투쟁의 학생운동 등 1960년대의 시대 기운 속에 겹쳐 보이게 함으로써, 영화는 그들이 민족주의를 넘어서 같은 계급(정통적인 개념으로서가 아닌 사회 중층적인 문화 계급)으로 연대할 수 있는 실마리를 제공하는 것이다.

　프란츠 파농(Frantz Fanon)은 제국주의를 고발하는 동시에 어떻게 해서 민족 내지 민족주의를 넘어설까 하는 점을 중요한 과제로 삼는다. 파농은 여러 차례 '민족'을 얘기하면서도 민족주의와는 거리가 멀고 민족주의가 아닌 민족의식이 우리들에게 트랜스 내셔널적인 확대를 부여하는 유일한 것이라며 국가, 민족을 넘어 아프리카 대륙, 나아가서는 세계의 해방으로 이어지는 열린 사상을 제시했다[12].

사람은 문화를 출발점으로 해서 민족을 증명하는 것이 아니라 지배권력에 항거해 민중이 행하는 투쟁 속에서 문화를 표명한다. 문화라는 것은 어디까지나 민중이 자기를 형성하고자 하는 행동이나 투쟁을 묘사·정당화하고, 선전하는 과정에서 민중 자신에 의해 표현되는 노력의 총체라고 파악되는 것이다. 결국 선험적인 문화와 그것에 규정되는 민족은 존재하지 않는다. 파농에게도 민족이라는 것은 사실상 투쟁하는 민중이고 마이너리티 계급과 거의 동일시되었다[13].

이러한 맥락에서 살펴볼 때 영화에서 일본인 소년과 재일 소년이 재일을 응시하는 방식은 바바가 말한 대로 '민족의식'을 가지고 있되 선험적인 민족의식을 넘어서 사회에 저항(반항)하는 세력으로서의 연대의식이다. 단적으로 코스케와 사카자키, 안성, 경자가 공유하는 문화는 지배권력에 대한 마이너리티 계급의 저항으로 표명되는 〈임진강〉으로 메타포되며 그들을 한데 묶는다(영화에서 그들은 각각 다른 자리에서 〈임진강〉을 부르거나 연주한다). 여기서 그들의 노래(문화)는 파농이 얘기하는 '선험적인 것이 아니라 저항을 묘사하고 선전하는 과정에서 민중 자신에 의해 표현되는 노력의 총체'가 된다.

또한 민족을 넘어선 민중으로서 이러한 문화를 공유한 계급은, 교토와 오사카라는 로컬리티와도 연관되어 있다. 실제로 재일들은 교토와 오사카에 많이 모여 살았다. 일본영화 안의 재일의 표상이 이 지방을 떠도는 하류인생 야쿠자나 양아치로 등장하는 것은 바로 이 때문이며,《박치기》또한 이러한 장르 영화의 계보를 이어가고 있다. 특히 〈임진강〉을 부른 크루세더스의 노래는 관서지방(오사카, 교토, 고베 등)의 심야 라디오 프로그램에 방송되기 시작해 관서인에게 폭발적인 인기를 모은 계기로 일본 전역에 알려지게 되었다.

또한 영화 안에서 경자의 어머니가 경영하는 갈비집(야키니쿠[燒肉])에서 재일들과 사카자키가 경영하는 선술집에 모인 일본인들의 공통 화제는 당시 관서지방에서 유행했던 TV드라마《세 마리의 사무라이(三匹の侍)》,《테나몬야삼위립(てなもんや三度笠)》,《요코하마 핫 브라더스(横浜のホットブラザース)》로 각각 사무라이 영화, 코미디, 패러디 드라마였는데, 이 드라마들은 관서 사투리를 쓰는 주인공을 중심으로 사회의 중심부에서 소외된 지방의 떠돌이 인생을 그렸다.《박치기》는 이러한 지방문화의 흐름 속에 놓여 있는 교토 서민들을 포착하며 그들이 자신들만의 문화 계급적 주체를 형성해 갔을 가능성에 대해 암시를 주고 있다.

여기서의 로컬리티는 지역적 편협주의(과거의 공동체에 대한 낭만적 노스탤지어나 전근대적 억압의 형태 등)와 글로벌 로컬리즘(자본 작용의 대상으로서의 로컬, 글로벌의 등질화 과정으로서의 로컬)와는 다른 비판적 로컬리즘(아리프 딜릭[Arif Dirlik])[14]과 일맥상통한다. 딜릭에 따르면 비판적 로컬리즘은 과거의 공동체에 대한 낭만적 노스탤지어, 패권적 민족주의의 열망, 또는 현재를 과거에 가두는 역사주의 등을 배제하면서 동시에 글로벌에 대항해야 한다. 또한 글로벌에 저항하기 위해서는 글로벌을 배제하기만 하면 되는 것이 아니라 로컬과 글로벌을 포함해야 한다고 한다. 즉 모두에게 의미 있는 것이 되기 위해서는 기본적으로 트랜스 로컬해야 한다는 것이다. 이것은 비총체성의 정치학을 위한 토대를 제공할 수 있는 '다양성 안에서의 연대'를 추구함으로써 수행될 수 있다. 즉 로컬이 비판적 개념으로 쓰일 수 있기 위해서는 로컬의 경계가 열린(구멍이 있는) 상태를 유지해야 할 필요가 있다. 또한 로컬이 의미를 갖는 것은 오직 같은 시간성 내에 존재하나 다른 공간성을 지닌 구조들의 결합(conjuncture)의 산물로서다. 결합의 상황은 로컬의 저항문화를 규정한다.

이러한 논의에 따르면《박치기》의 로컬리티는 재일의 패권적 민족주의와 일본인(교토인)의 전근대적 향수(예컨대 일본의 대표적 전통문화

도시로서 교토)를 동시에 비껴나가며 재일과 일본인의 각각 다른 공간성이 서민계급이라는 공유된 틀을 통해 결합되는, 저항적인 지방문화를 형성하는 것으로서의 비판적 로컬리즘으로 해석될 수 있다. 여기서의 로컬은(교토) 이주민과 토착민의 문화가 상호 충돌하면서 결합되는 지역, 즉 폐쇄 공간이 아닌 트랜스 로컬한 지역이자 경계가 열린 공간으로 표상된다.

바꾸어 말하면 영화 안에서 일본인과 재일의 관계는 사회 저항세력이라는 공통된 계급 안과 혼종된 로컬리티성(일본인과 재일 디아스포라의 문화가 혼종 혹은 결합) 안에 절합됨으로써 그들 간에 놓여 있던 국가-민족이 극복되고, 그리하여 재일이 일본 안으로 구축되거나(앞의 드라마들에서 일본인으로 재구축되는 경우) 일본 밖으로 구축되는(야쿠자영화 같은 반일 민족영화) 이항대립적인 것이 아닌 타자와 관계 속에서 형성되는 계기가 마련된다. 즉 이 영화의 공간은 일본, 한반도, 재일 디아스포라의 문화가 충돌하고 차이를 드러내면서도 동시에 혼종되는, 혹은 혼종되면서도 차이를 잃지 않는, '일본 안의 아시아, 제국안의 아시아' 로서가 아닌 타자와의 관계성 속의 '트랜스 아시아' 라는 판타지적 공간으로 재탄생하게 된다[15]. 혁명사상에 눈떠 가는 노리오가 일본이 전쟁을 하면 여기 교토만 독립해서 우리끼리(재일과 교토인) 평화롭게 살자고 하는 말에서도 명백히 이 '트랜스 아시아' 적 순간은 감지된다.

하지만 채덕이 일본인들과의 싸움에서 불의의 사고로 죽게 되자, 이 '판타지' 는 잠시 깨어지게 되는데, 즉 식민지 상황(재일의 존재 자체에 기입된 역사적 트라우마와 일본사회의 차별적 존재라는 양 의미를 포함)에서 민족의 문제는 다시 한 번 간단히 넘어설 수 있는 것이 아니라는 사실에 부딪치게 된다. 타자의 입장을 조금 이해할 수 있다고 생각한 코스케이지만 채덕의 장례식에서 재일 1세대인 아저씨에게 더 이상 이곳에 오지 말 것을 요구받는다[16].

남한과 북한 사이에 있는 임진강뿐만 아니라 일본과 재일, 자기와 경자 사이에 흐르는 임진강을 건널 수 있다고 생각한 코스케는 돌아가는 길에 라디오 방송에서 〈임진강〉을 부르는 것을 포기하고 기타를 때려 부수며 자기가 겪지도 않은 원죄의식에 괴로워한다. 그러나 그는 라디오 방송국에서 이러한 감정을 고스란히 담은 채 한국어(조선어)로 된 〈임진강〉을 부르게 된다. 이 장면은 타자의 고통을 자기의 고통으로 이해하고 공감하려는 반성적 몸짓이며, 이 노래를 듣게 된 경자는 코스케의 노래를 가족들과 이웃들에 들려주고 영화는 다시 한 번 화해의 손짓을 향해 나아간다.

안성 또한 채덕의 죽음에 복수하는 패싸움 도중에 애인 모모코가 자기 아이를 낳은 것을 알고 병원으로 달려가 아기를 껴안는다. 그러고 나서는 북한으로 귀환하지 않고 일본에서 재일로 살아가기를 택한다. 안성은 싸움보다는 자기 아이를 따뜻하게 껴안음과 동시에 가부장적인 마초가 되지 않을 것이며, 외교관이 되고 싶어하던 방호는 조선인 대학교에 진학함으로써 여전히 차별 받는 재일교포를 위해 힘을 쏟을 것이며, 노리오는 체 게바라를 외치며 학생운동에 투신하며, 경자는 어머니의 고향인 남한도, 아버지의 고향인 북한도, 자기가 태어난 교토도 아닌, 음악을 배우기 위해 오스트리아에 가 살고 싶다며 자아의 꿈을 갈구하는 등 청춘의 희망으로서 가장 해방된 순간을 보여 준다. 사실 경자의 갈망은 많은 것을 함축하고 있다. 재일 소녀로 살아간다는 것은 일본의 식민지 상황에 저항해야 함과 동시에 가부장적 남성중심주의의 민족적 공간에도 저항해야 함을 의미하기 때문이다.

여기서 청춘의 군상은, 실제 일본의 1968년 학생세대가 패배한 것과는 반대로 매우 희망적으로 재현되고 있다. 지금 현재에 과거 역사와 권력 앞에 패배하지 않은 청춘의 이상화한 순간을 불러들이는 것은 패배한 그 시절에 대한 역시 다시 쓰기이자 지금 이 세내에 이룰 수 있음의 소망을 말하고 있는 듯하다.

사실 1960년대 일본의 학생세대를 아우르는 것은 동아시아를 지배하려는 미국의 패권주의에 대한 반미감정과 그를 지지하는 일본정부에 대한 반발이었는데(이것이 곧 안보투쟁), 영화에서는 조선인 학교에 다니는 재일 조선인 학생 안성, 방호, 채덕의 반미적 대화와 노리오의 베트남전쟁 반대와 사카자키의 미국 냉전체제에 대한 반발감으로 드러난다. 이것은 지금 현재 남한, 북한, 일본, 미국 등이 한데 얽혀 있는 긴장감 도는 국제정세와 일본인 납치 문제를 강조하며 북한사회와 재일 한국인(조선인)에 대한 편견과 차별을 강조하는 일본사회에 대한 알레고리로 작용한다. 즉 그 시기 미국과 일본정부에 대항할 수 있었고 패배하지 않은 탈식민적 주체로서 '청춘'을 그림으로써 그것을 현재의 미국 제국주의의 주도로 진행되는 신자유주의의하에 있는 동북아시아 사회를 치유할 수 있는 이데올로기로 치환하고자 한다.

영화는 혼종적 로컬리성(비판적 로컬리즘)을 경유해 가며 1960년대 일본의 탈식민적 주체로서의 '학생', '청춘'이라는 가장 이상적인 틀 속에 '재일' 문제를 끌어들임으로써(일본, 한국을 뛰어넘는) 트랜스 내셔널, ('일본 안의 아시아'와 '미국 제국 안의 아시아'를 뛰어넘는) 트랜스 아시아적인 판타지를 재수행하며 끝을 맺는다.

영화는 지금 한국문화에 거부감 없이 친숙해지고 점점 관심이 고조되는 '한류 붐'이라는 시대 조류와 맞물려 상업영화 안에서 한 번도 제대로 환기되지 않았던 '재일의 역사'를 끌어들이고 있고 한류 붐과 동시에 '복고풍'이 유행되고 있는 상황에서 1960년대의 일본 대중 문화를 기입함으로써 상업적으로도 성공을 거두고 있다. 텍스트는 재일들의 차별의 역사에 초점을 맞추고 있기보다는 일본인의 원죄의식이 투사되어 있으며 그 원죄의식을 '타자의 입장에 서 보는 것'으로 전환해서 함께 살아가고 대화할수 있다는 가능성을 포착하고 있다. 이 가능성의 순간은 지금 일본의 보수안정 조류와는 대조적으로 학생운동, 반권력투쟁 등 사회변혁 운동이 가장활기에 넘쳤던 1960년대를 소환함으로써, 그리고 교토와 오사카의 지방 마이너리티 문화를 향수 어린 시선으로 바라봄으로써 수행되고 있다.

윤건차가 지적하듯이, 재일이라는 존재가 명백히 일본 식민지의 트라우마의 표상이며, 남북분단 상황의 부조리에서 생겨난 존재라는 전제하에, 영화에서 더럽고 이물질적인 존재로 인식되던 재일의 모임에 일본인 라디오 프로듀서가 "저도 막걸리 마시고 싶은데요"라고 친숙하게 끼어들 때, 코스케가 〈임진강〉을 부르고 실제로 일본의 인기 그룹인 크루세더스에 의해 불리고 일본인들이 그것을 들을 때, 비로소 일본에서 소비되는 한류가 자문화 중심적인(한국과 일본 양쪽 다)가 아닌 혼종화되고 협상 가능한 것으로 재전유될 것이다. 이렇게 이루어진 혼종성 안에는 '민족'을 배제하지 않으면서 동시에 본질주의로서의 '민족'을 넘어설 수 있는 해방적 순간이 들어 있는 것이다.

5. 나오며

2005년 2월말 일본의 영화미학교(映畵美學校)에서 '알려지지 않은 한류 붐, 김기영'이라는 제목으로 김기영 영화 상영회가 열렸다. 《하녀》, 《죽어도 좋을 경험》과 함께 젊은 재일교포들의 단편이 상영되었다. 단편영화들은 재미교포 3세들이 노동자여성으로 살아가는 교포 1세 할머니들의 지난한 삶을 담은 영화들[17]이었다.

이 기획에 대해서 관련자에게 물어보니, 영화미학교의 기획전공자들이 최근 케이블TV에서 김기영 감독 특집 프로그램을 본 계기로 김기영의 영화를 좋아하게 되었고, 이러한 작품을 지금 현새의 한류 팬들에게 알리고 싶다는 생각에서 기획되었다고 한다. 그리고 재일교포 작품을 같이 상영한 이유는 한국의 역사와 문화를 일본 내에서 제일 먼저 알린 것은 재일교포들의 존재였고, 그들은 한국 고전영화에도 매우 관심이 많으며 또한 영향도 받았기 때문에 영화들을 교차해서 보면 의미가 있을 것이라 생각했기 때문이라고 한다. 모인 사람들은 대부분 젊은 영화 팬들이었고, 두 개의 스크린의 좌석은 입석으로도 꽉 매워졌다.

나는 김기영 감독의 작품과 단편영화들이 직접 관련된다고는 생각하지 않았지만, 1960년대 박정희 시대 여성 노동자의 그로테스크한 계급적·성차적 갈등과 일본 버블경제 구도 안에서 여성 노동자로 살아가는 재일교포 할머니의 모습이 겹쳐져 다가오는 것을 느낄 수 있었다. 2004년 다큐멘터리 영화부문에서도 붐을 이룬 《꽃 할매》, 《해녀할머니 양씨》, 《하루코의 일생(ハルコ)》 등 일본에 강제 징용으로 끌려오거나 제주항쟁(4·3 사건) 때 일본으로 건너온 교포할머니의 삶을 다룬 영화들까지도 불현듯 떠오른 것은, 지금 일본에서 불고 있는 한류 붐의 원동력인 스타와 그 스타가 나오는 한국드라마, 혹은 반대로 한국의 넷 상에서 불고 있는 일본드라마의 인기에 대해 분석하는 것도 매우 중요하지만, 어떤 의미에서는 지금 트렌드화하고(한류 붐과 맞물려) 있는 재일의 문제를 어떻게 인식하며 소비하고 나아가 재 전유화할 것인가에 대한 고찰이 매우 시급하다고 생각했기 때문일 것이다.

한일 대중문화 교류의 활성화라는 지금, 한일관계에 적극적인 혹은 상징적인 중재자였던 재일의 존재를 간과할 수 없다. 강상중은 재일의 문제를 동북아시아를 함께 살아간다는 인식안에서 풀어내기를 주장한다. 재일의 문제를 일본이라는 지역 내의 문제로 협소화시키거나 한국이라는 민족 정체성에 기반해서 생각하는 것은 둘 다 한계가 있다. 재일을 문제화하는 방식은 한일 과거의 문제를 탈역사화하지 않으면서 내셔널리즘을 강조하지 않은 방식, 즉 계급과 젠더 그리고 디아스포라의 문제의 키워드로 진행시켜야 하는 것이다. 이것은 곧 일본과 한국이 서로 말걸기 하는 대안적인 방식이 될 것이다.

1) 이와부치 고이치, 〈전 지구적 프리즘, 트랜스 아시아 미디어 연구를 위하여〉

2) 《이별》은 일본인 어머니와 조선인 아버지를 둔 주인공이 아버지의 위패를 모시고 처음으로 한국 을 방문해 아버지의 조국에서 지내는 3일간의 이야기를 그린 드라마다.《1970 우리들의 청춘》은 일본 고등학생의 우정과 사랑 등을 사회상황과 연결시켜 그린 성장 드라마로, 일본 고등학생의 친구인 재일인 소년의 정체성에 대한 고민을 일본 학생의 시점으로 그려냈다.《그래도, 내사랑》은 원폭의 료과학연구소에 근무하는 주인공이, 과거 조선총독부에 근무하면서 조선인 강제징용에 크게 관여한 자신의 아버지를 증오하게 되고, 주인공의 아들은 학교에서 재일 조선인 친구들과 사이좋게 지낸다는 설정으로 진행된다.《물 속의 팔월》은 재일 한국인 고교생과 일본인 고교생의 우정을 일본인의 시점으로 그렸다.《김의 전쟁》은 후지TV가 실제로 있었던 '김희로 사건' (1968년 재일 한국인 김희로가 빚을 빌미로 위협하는 일본인 3명을 총으로 사살하고 여관에서 사람들을 인질로 잡고 일본 매스컴과 사회에 재일 한국인 차별문제의 시정을 요구한 사건)을 기타노 다케시 (北野武)를 주연으로 드라마화한 작품이다

3) 1998년에 만들어진 이상일 감독의《아오, 청(靑chong)》에 이러한 문제가 잘 드러난다. 이 영화는 재일 3세들의 일상을 포착함으로써 세대 간의 변화를 디테일하게 보여 주는데, 영화에 나오는 재일 3세 소녀는 일본인과 사귄다고 학교 친구들에게 손가락질 당하며 주인공의 누나는 일본인과 결혼하려 하지만 가족들의 편견에 부딪힌다.

4) 《사자에상》은 1969년에 시작되어 지금까지 평균 시청률이 25%를 넘는 인기를 유지하는 일본의 가족드라마다. 도쿄에 사는 대가족을 중심으로 일본의 생활양식과 예의범절을 풍경화하는 드라마로, 대가족의 아버지 나미에는 마음은 따뜻하지만 자녀교육에 관해선 엄격한 가부장적 면모를 보이기도 한다.《도쿄만경》

에서 여자 주인공 미카는 아버지의 가족애를 깨닫고 그를 나미에로 비유한다. 《도쿄만경》은 이를 통해 주인공이 가장 대표적인 일본인임을 암시하고 있다.

5) 姜尙中・森巢博 지음, 《ナショナリズムの克服》, 集英社, 2002, p. 77~79.

6) 호미 바바 지음, 나병철 옮김 〈문화의 위치: 탈식민주의 문화이론(The Location of Culture)〉, 소명출판, 2002, p.16~17.

7) 이와부치 고이치 지음, 〈일본 대중문화와 이용가치: 초국가주의와 아시아에 대한 탈식민적 욕망〉, 《한류와 아시아의 대중문화》(조한혜정 외 지음), 연세대학교출판부, 2003, p. 101~105.

8) 재일의 아이덴티티를 탈식민적으로 연구해 온 재일학자 윤건차는 지금의 재일의 정체성은 역사의 한 토막이기 때문에 시대에 따라 변하고 다층적이라고 말하면서도, '재일'은 일본의 식민지 지배의 소산이고 피식민지인 및 그 자손이며 또한 그 연장선 상에서(사실 지금도 참정권박탈, 취업차별 등등의 많은 문제들이 해결되지 않고 있다) 억압받고 차별되어 온 객체적 존재였다는 사실은 부정할 수 없다고 강조한다. 따라서 재일은 필연적으로 일본과 한국(조선)의 관계성 속에서 좌우되고 자기에 내재된 일본과 한국(조선)이라는 두 타자성이 조우하고 있다고 한다. 그에 따르면, 재일의 민족의식은 다양한 요소를 가진 복합적인 것이지만, 재일의 현실과 미래에서 보면, 자기 출신을 확인하는 역사 의식이 중요한 의미를 가지고 재일에서 역사의식은 적어도 일본이 한국 식민지 지배의 사실을 응시하는 것이라고 설명한다. 이러한 통찰에서 보면 재일을 배제와 동일의 논리 안에서 결국 일본인화시켜 가는 것은 '재일'의 다층적인 면을 탈맥락화시키는 것이 된다. 윤건차 지음, 〈21세기를 향한 '在日'의 아이덴티티〉, 《근현대 한일관계와 재일동포》(강덕상 외 지음), 서울대학교출판부, 2002. p. 310~314.

9) 〈한국영화를 통해 바라본 일본영화, 테라와키와 이봉우의 대담〉, 《키네마 준보》, 2004년 3월 상순호.

10) 〈특집 박치기: 이즈츠 가즈유키 인터뷰〉, 《키네마 준보》, 2005년 1월 하순호.

11) 요모타 이누히코(四方田犬彦)는 이 영화가 ATG(Art Theater Guild)나 독립영화가

아니라 도에이스튜디오시스템에서 만들어졌기 때문에 간접적이고 암시적인 메
타포를 취하고 있다고 지적하면서, 그것이 오히려 일본사회에서 재일들에게 컬
트적인 숭배를 받게 되었다고 주장한다. 이러한 재일문제는 고바야시 아키라의
도에이액션영화나 쇼치쿠(松竹)영화사 제작, 가토 다이(加藤泰)의《남자의 얼굴
은 이력서(男の顔は履歷書)》등의 야쿠자영화에 많이 나와 있음을 지적한다. 요모
타 이누히코 지음,《アジアのなかの日本映畵》, 이와나미 문고, 2001, p. 67~69.

12) 파농에 관심을 기울이는 호비 바바의 말을 빌리면, 민족의식이라는, 개념은 자
기 민족을 습격한 참사를 다른 민족이 입은 똑같은 고난과 결부시키지 않는 한
불충분하다. 따라서 위기를 보편적인 것으로 다루고, 특정의 인종이나 민족이
고난을 인류 전체에 관계되는 것으로 간주하고 그 고난과 다른 고난과 결부 하
는 것이야말로 중요하다. 호미 바바 지음,《문화의 위치》, 소명출판, 2002, p.
95~100.

13) 호미 바바, 앞의 책, p. 118~125.

14) Arif Dirlik, <Global/Local>,《The Global in the Local》, Duke university press, 1996,
p 21~45. 해방과 약속으로서의 로컬리즘(로컬)은 근대성의 약탈로부터 피할 수
있는 피난처로, 민족 정체성의 근원으로서 출현, 즉 글로벌 자본주의로 진입하
는 도시 중심의 코스모폴리탄에 대항하는 민족 정체성을 형성하는 가능성으로
인식되어 왔다. 나아가 계몽주의 메타서사에 대한 의심으로 출발한 지역화한 의
식(로컬리즘)은 대안적 공공영역으로서 기능할 수 있다는 믿음이 있었다. 하지
만 로컬이 억압과 파벌주의를 감추는 데 기여할 수 있고, 글로벌한 관점에서 바
라볼 때는 정치적 · 문화적 조작을 포함한 혐의를 가지고, 자본의 대상으로서 전
락할 위험성이 있다고 아리프 딜릭(Arif Dirlik)은 지적한다.
이러한 흐름 속에 그는 글로벌 자본주의의 출현과 저항/해방의 지점으로서의 로
컬에 대한 관심의 출현과 이 두 출현의 관계성에 대해 주목하면서, '비판적 로
컬리즘'과 '자본 작용의 대상으로서의 로컬리즘(곤경의 로컬리즘)'을 구별하고
있다. 즉 곤경의 로컬리즘은 이른바 글로벌 로컬리즘으로, 이것은 자본의 탈영

토화 · 추상화 · 집중화가 심해진 글로벌 자본주의에서 자본의 경제와 문화가 전 지구적으로 지역사회에 전례 없이 침투할 때 로컬이 전통적인 의미와 달라지고 자본의 작용이 로컬의 언어로 정당화되는 것을 말한다. 글로벌 자본주의의 구조 적 특징의 핵심은 자본의 탈중심화 및 트랜스화인데, 그 결과 가장 중요한 것은 자본주의적 생산양식이 유럽에서의 특정한 역사적 기원과 분리되어 글로벌한 추상 개념으로 등장하게 됨, 다시 말해 경제의 분절화에 대응하는 문화적 분절 화 또는 다문화주의가 주창된다. 예를 들면 동아시아 사회에서 유교적 가치를 위해 자본주의를 전유하고자 한 노력, 유교의 부활을 그럴 듯하게 만드는 것은 그것이 대안적인 가치를 제공하기 때문이 아니라 토착문화를 자본주의 내러티 브 속으로 절합시키기 때문이다.

여기서의 로컬은 조작의 지점이다. 즉 로컬은 자본의 글로벌 문화 내로 등질화 되기 위해 그 지역주민들이(자신들의 정체성을 벗어버리고 자본의 문화에 맞게 정체성을 재구성하며) 스스로 상품화해야 하는 지점이 이루어진다.

반면에 세계를 등질화하는 근대와 합리주의에 대한 저항의 이름으로 전근대의 과거를 찬양하는 것, 이러한 찬양은 갇힌 로컬리즘이나 제3세계주의로 귀착된 다. 예를 들면 정신성 회복이라는 이름으로 계급과 가부장적 불평등을 정당화했 던 과거의 신앙심을 주장하는 것과 맞닿아 있다. 따라서 로컬의 순수성에 대한 강조는 억압의 구식 형태들을 반동적으로 부활시키는 데 작용할 수 있다. 글로 벌 자본주의의 한 가지 결과는 자본과 근대성에 의해 개척되지 않은 지역사회는 더 이상 존재 않는다는 것이다. 근대성의 산물인 인식을 버리는 것은 가능하지 도 않고 바람직하지도 않다. 이러한 상황에서 비판적 로컬리즘이 상상되는데, 이것은 과거의 공동체에 대한 낭만적 노스텔지어, 패권적 민족주의의 열망, 또 는 현재를 과거에 가두는 역사주의 등을 배제하면서, 동시에 글로벌에 대항해야 한다. 즉 로컬이 비판적 개념으로 쓰일 수 있기 위해서는 로컬의 경계가 열린 (구멍이 있는) 상태를 유지해야 할 필요가 있다.

15) 요시모토 미츠히로(吉本光宏)는 서구에서 아시아영화에 대한 연구 방식을 비판

하며 트랜스 아시아 영화의 개념을 제창하는데, 그것은 아시아 내의 다양한 민족영화(내셔널 시네마)들을 아무런 차이점 없이 강조하는 것을 거부하는 동시에, 다문화주의의 이름으로 차이를 탈역사화하고 탈정치화시키는 다국적 자본의 논리도 거부한다. 트랜스 아시아 영화는 물화된 중국적인 것, 일본적인 것, 한국적인 것을 전 세계 영화시장과 세계 영화제의 문화적인 자본의 논리에 입각한 새로운 종류로 취급하는 트랜스 아시아영화에 대한 반(反)테제라고 설명한다. 이러한 문제의식에 비추어보았을 때 《박치기》에서 재현되는 아시아는 할리우드의 거울이미지로써의 차이가 무화되는 아시아도 아닌, 물화된 민족영화(일본)도 아닌 트랜스 아시아 영화의 가능성으로 존재한다. Yoshimoto Mitsuhiro, 《National/Ineternational/Transnational: The Concept of Trans-Asian Cinema and Cultural Politics of Film Criticism》(제1회 전주영화제 심포지엄 자료집), 2000, p.80~81. 이 논문이 《트랜스: 아시아 영상문화》에 실려 있음.

또한 나아가 일본이 아시아에 대해 제국의 시선으로 오리엔탈화시켜 왔다는 담론(재일의 문제를 포함해서)을 수렴했을 때, 이 영화의 공간은 일본 안으로 포섭되는 아시아도 아닌 더 중첩적인 의미에서의 '트랜스 아시아'적 공간으로 재현된다고 할 수 있다.

16) 아저씨의 말은 매우 의미심장하다. 아저씨는 "나마구 동굴(오사카와 나라의 경계에 있는 나마구 산에 있는 동굴, 매우 위험한 작업이었던 나마구 동굴의 공사는 대부분 강제 징용된 조선인들에 의해서 이루어졌다고 한다)을 누가 지었는지 알아? 국회의사당의 대리석, 누가 가지고 와서 누가 쌓아 올렸는지 알아?(1886년 건설 계획에서 1936년 착공까지 일본의 국회의사당 공사에서 수많은 조선인 노동자가 착취당했으며, 내부에 장식된 대리석은 조선에서 가지고 온 것으로 알려져 있다.) 너희들 일본 애들, 뭐 알고 있어? 모르면 지금부터 끝까지 몰라도 돼, 너 일본인은 가, 빨리 돌아가"라고 한이 맺힌 듯 울부짖는다.

17) 상영작은 각각 《할머니(ハルモニ)》(오미호)와 《일주기(一周期)》(황영창)이었다.

《겨울연가》와 능동적 팬의 문화실천

모리 요시타카 저
박수연 역

1. 들어가며

《겨울연가》(일본방송 제목 冬のソナタ)는 세 가지 의미에서 특별한
드라마다.

우선 《겨울연가》는 일본과 한국의 문화관계에 결정적으로 중요한
구실을 했다. 분명 2002년 한일월드컵이나 최근 일본에서의 한국영화 붐,
이미 일부에서 시작되고 있던 한국 붐(여행이나 음식)에 의해 근래 10년간
한국과 일본 양국의 거리가 점점 좁아졌다. 하지만 드라마《겨울연가》와 주
연배우 배용준의 인기는 지금까지 일본인들이 가지고 있던 한국의 이미지
를 일변시켰다.

한국의 이미지에 대한 이러한 변화는 너무도 급격해서, 지금까지 한
일문화에 관계하고 있던 많은 사람들은 당혹감을 숨기지 못하고 있다. 이
변화가 표층적이고 일시적인 것이 아닐까 하고 의구심을 갖고 있는 사람도

적지 않다. 실은, 나 자신 역시 이 급격한 변화에 의구심을 갖고 있는 사람 중의 하나다. 요즘 나는 이제까지 한국에도, 또한 트렌디 드라마에도 전혀 관심을 가진 적이 없는 주변 사람들이 하나 둘씩 《겨울연가》에 '빠져가는' 것을 목격했다.

그러나, 그렇기에 나는 더욱, 《겨울연가》가 왜 일본에서 대성공을 거두고, 주연인 배용준이 '욘사마(ヨン様: よんさま)'로서 많은 일본 중노년 여성들의 마음을 사로잡았는지 알고 싶어졌다. 이러한 호기심은 단순히 드라마 《겨울연가》의 문제에만 머무르지는 않는다. 이 호기심은 '한국'이라는 나라의 표상과 떼려야 뗄 수 없을 정도로 겹쳐져 있다. 대체 지금 일본에서 본 한국의 모습에 무엇이 일어나고 있는 걸까? 그리고 이는 향후 어떠한 의미를 가지게 되는 것일까? 이러한 의문이 이 글을 쓰는 최대의 동기라 할 수 있다.

둘째로 《겨울연가》가 특별한 점은, 이 드라마로 인해 '중노년층의 여성팬'이라는 존재가 클로즈업되었다는 점이다. '중노년층의 여성'이라는 존재는 이제까지 그다지 문화의 주체로 의식된 적이 없었다. 《겨울연가》 및 배용준 팬의 중심은 30대에서 60대의 여성들이다. 이 층은, 이제까지 대중문화를 말할 때 신기할 정도로 부각된 적이 없었다.

이러한 현상은 텔레비전과 주간지 등의 미디어에서도 때론 가볍게, 때론 진지하게 다루어지고 있다. 배용준의 생일이자 '불고기의 날'인 8월 29일에는, 도내의 몇몇 한국음식점에서 배용준의 생일파티를 여는 팬들의 모임이 텔레비전 와이드쇼 등에서 보도되었는데, 이는 배용준의 인기보다는 그 팬현상이 사건으로 다루어진 좋은 예다. 한편으로 뒤에 소개되다시피, 잡지 《AERA》는 그 독자층을 의식해 중노년층 여성이 배용준에 빠지게 되는 이유를 시청자 취재를 통해 분석하고 있다. 각각은 미디어의 진지한 보도의 한 예라 할 수 있다.

일본에서 '욘사마' 열풍을 일으킨 《겨울연가》. 배용준 팬의 중심은 주로 중노년 여성들이었는데, 이 드라마를 계기로 대중문화의 주체로 중노년층의 여성팬이라는 존재가 클로즈업되었다.

그러나 중노년층 여성문화에 대한 몰이해는 미디어뿐만이 아니다. 대중문화 연구라는 학문적인 레벨에서도 마찬가지라 할 수 있다. 대중문화 연구로 부상한 문화의 주체는 대체로 '젊은이'처럼 특정 세대와 집단이었고, 그 문화는 하위문화이면서도 주변문화였다.

이와 같이 젊은이층에 편중된 문화연구는, 대중문화 연구 일반뿐만 아니라 레게와 클럽뮤직, 언더그라운드 음악산업 등을 분석대상으로 하던 나 자신도 반성해야 할 점이다. 어쨌든, 《겨울연가》의 성공은 흡사 중심인 것처럼 보였으나 실질적으로 주변화되이 자주 놓쳐 온 문화 주제로서의 중노년 여성으로 관심을 돌리게 되는 계기가 되었다.

셋째 특수성은, 둘째 특수성인 문화의 주체라는 점에 관련되어 있다. 이는《겨울연가》가 단순히 TV드라마의 테두리에 머무르지 않고, 그 외의 광범한 일상생활의 실천에 확대되고 있다는 것이다. 《겨울연가》를 시청한 사람들을 대상으로 한 인터뷰에서 나타나듯이, 《겨울연가》의 팬은 드라마 시청뿐만 아니라 일상의 대화와 모임, 한국문화 전체에 대해 관심, 한국여행(《겨울연가》 투어), 결국에는 한국어 공부로까지 활동을 넓혀 가고 있는 점이《겨울연가》의 커다란 특성이다.

　　이러한 일상생활의 실천은 드라마라는 행위를 훨씬 넘어선 것이다. '《겨울연가》로 인생이 바뀌었다'고 하면 호들갑일지 모르겠지만, 시청자들의 이러한 활동의 확대를 눈앞에서 보고 있자면 반드시 과장된 표현만은 아니라는 생각이 든다. 그래서 이러한 관련 문화활동의 확대가《겨울연가》를 특별하게 하는 것이라 할 수 있다.

　　이러한 논의 중 내가 생각하고 있는 것은, 최근 영미권의 문화연구와 미디어연구에서 번성된 팬문화 연구다.[1] 여기서 말하는 팬문화란, 단순히 미디어와 문화산업에 끌려다니는 수동적인 존재가 아니다. 미디어와 문화산업에서 받은 정보를 적극적으로 읽어 고쳐 쓰면서 자신들의 문화를 형성해 가는 복잡한 존재를 말하는 것이다.

　　《겨울연가》의 팬은 주류 미디어에서 자주, 미디어에 끌려다니는 수동적인 소비자로서 그려지는 경우가 많다. 그리고 이로 인해 미디어의 시청자와 경우에 따라서는 학문적인 연구자까지도 왠지 모르게 멸시적인 눈빛을 무비판적으로 재생산하고 있다. 하지만 현실의 시청자 행동을 미시적으로 비추어보면, 거기에는 여러 요소가 복잡하게 얽혀 팬의 의식을 형성하고 있다는 것이 드러난다. 내 관심의 소재는, 그러한 능동적이라고 할 수 있는 팬의 의식이다.

　　제2장에서는 세 가지 특수성을 중심으로《겨울연가》의 붐을 분석해

보고 싶다. 그러나, 여기서 내가 생각하고 싶은 것은 왜《겨울연가》가 유행했는가 혹은《겨울연가》의 매력은 무엇인가 하는 직접적인 의문이 아니다. 위와 같은 물음에는 이미 텔레비전의 와이드쇼나 주간지, 인터넷 등에서 충분히 논의해 왔다고 생각한다.

내가 여기서 말하고 싶은 것은, 거꾸로 미디어의 상황을 받아, '《겨울연가》가 시청자에게 어떻게 보여 왔는가?', 혹은 '팬은《겨울연가》의 매력을 어떻게 말하고 있는가?' 라는 것이다.

나는 이 점을 확실히 하기 위해 2004년 8월부터 9월에 걸쳐 인터뷰를 가졌다. 인터뷰 대상자는 20명, 전원이 여성이었다. 나이별로 구분하면 20대 3명, 30대 5명, 40대 5명, 50대 5명, 60대 2명이다.

인터뷰는 기본적으로 1대1로, 대략 한 시간가량 화제를 정하지 않고 자유롭게《겨울연가》, 한국 드라마, 한국의 이미지, 그 밖에 취미에 대해 이야기하게끔 이루어졌다.

2.《겨울연가》붐의 개요

《겨울연가》 전야

본론에 들어가기 앞서《겨울연가》붐에 대한 기본적인 사실을 확실히 해두고 싶다. 이런 것들은 이미《겨울연가》팬과 붐에 대해 자세히 아는 사람에게는 너무나도 상식적인 것이라 새삼스레 쓸 필요가 없을지도 모른다. 하지만 이 글을 쓰는 동안,《겨울연가》현상을 파악하고 있지 않은 사람이 특히 미디어 연구자 중에는 적지 않을 것임을 통감했으므로, 굳이 확인을 위해서라도 적어놓도록 하겠다.

《겨울연가》는 일본에서 방송된 최초의 한국 TV드라마는 아니다.

2000년 일본에서 개봉되어 10억이 넘는 배급 수익을 거둔 한국영화《쉬리》. 일본에서 최초의 한국 엔터테인먼트로 받아들여진 것은 TV드라마보다는 오히려 영화라고 할 수 있다.

2002년에는 후카다 쿄코(深田恭子)와 원빈이 출연한 《프렌즈(Friends)》가 TBS(도쿄방송)에서 방송되어 한일합작 드라마로 어느 정도 화제를 불러일으켰었다.

그 후 일본 BS(Broadcasting by Satellite : 위성방송)를 중심으로 한국에서 화제가 된 드라마가 방송되었다. 대표적인 것으로는 2002년에 《가을동화》, 《가시고기》, 《별에 소원을》, 2003년에는 《레디 고》가 방송되었다. 또한 지상파에서는 ABC가 《이브의 모든 것》을 방영했었다.

그러나 이러한 TV드라마가 일반적으로 시청자의 지지를 얻었다고는 말할 수 없다. 한일 합작드라마는 인기 드라마를 제작한다기보다는 '합작'이라는 것 자체의 이벤트성이 짙었다. 방송된 드라마도 시청 조건이 한정된 위성방송이 대부분으로, 일부 한국 마니아에게는 열광적으로 수용되었지만 그 이상은 아니었다.

오히려 최초의 한국 엔터테인먼트로 일본에서 받아들여진 것은 TV드라마보다는 영화일지도 모른다. 2000년에 개봉된 《쉬리》는 일본에서도 10억 이상의 배급 수익을 거두어 미디엄 히트를 쳤다. 그 후, 2001년《공동경비구역 JSA》, 2003년 《엽기적인 그녀》, 2004년 《실미도》 같은 작품은 영화 팬 사이에서도 화제가 되었다.

근래 수년간 한국의 이미지는 젊은 여성을 중심으로 한 한국 여행 붐, SMAP(Sports and Music Assemble People)의 쿠사나기 츠요시(草なぎ剛)가 한국어를 배워 초난강이라는 이름으로 텔레비전 버라이어티쇼에서 활동한 것 등도 《겨울연가》 이전의 한국 이미지를 말하는 데 중요할 것이다.

많은 일본인에게 한국을 단번에 친근한 존재로 여기게 한 것으로 무엇보다도 2002년 한일월드컵을 빠뜨릴 수 없다. 한국과 일본의 공동개최로 열린 2002년 월드컵은 한국을 일본인에게 보다 친근한 나라로 인식시켜, 일본 팀이 진 뒤에도 일본인들이 한국 팀을 응원하는 모습을 일본 각지에서 볼 수 있었다.

그러나 이제까지 일본에서의 한국문화 수용을 생각할 때, 대다수가 젊은이, 젊은 여성, 그리고 남성에 의해 이루어져 온 것은 주의해서 볼 필요가 있다. 확실히, 요 근래 한국에 대한 문화 이미지는 천천히 침투하고 있었지만, 거기에는 이후 《겨울연가》 붐을 이끄는 중노년층의 여성은 거의 부재한다고 할 수 있을 정도로 보이지 않았다.

《겨울연가》 붐의 도래

《겨울연가》는 한국에서는 2002년 1월부터 3월까지 방영되었다. 제작은 KBS, 감독은 윤석호가 맡았으며, 평균시청률은 23.1%였다. 이 시청률은 결코 나쁘지 않은 수치지만, 다른 한국드라마에 비교했을 때 놀랄 정도로 높다고 할 수 없다.

내 경험으로도, 아직 《겨울연가》 붐이 한국에 알려지지 않은 봄 즈음까지는 일본에서 일어난 《겨울연가》와 배용준의 인기를 한국의 연구자와 이야기해 보면, 왜 그런 것이 유행하고 있는가라고 이상하게 여겨진 경우도 적지 않았다.

　일본에서《겨울연가》는 2003년 4월 BS에서 매주 목요일 밤 10시부터 방송된 것이 최초였다. 6~7월의 평균시청률은 1.1%로 BS로서는 최상이었지만, 어디까지나 위성방송이라는 한정된 시청 속에서의 화제였다.《겨울연가》는 서서히 소문을 통해 퍼져, 방송이 끝날쯤에는 NHK(일본방송협회)에 다수의 문의가 있었다고 한다.

　《겨울연가》는 그렇게 인기를 얻어 2003년 말부터 다음 해에 걸쳐 BS에서 재방송되었다. 재방송 전에는 DVD가 발매되어, 비디오대여점에서 대여가 시작되었다. 이미 연말 재방송이 시작될 무렵에는 주간지와 신문 등에서《겨울연가》의 화제가 여기저기 보이게 되었다. 단숨에《겨울연가》의 인기가 폭발하게 된 것은 2004년 4월 3일 배용준의 일본 방문에 의해서다. 이때 여성 5,000여 명이 공항으로 달려나가,《겨울연가》는 단숨에 일대 붐으로써 인식되게 된다. 이후 NHK 지상파로에서 재재방송이되면서,《겨울연가》붐은 순식간에 퍼져간다.

　지상파에서 방송이 시작되자,《겨울연가》의 시청률은 조금씩 올라가기 시작해 마지막회에서는 관동지방 20.6%, 관서지방 23.8%, 평균시청률로도 관동 14.4%, 관서 16.7%를 기록했다.《겨울연가》가 밤 11시 10분부터라는 심야대에 방송된 점, 현재 일본 골든타임의 드라마가 시청률 10%를 넘기면 일단 성공이라고 일컬어지는 점을 생각하면, 이는 이례적인 수치라 할 수 있다.

　올림픽 방송이 시작되면서《겨울연가》는 밤 2시부터 방송되었음에도, 시청률은 10%를 넘었다. NHK의 대하드라마《신센구미(新選組)》보다도 시청률이 높은 지역도 있었다고 한다.

　《겨울연가》는 NHK의 경영에도 막대한 공헌을 했다. 2003년도 NHK의 연말결산을 보면, NHK가 전년도의 적자 재정에서 흑자로 돌아서면서 일반기업의 경상고에 상응하는 NHK의 경상사업수입은 수신료 이외

에 전년도보다 46억 엔 늘어난 1,054억 엔이 되었다.[3]

그러나 《겨울연가》 붐은 아직 완전히 끝난 것이 아니다. 주인공인 배용준은 현재 CF로 텔레비전이나 잡지에서 얼굴을 보지 못하는 날이 없을 정도다.

2004년 말에 NHK는 《겨울연가》 완전판의 방송을 예정하고 있다. 이제까지 방송했던 《겨울연가》는 일본의 방송 포맷에 맞추어 편집되어서, 그만큼을 오리지날로 돌려 방송한다고 하는 것이다. 또한, 더빙이 아닌 자막으로 방송할 예정이라 한다. 2004년은 NHK가 《겨울연가》에 깊이 감사해야 하는 해라 할 것이다.

《겨울연가》 대강의 줄거리

그럼, 이렇게까지 히트한 드라마 《겨울연가》의 줄거리는 어떠한 것이었을까?

《겨울연가》의 이야기는 주인공의 고교시절의 첫사랑에서 시작한다. 여주인공 정유진(최지우 분)은 강준상(배용준 분)과 사랑에 빠진다. 그러나 어느날 갑자기 준상은 유진과의 약속장소에 향하던 도중 교통사고로 죽어버린다.

무대는 갑자기 10년 후로 뛴다. 유진은 소꿉친구인 고교동창, 준상의 친구였던 김상혁(박용하 분)과 결혼을 약속했지만, 마음속으로는 준상을 잊지 못한다. 유진은 건축설계회사에서 디자이너로 일하고 있다. 그런 어느 날, 유진은 준상과 꼭 닮은 이민형(배용준 1인 2역)을 만난다. 민형은 유진이 담당하는 스키장 개발회사의 사장이다. 유진은 민형에게 준상의 그림자를 발견하면서 서서히 민형에게 끌리기 시작한다.

이후의 줄거리는 정리하기가 쉽지 않다. 요컨대, 준상과 민형은 동일인물로, 준상은 교통사고로 죽은 것이 아니라, 기억을 잃어버린 것뿐이지만, 어떤 이유로 별개의 기억을 주입받은 것이 이야기 도중에 밝혀진다. 이것을 알게 되면서 두 사람은 함께 해피엔드를 맞이할 듯하나, 둘의 관계가 그리 순탄히 되지는 않는다. 상혁이 실의에 빠진 채 병에 걸리면서 유진이 상혁에게 돌아가고, 유진과 민영의 출생을 둘러싼 비밀로 남매일지도 모른다고 소동이 일어나는 등 마지막회까지 이리저리 뒤집히기를 계속한다. 그리고 드라마 마지막엔 교통사고로 시력을 잃어 홀로 지내는 민영에게 유학 간 유진이 돌아온다.

이렇게 정리해 보면 《겨울연가》 줄거리의 재미는 거의 없어져버린 것 같은 느낌이다. 이후의 인터뷰에서 보이듯, 중요한 것은 줄거리 자체가 아니라 그 줄거리가 진행되는 방법, 느린 시간의 흐름과 거기에 대응하는 제트코스터(jetcoaser)같이 격한 전개, 일본어로는 조금 어색할 정도의 성실한 대사들, 그리고 그것을 연출하는 아름다운 배경과 음악이다.

그렇지만 출발점에서 이 드라마가 지극히 이성애적인, 전형적인 멜로드라마인 것을 확실히 해둘 필요가 있다. 이 이야기에 대해 많은 사람들이 1970년대에 일본에서 방영된 소위 '붉은' 시리즈 드라마와의 유사성(복잡한 가족관계, 출생의 비밀, 감추어진 과거, 기억상실, 불치병)을 지적하고 있다. 그리고 이 이야기 형태가 《겨울연가》 고유의 노스탤지어를 불러일으키는 것이다.

3. 《겨울연가》의 감상법

《겨울연가》 시청의 다양성

이제부터 내가 한 인터뷰 조사를 바탕으로 《겨울연가》가 어떤 식으로 시청되고 있는가를 살펴보고자 한다. 그러나 인터뷰 대상 수는 한정되어 있고, 이를 통해 《겨울연가》의 시청법 전부를 일반화할 수는 없다. 오히려 인터뷰를 통해 알게 된 것은 그 시청법만도 시청자의 생활환경과 가정환경, 직업, 세대등에 따라 크게 달라진다는 것이다. 여기서 중요한 점은 일반화보다는 다양성이다.

예를 들어, 《겨울연가》 혹은 한국드라마에 자의든 타의든 '빠져' 있는 사람을 조사 대상으로 찾았으나, 《겨울연가》의 '빠지는 법' 만으로도 사람에 따라 상당한 차이가 있었다. 《겨울연가》 이외의 한국드라마에는 관심이 없다는 사람도 있었고, 한국드라마와 한국문화 전반에 관심이 있어서 《겨울연가》는 어디까지나 그 일부라는 사람도 있었다.

방 안에 배용준의 포스터를 붙이고 그 정보를 전부 체크하고 있는 전형적인 욘사마 팬이 있는가 하면, 《겨울연가》의 배용준이 좋을 뿐 다른 영화(《스캔들》)나 CF에는 관심이 없다는 사람도 있다. 게다가 배용준에는 흥미가 별로 없고 이병헌이 좋다는 팬도 있었다.

내가 인터뷰한 20명에 한정한다면 대체로 20, 30대는 《겨울연가》와 배용준보다는 한국문화 전반에 관심이 있는 사람이 대부분이었고, 50, 60대는 《겨울연가》에 특별한 관심을 가진 사람이 많았다.

아무튼, 아래의 논의는 이러한 다양한 시청법 속에서도 특징 있는 점을 뽑아냄으로써 《겨울연가》의 감상법이라 불리는 구체적인 예를 살펴보기 위해서다. 따라서 일반적인 논의를 끌어내리려는 것이 아닌 어디까지나 고유의 사례를 분석하고 있는 것이라는 점을 강조해 두고 싶다.

반복 시청:오타쿠적 즐거움

《겨울연가》에 대한 인터뷰로 우선 놀라게 되는 것은, 많은 시청자가 《겨울연가》를 몇 번이고 반복해 보고 있는 점이었다. 《겨울연가》는, 인터뷰 당시의 버전으로는 전체 20회, 1회당 1시간이므로 처음부터 끝까지 쭉 보

일본의 많은 팬들이 반복 시청을 한《겨울연가》. 이러한 오타쿠적 반복 시청을 즐기는 능동적인 팬들은 드라마 이면에 있는 한국과 한국문화의 이야기성을 발견, 소비하고 있는 것이라 할 수 있다.

면, 그것만으로도 20시간 걸린다. 그러나 이번 인터뷰 대상자 가운데 한 번밖에 보지 않은 사람은 별로 없었다. 적으면 2~3번, 많으면 12번까지 보았다고 하는 사람도 있었다. 또, 몇 번 보았는지 세고 있지는 않지만 지금도 매일같이 보고 있다는 사람도 적지 않았다.

예를 들어, 지금까지《겨울연가》를 12번 보았다는 A씨(60대 여성)는 《겨울연가》를 볼 수 없었던 친구의 부탁으로 연말의 재방송분을 비디오로 녹화했던 것이 계기가 되어,《겨울연가》에 '빠진' 팬이다. 그 뒤로, 비디오를 반복해서 보고 있지만, 보통 20회 전체를 처음부터 끝까지 즐기고, 끝나자마자 또 첫 회부터 보는 것을 반복하고 있다. "다른 드라마를 보지 않는가?"라는 질문에 A씨는 "다른 드라마를 볼 바엔《겨울연가》를 보고 싶다"라고 대답하고 있다.

그러나 A씨만이 특별한 경우는 아니다. 몇 번 보았는지 세고 있지 않다고 답한 사람이 많지만, 이야기를 듣고 있으면 그들이 10회 이상 반복해서 보고 있다는 것을 알아차릴 수 있었다. 예를 들어, B씨(40대 여성)는, 매일 밤 자기 전에 2, 3회씩 꼭 보고, 경우에 따라서는 마음에 든 장면을 되돌려 다시 보고 있다고 했다.

10번을 넘게 보는 경우는 역시 집에서 보내는 시간이 긴 주부에게 한정되어 있었다. A씨는, "이렇게 보는 건 전업주부가 아니면 무리이지 않겠느냐"고 말한다. 그러나 전업주부만큼은 아니지만, 직장 여성팬 중에서도 《겨울연가》를 반복해 보고 있다는 시청자가 있었다.

현재 광고대리점에서 일하고 있는 C씨(40대 여성)는 그중 하나다. C씨는, 연말의 첫 재방송의 중간부분을 처음 본 뒤 그대로 《겨울연가》에 '빠져' 버렸다. 놓친 부분은 비디오대여점에서 전부 빌려 보았다. 그 후 4월에 DVD를 DVD플레이어와 함께 사고 나서는, 퇴근 후에 얼마나 많이 보았는지 다 셀 수 없을 정도라고 했다.

C씨의 시청법에서 재미있는 점은, 4월 지상파 재재방송 때에는 방송 시간에 맞추어 DVD를 재생해 보고 있었다는 것이다. C씨는, 《겨울연가》에 대해서는 더빙보다는 자막을 선호하는 편이었다. 방송은 더빙판이므로, 방송 시간에 맞추어 일부러 DVD를 재생해, 프로그램 종료 후의 인터뷰 등의 추가영상분을 보고 있었다는 것이다.

"DVD를 가지고 있으니까 일부러 방송 시간에 맞추지 않아도 되지 않는가?"라는 게 일반적인 반응이겠지만, C씨에 따르면 그 시간에 방송되어 있는 것을 알고 있으므로 무시할 수가 없었다고 했다. 무시는 할 수 없지만, 더빙이 싫어서 DVD를 보고 있다는 말이었다.

팬이 아닌 사람은 이해하기 어렵겠지만, '찔러볼 건 다 찌른다'라고 하는 것이 팬 정신의 기본일 것이다. A씨와 C씨 모두 잡지나 신문 광고에 배용준의 이름이 있으면 가능한 한 훑어본다고 말하고 있는 것 역시 그 연장선상인지도 모른다.

어쨌거나, 이러한 반복적인 패턴이 《겨울연가》 시청을 특징지우고 있었다. 그리고 이것이 통상의 드라마 팬과 《겨울연가》 팬을 구별하고 있었다. 통상의 드라마라면, '빠졌어'도 대개 한 번 보고 나면 거기서 끝이고, 두세 번 다시 보는 경우는 드물다. 하물며 10회 이상이라고 하는 것은 특별한 경우다. 따라서 《겨울연가》와 지금까지 여성에게 인기가 있던 트렌디 드라마를 비교하자면, 그 내용과 형식에서 《겨울연가》가 트렌디 드라마를 계승하고 있지만, 그 시청법은 기존의 트렌디 드라마와 완전히 다르다고 말할 수 있을 것이다.

드라마 가운데 반복 시청을 볼 수 있는 것은 일부에서 컬트화하고 있는 청춘드라마나 형사드라마, SF드라마이지, 트렌디 드라마에서는 그다지 많이 볼 수 없다. 반복 시청은 일반적으로 여성에게 인기가 있는 트렌디 드라마보다 차라리 애니메이션 시청 패턴에 가까운 것이 아닌가? 이러한 시청 패턴은 마니아나 오타쿠(otaku: ㅗタク)에서 발견되어 왔지만, 그 시청자의 이미지는 많은 경우 젊은(혹은 예전에 젊었던) 남성이었지 중노년층 여성은 아니었다.

실제, "《겨울연가》 이전에 이렇게 드라마에 '빠져버린' 경험이 있었나?"라는 질문에 대해서는 거의 모두가 "처음"이라고 답했다. 이는 몇 번이고 같은 프로그램을 시청하는 오타쿠적 시청이 처음이라는 뜻이었다. 《겨울연가》에 의해, 오타쿠적 시청을 하는 중노년층 여성이라고 하는 존재가 처음으로 부각된 것이었다.

그러나 이것은 《겨울연가》 팬의 문화 경험이 그동안 희박했음을 의미하는 것은 아니다. 《겨울연가》 같은 강렬한 '빠짐'은 처음일지도 모르지만, 지금까지의 개인사를 물었을 때, 제각각 여러 문화 경험을 갖고 있음을 알 수 있었기 때문이다.

위에서, 《겨울연가》처럼 빠진 적은 거의 모두가 '처음'이라고 했지만, 이는 이중 3명(2명은 40대, 1명은 30대)이 일찍이 SMAP에 열중했던 적이 있다고 대답했다. SMAP와《겨울연가》의 팬의식의 상관 관계는, 그 자체가 흥미 깊은 분석 대상일지도 모른다. 그러나 SMAP 말고도 오래는 엘비스 프레슬리(Elvis Presley)나 제임스 딘(James Dean), 가까이는 퀸(Queen) 등의 록밴드, 브라질음악을 중심으로 한 남미음악 등 다양하고 세련된 취미를 가지고 있던 사람도 적지 않았다.

　　따라서, 적어도 인터뷰에서 보자면 빈곤한 문화생활을 보내고 있던 사람이 어느 날 갑자기《겨울연가》에 눈을 뜬 것이 아니라, 일정한 문화 실천을 적극적으로 해온 사람이《겨울연가》를 통해서 '오타쿠적' 시청을 발견했던 것이다. 이는,《겨울연가》의 시청에는 반드시 수동적인 영위가 아니라 어느 정도의 능동성 따랐다는 점을 알게 하는 대목이라 하겠다.

오타쿠적인 시청과《겨울연가》의 인터텍스트성

　　그럼 어째서 팬은 이러한 '오타쿠적인' 반복 시청을 하는 것일까? 재미있는 것은, 첫 방송부터《겨울연가》에 곧바로 '빠져' 버린 팬도 있는 반면에 처음에 보았을 때에는 잘 받아들일 수 없었던 것을 지적하는 팬이 많은 점이다.

　　D씨(40대 여성)는 연말 재방송의 BS로《겨울연가》를 처음 보았을 때에는 "생뚱맞다"라는 인상이 있어 보는 것을 곧 그만두어 버렸다. 그 후 그녀는 중국을 다녀온 친구에게서 중국에서도《겨울연가》가 유행하고 있다는 것을 들은 뒤 4월부터의 지상과 재재방송분을 보고 나서야《겨울연가》에 "빠졌다"라고 말한다.

　　먼저 말한 것처럼, C씨도 최초 4월의 BS 방송 때는 1회분의 반 정도를 보고는 "견딜 수 없다"고 생각해《겨울연가》를 더 이상 보지 않았었다. 그녀는 일본어 더빙과 왠지 누런 화면의 질감에 위화감을 가졌다고 했다. 일본인과 닮아 있는 얼굴인데 더빙되어 있는 것이 싫었던 것이었다. C씨가,

본격적으로 《겨울연가》를 보기 시작한 것은, 연말 특집의 중반부터다. NHK가 특집 프로그램을 하고 있는 것에 신경이 쓰이기 시작해 연말 방송 때는 그대로 "빠져"버렸다.

배용준에 대한 평가도 미묘한 점이 있다. 가령, E씨(30대 여성)는 《겨울연가》를 처음 보고 한동안은 배용준이 근사하다고는 인정하고 싶지 않았다. 그의 외모가 그녀의 스타일은 아니었던 것이다. 그러나, 드라마에 "빠져"들면서, 민영 역의 배용준이 점점 멋지게 보였다고 했다.

이러한 사례가 드러내는 것은, 《겨울연가》가 서서히 시청자의 마음을 파악해 가는 과정이다. 특히 몇 번이나 반복해 《겨울연가》를 보고 있는 사람은 볼 때 마다 새로운 발견이 있다고 입을 모았다.

A씨는, 《겨울연가》에 관한 메일 매거진을 통해서 《겨울연가》 속 각각의 장면에 숨어 있는 한국문화의 의미를 알고 그것을 들여다보는 것으로 즐거움이 늘어나고 있는 것을 지적했다.

A씨말고도 《겨울연가》를 단순한 드라마로서가 아니라 한국문화의 창구로서 보고 있다고 하는 사람이 적지 않았다. F씨(40대 여성)는, 《겨울연가》에 나오는 식사 장면에 대해서, 밥공기를 들지 않고 식탁에 두고 먹거나 여성이 무릎을 세워 먹는 것이 바른 식사법인 것을 알고는 재미있었다고 했다.

또 《겨울연가》를 자막으로 즐기고 있는 C씨는, 드라마가 진행하면서 한국어의 경칭이 미묘하게 달라지는 것을 발견하게 되어 흥미로웠다고 했다. 예를 들어, 일본어 자막이나 더빙에서는 '유진 씨'처럼 '상(さん)'이라고 번역되고 있는 경칭이, 민영과 유진의 관계 안에서 바뀌는 것이 재미있다는 것이었다.

몇 차례의 그룹 인터뷰가 시청자 각각의 반복 시청을 통해 발견한 정보 교환의 장소가 되어 단번에 독특한 열광적인 인터뷰 분위기를 보인 것을 지적하고 싶다. 이러한 발견의 상당수는, 단지 드라마 시청만을 통해서가 아니라 잡지에 나온 한국드라마의 정보나 인터넷 홈페이지, 메일 매거진 등 드라마 이외의 다양한 정보와 어우러져 끊임없이 갱신되고 있었다.

이러한 시청법을 어떻게 이해하면 좋을까?

오오츠카 에이지(大塚英志)는, 1980년대의 마지막에 《이야기 소비론 (物語消費論)》에서, 《깜짝 맨 초콜릿(ビックリマンチョコ)》의 실(seal)을 수집하는 아이들이 단지 단편화된 실이라는 물건을 모으고 있는 것이 아니라 수집 행위를 통해서 '이야기'를 스스로 만들어내고 이를 엮어서 최종적으로는 그 뒤에 있는 '큰 이야기'(애니메이션 팬의 말을 빌리면 '세계관')를 소비하고 있는 것을 지적했다.

언뜻 보기에 《겨울연가》를 즐기고 있는 사람들은 《깜짝 맨 초콜렛》의 실을 모으는 아이들과 다르게 보일지도 모른다. 즉, 《겨울연가》의 여성 팬들은 다만 단순히 순애보와 그 성취라고 하는 '큰 이야기'를 수동적으로 소비하고 있는 것처럼 보일 것이다.

그러나 실제로 《겨울연가》 팬의 이야기를 직접 듣고 있으면, 그 여성 팬들은 《겨울연가》의 '큰 이야기'에 단순히 수동적으로 휩쓸리고 있지는 않은 듯했다. 여성 팬들은, 《겨울연가》 드라마의 이야기 이상의 《겨울연가》와 인접한 이야기, 배용준과 최지우 등 배우의 에피소드나 《겨울연가》의 코드를 형성하고 있는 한국의 문화나 역사를 스스로 수집, 편집, 재구성하며 즐기고 있었다.

이야기는 하나가 아니라, 복수의 변화를 가지며 끊임없이 재생산된다. 여기에 《겨울연가》 반복 시청의 특징이 있다. 여성 팬들이 디테일에 놀랄 만하게 구애되는 것은 《겨울연가》 전체 이야기에 대한 관심을 자주 능가하고 있다. 그리고 이 때문에 《겨울연가》를 둘러싼 이야기는 무한대로 증식한다. 바로 이것이 거의 중독적이라고도 할 수 있는 《겨울연가》의 매력인 것이다.

아마, 오오츠카가 '세계관'이라고 부른 것에 대응하는 것은, 한국문화가 가지는 '이야기성'일 듯하다. 그러나 이것은 오오츠카가 게임이나 애니메이션에서 발견한 것과 같은, 제작자에 의해 미리 설정되어 있는 '이야기성'은 아니다. 그것은 한국이라고 하는 국가, 한국문화, 한국사람들이 교착하는 장소가 만들어내는 '이야기성'으로, 그 자체에 모순이나 복잡함, 항쟁이 내재되어 있다. 《겨울연가》 팬은 드라마 이면에 있는 한국의 이야기성을 발견, 소비하고 있는 것이다.

능동적인 시청자와 테크놀로지

시청자의 능동성에 대해 논할 때, 이번 인터뷰의 《겨울연가》 팬 중에 미디어 테크놀로지를 잘 다루고 있는 사람이 꽤 존재하고 있던 것도 지적해야 하겠다.

특히, 젊은 세대의 인터넷 이용은 현저했다. 예를 들어, 대학생 G씨는, 인터넷을 통해서 한국드라마를 시청하고 있었다. 한국 KBS를 중심으로 MBC나 SBS 등의 방송국 홈페이지에서 드라마를 보고 있었는데, 드라마를 보기 위해서 한국의 방송국 사이트에 회원가입을 하고 있었다.

G씨는 최근 텔레비전의 한국어강좌 등으로 한국어 공부도 시작했다. 그러나 드라마를 보기에는 아직 부족해서 드라마의 한국어 시나리오를 인터넷으로 구하고 있었다. 그것을 OCN 번역 서비스로 일본어로 번역한 것을 대조하면서 한국어 드라마를 보고 있었던 것이다.

이 정도는 고도의 기술이 아니라 할 수 있겠지만, 통상의 일본드라마를 즐기는 행위에 비하면 취미성이 훨씬 높다고 할 수 있을 것이다. G씨만큼은 아니더라도, 인터넷 팬사이트나 메일링 리스트로 정보를 얻고 있다는 이야기는 인터뷰에서 자주 나왔다. 원래 한국드라마의 정보가 기존의 미디어에서는 한정되어 있기 때문에 인터넷이 중요한 구실을 완수하고 있는 것이었다.

　　인터넷만이 아니었다. 20명 중 4명이 한국에서 제작된 DVD를 보기 위해서 지역코드와 상관없는 DVD 플레이어를 갖고 있었다. 일본과 한국은 DVD의 지역코드가 달라, 한국에서 산 DVD를 일본의 DVD 플레이어로 재생할 수 없다. 그 때문에, 한국판 DVD를 보는 팬은 재생 가능한 DVD 플레이어를 구입할 필요가 있었다.

　　그러나 코드프리(codefree) DVD 플레이어는 보통의 전자대리점에서 구입할 수 없어(일부 점포에서는 해적판 DVD의 문제도 있어 판매를 자제하고 있다) 전문점이나 인터넷 통신 판매를 통해서밖에 살 수 없다. 인터뷰 중에 들은 이야기지만, 네 사람 중 둘은 양판점에서 염가판매되는 무명 메이커의 DVD 플레이어가 코드프리인 것이 많기 때문에, 그것을 직접 확인하고는 구입했다고 했다.

　　이러한 미디어 테크놀로지는 일반이 정보를 얻는 것보다 앞서 진행되고 있다고는 할 수 없어도, 통상적으로 이미지화한 중노년층 여성의 수동적인 미디어 소비와는 대략 다른 이미지를 보이는 것이었다. 또, 미디어 테크놀로지의 기술도 인터넷이나 잡지, 일상회화를 통해 정보 교환이 이루어져 공유되고 있었다. 이 적극적인 테크놀로지의 이용이 《겨울연가》 붐이나 한국드라마 붐을 지탱하고 있는 하나의 요소였다.

4. 그녀들은 왜 《겨울연가》 팬이 되는가?

《겨울연가》 팬의 표상과 그 소비행동

　　와이드쇼 등으로 보도되는 《겨울연가》 팬의 하나의 이미지는, 욘사마에게 열광해 DVD나 《겨울연가》 상품을 사는 데 아낌없이 돈을 쓰는 비교적 유복한 중노년 전업주부의 이미지다. 조금 희화적으로 그려지는《겨울연가》팬의 미디어 표상에 대해 실제의 팬은 어떻게 생각하고 있는 것일까?

물론, 미디어에서 그려지는 전형적인 팬에 대해서 위화감을 나타내는 사람도 있었다. 특히 젊은 사람이 그런 모습을 보였다. 먼저 소개한 대학생 G씨는《겨울연가》팬이기보다는 한국드라마의 팬이지만, 미디어에 소개되는 이른바《겨울연가》팬에 대해서는 "응, 이라는 느낌. 내 세대는 아니라고 생각한다. 경제력이 있는 것이 대단하다. 감탄하는 부분도 있지만, 거부감이 드는 부분도 있다. 나도 그런 식으로 보여지는 것일까라고 생각한다"라고 말하고 있다.

또 H씨(40대 여성)는 "배용준 포스터를 방에 붙이는 팬은 좀 그렇지 않나라고 생각합니다. 전 원래 방에 포스터를 붙이지 않는 편"이라고 대답했다.

인터뷰를 진행하면서 금전 감각에 대해 느낀 것은, 많은 사람이 지극히 견실한 금전 감각을 가지고 있다라는 것이었다.

《겨울연가》DVD를 갖고 있는 사람이 적지 않았지만, 그 경우에도 자신이 팬인 것을 안 오사카에 있는 오빠가 사주었던 H씨, 한국에 살면서 교사를 하고 있는 딸이 전반 세트를 사주고 남편이 후반 세트를 사주었던 I씨(50대 여성), 남편이 퇴근길에 사왔다는 J씨(40대 여성) 정도로, 가족이 아닌 사람에게서 받은 예가 대부분이었고, 자기 자신이 구입한 사람은 풀타임으로 일하고 있는 사람에 한정되어 있었다.

이는《겨울연가》와 함께 자주 일본의 미디어에 부각되고 있는 한국 '《겨울연가》투어'에 대해서도 마찬가지였다. 《겨울연가》투어는《겨울연가》의 촬영지를 둘러보는 것으로, 인터뷰 대상자 가운데 두 사람이 투어에 참가한 적이 있었지만 두 사람 모두 풀타임의 일을 하고 있는 여성(C씨, I씨)이었다.

그러나《겨울연가》의 촬영지에 간 이 두 사람도 한국 여행은 딸과 함께 가거나 해서 가족 교류 이벤트로《겨울연가》투어가 선택되었다는 느낌이 강했다. 구도로서는, 《겨울연가》에 빠진 어머니에게, 반쯤 기가 막혀 하면서 데리고 가는 딸'이라는 그림이지만, 이야기를 들으면, '기가 막힐 수 있는 것' 자체를 어머니는 즐기고 있어 그러한 구도 자체가 부모와 자식의 즐거운 화제로 작용하고 있었다.

전업주부들도 결코 돈을 함부로 쓰면서 '욘사마' 팬을 추구하고 있는 것은 아니었다. 생활의 균형, 특히 남편과의 관계 안에서 즐기고 있는 것이 분명히 보인다. 다시 말해, 남편도 함께 즐기거나, 즐기지 않더라도 허용하는 범위인 경우에 DVD를 구입하고 있는 것이었다.

직업을 가진 여성도 관련 지출은 DVD, DVD 플레이어, CD, 잡지, 책, 액세서리(키홀더나 목걸이) 등으로, 같은 세대 남성의 취미를 위한 지출(차, 골프, 음식……)에 비해 결코 큰 것은 아니었다.

물론, 이는《겨울연가》의 경제 효과가 컸던 것을 부정하는 것은 아니다. 그러나 한편으로 의식하건 하지 않건 간에 미디어에 의해 재생산된 '《겨울연가》팬＝비교적 유복한 중노년 전업주부'라고 하는 도식을 그대로 받아들여서는 안 될 것이다.

그러한 의미에서, 아사히 신문 계열사의 잡지《AERA》가 전업주부 층만이 아니라 커리어우먼이나 이혼한 여성, 전쟁으로 고생한 여성이《겨울연가》에 열중하고 있는 것을 보도한 점은 흥미롭다.

《AERA》에 따르면, 이러한 여성은 여러 이유로 불행(애정의 결핍, 연인이나 세상의 몰이해)을 짊어지고 살아왔다. 그러한 여성에게 커리어우먼인 유진을 지켜보고 상냥하게 포용하는 민영이 이상형으로서 나타난다는 것이다.[4]

NHK의《한글어 강좌》강사이고 또 최근에는《한국드라마, 사랑의 방정식(韓國ドラマ'愛の方程式)》이라는 책으로 일본인이 한국드라마에 빠지는 이유를 분석한 오구라 기조(小倉紀藏)는, 어느 특집 컬럼에서 이 논점을

한층 더 보강하고 있다. 오구라 기조는 한국드라마의 매력을 자신이 있을 곳에 있지 못하는 안타까움, 한국어의 '한(恨)'이라고 하는 개념으로 설명하려 한다.

오구라에 따르면, 일본여성이 《겨울연가》에 빠져 있는 것은 그녀들이 어디엔가 이 '한'을 안고 있기 때문이다. 그것은 마음의 적막감이고, 연애 대상이나 구매층에서도 밀려나고있다는 소외감이라 한다.

거기서 그려지는 여성은 매우 성실하며 텔레비전 미디어로 보도되는 《겨울연가》 팬과는 크게 대조적이다. 이는 텔레비전에서의 스테레오타입인 (《겨울연가》 팬의) 멸시적인 표상에 대한 비판적인 기능을 하고 있다는 의미로는 좋게 평가해야 할 것이다.

나도 실제로 인터뷰를 통해 두 여성에게서 자신의 이혼 경험과 《겨울연가》의 관계에 대해 들을 기회가 있었다. 그녀들은 모두 '만약 자신의 남편이 이민영이었다면, 혹은 자신의 인생에서 이민영을 만났었더라면 얼마나 좋았을까'라고 말하고 있었다. 위와 같은 경우도 있고 해서, 나는 《AERA》와 오구라의 분석을 모두 부정하지는 않는다. 또한 《겨울연가》 붐이 향후의 한일 관계에 중장기적으로는 좋은 영향을 줄 것이라는 오구라의 주장에는 많이 공감한다.

그러나 한편으로는 《AERA》와 오구라의 의견은 과장이 지나치다고 느껴진다. 거기에는 한국의 철학이나 문화가 통일적으로 균질인 것으로 파악되어 있는 한편, 일본의 여성, 특히 《겨울연가》 팬이 지나치게 사연(한)을 짊어지고 있는 것처럼 일반화되어 있다.

실제 인터뷰를 통해서 나타나는 팬의 모습은 고지식함과 동시에 어딘가 가볍고, 팬인 것을 재미있어 하며, 유머와 장난기를 가진 여성들이었다. 언뜻 보기에 불행한 사연이 있을 법해도 그렇다는 것이다. 팬 정신은, 단지 반성하거나 후회하거나 치유되는 것만이 아니라, 두근두근 들떠 하거나 하는 능동적인 향락으로부터도 형성되는 것이다. 이제 그러한 팬의 다른 측면도 보도록 하자.

《겨울연가》 팬을 연기하는 것

지금까지, 미디어의 《겨울연가》 팬의 표상에 대해서 위화감을 표명하고 있는 의견을 소개해 왔지만, 실은 같은 정도로 미디어의 표상에 대해서 호의적인 의견도 많이 보였다.

C씨는 미디어로 소개되고 있는 '욘사마' 팬들과 똑같이 취급되고 싶지 않다고는 생각하지 않았다. "우리가 즐기고 싶어서 '욘사마'를 즐기고 있는 것이니까 좋지 않은가"라고 말했다. 그녀는 '욘사마'에 대해서 비판적인 미디어에 대해 분개하고 있었다.

E씨와 K씨(20대 여성)는(두 명을 함께 인터뷰했다) "TV로 소개되고 있는 이른바 '욘사마' 팬을 어떻게 생각하십니까?"라는 질문에 대해서, 거의 동시에 "동료!"라고 대답했다. E씨는 영화 홍보의 일에 종사하고 있어서, 4월 배용준의 일본 방문 때에는 회견장에도 간 것 같았다. 그 밖에도, "저렇게 까진 할 수 없지만 기분은 안다"라는 의견도 많았다.

그러나, 이는 미디어의 표상과 완전하게 일치된 것을 의미하는 것은 아니었다. 예를 들어, E씨는 "동료!"라고 대답한 다음에, "그렇지만, 인원이 많으면 조금 무섭다. 한국의 CD매장에 가면 일본인들은 전원 《겨울연가》 팬이라고 믿고 있어서, 관련상품의 위치를 바로 알려주었다"라고 웃으면서 덧붙였다.

이 미묘한 거리감을 어떻게 생각하면 좋을까?

D씨는, 《겨울연가》를 단순히 좋아하는 게 아니라, 《겨울연가》를 좋아하는 자신을 좋아할지도"라고 말한다. 그녀는, "언제까지나 《겨울연가》와 같은 순애 이야기에 가슴 설레는 자신을 좋아하는 것"이라 한다.

C씨도 같은 이야기를 했다. 그녀는 "나이를 먹을 만큼 먹고도 어처구니없는 짓을 하고 있구나 라고 생각하는 것이 즐겁다"고 대답했다.

이런 식의 감상은 인터뷰에서의 발언 이외에서도 찾아볼 수 있다. I씨를 중심으로 7명의 그룹 인터뷰를 했을 때 얼마나 《겨울연가》에 빠져 있는가를 서로 보여 주는데, 먼저 《겨울연가》 휴대폰 스트랩을 보여 주고 나서 휴대폰 착신 멜로디인 《겨울연가》 삽입곡을 서로 들려준다는 것이 있었다. 여기서 알 수 있는 것은 단순한 자랑이 아닌 '부끄럽지만 즐겁다' 라는 독특한 감각이었다. 그것은 '어딘지 모르게 어처구니없다', '부끄럽다' 고 느끼면서도 이처럼 서로 자랑하는 것이 '즐겁다' 고 하는 독특한 이중적 의미의 감각이었다.

앞서 언급한 D씨는, 《겨울연가》 팬은, 자신들이 화제의 한가운데에 있는 것이 즐거운 것이라고 말했다. '우리 엄마가 팬' 이라던가 '아내가 빠져 있어' 라고 화제가 되는 것이 재미있다는 것이다.

"그것은 미디어에 휩쓸리는 것과 다른 것인가?" 라는 질문에, D씨는 "팬은 자기들이 미디어를 휩쓸고 있다고 생각하고 있어." 라고 대답했다. 물론, 이러한 대답에는 독특한 유머가 담겨 있어 글자 그대로 받아들일 수는 없을지도 모른다.

그러나 《겨울연가》의 유행 과정을 상세하게 쫓아가면, 《겨울연가》 붐이 만들어진 것이 아니라 팬 측으로부터 서서히 유행이 퍼져갔다는 것을 알 수 있다.

인터뷰를 한 여성들 중에서도, 인터넷이나 《핫 · 칠리 · 페퍼》 등의 전문지를 통해서 《겨울연가》 에 대한 정보를 적극 수집하고 있는 사람이 있었다(A씨, C씨, E씨; K씨). 그녀들은 주류 미디어에 대해서는 '벼락 《겨울연가》 편집자' 가 많아서, '우리들보다 정보가 늦다', '벌써 알고 있는 기사가 많다' 는 비판을 하고 있다.

《겨울연가》 붐의 특징은, 상세한 정보는 팬들이 끊임없이 앞질러 수집해 발신하고 있다는 점이다. 주류의 매스미디어는, 붐에 대해서 중심이 아닌 뒤쫓기식으로 보도할 뿐이다. 이 점은 4월에 배용준이 일본을 방문해 팬 5,000여 명이 공항에 밀어닥칠 때까지 《겨울연가》나 배용준의 보도가 미디어에서 거의 발견되지 않았던 사실에서 단적으로 드러난다. 팬들은 주류의 매스미디어를 제쳐두고 인터넷이나 잡지 기사 등을 통해 독자적으로 정보를 입수해 공항에 모였던 것이었다.

이러한 일을 자랑스레 말하는 《겨울연가》 팬의 이야기를 듣고 있으면, 그녀들이 열광적인 《겨울연가》나 배용준의 팬인 것과 동시에, '팬'을 연기하고 있는 것처럼 생각된다. 이는 D씨의 의견에 상징적으로 나타나 있다.

하지만 '팬'을 연기한다는 것은, 그녀들이 진정한 의미로 '팬'이 아니라는 의미가 아니다. 그녀들은 '팬'이면서, 동시에 '팬'을 연기한다고 하는 두 의미성을 가지고 있는 것이다.

한일관계, 그리고 식민지주의의 기억

마지막으로 《겨울연가》를 통해서 그녀들의 한국관이 어떻게 바뀌었는지를 다루고 싶다.

《겨울연가》를 통해 한국을 가깝게 느끼게 되었다는 것은 많은 사람의 공통된 의견이었다. I씨는, 《겨울연가》를 계기로 처음 간 한국 여행이었지만 왠지 그리운 느낌이 들었다고 말했다. 그녀에게 한국은 '가깝고도 먼 나라'였다. 이 '가깝고도 먼 나라였다'라는 것은 자주 말해지는 표현이다.

그러나 그 변화의 내막을 들어보면 너무도 다양해 일반화할 수가 없다. 특히, 《겨울연가》 이전의 한국 이미지는 세대나 직업, 경험에 의해 상당히 차이가 난다.

I씨는 50대지만, 많은 50대는 지금까지 한국을 거의 몰랐다고 말했

다. I씨에게 한국의 이미지는 한국전쟁이고, 38선이었다. 축구에도 그다지 관심이 없었기 때문에, 《겨울연가》를 통해서 처음으로 한국에 접했다는 인상을 가지고 있었다.

역시 50대의 L씨는 배용준의 휴대폰 스트랩을 보여 준 열렬한 《겨울연가》 팬이었지만, I씨와 비슷하게 《겨울연가》를 시청하기 이전에는 한국에 대한 지식이 거의 없었다고 말했다. 그녀는 《겨울연가》 시청 이전에는 많은 한국 사람들이 여태 한복을 입고 생활한다고까지 생각하고 있었다. 《겨울연가》 안에서 그려지는 한국인의 생활이 일본인과 거의 다르지 않다는 데 놀랐다는 것이다. 또한, 휴대전화 등 테크놀로지가 진행되고 있는 것에도 놀란 것 같았다.

L씨는 한국문화에 그다지 접했던 적이 없고, 가령 음식에서도 한국요리나 김치는 지금도 좋아하지 않는다. L씨의 이야기에서 흥미로웠던 점은, 자신의 세대는 교육을 통해서도 한국에 대해 배운 적이 없는 것 같다고 그녀가 느끼고 있다는 점이었다. 그녀는 단지 한국에 대해 몰랐던 것이 아니라, 교육이나 그 밖의 과정에서 한국에 대해 알 수 있는 통로가 제한되어 있었다고 하는 인상을 가지고 있는 것이었다.

이와 같이, 50대 여성들의 다수가 한국에 대해 거의 몰랐다고 대답한 것에 비해, 30대나 40대의 여성은 《겨울연가》에 의해 한국의 이미지가 결정적으로 변했다고 말하면서도, 《겨울연가》 이전부터 한국에 대해서 일정한 이미지나 지식을 가지고 있는 사람이 많았다.

30대의 M씨는, 어릴 적부터 재일 한국인 친구가 있어서, 그 친구를 통해 한국에 대한 일정한 이미지를 가지고 있었다. 학생 시절에 한국 여행을 한 적도 있었다. 그러나 그때 한국의 이미지는 전체적으로 대강대강이고 세세한 곳에 집착하지 않는다는 인상이었다. 또 패션은 옛날의 일본 같았다고 말했다. 그 후 M씨는, 취직을 하고 나서 멕시코에 유학했을 때에 많은 한국인 친구를 사귀어, 한국을 알게 되었다고 했다.

M씨는, 《겨울연가》를 통해서 한국과 한국어라는 말에 친밀감을 가지게 되었다. 특히 《겨울연가》에서는 패션이 '심플' 해서 마음에 들었고, 이민영과 유진의 패션을 좋아한다고 했다.

40대의 H씨는 유학생의 창구 담당의 일을 하고 있어, 일상에서 한국인 유학생을 접하고 있다. 그녀는, 한국인 유학생에 대한 인상이 대개 예의 바르고 성실하다고 했다. 이것은 《겨울연가》의 등장 인물에게도 공통되는 인상이었다.

이러한 H씨도 《겨울연가》를 본 후 한국에 대한 인식이 바뀌었다고 대답했다. 한국인이 일본인과 같은 생활을 하고 똑같이 세련된 레스토랑에서 식사를 하고 있는 것을 실감했다는 것이었다. 그녀는 한국이 일본보다 어딘가 늦어 있다고 생각하고 있었다고 말했다.

H씨는 현재 주 2회 한국어를 공부하고 있다. 그러나 한국 여행이나 《겨울연가》 투어도 가고 싶다고 생각라도 있지는 않았다. 그녀는 "한국 측의 일본에 대한 인식을 바꾸는 것이 어렵다", "일본은 아직 충분히 한국에 대해서 사과하고 있지 않다"고 느끼고 있었다.

D씨가 처음으로 한국에 간 것은 어릴 적 가족여행으로 고분을 보러 갔을 때다. 그러나 D씨는 자기 부모님은 한국을 그다지 좋아하지 않았던 것 같다고 회상했다. D씨는 한국의 인상으로, 한국인 친구에게 징병제의 이야기를 들었던 것이 인상적이었다고 했다. 친구가 징병제에 대해서 '사람을 죽이는 것을 배운다'고 해 무섭게 느꼈다는 것이었다.

몇 안 되는 인터뷰만으로 모든 것을 일반화하는 것은 위험할지도 모른다. 히지만 적어도 인디뷰로 받은 인성은, 많은 《거울연가》 팬이 "《겨울연가》 이전에는 한국을 어떻게 생각하고 있었는가?"라는 질문에 대해서는 대답하기 어려운 듯했다. 그것은 뭔가 금기시된 선을 넘는 듯한, 혹은 무엇인가가 억압되어 있는 듯한 느낌이었다. 이는 한국에 대해 말하는 방법이 모자란 것을 나타내는 것일지도 모른다.

일반적으로, 한국에 대한 공적인 두 어조가 존재하고 있다. 하나는, 비교적 자유로운 측에서의 양심적인 한국관으로 비추어지는 어조다. 그것은 식민지주의의 역사를 제대로 인식해, 일본의 진지한 반성에 근거한 양국 관계를 쌓아 올리려고 하는 것이다. 이것은 많은 리버럴의, 혹은 좌파 지식인에게 공유되어 있는 공적인 언어다.

또 하나는, 편협적인 내셔널리즘과 역사에 대한 무반에서 오는, 차별적이고 편견으로 가득 찬 어조다. 이것은 공적인 미디어에서는 그다지 언급되지 않지만, 일상 회화에서는 '본심'이라고 불리며 자주 분출된다.

그녀들이 우물거리는 이유는, 이 두 어조가 모두 어디까지나 공적인 것에 지나지 않고, 자기 자신의 말이 결핍되어 있었다, 라고 느끼고 있기 때문은 아닐까? 그녀들은, 일상적으로 한국을 둘러싼 두 언어에 사로잡혀 있었고, 더욱이 어느 쪽이건 선택하지 못하고 있었다. 그리고, 《겨울연가》가 결정적이다라는 건, 그러한 여성들에게 한국을 말하기 위한 어휘를 그녀들에게 처음으로 주었기 때문이 아닐까?

인터뷰를 통해서 내가 흥미 깊게 느낀 두 예를 소개해 보겠다
하나는, 60대의 A씨의 예다.

전 수용소가 있던 오무라시(나가사키 현)에 있었던 탓에 조선인(당시는 조선인이라고 칭했다)에 대해서는 정형화된 이미지를 가지고 있었다고 생각해요. 조선인은 싸움이 격렬하고, 목소리가 컸습니다. 솔직히, 전 그들을 깔보고 있었지요. 욘사마가 이 인상을 바꾸었어요. 《겨울연가》로 한국을 알게 되면서, 일본의 문화가 한국에서 왔고 일본과 한국은 같은 계라고 생각하게 되었습니다 이건 내가 만주에서 태어난 것과 관계 있는지도 모릅니다.

《겨울연가》를 통해서, A씨가 자신이 만주에서 태어나 일본에 귀국한 것을 생각해 낸 것은 흥미롭다. 지금까지 한국에 대한 인상이 일본에서의 경험에 근거하고 있었지만, 배용준을 통해서 한국에 대해 생각하게 되면서, 결국엔 식민지에 대한 자신의 기억을 재구성해 현재의 문맥으로 새로운 평가를 내리는 A씨를 볼 수 있다.

또 하나의 예는 40대의 C씨다. 앞에서 말한 것처럼, C씨는 한국에서 《겨울연가》의 촬영지를 여행했었다.

> 한국은 지금까지 대단히 먼 나라였어요. 나는 지금까지 한국은 일본을 흉내 내기만 하는 나라고, 우리가 한국으로 무엇을 전해 주나 하는 생각밖에 하고 있지 않았지요. 지금 한국이 가까워졌다고 하지만 아무래도 넘을 수 없는 도랑이 있다고 생각해요. 그건 역사겠지요. 우리는 간단하게 도랑을 넘어 올라갈 수 있지만, 한국은 그렇게는 안 될 거예요. 나한테는 재일 한국인이나 미국인의 친구는 있지만, 한국인 친구는 없어요. 한국을 여행할 때 전쟁으로 파괴된 장소에 가면 복잡한 기분이 들어요. 한국사람들이 보면 기가 막힐 지도 모르지만, 이런 식으로 여자애들이 꺄-꺄-거리며 바보처럼 한국 드라마나 배우에 빠지는 것도 하나의 (도랑을 넘을 수 있는) 돌파구가 된다고 생각합니다.

C씨는 A씨 세대와는 달리 전쟁의 기억은 없다. 《겨울연가》를 만날 때까지 미국문화를 좋아했지만, 한국이나 아시아에 대해서 생각했던 적은 별로 없었다. 그녀는 이라크전쟁 이후 미국의 위선에 실망해 그 반동으로 아시아에 흥미를 가지기 시작했다고 했다.

그러나 C씨가 실제로 한국에 가서 느낀 것은, 한일 관계의 성숙이나 진전이 아니라 오히려 곤란함이었다. 그 곤란함은 역사 인식에 근거하고 있다. 그리고, 곤란하기 때문에야말로 그녀는 굳이 자신들과 같은 팬 의식이 필요하다고 느끼고 있었다.

　A씨와 C씨에게 공통적으로 발견되는 것은, 《겨울연가》나 '욘사마'를 통해 자신들의 사적인 말로 한일 관계나 역사를 말하는 모습이다. 그것은, 일반적으로 유포하고 있는 양심적 리버럴한 언어와도 편협적 내셔널리즘의 언어와도 다르지만, 사적인 언어 특유의 독특한 설득력을 갖는다.
　《겨울연가》는 한국의 이미지를 어떻게 바꾸었을까? 이를 요약하는 것은 어려울지도 모른다. 잘생기고 상냥한 한국 남성상, 아름다운 자연스럽게 흘러넘치는 풍경, 발전된 테크놀로지, 일본이 잃어버리고 있는 유교적인 예의와 전통. 이러한 이미지는 자주 언급되는 것이지만, 보다 흥미로운 것은 이 일반적인 이미지의 변화가 구체적으로는 개인의 사적인 기억이나 역사의 인식을 동시에 새롭게 재구성해 간다는 점이다.
　이러한 경험은 극히 개인적인 일인지도 모르지만, 미디어를 매개체로 확실히 퍼져가고 있다. 그것은 전통적 의미에서의 이데올로기나 정치에서 보면 작은 실천이고, 사적으로 문화적으로 보일지도 모르지만, 그렇기 때문에 더욱 견고한 실감을 주고 있는 것이다

5. 마무리에(라기 보다는 새로운 시작을 위해)

　지금까지 《겨울연가》 팬의 인터뷰를 중심으로, 《겨울연가》가 어떻게 보이고 있는가, 어떻게 말해지고 있는가, 그리고 그것이 한국의 이미지에 어떠한 영향이 있는가를 보아왔다.
　《겨울연가》는 지금도 붐이 한창이라, 이것이 어떠한 영향이 있는 것

2003년 일본에서 처음 방영된《겨울연가》. 일본의《겨울연가》팬들은 DVD 등《겨울연가》상품의 구입, 한국어 공부, 한국 여행 등 드라마 시청을 넘어선 능동적인 팬문화를 보여 주었다.

인가 결론 짓기에는 아직 이르다. 나 또한 이 졸속한 분석을 결론에 수렴시킬 생각도 없다.

팬문화를 취급하는 것은 어렵다. 팬은 대개 제멋대로이고, 변덕스럽고, 분석되거나 정의되거나 심하게 비판받는 것을 좋아하지 않는다. 팬은 팬이고, 팬일 뿐이다. 팬은 뭔가 다른 목적을 위해 팬이 되는 것이 아니다. 하물며 특정의 정치 이데올로기에 봉사하는 것따윈 결코 있을 수 없다.

그러나, 이것은 팬이 정치와 관계없다는 것을 의미하지는 않는다. 《겨울연가》팬의 분석을 보면 알 수 있듯이, 팬은 전통적인 의미에서는 정치적이 아닐지도 모르지만, 일상생활의 단세에서는 임 여러 형태로 정치에 말려들어, 다양한 정치의 가능성을 배고 있다.

가령,《겨울연가》현상이 한일의 정치관계에 어떠한 역할을 할 것인가, 반동적인 역할을 하는 것인가, 진보적인 역할을 할 것인가는 지금 현재로서는 결론지을 수 없다. 그러나 이것은 전혀 정치에 영향이 없다는 의미가 아니라, 어느 쪽으로도 갈 가능성이 있는 것을 나타내고 있다. 우리는, 《겨울연가》 현상에 과하게 기대해서는 안되지만, 그렇다고 단지 반동적인 것으로 여겨 무시해야 해서도 안 된다.

《겨울연가》는 미디어에서도 2004년 최대의 사건으로, 향후 한일의 문화 관계에 큰 영향을 줄 것이다. 그럼에도, 지금까지 자유진영이나 진보진영으로부터 적극적인 분석이 없었던 것은 안타까운 일이다. 특히, 문화의 실천자로서 중노년층의 여성들이 경시 되어 있었던 점은 반성해야 마땅하다. 우리가 생각하지 않으면 안 될 것은, 지금 현실에 일어나고 있는 현상 중에서 여러 가능성을 맞추어 나가는 것일 것이다.

내가 느낀 정치적인 가능성은 《겨울연가》 팬의 능동성이다. 잡지나 인터넷으로 정보를 수집하거나, 인터넷으로 발신하거나 새로운 정보 기술을 습득하거나, 한국어의 공부를 시작하거나, 한국으로 여행을 가거나, 인터뷰에 응해 준 팬은 다양한 형태로 TV 시청을 자신의 능동적인 문화적 활동으로 새로 짜고 있었다.

이러한 활동은, 우리의 생활을 미디어의 압도적인 지배에 의해 수동적인 것에 가두고 있는 현재의 스펙터클 사회에 저항하는 한 걸음이다. 그것은 작은 걸음일지도 모르지만, 확실히 어디엔가로 향하는 큰 걸음이다.

주

1) 팬의식의 분석은 최근의 문화 연구나 미디어 연구의 중요한 토픽이다. 《스타트 렉》이나 《X파일》 등 컬트화한 프로그램의 분석은 많지만, 여기에서는 도입서로 서 2권을 들고 싶다.

한 권은 팬문화를 다양한 시점으로 파악한 앤솔러지, 《Adoring Audience: Fan Culture and Popular Media》(Lisa A. Lewis, Routledge, 1992)이다. 팬문화를 병리학 적인 것이라고 보는 조리 존슨이나 비판적이면서도 적극적으로 평가하는 로렌 스 그로스버그(Lawrence Grossberg)나 존 피스크(John Fiske)의 논고 등 팬문화를 생각하는 데 적합한 출발점을 제공하고 있다. 다른 한 권인 《Fan Cultures》(Matt Hills · Matthew Hills , Routledge, 2002)는 지금까지의 팬문화 연구를 담은 밸런 스 좋은 입문서가 되고 있다.

2) 이하의 데이터는 주로 NHK의 홍보 자료에 의함.

3) 2004년 7월 5일 현재. 《요미우리 신문》 2004년 7월 27일자.

4) 《AERA》 2004년 8월 16일-23일 호 특집 《《겨울연가》를 넘어 산다》, 아사히신문 사.

5) 이후에 들은 이야기이지만 A씨의 부친은 만주 철도에서 일하고 있었다.

2장 〈트랜스〉 아시아 시네마

민족적/국제적/초국적:

트랜스 아시아 영화의 개념과 영화비평에서의 문화정치학

미츠히로 요시모토 저
전주국제영화제 프로그램팀 역

1980년대 들어 홍콩, 일본, 한국, 중국, 타이완의 영화들이 국제무대에서 주목을 받기 시작했다. 영화의 제작, 배급 및 수용에서 재정, 인력, 문화 자본이 동아시아 지역을 가로질러 복잡하게 흐르고 연결되었다. 이 때문에 이 지역을 비롯한 아시아 국가들에서 만들어지는 수많은 아시아영화들의 국적을 판가름하는 것이 갈수록 어려워지고 있다. 또한 수용과 소비의 장도 국적으로 간단히 정리되지는 않는다. 이러한 상황하에서도 '트랜스내셔널 아시아영화'에 대해 이야기할 수 있는 것일까? 초국적(트랜스) 아시아영화를 바로 영화비평과 영화학의 대상으로 받아들이기에 앞서, 먼저 아시아영화라는 개념 자체가 그다지 자기확정적인 개념이 아님을 밝혀두어야 하겠다. 이 개념은 영화의 수용과 영화학이라는 특정한 제도적인 (institutional) 요구와 지리학의 산물로서, 다양한 비평적 관점을 통해 설명해야 하는 구성물이다. 그렇다면 도대체 무엇이 아시아영화라는 개념을 부상시켰는가? 그리고 이 개념이 영화학과 영화비평에 사용되는 목적은 무엇인가? 내셔널 시네마 연구에서 이 개념이 차지하는 위치는 어떤 것인가? 널리 수용되는 비평적 개념인 아시아영화의 구조를 설명하기 위해서는 서로 연결되면서 동시에 분리된 몇몇 요소들에 대해 먼저 논의해야 한다.

첫째로, 우리는 아시아영화라는 개념을 세계가 하나의 지구촌으로 급박하게 변모되는 경제적 현실과 변형의 관계 속에서 다시 한 번 살펴볼 필요가 있다. 아시아영화라는 개념의 부상은 경제의 세계화(globalization)나 주요 경제지역으로 동아시아가 부상한 것과 분리할 수 없다. 이에 대해서는 이것이 정확하게는 부상이 아니라 아시아가 세계 무대의 중심으로 재(再)부상한 것이라고 주장하는 이들까지 있을 정도다. 예를 들어, 안드레 군터 프랑크(Andre Gunder Frank)는 지배적인 경제권력으로서 유럽에 의한 지배는 그저 단기간 동안 지속되었을 뿐이며, 최근에 일어나는 변화는 새로운 현상이라기보다는 전통적인 아시아가 세계 경제의 중심으로 회귀하는 것이라는 주장을 체계적으로 예증하려 한다.[1] 우리가 프랑크의 위와 같은 논쟁적인 주장을 받아들이건 받아들이지 않건 간에, 아시아의 개념이 세계의 지정학적 재구상에 매우 중요한 지점을 점하게 되었다는 점만은 인정할 수 있다. 이런 상황 속에서 볼 때, 최근의 몇 년간 아시아영화를 중요한 개념으로 수용하는 것이 전혀 놀라운 일이 아니다.

둘째로, 아시아영화라는 용어의 광범위한 사용은 영화비평과 영화학계에서 내셔널 시네마(national cinema, 국가영화, 민족영화)의 위상이 계속 문제시되는 것과 때를 같이한다. 내셔널 시네마 연구는 민족국가(nation-state)와 민족문화의 합일을 전제로 깔면서, 특정 국가의 영화를 그 민족의 인물, 감성, 또는 정신의 반영으로 해석하려는 경향이 있다. 우리는 국민국가가 구성(constructedness)되었다는 점과, 영화와 같은 근대 기술과 문화적 산물이 국민 정체성의 구성과 정착에 중대한 구실을 수행하고 있다는 점을 인식해 갈수록, 내셔널 시네마에 대한 연구는 내셔널 시네마 연구라는 개념 밑에 깔린 자신만의 위치성과 특정한 이론적 가정을 반영할 수 밖에 없다.

그러므로, 아시아영화의 개념은 부분적으로는 세계영화를 할리우드영화와 (미국을 제외한 다른) 내셔널 시네마들로 나누는 전통적인 구분에 대한 대안 찾기의 결과로 받아들여진다.

셋째로, 우리는 수많은 국제영화제들과 새로운 전 세계적-기독교 통합(ecumenical)-영화 문화가 아시아영화의 대중화에 중추적 구실을 해왔다는 사실을 간과해서는 안 된다. 점점 세계화하고 있는 이 시점에서, 소위 자국영화 제작이라는 것을 극도로 유지하기 어려운 것이 사실이다. 결과적으로 영화는 두 중심 유형으로 나뉜다. 다시 말해서 할리우드영화와 국제영화로 나누어질 수 있는 데, 이 양자 모두에 '자국내(domestic)' 관객이란 매우 불확실한 분야다. 영화의 제작과 수용의 위치는 더 이상 안과 밖이라는 개념으로 쉽게 논의될 수 없다. 그러므로 비(非)할리우드영화는 현재 국제영화제나 유행을 따르는 관객들을 위한 영화를 만들거나, 할리우드영화의 복사판을 만들어감으로써 살아남고자 노력을 기울인다. 아시아영화라는 개념은 문화적인 것과 경제적인 것이 서로 대립하는 것이 아니라 완전히 상호 소통하는 곳인 전 지구적 영상문화의 한 산물로 설명되어야 한다.

앞에서 거론한 모든 요소들이 아시아영화가 하나의 개념으로 널리 수용되는 데 큰 구실을 했다. 그러한 요소들은 각기 서로 긴밀하게 연결되어 있음에도, 하나의 통합된 담론의 장을 구성하고 있지는 않다. 결국 아시아영화는 하나의 단일한 정의나 의미로 축소될 수 없다. 개념에 대한 정의가 유동적이며, 의미가 계속해서 재협상된다는 점 자체가 아시아영화라는 개념을 흥미롭게 만들고 있다. 동아시아에서의 영화와 문화의 국가간 흐름을 구체적으로 밝히고자 하는 것이 이 글의 목적은 아니다. 현재 아시아영화의 제작, 배급, 소비에 대한 구체적인 지식을 가지고 있는 사람들은 많다. 북아메리카에 기반을 둔 아카데미한 영화비평가인 내가 가장 흥미를 느끼는-또한 내가 가장 잘 할 수 있는-것은 전 지구화한 세계 내에서의 학술적인 영화비평과 정치경제학, 그리고 문화정치학 사이의 연결들을 완전히 단절시키지는 않은 채, 아시아영화의 비평적 구성에 기여해 온 학과로써의 (disciplinary) 역사와 제도적 정치학을 탐구하는 것이다.

아시아영화라는 개념이 북아메리카 영화연구에서 나타난 것은 상대적으로 최근의 일이다. 1980년대 후반 또는 1990년대 초가 되어서야 아시아영화라는 개념이 영화연구에서 보편적인 용어로 자리잡게 되었다. 그 전에는 일본영화, 인도영화, 중국영화는 있었지만 아시아영화라는 것은 없었다. 그렇다면 이런 학술적인 영화비평과 영화연구 학과 내에서 새로운 정의적 구분이 탄생한 것은 어떻게 설명해 낼 수 있을까? 도대체 아시아영화란 정확히 무엇을 의미하는가? 이는 그저 아시아라는 지역에서 만들어진 영화들을 편리하게 모두 합쳐서 부르는 용어인가? 아니면 아시아 지역의 다양한 내셔널 시네마의 총체를 말하는 것인가? 아시아영화는 자체만의 일관성이나 특정성 혹은 정체성을 가지고 있는가? 물론 한 가지 요소만으로는 아시아영화의 부상을 설명해 낼 수는 없다. 그러나 영화연구의 제도적 역사를 잠시만 살펴본다면 아시아영화가 최근에 수용 가능한 분야가 된 이유를 부분적이나마 설명할 수 있다.

"철학, 정치학, 사회학, 종교, 미술사, 음악과 같은 장들은 대체로 서구 문명화의 산물들과 전통적인 밀월관계를 유지해 왔다."[2] 여기에 1970년대의 영국 영화저널인 《스크린(Screen)》으로 대변되는 영화이론인―라캉과 알튀세르적인―후기구조주의의 소개로 크게 확대된 영화연구의 장도 추가시킬 수 있을 것이다. 이 새 이론이 끼친 지대한 영향에도 불구하고 이 영화이론과 이 이론이 촉진시킨 영화연구 영역은 곧 다양한 입장들로부터 공격을 받게 된다. 우리의 목적을 위해선 《스크린》의 이론적 성공과 궁극적인 소멸의 원인이 영화적 특정성에 대한 물신화와 결정론적으로 주체 위치들을 생산해 내는 영화적 장치의 본질화(essentialization) 밑에 깔려 있는 특정한 문화적 가정들을 비판할 수 있는 능력이 부재한 데 있었다고 한다면 충분할 것으로 보인다. 《스크린》 이론은 자신을 보편적인 이론으로 내세웠으나, 사실 그 이론이 적용될 수 있는 곳은 지극히 한정되어 있었다. 영화연구의 학술적 장이 유럽 중심의 관점에 의해 조직되는 이상, 아시아영화와 같은 개념이 비평적 통용성을 얻는다는 것은 매우 희박한 일이다. 그렇다고 학계의 구체적인 대상으로서 아시아영화가 전혀 부재했다는 의미는 아니다. 이 시기 동안, 일본영화는 할리우드의 영화적 타자라는 위치로서 경전의 일부로 열정적인 연구의 대상이 되었다. 전체로서 혹은 몇몇 감독들과 그들의 작품으로 대표되는 일본영화는 할리우드 자체나 할리우드의 지배력을 급진적으로 문제시하는 대안적인 재현과 주체 형성의방식(mode)의 탐구라는 맥락에서 설명되었다.

그러나 이 탐구는 비교에 사용되는 용어들이 언제나 서사와 재현의 전통적인 또는 제도적인 방식인 할리우드에 의해 지시되었기 때문에 비참하게 실패로 끝났다. 그러므로 일본영화는 하나의 규범으로서의 할리우드에 대한 정반대의 또는 부정적인(negative) 이미지로 구성되었는데, 사실 그와 같은 것은 근본적으로 유령과 같은 존재다. 관습적으로 말하자면, 1980년대 후반과 1990년대 초반에 있었던 선봉적 정치학의 급속한 쇠퇴와 더불어, 학과 경전의 일부로 일본영화를 논할 더 이상의 강력한 명분이 사라졌다. 하나의 매체로서 영화가 갖는 특정성에 대한 이론적 관심은 문화 텍스트로서의 역사적인 영화연구에 의해 대체되었다. 다시 말해서 선봉적 이론(유럽 중심적 보편주의)의 정치적 급진성이 역사주의(다문화적 특정주의)의 아카데미적 심각함에 길을 내주었다. 이러한 과정에서 문화주의 담론은 학과 구석에 위치해 있던 일본영화 연구의 장에서 자기 통용성을 찾게된다. 일본영화는 다시 한 번 문화적 특정성에 대한 몇몇 감식가들에게 이국적인 대상으로 떠오른다.[3]

아시아영화가 합법적인 연구의 범주로 등장하기 시작한 것이 바로 이때다. 이론이 아닌 아시아의 새로운 작가들이나 아시아의 내셔널 시네마에 대한 관심이 증폭되면서 중국을 비롯한 아시아 국가의 영화들이 국제영화제에서 상을 받기 시작했다. 이러한 일들은 단순히 비판적 영역의 확대나 새로운 경전으로서 아시아영화가 부상했다는 의미만은 아니었다. 새롭게 등장한 아시아영화 연구의 전반적인 비평적 지향점(critical orientation)은 1970년대와 1980년대 초에 수행된 일본영화 연구의 지향점과는 완전히 다른 것으로, 할리우드에 대한 급진적 대안을 모색하려는 물신적 의도가 배제되었다. 일본영화의 타자성이 상대적으로 할리우드 기준과의 차이로 구성된 반면, 현재 아시아영화는 그 자체가 긍정적 차이로 찬양되었다. 학문적 대상이라는 아시아영화 아래 깔려 있는 것은 다양한 내셔널 시네마들과 영화 관행들이 다양한 방식으로 공존하고 있다는 것에 대한 믿음이었다. 아시아영화는 그저 아시아영화가 지배적인 할리우드영화에 대한 부정적인 거울반사로서 단순한 양분적 분류체계 때문이 아니라, 아시아영화가 가지는 독특한 차이점 때문에 연구할 가치가 있는 것으로 여겨졌다.

그렇다면 이것이 아시아영화를 하나의 적법적인 범위로 수용하는 긍정적이고도 새로운 발전이라고 볼 수 있다는 뜻인가? 물론 1990년대 들어 아시아영화 또는 아시아의 다양한 내셔널 시네마들을 진지하게 연구하는 학자들과 학생들이 전반적으로 증가한 것은 분명하다. 사실 할리우드가 그 어느 때보다 지배적인 상황에서 영화연구가 눈에 띄게 단일문화적인 학문이 되어왔던 것이 사실이다. 흔히 이야기하는 고전 할리우드영화 연구는 비록 객관적인 묘사나 분석들로 제시되긴 했지만, 할리우드를 보편적인 영화의 표준으로 자리매김하는 데 적극적인 동인이 되었다. 이미 지적했듯이, 이런 표준에 대한 대안의 모색(일본영화에 대한 '이론적' 전유로 예시되는)이 그저 할리우드의 표준으로 추정되는 중심성을 재확인시키는 한, 동전의 다른 면일 뿐이다. 또한 구조주의와 형식 분석 역시 영화연구의 급진적인 돌파구를 제시해 주지 못했다. 사실 작가주의와 제도화한 구조주의 사이의 연관성을 찾아내는 것이 특별히 어려운 일은 아니다. 그 일례로 앤드루 새리스(Andrew Sarris)의 1962년 주장을 살펴보자.

몇 년간의 힘든 재가치화를 거친 지금, 비록 비평가로서의 입지가 위험에 처한다고 해도, 나는 어떤 비평기준을 적용시켜 보더라도 알프레드 히치콕 (Alfred Hitchcock)이 로베르 브레송(Robert Bresson)보다 예술적으로 뛰어나 며, 더 나아가 영화 대 영화, 감독 대 감독으로서 미국영화가 1915년부터 1962년까지 세계의 다른 어떤 국가의 영화들보다 우위를 점령해 왔다고 제 안할 준비가 되어 있다. 결론적으로 말해서 나는 작가이론을 미국영화 즉, 전 세계를 통틀어 몇몇 상위의 위대한 감독들 외에 깊이 탐구할 가 치가 있는 유일한 영화인 미국영화의 역사를 기록하기 위한 주요한 비 평적 장치라고 생각한다(강조는 필자).[4]

영화연구의 관심이 독특한 세계관과 특징(signatures)을 지닌 개별 작 가들로부터 산업구조나 장르의 관습, 서사형식, 다시 말해 체계로 이동했다 고 할리우드의 지배를 근본적으로 바꾼 것은 아니었다. 그와는 반대로 영화 연구의 제도적 역사는 할리우드영화가 '영화전체(Cinema)'와 점점 동급화 해 가는 진화과정으로 볼 수 있다. 《스크린》이론과 제도적 구조주의는 새 리스 같은 비평가들의 작가주의에 반기를 들기보다는, 영화장치와 그 이데 올로기를 일관되게 비판함으로써 혹은 가치 평가적인 또는 해석적인 주장 없이 객관주의적 시선을 유지함으로써 할리우드의 지배에 기여해 왔다.

영화연구의 학과 구조 내에서 할리우드의 압도적인 구심력과 학계 의 새로운 분야로서 아시아영화가 부상한 것은 서로 무관한 일이 아니다. 이 둘 간의 연결을 확립하는 중심 용어는 세계화(globalization)다. 물론 세계 화라는 용어는 현재 흔하게 논의되는 것이기도 하고, 또 그 의미도 누가 어 떤 맥락에서 사용하는가에 따라 달라진다.[5] 세계화의 개념은 확실히 전 세 계 영화시장 곳곳을 모두 석권하고, 그럼으로써 전 세계의 영화문화를 단일 화하는 할리우드영화의 이미지를 떠올리게 하는 것이 사실이다. 그러나 동시에 세계화는 다양성들과 차이점들이 더욱더 다양화하는 과정으로 이해될 수도 있다. 둘째 의미의 세계화는 어떤 단일한 중심―할리우드―도 시청각 이미지 제작을 독점하거나 이미지로부터 특정한 의미나 가치를 만드는 용어들을 지배하지 않는 다양한 문화적 특정성들과 세계에 대한 다중심적 상상에 이르게 된다. 세계화라는 용어는 겉보기에 대조적인 현상을 동시에 지시할 수 있다는 이유로 영화연구에서 중심 용어가 되었다. 상반된 두 움직임에 대한 대조적인 통합체(synthesis)로서 세계화가 갖는 구조적으로 불안정한 특징은 영화연구로 하여금 한편으로는 할리우드영화 연구를 둘러싼 학과적 권력을 견고하게 하고, 다른 한편으로는 모든 종류의 차이들(예를 들어 민족적, 지역적, 문화적, 성적, 인종적 차이 등)에 의해 특징지어지는 세계 영화문화의 다양성들을 찬양하게 한다. 결론적으로 영화를 연구하는 학자들에게 기대되는 것이 더 이상 (마치 할리우드 연구는 그렇지 않지만 내셔널 시네마는 너무 단일 문화적이라도 비난을 받게 될) 특정한 내셔널 시네마에 대한 깊은 지식은 아니다. 대신 영화(=할리우드영화)에 대한 전문적인 지식과 영화 장르의 하나로 아시아영화를 포함하는 세계영화에 대한 총체적인 정통함(familiarity)이다. 영화연구를 통해 연구자들은 좀 더 세계적이고 다문화적이 되는 동시에 비할리우드 영화연구로부터 관습적인 자본을 빼내기 위해서 세계화의 개념을 끌어왔다. 세계화는 대부분 영화연구가 할리우드 중심적인 학과적 관습을 더욱 강화해 나가는 것을 편리하게 정당화시켜 주기 위한 목적으로 영화연구에 수용되었다. 영화연구의 다문화주의는 "사실, 민족적인 또는 민족주의자의 윈도쇼핑을 위해 전시된 다른 문화들의 모음집이다."[6] 이것이야말로 간단한 문화 제국주의다.[7]

　　이러한 관찰을 통해 알 수 있는 것은, 학문적 대상으로 아시아영화가 제도적 투쟁과 비평적 논의의 장이 되지 않을 수 없을 뿐 아니라, 아시아영화에 대해 정치적으로 중립적인 연구란 절대 불가능하다는 것이다. 아시아영화의 개념은 쉽게 슬럼화의 수단이 될 수 있고, 이미 많은 부분에서 그러한 수단으로 전락해 버린 것이 사실이다. 이는 모두가 너무나 자주 보았던 현상이다. 비서구 또는 (서구를 제외한) 나머지 세계에 대한 명목상의 인지—예를 들어 교수 명부에 한두 명의 '아시아주의자(Asianist)'를 집어넣는 것—는 바로 세계주의(cosmopolitan)로 위장한 유럽과 미국 중심적 구분을 유지하는 장과 학과로부터 이것(비서구)을 제외시키기 위해 사용된다.[8] 만약 아시아영화가 학계에서 현재 널리 수용되고 있는 이유가 서구의 구심성을 유지하기 위해서라면, 우리는 영화에 대한 학문적 연구에서 합법적인 지식을 구성하는 것에 도전할 수 있는 방법을 통해 이 개념을 재절합(rearticulate)해야만 한다.

아카데믹한 영화 담론 내에서의 할리우드의 지배가 단순히 아시아영화 전문가나 아시아영화에 대한 책 또는 논문의 수가 많아진다고 해서 위협당할 수 있을까? 영화연구의 세계주의와 다문화주의에 대항하는 좀 더 정치적으로 진보적인 아시아영화의 정체성을 창조해 내는 일이 가능할까? 좀 더 실용적인 관점에서 본다면, 영화비평과 영화연구에서 아시아영화라는 개념이 적극 선전된다는 의미는 무엇인가? 이 질문들에 대한 답은 간단하지 않으며, 우리는 아시아영화에 중점을 두는 비평 행위와 직접 연결성을 가지는 동시에 이 문제들과 씨름해야 할 필요가 있다.

아시아영화를 독립적인 비판적 개념으로 변형시키기 위해서는 먼저 여기에 대해 아무런 문제가 없는 긍정적인 정체성을 서둘러 부여하려고 하지 않는 것이 필요하다. 좀 더 넓은 지역적 구분들도 민족적인 구분들만큼이나 문제가 많고, 이는 아시아영화라는 개념이 내셔널 시네마에 대한 연구에서 생겨난 문제들을 자동적으로 풀어주지 못한다는 것을 의미한다. 일관성과 총체성의 근원으로 하나의 세계에 기반한 새로운 영화 분야는 유럽영화의 경우에서 명확하게 볼 수 있듯이 절대 정치적으로 중립적이거나 이데올로기적으로 공평할 수 없다. 유럽이 마치 다른 문화에 대한 식민화, 정복, 파기라는 파괴적 행위, 또는 거의 이와 유사한 행위에 관여하지 않았던 것처럼 유럽의 피해자의 위치에 놓는 이상, 할리우드의 경제적 침략과 문화적 식민지화의 위협에 대항한 일관된 정체성으로 유럽영화를 고안하려는 다양한 시도들은 언제나 필연적으로 실패할 수 밖에 없다.[9] 유럽영화에 대한 비평적 구축은 유럽이라는 개념에 대한 면밀한 비판과 병행되지 않으면, 정치적으로 혹은 역사적으로, 그리고 이데올로기적으로 유지 불가능하다. 아시아영화의 경우, 긍정적인 기여점이 종종 할리우드와 그 외 나머지라는 지배적인 이분법의 산물로 쉽게 변할 수 있는 데 가장 큰 위험성이 있다. 아시아영화의 개념이 비판적으로 실행 가능하기 위해서는 할리우드 중심 모델에서 파생된 것이 되어서는 안 된다. 그러나 그렇다고 지배적인 양분법에서 완전히 벗어나서 아시아영화를 재개념화하는 일이 쉬운 것도 아니다. 이 영역의 지배력으로 판단해 볼 때, 또 다른 인종중심주의가 될 가능성과 비판적 노력이 부지불식간에 다문화주의적 신식민주의와의 공모로 추락할 가능성에 대해 경계를 늦추어서는 안 된다.

이제 우리는 트랜스 아시아영화가 무엇을 의미할지, 또 어떻게 개념화할 수 있는지, 그리고 왜 그런 개념이 필요하거나 유용한지에 대해 논할 준비가 되었다. 나의 비평적 입장은 트랜스 아시아영화가 앞에서 짧게 거론되었던 영화연구의 문제들을 다 해결해 주는 새로운 마술적 개념이 아니라는 것이다. 앞으로 내가 짧게 주장하듯, 초-아시아영화―트랜스 아시아영화라기 보다는 앞의 표현이 더욱 적절할 것이다―가 비평 개념으로 훨씬 더 의미 있는 개념인데, 그 이유는 이 개념이 우리로 하여금 아시아영화가 연구 대상으로 스스로를 구축해 가는 과정들을 재평가하고 스스로의 용어들을 통해 아시아영화의 연구를 재구성해 나갈 수 있도록 해주기 때문이다.

자금, 인력, 영화의 국가와 민족을 넘어선 흐름은 아시아영화의 트랜스화의 중요 측면 가운데 하나다. 이에 대해서는 다양한 관객들에 의해 전 세계적으로 순환되고 소비되는 다양한―인종중심적인 그리고 다른―

방법들에 대한 연구가 필요한 것이 사실이다. 그러나 결국 이런 종류의 연구가 아시아영화의 트랜스성에 대해 무엇을 얘기해 줄 수 있는가? 한국영화, 중국영화 또는 일본영화들이 아시아와 미국 또는 다른 나라의 대도시 지역들, 또는 전 세계의 아시아 이민자 사회 속에서 어떻게 비디오테이프, 비디오 CD, 레이저디스크, DVD로 유통되는가에 대한 민족지적 연구(ethnographic study)가 아시아영화의 트랜스적 수용에 대한 학계의 유일한 연구가 되어서는 안 될 것이다. 이런 종류의 민족지 연구는 그것이 단지 수용과 관객성의 다종성(hybridity)을 강조할 때 더욱 문제가 된다. 탈식민주의 담론에 의해 축복받은 다종성 개념은 많은 비평가들에게 비판을 받아왔다. 다시 말해서, 이 개념은 너무나 자주 역사를 소멸시키고, 자주권과 '원래' 문화의 순수성을 대체하며, 정치적 지배와 경제적 착취의 구체적인 관계를 모호하게 만든다. 게다가 소비자들과 상품들의 혼종적 정체성들은 탈식민주의, 탈근대주의, 또는 문화적 세계주의의 학자들이 처음 새롭게 발견해 낸 것이 아니다. 다국적회사들의 대표들은 이런 개념에 대해 전혀 무지한 것이 아니라, 이 개념을 적극 홍보하고 이를 통해 이득을 얻고 있다. 단순히 트랜스적 문화의 흐름이 현재 인간의 경험들, 민족적·인종적 그리고 다른 종류의 정체성들을 근본적으로 변화시키고 있다고 강조한다고 해서 현재 대학의 위기를 어떤 식으로라도 해결하거나, 급속하게 축소되는—아니 소멸하고 있다고까지 말할 수 있는—인문학과에 새로운 목표와 명분을 부여하는 급진적으로 다른 종류의 비평적 담론과 연구가 자동적으로 생겨나는 것은 아니다.[10]

　　문화의 혼종성과 트랜스적 흐름에 대한 연구는 또한 민족적인 것, 국제적인 것, 트랜스적인 것의 구성 내에서 지리적 위치와 실질적 경계의 중심들을 아무런 문제 제기 없이 재강화하려는 경향이 있다. 가령 내셔널 시네마의 문제를 살펴보자. 내셔널 시네마란 무엇인가가 더욱더 모호하고 불확실해지는 것은 확실하다. 그러나 이것이 단순히 서로 다른 지리적 위치와 물리적 배경에 처해 있는 관객들의 전반적인 다양화 때문만은 아니다. 내셔널 시네마의 문제는 '민족국가 영화(nation-state cinema)'라는 용어로 '내셔널 시네마(national cinema)'를 대체함으로써 해결될 수 있는 것은 아니다.[11] 단순히 내셔널 시네마가 부정확한 개념이라는 것은 아니다. 민족국가 영화라는 개념은 내셔널 시네마를 매우 논란적인 분야로 만드는 가장 근본적인 문제를 단순하게 비껴간다. 영화와의 관계에서 민족적이라는 것을 구성하는 것은 무엇인가? 내셔널 시네마에 대한 어떤 비판도 이 문제를 지시하지 않는다면 내셔널 시네마의 문제를 단순하게 회피하는 것일 수 밖에 없다. 내셔널 시네마의 정체성이란 영화가 만들어는 지리적 위치와 영화감독의 국적이나 언어, 공유된 문화관습과 패턴들, 또는 민족정신(ethos)과 영혼에 의해 결정되는 것인가? 내셔널 시네마의 민족성(the national)은 민족주의로 축소될 수 있는 것인가? 만일 그렇지 않다면, 민족주의 영화(cinema of nationalism)와 내셔널 시네마의 차이점을 무엇인가? 나는 이 문제들에 대한 가장 흡족한 해답을 폴 윌먼(Paul Willemen)의 〈민족성(The National)〉이라는 제목의 글에서 찾을 수 있다. 내셔널 시네마의 문제를 간결하게 명료화한 문단을 인용하고자 한다.

> 민족적 특정성을 지시하는 영화는 반(反)민족주의적 또는 적어도 비(非)민족주의적 영화가 될 것이다. 그 이유는 영화가 민족주의의 단일화 목적과 결합되면 될 수록, 그 영화는 사회적 구성의 문화적 배치(configurations)를 특징화하고 구성하는 복잡하고 다측면적이고 다방향적인 긴장들과 비판적으로 연관될 수 있는 가능성은 더 줄어들게 될 것이기 때문이다…… 내셔널 시네마의 문제는 그렇다면, 영화감독의 국적이나 영화제작비가 어느 나라에서 오는가의 문제라기보다는 근본적으로는 소구(address)의 문제다.[12]

내셔널 시네마를 내셔널 시네마로 만드는 것은 특정한 영화가 자기 것으로 수용하는 기존의 민족 정체성은 아니다. 반대로 내셔널 시네마는 민족적인 개념을 집중 설명하고 민족적 동일성에 대한 상상적 개념을 창조하기 위해서 특정 그룹의 민중들이나 지리적 위치, 혹은 문화적 전통을 민족적인 것과 쉽게 동일시 해버리는 것을 거부할 때 비로소 정확히 드러난다. 내셔널 시네마의 정체성이 현재 문제시되는 이유가 영화들이 서로 다른 국가 출신의 영화제작자들로 이루어진 다양한 그룹에 의해 여러 국경의 다양한 장소에서 정기적으로 만들어지고 완성되기 때문이거나, 특정한 국경들의 안과 밖에 위치한 다양한 관객들에 의해 소비되기 때문은 아니다. 문제가 되는 점은 그것이 균일한 것으로 여겨지는가(예를 들어 내셔널 시네마를 민족 고유의 특징 또는 정수를 받아들이는 것으로 보는 전통적 개념화) 그렇지 않으면 다양한 것으로(예를 들어 내셔널 시네마가 깨어지기 쉽다는 것에 대한 증거로 혼종적 정체성과 트랜스적 문화 흐름을 사용하는 것) 여겨지는가의 여부와는 무관하게, 내셔널 시네마에 대한 토의 속에서 최종 결정 요소인 정체성을 비반영적으로 사용하는 것이다. 따라서 최근 내셔널 시네마에 대한 재탐구에서 주목할 만한 점은 영화와 이미지 상품의 전 세계적 순환이라는 사실 그 자체는 아니다. 제기되어야 할 질문들은 바로 다음과 같은 것들이다. 영화가 정기적으로 국경을 넘어 제작·순환·소비될 때, 소구의 위치성(positiality of address)에는 어떤 일이 일어나는가? 여전히 향수(nostalgia) 어린 민족주의로 추락하지 않으면서도 다국적 자본의 막대한 힘에 대항해서 민족의 특정성을 비판적으로 설명해 내는 것이 가능한가?

　　나는 트랜스 아시아영화의 개념을 거부한다. 이는 다국적 자본과 전 지구적 문화의 흐름을 단순하게 재강화할 위험이 있기 때문이다. 아시아영화의 구성은 할리우드에 대한 상상적 대안이나 단순한 할리우드의 지역적 변형, 또는 정수화한 문화적 유형이나 문명적 성격들의 발현(manifestation)과 동급이 될 수 없는 비판적 개념이라는 방식으로 다시 진행되어야 한다. 트랜스 아시아영화는 앞의 이 모든 조건들을 충족시키기보다는, 그 어느 때

보다 지배적이고 세계화한 할리우드의 보완책으로 여전히 기능하고 있는 초민족주의와 문화적 세계화의 담론으로 쉽게 회복될 수 있다. 아시아영화와 트랜스 아시아영화는 서구의 문화적 제국주의와 다문화주의의 단순한 도구로 쉽게 전락할 수 있으며, 이는 결과적으로 슬라보예 지젝(Slavoj Zizek)이 주장하듯 산업적 자본주의의 식민주의와 초국적 자본주의의 신식민주의로 각각 기능한다.

그리고 물론 이 전 지구적 자본주의 이데올로기의 이상적 형태는 다문화주의(multiculturalism), 즉 지배자가 피지배자들을 대하는 방식-마치 '원주민(natives)'의 관습은 더욱 조심스럽게 연구하고 '존중해야' 하는 것과 같이-으로 일종의 텅 빈 세계적 위치로부터 각 국가의 문화를 대하는 태도다. 이는 다시 말하면 전통적인 제국주의적 식민주의와 세계 자본주의적 자기 식민화의 관계가 바로 서구의 문화적 식민주의와 다문화주의 간의 관계와 같다는 것이다. 다시 말해서 세계 자본주의가 민족국가 본국을 식민화하지 않고도 식민화의 모순에 연관되는 것과 같은 방식으로, 다문화주의는 자신들의 특정한 문화의 뿌리 없이 유럽 중심주의적 거리(distance) 그리고/또는 지역 문화들에 대한 존경을 후원하는 데 관련한다.[13]

아시아영화가 트랜스 아시아영화에 대한 대안으로서 나는 초-아시아영화라는 비판적 분야를 제안하고자 한다. 초-아시아영화의 개념은 아시아영화의 독특함이나 아시아 내의 다양한 내셔널 시네마들을 아무런 문제 제기 없이 강조하는 것을 거부한다. 초-아시아영화는 또한 다문화주의의 이름으로 차이를 탈역사화하고 탈정치화시키는 다국적인 자본의 논리도 거부한다. 다국적인 자본은 중국적인 것, 일본적인 것, 그리고 한국적인 것을 텅빈 기표(signifier)—즉 어떤 실체적인 성격이나 특징이 아니라 순전히 상대적으로 평가되는 가치-로 변형시킨다. 그뿐 아니라 이렇게 긍정적인 의미들과 성격들을 비워버림으로 인해, 이들은 그 자체로 물건으로 물화된다. 초-아시아영화는 물화된 중국적인 것, 일본적인 것, 또는 한국적인 것을 전 세계 영화시장과 세계영화제에서의 문화적 자본의 새로운 종(種)으로 취급 하는 트랜스 아시아영화에 대한 반(反)테제다. 초-아시아영화는 변형적이 고 반영적 행위로써, 이 안에서 영화제작과 비평담론들은 견고하게 연관을 맺는다. 초-아시아영화는 할리우드의 보편성을 새로운 트랜스적 기준으로 잘못 인식한다거나, 할리우드의 거울 이미지, 즉 다문화주의와 초국적 자본 주의에 의해 포용되는 정체성의 특정성으로 트랜스 영화를 잘못 인식하는 식으로 축소될 수 없는, 영화적 행위와 비평적 틀의 다양성을 생산한다.

진보적 비평 행위로써의 초-아시아 영화 연구는 영화연구에 순수하 게 비교적인 측면들을 도입할 절박한 필요성을 강조할 수 있다. 비교연구라 고 반드시 둘이나 그 이상의 다른 종류나 민족의 영화를 서로 비교해야 한 다는 것은 아니다. 그렇다고 단순히 비교문학자들이 다양한 민족문화와 문 학적 전통들이 하는 것을 복제하는 것도 아니다. 사실, 비교문학이 비교영 화연구의 모델이 될 수 없는 이유는 추정되는 보편적 '문학성(literariness)' [14] 에 대한 강조 때문이다. 대신, 비교연구로부터 영화연구가 도입할 수 있는 것은 개별적인 내셔널 시네마가 축소될 수 없는 자기만의 특정성을 가지고 있다는 것과 어떤 내셔널 시네마도 그것이 세계적으로 얼마나 상업적으로 지배적이든, 미학적으로 영향력을 많이 끼치든 간에 보편적인 영화(Cinema) 와 동급화할 수 없다는 데에 대한 이해다. 만일 영화연구가 지난 10여년 동 안 보수적인 원칙같이 되었다면 그것은 아마도 많은 부분 잘못된 보편주의 에서 기인한 것이다. 영화연구에서 연구의 대상은 영화이고, 이는 어떤 특 징한 민족 또는 문화적 사이를 뛰어넘어서 존재하는 것이었다. 그러나 현실 에선 영화에 대한 보편적 생각이 할리우드영화와 유럽영화의 몇몇 선별된 것들과 기본적으로 교환 가능하다. 영화연구의 원칙에 의하면. 일단 영화학 자가 영화의 근본 원칙들을 받아들이면 그들은 영화에 대한 전문성만 가지고 있으며 특정한 지식 없이도 아시아영화처럼 특정한 '예'들을 자유롭게 연구할 수 있다. 그리고 이 원칙적 구조가 유지되는 한 언어학적이나 문화적 전문성을 받아들인다고 해도 이 잘못된 보편주위를 근본적으로 위협한다는 것은 불가능하다. 비교문학에서 일어나듯, 하나의 전문적 영역으로 아시아영화를 아무런 비판 없이 강조하는 것은 결국 영화연구가 다른 지역연구를 재생산해 내는 것으로 끝나버릴 가능성이 농후하다. 비교연구가 드러내고 타파해야 하는 것은 바로 영화연구의 식민성—그리고 아직까지 비평과 학문의 합법적인 대상으로 아시아영화를 대놓고 다룰 수 없었던 아시아연구의 식민성—이다. 학문적 원칙으로써의 영화연구의 탈식민화는 아직 시작했다고도 보기 어렵다.

주

1) Andre Gunder Frank. 1988. *ReOrient: Global Economy in the Asian Age.* Berkeley: Universityof California Press.

2) Martin W. Lewis and Karen E. Wigen. 1997. *The Myth of Continents: A Critique of Metageography.* Berkeley: University of California Press. p.109.

3) 영화연구의 제도적 역사와 영화연구의 학과적 형성에서의 일본영화의 역할에 대한 좀 더 구체적인 연구에 대해서는, Mitsuhiro Yoshimoto. 2000. *Kurosawa: Film Studies and Japanese Cinema.* Durham: Duke University Press. p.8~49를 참고하시오.

4) Andrew Sarris. 1985. 'Notes on the Auteur Theory in 1962'. In Gerald Mast and Marshall Cohen, Eds. *Film Theory and Criticism: Introductory Readings.* 3rd ed. New York: Oxford University Press. p.535.

5) 세계화(globalization)의 다양한 의미화나 이 개념에 대한 변증법적 비평에 대한 논의는, Frederic Jameson. 1998. 'Notes on Globalization as a Philosophical Issue.' In Fredric Jameson and Masao Miyoshi, eds. *The Cultures of Globalization.* Durham: Duke University Press. p. 54~77을 보시오.

6) Kuan-Hsing Chen. 1998. 'The Decolonization Question.' Kuan-Hsing Chen, ed. *Trafectories: Inter-Asia Cultural Studies.* London: Routledge. p.21.

7) 하스미 시게히코(蓮實重彦)의 학문적 관습으로써의 미국 내 영화연구에 대한 좀 더 적나라한 —또는 씁쓸한— 비판은 아마도 너무 성급한 감이 있고, 또한 핵심에도 완전하게 들어맞지는 않는다. Hasumi Shigehiko, Kobayashi Yasumo, and Matsuura Hisaki. 'Hysoho bunka ron no genzai to mirai.' UP 29. 1(2000): p. 1~23을 참고하시오.
이 논문의 출간에 대해 알려 준 마르쿠스 아베 노네스(Markus Abe Nornes)에게 고마움을 전한다.

8) 이 문제는 단지 아시아영화에 대한 학과의 근본적인 무관심 때문만은 아니다. 아시아영화에 대한 연구 자체는 종종 규율의 인종 중심적 구분을 공모적으로 받아들이거나 그 질에 대한 낮은 기준으로 인해 자기 자신을 주변화시키는 데 일조한다.

예를 들어, 책 뒤 표지에 아시아의 영화산업에 대한 총체적 분석이라는 설명이 붙어 있는 John A. Lent. 1990. *The Asian Film Industry.* Austin: University of Texas Press는 아시아의 많은 대중영화들이 서구의 원전들에 대한 단순한 모방일 뿐이라고 매우 전형적인 주장을 하고 있으며, 영화감독들의 의도와 수위에 호소함으로써 마치 영화연구의 장에서 아무런 연구도 없었던 것처럼 비판적 해석의 부재를 정당화하려 노력한다.

(나의 입장은 마치 '미학적인' 분석들이 의도되는 것처럼 그들이 어떤 것을 의미하고자 하거나 얻고자 한 효과가 있다는 것을 판단하기 위해서는 영화감독들의 인터뷰에서부터 시작해야 한다는 것이다. p.viii).

9) 유럽 정체성에 대한 문제적인 강조와 이것이 영화와 갖는 관계에 대한 비판적 토론에 대해서는, Ien Ang. 1992. 'Hegemony-in-Trouble: Nostalgia and the Ideology of the Impossible in European Cinema.' In Duncan Petrie, ed. *Screening Europe: Image and Identity in Contemporary European Cinema.* London: BFI Publishing. p. 21~31을 참고하시오.

10) 초국적 자본주의와 협조 조합주의(corporatism) 시대의 대학과 인문주의 학자들의 불연결성에 대한 Masao Miyoshi의 날카로운 비판을 참고하시오. Masao Miyoshi. 'Ivory Tower in Escrow.' *Boundary* 2, 27. 1(2000): p. 7~50.

11) Stephen Crofts. 1998. 'Concepts of National Cinema.' *The Oxford Guide to Film Studies.*eds. John Hill and Pamela Gibson. Oxford: Oxford University Press. p. 385~394.

12) Paul Willemen. 1994. *Looks and Frictions: Essays in Cultural Studies and Film Theory.*Bloomington: Indiana University Press. p. 212.

13) Slavoj Zizek. September/October 1997. 'Multiculturalism, Or, the Cultural Logic of Multinational Capitalism.' In *New Left Review* 225. p. 44.

14) Charle Bernheimer. 1995. *Comparative Literature in the Age of Multiculturalism*. Baltimore: The Jonhs Hopkins University Press.

글로벌 시대의 지역 페미니스트 장(sphere)의 탄생*:

'트랜스 시네마'와 여성장

김소영 저
이은주 역

1. 여성장(여성의 장 또는 장례식)[1]

이 글은 한국의 여성주의 문화적 생산활동이 현저하게 급증하는 것에 대한 답글이다. 이러한 활동은 21세기 여성주의를 재배열할 에너지를 갖고 있다. 특히 여성주의 웹사이트들은 새로운 액티비즘의 독특한 예를 제공해 준다. 이들은 이미 존재하고 있거나 새롭게 형성되고 있는 여성주의 출판사, 거리시위, 퍼포먼스, 여성영화제 등과 직간접적으로 연결되어 있다. 나는 이렇게 여성주의들에서 부상하는 질합과 새배열을 '여성상'으로 부르려고 한다.

사실 여성장이라는 용어는 최근 한 비극적 사건에서 탄생한다. 2002년 1월 29일, 성매매 여성 14명이 군산(개복동)에서 화재로 죽었다. 그들은

* 이글은《인터 아시아 문화 연구》2003년 봄 호에 영문 게재된 것을 번역한 것이다.

출구가 봉쇄된, 노예화된 성매매 작업장에 갇혀 있었기 때문에 화재가 일어났을 때 밖으로 도망칠 수도 없었다. 2월 8일 여성단체는 사고가 있었던 바로 그 장소에서 장례식을 거행했다. 같은 날 서울에서도 여성연합을 비롯한 여러 여성단체들과 시민들이 서울경찰청 앞에서 노제를 치르며 여성장에 동참했다. 이 장례식은 첫 여성장(여성의 장례식)으로 알려지게 되었다. 장례식을 의미하는 '장(葬)'은 공간과 장을 의미하는 장(場)과 상응한다. 그래서 한국에서 여성장은 이중으로 코드 화한 의미를 지닌 하나의 동음이의어로 기호적 정치성을 띨 수 있다. 그것은 여성의 장례식인 동시에 여성의 장(場)인 것이다. 여성장이라고 이름 붙여진 여성의 공적(공개적) 장례식은 기호적 실험과 페미니스트 정치학에 열려 있는 공간이 된다.

내가 지금 논의하려고 하는 공개장(公開場: public sphere)은 성매매 여성들과 같은 비체들(悲體: abject figures)이 일으키는 공개적 의식이다. 여성장이라는 개념은 공개장에 대한 역사적으로 젠더화하고 유럽 중심주의적 개념에 대한 비판이다. 여성장은 공개장보다는 정치사회(political society)의 개념에 더 가깝다. 여기서 나는 여성들의 공개적 장례식의 눈물겨운 장면들을 환기시키고자 한다. 전 지구화(globalization)의 요소가 관통하는 지역문제로 여성장을 개념화하기 위해, 그것이 표명화된 또 다른 차원인 블록버스터와 넷 액티비즘을 우회할 것이다.

2. 블록버스터들과 네트 다큐멘터리들

블록버스터의 한국 버전, 즉 한국형 블록버스터가 국내뿐만 아니라 아시아 영화시장의 박스오피스에서 흥행을 기록함에 따라, 벤처자본에 의해 봇물이 터진 한국 영화산업의 중심에 어떤 욕망이 들끓고 있다. 한국형 블록버스터들은 자신을 할리우드, 아시아 그리고 한국 영화산업 사이에 있는 그 어떤 것으로 자신을 위치시킨다. 한국형 블록버스터라는 조어가 필연적으로 불러들이는 한국과 아시아 그리고 서구 간의 내적, 문화적 통약불가능성(incommensurability)을 상상화된 관객의 시각적, 청각적 무의식과 화해시키려고 필사적으로 노력한다.

이와 같은 상상화된 관객과 만나기 위해 한국형 블록버스터가 디지털 효과의 기술적 동원, 홍보, 마케팅, 동시적 와이드 개봉 등에 의존한다는 것은 놀라운 일이 아니다. 그러나 이러한 측면만이 방어적 민족주의를 동원해 아시아와 글로벌 시장에 부합하기를 열망하는 블록버스터 영화 산업의 비대해져 가는 문화적 야망을 견지해 주지는 못한다.

확실히 한국형 블록버스터들은 외래적인 것과 지역적인 것 사이의 협상물, 그 자체 거대한 규모로 연출되는 협상물이다. 이 블록버스터는 거대한 할리우드 생산물에 대한 상상적 저항일 뿐만 아니라 자발적 모방이기도 하다. 글로벌 문화산업에서 동일성과 차이라는 다양한 논리들을 구사하면서, 한국의 블록버스터는 민족국가와 민족문화의 지원을 받으며 자신을 할리우드의 세계적 동질화 경향에 반대하는 문화적 차이로 제시한다. 그러나 그것은 제임슨이 일컬은 대로, '동질성과 비동질성이라는 동질성' (Jameson, 1998: 76) 사이의 대립이며 이러한 점에서 한국의 블록버스터 양식은 모순을 내재한다.

최근 《한국형 블록버스터: 아메리카 혹은 아틀란티스》(김소영, 2001)에서 영화 비평가들과 학자들은 사회에 충격을 미치는 대중영화에 주목한 바 있다. 이 충격은 문화 민족주의와 지구화에 대한 재규정에서 도덕성, 욕망, 일상성을 새롭게 개념화하는 배열들에까지 미치고 있다. 영화 주간지인 《씨네 21》은 한국형 블록버스터의 성공을 다음과 같이 종합한다.

"이보다 좋을 수는 없다." 요즘 한국영화의 활약상을 한마디로 이렇게 요약할 수 있지 않을까. 《친구》는 전국 관객 800만을 넘기며 상반기 국내 영화시장의 38.3%를 점유했다. 여름 시즌 동안, 《신라의 달밤》과 《엽기적인 그녀》가 흥행 1, 2위를 다툴 것이 확실시되는 지금, '시장 점유율 40% 시대'는 먼 미래를 기약하는 구호가 아니라 이미 도래한 현실이 됐다.

-《씨네 21》, 2001, 10.

한국형 블록버스터들이 주목받는 핵심은 그 블록버스터 영화들이 거둬들인 실재적 이익보다는 그 영화들이 민족 문화적 가치를 전시해 준다는 데 있다. 이러한 민족문화적 함의와 더불어 1990년 이래 정부가 주장해 온 공해 없는 공장이라는 후기산업사회의 모델로서의 영화산업에 대한 강조와 함께 이루어졌으며, 이는 대중적 상상력의 지평을 쉽게 파고들었다. 그러나 막대한 홍보비와 입장권 판매에도 불구하고 2001년 한 해 전체 영화산업이 거둬들인 이익은 중간 규모의 기업이 발생시키는 이익에 불과했다. 그럼에도 불구하고 블록버스터 유형의 영화산업이 사실 보여 주고 그 정보를 주는 부분은 대중들에게 금융자본과 대중적 투자문화가 어떻게 작동하는가를 상상케 하는 일이다.

영화사가 인터넷을 통해 영화 투자자를 모집하는 '네티즌 영화펀드'는 종종 사람들이 접속이 불가능하다고 불평할 만큼의 수많은 열광적 투자자들을 불러 모은다. 블록버스터 및 그에 관련된 블록버스터 문화의 확산은 금융자본의 헤게모니적인 지배를 강화하는 데 결정적 구실을 한 것으로 보이는 투자 문화 시대를 예고하는 것으로 보인다. 이러한 문화적 개입은 수천만 노동자들에게 '투자가로의 관행'을 그들의 일상적 삶에 끌어들이도록 만들고, 신자유주의 질서에 자신들이 중요한 구실을 하고 있다는 인식을 심어주게 된다(Harmes, 2001).

블록버스터 영화들은 복합상영관을 통해 유통되고, 그 외의 영화들은 주로 영화제들을 통해 상영된다. 부산영화제, 부천국제판타스틱영화제, 전주국제영화제 이외에, 대안적인 영화제의 형태를 발견할 수 있다. 여성영화제, 퀴어영화제, 노동영화제, 인권영화제가 그 예인데, 이 영화제들은 관객층을 뚜렷하게 차별화한다. 1990년대의 시네필리아적(cinephilia) 문화가 1997년 IMF의 위기 이후에도 계속된 것이다. 지금 글로벌과 로컬, 젠더와 계급에 관계된 문제는 영화적 특정성과 대화를 나누며 영화제라는 공개장에서 드러난다. 한국은 영화적 사회이며, 한국은 사회적 영화의 대화 속에서 형성되고 있는 중인 셈이다. 그 결과 영화는 한국사회를 읽을 수 있는 특권화된 지점을 제공하며, 또 한국사회를 통해 영화를 읽을 수 있게 되는 교차로가 생기는 것이다.

활동가들과 지식인들이 인터넷을 대안적 공개장으로 강조하는 것과 병행해, 몇몇 영화감독들은 넷의 스트리밍 기술로 쉽게 전환 가능한 디지털 비디오를 만들기 시작했다. ADSL 서비스에 대한 접근은 어디에서나 용이하고 저렴한 편이다(가정에서는 한 달에 약 3만원, PC방에서는 1시간에 약 1500원 정도). 이러한 종류의 퍼블릭 액세스(public access)는 실재로 독립적이지만 서로 연관된 두 현상을 불러왔다. 한편으로는 사이버 무역과 주식 투자의 대중화이며, 한편으로는 다소 성급하게 사이버민주주의라고 불리는, 새로운 공개장의 형성이 그것이다(http://soback.kornet.nm.kr/~wipaik/). 대중 투자 문화와 사이버 민주주의는 세계화 시대 그리고 또한 네트워크 사회로 일컬어지는 것의 거울구조 텍스트 즉, 미장아빔(mise-en-abyme)이 되고 있다.

새로운 비평적 공간의 구축 가능성을 생각해 보면, 대부분의 투쟁적 독립영화와 비디오 그룹들은 사실 1980년대 노동운동과 연결되어 있고, 노동운동으로부터 성장한 사람들로 자신들이 만든 데모 테이프와 장편 다큐멘터리를 자유롭게 이용할 수 있는 웹사이트를 구축했다. 최근, 일하는여성들의네트워크(http://www.kwwnet.org/)는 정규 노동자들이 IMF 이후에 어떻게 처리되었는지를 다큐멘터리를 통해 보여 주었다. 현재 여성노동자 10명 가운데 7명은 어떤 혜택도 없는 비정규직 노동자로 고용되어 있다. 독립프로덕션 빨간눈사람(http://www.redsnowman.com)이 만든 넷다큐멘터리《애국자게임》은 민족주의를 강하게 공격하고 있다. 민족주의는 단지 국가보안법 때문이 아니라 그것이 일본과 미국의 후기식민적이고 신제국주의적 충격을 반영하는 방식 때문에 1980년대 진보적 지식인들 사이에조차 터부시되었던 영역이었다. 《애국자 게임》을 만든 사람들은 넷을 그들의 반(反)영화를 위한 차별적 공간으로 선언한다. 그들은 자신들이 만든 작품을 비디오로 판매하지 않으려 하며 넷 외부에서 매우 제한된 공개상영을 갖고 있다.

3. 스크린 컬처와 트랜스 시네마

디지털영화와 새로운 유형의 액티비즘이 활성화하고 있는 것을 실마리 삼아, 트랜스 시네마라는 개념을 제안하려 한다. 트랜스 시네마는 독립 디지털영화와 그것이 넷상에서 유통되는데서 보이는 것처럼 생산, 분배, 수용의 전환 즉, 새로운 스크린 컬처에 주목을 기울인다. 트랜스 시네마는 디지털과 넷상의 영화, LCD 스크린(지하철, 택시, 버스에 설치), 전광판 등의 공간을 기존 영화이론과 영화비평이 개입해야 하는 공간으로 제안하고자 한다. 예를 들어, 서울이라는 도시의 전광판은 도시의 일상을 구성하는 동시에 그 일상성에 침윤되어 있는 판타스틱한 공간으로 존재한다.

이 새로운 공간을 트랜스 시네마로써 개념화함으로써, 우리는 이 공간이 단지 광고를 위한 것으로 사용되거나 인식되지 않고, 대중과 관련된 이슈들을 다루는 공간, 공적 공간이 되어야 한다는 시민으로서의 볼 권리 주장을 할 수 있다. TV보기와 같은 개인화하거나 가족별 관람과는 달리, 대형 빌딩의 벽에 설치된 거대한 모니터는 불가피하게도 집단적이고 순간적인 보기를 유발한다. 통행 중인 사람들은 영화 트레일러(trailer), 광고와 뉴스를 보여 주는 전광판을 일별하게 된다. 빌딩의 벽을 차지하고 있는 거대한 이미지들은 기존의 도시 공간과는 다른 시간성과 공간성을 창조하고, '블레이드 러너(Blade Runner)'와 같은 효과를 창출하면서 기존의 도시 공간에 시간성과 공간성이라는 차별화된, 다시 말해 그러한 공간 속에서 헤테로피아(heterotoia)가 점차 생겨나고 있는 것이다.

'미디어시티서울 2000' 페스티벌에서 백남준을 포함한 미디어 아티스트 25명은 전광판을 실험적 이미지의 장으로 사용했다. '시티 비전(City Vision)'이라는 섹션하에 '클립 시티(Clip City)' 프로젝트라는 이름으로 실험이 벌어졌다. 진부한 광고 이미지들 속에서 1분짜리 실험적 이미지들을 보는 것은 놀랄 만한 경험이었다. 그러나 그 프로젝트를 둘러싼 축제의 분위기는 43개의 기념비적 전광판에서 벌어지는 추상적이며 실험적 이미지들 가운데, 송일곤의 비디오 작품《Flush》가 나타났을 때 갑자기 변하기 시작했다(http://www.nkino.com/movidom/online_sig.asp). 이 1분짜리 비디오에는 10대 소녀가 화장실에서 아기를 낳아 변기에 버리고 물을 내려버리는 시퀀스가 포함되어 있었다.《Flush》는 곧 클립시티 프로젝트에서 제외되었지만, 이것은 전광판을 논란이 많을 수 있는 퍼블릭 아트의 공간으로 사용한 가까운 역사적 사례로 남아 있다.

이와는 대조적인 또 다른 예를 재난 장면에서 찾아볼 수 있다. 수천만의 생명을 빼앗은 성수대교와 삼풍백화점(둘 다 성공적인 근대성의 상징인)의 붕괴를 전광판에서 보는 것은 거의 묵시록적인 경험이다. 사회적 재난은 전광판이라는 대형 스크린에서 훨씬 더 과장되게 보인다.《Flush》의 여

전광판을 실험적 이미지의 장으로 사용
한 송일곤 감독의 비디오 작품 《Flush》.
《Flush》는 전광판을 논란이 많을 수 있는
퍼블릭 아트의 공간으로 사용한 사례로
남게 되었다.

성의 몸과 성수대교 같은 근대적 기념비들의 붕괴에서 정점에 이르는 파열
된 근대성이 전광판에서 보일 때, 그것은 전광판을 둘러싼 관객성에 대한
최대의 도전이 된다. 마르크 오제(Marc Auge)의 초(super) 근대적 비장소(non-
place) 또는 마뉴엘 카스텔스(Manuel Castells)의 흐름(flow)으로 표현되는 후
기 산업공간의 대표 아이콘으로써 전광판은 영화와 TV, 빌보드 사이의 경
계를 교란한다. 그것은 또한 퍼블릭아트와 상업광고, 공익광고들의 경계를
희미하게 만든다. 집단적 관객성과 관련해, 전광판은 영화 관객성에 근접하
지만 내용물(상업물, 뉴스, 대중 공고)에서는 TV와 유사하다. 비록 그러한
이벤트의 개념이 사전에 설명되지 않아, 대중들에게는 이러한 실험 자체가
무명으로 남게 되었지만, 시티 비전/시티 클립 프로젝트는 전광판이라는 새
로운 공적 공간에서 소통적이며 예술적인 차원이 결합된 이중적 발화가 가
능함을 보여 주는 가까운 역사적 사례다. 전광판은 영화와 TV라는 기존의
개념을 확장하는 트랜스 시네마이자 퍼블릭 TV가 된다.

특히, 2002년 한일월드컵은 대중들이 당시 우후죽순처럼 도시에 생
겨난 전광판을 지각하는 방식이 현저하게 변화한 예를 보여 준 사건이다.
시청 앞 전광판은 집단 관객성에 걸맞은 퍼블릭 시네마와 거리 TV로써 부
분적으로 기능했다. 한국 축구팀의 열광적인 팬들인 '붉은 악마'는 전 민족
을 'the reds'로 만들었다. 일본에서는 전광판 집회를 불허한 반면 한국에서
는 전광판 집회를 허용했고, 이 결정이 대조적 결과로 나타났다. 시청 앞 광
장은 수백만이 월드컵을 보기 위해 몰려든 대중공간으로 가상적 해방구가

되었다. 많은 이들이 바로 이 공간, 시청에서 있었던 1980년대 후반의 대중
시위를 떠올렸다. 시위에 대한 기억은 월드컵으로 촉발된 대중집회를 정치
적으로 친밀하고도 낯선(uncanny) 방식으로 이중 인화하게 된 것이다. 이렇
게 전광판이라는 미디어 축을 중심으로 일어난 사건들과 역사인 기억의 층
위들은 새롭게 전광판을 부를 수 있는 다른 이름을 요구하고 있다. 트랜스
시네마는 이에 대한 응수며 제안이다. 하이테크와 결합한 디지털영화의 새
로움에 경도되어 '영화의 죽음'을 성급하게 경축하기를 멈추고, 트랜스 시
네마라는 개념은 새롭게 출현하고 있는 관객성과 생산유형을 규정하고 이
론화하려는 노력으로 볼 수 있을 것이다. 트랜스 시네마는 내셔널, 또는 트
랜스 내셔널이라는 지배적 호명을 불안정하게 뒤흔드는 복합적인 배열이
다. 2000년 필자가 '트랜스 아시아 영화'라는 주제로 열었던 국제학술회의
에서 미츠히로 요시모토는 트랜스 아시아 영화라는 개념을 트랜스 내셔널
과 비교한다.

> (트랜스 아시아 영화라는 개념은) 트랜스 내셔널 영화에 대한 비판이며, 변
> 형적이고 반영적인 실천이다. 이는 영화 생산과 비평 담론들이 견고하게 교
> 차하는 지점이다. 그것은 영화적 실천들과 비평적 틀을 다중 생산한다. 트
> 랜스 시네마는 새로운 트랜스 내셔널한 기준으로서의 할리우드의 그릇된
> 보편성이나 또는 그것의 거울 이미지로써의 다문화주의와 트랜스 내셔널한
> 자본주의의 포박을 받은 정체성의 특수성으로 환원되지 않는다.
>
> (요시모토, 2000:7)

트랜스 시네미의 비평적 배열의 구축은 영화연구에서 새로운 비교
연구를 촉발시키려는 노력에 기여할 수 있다. 아이러니하게도 여기서 '비
교'를 가능하게 하는 보편주의는 1950년대 이래로 크게 가속화된 과정으로
서의 자본주의와의 보편적 만남이다(Willemen, 2002: 167)'. 이러한 전제에

의해, 할리우드에 대한 응답으로써 그리고 보편성의 유령적 차원의 번역으로써의 한국형 블록버스터는 글로벌 지배와 지역적 저항, 젠더정치학뿐만 아니라 보편과 특수라는 난처한 문제들을 글로벌 금융자본주의 시대에 탐문할 수 있는 하나의 예가 된다. 초기 영화사에서 대안적 공개장의 이론적인 구축을 산업 자본주의 양식 속에서 제안한 미리엄 한센(Miriam Hansen)처럼, 우리는 트랜스 내셔널한 자본주의 시기를 맞아 (영화적) 대안적 공개장을 인식하고 상상할 필요가 있다. 여기에는 끊임없는 노력이 필요하다. 자율적 공공적 형성체에 대한 경험의 흔적은 없을지라도, 바로 부정의 힘, 경험에 대한 대안적 조직(자율적으로, 지역적으로, 그리고 사회적으로 구체적인)을 가능케 하는 어떤 조건들을 진압하거나 흡수하려는 헤게모니적 노력에서 유추될 수 있다.

아직까지 트랜스 시네마는 호기심 어린 단위이며 불안정한 복합물이다. 그것은 영화와 디지털 기술을 가로지르며 영화의 제도화가 가져온 관객성의 규범화 과정에 도전한다. 세계영화와 내셔널 영화라는 짝패에 대한 비판으로써 그리고 그에 대한 계승으로써 트랜스 내셔널한 자본주의 시대에 로컬 영화의 배열을 재고할 필요를 제공하고자 한다. 초민족적 영화와는 달리 트랜스 시네마는 아시아 지역의 블록버스터 영화들(홍콩, 중국, 인도, 한국, 타이 단위 혹은 이들 사이의 공동 합작)과 아트-하우스(대만과 이란) 영화를 포함한 급증하고 있는 인터아시아 문화적 교통, 스크린 문화에 대한 인식이자 그에 대한 반응이다. 특히, 인터아시아 블록버스터들은 재형성되는 할리우드 문화산업에 대한 예가 되며 지역적 또는 하위-글로벌(지역 regional)한 흐름들이 탈절합되고 재절합되는 방식을 다시 생각해 보게 한다. 알려진 대로 영화적 장치의 계보학은 산업자본주의 문화하에 구축되었다. 우리는 글로벌 공간의 변화하는 정치 경제와 그 변형들과 관련해 이 장치를 재정의할 필요가 있다. 급진적으로 변화하고 있는 사회-경제적, 정치적, 문화적 조건들을 설명하기 위해 영화적으로 매개된 '공개장'에서 출현하는 새로운 것들만이 아니라 다양한 구성요소들의 존속에 주목해야 한다.

4. 블록버스터 문화에서 투명성의 이미지들과 초민족화하는 여성들

위르겐 하버마스(Jürgen Habermas)는 《공개장의 구조변화(The Structural Transformation of the Public Sphere)》의 서문에서 부르주아 공개장의 자유주의 모델의 구조와 기능이 역사적으로 그리고 사회학적으로 17세기 후반 대영제국과 18세기 프랑스에서 구체화했다고 제시한다(Habermas, 1991: xvii). 제기해야 할 질문은 시장경제가 발전하던 당시의 고전적 공개장 모델이 더 이상 가능하지 않고 민족국가가 하버마스가 생각한 바의 통일과 결속을 제공하지 않는 신자유주의 시대에 이 개념을 사용함으로써 어떤 것을 얻을 수 있는가 하는 문제다.

투명성에 대한 이상은 부르주아 공개장의 자유주의 모델이 사로잡힌 망령이다. 여기서 국가는 야경꾼의 구실만을 할 뿐이라고 주장하지만, 그 구실은 부르주아지의 이해에 봉사하는 것이다. 페미니스트 세일라 벤하비브(Seyla Benhabib)는 이러한 투명성의 수사학을 비판하면서, 자기 현시(顯示)와 자기 은폐라는 형식의 정체성 놀이가 공개장의 투명성에 대한 이상을 어지럽힌 반하겐(Rahel Varnhagen)의 전기 속에 등장하는 살롱을 상기시킨 바 있다(Dean, 2001: 245). 다시 한 번 투명성을 글로벌 사회·경제적 맥락 내에 위치 시켜 특히 시각의 영역(누군가가 응시할 때 투명해야 하는)과의 연결 가능성을 감안해 본다면, 그것은 정말 골칫거리 용어다. 신자유주의 시대, 투명성이라는 수사학은 포스트 IMF 한국사회를 집요하게 괴롭혔다. IMF와 세계은행은 구조조정 과정에서 반복적으로 투명성의 수사학을 사용했다. 이제 얄팍하게 위장한 야경꾼은 모든 것을 관망하는 신자유주의 인간의 규율적 응시의 감시를 받는다. 결과적으로 한국 그 자체가 신자유주의의 글로벌 한 응시하에 투명한 또는 속이 훤히 보이는 존재가 되기를 요구받는 것이다. 확산되는 투명성의 수사학을 고려한다면, 이것을 금융자본하 세계체제의 불투명성(opacity)에 대해 경고했던 이매뉴얼 월러스틴(Immanuel Wallerstein)의 논의와 대조시켜 보는 것이 의미 있을 것이다(Wallerstein, 1998: 32~33).

제국주의적 시선을 가진 '보는 남자'가 그와 정반대되는 '반(反)정복'의 내러티브를 구사했다면(Pratt, 1992), 오늘날 글로벌 자본의 관리자들은 투명성의 수사학을 이용한다. 투명성의 담론이 대중의 광학적·정치적 무의식을 지배하고 파고드는 반면, 지역의 시선에서 보면 글로벌 자본의 작동은 더 불투명하고 침투 불가능한 것이 된다. 그와 더불어 구조조정은 고용 불안정, 저임금, 연장 노동시간과 심화된 불평등을 초래했다. 대중매체는 지구화 시대 한국 지식인의 실패를 떠들었다. 그러한 비판은 한국 지식인들이 닥쳐올 IMF 위기를 예언하지 못했다는 것이었다. 공공 지식인들의 비판적 담론의 논의는 민족국가라는 영토적 틀 안에서 이루어져 왔다. 일단 경계가 다시 그려지자, 그들은 글로벌 자본의 불투명성에 관해 무지했던 것에 대한 비난을 받는다. 실제로 지식인들의 개입은 김대중 정부가 젊은 벤처자본가 그룹과 블록버스터 영화 생산자들을 '신지식인'으로 승격하는 바로 그 지점에서 한계에 봉착한다. '후기산업'적 생산유형의 기능인들을 대생산하는 것이 목표인 BK21 프로젝트는 빠르게 대학의 지식 생산 유형을 변화시켜 왔다.

투명성의 이미지는 또한 보기의 영역(regime of looking)을 포함한다. 권력자에게 그것은 투명해지도록 설계되었지만 힘없는 자에게는 불투명한 것이 된다. 물론, 일반적으로 수사학은 그러한 상황을 정반대로 재현한다. 경제적 구조조정에 따라 사회적 근심이 만연해지면서, 민족과 재벌에 의해 유지되었던 주로 남성 중심의 집단 정체성 기억들은 지금 와해되고 있다. 예를 들어 아이러브스쿨(http://www.iloveschool.co.kr) 같은 닷컴사업에 의해 견지되는 노스탤지어 산업은 과거 학연을 시사하면서 엄청난 대중성을 얻은 바 있다.

한국은 강력한 글로벌의 시선에 노출되고, 이어서 아시아의 맹주 중의 하나가 되기 위해 이러한 시선을 모방하기 시작했다. 욕망과 근심의 역학은 이것이 한국형 블록버스터로 폭발했을 때 예상치 못한 형태를 취하게 되었다. 한류(주로 TV드라마, 가요, 패션으로 이루어진)로 알려져 있는 지역 대중문화가 아시아의 다른 지역을 강타하고 있는 것과 나란히 블록버스터들은 여성 주인공을 다인종, 다민족화하는 전략으로 변화했다. 《쉬리》(1999)는 간첩(코드명이 '히드라' 인)인 북한 여성을 등장시키고《공동경비구역 JSA》(2000)는 공동경비구역(Joint Security Area)에서 일어난 미스터리의 살인사건을 취조하기 위해 한국계-스위스 여성을 등장시킨다.《파이란》(2001)은 한국에 온 중국인 이주노동자를 보여 주기 위해 홍콩 여배우를 캐스팅한다. 장쯔이(章子怡:《와호장룡(臥虎藏龍)》의 여주인공)는 《무사》(2001)에서 명나라 공주로 등장하고,《비천무》(2000)의 여주인공(김희선)은 몽고인으로 나온다.

그러한 캐릭터화는 전례 없던 일이다. 1950년대 중반부터 한국영화들은 여성들을 근대성과 후기식민지적 상황과 관련되는 트라우마적 수사학으로 재현하는 것으로 견지되어 왔다. 이것은 《자유부인》(1955),《미워도 다시 한번》(1968),《꽃잎》(1996),《서편제》(1993)에서 예증될 수 있는 것이다. 블록버스터에서 한국 여성들이 중심 역할을 차지할 때는 보통 갱스터나 괴물들과 연결된다(최근의 예로《퇴마록》[1998],《신라의 달밤》[2001] ,《조

중국 배우 장쯔이가 명나라 공주로 출연한《무사》. 한류로 알려져 있는 지역 대중문화가 아시아의 다른 지역을 강타하고 있는 것과 나란히 블록버스터들은 여성 주인공을 다인종, 다민족화하는 전략으로 변화했다.

폭마누라》〔2001〕 등이 있다).

　지금 영화에서 한국 여성이 사라지는 것과 그 자리가 새로운 인물로 치환되는 것은 문제적이라 할 수 있다. 특히, 남성적 집단 정체성이 글로벌 시민권의 개념을 둘러싸고 재구성되고 있는 상황에서는 더욱 그러하다. 영화적 재현 차원에서 보자면 그러한 글로벌 시민권은 한국 여성들을 배제시키고 있는 것으로 보인다. 위에서 언급한 영화들은 지구화과 결합해 새롭게 형성되고 있는 민족주의를 보여 준다. 글로벌 한 외양을 위해 이들 영화들은 한국이라는 지역 여성들을 비가시화할 필요가 있음을 제시하는 듯하다.

한국형 블록버스터 속에서 한국 여성 인물들의 사라지는 것은 남성들 사이의 동성사회적 연대가 새롭게 강화되는 것으로 보완된다. 그래서 중국의 이주노동자 여성이 《파이란》에 등장했을 때, 그녀는 한국의 응축 산업화 시기인 1970년대의 문학과 영화에서 보이는 순수하고 희생적 여성의 전형적 역할을 담지하고 있다. 한국 여성에게도 한때 있었다고 추정되나 지금은 잃어버린 덕목이 상대적으로 "글로벌화가 덜 진행된" 지역에서 온 여성에게 투사된 것이다. 한국 여성이 영화라는 재현의 영역에서 사라지고, 또 다른 지역의 여성들이 노스탤지어를 환기시키기 위해 불려온 것이다.

여성을 비가시적으로 만들면서, 블록버스터들은 동성사회적 관계를 전면화하기 위해 군대, 한국 중앙정보국, 조직 깡패들과 같은 남성 그룹들을 동원한다. 그 그룹 안에 있는 남성 멤버들이 인지 가능한 관계는 여성 인물들에게는 불투명한 것이 된다.

《공동경비구역 JSA》에서 한국계-스위스인인 여주인공(소피 장)은 UN 중립국위원회 소속으로 북한군 관할 DMZ에서 일어난 남북한 병사들의 살인사를 풀기 위한 수사관으로 파견된다. 그러나 소피는 그러한 상황을 결코 이해할 수 없는 위치에 놓인다. 수사관으로서 그녀의 '시선'은 작인을 부여받지 못한다. 냉전의 결과 남북한이 서로 다른 이데올로기를 견지하고 있음에도 불구하고 살인사건과 그 은폐가 에스닉한 민족주의에 근거한 형제애에 의해 일어나고 유지되며, 강화되기 때문일 것이다. 소피는 이러한 상황을 한국전쟁에 참가했지만 전쟁 포로수용소에서 수용되었다가 제3국인 스위스로 망명했던, 이제는 고인인 자신의 아버지와 연결해 생각해 보려고 한다. 소피 아비지의 사진은 냉진, 분단, 이민에 의해 유린된 한국 현대사의 복잡함을 암시한다. 하지만 그것도 소피로 하여금 남북한 병사들 사이에서 일어났던 살인사건이 은폐된 방식을 알아챌 수 있도록 해주지는 못한다. 국제법에 대한 전문 지식(취리히 법과 대학원)도, 반(半)은 한국인인 소피의 신원도 그녀가 사건을 해결하도록 도와주지 못한다.

　　남성 연대의 침투 불가능성과 불투명함이 제시하는 것은 꽤 자명하다. 그러나 민족주의라는 형제애 역시 투명성을 요구하는 글로벌 응시 아래 그 자신만의 안전한 공간을 찾기는 불가능하다. 이러한 민족주의적 남성 공간을 재구축하는 불가능성에 대한 자각이 다른 여러 이유들과 더불어 블록버스터가 끊임없이 만들어지는 원인이자 결과임이 분명하다. 지역 여성들의 사라짐은 새롭게 글로벌화하려는 민족적 담론 속에서 구조적 부재와 증후를 구성한다. 글로벌과 민족의 공간과 지역에서 씁쓸하게 울려 퍼지는 투명성과 침투 불가능성의 조화는 점점 더 여성이 행위자로 개입하기 어려운 오케스트라를 연주한다. 젠더정치학의 후퇴가 아닐 수 없다. 그리고 이러한 후퇴는 단지 재현의 차원에서 끝나는 것이 아니다. 공론을 주도하는 지식인들의 몰락을 선언한 김대중 정부가 그들의 자리를 '신지식인들'로 불리는 2, 30대의 젊은 벤처자본가들로 대체함에 따라, 글로벌화한 민족국가에 경도된 공개장에 대한 페미니스트들이 개입은 이중으로 부정되는 결과를 낳는다.

　　페미니스트 저널 《여/성이론》(2001)은 현 한국정부가 스스로를 권위적 아버지로 자랑스럽게 재현했던 과거 군사정권의 유산들을 계승한 좀비가 되고 있다고 주장한다. 주도적 미디어와 블록버스터들이 노스탤지어적이고 경제적인 이유로 한국 여성의 부재와 다른 아시아 여성들을 동원함에 따라, 이러한 상황을 페미니스트 문화정치학에 근거해 토론해야 할 긴박한 필요가 있다. 초민족적인 것과 민족적인 것이 경합하면서도 또 서로 공모하여 지구화의 승리라는 추상적 전제를 공유할 수 없는 경계적 주체들을 탈락시키고 있는 상황에서, 국제적 또는 지역 여성주의는 그 절합 지점의 문제점들을 분석할 수 있는 틀을 마련하여야 한다. 부상하는 여성주의는 국가 여성주의, 또는 자유주의 여성주 중 어느 한 거점을 택하기보다는, 지역적으로 특성화하고 전 지구적으로 저항적인 이슈들에 주의를 기울일 필요가 있다.

5. 영화제와 지역의 여성노동

1990년 후반의 사회운동은 학생시위와 결합했던 1980년대 노동운동과 같이 프롤레타리아 계급 시각에만 근거하고 있지는 않다. 사회운동에서 새로운 방향이 필요해지면서, 페미니스트 게이들, 레즈비언 액티비스트로 구성된 그룹들, 청년하위문화와 시민운동가들은 자신들의 권리와 관심을 호명하기 위한 대중적 기반으로 영화제를 발족하기 시작했다. 그러한 유형의 영화제를 추동하는 것은 공개장에서 재현의 행위성을 갖고 인지받고자 하는 욕망이다. 다양한 영화제들은 서로 다른 힘들이 협상하는 공간일 뿐 아니라 관객군을 새로운 정체성, 주체 위치, 그리고 증가일로의 NGO가 제기하는 구체적 과제와 직간접적으로 연결시키는 문화적 실천을 구성한다.

일반적으로 영화제는 세 가지로 분류될 수 있다. 첫째로, 부산국제영화제, 부천국제판타스틱 영화제, 전주국제영화제처럼 국가, 지자체, 기업들과 영화전문가들이 결합한 형태다. 둘째로, Q채널 다큐멘터리영화제, 나이세스 서울단편영화제(1999년에 막을 내린)처럼 기업이 지원하는 영화제가 있다. 셋째로, 신구(新舊) 활동가들에 의해 조직된 영화제가 있다. 이 유형은 상대적으로 국가와 기업으로부터 자율적이다. 따라서 이 유형의 영화제들은 1990년대 사회 운동이, 노동운동이 주축이 되었던 1980년대의 사회운동과 일정한 거리를 취하고 있는가를 알 수 있는 흥미로운 예가 된다.

이 셋째 유형에는 1980년대와 1990년대의 담론들이 동시에 작동한다. 각기 다른 영화제들을 자세히 검토해 보면, 위의 두 시기 사이에 차이와 균열뿐만이 아니라 유사성과 연속성이 드러난다. 또한, 이들 영화제의 정치학을 통해, 정체성의 정치학의 개념과 대안적 공개장의 형성 가능성 등을 김영삼 정부와 김대중 정부, 주류미디어에 의해 주장되는 시민사회라는 개념에 반해 검토할 수 있다. 현재 셋째 유형은 서울아트시네마, 대학 캠퍼스, 비디오데크 등에서 상영되는 다양한 소규모 영화제뿐만 아니라 서울여성영화제, 퀴어영화제, 인권영화제, 노동영화제, 독립영화제등을 포함하고 있다.

세 유형의 영화제가 작동하는 방법은 1990년대 문화적 구체성의 새로운 배열의 지표로 간주될 수 있다. 각각의 영화제가 소재해 있는(또는 그 외부에 있는) 공개장과 대안적 공개장은 시민정부의 출범, 사회변화를 위한 특화된 장으로서의 노동운동의 후퇴와 이를 대신할 수 있는 새로운 작인을 발견하기 위해 수반되는 노력과 관련해 고려해야 한다. 같은 시기에, 민족주의 담론은 세계화라는 공적 담론과 나란히 또는 그에 대한 저항으로써 재동원되어 왔다. 특히, 국제 규모의 영화제는 글로벌과 로컬 그리고 국가와 지역이라는 복합적 표명이 이루어지는 지점에서 번성하고 있다. 영화제는 권위적 잔재물들과 출현하는 민주주의 양식들이 서로 경합하는 가운데, 서로 다른 이해관계들과 이데올로기들이 함께 작동하는 응축된 공간을 제공한다. 국가와 기업들, 지식인들과 관객들 사이의 타협과 협상들은 어떻게 다양한 사회구성체들이 역사적 전환기에 서로 경합하여 구성되는지를 보여준다.

다양한 영화제들은 참으로 복잡한 절합구조를 통해 작동하는 공개장들이다. 영화제를 승인과 협상, 경합이 가능한 문화적 · 정치적 장으로 만들기 위해 영화제들은 전략적 방법을 찾는다. 퀴어영화제나 인권영화제 개최를 불허한 정부의 조치는 헤게모니적 질서가 억압하는 지점들을 보여 주

IMF 이후 구조조정이 시행된 울산 현대자동차 식당 여성 노동자들의 투쟁을 다룬《밥·꽃·양》. 대부분이 구내식당에서 조리와 주방일을 하던 여성 노동자들은 파업 후 해고의 맨 첫 대상이 되었다.

-No time to eat, no time to pee.

는 것이다. 영화제 조직, 상영, 정부의 개최 허가 여부 등이 포함되는 영화제 문화정치학의 전 과정은 대안적 또는 대항적 기반 구축을 향해 가는 잠재적 방향만이 아니라 억압과 타협의 지점들을 드러내준다(김, 1998).

위 영화제들에 대한 공식적 압박은 1998년 철회되었다. 그러나 정부에 의한 검열이 아닌 보다 미묘한 사건이 발생했다. 이 사건은 검열의 내부화와 지구화 시대의 여성노동 운동이라는 문제와 관계된 것이었다.

다큐멘터리《여성노동자영상보고서: 밥·꽃·양》은 IMF 이후 구조조정이 시행된 울산 현대자동차의 여성 노동자들의 시위를 다루었다. 여성 노동자들은 대부분이 구내식당에서 조리와 주방일을 하던 사람들이다. 상황이 악화된 것은 그들이 파업 후 해고의 맨 첫 대상이었다는 것이다. 남성 노동자들은 파업 기간 동안 밥을 제공한 여자 동료들을 '꽃'이라고 불렀다. 그러나 노동조합은 여성 노동자들이 해고되자 어떤 실질적 지원도 해주지 않았다. 그들을 희생양으로 만든 것이다. 이는 진보적 미디어에서조차 거의 언급되지 않는 이야기다.《여성노동자영상보고서: 밥·꽃·양》은 임인애 감독과 임 감독이 속한 그룹, '(LARNET: Labor Reporters' Network)'에 의해 만들어졌다. 상영과정에서도 문제가 발생했다. 울산은 중공업 도시이

한국 여성사 다큐멘터리 《황홀경》(김소영, 오른쪽) 속에 나오는 《밥 · 꽃 · 양》의 임인애 감독(왼쪽). 임 감독은 영화제를 비롯한 기존의 상영관에서 《밥 · 꽃 · 양》이 상영되는 것에 강력한 유감을 나타내고, 영화를 넷상에 공개하는 방법을 택한다

고 현대가 지배하는 도시다. 현대 역시 IMF 위기 후에 다른 재벌들과 함께 구조조정의 요구와 압박을 받았다. 국가가 직간접적으로 지원해 왔던 한국 소재의 다국적 기업은 글로벌 자본의 압력 아래 부분적 해체에 직면해 있었다. 《여성노동자영상보고서: 밥 · 꽃 · 양》은 IMF 직후에 만들어졌으며, 1998년 서울인권영화제에서 상영된 후, 곧 인권영화제의 관행대로 전국 순회상영에 들어갔다. 그런데 울산에서도 인권영화제가 열리고 있었으나 《여성노동자영상보고서: 밥 · 꽃 · 양》이 상영목록에서 빠지게 되었다. 이 다큐멘터리가 울산 사람들 사이의 반목을 조장할 수 있다는 이유 때문이었다. 이 사건은 넷상(http://www.jinbo.net)의 저항을 이끌었고, 사람들은 이러한 방식의 검열이 표현의 자유를 위반한 것뿐만이 아니라 비정규직 여성 노동이라는 현안에 대한 명백한 억압이라고 보았다.

이 사건들은 이른바 진보운동권 내의 젠더와 계급과 관련된 문제들을 분출시켰다. 이 사건이 명확하게 보여 준 것은 여성노동에 대한 통제가 중요한 안건으로 지속되고 있다는 점이다. 울산 지역 활동가들과 지식인들로 구성된 노조와 영화제조직위는 여성노동에 관계된 쟁점을 그들의 결정적 과제로 취하지 않은 것이다. 울산의 한 노동운동가는 이러한 다큐멘터리의 공개상영이 임박한 노사 간의 협상을 위협할 것이라고 말한 바 있다. 부상하는 하층계급이 크게 젠더에 의해 구별된다는 사실-간략히 젠더화한 하층계급-은 몇몇 블록버스터들에서 한국 여성들이 사라지는 문제와 크게 다르지 않은 상황이다.

트랜스 시네마의 문제틀로 돌아가자면 흥미롭게도, 임인애 감독은 관객들에게《여성노동자영상보고서: 밥·꽃·양》이 영화가 아니라고 선언한다. 임인애 감독은 명백하게 '영화'가 만들어지고 상영되고 기여하는 방식을 부인하고자 한다. 임인애 감독은 영화제를 비롯한 기존의 상영관에서 이 작품이 상영되는 것에 대해 강력한 유감을 나타냈다. 마침내, 임인애 감독은《여성노동자영상보고서: 밥·꽃·양》을 넷상에 공개하는 방법을 선택하게 된다(http://larnet.jinbo.net/movie.html). 그러나 남는 질문은 만약 그것이 영화로 이름 붙여질 수 없다면, 그리고 일반적 영화 상영경로를 통해 배급될 수 없다면, 그것을 무엇이라 할 수 있을 것인가?

6. 링크들: 여성장의 형성

1990년 후반 이래로, 페미니스트 출판물들과 넷을 중심으로 한 활동들이 증가해 왔다. 검색창에 '페미니즘'을 치면, 많은 흥미로운 사이트들로 가는 길이 열린다. 레즈비언 사이트부터 여성노동자 단체 사이트까지 다양하다. 페미니스트 문화정치학에서 보자면 이러한 새로운 넷의 여성주의 액티비즘은 또 '하나의문화', '익이연(여성이론연구소)', '아시아여성연구', '여성주의연구'와 같은 페미니스트 출판사들과 웹진들(주목할 만한 것으로 '언니네', '달나라 딸세포')과 함께 존재한다. 상대적으로 자유롭고 급진적 (가상)공간이 형성되고 있는 것으로 보이며, (비)자발적으로 국가나 경제적 영역과는 일정한 거리를 두게 된다. 이런 가상공간에서 벌어지는 여성주의 활동을 여전히 공론장이라는 개념으로 포획할 수 있을 것인가?

공개장의 개념이 부르주아의 이상주의와 합리주의에 깊이 에워싸여 있다는 것은 이제 상투적이기까지 한 비판이다. 하버마스적인 공개장에 대한 페미니스트들의 비판 중에, 공개장이 저항적 여성 주체성과 비규범적 성애를 악명 높게 배제한다는 주장이 있다.

> 공민적 공공성이라는 개념에서 근대 규범적 이성과 그것의 정치적 표현은 차이화로 정치형태를 위협하는 모든 것을 추방하고 제한함으로써 통일성과 일관성을 갖는다. 여성의 몸과 욕망의 구체성, 인종과 문화의 차이, 필요라는 이질성들의 다양함. 각 개인의 목표들과 욕망들, 감정의 애매함과 가변성.
>
> (Young, 1987: 67)

공개장은 근대성과 보편 등의 개념과 유사하게 상당히 논쟁적 용어로 남아있다. 특히, 그 해당 지역을 비서구 또는 '나머지 세계'로 이동해 적용할 때 더욱 그렇다. 일단 그 개념이 비서구적 맥락에서 환기되면, 즉각적 논쟁이 일어난다. 예를 들어, 한국의 역사학자 최갑수는 중국과 비교하자면 유럽의 국가 형성이 늦었음을 주장한 바 있다. 상대적으로 지연된 정치적 과정의 와중에 공개장이라는 유럽적 개념은 시민사회와 국가의 중재로 출현했다. 따라서 유럽적 공개장에 대한 개념은 그 자신이 주장하는 것과는 반대로 보편적인 것이라기보다는 특수한 것임이 드러나는 것이다(Choi, 2001).

중국학자 왕휘(汪暉)는 한국의 백성국과 가진 대담 〈근대성의 역설:

중국, 근대성, 전 지구화〉(왕휘·백성국, 2000)에서 시민사회로부터 공개장을 단호히 분리시킨다. 그는 시민사회가 그리스사회로 거슬러 올라가는 유럽적인 산물임을, 그래서 부르주아 계급의 출현, 애덤 스미스(Adam Smith)와 헤겔적인 정신을 지닌 자율적인 시장 이론에 묶여 있다고 주장한다. 그러나 그는 더 멀리 나아가 공개장은 부르주아 계급의 형성 없이 존재할 수 있다고 주장한다. 그는 공개장이 국가 내부에 존재할 수 있고 그것의 형성이 상대적으로 시민사회로부터 독립될 수 있다고 논한다. 중국의 역사적 과정은 공개장과 함께 시민사회의 붕괴가 위험한 오해를 유발했음을 지시한다. 그리고 그는 다음과 같이 서술한다.

> 중국의 경험에서 보면, 현재 소유권에 대해 말하자면 누가 시민사회를 대표합니까? 권력이 자본으로 전화하여 사회 내에서 경제권력으로 전환하여 시민사회의 대표가 됩니다. 사실상 그들은 권력을 가지고 사회의 이른바 공공 미디어를 독점하게 됩니다. 그들은 매체를 독점하고 공공여론을 독점할 수 있습니다. 그들은 동시에 부르주아 계급 사회로 간주될 수도 있습니다. 이 부르주아 계급 사회는 상당정도 민주의 요구는 없고 반민주의 요구가 있을 뿐입니다. 이런 조건에서 우리가 어떻게 역사적 맥락에서 시민사회와 공공 영역을 구분할 것인가 하는 필요성이 생긴다는 것입니다.
>
> (왕과 백, 2000)

다른 곳에서 왕휘는 이 논점으로부터 더 멀리 나간다. 왕휘는 우리에게 루쉰(魯迅)의 비전을 상기시키는데, 그의 민족국가와 산업화에 대한 비판은 민속담의 귀신들의 세계의 영향을 받은 것으로, 그것은 공포와 정동 양자를 다 포함한다. 귀신의 시각은 루쉰으로 하여금 완전히 새로운 방식으로 근대를 바라보도록 했다. 동아시아의 유교적 문명을 환기하는 대신에 루쉰은 귀신의 세계를 제시한다. 루쉰이 귀신의 시선을 통해 본 것은 근대국가의 폭력에도 불구하고 존속해 온 서브얼턴(subaltern)의 살아 있는 세계다. 귀신들의 세계는 환원을 거절한다. 그것은 정동의 영역으로 근대화의 논리를 반박하는 것이다. 왕휘가 루쉰의 귀신의 세계를 억압되었으나 존속하는 하위주체의 비전으로 환기시키는 것은 호기심을 불러일으키게 한다. 그것을 미신의 영역으로 추방하는 대신 우리는 귀신의 세계를 통치계급에 의해 비가시화되고 발화 불가능하게 된 하위주체로 정의할 수 있음을 알 수 있다. 또 다른 글에서, 왕휘는 루쉰이 붉은 옷을 입은 여자 귀신(Nu Diao)으로 그 자신을 장면화하는 죽음이 임박할 무렵을 환기시킨다(Wang, 1999: 18~38).[2]

남자 작가가 여자 귀신에게 감정을 쏟아 부어 동일시하는 것은 시사적인 일이다. 그러한 감정적인 소여는 여자 귀신(Nu Diao)이 가 '실체', '그림자', '반 그림자(penumbrae)' 처럼 서열화한 존재양식에 위치해 있는, '비주체' 라는 가능한 공간에 속한다는 의미에서 주목할 만하다(류, 2001: 71~72). 이러한 도식에서, 성매매 여성과 하녀, 그리고 정부(情婦)와 같은 주체들은 반그림자, 그림자의 그림자에 속한다.[3] 루쉰의 여자 귀신(Nu Diao) 또한 그녀의 복수심과 비통함으로 반 그림자의 영역으로 미끄러져 들어간다. '실체', '그림자', '반그림자' 라는 서열화한 삶의 공간에 대한 이론적 재독해는 공개장의 개념이 배제시킨 것을 보여준다.[4]

근대화의 와중 귀신들의 세계에 대한 루쉰의 스토리 텔링은, 파르타 채터지(Partha Chatterjee)가 우르두 어(語) 작가 사다트 하산 만토(Saadat Hassan Manto)가 자신을 위해 쓴 비문의 예를 인용하면서 인용하는 스토리 텔링의 양식과 상응 지점들을 가진다. 채터지는 그것을 근대성과 민주주의의 복합적 관계, 그리고 근대국가의 폭력적 역할을 다루는 스토리 텔링 양식을 향한 욕망으로 읽었다. 그리고 이러한 스토리 텔링은 정치사회를 판독 가능하게 하는데, 그곳은 순수 정치학이라는 유령이 출몰함으로써 시민사회적 규범들과 구성적 특징들의 확실성은 도전받는다. 그럼으로, '새로운 민주사회를 건설하고자 꿈꾸는 이들은 신보다 더 위대한 스토리작가가 될 수 있도록 열망해야 할 것이다'고 만토는 말한다(채터지, 2001: 20).

정치사회의 배열을 다루면서, 천광싱(陳光興)은 국가와 시민사회 사이의 이분법적 틀을 비판하면서 정치적 사회를 강조한다. 국가와 시민사회의 잠정적 매개공간으로써 정치사회는 하위주체를 위한 정치학적 개념을 다시 생각하게 한다. 타이완의 경우 정치사회와 선택적 유사성을 공유하고 있는 것은 급진적 민주주의 노선이다. 채터지의 정치사회에 대한 영향력 있는 논의를 동아시아 맥락에서, 특히 타이완의 예로 번역하면서, 천광싱은 정치사회가 단지 국가와 시민사회뿐만 아니라 또한 민지안(民間: 거칠게 표현해 민중, 일반 사람들, 또는 서민 집안, '지안[間]'은 사이의 공간, 문지방[in-between]을 의미한다)을 매개한다고 주장한다. 여기서 민지안은 민중이 생존하는 공간으로, 민지안 공간의 존속은 근대화 과정에서 발생하는 국가의 폭력에도 불구하고 어떤 급진적 단절을 막는다(첸, 2002).[5]
조합 외부의 비정규직 여성노동, 성매매 여성 그리고 여성장이라고 이름 붙여진 공개적 의식에 관한 문제들로 돌아가자면, 이 안건들은 확실히 국가, 시민사회, 공개장이라는 삼위일체와는 다른 개념화를 요구하고 있다. 다큐멘터리《여성노동자영상보고서: 밥·꽃·양》에 생생하게 묘사된 것처럼, 노동조합은 처음에 여성 비정규직 노동을 비합법적 단위로 간주했다. 그리고 성매매와 관련된 이슈는, 그것이 미군기지등과 연결된 민족적 안건이 되지 않으면 시민사회와 공개장의 논의거리로 좀처럼 등장하지 않는다. 이러한 안건들은 정치사회, 민지안, 여성장과 같이 불확실한 지대를 개념화하기를 요구하는 이슈들이자 주체 위치들이다. 그러나 후기식민석 맥락에서 통용되는 끝이 갈라진 두개의 혀(Forked Tongues, 피식민인의 이중 발화)와 같이, 우리는 공개장의 약속과 사용을 유연하게 전략적으로 선택할 필요가 있다. 공개장은 역사적으로 배제된 자를 포함하려는 몸짓을 취해 왔다.

공개장의 도달 불가능한 이상 때문에 비록 한계를 갖긴 하지만 어떤 지도가 우연히 다시 그려질 수 있다. 공개장의 원래 의미인 개방성(Offentlichkeit)을 염두에 두고, 에피소드적 공개장의 우발적 개방성을 주의 깊게 살피면서 전략적 개입을 시도하지만 분명 그것에 전적으로 의존하지는 않으면서 우리는 공개장의 불확정적이고 우연적 열림을 가능하게 하는 '이벤트'를 만들 필요가 있다. 서울여성영화제, 퀴어영화제, 노동영화제, 인권영화제 같은 영화제들이 그 예가 될 수 있다. 그러나 동시에 공개장의 규범적 개념으로는 정치사회, 민지안, 여성장의 존속과 전환을 다루기 어렵다. 그럼으로 틈새와 부상하는 운동에 민감한 개념적 틀이 필요한 것이다.

이 글의 시작 부분에서 주목한 대로, 여러 여성단체들이 조직해 거리에서 거행한 14명의 성매매 여성들을 위한 여성장이라는 사건이 있었다. 사실 여성장의 역사는 1979년 다국적기업에 반대하는 결정적 노동운동의 하나로 기록된 'YH사건'으로 거슬러 올라간다. YH 여성 노동자들은 파업하는 동안 경찰과 YH무역이 고용한 폭력배들에게 끌려나가지 않기 위해 옷을 벗었다. 그러나 그중 한 사람인 김경숙은 폭력적 진압이 진행되는 가운데 죽은 채 발견되었다. 비밀리에 동료들은 노동운동가 김경숙의 장례식을 치렀고, 지금 성매매 여성을 위해 여성장을 조직한 여성단체들은 여성장의 기원을 동료들에 의해 치러진 김경숙의 장례식에서 찾아 여성장의 계보를 만든다.

장(葬)과 장(場)의 우연적 동음이의의 결과로 여성 장례식과 여성주의 공개장을 이중으로 함의할 수 있는 여성장이라는 개념은 죽음, 우정, 저항, 표현을 함의한다. 《여성신문》에서 다루었던 것처럼 거리에서 행해진 성매매 여성을 위한 장례식은 여성운동의 새로운 장을 기록하는 것이다. 첫째, 그것은 여성을 제의에 참여시키지 않고 배제시켰던 유교적 형식에 대한 도전이다. 특히 유교적 의례에서 가장 중요한 것이 장례식이기 때문에 여성장의 의미는 더욱 커진다. 둘째, 공개장에서 드러나지 않았던 성매매 여성들을 공개적으로 승인한 사건이 된다.

그러나 이 사건은 이후 다른 방향을 취했다. 관련 여성단체들은 배상절차와 성매매법 제정 관련 규정을 위해 국가와 법률 제도에 호소했다. 국가 보상과 법 개정을 해결책으로 본다는 의미에서 이것은 미국의 NOW(National Organization for Women)와 같은 자유주의적 개량주의와 유사한 방향인가? 또는 강한 국가주의를 견지하고 있는 한국사회, 그 특정 국면에서 발생하는 문제인가?

마지막으로, 《여성노동자영상보고서: 밥·꽃·양》을 만든 감독이 '자신의 작품을 영화로 보지 말아 달라' 라는 선언에 대한 응답을 하자면, 나는 그것을 트랜스 시네마로 부르고 싶다. 트랜스 시네마는 번역, 전환적 영화다. 그 작품이 비교적 진보적인 공간에서 상영을 거부당한 이후에도 그 이후의 삶, 사후적 상영이 허락된 것은 넷상에서의 배급과 그에 따른 지원이 있었기 때문이다. 이러한 대안적 사례에 이어 트랜스 영화에 대한 개념적이고 비평적 배열이 구성될 차례다.

감사의 말

이 글은 〈Look Who' s Talking: Media and Public Sphere〉라는 제목으로 UC 비클리 콘퍼런스에서 처음으로 발표된 글이며, 이를 수정해 세4회 여성영화제와 도쿄대학교의 ICA Pre-Conference에 발표한 바 있다. 크리스 베리(Chris Berry), 김은실, 강명구, 요시미 순야(吉見俊哉)의 친절한 초청에 감사한다. 그들의 격려로 이 글은 하나의 트랜스 아시아 프로젝트가 되었다. 또한 나이페이 딩(Naifei Ding), 천관싱, 아쉬쉬 라쟈디약샤(Ashish Rajadhyakshas)의 논의에 도움을 받은 것에 대해서도 감사한다.

주

1) 이 글의 제목 '여성장'은 여성주의 공적 장에 대한 플래시 포워드(flash-forward) 한 비전, 곧 현재에 대한 설명보다는 현재를 참조하는 상상 가능한 미래에 대한 비전을 보여 주려는 시도에서 나온 것이다.

2) 이 책을 주의 깊게 보게 한 왕휘와 이를 한국어로 번역해 준 김정구에게 감사한다.

3) '반그림자'에 대한 더 깊은 이해와 그것이 가지는 여성주의와 여성운동에서의 중요성은 Ding, Naifei and Liu Jen-Peng(200), Penumbrae ask shadow(II): crocodile skin,lesbian stuffing, Qiu Mialjins half man half-horse를 참조했다, 제3회 International Crossroads in Cultural Studies Conference(21-25 June 2000, Birmingham, UK).

4) 나는 특히 루쉰의 시각이 국가 주도의 근대화가 강력했던 1960년대 한국에서 여자 귀신들이 등장하는 공포영화를 읽는 적절한 지점을 제공해 준다고 생각한다. 한국의 공포영화와 관련해 근대화와 여자 귀신/근대성과 젠더를 진단적으로 읽기를 시도한 졸저 《근대성의 유령들: 판타스틱 한국영화》(2000)를 참조하기 바란다.

5) 영화와 정치사회의 절합에 대해서는, Ashish Rajadhyakshas 에세이 "Bollywoodisation"을 보라.

참고문헌

김소영. 2000. 《근대성의 유령들: 판타스틱 한국영화》. 씨앗을뿌리는사람들.

김소영. 2001. 《한국형 블록버스터: 아틀란티스 혹은 아메리카》. 현실문화연구.

최갑수. 2001. 〈서구에서의 공공성과 공개장〉. 《진보평론》vol. 9.

김소영. 1988. Cinemania, cinephilia and Identity Question. *The UTS Review* Vol 4(no. 2). November.

Auge, Marc. 1995. *Non-Places: Introduction to an Anthropology of Supermodernity*. John Howe(trans.). London: Verso.

Castells, Manuel. 2000. *The Rise of the Network Society*. London: Blackwell Publishers.

Chen, Kuan- Hsing. 2002. Civil Society and Min Jian: On Political Society and Popular Democracy, an unpublished paper.

Dean, Jodi.2001. 'Cyber salons and Civil Society: Rethinking the Public Sphere in Transnational Technoculture.' In *Public Culture* 13. no. 2 Spring.

Habermas, Jürgen. 1991. *The Structural Transformation of the Public Sphere*. Cambridge: MIT Press.

Hansen, Miriam. 1991. *Babel and Babylon*, Cambridge: Harvard University Press.

Harmes, Adam.2001. 'Mass Investment Culture.' In *New Left Review* n.9: May-June.

Jameson, Fredric. 1998. 'Notes on Globalization as a Philosophical Issue.' In *The Cultures of Globalization*, Fredric Jameson and Masao Miyoshi ed. Durham: Duke University Press.

Liu, Jen Peng. 2001. 'The Disposition of hierarchy and the late Qing discourse of gender equality.' In *Inter-Asia Cultural Studies* Vol .2 (no. 1) April.

Pratt, Mary Louise. 1992. *Imperial Eyes*. London: Routledge.

Young, Iris Marion. 1987. Impartiality and the Civic Public in Seyla Benhabib(ed.) *Feminism as Critique*. Minneapolis: University of Minnesota Press.

Yoshimoto, Mitsuhiro. 2000. Trans-Asian Cinema, an unpublished paper presented at Jeonju International Film Festival Forum.

Wallerstein, Emmanuel. 1998. *Utopistics*, New York: New Press.

Wang Hui. 1999. *Resistance and Despair: The Literary World of Lu Xun*. Beijing 왕휘(Wang Hui)와 백성국. 2000. 〈근대성의 역설: 중국, 근대성과 글로벌리제이션〉, 《진보평론》. vol. 6.

Willemen, Paul. 2002. 'Detouring Korean Cinema.' In *Inter-Asia Cultural Studies* 3(2), August.

'트랜스 아시아' 영화(들)이라는
문제에 대하여

헤마 라마샨드란 저
주창규 역

일반적인 의미에서 영화를 특수한 사회적·문화적 실천이라고 규정
했을 때, '트랜스 아시아(trans-Asia)'라는 용어는 무엇을 의미하는가? 이 용
어를 사용한다는 것은 어떤 함의를 내포하는가? 그런데 '트랜스 아시아 영
화'라는 개념을 사용하는 것이 타당한 일인가? 나아가 이 개념은 더 오래되
고 그 개념과 지속적인 경쟁 국면에 있는 내셔널 시네마라는 개념과는 어떠
한 관계를 가지고 있는가? 경제와 문화가 전 지구화하고 있는 현재 상황에
서 '민족'이나 '아시아' 아니면 '트랜스 아시아' 같은 개념에 주의를 환기
시키는 것이 온당한 일인가? 그리고 이 같은 개념을 범주화하는 데 디지털
기술이라는 확대된 영역 혹은 범위는 어떤 영향을 미칠 수 있는가? 더욱이
이러한 상황은 사회적·문화적·정치적 담론에서 늘 중대한 역할을 수행해
왔던 정체성이나 동일시 문제와 결합하면서 어떠한 파장을 불러일으키는
가? 영화와 영화가 아닌 다른 매체에서 발견되는 민족과 문화의 절합을 분

석하는 데 실제로 정체성의 문제가 가장 중요한 초점의 대상이지 않았던 가? 그리고 영화이론과 비평이 끊임없이 질문해 왔던 관객의 문제는 또 어떤 식으로 전개될 것인가?

이러한 질문들을 고찰할 때 가장 중요한 점은 이 질문들이 포착되는 방식, 다시 말해서 이러한 문제들을 구상하고 구성하는 방식이, 우리가 이르게 될 결론 내지는 답을 앞질러서 결정지을 수 있다는 사실을 염두에 두어야 한다는 점이며 또한 그러한 면을 철저하게 인식하면서 질문을 시작해야만 한다는 점이다. 중요한 질문들은, '트랜스 아시아' 라는 개념의 설정이 '타당한가' 그리고 '타당하다면 어떤 범위에서 타당할 수 있는가' 다. 분명한 것은 이런 질문을 던지는 행위 자체가 그 개념이 중요하다는 소망을 내포하고 있다는 점인데, 나 자신은 이 개념의 사용가치를 믿고 있다. 아마도 이 단어가 가질 수 있는 유의미성을 선험적인 것으로 한정해 버린다면, 그것은 무의미한 일이 될 것이다. 이 개념은 어떤 특정 맥락에서 확고한 의미로 한정되는 것을 거부하고 유동적인 의미 즉, 열린 의미로 보다 주의 깊게 개념화할 필요가 있다. 그래야만, '트랜스 아시아' 라는 개념이 한국의 것이든, 인도의 것이든 아니면 (특수하게) 서구의 것이든지 간에, 특수한 사회적 · 문화적 맥락 내의 지배 담론과 실천에 내재한 안정성과 중심성을 침해할 수 있을 것이다.

이 논의의 궁극적인 취지가 대안적이고 대항적인 문화 실천과 담론을 모색하는 것이라면, 먼저 '아시아' 라는 단어가 본질적인 민족 정체성과 문화를 지시하지 않는다는 인식에서 출발해야 한다. 이와 같은 반(反)본질적인 토대는 한국 · 중국 · 일본 · 인도 · 방글라데시 같은 '아시아' 민족이나 단순한 지역별 분류 목록에만 국한되지 않는다. 물론 이 같은 단순 목록을 취합하는 과정조차도 쉬운 일이 아니다. 예를 들자면, 여기에 아프가니스탄은 포함되지 않는가? 이전 소비에트공화국을 '아시아' 에 포함시켜야 하는

가? 이란과 이라크는 '서아시아' 국가인가 아니면 중동이라는 지정학적 범주에 포함되는가? 위와 같은 서로 다른 존재들을 연결시켜 주는 역사적·문화적 친화성이 있는 것은 분명하다. 그뿐 아니라, 그러한 범주를 묶어주기에 충분해 보이는 그리고 식민적 통제의 실행으로까지 거슬러 올라갈 수 있는 전체적이고 잘 정리된 공식적인 지리학의 역사도 존재하지 않는가? 나는 '아시아'라는 개념을 지리적·문화적 특수성을 지시하는 것으로, 그리고 사회적 존재의 의미를 만들어내는 지배적인 방식을 침해하고 통합하는 의미로 사용하는 것이 적절하다고 생각한다. 여기에 '트랜스'라는 수식어를 붙임으로써 그런 것이 가능해진다. 그러나 '트랜스'라는 수식어를 '아시아'에 접합시키면서 그리고 그것이 가지는 유의미성을 설명하기 위해 굳이 데리다/스피박(Jacques Derrida/Gayatri Spivak)식의 우아한 해체론적 논의에 의존할 필요는 없다. 이 글에서 '트랜스 아시아'라는 개념을 사용할 때, '트랜스'라는 수식어는 사회-문화적 특수성에 의존한다는 의미뿐만 아니라, 다른 맥락에서 사유되고 말해지고 실천될 수 있는 것, 즉 영역과 경계를 관통해서 넘어설 수 있다는 것을 의미한다. '트랜스 아시아'는 비판적·이론적 담론과 창조적 실천의 개념이며, 이 용어의 사용가치가 단순히 특정한 주변부 혹은 반(半)주변부의 현실을 강조하는 것으로 제한되어서는 안 될 것이다. 예를 들어, 한국이나 인도의 영화를 특수한 방식으로 구성하고 분석하는 것은 중요하다. 그리고 일반적인 영화의 이해(여기에는 앵글로-유로-아메리카 영화이론/영화비평의 토대에 관한 일반적인 문제 제기도 포함된다)에 이르기 위해 타자의 영화를 구성하고 분석해서는 안 된다. 이 같은 비판은 이미 수많은 영화이론/영화비평에서 제기된 바 있지만, 그러한 비판의 함의가 계속해서 주장되었을 때, 지배 이데올로기의 수호자와 대변자에게 많은 저항과 대항을 받아온 것 또한 사실이다. '트랜스'는 경계, 균열, 주변부, 이산적인(diasporic) '제3의 공간'을 의미한다. 그것은 사회적·문화적이고 정치적 의미를 습관적으로 구성하는 방식을 침해하고 피해갈 수 있는 관계들을 만들어낸다. 그것은 '소수(minor)' (나는 여기서 질 들뢰즈 [Gille Deleuze]와 펠릭스 가타리[Félix Guattari]를 염두에 두고 있다)의 지식 생산 양식을 지시하는 동시에, 소수의 자기-현존과 안정성에 비중을 둔, 자신들의 한계와 배제 상태를 전면으로 부각시키기 위해 스스로를 담론과 실천의 중심에 삽입하는 것을 가리킨다.

　　미국, 캐나다, 영국의 '남아시아 디아스포라(diaspora)' 영화에 관한 박사학위 논문에서 나는 '트랜스'나 '아시아' 같은 담론과 범주가 가지는 유사한 한계를 집중적으로 논의했다.[1] 앞서 언급한 내용들을 보다 명확히 하기 위해 이 기획을 간단히 언급하고 넘어가야겠다. 나는 이 글에서 '민족'과 '디아스포라'를 둘러싼 담론들이 가지는 한계를 지적하면서 그것을 이해하려고 시도했다. '민족'이나 '디아스포라'가 영화와 맺고 있는 관계는 지나칠 정도의 유의미성을 가진 역사적 현실에 기초해 왔다고 해도 과언이 아닐 것이다. 즉 디아스포라, 나아가 디아스포라적 전환이 세계 영화의 발전에서 중요한 구실을 해왔다는 것이다. 이것은 자연스럽게 내셔널 시네마 개념에 관한 질문을 불러왔고, 여기서 '남아시아'와 '디아스포라'는 내가 앞서 '트랜스'와 '아시아'를 구성한 방식과 유사하게 사용되었다. 이런 개념들은 특수한 것과 보편적인 것 사이에서 진동하는 담론적 운동으로 고안되었다. 달리 말하자면, '아시아 디아스포라' 영화라는 특정 영화에 초점을 맞추는 것은 일반적인 영화 기능의 중요한 측면들을 조망할 수 있게 도와주는 디아스포라 영화(diasporic cinema) 혹은 경계 영화(border cimena)와 관련된다.

　　'아시아 디아스포라' 영화에서 '디아스포라' 영화에 초점을 맞추게 되면서 나는 관습적으로 사용되던 내셔널 시네마라는 개념의 한계를 이해할 수 있었다. 일반적으로 내셔널 시네마는 특정한 내셔널 시네마 산업의 결과물을 구획 짓는 개념으로 사용되어 왔다. 이 개념은 이와 관련해서 할리우드의 세계적인 패권에 대한 대항과 반응으로서 스스로를 위한 공간을 마련하려는 민족문화 산물을 지시하는 것으로 사용되어 왔다. 이런 식의 내셔널 시네마에 대한 정의에서 가장 생산적인 부분은 그것이 특정한 민족 내부의 영화문화에 초점을 맞춘다는 점이다. 즉 이런 관점은 자국의 것이든 외국의 것이든 '민족' 청중이 소비하는 모든 영화를 내셔널 시네마의 범주에 포함시킨다. 디아스포라 영화를 이런 맥락에 위치 지움으로써 내셔널 시네마 개념은 확장될 수 있었다. 이민자, 디아스포라 그리고 주변적 경험에 말을 거는 영화들은 가령 미국, 캐나다, 영국의 맥락에서 민족적인 것으로 정의되었던 경계를 확장시켰다. 이런 영화들은 주변화한 지위로 동화되는 것을 거절하는 동시에, 민족 나아가서는 민족 정체성과 문화에 관한 확실하고도 지배적인 정의 자체를 문제시했다. 여기서 사용된 이론적 · 비평적 틀이 이 같은 경계 영화뿐만 아니라 그 영화들이 일으킨 문제들을 중요하게 부각시켰다는 점이 강조되어야 한다. 디아스포라 영화를 연구대상으로 구성하는 과정은 일상적인 지역연구(Area Studies) 접근법이나 제3세계주의(thirdworldism) 혹은 다문화주의(multiculturalism) 같은 이론적 틀에서 출발하는 지배적 틀거리를 거부하는 것과 그 궤도를 같이한다. 여기서 탈식민성, 혼종성, 번역, 제3영화, '소수'의 문화적 생산 같은 개념은 분석대상을 구성하는 토대가 된다. 분석대상으로 구성된 '남아시아' 영화라는 유형은 본거지의 문화나 이주한 사회의 문화 중 그 어떤 것도 특권화하지 않는다. 이러한 식역적(liminal) 담론 공간을 주장하면 일반적인 문화적 기능화의 주요 측면들이 강조된다. 다시 말해서 경계와 틈새 공간에 초점이 맞추어지면서, 과정으로서 문화가 드라마화하고 보다 명백해지게 된다. 그리고 모든 문화적 기능화의 토대를 형성했던 지속적인 번역 과정과 문화적 혼종성이 전경화한다. 디아스포라 영화 혹은 경계 영화는 그것이 말을 거는 사회적 · 문화적 공간 때문에 다른 민족의 틀에도 잘 들어맞는다. 나아가 이 영화들은 다음과 같은 문제도 제기할수 있게 된다. 예를 들어, 소비에 초점을 맞춤으로써 얻게 되는 자연스러운 결과로서, 영국에서 인도영화가 영국계 아시아인들과 다른 사람들을 위한 정규적인 관람 메뉴의 한 부분을 차지한 이후에는 인도영화를 영국 내셔널 시네마 범주에 포함시켜야 하는가? 이 같은 질문을 통해 알 수 있는 것은 민족주의에 관한 특수한 정의가 결정적으로 흔들리게 된다는 사실이다. 여기서 '민족적인 것'이 민족이라는 하나의 맥락으로만 고려될 수 있는지가 문제가 되기 시작한다. 달리 말하자면, 범주들에 대한 해체론적 접근은 '민족적인 것'이 민족을 항상 넘어서는 것임을 증명하고 있다.

민족 정체성을 확립하기 위해서는 필연적으로 영화와 민족만을 관련시킬 수 밖에 없었는가? 특정한 맥락 내의 영화생산과 정치적으로 진보적인 사회적 존재의 관점을 관계 지우는 것이 보다 바람직하지 않았을까? 다시 말해, '민족적인 것'을 사회적 존재를 결정하는 다른 요소들 중의 하나로 격하시키는 동시에, 소위 말하는 소수성의 실천의 관점에서 보자면 단순하고 천박한, 그리고 배타적이고 협소한 민족적인 개념화로 마련되는 동화를 거부하는 진보적인 사회 존재적 관점과 영화를 관련시킬 수는 없었을까? 어떤 특정한 맥락 속에서 소수성이나 중심성으로 확정지어 말할 수 있을 정도로 엄격히 분리되어 있는 불투과성의 문화는 존재하지 않는다는 인식에서 출발해 보자. 실천과 과정으로서 고안된 문화는 무비판적으로 수락된 범주의 물화된 본질을 노출시키고, 다른 실천들을 가로지르는 중첩과 연결을 드러냄으로써 '트랜스', '경계', '디아스포라'와 같은 개념의 타당성을 증명해 준다. 어떤 이들은 문화를 특수한 '민족적(ethnic)' 혹은 '인종적' 본질로 규명되는 경계 지워진 실체라고 하는 낡은 개념을 견지하는 것이 집단 사이의 권력이나 불균형의 관계의 노출을 돕는다고 주장한다. 이들은 이런 주장을 통해 문화를 상호 관련된 과정과 실천으로 보는 관점에 반대할 수도 있다. 그러나 이 같은 비판은 타당하지 않다. 반대로 나는 차별이나 착취 그리고 다른 역겨운 실천들이 제도화하고 유지되는 방식을 노출시키기 위해 문화를 변화하지 않는 정체성의 산물이 아니라 실제적인 실천으로 보아야 하고, 또 그렇게 이해할 필요가 있다고 생각한다. 실천에 초점을 맞추게 되면, 사회집단들 사이뿐만 아니라 사회집단 내부의 그리고 일반적인 사회적 존재들 사이의 불균등을 포착할 수 있게 된다. 또한 이 같은 접근을 통해 사회—문화적 관계의 내재적인 동학의 본질은 무엇이며, 사회적 동인이 제도적인 것이며, 동시에 개인들 간의 정치적 실천을 어떻게 변화시켜 나가려고 시도하는지를 인식할 수 있게 된다.

　　'아시아' 혹은 내가 앞에서 언급한 기획에서 '남아시아'는 범주 자체로 내부의 이질성들을 지시한다는 점에서 비본질주의적 방식으로 기능한다. 뿐만 아니라 미국이라는 맥락에서 보자면, 그것은 '흑인'과 '백인'을 둘러싼 고정된 지배 담론을 탈안정화시킨다. 영국의 맥락에서 남아시아 디아스포라 영화에 초점을 맞추면, 다른 실천의 특수성을 희생시키지 않으면서도 '흑인'이라는 공유된 표식을 기초로 영국의 아프로 카리비안(afro-caribbean) 문화와 함께 어떤 연결이 확립되는 문화적 · 정치적 실천의 정치적 절합이 가능해 진다. '아시아'라는 개념은 지배적인 절합과 범주를 통합하고 침식시켜서, 잠재적으로는 보다 새로운 재개념화를 가능하게 해 줄 수 있는 공간들을 열어나가는 데 중요한 구실을 수행한다. 여기서 범주의 구성을 이끄는 범주적 명령(imperative)은 특수성을 확립하는 동시에 한계를 수반하는, 생산적인 범주적 망설임이라고 부를 수 있는 것으로 변형된다.
　　'아시아'와 '남아시아' 디아스포라 영화 혹은 경계 영화와 디아스포라가 역사적으로 밀접하게 관련되어 있다는 중요한 사실이 전경화되었다. 이 같은 인식을 통해 영화 텍스트 자체가 안정된 정체성과 경계 지워진 공간의 탈영토화를 명백하게 보여 준다는 점을 알 수 있다. 이러한 과정을 가장 훌륭하게 보여 주는 사례는 디아스포라적이면서 경계 위에 위치한 트랜스 아시아 영화들이다. 영화를 비롯해서 이미지와 음향으로 구성된 모든 매체는 내재적으로 탈영토적이라고 볼 수 있다. 많은 영화이론/영화비평이 오늘날까지 주장하고 있는 대로 이미지와 음향이 실제 관객과 청중을 특정한 경계나 한계 내부에서 보호되는 정체성들로 구성해 낸다고 했을 때, 그런 과정이 항상 성공적이지는 않았다. 어쩌면 그 과정은 항상 실패하는 것이라고도 볼 수 있다. 영화이론/영화비평은 실제 관객이 응집력 있는 주체를 구성하는 과정에서 허구가 핵심적인 구실을 한다는 가정을 이론화하면서 서사와 그것의 응집성의 중추적인 준거점을 구성해 왔다.

그러나 영화서사가 주체가 차지하게 될 단단한 위치를 응집성 있게 묶어줄 뿐만 아니라 지속시키기도 한다는 점 때문에, 프레드릭 제임슨(Frederic Jameson)의 마술적 리얼리즘[2]이라는 이론적 틀로서는 디아스포라 영화, 경계 영화 혹은 '트랜스 아시아' 영화를 고려하기는 어려워진다. 그러나 탈식민적 경계 영화들은 제임슨이 관통된 역사(perforated history) 혹은 구멍으로 가득찬 역사(history full of holes)라고 부른 것의 절합에 참여한다. 관객들은 이와 같은 영화에서 의미를 구성하기 위해 이질적인 지식들을 구성하도록 강요받는다. 이 과정에서 관객은 응집성을 가지기 시작할 때조차도 그 전체 윤곽을 예측할 수 없는 주체로서 구성된다. 서사영화 자체가 영화제작과 영화소비의 관계에서 영원히 전치되고 위협받는 응집성을 가지고 있기 때문에, 관객에게서 다른 층위의 참여를 끌어낸다는 주장이 복잡하게 관여하게 되면서 영화 관람성에서 중심적인 그리고 화용론적인 사례가 된다. 달리 말하면, 서사의 응집성과 의미 닫힘을 쉽게 수락하지 않고 또 그것에서 손쉬운 만족감을 얻기 어려운 영화의 형식과 양식에 대한 참여가 관객의 영화 경험을 형성해 온 것이다. 이러한 변형은 영화적 양식이나 기법, 혹은 전략뿐만 아니라 관객에게 할당된 공간을 필연적으로 그리고 너무도 확실하게 잡종화한 계기에 종속시켜 버린다. '아시아 영화', '남아시아 영화',

'트랜스 아시아 영화', '디아스포라 영화' 혹은 경계 영화가 혁신적인 잠재성을 강조할 수 있는 방식으로 구성될 수 있다면, 역사 속의 실제 주체가 아닌 관객들은 범주적으로 경계 지워진 장소를 거절할 수 있다. 또한 이러한 관객의 거절을 드러내는 것은 해당 영화의 통찰력을 극적으로 강조할 수 있게 된다. 영화와 디아스포라가 맺고 있는 관계의 유의미성에 대한 인식은 관객들이 한 편의 영화, 일련의 영화 그룹 혹은 특정한 주제 위치를 차지하는 영화장치에 의해 이데올로기적으로 호명된다고 보고 있는, 관객과 영화의 관계에 관한 지배적인 관점을 위협한다. 영화는 민족, 민족 정체성 그리고 문화를 구성하는 데 매우 중요한 구실을 해왔다. 영화와 민족 사이의 기본관계를 바라보는 가정들은 영화매체들이 민족문화와 민족 정체성의 지배적인 구성을 생산하고 공고히 하기 위해 사용되었다는 것이다.

그러나 경계 영화, 디아스포라 영화, 아시아 영화, 남아시아 영화 혹은 트랜스 아시아 영화에 초점을 맞추고서 영화 발전상 디아스포라의 구성적 구실을 강조하는 관점에서 본다면, '영화=민족=정체성' 식으로 등가를 설정하는 것이 신뢰할 수 없는 공식이 되거나, 심지어는 지지할 수 없는 공식이 되어버린다. 바로 이 대목에서 이와 같은 관점이 민족에 대한 문제를 제국주의와 식민주의의 그림자에서 벗어나게 하려는 것이 아닌가 하는 문제를 제기할 수도 있다. 이러한 맥락에서 보자면, 민족 정체성과 민족문화를 공고하게 만드는 과정을 먼저 추적해 보고, 계속해서 민주적이고 공정한 재현을 성취하기 위해 그런 과정을 탈안정화시키고 해체하는 것이 상식적이지 않은가라는 문제 제기가 가능하다. 그러나 보다 생산적이며 필요한 접근은 민족에 관한 협소한 개념화를 피하고, 또 그것을 비판할 수 있는 '민족적인' 문제에 대한 보다 근원적인 접근을 확립하는 것이다.

이러한 접근은 영화이론/영화비평에서 동일시와 정체성을 개념화할 때 변형의 문제를 야기한다. 문화를 과정으로 포착하게 해주는 '경계', '디아스포라', '트랜스' 공간에 초점을 맞추게 되면, 의미심장하게도 동일시의 과정이 위험, 예측 불가능성, 그리고 심지어는 확고하게 안정된 정체성의 상실과 관련되어 있음을 알 수 있다. '경계'의 문화현상과 그것의 과정은 봉합의 과정이 특정한 범주 경계를 가로질러서 일어난다는 것을 설명해 준다. 이런 과정은 강력한 주체 혹은 지배적인 주체가 희생당하는 주체 혹은 투쟁하는 주체와 동일시되는, 정치적으로 진보적인 동일시에서 살펴볼 수 있다. 아니면 서로 다른 이른바 소수화한 공동체의 개인 간 상호작용은 소수화한 주체에 대한 응시와 담론 속에 있는 경쟁적 특성을 회피하고, 단지 특정 맥락 내에서의 지배적인 타자에 대한 말걸기에만 초점을 맞춘다. 관객성(spectatorship)과 정체성 형성에 관해 가장 널리 퍼져 있는 이론들은 정체성을 잘 정의된 단일한 것으로 보는 테제와 낡은 단일한 주체의 장소에서 다중적인 정체성들을 축복하는, 그러니까 대중적인 변형판으로서 정체성들의 문제성 없는 증식으로 보는 테제를 신봉하고 있다. 그러나 이와 같은 것은 근거 없는 주지주의로 특징지울 수 있으며, 정적으로 관리된 정체성 생산 모델은 디아스포라 혹은 경계의 현상과 과정이 가져오는 결과를 확실하게 설명해 주지 못할 뿐 아니라 결국 쓸모없는 진부한 모델이 되어버린다. 디아스포라 공간에서 주체성이 본거지나 그것과 동일한 의미로 인식되는 이주한 사회의 민족 형성체에 속하는 정체성의 낡은 형식들과 어느 정도 유사하거나 그것에 고착되어 있든지 간에, 그것은 다양한 역사, 문화, 경험 그리고 담론이 상호 교차한 결과물이다. 이 같은 과정이 내재적으로 예측 불가능하다고 가정한다면, 특수한 디아스포라적 맥락에서 주체성 생산은 부과된 정체성 범주에는 거의 들어맞지 않는다. 또한 이미 모든 문화와 역사의 특징이 항상 잡종화한 특징을 보여 주고 있다는 점을 감안하다면, 이와 같은 통찰은 모든 맥락의 주체 형성을 포함하는 것으로 확장될 수 있다(그러나 이러한 일반적 의미를 고려했을 때, 그러한 인식은 특정 맥락의 지배 이데올로기와 실천의 작동이 부과한 물화의 층위에 의해 덮여 버린다).

주체 생산 과정의 내재적인 불안정성이라는 문제는 폴 윌먼(Paul Willemen)이 제안했던 영화적 기능화에서 집중적으로 설명되고 있다.[3] 한 사회구성체의 특정한 계기에는 하나 이상의 생산양식이 동시적으로 작동하고 있고, 하나(들)가 다른 것(들)과 다양하게 절합하고 있다. 이와 같은 인식은 "비동시성의 동시성"(에른스트 블로흐[Ernest Bloch]), "불균등한 발전", "저개발의 발전"(마르크스주의), 그리고 '지배적인' 문화형식, '부상하는' 문화형식, '잔존하는' 문화형식의 상호공존(레이먼드 윌리엄스[Raymond Williams]: 영국의 문화연구) 같은 공식을 발생시킨다. 어떤 텍스트 내부에는 하나 이상의 시각적 체제(scopic regime)가 동시적으로 공존한다는 주장은 생산양식에 관해 위에서 말한 통찰에서 연원한다. 그리고 이러한 의미작용의 체제를 통해 확실하게 잡종화되어 있다는 결론이 나온다. 그것들은 같은 시공간의 틀 속에서 공존하기 때문에 각각은 말걸기 양식이 함축한 정체성을 아무런 문제 없이 보증하거나 (재)생산할 수 없게 된다(물론 특정 맥락에서 지배적인 것이 존재하는 것을 부정하지는 않는다). 다시 말해서 이것은 말걸기에 관한 관점적 양식이 모든 경우에 모나드적인 (monadic) 데카르트 주체를 자연스럽게 야기하지 않는다는 것을 의미한다. 이것을 보다 일반화해 보면, 그것이 비록 함축된 것이라 할지라도 특정한 문화적 실천과 시각적 체제에서 발견되는 실제적인 주체성의 체제 사이의 등가는 결코 보증될 수 없다는 결론을 끌어낼 수 있다. 이와 유사하게 봉합의 과정은 텍스트와 잠재적 주체 사이에 단단한 관계를 확립하기 위해 결코 전체적으로 포착될 수 없는 잉여물들을 모든 단계에 남겨 두고 있다고 볼 수 있다. 역사 속에 위치하고 있으면서 일반적인 역사와 문화를 특징지우는 잡종화한 동학의 산물이기도 한 실제 주체와 텍스트적 기제의 상 작용에 의해서 주체 위치가 생산된다는 사실 때문에 이러한 과정은 보다 불확실해진다. 이와 관련해 잡종화의 과정과 그 영향의 흔적은 스크린 상에서 배열되는 등장인물에게도 나타난다. 이런 측면은 많은 탈식민 영화, 경계 영화 혹

은 디아스포라 영화에서 명백하게 두드러진다. 그래서 등장인물 시점과의
동일시를 통한 영화의 감정적인 경제학으로 관객을 꿰매버림으로써 봉합이
일어난다고 보는 영화이론/영화비평의 지배적인 개념화는 이제 폐기되게
된다. 왜냐하면 등장인물과 시점은 어떠한 안전한 동일화의 지점도 가지지
않기 때문이다. '트랜스' 영화는 지배적인 이데올로기와 실천에 의해 우리
가 자발적인 협력자가 되게 만드는 초월적 상태에서 벗어나게 해준다. 이런
영화들은 특정한 사회구성체에서 그리고 재현적 체제와 단일한 텍스트뿐만
아니라 텍스트적이며 동시에 실제적인 주체의 (재)생산에서 잡종성의 과정
이 중요하게 그리고 중심되게 작동한다는 사실을 드라마화한다. 이렇듯 영
화들을 급진적인 방식으로 구성하고 분석함으로써 내셔널 시네마와 민족
정체성에 대한 새로운 이해가 가능해진다. 이렇게 보면 민족(주의) 영화는
민족(주의) 정체성을 보증할 수 없다는 결론에 이르게 된다.

사카이 나오키(酒井直樹)가 제안한 번역이론(Translation Theory)[4]은
민족(주의)의 문화적 본질을 특정한 번역의 재현이 일차적으로 작동한 것
으로 이해하고 구성할 수 있게 해주는 동시에, 사카이가 '형상화의 도식집
합(schema of configuration)'이라고 부른 것을 벗어나서 문화과정을 재개념화
하기는 어렵다는 것을 알 수 있게 해준다. 민족의 공동체적 단일성이란 문
화 실천에 관련된 양식인 번역의 실제 행위를 특징지우는 이질성들을 억압
하는 특수한(지배적이고 습관적인) 재현의 행위 결과로 설정된 것이다. 이
같은 어려움에도, 언어나 다른 의사소통 행위가 대부분 민족주의, 자민족
중심주의, 인종차별주의로 퇴행해 버리는 민족의 순수성과는 다른 어떤 것
으로 고려될 수 있는 가능성이 잠재적으로 존재한다. 비판적인 제3영화 접
근은 민족적인 생산의 맥락에만 토대를 둔 범주화에 의지하는 것이 아니라
말이 걸려진 문화적·정치적 공간에 초점을 맞춤으로써 내셔널 시네마라는
문제를 재활성화한다. 들뢰즈와 가타리가 제안한 '소수'라는 틀을 민족적

인 것의 지배적인 공식화를 탈영토화할 수 있게 해준다는 점에서 비(非)헤게모니 혹은 대항 헤게모니적인 내셔널 시네마의 개념화가 가능해진다.[5] '디아스포라' 영화와 '트랜스' 영화의 급진적인 잠재성을 강조하면, 다문화주의와 제3세계주의 같은 기준들을 강하게 거절할 수 있게 된다. 왜냐하면 그런 관점들을 필연적으로 민족성(ethnicity)을 근본적인 작동 표준으로서 관습적으로 개념화하고, 민족주의, 신식민주의 그리고 신제국주의적인 용어 내부에 그런 영화들을 재기입함으로써 그 영화들이 가지는 잠재성을 무마시키려고 하기 때문이다. 다문화주의나 제3세계주의는 지배적인 서구의 담론적 실천들인 평화주의와 통제 안에 자리하고 있다.

내셔널 시네마가 민족의 안과 경계를 가로지르는 많은 다층위성의 문화를 지시하고 민족적인 문화적 특수성의 측면에서 그것을 개념화한다면[6], 전 지구화와 디지털 기술의 확산으로 특징지을 수 있는 현재에도 타당한 기준이 된다. 내셔널 시네마라는 개념이 말이 걸려진 사회-문화적·정치적 공간의 본질을 지적하는 것이라면, 그것은 여전히 유효한 개념일 수 있다. 그리고 내셔널 시네마가 영화의 소비를 포함한 영화문화를 지시한다면, 그것은 여전히 유의미한 개념일 수 있다. 내셔널 시네마가 관습적인 방식으로 정의되는 민족적인 것으로서의 정체성이나 문화가 아니라 사회적 존재의 복합성을 지시하는 것이라면 말이다.

결론을 대신해 디지털 기술에 관한 몇 가지 생각을 덧붙이겠다. 이제는 인터넷을 통해서 영화를 충분히 볼 수 있는 시대다. 컴퓨터를 이용한 아마추어 영화제작은 관습적인 영화제작만큼 경비를 들이지 않고서도 영화를 만들고 배급해서 호응을 받을 수 있게 해줄 것이다. 가까운 미래에 영화는 CD로 배급될 것이고, 디지털 영사기를 갖춘 극장이 그 영화들을 스크린에 영사할 것이다. 더욱이 컴퓨터 영화는 다양한 방식으로 관객을 '활성화'

할 수 있을 것이다. 내가 이해한 것이 틀리지 않다면, 영화를 '비선형적인 (non-linear)' 방식으로 관람하게 될 것이고, 특정 부분만 건너뛰면서 보게 될 것이다. 관객은 편집자의 구실까지 할 수 있게 될 것이고, 영화를 가지고 놀 다가 그것을 변화시킬 수도 있을 것이다. 이 모든 것은 영화의 원칙적인 요 소 즉 움직이는 이미지는 인용을 허용하지 않기 때문에, 영화 텍스트의 획 득 불가능성(unattainability)[7]을 주장했던 레이먼드 벨루어(Raymond Bellour) 를 생각나게 한다. 디지털 기술과 그것을 이용하는 관객의 행위를 생각해 보면, 영화텍스트는 인용 가능한 것 다시 말해 더 이상 수동적이지 않은 관 객에 의해 조작될 수 있는 것이 된다. 아마도 비평은 분석의 일부로서 실제 영화 자체의 재작업을 통합할 수도 있게 될 것이다. 개인적이고 비공식적인 '확장된 영화(expanded cinema)' 라는 개념이 점점 현실화할 것이다.[8] 문제가 되는 것은 대상 자체가 이런 맥락에서 변화해 버리지는 않는가 하는 점이 다. 다시 말해 우리는 그것을 영화라고 말할 수 있을까? 관객이 보다 능동 적인 존재가 된다고 말하는 것은 무슨 의미일까? 이런 종류의 '능동성' 은 영화를 통해서 다른 세계와 관점을 배우는 경험을 필연적으로 폐기시킬 것 인가? 우리는 '능동', '수동', '상호작용' 이 의미하는 것이 정확하게 무엇 인지를 끊임없이 질문해야 할 것이다. 왜냐하면 영화이론은 이 같은 문제들 을 아직까지도 명확하게 해명하지 못하고 있기 때문이다. 우리는 지금 영화 관이나 비디오를 통해 영화를 보는 것과 일치하는 경험에 관해서 말하고 있 는 것인가 아니면 이와는 다른 종류의 참여에 관해 말하고 있는 것인가? 텔 레비전과 컴퓨터의 관계는 무엇이고, 또 그 관계는 어떻게 전개될 것인가? 그 같은 기술은 어떤 방향으로 나아갈 것인가? 컴퓨터 영화의 생산과 소비 에 접속하게 되는 이들은 누구인가? 디지털 기술은 관습적인 영화가 생산 하는 이미지와 사운드의 질에 근접할 수 있는가? 아직까지는 그렇지 않다. 내가 알고 있는 바에 의하면, 다양한 이유에서 그러한 영화가 가질 수 있는 충격에는 한계가 있기 때문이다.

주

1) Hema Ramachandran. December 1999. *Cinema, Nation, Diaspora: The South Asiann presence in Anglo-American cinema.* PhD dissertation. PFTV department, Napier University. Edingburgh, Scotland.

2) Frederic Jameson. winter 1986. 'On magic realism in film.' In *Critical Inquiry* V 12 .

3) Paul Willemen. 1995. "Regimes of Subjectivity and Looking". *The UTS Review* 1,2. p. 101~129.

4) Naoki Sakai. 1997. *Translation and Subjectivity: on 'Japan' and Cultural Nationalism.* Mineapolis, MN: U of Minneasota P.

5) Deleuze, Gilles, and Felix Guattari. 1986. *Kafka: toward a minor literature. Mineapolis.* MN: University of Minneasota P.

6) Paul Willemen. 1994. 'The National.' In *Looks and Frictions.* Bloomington: Indiana University Press. p. 206~219.

7) Raymond Bellour. Autumn 1975. 'The unattainable text.' In *Screen* 16. 3, p. 19~27.

8) Gene Youngblood. 1970. *Expanded Cinema.* New York: E. P. Dutton.

퀴어 디아스포라/심리적 디아스포라:

왕자웨이의 공간과 세계

데이비드 L. 엥 저

이경은 역

우리가 도시와 맺는 관계는 사람들과 맺는 관계와 같다. 우리는 그들을 사랑하고 미워하며, 그들에게 무관심하다. 낯선 도시에 처음가게 되면 우리는 도시를 찾아 나선다. 우리는 길을 따라 내려가고 골목을 돌아선다. 우리는 그냥 지나치는 사람들의 표정은 잘 알고 있지만 도시를 알 수는 없다. 그래서 우리는 사람을 찾아 나서든 도시를 찾아 나서든 낯설게 될 뿐이다.

—빅터 버긴(Victor Burgin),《어떤 도시들(Some cities)》[1]

주체들/공간들

왕자웨이(王家衛)의 세계에서 주체(Subjects)와 공간(Spaces)은 자주 결합한다. 이는 공간이 정서와 인간의 감정으로 가득 차 물리적인 것과 심리적인 것을 실질적으로 구별할 수 없는 강도에 이르게 되는 것이다. 《중경삼림(重慶森林)》(1994)의 예를 들자면 경찰관 633(량자오웨이〔梁朝偉〕분)은 스튜어디스 여자친구(저우자링〔周嘉玲〕분)가 자신을 버리고 떠난 뒤부터—그녀의 말을 빌자면 '그의 탑승권이 취소'된 뒤부터—자신의 아파트 공간 안에 살고 있는 일상 사물들과 대화를 나누기 시작한다. 이 일상 사물들-비누조각, 다 떨어진 걸레, 낡은 봉제인형들, 구겨진 승무원제복 등—은 차례로 633의 엉망이 된 감정상태를 나타낸다.

'그녀가 떠난 뒤부터' 의기소침해진 633은 낙담한 보이스오버(voice over)로 "이 아파트 안의 모든 것들이 슬프다"고 말하고 불면증에 시달리게 된다. 그는 닳아진 비누조각을 상대로 "너무 야위었어. 예전엔 뚱뚱했는데…… 자신감을 가져"라고 말하고, 다 떨어진 걸레에게는 "그만 울어. 강해져야지. 왜 축 처져 있어?"라고 묻는다. 그는 대답도 하지 않는 곰인형에게 "사람은 모두 흔들릴 때가 있는 거야"라고 잘라 말한다. 그는 자신의 고독한 셔츠를 걸면서 옷걸이에게 "외롭다고? 넌 아주 엉망이구나"라고 말을 건넨다. 마침내 그의 아파트 전체는 633의 의기소침한 상태를 표현하게 된다. 아파트가 물에 잠기자 633은 "나갈 때 수도꼭지를 잠그지 않았나? 아니면 이 방이 점점 감정이 생겨나는 건가? 강한 줄 알았는데 이렇게 많이 울 줄 몰랐다. 사람이 울면 티슈로 충분하지만 방이 울면 할 일이 많아진다"고 중얼거린다.

물론 지그문트 프로이트(Sigmund Freud)라면 633의 의기소침함과 633의 공간의 결합에 대해 '우울증(melancholia)'의 병리학적 신호라고 진단 내릴 것이다.[2] 상실로 인한 슬픔의 상태인 우울증은, 사랑했으나 상실된 대상을 자신의 내면화(iternalization)—외부세계를 내부세계로 끌어들이거나 물리적 영역을 심리적 영역으로 가져오는 것—를 통해 보존하는 정신적 과정을 뜻한다. 물리적 공간이 심리적 공간으로 수축되는 것은 바깥(outside)에서 안(inside)으로, 안에서 바깥으로 가르는 구분을 흐릿하게 한다. 이런 관점에서 주체와 대상 간—633과 떠나간 여자친구 간—의 대화는 필연적으로 독백이 될 수밖에 없다. 왕자웨이의 세계에서 이러한 독백은 그의 영화에서 낙관처럼 되어버린 일련의 자기애적인/유아적인(solipsistic) 보이스 오버로 변형된다. 《중경삼림》에 나타나는 633의 우울증 상태는 안과 바깥의 경계를 흐릿하게 하는 상실의 지속상태로 볼 수 있다.

따라서 아비(왕징원[王靖雯]분)가 633의 아파트에 몰래 들어갈 때, 그녀는 아파트뿐만 아니라 이 경찰관의 마음속을 침범하고 있는 것이다. 아비는 633의 방을 말끔히 청소한다. 그녀는 그의 비누, 걸레, 수건, 침대보, 칫솔을 바꾸고 그의 어항에 새 금붕어를 사다 놓는다. 그녀는 또한 그의 곰 인형 대신 가필드 고양이인형을 가져다 놓고 블랙빈 고등어통조림을 델몬트 정어리통조림 라벨로 바꿔 붙인다. 아비가 경찰관의 방에 다양한 물리적 대상들을 바꾸어놓을 때, 그녀는 동시에 633의 심리적 공간, 즉 그의 우울한 내면적 풍경화를 바꾸어놓고 있는 것이다. 하지만 처음에는 이러한 물리적 변화들이 별다른 심리효과를 가져오지 못한다. 633은 여전히 떠나간 스튜디어스 여자친구에 사로잡혀 있고 마음의 변화는 일어나지 않는다. 그러나 심리 변화는 633의 마음속에서 점점 무게를 더해 마침내 그의 마음상태를 바꾸어놓기에 이른다. 그는 자신의 아파트, 자신의 의기소침한 공간에서 벗어나 처음으로 아비를 보게 된다. 토니 레인즈(Tony Rayns)의 매력적인 표현을 빌자면, '옆집 소녀가 그에게 완전히 빠져버렸다(the girl-next-door has the mother of mother of all crushes on him)'는 것을 마침내 깨닫게 된다.[3]

아비가 홍콩에서 캘리포니아로 떠나는 것(단지 떠돌아다니는 또 한 명의 스튜어디스로 환생해 1년 뒤에 돌아오기 위해)은 왕자웨이의 영화세계에 산재하는 상실과 포기의 우울증적 패턴을 강화한다. 우리는 왕자웨이의 전 작품에 걸쳐 되풀이되는 증후를 만난다. 정치적 관점에서, 물리적 공간과 심리적 공간의 우울한 결합은 아크바르 아바스(Ackbar Abbas)가 언급하듯 '제국주의에서 다국적 자본주의로 넘어가는 과도기로서의 식민지(홍콩) 공간의 문제적 세계'로서 이루어지며, 이는 '모든 규칙이 조용히 바뀌는 공간'일 것이다[4] 정치에 대한 명백한 관심은 왕자웨이 영화에 부재하지만, 홍콩 정체성의 공간적 역동성에 대한 관심은 우리에게 정치적인 것과의 간접적 연관성을 제공한다. 아바스는 '홍콩의 어떤 감독보다도 왕자웨이는 자신의 영화를 통해 부정적인 것(the negative)에 대한 경험으로서 시대의 특별히 강렬한 경험을 전달한다. 이 경험은 파악하기 어렵고 양가적인 문화적 공간에 관한 것으로, 이것은 우리의 손에서 살짝 벗어나 있거나 혹은 우리의 절합지점 바로 아래 있을 뿐이다'고 말한다.[5] 나는 이 물리적, 심리적 공간의 ―또는 공적, 사적 공간의― 우울한 섞임이 존재의 정치화된 조건으로서 탈식민적 홍콩의 정체성을 부정적으로 배열하는 중요한 측면임을 논하고자 한다. 1997년 전후의 홍콩의 움직임은 전 지구적 체제의 공간 내에서 어떤 ―정치적, 경제적, 문화적으로― 형태를 지니고 있다고 말할 수 있을까? 디아스포라의 문제―물리적일 뿐 아니라 심리적인 디아스포라를 포함에서―를 통해 이러한 이슈에 접근할 수 있지 않을까?

심리적 디아스포라

심리적 디아스포라(Psychic Diasporas)는 무엇인가? 심리적 디아스포라는 과연 가능한 말일까? 왕자웨이의 세계에서 우리는 이것을 어떻게 이해해야 할까?

구약성서의 신명기(申命記)를 찾아보면 '디아스포라'는 전통적으로 심리적 움직임이라기보다는 물리적 움직임을 뜻한다. '흩어지다' 또는 '씨를 흩뿌리다'라는 동사적 의미는 유태인들이 흩어지게 된 역사를 지칭하며 디아스포라는 그 어원을 히브리어와 그리스어에서 찾을 수 있다.[6] 카키그

퇴뢰리안(Khachig Tölölyan)은 "우리가 '디아스포라'라는 단어를 과거에는 유태인, 그리스인, 아르메니아인들의 이산에만 사용해 왔지만 이제는 이민자, 추방자, 망명자, 외국인 노동자, 망명 커뮤니티, 교민 집단, 인종 집단을 지칭하는 뜻으로까지 의미의 영역을 확대했다"고 지적한다.[7]

　　이는 중요한 지적으로 디아스포라의 정치적 함의가 ―과거이든 현재든 간에― 원래 민족국가(nation-state)의 실체라는 점에서 불안정하다는 것이다. 디아스포라는 정치적으로 국가에 대한 저항적 지점에 있지만, 동시에 전통적 조국의 개념과 민족적 순수성, 생물학적 보수주의를 지지하는 해로운 민족주의의 지점으로서 기능한다. 다시 말해, 디아스포라 집단은 때때로 국가에 반대하는 반면, 어떤 때에는 퇴뢰리안이 지적한 것처럼 '국가의 동맹군, 로비스트, 심지어 이스라엘의 경우처럼 국가의 선봉'에 서게 된다는 것이다. 디아스포라는 때때로 민족주의 운동의 정치적, 경제적, 이데올로기적 지지의 원천이 되기도 한다. 즉, 쑨원(孫文)의 경우처럼, 조국의 부활을 목적으로 하고 완전성을 수호하며, 잃어버린 기원을 회복하고자 하는 것이다.

　　이러한 점에서 심리적 디아스포라의 가능성을 개념화하는 것은 특히나 어렵다. 디아스포라는 조국과 기원의 보수주의로 향하려는 충동 때문에 심리적 움직임의 가능성을 억압한다. 다시 말해, 디아스포라가 전통적으로 물리적인 이산과 인종 집단의 외부적 움직임이라고 한다면, 회복(recperation)의 방식으로서의 심리적 디아스포라는 외부로의 움직임이라기보다는 퇴행, 노스탤지어, 정지와 같은 뒤를 향하는 움직임이라고 하겠다. 조국과 기원의 회복을 갈망하면서 심리적 디아스포라는 진보, 동맹, 전진적인 순간들보다는 갈망, 정착, 과거로 보내짐에 대한 거부로 그 개념이 옮겨진다.[8] 그렇다면 홍콩의 특정한 역사적 상황에서 우리는 어떻게 물리적인 디아스포라와 심리적인 디아스포라 간의 관계를 이야기할 수 있을까?[9]

　　상당 부분, 다른 전례를 찾아볼 수 없는 홍콩의 탈식민적 상황은 거주민들에게 다시는 '돌아갈' 가능성이 없다는 점을 부추긴다. 탈식민지성이 잃어버린 이상향—자치국인 '원래' 국가의 탈환—을 회복하는 것을 가정하는 반면, 홍콩은 이러한 이상화된 조건을 생각될 수 없다. 홍콩은 부재의 순간—1997년—에만 오직 정치적 대상으로 구성되면서 하나의 제국주의적인 힘에서 다른 제국주의로, 즉 영국에서 중국으로 넘겨졌다. 정치적 자치권의 회복이 이러한 (탈)식민지적 변동에서 사라지게 되면서, 조국과 기원의 회복에 대한 가능성은 동시에 사라졌다고 할 수 있다. 완전히 영국에 속하지도, 중국에 속하지도 않는 홍콩은 경제적인(정치적, 문화적이라기보다는) 거래에 의해 부유하는 공간이 된 것처럼 보였고, 이는 여전히 그렇다. 2046년까지 중국의 특별행정구(SAR: Special Administration Region)로 존재할 탈식민적 상황의 홍콩에 대한 보류된 위상은 '기원'의 회복이라는 명제가 불가능한 것으로 존재하는 전형적인 예가 될 것이다. 이러한 특정한 역사 상황하에서 심리적 디아스포라를 어떤 식으로 생각할 수 있을까?

디아스포라에 대한 관심은 장완팅의 《가을날의 동화(秋天的童話: An Autumn's Tale)》(1987)부터 관진펑(關錦鵬)의 《인재뉴약(人在紐約: Full Moon In New York)》(1989), 쉬안화(許鞍華)의 《객도추한(客途秋恨: Autumnal Lament In Exile)》(1990), 천커신(陳可辛)의 《첨밀밀(甛蜜蜜: Comrades: Almost A Love Story)》(1996), 클라라 로의 《떠도는 인생(The Floating Life)》(1996) 등의 새로운 홍콩영화에서 많이 보인다. 그러나 심리적 디아스포라의 문제는 왕자웨이에게 특별한 인력(valence)을 가진다. 즉, 불가능성으로서 심리적 디아스포라는 그의 영화 세계 속 캐릭터들의 매우 주관적 현존을 창조하고 규정하며 또한 구조화한다. 사실, 왕자웨이 영화 속에서 물리적 움직임과 심리적 움직임은 전도되어 있다고도 말할 수 있다. 그의 인물들은 물리적으로 더 많이 움직일수록 심리적으로는 덜 움직인다.

이렇게 전도된 힘은 《아비정전(阿飛正傳: Days Of Being Wild)》(1991)에서부터 매우 두드러진다. 여기서 물리적, 심리적 디아스포라의 문

관진평의 《인재뉴약》. 디아스포라에 대한 관심은 장완팅의 《가을날의 동화》, 《인재뉴약》, 천커신의 《첨밀밀》 등의 새로운 홍콩영화에서 많이 보이지만, 심리적 디아스포라의 문제는 왕자웨이에게 특별한 인력을 가진다.

제는 왜곡된 오이디푸스적 드라마의 섹슈얼한 기록에서 펼쳐진다. 아비(장궈릉[張國榮] 분)는 생모(티타 무뇨즈 분)를 찾고자 하는 그의 굽히지 않는 욕망으로 인해 홍콩의 도시 환경에서 생모가 살고 있다고 하는 필리핀의 열대 수목지대에 이르는 여행을 거치는 디아스포라가 된다. 아비는 생모를 찾기 위해서라면 거리에 상관없이 떠나려고 준비하는 반면, 그의 상실한 대상에 대한 흔들리지 않는 욕망은 그가 다른 누구에게도 심리적으로 유착되지 못하게 막는다. 아비의 계속되는 여행의 결과는 심리적인 정지 상태다. 사랑의 대상으로서의 어머니를 포기하지 않고 정서적으로 움직이지 않으며 다른 누구와도 친밀한 관계를 맺지 못하는 것이 그의 심리적 정지 상태다. 사실, 아비가 자신의 태생에 대한 신념을 채우기 위해 어머니에게 바치는 진실함은 매우 강해서 이것은 다른 여성들에 대한 여성혐오증으로 이어진다. 아비의 삶은 그를 어린 시절부터 키워준 양모(판디화[潘迪華] 분)와 묵묵히 고통 받던 여자친구 여준(장만위[張曼玉] 분), 그리고 큰 소리로 고통을 표시하던 미미(류자링[劉嘉玲] 분) 등 그를 가장 사랑했던 사람들에 대한 가학(abuse)의 연대기다.

《아비정전》에서 약속은 항상 이루어지지 못한다. 필리핀으로 향하는 아비의 여행 또한 이러한 규칙에서 벗어나지 못한다. 필리핀에 도착한 아비는 "나는 드디어 생모의 집에 도착했다. 그러나 나를 만나주지 않았다. 하인이 와서 그녀가 더 이상 그곳에 살지 않는다고 했다. 그러나 나는 그곳에 도착했을 때 누군가가 숨어서 나를 바라보고 있다는 것을 알고 있었다. 나는 돌아보려 하지 않았다. 나는 단지 그녀가 어떻게 생겼는지 보고 싶었을 뿐이다. 그녀가 내게 기회를 주지 않았으므로 나 또한 그녀에게 기회를 주지 않을 것이다"고 말한다. 기원의 회복은 불가능한 프로젝트였고 열정은 사라진다. 마치 아비의 욕망이 단지 심리적 억압 뿐 아니라 자기 파괴와 죽음마저도 불러온 것처럼. 아비는 폭력단에게서 위조 미국여권을 훔치려 하다가 결국 치명적인 총상을 입는다.

카자 실버만(Kaja Silverman)은 《월드 스펙테이터(World Spectator)》에서 오이디푸스콤플렉스에 대한 분석을 제시하는데, 이는 아비와 생모 간의 관계에 대해 이야기하는 데 유용할 듯하다. 실버만은 특정한 가족관계를 성애화하는 데 있어 오이디푸스콤플렉스에 대해 다음과 같이 진술한다.

> 오이디푸스콤플렉스는 우리 자신 이외에 다른 누군가와 관련되는 것을 수용하지 않고는 누구도 할 수 없는 무언가를 우리 안에서 일깨워 준다. 또한, 이것은 사랑하는 이를 대체적인(substitute) 일련의 사랑의 대상과 바꾸게 하면서 우리의 마음속과 세계에 다른 사람이나 대상을 위한 '빈자리'가 생겨난다. 우리의 첫사랑의 대상에 대한 상실은 언제나 비극이지만 이것은 사랑의 필수조건이 된다. 일찍이 값비싼 대가를 치르고서야 다른 사람이나 사물은 우리와 '연관'될 수 있는 것이다.[10]

아비는 어머니의 기원을 포기하고 다른 사람과 사물들을 위해 마음속에 '빈자리'를 만들 수 없기에 자신의 원래 사랑의 대상만을 고집하고 대체물을 받아들이지 않는다. 고로 그는 다른 사람이나 사물들과 '연관' 될 수 있는 모든 가능성을 닫아놓는다. 실상, 아비가 어머니의 기원을 다른 것으로 대체하기를 거부하는 것은 지독한 여성혐오증을 낳게 했을 뿐 아니라 그를 둘러싼 세계 전체를 부정하게 만든다. 어린 시절에 어머니의 상실이라는 값비싼 대가를 치르지 않으려다가 아비는 뒤늦게 더욱 비싼 대가를 치르게 된다. 아비는 영원히 날아다니거나 아니면 죽을 수밖에 없는 다리 없는 새에 대한 이야기를 계속하는데, 이것은 근원적인 부정(否定)의 상징이다. 착지할 수도 없고 다른 세상의 피조물 사이에 자리를 잡을 수도 없기 때문에 디아스포라에 대해 생각해 보는 것은 단지 친족관계의 편협한 질서에서 벗어날 때만 우리는 세상과 관계할 수 있다는 점을 이해하는 것이다.

퀴어 디아스포라

왕자웨이의 여섯 번째 극영화 《해피투게더(春光乍洩: Happy Together)》(1997)를 사로잡고 있는 심리적 디아스포라와 퀴어 디아스포라(Queer Diaspora)의 교차에 대해 어떻게 생각할 수 있을까? 또 퀴어 디아스포라—단지 인종적인 것 뿐 아니라 (동)성애적 이산으로 이루어진 것으로서—를 말하는 것은 가능한가?

왕자웨이는 《중경삼림》을 '마음의 로드무비'[11]라고 칭했다. 《해피투게더》는 《중경삼림》이나 그의 다른 전작들에 나타나는 심리적 지도에서 벗어나지 않는다. 왕자웨이가 아시아가 아닌 곳에서 찍은 첫 극영화인 《해피 투게더》는 문자 그대로 퀴어 디아스포라를 묘사하는 로드무비다. 여요휘

(량자오웨이 분)와 호보영(장궈링 분)이라는 두 게이 연인은 홍콩을 떠나 지구를 반 바퀴 돌아 아르헨티나의 부에노스아이레스까지 여행한다. 여기서 그들은 그들의 관계를 '잠시 멈추었다가 시작하자(jump-start)'고 한다.—보영의 말로 하자면 '처음부터 다시 시작하자(start-over)'는 것이다. 이 둘에게 '다시 시작하자'는 말이 의미하는 바는 무엇인가? 특유의 보이스오버로 요휘는 그들이 이과수폭포를 찾아가려다 중지된 그들의 여행에 대해 얘기하며《해피 투게더》를 시작한다. "나는 그날 우리가 어디에 있었는지 기억하지 못한다. 나는 단지 그(보영)가 나와 함께 한 그날이 지루하다고 했고 헤어지자고 한 것만을 기억할 뿐이다. 우리가 나중에 다시 만나게 되면 그때 가서 '다시 시작하자'고 했다. 사실 그에게 '다시 시작하자'는 것은 다른 의미를 가지고 있다" 과연 어떤 의미들이 가능할까?

다시 시작한다는 의미의 한자어 유터우라이궈(由頭來過)는 문자적으로 '머리에서부터 다시 오다'라는 뜻이다. 머리라는 비유—이 표현에 대한 영역(英譯)인 'starting over'에는 빠져 있지만—는 물리적 이미지와 심리적 이미지를 동시에 제공한다. 물리적으로 '다시 만나자'는 말은 말 그대로의 돌아옴—처음으로 돌아감—만을 의미하는 것이 아니라 외면적으로 떠남—다른 결과들을 가져올 수 있는 새로운 방식으로 전진하고자 하는 시도로서—을 의미한다. 물리적인 방향의 불확실성은 '다시 시작하자'는 말의 심리적인 이중성에서도 똑같은 지표로서 기능한다. 요휘와 보영에게 '다시 시작함'은 필연적으로 그들 관계의 시작과 끝을 동시에 의미한다. 두 연인에게 '다시 시작함'은 처음으로, 즉 기원의 지점으로 심리적인 출발점으로 돌아가는 것을 의미하는 것일까, 아니면 새로운 심리적인 경로를 만들고 다른 심리적인 가능성들을 찾기 위해 정착의 장소에서부터 전진하고자 하는 시도를 의미하는 것일까?

《해피 투게더》에서 퀴어 디아스포라의 범주는 심리적으로 전진 혹은 후진(movement backward or movement forward)의 범주이며 영화의 내러티

왕자웨이가 각본과 감독을 맡은 《아비정전》. 불가능성으로서의 심리적 디아스포라는 왕자웨이의 영화 세계 속 캐릭터들의 매우 주관적 현존을 창조하고 규정하며 또한 구조화한다.

《아비정전》에서 아비로 나온 장궈룽. 아비는 생모를 찾고자 하는 그의 굽히지 않는 욕망으로 인해 홍콩의 도시 환경에서 생모가 살고 있다고 하는 필리핀의 열대 수목지대에 이르는 여행을 거치는 디아스포라가 된다.

브, 촬영, 음아 등도 이러한 원칙하에 포괄된다. 요휘와 보영은 함께 행복할 수 없지만 떨어져서 행복할 수도 없다. 그들이 이과수폭포를 향한 여행에서 헤어진 뒤 보영은 짓궂은 장난 때문에 흠씬 얻어맞고 그의 손은 부러진다. 그는 자신을 보살펴달라고 요휘에게 돌아가는데 요휘는 라보카부두 근처의 허름한 아파트에 세들어 살고 있다. 그러나 이 경우 '보살핌'은 감정적인 막다른 골목, 바깥세상의 끝을 의미한다.

'보영에게 말하지 않은 것이 있다.' 요휘는 영화 후반에 플래시백과 보이스오버를 통해 다음과 같이 고백한다. "나는 사실 그가 빨리 낫지 않기를 바랐다. 보영이 아팠던 동안이 우리에게 가장 행복하던 시절이었다." 그러한 것은 그들의 연기 나는 담배와 감추어진 여권의 뒤틀린 철학이다. 한 사람이 행복한 것은 오로지 다른 한 사람이 아플 때뿐이다. 또 한 사람이 나아지면 다른 한 사람은 아파진다. 이런 식으로 《해피 투게더》의 내러티브는 지연되고 전진 혹은 후진의 문제는 물리적, 심리적 무기력증 외에 아무것도 생산하지 못한다. 영화의 사운드트랙을 온통 수놓고 있는 아스토르 피아졸라(Astor Piazzola)의 탱고 음악처럼, 또는 두 탱고 댄서 자신들처럼 요휘와 보영은 스텝을 전진하고 후진하며, 또 후진하고 전진한다. 어디로도 움직이지 않는 물리적으로 가장 친밀한 순간을 크리스토퍼 도일(Christopher Doyle, 중국명 두커펑[杜可風])의 우아한 카메라워크는 클로즈업으로 잡아내고, 이미지는 천천히 느려져 마치 멈추어 선 듯한 상태에까지 이른다.

아르헨티나에 좌초한 요휘와 보영은 물리적인 움직임과 심리적인 여행의 아귀가 서로 맞지 않는 왕자웨이식 원칙의 가장 최근의 예이자 가장 심한 예가 될 것이다. 이러한 심리적 정지 상태는 《해피 투게더》에 그늘을 드리워 결과적으로 부에노스아이레스와 홍콩을 융합시켜 서로간의 공간적 반복이 되게 한다. (실상, 영화에서 나타난 홍콩의 유일한 이미지는 아르헨티나의 공간적 관점에서 본 섬의 조감 버전[upside version]일 뿐이다.) 찰스 테일러(Charles Taylor)는 《살롱(Salon)》지의 리뷰에서 다음과 같이 지적한다. '왕자웨이의 영화에서 계속되는 조크 중 하나는 인물들이 어디를 여행하든지 간에 그들은 모두 싸구려 아파트, 또는 패스트푸드점에서 끝낸다는 것이다.'[12] 에드워드 구스만(Edward Guthmann)은 《샌프란시스코 크로니클(San francisco Chronicle)》에서 다음과 같이 덧붙인다. 《해피 투게더》는 부에노스

아이레스에서 만들어졌는지 몰라도 요휘와 보영은 아르헨티나 사람들과 거의 소통하지 않는다. 이러한 소통의 부재는 고립과 전치의 감각을 강화해 영화에 비트소설(Beat novel)같은 로맨틱한 분위기가 아닌 우울함을 준다.' [13] 결과적으로 이 공간적 상호교환 가능성은 단지 두 연인의 심리적 정지상태를 비출 뿐 아니라 전 지구화와 관련된 보다 넓은 이슈를 다루는데, 이는 새로운 세계질서 속에서 본질적으로 다른 지역적 공간이 균질화되는 것이다. 왕자웨이가 이 동성애 연인들을 가장 위대한 세계여행가들로, 그러나 동시에 심리적으로 가장 빈곤한 존재로 묘사하고자 하는 것은 다음과 같은 질문을 야기시킨다. "퀴어적인 것(queerness)과 디아스포라는 지금의 글로벌 시스템하에서 어떤 의미를 가지고 있을까?"

새로운 세계질서

《해피 투게더》의 평자들은 왕자웨이 영화의 동성애를 논하면서 집단적인 당황스러움을 보이는 듯하다. 많은 비평가들은 '마지막 이성애적 필름 메이커' [14]라고 칭해지는 왕자웨이 감독에게 《해피 투게더》에 나타난 동성애의 초상을 감정적인 막다른 골목을 중점적으로 강조하기 위한 흔한 방법이라 기술하고 있다. 이들은 왕자웨이가 '컬트적으로 전형화된 게이의 모습[15]'을 거부하고 있다고 지적하는데, 요휘와 보영은 '우연히 게이가 된 연인들' [16]이며, '게이를 테마로 하는 영화들에서 나타나는 애무 등이 이 영화에서는 단지 주변적으로 연관되어 있다' [17]는 것이다. 데렉 엘리(Derek Elley)는 이러한 관점을 요약해 비록 '주인공들이 처해 있는 세계가 오로지 남성들로만 이루어져 있더라도 이 영화가 일으키는 추상적인 감정들(상실감, 후회, 사랑, 증오, 행복)은 이것을 보편적이고 성적인 의미에서 중성적인 차원

왕자웨이의 여섯 번째 극영화《해피투게더》.《해피 투게더》에서 퀴어 디아스포라의 범주는 심리적으로 전진 혹은 후진의 범주이며 영화의 내러티브, 촬영, 음악 등도 이러한 원칙하에 포괄된다.

으로 변모시킨다.[18]

　　나는 잠시 이러한 섹슈얼리티의 보편적인 중성성에 대해 판단과《해피 투게더》가 흔한 방식으로 동성애 세계를 다루고 있다는 것에 대한 언급을 잠시 보류하고자 한다. 나는 문제시되는 것이 무엇인가를 알아보기 위해 보류하고자 하는데, 우리는 동성애가 이 영화를 구성하는 퀴어 디아스포라와 심리적 디아스포라에서 주변적인 것이 아니라 중심적인 것임을 생각해 볼 수 있을 것이다. 이는 가치 있는 지적이라 생각되는데 동성애를 둘러싼 비평적인 아포리아가 단지《해피 투게더》에 대한 평론뿐 아니라 디아스포라, 초국적주의, 전 지구화 연구에서도 징후적이라고 생각되기 때문이다.

　　여기서 디아스포라에 대한 함축적으로 이성애주의적 가정을 살펴보는 것이 유용할 것이다. 조국과 기원을 회복하고자 하는 욕구를 통해 상실한 국가대한 분류를 구체화하는 데 디아스포라는 이지연이 지적하듯 다음과 같은 점에 의존한다.

디아스포라는 친족관계의 이성애주의적 개념과 집단을 규정하는 경계에 의존한다. 개념으로서 디아스포라는 적어도 경계가 지리학적으로 구분 가능한 국가보다는 오히려 재생산되는 유산(heritage)의 신화로 보려는 경향이 있다. 그러나 사람들이 이 나라 저 나라로 흩어진다면 이런 식으로 생각할 때 디아스포라에 속한다기보다는 가계에 속하지 않을까?[19]

이지연은 이성애주의자들은 디아스포라 집단을 구성하는 데에 친족관계와 혈통, 언어, 관습 등의 엄밀한 구분을 작용하고 있다고 지적했다. 사실 '디아스포라'라는 단어 자체—'씨를 흩뿌리다'라는 의미의—가 유기적, 생물학적 굴절을 그 어원학적 역사 안에 내포한다. 이러한 방식, 즉 (이)성애적 혈통을 통한 민족적 이산의 보수성으로 조직된 디아스포라의 기초가 되는 디아스포라와 전 지구화와 연관된 퀴어 정체성은 어디에 존재하는가? 디아스포라와 퀴어적인 것의 연관은 심리적 디아스포라의 영역에서 어떤 의미인가?

퀴어 정체성이 세 계무대에 모습을 드러낸 이래 퀴어적인 것은 특별히 자본주의 및 게이 정체성에 연결되었다. 인식 가능하고 집단적이며, 도시에 거주하는 게이 정체성의 등장은 존 디밀리오(John D' Emilio)가 지적하듯 19세기 미국의 산업화라는 맥락 안에서 임금노동이 보급되는 시스템에 따른 것이었다. 디밀리오는 '자본주의와 게이 정체성'에서 '개인이 상호의존적 가족단위의 일원으로서가 아니라 임금노동을 통해 자신의 생활을 꾸려나가기 시작했을 때만 동성애적 욕망과 개인적인 정체성을 연관지을 수 있게 되는데, 이 정체성은 이성애적 가족 밖에 있을 만한 능력과 동성에 대한 관심에 기반한 개인적인 삶의 구성할 수 있는 능력을 바탕으로 한 정체성이다.[20] 임금노동은 비교적 실질적인 자율성을 제공해 주었는데, 이는 핵가족과 함께 이성애적 생산과 재생산의 혈통적 이데올로기의 척도 외부에서 살아가는 데 필수적인 것이었다.

새로운 세계질서(The New World Order)의 시대에 디밀리오의 분석은 국제적 게이 의식의 발전이 국제적, 경제적 질서의 발전으로 고려될 때 유용하다. 과거 식민 정책과 군사적 간섭에 의해 이루어졌던 것들이 지금은 쇼핑몰과 글로벌 미디어를 통해 이루어진다. 데니스 올트먼(Dennis Altman)의 지적처럼 '브라질과 태국, 그리고 (더 잘사는) 저개발 국가들에서 작은 엘리트(small elite)들은 스스로를 글로벌 네트워크에 상호연결된 것으로 보는데 이는 국제적인 레즈비언, 게이 모임이나 영리 모임 등 집단을 통해서다.[21] 전 지구화의의 경제적, 문화적 힘이 동성애에 기반한 인식 가능하고 개별화된 의식을 생산하는 한, 이러한 의식은 자본과 노동의 전통적인 남-북의 구획을 일치시키는 공공적 동성애 영역을 구성한다.

이것이 바로 리안(李安) 감독의 《결혼피로연(結婚式披露宴: The Wedding Banquet)》(1993) 같은 영화가 엄격한 의미의 '게이'로서 서구 관객들에게 동일시될 수 있고 인식될 수 있는 이유다. 리안 영화의 퀴어 디아스포라는 초국적 자본의 매니지먼트를 하고 있는 타이완 출신 웨이퉁(자오문쉬안[趙文瑄, 윈스턴 차오])과 제 3세계 노동력의 산실인 중국본토 출신 웨이웨이(진수메이[金素梅, 메이친] 분)의 진정한 제휴에 기반한다. 즉, 《결혼피로연》의 내러티브의 관건은 웨이웨이가 임신한 (사내)아이를 낙태시키지 않는 것을 받아들일 것인가에 달려 있다. 리안 감독의 영화에서 사이먼(미첼 리히텐슈타인[Mitchell Lichtenstein] 분)과 함께 개별화된 서구 게이의 라이프스타일을 가지고 있는 웨이퉁이 자손을 바라는 중국인 부모를 회유하기 위해 벌인 연출은 여성과 노동의 종속에 가반한 것으로, 즉 여성은 곧 노동의 징표가 된다는 것이다. '과거와 현재의 디아스포라'에서 가야트리 스피박(Gayatri Chakravorty Spivak)은 '새로운 세계의 질서에서 점점 국가가 개인화되어 갈 때 시민사회의 우선권은 시민에 대한 봉사에서 자본의 극대화를 위한 봉사로 넘어가게 된다. 남성 존엄의 유일한 이유는 남성이 고용될 수 있다는 것에 반해, 여성의 경우 가정 내 무임금 노동이라는 점이라는 것

은 점점 맞는 얘기가 되어간다.[22)]

　페미니즘 담론이 전통적으로 남-북을 가르는 노동의 성차를 연구해온 반면, 새로운 세계의 질서에서 게이 정체성의 국제화는 자유 자본주의의 기능으로서 제3세계의 도시에서 발생한 것에 폭넓게 초점을 맞추어왔다. 《해피 투게더》에서의 퀴어 디아스포라를 예외적으로 그리고 이런 관점에서 인식 가능하지 않게 만든 것은 요휘와 보영이라는 남성 연인들이 《결혼 피로연》의 웨이퉁과 달리 초국적(남성화된) 자본의 축이 아닌 곳에서 제휴했다는 것이다. 반대로 이 두 동성애 남성들은 성차화된(여성화된) 노동의 영역에서 제휴된다. 요휘와 보영은 글로벌한 하위계급으로 이들은 저임금 노동을 통해 자본의 전 지구적 흐름에 봉사하지만 문서에 기재되지 않는 계급이다(요휘가 보영의 여권을 훔쳤을 때 보영은 말 그대로 문서상 기재되지 않는 신분이 된다).

　여기서 우리는 요휘와 보영이 단지 '다시 시작하자' 는 헛된 시도를 위해 아르헨티나로 떠난 것은 아니라는 것을 기억해야 한다. 영화에서 보여주었듯이 요휘는 아버지의 동업자 회사에서 공금을 훔쳤기 때문에 홍콩을 떠났다. 이러한 자본의 총계(the sum of capital)는 되갚아질 수 없다(많은 평론가들은 단순히 그들의 여행을 '추방자' 나 '휴가자' 로 기술하면서 이점을 모순으로 만든다). 새로운 경제학에서 요휘의 비천한 직업들― 쉬르(Sur)라는 탱고 바의 도어맨, 중국음식점의 요리사, 아르헨티나 공설 도살장의 잡역부―은 몰락의 연속이다. 또한 보영이 간간히 가지는 직업은 제1세계 여행객들에게 자기 자신을 파는 제3세계의 매춘부 모습과 다르지 않다. 두 남자가 물리적이든 심리적이든 떠날 능력이 없는 것은 그들의 물리적인 궁핍과 미숙련 노동의 전 지구적 경제 안에서 개별화되지 못하는 사회적 입지의 징후다. 요휘와 보영에게는 '드러날 수 있는' 어떤 인식 가능한 제도적 구조―경제적이든, 문화적이든 혹은 정치적이든―가 존재하지 않는다. 그들은 글로벌한 게이 자본주의 회로 안에서 행위자가 될 수 없다. 전 지구화는 어떤 방법으로 이 동성애 남성들에게 공공영역에서 그들을 지워버림으로써 젠더화된 노동으로서의 그들을 재규정하게 되었을까? 우리는 어떻게 이 특정한 맥락에서 심리적 디아스포라와 퀴어 디아스포라의 교차를 생각해야 하는 것일까? 이는 전 지구화의 담론에서 아직 즐겨하지 않는 질문들이다. 그럼에도 불구하고 이러한 이슈들을 고찰하는 것은 동시대적 귀결 (contemporary consequence)에 대한 잠정적인 통찰을 가져오게 할 수 있을 것 같다.

동맹의 논리학

요휘와 보영의 감정적인 막다른 골목의 결과는 퀴어 디아스포라와 심리적 디아스포라에서 혈통과 동맹의 논리학(The logics of Affiliation)에 몇몇 가능성을 보여 준다. 에드워드 사이드(Edward Said)는 '세속적인 비평 (Secular Criticism)'에서 혈통—생물학적인 재생산—과 동맹—문화적인 재생산—을 비교한다. 모더니티—망명의 형태, 전치, 디아스포라—에 대해 기술하면서 사이드는 '만약 생물학적인 재생산이 너무 어렵다거나 내키지 않을 때 세대를 넘어 가족 구성원적인 연대를 대신할 수 있는 사회적 결합을 할 수 있는 방법에는 무엇이 있을까?[23]라고 묻는다. 사이드에게 혈통과 동맹의 힘이 제시되는 반면, 근대적 전치의 일반 상황에서는 아마도 이러한 디아스포라 모델의 이성애주의적 가정이 중요하게 다루어질 것이다. 즉, 동맹은 항상 실패한 혈통, 즉 가족 구성원의 '대리물'로서만 기능하게 되는 것일까? 동맹은 항상 혈통에 보충적인가? 아니면 우리는 동맹의 모델을 항상 문화적 재생으로서 생물학적인 복제를 규정하는 뚜렷한 위계에 우회하는 것으로 생각할 수 있는 것일까?

《아비정전》과 연관지어 《해피 투게더》를 생각할 때 우리는 혈통과 동맹의 논리학에서의 중요한 논점을 발견할 수 있다. 《아비정전》은 혈통에 대한 실패를 다루고 있다. 아비의 죽음은 그가 어머니를 사랑의 대상으로서 포기하지 못하는 데 있는 것으로, 이는 동맹의 세계에서 어머니를 대신하는 다른 여자들과의 감정적인 연대를 가지지 못하는 것이다. 이런 점에서 혈통의 성공은 동맹에 달려 있다. 성공적인 혈통-친족, 핵가족, 생물학적 추적의 가능성-의 가능성은 이 의존적인 연관의 이입과 삭제로 이루어진다. 이와 대조적으로 《해피 투게더》는 동맹의 실패에 관한 것이다. 동성애가 흔히 혈통의 영역이 아니라 동맹의 영역에서 교섭되는 것으로 보이는 데 반해, 그럼에도 이 두 개념은 여전히 결합되어 있다. 《해피 투게더》에서 동맹은 《아비정전》의 혈통과 같이 막다른 골목을 만난다. 요휘와 보영의 관계는 공간적, 심리적 정착이 불가능하기 때문에 동맹은 결과적으로 억압된 혈통을 대리한다. 다시 말해, 두 남자 간의 관계는 너무도 불가능해서 불가능성의 고유한 조건을 만들어낸다.

여기서부터, 《해피 투게더》에는 오직 차선의 동맹이 있을 뿐이다. 이는 소장(장젠〔張震〕 분)에 의한 요휘와 보영의 삼각관계인데 우리는 이 관계에서 다른 출구의 가능성을 보게 된다. 요휘는 불가사의한 소장과의 관계를 통해 심리적 침체에서 벗어나 홍콩으로 돌아갈 결심을 하게 된다. 아버지와의 관계를 '다시 시작하'고자 하는 시도로서, 요휘는 보이스오버로 말한다.

아르헨티나의 12월은 매우 덥다. 오늘 비번이라 나는 아버지에게 크리스마스카드를 쓰려고 했지만 그것은 긴 편지가 되고 말았다. 죄송하다는 말에 덧붙여 나는 아버지가 알고 싶어하셨지만 내가 한 번도 물어보시지 못한 많은 것들을 얘기했다. 내가 쓴 것 중에 기억나는 것은 끝에 나를 친구로서 대해주길 바란다는 것이었다. 나는 아버지가 나를 용서하고 '다시 시작할' 기회를 주길 바랐다.

신기하게도 《해피 투게더》는 홍콩에서 자식으로서 아버지와 만나는 장면으로 끝나지 않는다. 조국과 기원으로서의 귀환— '다시 시작함' —은 그렇게 직접적이지 않다. 대신 영화는 요휘가 비행기를 갈아타기 위해 들른 타이페이에서 끝난다.

덩샤오핑이 죽던 날 밤, 그리고 홍콩이 중국본토로 반환되기 겨우 5개월 전 요휘는 타이페이의 야시장에 있는 소장의 가족을 찾아간다. 소장의 부모는 부재하고 손상되었으며 기능장애를 일으키는 가족적 단위의 세계에서 유일하게 손상되지 않은 부모 커플이며 요휘에게 우울증에서 벗어나 '다시 시작하라'는 대안을 제시한다. 즉, 다른 이의 혈통적 단위에 동맹하면서 요휘와 왕자웨이는 귀환이 전진에 의해서만 가능하다고 말하고 있는 것이다.[24] 조국과 기원—또는 혈통과 '다시 시작할' 수 있는 가능성—으로 돌아가기 위해서는 오직 전진해야 하고 동맹의 세계가 이를 대신할 수밖에 없다. 여기서 우리가 이전에 보았던 것을 다시 한 번 보고자 하는 욕망은 실현된다. 《해피 투게더》의 마지막 이미지는 요휘의 관점으로 타이페이의 새로 건설된 철도에서 보는 쇼트다. 타이페이라는 대도시에 네온이 작열하면서, 사운드트랙 《해피 투게더(Happy Together)》가 처음이자 마지막으로 흘러나올 때 기차는 앞으로 돌진하고 세계는 그의 앞에 펼쳐진다.

주

1) Victor Burgin. 1996. *Some Cities*. Berkeley: The University of California press. p. 7.

2) Sigmund Freud. 1953. 'Mourning and melancholia(1917).' In *The Standard Edition of the Complete Psychological Works of Sigmund Freud, Volume XIV*. ed. James Strachey. London: The Hogarth Press. p. 243~258.

3) Tony Rayns. January 2000. 'Charisma Express.' In *Shght and Sound*. p. 36.

4) Ackbar Abbas. 'The Erotics of Disappointment.' In *Wong Kar-wai*. Paris; DisVoir. p. 53.

5) Ibid, p. 41.

6) According to the *Oxford English Dictionary*, diaspora appears rather recently in English usage(1876).

7) Khachig Tölölyan. Spring 1991. 'The Nation-State and Its Others: In Lieu of a Preface.' In *Diaspora: A Journal of Transnational Studies*. 1.1. p. 4~5.

8) 1998년 왕자웨이는 리처드 윌리엄스(Richard Williams)와의 인터뷰에서 '나는 (내 영화 속의) 이야기가 어딘가를, 또는 누군가를 항상 찾으려 하지만 결국 가장 좋은 곳은 출발한 곳이라는 것에 관한 것이라고 생각한다. 나는 홍콩 사람들 대부분이 중국 본토에서 1949년 이후에 왔고 항상 돌아가거나 떠날 것이라 생각한다고 본다.' Williams. 10 April 1998. 'King Kong: Wong Kai-wai has made hong Kong his own just as Truffaut did Paris and Fellini Rome. So why has he taken on Argentina in his new film? He tells Richard Williams about the lure of Maradona, menace, and the tango.' In *The Guadian*. London. p. 6. 참조 바람.

9) 한편으로 디아스포라와 이민자, 추방자, 망명자, 외국인 노동자, 망명집단, 교민집단, 민족집단 등과의 현 시점의 연관은 뿌리 없음과 부유의 유형으로서의 현재 홍콩 정체성에 대한 논의를 상기시키는 단어들을 제공한다. 사실, 20세기

후반에 초국적 자본의 매니지먼트를 위한 글로벌한 도시로서의 섬의 출현은 1997년 홍콩 중국 반환과 연관되어 있으며 '유연한(flexible) 시민권'이나 다중국적 여권 소지자라는 디아스포라적 변형의 주체로 떠오르게 한다. '우주인' 사업가는 국경을 넘어 움직이며 환태평양 통행자들인 각각 다른 나라 부모들이 낳은 '낙하산 아이들'은 홍콩에 던져진다. Aihwa Ong. 1999. *Flexible Citizenship: The Cultural Logics of Transnationality*. Durham: Duke University Press. 참조 바람. 다른 한편으로, 디아스포라의 귀환과 회복을 향한 충동은 특별히 홍콩 주민들에게 문제적이다. 조국과 기원의 이슈들은 특히 이들이 중국의 특별행정구(SAR)라는 현재 위상에서 알 수 있듯 완전한 중국인도 완전한 영국인도 아니라는 이 섬의 전사와 관련되어 이들을 더욱 초조하게 한다.

10) Kaja Silverman. *World Spectators*. Palo Alto: Stanford University Press. forthcoming.

11) Williams, p. 6.

12) Charles Taylor. 31 October 1997. *Salon*. online.

13) Edward Guthmann. 14 November 1997. 'Misery Loves Company in Together.' In *San francisco Chronicle*. C3.

14) Larry Gross. September 1996. 'Nonchalant Grace.' In *Sight and Sound*.

15) The Wolf. 'Happy Together.' In *Inside Out Film*. www.insideout.co.uk

16) David Dalgleish. 1997. *Cheun gwong tsa sit*. dqd@intouch.bc.ca

17) Derek Elley. 20 May 1997. "Happy Together". *Daily Variety*.

18) Ibid.

19) JeeYeun lee. 1998. 'Toward a Queer Korean American Diaspora.' In Q & A: Queer in Asian American. eds. David l. Eng and Alice Y. Hom. Philadelphia: Temple University Press. p. 194.

20) John D'Emilio. 1994. 'Capitalism and Gay Identity.' In *The Lesbian and Gay Studies Reader*. eds. Henry Abelove, Michèle Aina Barale, and David M. Halperin. New York: Routledge. p. 469.

21) Dennis Altman. Fall 1996. 'Rupture or Community? The Internationalization of Gay Identities.' In *Social Text* 48. p. 84

22) Gayatri Chakravorty Spivak. 1997. 'Diasporas Old and New.' In *Class Issues: Pedagogy, Cultural Studies and the Public Sphere.* ed. Amitava Kumar. New York: New York University Press. p. 90.

스피박은 덧붙여 '엄밀히 말하면 사회의 도시적 구조가 침식되는 것이 지금의 글로벌한 상황이다. 아직 일반적인 차이는 남아 있다. 북반구에서는 오래도록 있었던 사회복지 구조가 해체되고 있다. 디아스포라 하층계급은 최악의 희생자다. 남반구에서는 사회복지 구조가 초국적 기구들의 우선권으로 인해 생겨나지조차 않았다. 지방의 빈민과 도시의 하위 프롤레타리아들이 최악의 희생자들이 된다. 여성은 양쪽 모두에 강력하게 속해있으며 강력하게 이용된다. 그러나 같은 방식은 아니다.' (91)

23) Edward W. Said. 1983. 'Secular Criticism.' In *The Wolrd, The Text, and the Critic.* Cambridge: Havard University Press. p. 17.

24) 크리스토퍼 도일(Christopher Doyle)은 《해피 투게더》의 작업일지에서 '그(왕자웨이)는 장젠(張震)이 량자오웨이에게 준 것(또한 량자오웨이가 장궈룽에게 준 것)은 '사랑'이 아닌 '용기' - '살아갈 의지'라고 느꼈다. 이것은 우리의 가장 밝은 영화이며, 왕자웨이의 어느 영화보다도 행복한 결말을 가지고 있는 것 같다. (17)' Chris Doyle. May 1997. 'To the End of the World.' In *Sight and Sound*. p. 14~17.

스타의 횡단:
초국적 프레임에서 본 리샤오룽의 몸 혹은 중화주의적 남성성

크리스 베리 저
이은주 역

리샤오룽(李小龍, Bluce Lee : 1940~1973)이라는 스타의 전 세계에 걸친 횡단은 그의 단명 때문에 더욱 스펙터클해진다. 34세라는 나이에 성공의 정점에서, 단지 4편의 무술영화를 찍은 후에 갑자기 찾아온 죽음은 그를 샛별에서 별똥별로 바꾸어놓았다. 미국에서 태어난 리샤오룽은 홍콩으로 건너와 전 세계의 스크린에 모습을 비추었으며, 죽은 뒤에는 최초로 중국인 국제스타가 되었다. 다음에 나타난 수많은 그의 아류들이 리샤오룽 이후의 공백을 메우기를 시도했으나 실패했다. 그들은 단지 리샤오룽의 유일한 카리스마—자신의 육체를 영화 속에서 전시(displaying)하기를 즐겼던—만 더 돋보이게 했을 뿐이다. 분노에 차 갑자기 달려들 듯한 그의 날렵한 근육과 벌거벗은 가슴의 아이코닉한 이미지들은 책 표지, DVD 표지, 팬 사이트에서 계속 보이고 있다.

모든 사람이 리샤오룽의 몸을 사랑한다. 혹은 사랑하고 있는 듯하다. 그러나 그들 모두 같은 이유를 가지고 있지는 않다. 리샤오룽의 몸은 미국과 홍콩에서 리샤오룽 자신의 경험과 그의 영화가 겨냥한 다양한 초국적 시장에 대한 인지에 의해 형성된 초국적 프레임이다. 만약 모든 문화 생산물이 최대한의 넓은 시장에 열려 있다면[1], 이러한 다의적 잠재력은 초국적 문화 생산물에 더 유효할 듯하다. 국제적이고 상호적인 경쟁에서 이기기 위한 무기로써 리샤오룽 몸의 전시는 중국, 아시아, 제3세계에서 패배자들의 승리로써 다양하게 찬양되어 왔다. 그것은 또한 각각의 역사에 따라 서로 다른 남성성의 모델과 몸에 대한 이상 내에서 이해되어 왔다. 마침내 리샤오룽의 몸에 대한 전시는 퀴어(queer)적 독해를 이끌어낸다. 이 퀴어적 독해는 때로는 노여움을 유발하기도 하고 때로는 페미니스트 또는 퀴어와 친밀한 목적들을 위해 전유되면서 그의 몸을 이해하는 다양한 방법들과 교차해 왔다.

리샤오룽에 대한 서로 다른 독해는 지역 배경에 따라 각기 다르게 발전해 왔다. 몇몇 논평자들은 자신들이 계승하고 있는 이전의 다른 논의들에 대해 분명히 인식하지만, 전반적으로 각각의 논의는 상대적으로 자율적인 방향으로 이어져 갔다. 패배자적인 해석은 거의 남성성에 대한 이슈와 연결되지 못했으며, 남성성에 대한 논의들 또한 리샤오룽의 패배자적인 승리를 인지하게 해줄지라도 리샤오룽이 발전시킨 남성성과는 적절하게 연결되지 않았다.

이 글은 리샤오룽의 몸을 초국적 프레임으로써 이해할 뿐만 아니라 그 분석 또한 초국적 프레임을 따를 것이다. 이러한 초국적 프레임 내에서, 패배자의 승리에 대한 내러티브를 전달하는 수단이 중화(中華)적 남성이며, 리샤오룽이 구현한 특정한 남성성이 에로틱한 남성의 몸을 바탕으로 한다는 것은 주목할 만하다.

이러한 초국적 틀에 초점을 맞추는 것은 나의 논의를 더욱 확장시킨다. 과거 많은 사람들이 리샤오룽의 몸을 사랑하는 동안 나의 감정은 다소 양가적이었다. 리샤오룽이라는 스타의 몸의 횡단에 더 주의 깊게 초점을 맞춘다면 그것은 다소 덜 스펙터클한 것이 될 것이다. 훈련된 리샤오룽, 그는 미국식 근대성에 의해 지배받은 초국적이고 탈식민적인 틀 속에서 중화적 남성성을 다시 작동시키기 위해 나타난다. 그러나 중화 남성성에 대한 리샤오룽적인 모델의 성공은 그에 대한 특별한 대가를 드러내게 된다. 그러므로 나는 리샤오룽의 몸이 고통스러운 것이라고 주장하는데, 그 이유는 한편으로는 근대의 미국적 남성성에 대한 도전에 부응하려는 강박과 다른 한편으로는 이에 부응할 수 없는 호모포비아(homophobia)적이고 더 나아가 자기 증오로 특징되는 딜레마에 사로잡혀 있기 때문이다.

1. 패배자의 승리

최초의 중화 영웅으로서의 리샤오룽은 죽기 전에 성인이 되어 만든 영화 4편에 근거한다. 리샤오룽의 전설에서 이러한 성취는 패배자의 승리와 인종주의에 대한 투쟁으로 서술된다.[2]

리샤오룽은 1940년 미국에서 태어났으며 이후 홍콩으로 건너와 1950년에 아역스타가 되었다. 이후 리샤오룽은 미국으로 돌아가 시애틀의 워싱턴대학교 철학과를 졸업했으며, 《쿵후(Kungfu)》 시리즈에서 백인 배우 데이비드 캐러딘(David Carradine)에게 주인공 역을 내주기 전까지 미국 텔레비전에서 어느 정도 성공을 거두고 있었다.[3] 미국의 액션스타인 척 노리스(Chuck Norris)는 "캐러딘의 무술실력이란 내 연기실력 정도밖에는 안 된다"고 논평한 적이 있다.[4] 홍콩으로 돌아온 리샤오룽은 1971년 《당산대형 (唐山大兄: The Big Boss/Fists Of Fury)》으로 데뷔했다. 이 영화는 홍콩의 박스오피스에서 성공을 거두었고, 《정무문(精武門: Fist Of Fury)》(1972년) 역시 흥행 성공이었다. 《당산대형》은 박스오피스에서 새로운 기록을 세웠다. 리샤오룽은 자신의 제작사(Concord Pictures)를 차렸으며, 여기서 《정무문》의 대본을 썼다. 그는 1973년에 워너브러더스(Warner Brothers Pictures, Inc.)와 제임스 본드(James Bond) 스타일의 영화 《용쟁호투(龍爭虎鬪: Enter The Dragon)》를 만들었다. 리샤오룽은 이러한 성공의 정점에서 의문스러운 뇌발작으로 죽는다. 다섯 번째 영화인 《사망유희(死亡遊戲: The Game Of Death)》(1978년)는 대역을 써서 장면을 이어붙여 완성되었다.

리샤오룽 영화는 패배자의 승리라는 테마의 변이(變異)다. 리샤오룽은 《당산대형》에서 중국인이 경영하는 타이(泰國)의 공장에서 일하는 중국 이주민으로 나온다. 그의 어머니는 그에게 싸움을 피하라고 주의를 주지만, 두 노동자가 살해되자 리샤오룽은 결투에 나선다. 그의 무술실력에 인상을 받은 사장은 그를 작업장의 감독으로 승진시킨다. 그러나 이후 자신이 회사에 의해 이용당했으며, 회사가 사실상 마약 밀매와 매춘 사업을 벌이고 있음을 알아냈을 때 그는 광분하기 시작한다. 영화는 리샤오룽이 사장을 죽이고, 경찰에 체포되면서 끝난다. 《당산대형》은 타이의 화교 공동체에서 벌어지는 이야기이며, 이는 민족성이나 종족성보다는 계급에 대한 이야기처럼 보인다.

《정무문》은 리샤오룽의 가장 유명한 민족주의적 작품이다. 이 영화는 1908년 반(半)식민 상태의 상하이를 배경으로, '정무문(精武門)'이라는 도장의 사부가 죽은 실제 사건에 기초한다. 리샤오룽은 경쟁 상대인 일본의 가라테(karate: 空手) 고수가 사부를 죽였다는 것을 알게 되고, 복수를 위해 무예를 사용하지 말라는 도장의 규율을 깨뜨린다. 일본인은 중국을 '동아병부(東亞病夫: 동아시아의 병들고 약한 나라)'라고 조롱하지만, 리샤오룽은 이 액자와 '개나 중국인 금지'가 걸린 공원의 안내문을 부숴버린다. 영화는 리샤오룽과 일본인에 의해 고용된 러시아인의 대결 장면에서 절정에 이르고, 모든 복수를 마친 뒤 경찰이 체포하려고 할 때 리샤오룽은 그들과 카메라를 향해 덤벼든다. 리샤오룽의 기합 소리와 경찰의 총소리가 들리고, 영화는 반쯤 뛰어오른 리샤오룽을 프리즈 프레임(freeze frame)으로 잡으며 끝난다.

토니 레인즈(Tony Rayns)가 지적한 대로, 《맹룡과강(猛龍過江: The Way Of The Dragon)》(1972)은 《당산대형》의 이주 노동자 테마와 《정무문》의 경쟁의 테마를 결합한 영화다.[5] 홍콩의 신계(新界: New Territories)에서 온 시골뜨기 리샤오룽은 여자사촌을 도와주기 위해 로마로 간다. 사촌의 레스토랑이 지역의 건달들에게 위협받고 있었기 때문이다. 그는 싸워서는 안된다고 충고하는 삼촌에 맞서 웨이터들을 훈련시킨다. 그의 삼촌이 건달들과 공모하고 있다는 것이 드러난 뒤에, 건달들은 미국인 무술인(척 노리스)을 불러들이고, 영화는 콜로세움에서의 대결 장면에서 절정을 맞는다.

《당산대형》, 《정무문》, 《맹룡과강》의 박스오피스 성공으로 로버트 클로즈(Robert Clouse)가 감독하고 워너브러더스와 자신의 제작사와 공동으로 국제시장에 배급한 《용쟁호투》를 만들게 된다. 리샤오룽은 007 시리즈의 인기를 이용하면서 돈 많은 악인과 싸우는 국제경찰로 나온다. 리샤오룽은 소림권법을 수련한 고수로 등장하고, 그의 적인 '한(Han)'은 악으로 돌아선 소림의 제자다. 그는 백인, 흑인 미국인과 함께 한의 요새를 돌아본다. 흑인 미국인은 살해되나, 그는 백인 미국인 동료와 함께 적의 요새를 파괴하고 한을 무너뜨린다.

리샤오룽의 영화에서 보이는 인종적이며 민족적인 동맹의 광범위함은 일관된 서명을 새겨 넣는 예술가의 작품이라고 보기 힘들게 한다. 예외가 있다면 리샤오룽이 깊숙이 개입하는 대결 장면의 안무들이다. 대부분의 논평자들은 절권도(截拳道)뿐만 아니라 트램폴린(trampoline)이나 와이어

리샤오룽의 가장 유명한 민족주의적 작품인《정무문》. 일본인은 '동아시아의 병들고 약한 나라'라고 조롱하지만, 리샤오룽은 이 '동아병부'라는 글의 액자와 '개나 중국인 금지'라는 공원의 안내문을 부숴버린다.

(wire), 편집으로 만들어낸 눈속임이 없는 리샤오룽의 리얼한 무술 장면에 주목한다.[6] 그러나 여기에서조차 주목할 만한 방향의 변화가 있다. 리샤오룽은《맹룡과강》의 각본을 쓰고 직접 감독을 맡았다. 청유(Cheng Yu)는《당산대형》과《정무문》의 감독인 '로웨이(Lo Wei, 羅維)가 싸우는 장면들의 충격을 전달하기 위해 편집과 클로즈업(close-up)에 의존한 것'에 주목한다. 로웨이는 또한 자주 카메라에 직접적으로 발을 차거나 펀치를 날리는 샷과 같은 주관적인 시점숏(point-of-view shot)을 썼지만, 리샤오룽은 이와는 두드러지게 다른 접근 방식을 택한다. 즉 무사들을 (와이드) 스크린의 정반대편에 있게 하거나 또는 두 샷으로 보여 주기 위해 미디엄숏(medium shot)과 롱숏

(long shot)을 사용한 것이다. 이는 무술 안무를 잡는 것이나 링 사이드에서 싸움을 재현하는 르포르타주에 더 가까웠다.[7] 주인공의 움직임이 드라마의 역학을 구성한다고 할 때, 주인공을 끝까지 보여 주어야 한다는 원칙, 무술을 영화로 담는 데 가장 기본적인 이 규칙을《용쟁호투》의 감독인 클로우스가 이해하지 못했다고 지적한 사람은 레인즈뿐만이 아니다.

이러한 다양성은 관객들에게 리샤오룽이 무엇을 상징하는지 '이해하고자' 한다면 선택적으로 독해하도록 관객들을 밀어붙이며 연출 스타일뿐만 아니라 내러티브에까지 확장된다. 리샤오룽이 나타내는 패배자의 승리라는 테마를 이해하는 네 가지 주된, 자주 겹쳐지는 가능성이 순환한다. 그 가능성들은 홍콩, 일반적으로 디아스포라 중국인, 제3세계, 또는 아시안계 미국인에게 승리를 재현한다. 많은 논평자들이 리샤오룽의 쿵후영화에 의미를 부여하지는 않았고 격투 스타일에 대한 형식주의적 접근 또한 일반적이다. 그러나 스티븐 테오(Stephen Teo)는《정무문》과《맹룡과강》에서 리샤오룽의 백인 적수를 언급하며 이러한 접근을 의문시한다.[8]

리샤오룽을 홍콩영화의 대표로 보는 대부분의 사람들은 리샤오룽의 어린 시절과 그가 출연한 홍콩영화에 그 근거를 둔다. 그러나 로콰이충(Lo Kwai-Cheung, 羅貴祥)은 리샤오룽이 홍콩에서 온 사람들에게서 발견되는 분명한 홍콩영화의 정체성을 내포하고 있지 않다는 것을 인식한다. 리샤오룽은 인생의 많은 부분을 미국에서 보냈고 미국 여권을 소지하고 있었을 뿐만 아니라《맹룡과강》을 제외한 모든 영화에서 홍콩 출신이라기보다는 일반적으로 중국인처럼 보였다. 게다가 그의 영화는 홍콩의 지역 언어인 광둥어(廣東語, Cantonese language)가 아닌 만다린어(Mandarin language)로 제작되었다. 홍콩의 특정성이 이토록 결핍되어 있다는 사실은 리샤오룽의 승리를 디아스포라적인 중국인이 갖는 확신에 대한 은유로 생각하게 한다. 추잉치(Chu Yingchi)는 '어떤 홍콩스타도 리샤오룽만큼 분명하게 디아스포라적인 의식을 표현하지 않았다'라며, '그의 유명한 세 영화는…… 비(非)중국인에 의해 지배받고 통제받는 지역에 살고 있는 중국인의 이야기를 재현한다'고 말한다. 테오 또한 유사한 시각을 보여 준다. 리샤오룽의 명분을 '문화민족주의'로 보면서 베이징(北京)에 수도를 둔 중화인민공화국이나 1949년 후 타이완(臺灣)에 임시정부를 가진 공화국의 국가 중심의 민족주의와는 구별되는 종족 중심의 민족주의(ethnic)에 근거한 형태로 보는 것이다.[9] 그러나 로콰이충은 이를 다른 시각에서 보는데 홍콩 거주민은 리샤오룽 영화의 상상적 중국과 동일시할 수 있다고 믿는 것이다. 이는 '리샤오룽의 몸은 특정한 본질인 '홍콩'을 위치시킬 수 있는 확실한 근거를 제공할 수 없기' 때문이다. 로콰이충은 이러한 미끄러지는 정체성과 비정체성을 영국의 식민지적인 지위에서 중국 주(主) 정부로 그 흔적을 옮기는 홍콩 자신의 유령 같은 존재와 상동관계에 있다고 보았다.[10]

민족국가적 특수성의 유사한 결핍은 리샤오룽에 대한 제3세계 독해에 근거한다. 자오슝핑(焦雄屏)은 리샤오룽의 반(反)서구적인 공격이 '중국뿐만 아니라 실제로 서구 제국주의에 의해 후퇴되었다고 느끼는 모든 사람들(남아메리카, 아랍, 동양 사람들)[11]에게 적용된다'고 말한다. 비제이 프라사드(Vijay Prasad)는 인도에서 《용쟁호투》가 개봉되었을 때를 떠올리며, 영화를 본드 시리즈와 비교한다. "본드는 영국의 국제적인 부패를 나타내는 MI-5(영국의 비밀정보기관)의 에이전트인 반면 리샤오룽은 모든 형태의 부패에 반대해 자신의 존재를 위치시킨다…… 리샤오룽은 맨주먹과 쌍절곤으로 우리도 국제 자본주의의 악독함에 대항하는 베트남 게릴라처럼 승리할 수 있음을 보여 주었다." 그러나 리샤오룽은 《용쟁호투》에서 MI-5의 에이전트로 등장한다. 게다가 많은 디아스포라 중국인 관객들이 공산주의에 대해 가지는 공포는 사회주의로부터 리샤오룽의 이미지를 제한시킨다.

리샤오룽의 영화가 상영되던 시기, 프라사드가 긍정적으로 기억하는 제3세계 국제주의는 미국의 소수 민족 윤리학과 밀접하게 교차되었다. 예를 들어 데이비드 데서(David Desser)는 리샤오룽의 영화가 아프리카계 미국인에게 끼친 대중성을 연구했고[12], 청룽(成龍)과 리롄제(李連杰) 같은 리샤오룽 이후의 홍콩 액션배우들에게 비(非)백인 관객들의 중요성은 잘 알려져 있다. 그러나 제킨슨 챈(Jachinson Chan)이 지적하듯이 홍콩에서 리샤오룽이 진정 홍콩 사람인지의 여부가 애매한 문제라면, 이와 같은 아시아계 미국인으로서 그의 위상은 미국에서도 똑같이 적용된다. 아마도 이러한 환경에서의 많은 아시아계 미국문화에 대한 논의들이 리샤오룽을 참조해 왔다. 제킨슨의 글과 별도로 하나의 주요한 예외가 마성메이(Ma Sheng-mei)의 글이다. 그는 리샤오룽의 민족주의를 아시아계 미국 문화를 포함한 광범위한 중국과 아시아 현상의 한 부분으로 위치시킨다.[13] 그러나 제킨슨은 리샤오룽을 푸만추(Fu Manchu: 영국 작가 로머[Sax Rohmer]가 만들어낸 중국인 악당)나 찰리 챈(Charlie Chan: 미국 작가 비거스[Earl Derr Biggers]가 만들어낸 중국계 미국 경찰)처럼 여성화한 듯한 아시아계 미국인 남성의 재현과는 단절되는 것으로 본다.

2. 경합하는 남성성들

제킨슨의 논의는 아시아계 미국인의 남성성에 대한 기술의 한 부분으로써 패배자가 승리하는 내러티브와 그의 몸을 분석한다. 이는 나의 글과 관련해 예시적이다. 대부분의 논평자들은 패배자의 승리와 리샤오룽이 전시하는 남성성을 연결하지 않는다. 제킨슨조차도 남성성은 독립적인 것이며 이를 구성하는 다른 방법에 대해서는 논하지 않는다. 아마도 이것은, 다른 사람들이 리샤오룽이 구축한 남성성의 유형에 대해 이야기하지 않는 이

유이기도 하다. 남성적인 남성은 내러티브에서 일반적인 재권력화를 상징하며 따라서 이러한 남성성은 중요한 의미를 가지게 된다.

예를 들어 로콰이충은 매슈 터너(Matthew Turner)의 1960년대 홍콩에서 '건강, 자세, 신체에 대한 근대 서구적인 양식'으로의 전환에 대한 조사에 주목한다. '서구식 몸 만들기와 중국식 쿵후의 유일한 결합(제임스 본드의 가라테와 중국의 권법)이 리샤오룽이라는 인물에서 구현되었다……' [14] 이는 중화 남성성과 서구의 근육 중심의 문화 사이의 긴장을 제시하는 주목할 만한 관찰이다. 그러나 로콰이충은 이러한 주장을 더 멀리 밀고 나가지는 못했다. 이본 태스커(Yvonne Tasker)는 인종과 남성성에 대한 글에서 이와 유사하게 무술영화에 나타나는 다른 차원의 남성성에 대한 힌트를 준다. '중국식 영웅은 자주 공동체를 위해 그리고 그 부분으로서 싸우지만 미국식 전통 내에서 영웅은 점차 독립적인 인물이 되었다.' [15] 그러나 태스커는 인간을 다양하지만 점차적으로 상호 연결된 공간 속, 식민주의, 제국주의, 그리고 글로벌한 '자유무역'의 물결이라는 역동적인 성운 내에서 다루기보다는 중국 공동체와 미국식 개인주의라는 고정된 문화적 틀에서 평가한다.

중화 남성성에 대한 캄 루이(Kam Louie)의 최근 연구는 이에 대한 더 나은 이해를 보여 준다. 그는 오랫동안 지속되었던 두 남성성에 대해 자세히 기술한다. '문(文)'으로 상징되는 남성성은 유교와 군자를 상징하고 용맹성보다는 문화 소양을 강조한다. '문'적인 남성은 여성에 빠지고 여성의 성적 매력에 흔들리지만 결국에는 윤리적인 의무를 위해 에로틱한 즐거움을 포기해야 한다. '무(武)' 또는 무술을 익힌 남성성은 (우위선(吳宇森) 영화에 자주 등장하는) 관운장(關雲長)에 의해 상징화되었다. 그리고 시민사회 바깥인 '강호(江湖)'에 거주하는 무사들, 이 영웅들은 물리적인 힘과 기술을 강조한다. 그들은 술에 취했을 때만 빼고 여성들을 멀리한다. 그들이 주로 얽히는 대상은 혈육이다. 무사의 몸은 거의 항상 물결치는 의복에 둘러싸인 '문' 보다 더 잘 드러난다. 그러나 어떤 경우에도 남성의 몸이 에로틱화되지는 않는다. 즉, 무사의 몸은 전투적인 용맹성만을 의미하는 것이다.[16] '근육' 의 실제 개념은 19세기에 서구식 해부학이 들어오기 이전에는 존재하지 않았다.[17] 이러한 초기 중국의 남성 몸의 "비가시성"은 서구와 접촉하기 이전 중국의 순수예술에서 몸이 부재했던 한 이유라 할 수 있다.[18]

루이는 '리샤오룽의 페르소나가 무(武)의 영웅으로 리샤오룽을 정당화하기 위해 충성, 강직함, 의리라는 세 가지 특징을 가진다고 한다' 라고 말한다. 이에 덧붙여 '리샤오룽은 전통적인 내러티브에서 무의 영웅들처럼 주위의 여성들이 관심을 보일 때조차도 '문' 이 그랬던 것처럼 여성들과 로맨스를 벌이지 않는다. 그는 항상 사회적인 의무에 첫 번째로 관심을 가진다' 라고 지적한다.[19] 제킨슨은 이 다른 유형의 남성성에 대해 충분히 인식하지 못하고 리샤오룽의 행동을 단지 미국식 남성성의 관습 내에서만 해석한다. '그가 묘사한 인물은 전형적인 가부장이거나 여성혐오가 아니다. 그는 여성 인물을 억압하거나 본드처럼 과장된 헤테로섹시즘(heterosexism)을 보여 주는 것도 아니다.'[20] 그러나 '무' 라는 남성성의 코드 내에서 리샤오룽의 행동은 여성들을 경배하는 것이 아니라 완벽히 가부장적이며 여성혐오적이다. 그는 자기 가족과의 관계 때문에 자기 가족만을 보호하는 의무만을 인식한다. 또는 여성들을 무시되어야만 하는 위험한 존재로 생각한다.

이러한 해석의 차이는 또한 아시아계 미국인과 옛 중국 무(武)의 영웅 사이에 내재된 긴장을 지적한다. 리샤오룽은 제킨슨에게 실망스럽게도 '서구의 문화가 아시아계 남성을 위해 구축해 온, 그리고 아시아계 여성 주인공과 밤을 보내지 않는 (본드라면 생각할 수 없는) 반(反)성애적 역(役)만을 영속화한다.'[21] 그러나 미국식 코드 내에서 남성성을 성취하는 행동은 '무' 라는 남성성 내에서는 용인될 수 없다. (그것이 이 글의 범위를 넘어가는 것일지라도 이러한 긴장이 중국 무술스타들이 국제시장을 가로지르려고 시도할 때 항상 따라다닌다. 청룽과 리롄제의 서투른 성(性)적 협상은 양립 불가능한 기대들이 실현되기 어렵다는 것을 증명했다).

루이는 두 중화 남성성을 고정된 것으로 또는 중국을 나머지 세계에 의해 영향을 받지 않은 봉쇄된 단위로 다루지 않는다. 국제적인 성공은 리샤오룽 현상을 '국제무대에 무(武)라는 남성성의 재확신'으로 구축한다고 주장하는 것이다. 그러나 1960년대 홍콩의 보디빌딩 컬트현상에 대한 로콰 이충의 논의와 유사하게, '미국 미디어의 세계 지배는 미국인의 이미지에 재현된 서구식 남성성의 이상이 더욱더 중국에서 일반적으로 채택되고 있음을 증명한다'라는 것에 주목한다. 스크린 밖에서 여성화라는 논의가 회자되는 것과 동시에 리샤오룽의 몸의 전시는 전통적인 '무'라는 남성성과 단절한다. 왜냐하면 그것이 '섹슈얼리티를 발산'하기 때문이다. 그러므로 리샤오룽은 단지 '무'라는 남성성의 재확신이자 '디아스포라 중국인의 새로운 하이브리드(hybrid)한 문화에 맞추기 위한' 변형이다.[22]

그러나 루이는 기존의 '무'라는 모델에서 리샤오룽이 이탈했음을 비하하지 않는다. 최초로 등장하는 에로틱한 몸의 전시는 과거의 거의 모든 무술스타들과 단절하는 놀라운 것이다. 이전의 홍콩 액션영화에서 영웅들은 목부터 발끝까지 몸을 강조하지 않는 헐렁한 옷으로 뒤덮여 있었다. 이는 활극 영웅에서 뿐만 아니라 리샤오룽과 관련된 쿵후영화에도 적용된다. 예를 들어, 관덕홍은 1950년대과 1960년대 초기의 황비홍 시리즈에 많이 등장했는데, 거의 항상 칙칙한 전통 의상을 입었다.

리샤오룽이 행하는 몸의 전시가 무술 장르에서는 낯선 것일지라도 근대화의 징후로서 건강한 몸은 중국영화에서 긴 역사를 가진다. 려리리(黎莉莉)는 《체육황후(體育皇后)》(1934)에서 수영복과 체조복을 입고서 나왔으며 《대로(大路)》(1935)에서는 남성 주인공들이 군대를 돕고 일본인과 싸우기 위해 고속도로를 건설하며 길거리 노동자들처럼 상체를 벗은 채 나왔다. 이 영화는 악명 높은 남성 누드로 유명하지만 그 유머러스한 흥미로움은 1949년 이후에 사라진다. 중화인민공화국 체제에서 만들어지는 영화들은 몸의 전시는 계속되었지만, 민족의 건설에 건강하고 적극적인 몸의 참여에 국한되었다. 예를 들어, 《여자 농구선수 5번(女藍五號)》(1957)과 같은 인위적으로 탈성애화된 스포츠 장르 영화에서 자국 팀에서 뛴다는 것은 민족을 건설하는 데 그 자신을 헌신한다는 은유가 된다.

이러한 거대한 역사의 맥락하에서 리샤오룽의 '무'적인 남성성과 미국식 남성성의 하이브리드는 따로따로 분리해 읽힐 수 없으며 패배자의 승리라는 내러티브에 대한 민족주의적이고 반식민적인 해석과 밀접하게 연관된다. 동시에 리샤오룽이 영화와 페르소나를 통해 중국/아시아/제3세계의 힘의 획득을 단언할 때 여기에서 남성성에 대한 단언을 사용한다.

게다가 역동적인 중국의 맥락 속에서 리샤오룽은 이러한 임무를 수행하기 위해 문(文)이 아닌 무(武)적인 남성성을 선택했음을 의미한다. 이것은 중요한 전환이다. 루이가 지적하듯이 '무'는 일반적으로 '문'보다 높이 평가된 것이 아니다. '문'은 '무'와 연관된 공격성과 폭력성을 넘어 윤리에 따른 질서와 규율에 복종하기를 강조한다. 실로 리샤오룽의 영화에서 회복되는 테마 중의 하나는 힘을 사용하지 않는 '문'의 전통적인 고집을 역행할 필요에 대한 것이다. 리샤오룽의 어머니는 《당산대형》에서 리샤오룽에게 싸우지 말라고 경고하지만, 결국에는 정의에의 요구가 그를 이끈다. 《정무문》에서 정무문은 제자들에게 무술을 신체 훈련에만 사용하도록 가르치지만, 리샤오룽은 사부의 복수를 하지 않고서는 넘어갈 수 없다. 《맹룡과강》에서 삼촌은 젊은 웨이터들에게 이탈리아 건달들과 싸우기보다는 그냥 손해를 보자고 말하지만, 나중에 삼촌은 건달들과 한패임이 밝혀진다.

청유에 따르면, 이러한 내러티브 양식은 '절대적으로 필요하지 않다

'몸의 전시'를 보여 준 쑨위(孫瑜) 감독의 《체육황후》. 중화인민공화국 체제에서 만들어지는 영화들에서 몸의 전시는 계속되었지만, 민족의 건설에 건강하고 적극적인 몸의 참여에 국한되었다.

면 모욕을 견디고 싸우지 않는 중국인의 처세술'과 합치한다.[23] 실제로 극한의 상황에 이르렀을 때만이 무(武)의 공격이 이루어진다. 그러나 《맹룡과강》은 또한 이러한 일상적 코드로부터 중요한 이탈을 보여 주며 그의 근대적이고 초국적인 새로운 '무'의 남성성은 미국식 코드를 전유한다. 일반적으로 '무'의 폭력이 구성하는 법과 윤리의 위반은 질서를 유지할지라도 결국 제거되어야 한다. 그러한 이유로 《당산대형》의 결말에 가서 체포되고 《정무문》에서 중국 소재 외국 경찰에게 총격을 당하면서 끝맺어야 되는 것이다. 그러나 리샤오룽은 《맹룡과강》에서 체포되는 대신에 자신의 어린 여자 사촌과 이별하고 홍콩으로 돌아가며 사촌의 레스토랑은 안전하게 운영된다. 이것은 한 미망인의 생명을 구해 주고 석양을 등진 채 떠나가는 카우보이의 상투적인 모습과 유사하다. 《용쟁호투》에 이르러서는 (특히 악당인 한을 잡기 위해 MI-5에 고용되었을 때) 더욱 확실히 총잡이 영화에서 나타나는 미국식 남성성의 코드를 전유한다.

리샤오룽이 미국식 남성성을 전유하는 다른 방식이 있다. 그가 더 이상 다른 뺨을 돌릴 수 없는 순간은 전형적인 '무'의 방식으로 분노에 차 적진에 들어갈 때만이 아니다. 그것은 또한 실제적으로 셔츠를 벗고 상반신의 근육질 몸을 드러낼 때이기도 하다. 리샤오룽은 다른 중국 무술스타들과는 달리, 할리우드 1950년대 역사극의 검투사들처럼, 그리고 이후 아널드 슈워제네거(Arnold Schwarzenegger)와 실베스터 스탤론(Sylvester Stallone)처럼 자신의 근육을 전시한다. 게다가 리샤오룽에 대한 여성 인물의 반응은, 이것이 단지 무술의 전시가 아니라 에로틱한 순간이기도 함을 의미한다. 그러나 신무(新武)와 미국식 남성성 사이의 계속된 사이가 《용생호투》에서 드러난다. 리샤오룽의 백인, 흑인 미국인 동료들은 대결 전에 한이 제공한 여자들과 잠자는 것에 대해 양심의 가책을 느끼지 않는다. 게다가 흑인 미국인 인물의 행동은 호모섹슈얼리티에 대한 인종주의적인 전형을 따른다. 이와는 대조적으로 리샤오룽은 그러한 모든 유혹을 거절한다. 힘을 소진시키거나 집중력이 떨어지는 것을 막기 위해 여성들과 섞이는 것을 피하는 '무'의 중요한 가치를 보존하는 것이다.

3. 리샤오룽과 퀴어 바디

여성들만이 리샤오룽의 벗은 몸에 매료되는 것은 아니다. 리샤오룽의 몸은 영화와 비평적인 저작에서 즐거움을 고찰하는 퀴어 담론에 적당하다. 웨이핑아오(魏平澳)는 《맹룡과강》에서 《정무문》에서의 반역자 역을 반복한다. 그는 《정무문》에서 정무문과 경쟁하는 일본의 가라테 도장에서 일하고, 《맹룡과강》에서 이탈리아 건달들을 위해 일한다. 그는 《정무문》에서 이미 육체적으로 약했고 '동아병부'였지만 《맹룡과강》에서는 남성성을 결핍한 채 어른이 된 호모섹슈얼리티를 보여 준다. 웨이핑아오는 엘턴 존(Elton John) 스타일의 여장(女裝)의 변이로 치장할 뿐만 아니라 리샤오룽에 끌리는 것을 숨기려고 애쓰지 않는다. 레인즈는 두 경우를 참조한다. 웨이핑아오는 리샤오룽을 자신의 편으로 만들려고 노력하는 동안 리샤오룽의 근육질 가슴에 손을 대고 중얼거린다. "근육이 떨리는구나!" 그러나 첫 만남은 좀 더 암시적이다. 레스토랑을 위협하려는 이전의 시도에서 웨이핑아오는 실제로 처음으로 리샤오룽과 마주친다. 처음에는 화를 내지만 리샤오룽의 훌륭한 모습을 보고 나서는 톤이 바뀐다. 웨이핑아오는 벨트가 매여진 곳에서 다리까지 훑으면서 리샤오룽의 허리끈을 걷어 올려 준다. "계속 가시지요." 그는 리샤오룽에게 다정하게 말한다. 이것은 웨이가 리샤오룽이 가고 있는 길에 대해 호의적이라는 것을 상징한다.

리샤오룽의 몸에 대한 퀴어적인 이해는 비평적인 저작물에서도 이루어진다. 테오는 리샤오룽에 대한 중국 '문화적인 민족주의자' 라는 이해는 정확한 것이라고 주장하며 퀴어로써 리샤오룽에 대해 개입한다. '이 비평가들은 리샤오룽의 나르시시즘, 동성애 이미지에 대한 코드에 대해 말한다, 그리고 리샤오룽의 민족주의 자세에 대해서는 인색하게 인식한다.' 스티븐 테오는 '게이 비평가들' 이《맹룡과강》에서 리샤오룽이 자신의 방에서 훈련하는 장면을 묘사한 것에 주목한다. 그것은 리샤오룽이 자기 자신을 거울에 비추어보면서, '자위(onanistic)' 하고 있는 것처럼 보이는 것이다. 그리고 한 서구 비평가가 리샤오룽 부인의 말을 인용해 가며 그가 자신의 정류고환(停留睾丸, undescended testis) 때문에 열등콤플렉스(inferiority complex)에 괴로워했다는 것을 증명하기 위해…… 그 후의 인생에서 보디빌딩, 무술, 나르시시즘으로 이끌렸다, 라고 말한 것에 주목한다."[24]

사실 이 모든 인용들은 하나의 기원, 레인즈에서 나온다. 테오의 격분에 대해서는 잠시 접어두기로 하자.《맹룡과강》에 대한 레인즈의 논의에서 영화에 대한 그의 징후적인 투사를 드러내는 흥미로운 미끄러짐의 순간이 있다. 레인즈는 훈련 장면들을 '자위적일 정도로 (거울을 동반하는) 나르시스적인' 장면으로 묘사한다, 그리고 '관객은 그것을 리샤오룽이 모르는 방으로 들어가는 여자 사촌의 눈을 통해 관음증적으로 관찰하게 된다.' 고 주장한다. 또한 레인즈는 '나중 장면에서 관객의 대리인은 악당의 호모섹슈얼한 멤버인데 그는 두 장면에서 리샤오룽의 흉근과 복근에 매료된다' 고 한다. 사실 여자 사촌과 (웨이핑아오가 연기하는) 호 사이에는 중요한 차이가 있다. 레인즈가 묘사한 대로, 리샤오룽의 사촌은 관객으로 하여금 자신의 시점숏을 취하게 한다. 그러나 호가 리샤오룽을 칭찬하는 두 장면에서 관객은 독립된, 제3자의 시선을 유지한다. 그것은 시점숏이 아니다. 다시 말해, 게이적인 즐거움의 순간에 호와 동일시하는 것은 관객의 투사가 필요하다. 레인즈의 미끄러짐이 나타내는 것은 바로 이것이다.

리샤오룽 자신이 직접 각본을 쓰고 감독과 주연을 맡은《맹룡과강》. 국제적이고 상호적인 경쟁에서 이기기 위한 무기로써 리샤오룽 몸의 전시는 중국, 아시아, 제3세계에서 패배자들의 승리로 다양하게 찬양되어 왔다.

    테오가 레인즈에게 던지는 비아냥적인 말은 리샤오룽에 대한 퀴어적인 전유와 패배자의 승리에 대한 다양한 독해 사이의 양립 불가능성을 드러낸다. 그리고 또한 리샤오룽의 신무(新武)적인 남성성에 대한 초국적 순환이 그를 미국식 남성성의 세계에 위치시킨다는 것을 보여 준다. 첫 번째, 리샤오룽에 대한 퀴어적인 전유와 패배자에 대한 해석 사이의 긴장은 어떻게 리샤오룽의 몸의 전시가 이해되고 어떤 장면들이 강조되는지에 초점을 맞춘다. 결투 직전의 극도의 분노 상태에 있을 때, 리샤오룽의 몸의 전시는 훌륭한 육체적인 무기의 전시로 부각된다. 게이적인 전유에서 자기 자신의 벌거벗은 몸을 거울에 비추어 보는 것은 그와 같은 해석을 가능케 하는 남성 대 남성의 나르시시즘적인 근거로 강조된다.

패배자의 해석에서 리샤오룽의 몸은 힘의 확신을 위한 수단이다. 게이 비평에서 그것은 욕망의 대상이다. 물론 리샤오룽은 강하고 남자다운 남성으로서 욕망된다. 실제, 탄 호앙 구엔(Tan Hoang Nguyen)은 리샤오룽의 스타 이미지가 리샤오룽의 아들 브랜던 리(Brandon Lee)에게 게이 포르노 스타의 이미지를 제공하고 처음부터 아시안 스타로 주목하게 하는 기초가 되었다고 주장한다. 그러나 이것이 관객이 동일시하는 주체로부터 욕망의 대상으로의 근본적인 이동을 일으키지는 않는다. 게다가 만약 게이 관객이 레인즈처럼 백인을 상상한다면 리샤오룽이 중국인, 제3세계 아시아계 미국인 관객에게 제공하는 즐거움은 재전유되거나 그들의 상징적 억압자들에 의해 빼앗긴 것으로 여겨진다. 이것은 또한 테오와 다른 사람들이 서구의 리샤오룽에 대해 동작의 매력만을 평가하고 재권력화의 정치학은 지워버리는 "형식주의적" 해석들에 대해 가지는 불편함을 설명해 준다.

두 번째, 호모섹슈얼에 대한 갈망과 그 의미는 더 나아가 리샤오룽의 신무적인 남성성은 글로벌화되는 미국적 남성성과 섞이고 그 안에 위치된다. 호모포비아와 그것에 부수하는 갈망은 글로벌화된 미국식 남성성의 내적 구성요소다. 그러나 루이와 다른 이들에 따르면 그것들은 근대 서구와 접촉하기 이전의 문(文) 또는 무(武)의 중요한 특징이 아니다.[25] 이에 대한 이유는 충분하다. 그러나 만약 이전의 문과 무의 남성성이 경쟁의 모델을 제공한다면, 이 경쟁은 근대 미국식 남성성과 연관된 것과는 다른 메커니즘에서 만들어진다. 쓰이거나 말해지는 내러티브는 근육적인 몸을 응시하는 가능성들을 차단한다. "전통적인" 중국 대중공연의 유형에서 배우들은 옷을 입는다. 하나의 예외가 곡예일 것이나 여기서 내러티브의 부재는 동일시의 가능성들을 제한한다. 대조적으로 영화와 인쇄 이미지 같은 시각 미디어는 강한 몸의 전시를 더욱 중요하게 만들면서 근대 미국식 남성성과 연관되기를 촉진하는 중요한 수단들이다.

이러한 시각적인 맥락하에 항상 행위의 작인(agent)으로서 남성의 몸과 전시의 대상으로서 남성의 몸 사이에 긴장이 존재한다. 불룩한 갑옷처럼 근육을 전시하면서 남성 몸을 사진에 담는 것과 같은 또는 정지시키는 기술은 대상화라는 여성화의 내재적 위협을 내포하는 것으로 그리고 근대 남성성의 코드에 따라서 호모섹슈얼리제이션(homosexualization)을 표출하는 것으로 여겨진다.[26] 그러나 잠재적인 호모섹슈얼리티에 대한 갈망이 그것이 가는 어느 곳이든 근대 미국식의 남성성을 따라다닌다. 몸의 전시는 탈안정화될 뿐 아니라 이와 같은 남성성의 모델의 궁극적인 목표는 다른 남성들의 인지를 얻는 것이다. 이러한 동성사회적인 목표는 또한 쉽게 호모섹슈얼리티로 들어갈 수 있다. 만약 존경과 동경이 욕망을 향한 토대가 된다면 이에 따라 둘 사이의 경계가 유지되어야만 한다.[27]

로빈 우드(Robin Wood)가 지적한 대로 액션영화는 이러한 긴장이 수행되는 지점으로써 이해될 수 있다. 이러한 상징적인 전제하에, 남성들 사이의 폭력은 적에게 주먹을 날릴 때와 같은 힘으로 그것을 추종하면서 욕망의 위협을 전치시키고 변형시킨다. 리샤오룽의 신무(新武) 남성성은 이 호모포비아적인 구조를 강력하게 전달한다. 그러나 그것은 제국주의와 반(反)제국주의의 정치학에 의해 더욱 복잡해지고 특별해진다. 자주 지적되었던 대로 리샤오룽의 적들에는 인종적인 계층화가 있다. 타(他) 중국인과 일본인을 상대하는 것은 쉬운 일이다. 최종적인 대결은 《정무문》에서 일본인에 의해 고용된 러시아인처럼 또는 《맹룡과강》에서 건달들에 의해 고용된 척 노리스처럼 백인이 많다.

게다가 리샤오룽이 영화에서 적을 상대하는 방식에는 두드러진 차이가 존재한다. 다른 아시안 무사들은 수치감으로 무너지는 반면, 《맹룡과강》의 끝부분에서 리샤오룽이 척 노리스를 이기는 대결 장면처럼 백인 적은 꽤 존중되는 편이다. 여기서 리샤오룽이 '그의 상대에게 소리를 지르고, 얼굴을 찌푸리며, 비웃는' 평상시의 전략들은 없어진다. 이것은 청유에게 리얼리즘을 향한 이동으로 특징되지만 프라사드에게는 '중국 문명화와 서구 식민지화 사이의, 미 제국주의라는 종이 호랑이와 떠오르는 붉은 동양 사이의 전투'다. 다른 한편 마성메이는 로마로 가는 것과 콜로세움에 가는 것은 식민지적인 가치에 복종하고 동시에 그것에 저항하는 이중의식의 고전적인 표현이라고 한다. 레인즈는 이 장면(민족주의의 인식에 대해 인색하다는 테오의 주장과는 반대로)에서 《맹룡과강》은…… 무술을 통해 완성되는 개인과 그의 민족을 자랑스러워 하는 중국인으로서의 정체성에 대한 공격적인 단언을 구축한다.' 그러나 테오가 호모섹슈얼리티에 대한 기호로써 본 '나르시시즘'에서, '전체 시퀀스가 상대방의 무예에 대한 상호 존경에 기초한다…… (리샤오룽은) 복수에 불타 죽인다. 죽인 후에, 그는 죽은 남자의 옷과 검은 밸트를 몸 위에 걸치고 그 옆에 조용히 무릎을 꿇는다.'[28]

노리스를 이겨야만 할 필요와 그에 대한 존경 사이의 긴장은 마성메이의 이중의식에 대한 관찰을 다시 한 번 명확하게 한다. 그것은 또한 그가 인정(認定)받고자 하는 욕망이 얼마나 강한지를 보여 준다. 은유적인 차원에서, 이것은 리샤오룽에 의해 상징화된 재남성화[29]의 반(反)식민지적 정치학의 중심에 긴장을 드러낸다. 만약 리샤오룽의 스타 이미지가 중국 남성의 능력을 국제 무대에서 긍정하는 것이라면 이것은 또한 그들의 근대 미국식 남성성에 대한 복종을 긍정하는 것이기도 하다. 이러한 긴장은 세지윅(Sedgwick)이 근대 미국식 남성성의 핵심에서 주목했던 호모섹슈얼리티와 동성사회 사이의 그것과 일치한다.

게다가 콜로세움 장면이 보여 주는 사랑스러운 동성사회성은 웨이핑이오의 운명과 대조된다. 첫 번째, 이 설대석으로 경멸시된 인물은 적의 지위를 가지지 못한다. 그 결과 그들은 다른 사람들의 논의에서 리샤오룽이 대결하는 적의 계층에서 밑바닥을 이루지도 않는다. 《정무문》에서 리샤오룽의 첫 복수 대상은 한 명은 중국인, 한 명은 일본인인 그의 사부를 죽인 두 심복이다. 그들은 짧은 대결 장면 속에서 복부를 몇 차례 맞고 쓰러지며 다음 날 목이 매달린 채 발견된다. 웨이핑아오의 반역은 그다음이다. 그러나 실제적인 첫 대결 장면은 자객들을 없애는 것이고, 웨이핑아오는 아무 결과도 얻지 못한다. 리샤오룽은 웨이핑아오가 부른 인력거꾼으로 위장하고 그를 어두운 골목으로 데리고 간다. 웨이핑아오와 인력거를 함께 끌어올려 암살을 명령한 자가 누구인지를 자백하게 한다. 외국인 보스에게조차 신의가 없는 웨이핑아오는 리샤오룽에게 재빨리 일본에서 온 스즈키라고 하면서, 자신은 '단지 명령을 수행했을 뿐이라며' 자비를 구한다. 그러나 리샤오룽이 돌아설 때 웨이는 리샤오룽을 치기 위해 벽돌을 집어 든다. 리샤오룽은 다시 분노에 차지만 영화는 이 벌레 같은 인물이 실제로 죽는 것을 보여 주는 것을 대단하게 여기지 않는다. 바로 다음 날 아침, 기둥에 매달려 있는 웨이를 보여 준다. 리샤오룽은 《맹룡과강》에서 자신의 호모섹슈얼한 연적 호에게 손대기를 주저한다. 오히려 대연 장면 후에 호가 나쁜 소식을 전달하기 위해 삼촌 탕에게 달려갈 때, 호의 이탈리안 보스가 자백을 듣기 위해 호를 차로 들이받고는 총으로 쏘아버린다. 다시 말해 호에 대한 처리는 추가적이다.

콜로세움에서 척 노리스를 죽일 때 느껴지는 사랑과 웨이를 쓰레기 같은 인물로 취급하는 것 사이의 대조는 의미하는 바가 크다. 그것은 리샤오룽의 신무(新武)의 세계 안에서 문(文)을 연약하고 '동아병부'로 상징하는 것이 아닐까? '문'은 윤리적인 요청과 함께 지혜와 근육적인 힘을 넘어서는 상위의 힘을 가지기 위해 교육과 결합되었지만, 신무의 세계 안에서 그것은 실패한 중국인 남성성뿐 아니라 (경멸적 의미에서) '호모' 또는 '동성연애자'를 의미하는 결단력 없고 신의 없는 대상과 연결될 뿐이다. 청유는 《맹룡과강》에서 리샤오룽의 호모섹슈얼적 대상인 호에 대한 리샤오룽의 행동에 대해 낙관적이다. 그는 호의 유혹에 대한 리샤오룽의 반응을 마초(macho)적인 미국 영웅에서 예상되는 호모포비아적인 폭력과 비교되는 양호한 태도로 읽는다. 그러나 신무의 세계 내에서,《정무문》과《맹룡과강》에서 볼 수 있는 웨이펑아오라는 인물에 대한 전반적인 처리는 리샤오룽의 행동을 폭력적인 반응조차 보여 줄 필요가 없는 것으로 형상화된다.

여기서 특정한 교환과 번역의 매커니즘이 작동한다. 탄 호앙 구엔은 게이 스타 브랜던 리에 대한 논의에서, 그가 보여 주는 상대적으로 동화된 미국성이 이주민과 그와 자주 짝 지어지는 아시아적 근본성과 대조된다고 한다. 이는 리샤오룽의 신무적인 남성성을 원형으로 하는 더 큰 패턴의 한 부분일지 모른다. 리샤오룽은 근대 미국의 남성성의 요소를 전유함으로써 무(武)를 재활성화한다. 즉 힘은 이전의 중화 남성성의 다양한 측면들을 없애 버리고 교환하면서 생산된다. 이러한 방식으로 리샤오룽의 페르소나가 움직여 가는 과정은 종속의 과정을 통한 라캉(Jaques Lacan)식 주체의 고전적인 생산과 닮아 있다. 우리는 아버지의 법을 따름으로써 인식되고 자신의 자리를 얻을 수 있다. 그 과정에서 '호모'는 억압되어야 하고 상징적으로 추방되어야 하는 자아의 혐오스러운 부분으로 생산된다. 그러나 리샤오룽의 경우에 식민성과 남성성의 교차는 신무를 통해 '호모'나 '동성연애자'로 경멸되는 중국인과 경외되고 본보기가 되는 백인으로 나타난다. 리샤오룽의 전혀 아이러니하니 않은 듯한 페르소나에서 아이러니가 출현한다. 차이를 극복하고 제국주의자를 패배시키는 듯하지만 이것은 단지 그의 더 큰 가치체계를 통해 이루어진다. 여기서 다시 우리는 셍메이가 주목한 '이중의식'을 거론할 수 있다.

이러한 다양하고 복잡한 의미 중에 나는 리샤오룽을 선생으로서 논의한 미건 모리스(Miaghan Morris)로 되돌아감으로써 결론을 내리고자 한다. 그녀는 리샤오룽에 관한 영화에서의 한 에피소드를 논하는데, 그것은 리샤오룽과 그의 아내 린다가 함께 영화관에 가는 장면이다.《타파니에서 아침을(Breakfast At Tiffany's)》(1961)에서 미키 루니(Mickey Rooney)가 유머러스한 캐릭터인 유니오시(Yunioshi)를 연기하며 스크린에 등장할 때, 린다는 다른 관객들처럼 크게 웃어 제친다. 그러나 곧 리샤오룽의 무뚝뚝한 반응을 알아차린다. 모리스가 지적하고자 하는 점은 린다가 리샤오룽과 함께 지낸 결과로 문화적 경계를 가로지르는 방법에 관해 배웠다는 것이다.[30] 이것은 리샤오룽의 영화들을 볼 때 나의 불편함에 대한 개인적인 차원과 유사하다.

　　나의 눈은 리샤오룽의 스펙터클한 몸에 사로잡히는 만큼, 그 물결 속에 함께 끌려오는 자그마한 소행성(웨이핑아오)와 리샤오룽의 신무적인 남성성과 함께 생산된 호모포비아에 주목하게 된다. 더 상세한 분석 끝에, 나는 리샤오룽의 신무적인 남성성 속에서 호모포비아의 인종주의적 구조를 알아보지 않을 수 없었다. 중국적임을 '호모'로, 미국을 이상적인 남성성으로 보는 것은 단지 호모포비아적일 뿐 아니라 중화 재남성화에서 자기-혐오의 흔적을 새기는 것이다.

주

1) Fiske, p. 392~393.

2) 리샤오룽에 관한 수많은 책과 웹 사이트가 있다. 나는 이 글에서 《Little》을 크게 주목했다. 리샤오룽의 아내와 공동으로 만든 이 책은, 리샤오룽이 타이완 여배우의 침대에서 죽었다는 루머에 집중하지 않는다. 이 루머는 모두 다른 '가십성' 기사들에서 발견될 수 있는 것이다.

3) 텔레비전 시리즈에 관해, Hamamoto를 보라. p. 59~63 그리고 Ma, p. 60~61.

4) Meyers, p.221, Morris에 인용, p. 183.

5) Rayns, p. 28.

6) 예를 들어 Chiao, p. 33을 보라. 리샤오룽의 안무 스타일은 리얼리즘의 체계에서 뿐만 아니라 동시에 서구화로 이해되어야 한다. 와이어 등을 강조한 중국의 판타지 스타일과 비교해 이것이 리샤오룽의 쿵후영화가 대체한 활극 무협영화를 지배했다는 것은 분명하다. 그러나 유명한 황비홍(黃飛鴻) 시리즈 같은 1950년대부터의 많은 쿵후영화가 또한 상대적으로 '리얼한' 격투 스타일로 특징된다.

7) Cheng, p. 25.

8) Teo(1992), 형식주의부터 팬적인 숭배에 이르기까지, 식민주의와 신(新)식민주의적 역동성을 무시하고서 자원의 착취라는 식민지적 역학을 반복하는 무술영화에 대한 자기중심적인 서구식 독해들은 너무 많아서 언급할 수조차 없다.

9) Teo, p. 110~114, 1997.

10) Lo, p. 111.

11) Chiao, p. 37.

12) Desser.

13) Ma, p. 54~55.

14) Lo, p. 106, 107.

15) Tasker, p. 316.

16) Louie, p. 1~22.

17) Heinrich, p. 123.

18) Hay.

19) Louie, p. 145~147.

20) Chan, p. 77.

21) Chan, p. 89.

22) Louie, p. 13, 147, 148.

23) Cheng, p. 24.

24) Teo, p. 70, 71, 75, 77.

25) Hinsch, 그러나 이것이 '호모섹슈얼리티'가 이 시대에 중국에서 하나의 개념으로써 받아들여지거나 존재하지도 않았다는 것을 의미하지는 않는다; Dikötter, p. 145, Sang, p. 45, 46 : Martin, p. 32.

26) On Muscles as armor, Dyer, On photographing action poses, Meyer의 록 허드슨과 다른 이들과의 비교를 보라, p. 261~262.

27) Sedgwick.

28) Rayns(1980), p. 112.

29) "재남성화"라는 용어는 Susan Jeffords에게서 빌려왔다.

30) Morris, p. 180.

참고문헌

Chan, Jachinson. 2001. *Chinese American Masculinities: From Fu Manchu to Bruce Lee*. New York: Routledge.

Cheng, Yu. 1984. 'Anatomy of a Legend.' In *A Study of Hong Kong Cinema in the Seventies*. ed. by Li Cheuk-to. Hong Kong: Urban Council.

Chiao, Hsiung-Ping. 1984. 'Bruce Lee: His Influence on the Evolution of the Kung Fu Genre.' In *Journal of Popular Film and Television* 9, no.1.

Chu, Yingchi. 2003. *Hong Kong Cinema: Coloniser, Motherland, and Self*. London: RoutledgeCurzon.

Desser, David. 2000. 'The Kung Fu Craze: Hong Kong Cinema's First American Reception.' In *The Cinema of Hong Kong: History, Arts, Identity*. ed. Poshek Fu and David Desser. Cambridge: Cambridge University Press.

Dikötter, Frank. 1995. *Sex, Culture and Modernity in China: Medical Science and the Construction of Sexual Identities in the Early Republican Period*. Hong Kong: Hong Kong University Press.

Dyer, Richard. 1997. 'The White Man's Muscles.' In *Race and the Subject of Masculinities*. ed. Harry Stecopoulos and Michael Uebel. Durham: Duke University Press.

Fiske, John. 1986. 'Television: Polysemy and Popularity.' In *Critical Studies in Mass Communication* no. 3.

Hamamoto, Darrell Y. 1994. *Monitored Peril: Asian Americans and the Politics of TV Representation*. Minneapolis: University of Minnesota Press.

Hay, John. 1994. 'The Body Invisible in Chinese Art?' In *Body, Subject, & Power in China*. ed. Angela Zito and Tani E. Barlow. Chicago: University of Chicago Press.

Heinrich, Larissa. 2002. 'The Pathological Body: Science, Race, and Literary Realism in

China, 1770~1930.' Ph.D. diss., University of California, Berkeley.

Hinsch, Bret. 1990. *Passion f the Cut Sleeve: The Male Homosexual in China*. New York: Cambridge University Press.

Jeffords, Susan. 1989. *Remasculinization of America: Gender and the Vietnam War*. Bloomington: Indiana University Press.

Lee, Linda. 1989. *The Bruce Lee Story*. Santa Clarita: Ohara Publications.

Littel, John R. 2001. *Bruce Lee: A Warrior's Journey*. Chicago: Contemporary Books.

Lo, Kwai-cheung. 1996. 'Muscles and Subjectivity: A Short History of the Masculine Body in Hong Kong Popular Culture.' In *Camera Obscura* no.39.

Louie, Kam. 2002. *Theorising Chinese Masculinity: Society and Gender in China*. New York: Cambridge University Press.

Ma, Sheng-mei. 2000. *The Deathly Embrace: Orientalism and Asian American Identity*. Minneapolis: University of Minnesota Press.

Marchetti, Gina. 2001. 'Jacckie Chan and the Black Connection.' In *Keyframes: Popular Cinema and Cultural Studies*. ed. Matthew Tinkcom and Amy Villarejo. New York: Routledge.

Martin, Fran. 2003. *Situating Sexualities: Queer Representation in Taiwanese Fiction, Film and Public Culture*. Hong Kong: Hong Kong University Press.

Meyers, Richard, Amy Harlib, and Karen Palmer. 1991. *From Bruce Lee to the Ninjas: Martial Arts Movies*. New York: Carol Publishing Group.

Meyer, Richard. 1991. 'Rock Hudson's Body.' In *Inside/Out: Lesbian Theories, Gay Theories*. ed. Diana Fuss. New York: Routledge.

Morris, Meaghan. 2001. 'Learning from Bruce Lee: Pedagogy and Political Correctness in Martial Arts Cinema.' In *Keyframes: Popular Cinema and Cultural Studies*. ed. Matthew Tinkcom and Amy Villarejo. New York: Routledge.

Nguyen, Tan Hoang. 'The Resurection of Brandon Lee: The Making of a Gay Asian

American Porn Star.' In *Pornographies On/Scene*. ed. Linda Williams. forthcoming. Durham: Duke University Press.

Prashad, Vijay. 2003. 'Bruce Lee and the Anti-imperialism of Kung Fu: A polycultural Adenventure.' In *Positions: East Asia Cultural Critique* 11, no. 1.

Rayns, Tony. 1980. 'Bruce Lee: Narcissism and Nationalism.' In *A Study of the Hong Kong Martial Arts Film: The 4th Hong Kong International Film Festival, April 3~18, 1980, City Hall*. ed. Lau Shing-Hon. Hong Kong: The Urban Council.

Rayns, Tony. 1984. 'Bruce Lee and Other Stories.' In *A Study of Hong Kong Cinema in the Seventies*. ed. Li Cheuk-to, 26~29. Hong Kong: Urban Council.

Rodriguez, Hector. 1997. 'Hong Kong popular culture as an interpretive arena: the Huang Feihong series.' In *Screen* 38, no. 1.

Sang, Tze-lan D. 2003. *The Emergent Lesbian: Female Same-Sex Desire in Modern China*. Chicago: University of Chicago Press.

Sedgwick, Eve Kosofsky. 1985. *Between Men: English Literature and Male Homosocial Desire*. New York: Columbia University Press.

Tasker, Yvonne. 1997. 'Fists of Fury: Discourses of Race and Masculinity in the Martial Arts Cinema.' In *In Race and the Subject of Masculinities*, ed. Harry Stecopoulos and Michael Uebel. Durham: Duke University Press.

Teo, Stephen. 1992. 'True Way of the Dragon: *The Films of Bruce Lee*.' In *Overseas Chinese Figures in Cinema: The 16th Hong Kong International Film Festival. 10.4.92~25.4.92*. ed. Law Kar. Hong Kong: The Urban Council.

Teo, Stephen. 1997. 'Bruce Lee: Narcissus and the Little Dragon.' In *Hong Kong Cinema: The Extra Dimensions*. London: The British Film Institute.

Thomas, Bruce. 1994. *Bruce Lee: Fighting Spirit*. Berkeley: Frog.

지구를 둘러싸기:
세계 영화에서《링》리메이크하기

데이비드 데서 저
전민성 역

　　한 영화의 성공이나 대중성을 식별하는 데는 확실히 많은 방법이 있다. 한 가지 방법은 영화의 흥행기록을 보는 것이다. 이 기준에서 보자면 북아메리카 티켓 판매로 1억 3,000만 달러를 벌어들인, 고어 버빈스키(Gore Verbinski)의《링(The Ring)》(2002)이 히트작이었음은 부정할 수 없는 일이다. 또 다른 방법 하나는, 그 영화가 문화 아이콘으로 얼마나 기능하는지 살펴보는 일이다. 즉 다르면서, 유머러스한 문맥에서 그 모티프나 영화를 참조하는 식으로 말이다. 이런 방식에서 보더라도《링》은 여전히 의미가 있다(《무서운 영화(Scary Movie)》시리즈의 최신자《무서운 영화 3(Scary movie 3)》(데이비드 주커[David Zucker], 2003)은 주요 플롯 구조를《링》에서 가져오고 있다).《무서운 영화 3》에서 항상 고생만 하는 신디(애나 패리스[Anna Faris] 분)는 죽음의 비디오테이프의 미스터리를 풀려 한다.《링》은 여기서 씻을 수 없는 흔적을 남긴다. 일본영화를 조심스레 리메이크한《링》이《싸인(Signs)》(2002)과《8 마일(8 Mile)》(2002)과 같은 히트작들을 패러디 하며 대중의 의식을 전염시킨다는 것은 다양한 장소와 공간으로부터 나타나는 문화교차적이면서, 트랜스적인 영화제작이 존재한다는 것을 명백히 증명하고 있다.

《링》현상은 할리우드 영화의 대중성을 넘어서 확장되고 있다. 또한 일본 대중영화의 리메이크작의 하나인 할리우드 영화라는 단순한 사실 또한 넘어서고 있다. 많은 면에서 우리는《링》을 위치시키거나, 텍스트상의 기원을 고정시키긴 힘들다(1998년 만들어진 일본영화로서의《링》과 2002년 할리우드에서 다시 만들어진《링》). 또한 이 영화를 단순히 1991년 스즈키 코지(鈴木光司)가 쓴 소설을 일본에서 영화로 만든 것이라는 식으로 덧붙여 생각하기만 할 수도 없다.

그 이유는 최소한《링》의 일본 버전은 소설로 시작되었다고는 하더라도, 1995년《링: 완전판(リング/完全版)》(후지TV, 타키가와 치스이〔瀧川治水〕 연출)이라는 TV용 영화로 각색되었다. 소설의 주요 캐릭터들은 TV용 영화에서 그대로 보존되었다(이 부분에 대해서는 이 글의 후반부에서 주인공의 성별을 바꾸는 영화 버전과 비교해서 다시 논할 것이다). TV용 영화의 성공으로 나카다 히데오(中田秀夫) 감독의 장편영화《링(リング/The Ring)》(1998)이 만들어지고, 이어서 후속편인《라센(らせん/The Spiral)》(이이다 조지〔飯田讓治〕, 1998)이 만들어진다. 이 제작사는《라센》을 인정하지 않았고, 1999년 공식 속편인《링 2(リング 2/The Ring 2)》가 역시 나카다 히데오 감독에 의해 만들어진다. 이에 이어《링 0: 버스데이(リング0 バースデイ/Ring 0: Birthday)》(츠루다 노리오〔鶴田法男〕, 2000)가 그 전편격으로 제작된다. 또한 한국에서《링》(김동빈)은 1999년에 개봉된다(이 영화는 미국에서는《링》보다는《The Ring Virus》로 더욱 널리 알려져 있다).

일본의 동명 영화를 리메이크한 고어 버빈스키의 《링》. 《링》이 다른 히트작들을 패러디하며 대중의 의식을 전염시킨다는 것은 다양한 장소와 공간으로부터 나타나는 문화교차적이면서 트랜스적인 영화제작이 존재한다는 것을 명백히 증명하고 있다.

일본의 대중소설이 TV용 영화로 만들어져 성공하고, 또 장편영화로 더욱 성공하게 되는 것은(게다가 공식적인 속편 두 편과 비공식 속편 한 편까지 만들어졌다는 것은) '링'의 힘과 매력을 입증하는 것이다. 그러나 여기서 '링의 나선(라센)'이 끝나는 것이 아니다. 1996년에는 오리지널 스토리에 기반해 만화버전이 등장하고, 장편영화에 기반해 두 권짜리 만화책이 된다—그와 함께 《라센》을 포함하는 모든 속편들은 만화버전으로 다시 그려진다.

여기서 우리는 동세대 영화 문화에서 컬트적 위치의 명백한 기호들을 인정해야 한다. 즉 팬들이 만든 수많은 언어의 웹사이트에 떠 있는 그래픽, 링크, FAQ난 등은 공식 사이트들이 부러워할 만한 것들이다. 논쟁적이긴 하지만, 바로 이 지점이 할리우드가 관심을 보이는 지점이다. 일본, 한국에서 할리우드로 '링'이 옮겨갈 때, 개별 각색자들이 개입하는 부분에 대해서는 뒤에 가서 자세히 얘기하겠으나, 일단은 《링》과 그 지류(支流) 상품에서 보이는 컬트적 매력이 할리우드에 《링》이 4,000만 달러의 제작비를 지출

할 만한 '선매 상품'이라는 것을 깨닫게 했다. 이 영화를 대수롭지 않게 취급한 비평 서클이 그렇게 대중 문화에서 멀어져가는 듯하다. 아마도 대중 컬트 현상으로 이 영화를 볼 때 최고의 징조는 2002년 MTV 무비어워드에서 다베이 체이스(Daveigh Chase)가 '최고의 악당상(Best Villain)'을 탄 지점이었을 것이다. '링'의 한 팬사이트는 이렇게 말한다. "그녀가 링 팬들을 두고 '링벌레들 (ringworms: 백선이라는 병명이기도 하지만, 여기서는 그 두 가지 뜻에 대한 말장난이다—옮긴이)'이라고 불렀을 때는 짜릿할 지경이었다. 게다가 우리가 가장 좋아하는 대목인 '모두가 고통받을 거야'라고 말하는 부분은 꽤나 재미있었다(http://ringworld.somrux.com, 2003)." 팬에 기반한 현상이 메이저 할리우드영화가 되고, 영화의 주인공이 바로 그 팬에 기반한 담론에 참여하는 한편, 교환의 순환성은 우리가 지금까지 가져온 하향식의 위치 짓기가 얼마나 많은 거리를 담지하고 있는지 보여 준다. 이 지점에서 분석을 위해, 1998년 《링》이 세계의 박스오피스에 들어섰던 방식들에 대해 살펴볼 것이다. 그러나 나는 소설 또한 분석틀에 넣을 것이다(비록 기본적으로는 영화 버전이 어떻게 대중 영화에서 컬트 필름에 등극할 수 있었는지 보여 주려는 것이지만).

움베르토 에코(Umberto Eco)는 한 영화가 단순히 대중적인 것에서 컬트의 상태까지 오르는 과정을 분석해 이렇게 언급한다. '작품을 컬트의 대상으로 변형시키기 위해서는 그 작품을 깨뜨리고, 탈구시키며, 빗장을 풀어버려야 한다. 그리하여 독자들이 그 작품 전체에서의 독특한 관들과 상관없이 부분만을 기억할 수 있게 만들어라.' (Hoberman and Rosenbaum, 326).

이 표현이 영화 《링》의 그 주요 모티프나 어떤 이미지들이 전체 이야기의 의미에서 아무런 관련 없이 추출될 수 있다는 것에 대한 적절한 표현이다. 사실, 컬트영화는 열린 모호성, 결말, 확실성을 얻을 수 없는 상황, 좀 더 정확하게 말하자면 텍스트에 부가적으로 주어져야 할 엔딩이 없는 상황에서 발생하는 것이라 말할 수 있다. 또한 1970년대에는 자신들의 컬트공동체를 형성하기 위해 성(性)적 과잉과 충동에 의존했던 1970년대의 컬트영화에서, 모호함과 불확실성에 기대고 있는 (그래서 관객에게 개입 공간을 만들어놓는) 1990년대 후반부터 지금의 영화들로 전환이 있었다, 라고도 말할 수 있다.

이러한 주장들은 엄밀히 말해 확고하고, 쉽게 구분할 수 있는 구별들은 아니다. 팬들이 이미 끝을 맺은 이야기—《스타 트렉(Star Trek)》이나 《버피 더 뱀파이어 슬레이어(Buffy the Vampire Slayer) 같은 시리즈—를 지속하고, 디제시스(diegesis)로 뛰어드는 능력을 지녔다는 것은 성적이며 텍스트적인 모호성 사이의 관계를 보여 준다. 그러나 《링》에서 놀라운 것은 성적 과잉과 위반이라는 고전적 컬트영화의 차원이 다른 종류의 과잉과 위반을 위해 버려지는가 하는 지점이다(앞으로 논의하겠지만, 성적 측면은 좀 더 근본적이고, 핵심적 차원에서 다시 반복된다).

우리는 결말부에 순간들, 이미지들, 모티프들을 얻는다. 즉 죽음의 비디오테이프가 그것이며, 그 자체는 단순히 순간들, 이미지들, 모티프들로 구성되어 있다. 황량한 언덕가의 버려진 우물, 그리고 거기서 나와 TV를 넘어서는 젊은 여성의 모습, 전화벨 소리가 그것이다. 영화에서 영화로 이어지는 모티프들은 이러한 것들이다. 그리고 결말, 디제시스의 위치에 장르의 다양성을 얻는다.

내가 주장하고자 하는 바는 《링》의 매력이 여러 장르적 규칙에 놓여 있다는 것이다. 그것은 일반적으로 '공포'라고 불리는 고전적이면서도 포스트모던한 요소와 관계 맺는 것이지만, 시간석 혹은 공간적으로 제한될 뿐이다. 《링》에 국한시켜 말하자면, 《링》은 스스로가 장르의 경계를 어기는 것만큼이나 쉽게 문화적이며 지리적인 경계를 교차할 수 있게 하며, 호러영화의 네 가지 일반적인 구조를 보여 준다. 《링》은 동시대 슬래셔(Slasher) 영화와, 프랑켄슈타인(Frankenstein) 신화, 테크노포비아(technophobia), 포스트모던 공포영화의 열린 결론 등에 연결 지을 수도 있다. 여기서 포스트모던 공포영화는 결코 끝나지 않는 공포를 함축하지만, 그것은 또한 속편, 혹은 번안, 리메이크 가능성에 지배되기도 한다.

젊은이들 또한 죽는다

공포영화는 동시대 영화에서 청소년과 동의어다. 《텍사스 전기톱 학살(The Texas Chain Saw Massacre)》(토브 후퍼[Tobe Hooper], 1974)과 《할로윈(Halloween)》(존 카펜터[John Carpenter], 1978)의 10대들에서 《13일의 금요일(Friday The 13th)》(숀 S. 커닝엄[Sean S. Cunningham], 1980)의 성욕 과잉 청소년들에 이르기까지, 《나이트메어(A Nightmare on Elm Street)》(1984)에서 운 나쁜 꿈꾸는 아이에 이르기까지, 미국의 청소년들은 위협받는 종족처럼 보인다. 그러나 할리우드 공포영화에서 어린 주인공들이 주류이긴 하지만, 아마도 이는 아시아에서 더욱 널리 퍼져 있을 것이다. 한국 공포영화 가운데 성공한 몇몇 영화는 악몽과 같은 드라마의 중심에 젊은이들을 위치시킨다(《여고괴담》[박기형, 1998], 《여고괴담 두 번째 이야기: 메멘토모리》[김태용·민규동, 1999], 《가위》[안병기, 2000]). 또한 일본에서는 청소년 호러의 리스트가 좀 더 긴데, 생각나는 대로만 나열해도 최근의 《와일드 제로(ワイルド ゼロ/Wild Zero)》(다케우치 데츠로[竹内鐵郎], 1999), 《최면(催眠: さいみん/Hypnosis)》(오치아이 마사유키[落合正幸], 1999), 《소용돌이(うずまき: Spiral/Uzumaki)》(히구친스키[Higuchinsky: ヒグチンスキー], 2000), 《회로(回路: Pulse/Kairo)》(구로사와 기요시[黒澤清], 2001), 《자살클럽(自殺サークル/Suicide Club)》(소노 시온[園子溫], 2002) 등에 이른다.

본래《링》은 시작 부분에 젊은 두 여성이 저주받은 비디오테이프에 대해 얘기를 나누며 '어번 레전드(urban legend: 근거와 실제 발생 여부를 알 수 없으면서도 세대를 넘어 전해지는 도시의 이야기 혹은 괴담―옮긴이)'라는 대중문화 현상에 참여하는 것처럼 보인다. 그러한 맨 첫 '어번 레전드' 영화를 꼽자면《캔디맨(Candyman)》(버나드 로즈[Bernard Rose], 1992)이 되겠지만,《링》은《캠퍼스 레전드(Urban Legend)》시리즈 두 편을 떠오르게 한다. 또한 '어번 레전드'의 모티프와 위협받는 학생은 훨씬 성공적인《스크림(Scream)》시리즈에 연결된다―《스크림》은 그 자체로 패러디인 동시에, 이 영화는《무서운 영화》에서 다시 패러디된다―이러한 패러디적인 자의식은 청소년 공포영화의 성공에 중요한 요소다.

　　그러나《링》은 '어번 레전드' 모티프 이상의 무언가가 있다. 젊은이들의 죽음―아시아 영화에서는 흔히 자살로 처리되지만, 그 자살은 외부의 힘들로부터 강제된 것이다―은《링》의 처음 부분부터 강조되어 있다. 우리가 영화에서 보게 되는 첫 번째 죽음은 고등학교 학생의 죽음이고, 오래지 않아 그녀의 학교 친구 셋이 죽었음을 알게 된다. 이 젊은 사람들의 죽음을 통해 유이치는 '젊은이들도 죽는다'라는 것을 깨닫게 된다. 동시대 공포영화에서는 실제로 젊은이들이 죽는다.《링》에서 우리가 얻는 최초의 반응은 젊은 아이들이 죽는 것이 미국 슬래셔 영화에서의 10대들의 운명과 비슷하게 그려진다는 것이다. '슬래셔 영화에서, 양쪽 성(性) 간의 성적 위반은 빨리 죽어나가기 위해 스케줄로 짜여 있다. 이 장르는 부모의 시선을 피할 수 있는 곳을 찾으려는 커플들로 시작하고, 그 커플들은 섹스를 하고서 곧바로 살해된다.'(클로버, 80).

　　《링》에서 네 젊은 아이들도 산장으로 숨어들고는, 거기서 저주의 비디오테이프를 발견한다. 게다가 그중 둘은 자동차에서 섹스를 하던 중에 죽는다(한국 버전에 가장 명확하게 드러나 있다. 이 모든 이미지와 대화들은 젊은 여성이 옷을 벗은 채로 있는 상태로 나타난다.

《링》에서 10대 희생자는 최근 아시아 공포영화에서 좀 더 모호하게 희생되는 젊은이들만큼이나 미국 스타일의 슬래셔 영화에서 그 중심 모티프를 찾을 수 있다. 또한 《링》의 희생자들은 슬래셔 영화들처럼 현재의 위반(10대의 섹슈얼리티, 부모의 권위에 대한 대항)에 의해 희생될 뿐만 아니라, 현재 그들을 괴롭히는 과거 때문에도 희생된다.

《13일의 금요일》, 《프롬 나이트(Prom Night)》(폴 린치[Paul Lynch], 1980), 《나이트메어》 등과 좀 더 최근작 《나는 네가 지난 여름에 한 일을 알고 있다(I Know What You Did Last Summer)》(짐 길레스피[Jim Gillespie], 1997) 같은 영화들은 결국 과거의 어떠한 이유 때문에 즉, 자신의 죄나, 아버지의 죄 때문에 희생되는 모습을 보여 준다. 종종 가해자도 젊은 경우가 있다(《13일의 금요일》의 제이슨[Jason], 《할로윈》의 마이클[Michael], 《스크림》의 두 살인자 등). 따라서 이 영화에 몰입하는 젊은 관객들은 이중으로, 즉, 희생자와 가해자 양측으로 동일화하길 요청받는 것이다. 《링》의 괴물 또한 어리게 상상되지만, 약간 특이한 야마무라 사다코(山村貞子)의 형상을 하고 있고, 그 변형은 소녀이거나, 젊은 여인으로 형상화된다(특히 한국의 《링》은 배두나가 주인공 역을 맡고 있다).

스티븐 우드워드(Steven Woodward)는 여성 살인자의 모티프는 미국 영화사에서 간헐적으로만 등장했을 뿐이라고 주장한다. 그 이유로 우드워드가 들고 있는 것은 '그러한 사상 자체가 너무나도 충격적이었다'라는 것이다. 우드워드가 공포영화에서 찾아낸 소녀 살인자들의 예는 《악의 종자(The Bad Seed)》(머빈 르로이[Mervyn LeRoy], 1956)부터 《프리티 포이즌(Pretty Poison)》(노엘 블랙[Noel Black], 1968), 《야성녀 아이비(Poison Ivy)》(캣 셰이[Katt Shea], 1992), 《펀(Fun)》(라팔 지에린스키[Rafal Zielinski], 1994) 등의 영화에서 등장한다. 1990년대 소녀 살인자들이 등장하는 것이

슬래셔 영화 공식이 약화되는 것과 관련되어 있다고 말할 수도 있을 것이며, 동일한 방식으로 살인자가 여성인 것은 사회에서 젊은 여성들에 의해 자행되는 범죄가 증가해서 그런 것이라고 말할 수도 있을 것이다. 나는 이러한 젠더 동일시의 지점이 변화하는 지점을 캐럴 클로버(Carol Clover)를 인용하며 덧붙이려 한다. 클로버는 '그 누구도…… 교차 젠더적 동일시 현상에 대해 의심할 순 없다'(91)고 썼다. 즉 남성 관객들은 기본적으로는 에이리언에 대항해 싸우는 리플리(시거니 위버〔Sigourney Weaver〕 분)에 동일시하는 것이며, 다른 측면에서는 슬래셔 영화에서 최후에 살아남는 여자아이들에 동일시한다.

그러나 그럼에도 불구하고, '좀 더 낫고, 훌륭한 여성 살인자는 없는가?'(클로버, 92). 표면상으로 보자면, 사다코의 형상이 그 질문에 답이 될 것이다. 에픽에서의 여성 살인자로서 말이다. 그러나 여기서의 이슈들이란 그리 단순치 않다. 바로 사다코의 성적 모호함 때문인데, 사다코의 자웅동체(雌雄同體)적 특질을 제거하더라도 재생산이 불가능하며, 그렇기 때문에 성적 재생산과 젠더 확실성을 피해가는 테크노-바이러스를 퍼뜨리는 역할을 하게 되는 것이다.

오직 양적 분석만이 할리우드 영화보다 아시아 호러영화에서 보다 효율적인 여성 살인자가 있을 것인지의 여부를 드러낼 것이다. 할리우드 리메이크작과 비교해 보았을 때, 일본의 《링》이 공포를 불러일으키는 특징을 보자면, 테렌스 래퍼티(Terrence Rafferty)는 '사라진, 아시아의 괴담류의 전통'을 되살렸기에 영화 《링》이 성공했다고 말한다. 말하자면, 래퍼티는 미조구치 겐지(溝口健二), 고바야시 마사키(小林正樹) 영화에서의 귀신들과 비교해 볼 때, 미국 감독들은 이러한 일본 감독들이 지녔던 기준을 잃어버렸다고 말한다. 그가 주장하는 아시아 괴담이 성공한 한 이유는 바로 그 귀신들의 평범함에 있으며, 일본 문학과 영화에서 귀신이 자주 등장하는 이유는

미조구치 감독의 1953년 작《우게쓰 이야기》.《링》에서 여성 혼령이 존재하는 것은《우게쓰 이야기》나《괴담》
(고바야시 마사키, 1964)에서 귀신이 등장하는 것과 연관 지을 수 있다.

그러한 존재가 '흔들 수 없는 과거의 존재에 대한 메타포'이기 때문이라고
말한다.

　　그러나 그러한 것 이외에 '그 귀신들은 너무 빨리 이 세상을 떠난 여
성들이 지나칠 정도로 많다.' 래퍼티가 보기에 '일본문화에서 귀신 내러티
브란 정확히 시골 여성의 고통받는 세대를 기리기 위한 것으로, 후일 혼령
으로 돌아올 때, 결국 약간의 힘을 얻은 채 돌아'오는 것이다. 따라서《링》
에서 여성 혼령이 존재하는 것은《우게쓰 이야기(雨月物語)》(미조구치 겐지,
1953)나《괴담(怪談)》(고바야시 마사키, 1964)에서 귀신이 등장하는 것과 연
관 지을 수 있다. 다시 한 번 말하지만 오직 상세한 분석만이 아시아 공포영
화에서의 여성 살인자들의 수적, 혹은 공포적 측면에서의 우월성을 증명할
것이나, 젊은 여성 살인자와 젊은 여성 주인공 사이의 연합은 상업적으로
유효한 동시에 영화적으로도 의미 있는 듯 보인다.

괴물스러운 여성

《링》의 세 버전 가운데, 스즈키 코지의 원작소설과 한국 버전을 연결시키는 것은 플롯 사건이나, 괴물의 행동 뒤에 숨겨져 있는 주요 이유를 말하는 데 한국판 《링》이 원작소설 《링》과 가장 가깝기 때문이다. 그리고 이 세 영화 모두는 소설에서 하나의 중요한 변화를 가져온다. 즉, 코지의 소설에서 남성 리포터의 역할이 리포터/형사 역할을 하는 여성으로 바뀐다는 것이다. 또한 단순한 젠더 전환뿐만 아니라, 이 세 여주인공들은 소설의 기혼남과 비교해 보았을 때, 편모(偏母)가 된다. 이 세 편 모두가 여성 괴물(사다코, 은서, 사마라)에게 의존하고 있다는 사실을 조합했을 때, 바버라 크리드(Barbara Creed)가 얘기했던 '괴물스러운 여성(Monstrous Feminine)'이 된다. '어떤 사회든 괴물스러운 여성에 대한, 충격적인 여성이 어찌 될 것인가에 대한 이미지를 지니고 있다.'(35).

크리드는 줄리아 크리스테바(Julia Kristeva)의 《공포의 권력Pouvoirs de l'horreur》에 기대어 비천(卑賤: abjection)이라는 용어를 통해 보편적이며, 문화횡단적인 공포의 종류를 지적하려 한다. 비천함이란 '……경계·위치·규칙을 존중하지 않고', '정체성·체계·질서를 뒤흔드는' 것이다. 비체가 경계를 교차하는 잠재성은 어떤 특정한 텍스트나 장르에서 그 스스로를 떼어낼 수 있게 한다. 그 대신 '비천의 장소란 의미가 붕괴되는 지점'이며, 내가 존재하지 않는 지점이다. 비천은 삶을 위협하기 때문에, 급진적으로 제외되어야만 한다(37~38).

이러한 관점에서 비천은 《링》이 구조화하는 원칙이 된다. 즉, 그 어떤 곳으로부터도 등장하지 않는 비디오테이프는 그로부터 의미를 얻을 수 없다. 또한 사다코는 특별한 능력을 지닌 초능력자이며, 가부장제를 주장할 수 없는 자웅동체다.

따라서 재생산의 공포—원초적 장면, 어머니의 (거세된) 성기—는
세 영화에 공통적으로 존재한다. 이는 프랑켄슈타인만큼이나 오래된 공포
의 모티프다—특히 메리 셸리(Mary Shelley)의 경우에서 상세화된 것과 같
이. 자연을 거스르는 인간의 모티프, 혹은 신의 영역에 발을 내딛는 인간의
모티프들은 재생산 공포나 인간의 미친 창조자에게 버림받는 모티프들보다
는 덜 조명되어 있다. 《링》의 경우, 저주받은 비디오란 정확히 재생산되어
야 한다.

그러나 그것은 성적 재생산을 피하는 비(非)성적 방식으로 카피되거
나 복제되어야 한다. 말하자면 금지된 것을 복격하게 되는 원초적 장면에
이어 처음으로 운동성을 잃고, 저주받고, 시청할 의무를 부여받는다. 원초
적 장면 혹은 그에 대한 상상/욕망은 지그문트 프로이트(Sigmund Freud)에
게 기원의 문제다. 즉 '아이는 어디로부터 오는가?' 《링》에서의 문제점 또
한 내러티브 차원—비디오테이프는 어디서 오는 것인가—에서, 또 메타-
내리터브 차원—사다코는 어디서 오는 것인가—에서 동일한 것이 된다.
할리우드 버전에서는 그녀의 가전(家傳)이 거부된다. '내 아내는 아이를 가
질 수 없었어'라고 리처드 모건은 절규하며, 이로써 사마라는 그의 아이가
아니라는 것을 함축한다.

소설과 한국 버전의 《링》은 재생산의 공포와 헤르마프로다이티즘
(hermaphroditism: 자웅동체)을 활용해 재생산의 불가능을 보다 강력히 내
세운다—즉, 본질적으로 거세된, 혹은 남성 성기를 지닌 여성이 전면화되
는 것이다. 일본 《링》과 할리우드 리메이크들에서는 이 괴물스러운 여성의
이미지가 사라져 있다. 그러나 이 세 영화는 린다 윌리엄스가 '조사하는 여
성(investigating woman)'이라 불리는 여성이 된다.

고전적 영화에서 여성은 그들이 시선을 줄 때, 즉 욕망을 드러낼 때
처벌을 받는다. 《링》에서 편모인 주인공은 전 남편에게 도움을 받지 못하
며, 그렇기 때문에 가전의 문제, 아이의 기원에 관한 문제는 비슷한 방식으

로 열린 채 남게 된다. 그러나 이 세 영화에서 편모의 위치란 괴물스러운 여성, 홀로 아이를 키우고, 재생산을 하는 데 남성이 결핍되어 있다는 것을 강조한다.

《링》은 두 종류의 어머니를 제시하는데, 정확히 보육하는 어머니 대(對) 에이리언 영화에서의 괴물스러운 어머니의 양쪽 이미지를 재생산한다(레이코/레이첼/선주 대 사다코/사마라/은서). 사다코가 (소설에서 강하게 암시되어 있는) 어떤 종류의 신의 자손이거나 심지어 에이리언일 가능성은 영화에 대한 논의와 감독/작가에 대한 인터뷰에서 되풀이되었다. 그녀가 퍼뜨리는 바이러스 같은 질병과 사상은《링》시리즈의 속편에서 제시되는데, 레이코가 양육하는 어머니였던 반면에, 사다코는 숙주를 손에 넣고 생식한다. 그러나 링 바이러스를 재생산하는 선택을 하게 되는 사람은 레이코(레이첼, 선주)이기 때문에, 어머니, 재생산에 대한 공포는 눌러놓을 수 없게 된다.

여성, 어머니, 재생산에 대한 공포는《에이리언(Alien)》(리들리 스콧[Ridley Scott], 1979)과 같은 방식으로 그려진다. 정체 모를 외계 우주선을 오프닝으로 삼는 것처럼 《링》에서는 질(膣)과 같은 모양의 우물을 보여 주는 것으로 재생산된다. 또한 우주비행사가 여행했을 외계우주선이 크리드의 표현대로 '어둡고, 축축하며, 미스테리한' 것이 된다면(49), 레이코와 류지가 탐사하는 우물이란 얼마나 더 어둡고, 축축하고, 미스테리한 것인가. 이 우물을 난관으로, 즉 자궁으로 거슬러 올라가는 여행으로 보기란 매우 쉬운 일이지만, 우리는 이러한 방식으로 보아야 한다. 영화에서 레이코가 사다코의 시체를 들고서 다시 나타나는지에 대해서는 알 수 없다. 대신 우리는 그녀의 육체를 조사한 이후, 저주받은 비디오에서 사다코가 괴물스럽게 재탄생하는 것을 보게 되는 것이다―그 재탄생이란 우물의 질과도 같은 구멍에서 나타나는, 괴물스러운 탄생을 보다 확실하게 이미지화하는 것으로 사다코는 자궁과 같은 TV에서 밀려나는 것이다.

테크노포비아

크리드는 《에이리언》에서 생명유지 장치와 우주선 노스트로모(The Nostromo) 호를 조정하는 컴퓨터가 '마더(mother)'로 불리고 있는 것을 지적한다. 크리드는 우주선의 자궁에서 잠들어 있던 우주비행사가 피 없이, 트라우마(trauma) 없이 다시 탄생되는 것처럼 보여 준다고 말한다. 그러나 내 관심은 《링》 시리즈에 대해 정신분석학적 읽기를 계속하려는 것은 아니다. 그보다 이 지점에서 다른 SF-공포 모티프와 연관 지어 읽기의 영역을 옮겨볼 생각이다. 즉 테크노포비아(technophobia)가 그것이다. 《에이리언》에서 에이리언을 군사적 목적으로 생포하려는 회사의 계획된 전략으로 승무원들을 밀어넣고 공포에 빠트리는 것은 '마더'가 승무원들을 너무 빨리 깨웠기 때문이다. 사다코가 바이러스를 퍼뜨리는 데 필요한 테크놀러지는 오늘날 기준으로 보면 좀 더 원시적이긴 하지만—그저 비디오카세트만 복사하면 끝이므로, 그럼에도 《링》은 SF 공포영화에서 오랫동안 있어왔던 테크노포비아적 충동을 불러내고 있다.

프리츠 랑(Fritz Lang)의 《메트로폴리스(Metropolis)》(1927)로부터, 미쳐버린 기계는 공포의 장소였다. 그러한 기계는 랑의 고전에서 여성으로 그려지는데, 이는 차이로서의 기술의 아래에 놓여 있는 공포를 보여 준다. 과학적 성취가 과잉되며 이는 《지구 최후의 날(The day the earth stood still)》(로버트 와이즈(Robert Wise), 1951), 《고지라(ゴジラ/Gojira)》(혼다 이시로〔本多猪四郎〕, 1954), 《그들(Them!)》(고든 더글러스〔Gordon Douglas〕, 1954)과 같은 영화에서 기본 공포구조가 되었다. 이는 스탠리 큐브릭(Stanley Kubrick)의 《2001년 스페이스 오디세이(2001 : A Space Odyssey)》(1968)에서 미쳐버린 컴퓨터인 할(HAL)과 함께 그 정점을 맞이한다. 미쳐버린 컴퓨터라는 모티프는 《포빈 프로젝트(Colossus: The Forbin Project)》(조지프 사전트〔Joseph Sargent〕, 1970)와 《위험한 게임(WarGames)》(존 배드햄〔John

Badham〕, 1983) 등의 영화에서 반복되고, 《터미네이터(The Terminator)》(제임스 캐머런〔James Cameron〕, 1984)와 함께 궁극적인 기계의 반란이 영화에 등장하게 된다.

　　《링》에서의 테크놀러지는 핵으로 인한 대량살상이나, 인간의 절멸을 위협하는 슈퍼컴퓨터에 비하자면 원시적인 것이지만, 링 바이러스 또한 그 재생산의 원칙을 따르자면 결국에는 인류를 절멸시킬 것이다. 그러나 테크놀러지가 단순히 비디오카세트라고 해서 과소평가해서는 안 된다. VCR가 발명되고, PC, 캠코더, 비디오 게임들이 편재해 있는 곳이 일본이기 때문이다. 따라서 일본에서 VCR를 발명했다는 것은 《링》을 보는 관객들의 싸늘한 떨림과 공명한다. 물론 원작소설은 (보다 재생산과 카피본 배포를 용이하게 할) DVD나 VCD, 인터넷이 등장하기 전인 1991년에 출판되었지만, 테크놀러지적인 재생산 원칙은 애초에 공포스러운 힘을 지닌 테크놀로지를 창조한 자를 파괴하는 것을 목표로 삼는다.

　　영화에서 테크노포비아적인 공포의 경향이 아시아에 널리 분포하고 있다는 사실은 매우 놀라운 것이다(《폰》〔안병기, 2002〕). VCR만큼이나 편재하고 있는 휴대전화는 테크놀러지의 광범위한 영향과 우리의 삶을 침입하는 그러한 테크놀러지에 대한 공포를 보여 준다. 어떤 측면에서 보자면, 테크놀러지에 공포스러운 가능성을 부여하는 것은 테크놀러지 자체의 특성이기도 하다. 심지어 전화라는 단순한 기술마저도 《미드나잇 테러(When a Stranger Calls)》(프레드 월턴〔Fred Walton〕, 1979) 같은 영화에서는 공포스러운 존재가 된다. 이 영화에서 전화벨 소리는 《링》에서처럼 공포스럽고, 침입해 들어오는 존재가 된다(이상하게도 대부분의 비평은 저주받은 비디오테이프를 본 후에 걸려 오는 전화벨 소리보나는 비디오테이프의 형태에 중점을 두고 분석해 왔다). 공포는 내부에 있는 것이다. 즉 가정은 이미 침입된 것이다. 따라서 괴물이 집안에 있다는 청소년 호러 고전은 충격적인 것이고, 《스크림》 시리즈에서도 1편은 전화기를 여성 혐오적인 오프닝과 배치해 특별하게 사용한다. 《피어닷컴(FearDotCom)》(윌리엄 말론[William Malone], 2002)과 같은 영화에서 귀신 들린 웹사이트는 월드와이드웹이 널리 퍼져가는 상황에서, 특히 컴퓨터를 다룰 줄 아는 젊은 세대들에게 이러한 내부의 위협이라는 모티프를 사용해, 월드와이드웹이 만들어낼 끔찍한 상황을 보여 준다. 위에서 언급했듯이 젊은이들이 정신나간 좀비(zombie)들로 변하는 것처럼, 청소년 문화의 바로 그 장소들이 그 자신의 사용자를 절멸시키려 드는 것이다.

그렇다면 《링》의 테크노포비아적인 배경은 VCR, 휴대전화, 월드와이드웹에 링크되어 있는 전지구의 젊은 관객들의 가장 내밀한 공포를 보여 준 것이다.

반복 충동

링 바이러스가 재생산되어야 하는 필요, 자신을 복제해야 하는 강박은 아이러니하게도 대중적인 영화 텍스트를 재생산, 복제해야 하는 상업적 명령을 비추어내고 있다.

《링》은 1991년 코지의 소설로 시작해서 TV용 영화와 극장용 영화로 제작되고, 이어 속편을 세 편 만들어냈고, 국외에서 두 차례 리메이크되었으며 여러 다른 미디어와 텍스트로 순환되었다. 할리우드 버전의 속편 또한 현재 제작 중이다.

이런 관점에서 보자면 《링》은 동시대의 다른 공포영화 시리즈와는 조금 다르다. 《스타워즈(Star Wars)》 시리즈는 비슷하게 이 반복 충동을 현시하고 있다—즉, 《스타워즈》는 미디어 지평을 건너 편재한다—. 이 영화들의 결코 끝나지 않는 캐릭터들은 컬트화를 가능케 한다. 말하자면 이 모

일본영화 《링》을 패러디한 홍콩영화 《천왕지왕 2000》. 《링》은 소설로 시작해서 TV용·극장용 영화로 제작되고, 이어 속편을 세 편 만들어냈고, 국외에서 두 차례 리메이크되었으며 여러 다른 미디어와 텍스트로 순환되었다.

든 시리즈에서 상업적 대중성을 부정할 수는 없지만, 관객들과 그 시리즈가 연관되어 있는 방식은 매우 다양하다

공포영화에서 후편의 중요성은 특히나 결론을 다시 이어 붙일 때, 영화는 프랜차이즈의 지속을 가능케 할 뿐만 아니라, 가능한 컬트화의 공간을 만들어낼 가능성도 얻으며, 또한 영화에 묵시록적 톤을 부여하기도 한다는 점에서 공명한다. 다시 말해, 공포는 결코 끝나지 않는 것이다. 프레디(Freddy), 제이슨, 터미네이터는 계속 돌아온다(억압된 것의 인정사정없는 귀환). 이것은 사다코에게만 국한되는 것이 아니라, 청춘-슬래셔 영화에서 파국을 맞이한 희생자에게도, 그 멈출 수 없는 복제가 묵시록, 최후의 엔딩을 보장하는 것이다. 비록 그 귀환은 항상 지연되고, 억압되고, 최후까지도 문지 그대로 받아들여지지는 않아도 밀이다.

타이틀, 신, 그리고 몇 조각 더

《뉴요커(The New Yorker)》에 글을 쓰는 태드 프렌드(Tad Friend)는 한국계 미국인인 로이 리(Roy Lee)가 매우 손쉽게 돈벌이를 하고 있다고 말한다. '그러나 할리우드에 그 누구도 그것을 이전에 생각해 내지는 못했다. 그는 만들어지는 모든 아시아 영화의 비디오를 보고, 최고의 히트작을 뽑아, 그 작품들의 아시아 배급자들을 대신해서 '리메이크 판권'을 스튜디오에 되팔아 미국의 대규모 스펙터클 영화로 만들 수 있게 하고 있다.' 리가 할리우드와 아시아 사이의 중개업에 뛰어든 것은 그가 일본판《링》의 배급사와 드림웍스(Dreamworks) 사이에서 중재역을 할 때다(드림웍스는 100만 달러에《링》의 리메이크 판권을 사들였다).

프렌드가 보기에 리는 케빈 스미스(Kevin Smith)나 쿠엔틴 타란티노(Quentin Tarantino) 같은 강박적 비디오가게 점원과 1세기 전쯤에 어렵게 사업을 일으킨 이민자(새뮤얼 골드윈〔Samuel Goldwyn〕, 잭 워너와 해리 워너(Jack and Harry Warner), 루이스 B. 메이어〔Louis B(urt) Mayer〕) 사이의 어떤 존재쯤 된다. 비록 누구나 모든 아시아 영화를 볼 수 있는 가능성 자체에 대해서 의심할 수는 있겠지만, 프렌드가 리의 작업을 묘사하는 방식은 모든 영화 쪽의 바보(혹은 영화학자)들의 질투가 섞인 것이다. 또한《링》은 돈에 관련해서도 북아메리카 박스오피스에서 1억 3,000만 달러를 벌어들이며 리를 매우 작으면서도 특화된 음식 체인의 정상 자리에 올려놓았다.

리와 할리우드, 둘은 모두 아시아 시장에서 증명된 히트작을 리메이크해야 할 필요가 있음을 알고 있다. 비록 프렌드의 기사엔 나타나 있지 않지만, 아시아 시장, 특히 일본은 할리우드에 매우 중요한 구실을 한다—영국을 제외하면, 일본이 할리우드의 가장 큰 시장이다. 게다가 홍콩, 일본, 한국의 영화가 트랜스적 배급을 나누는 범아시아적 영화시장은 대규모의 테스트 관객으로 활용할 수 있는 것이다. 관객들이 아시아 고유의 취향에 익숙할 수 있다고 해서 할리우드에서 리메이크가 안 될 것은 없다.

프렌드는 '일본의 《링》은 660만 달러를 벌었고, 할리우드의 《링》은 개봉 첫 두 주에만 8,300만 달러를 벌었다'고 밝히고 있다. 또한 미국 시장의 편협성과 일반적으로 오리지널 영화를 개봉하지 않고서 리메이크 판권만을 사는 전략으로 인해 미국의 관객들은 아시아의 오리지널 영화에 익숙치 못하다. 리가 아시아 스튜디오에 주력하는 것은 바로 이러한 사실에 근거한다. '그는 아시아의 배급사에 그들의 영화가, 미국인들은 자막 있는 영화를 좋아하지 않기 때문에 미국에서 팔리지 못할 것이라고 말할 겁니다. 또 리메이크 판권을 팔아 돈을 더 많이 벌 수 있을 것이라고 말하지요.' 이러한 경우는 《조폭 마누라》(조진규, 2001), 《엽기적인 그녀》(곽재용, 2001), 《가문의 영광》(정흥순, 2002) 등의 한국영화들이 미국 내 극장 개봉 없이 리메이크 판권만이 팔린 것으로 같은 분류가 가능하다.

프렌드는 리가 일본어·중국어·한국어를 하지 못하며, 문화적으로 적합하지 않다는 것은 문제가 아니라고 말한다. 그러나 누구나 리가 아시아 쪽 태생 덕분에 이러한 일을 하고 있을 것이라고 생각한다. 그러나 문화적 전문성이 시장에 대한 감수성만큼 필수적이지는 않다는 것이 드러났다. 그는 미국에서 어떤 영화가 팔릴 것임을 아는 것이다.

프렌드는 이렇게 감탄조로 쓰고 있다.

리가 아끼는 아이디어는 몇몇 일본영화의 요소를 모아서 만드는 고등학교 배경의 공포영화다. 그는 '내가 좋아하는 훌륭한 타이틀이 있습니다'고 말했다. 'Whispering Corridors' 그리고 한 소녀가 자신의 PDA(personal digital assistant : 휴대정보단말기)로, 자실한 친구가 보낸 전사우편을 열어보는 멋진 오프닝 장면과 귀신 들린 화장실에 대한 아이디어도 가지고 있다. '난 여기저기서 끌어다 붙일 것이 조금씩 더 필요할 뿐입니다.'

우리가 에코가 말하는 컬트 대상의 왕국에 들어와 있음은 분명하다. 즉 본래의 콘텍스트에서 떼어낼 수 있는 조각들의 세계 말이다. 그러나 'Whispering Corridor'는 한국영화 《여고괴담》의 제목임을 지적하는 일이 의미가 있을 것이다. 또한 귀신 들린 화장실은 홍콩 공포영화 《오피스 유귀(Office有鬼/Haunted Office)》(맥자선〔麥子善〕, 류보현〔劉寶賢〕, 2002)에서 따온 것이다(엄밀히 말하자면 귀신 들린 화장실은 일본 공포영화에서 매우 자주 등장하는 소재다.)

그러나 리의 성공과 함께 나타나는 것은 할리우드의 완전히 비어버린 역사다. 프렌드가 가상적인 '아시아 영화에 대한 열광'이라 부른 것은 할리우드와 아시아 영화가 갖는 밀월의 가장 최근 형태일 뿐이다. 할리우드는 1956년부터 《고지라》(1954)에 레이몬드 버(Raymond Burr)가 들어가는 몇몇 장면을 집어넣고 영어로 더빙해 개봉했었고, 1965년 그와 같은 형태로 《고질라 대 몬스터 제로(Godzilla Vs. Monster Zero)》(혼다 이시로〔本多猪四郎〕)에서는 닉 애덤스(Nick Adams)의 몇몇 장면이 추가되었고, 《7인의 사무라이(七人の侍/The Seven Samurai》(구로사와 아키라〔黑澤明〕, 1954)와 《라쇼몽(羅生門: Rashomon/In The Woods)》(구로사와 아키라〔黑澤明〕, 1950)이 1960년대 할리우드에서 리메이크되었으며, 1970년대와 그 이후의 홍콩 무협영화가 수정된 채 개봉되었다는 사실은 할리우드가 끊임없이 아시아에 맞추어져 왔다는 것을 보여 준다.

논쟁적이긴 하지만, 아시아의 중요성, 특히 지난 10여 년간 홍콩의 중요성은 아시아 영화의 수입에 선행자 구실을 했다. 말하자면 위런타이(于仁泰, 로니 유〔Ronny Yu〕)나 우위선(吳宇森, 존 우〔John Woo〕) 같은 감독들은 더 이상 리메이크 판권만을 판매하는 아시아 영화를 만들지 않는다. 그러나 예전에 할리우드가 아시아로 눈을 돌렸다고 해서 지금 그렇게 하는 것을 막지는 않는다. DVD 판매의 지배적인 순환 바깥에 놓인 아시아 영화들을 구해 볼 수 있는 가능성이 높아지고, 늘어나는 컬트 웹사이트가 확대되는 현상은 로이 리, 할리우드 리메이크 양쪽 모두를 쓸모없는 구시대의 것으로 만들 것이다.

캐릭터 이름 비교

일본	한국	미국
아사카와 레이코	선주	레이첼 켈러
다카야마 류지	최열	노아 클레이
야마무라 사다코	은서	사마라 모건
야마무라 시즈코		안나 모건
이쿠마 헤이하치로		리처드 모건
나카오 주타로		

일본에서의 《링》 사이클
소설 : 스즈키 코지(鈴木光司) (1991)
《링: 완전판》(다키가와 치수이, TV용 영화, 1995)
《링(リング/The Ring)》(나카다 히데오〔中田秀夫〕, 1998)
《라센(らせん/The Spiral)》(이이다 조지〔飯田讓治〕, 1998)
《링 2(リング 2/The Ring 2)》(나카다 히데오, 1999)
《링 0: 버스데이(リング0 バースデイ/Ring 0: Birthday)》(츠루다 노리오〔鶴田
    法男〕, 2000)》

리메이크
《링 바이러스》(한국, 김동빈, 1999)
《더 링(The Ring)》(미국, 고어 버빈스키〔Gore Verbinski〕, 2002)

패러디
《천왕지왕 2000(千王之王 2000: The Tricky Master)》(홍콩, 왕징〔王晶〕, 1999)
《가타쿠리가의 행복(カタクリ家の幸福)》(일본, 미이케 다카시〔三池崇史〕,
    2001)
《무서운 영화 3(Scary movie 3)》(데이비드 주커〔David Zucker〕, 2003)

참고문헌

Clover, Carol. 1996. 'Her Body, Himself: Gender in the Slasher Film.' In *The Dread of Difference: Gender and the Horror Film*. Barry Keith Grant, ed. Austin: University of Texas Press. p. 66~113.

Creed, Barbara. 1996. 'Horror and the Monstrous Feminine: An Imaginary Abjection.' In *The Dread of Difference: Gender and the Horror Film*. Barry Keith Grant, ed. Austin: University of Texas Press. p. 35~65.

Friend, Tad. 2003. 'Remake Man.' In *The New Yorker*. 6 June. Retrieved.

Hoberman, J. and Jonathan Rosenbaum. 1991. *Midnight Movies*. New York: Da Capo Press.

Rafferty, Terrence. 2003. 'Why Asian Ghost Stories are the Best.' In *New York Times*. 8 June. 2: 13.

Williams, Linda. 1996. 'When the Woman Looks.' In *The Dread of Difference: Gender and the Horror Film*. Barry Keith Grant, ed. Austin: University of Texas Press. p. 15~34.

Woodward, Steven. 2002. 'She's Murder: Pretty Poisons and Bad Seeds.' In *Sugar, Spice, and Everything Nice: Cinemas of Girlhood*. Frances Gateward and Murray Pomerance, eds. Detroit: Wayne State University Press. p. 303~321.

3장
(동)아시아 '내셔널'
시네마의 새로운 토픽들

중국영화사의 영화시원 서술과 루쉰의 글쓰기 기원을 논함

박병원

1. 들어가며

　　이 글은 19세기 말 중국의 영화수용 의식을 들여다볼 수 있는 최초의 관람기와 20세기 초 영화의 기원에 관한 중국영화사의 기술(記述)을 읽고, 이것이 중국 현대문학의 기원으로서 루쉰(魯迅)의 환등기(幻燈機) 이야기와 겹쳐지고 있는 사유의 층을 다시 살펴보려고 한다.

　　19세기말 중국에 물밀듯이 들어오는 서구의 지식체계와 그 지식은 중국의 전통적인 지식체계를 뒤흔들어 놓기 시작했다. 그러나 중국의 전통적인 지식체계인 경학(經學)은 이미 새로운 서구의 학문분류를 받아들일 수 없었다. 이때 서학(西學)과 매우 상통했던 불교사상과 그 상상력은 중국과 서구의 신학문을 잇는 중개 역할을 했다. 이는 불학(佛學)이 서구학문을 이해하는 지식배경으로서 사상사의 중심으로 진입하는 것을 의미하였다.[1] 이것은 새로 들어온 영화에 대한 이해에서도 그대로 드러나고 있다.

　　중국인이 처음 영화를 보고 영화공간을 불교의 "꽁(空)"으로 인식한 사유의 틀은 서구가 동양을 보는 근대 이후의 문헌학과 언어학적 지식체계에서 온 것이 아니라, 바로 위진시대(魏晉時代) 현학(玄學)이 불교를 이해하던 격의(格義)의 방법이었다. 또한 20세기 초 영화의 발명권을 고대중국 문화로 환원시키고 있는 영화사 서술은 중국영화가 서구의 권력적 담론과 만나 전혀 다른 대응을 보여 주고 있다.

　　20세기 초 루쉰이 환등기에 비친 중국인을 보고 문학적 글쓰기를 결심하는 고백과 홍선(洪深)이 중국인을 모욕하는 미국영화에 항거하다 체포되는 사건은 바로 엿보기 없이 타자의 보기에 노출된 관객이 진보적인 혁명정신이든, 민족주의가 요청하는 문화전통의 내재적 가치에 대해 동일시를 나타내는 것이든 간에, 근대중국 지식인의 자아의식이 어떻게든 영화의 시각성과 대중성에 연계하고 있음을 보여 주는 것이었다. 이것은 레이 초우(Rey Chow, 周蕾)가 지적한 대로 "포스트콜로니얼한 제3세계에서 새로운 종류의 담론이 어떻게 시작되었는지를 보여 주는" "테크놀로지화된 시각(the technologized visuality)"[2]과 밀접한 관계를 가지고 있다.

　　에드워드 사이드(Edward W. Said)의 작업에서 보듯이, 자신의 역사를 인류 보편사로 인식하는 서구에 타자로서의 중국(혹은 동양)은 자기 문화 바깥의 또 다른 세계일 뿐이었다. 그런데 정작 그 대척점에 놓인 중국이 내면적으로 자신의 사고를 강력하게 제한하는 영향력으로서의 전통성을 영화에서 어떻게 사유하고 있는가에 대한 독해는 묻혀 있는 듯하다. 영화의 시각성이 중국 전통예술의 심미의식을 위협하고 희석해 가고 있는가에 관한 담론은 현대성과 전통성의 불안을 동시에 드러냈다. 그리고 그것은 중국영화 전개방식의 내재적 장력이 되었다.

2. 고대 그림자극과 영화의 전사: 보고 말하기(혹은 쓰기)

19세기부터 20세기 이래 중국문화는 시각매체와 인쇄문자매체, 본토문화와 외래문화, 전통문화와 현대문화가 겹쳐지는 곳에 처해 있다. 특히 영화라는 외래적인 과학기술과 문화를 중국인의 품격과 취미에 적응시키는 문제는 중국영화사의 핵심 과제였다.

영화 중국화 혹은 영화 민족화 논의는 민족주의 영화론과 사학가들에게 시대적, 정치적 목적을 충족시켜주는 것이기도 했다. 그 대표적인 것이 1930, 40년대에 중국감독 페이무(費穆)가 중국영화와 미국영화를 비교하면서 미국영화는 상업영화이고, 중국영화는 관객영화라고 규정한 것이 그 예다. 이는 중국영화와 미국영화를 구분함으로써 중국영화의 민족성과 그 대등함 그리고 비상업성을 제고하고자 한 것이었다. 영화학자들은 줄곧 이와 같은 비교방식을 통해 중국영화를 그 민족적 특수성으로 환원하고자 했다. 이것은 초기 중국영화인들이 서구영화와 중국문화 사이의 불협화음을 드러내 보임으로써 민족문화적 성격을 제고하려는 것으로 서구 제국주의와 그 문화적 도전에 대한 반응이었다.

중국 최초의 영화《정군산》의 배우 탄신페이. 영화는《삼국지연의》의 인물 황충의 이야기를 담은 경극의 기록이다

중국영화인이 직접 제작한 최초의 영화《정군산(定軍山)》(1905년)이 《삼국지연의》의 인물 황충(黃忠)의 이야기를 담은 전통 경극의 기록이며, 1913년 홍콩 최초의 영화《장자시처(莊子試妻)》역시 월극에서 소재를 따온 것을 두고, "우리나라의 최초 영화촬영 시도가 바로 전통 민족희극 형식과 결합한 일은 매우 의의 있는 일이다"[3] 라고 한 영화사 기술은 지방극이든 경극이든 전통 희극이 초기 중국영화로 하여금 중국화의 기점을 이루는 민족화의 요소임을 보여 주는 것이었다. 최근의 장이머우(張藝謀)와 천카이거(陳凱歌) 등의 영화에서도 경극은 중국 민족성을 표현하는 대표적인 중국문화의 기호로 쓰이고 있음도 이로 보아 쉽게 알 수 있다.

무엇보다 영화의 발명에 관한 중국영화사의 서술은 영화의 전사에 관해 매우 흥미로운 사실을 보여 준다. 1927년《중화영화사업연감(中華影業年鑑)》에 실린 청수런(程樹仁)의 〈영화의 중국시원고찰(影戲之造意原始于中國考)〉이라는 문장은 춘추전국시대 묵자(墨子)의 광학(光學)의 발견, 손그림자놀이, 주마등과 그림자극 등의 고증을 통해 서구 근대문명의 산물인 영화의 발명권이 중국에 있다고 기록하고 있다. 그 후 중국영화사료의 많은 저자들이 이를 인용하고 긍정하고 있다. 중화인민공화국 건국 이후 문화사 방면의 기념비적인 저술의 하나인《중국영화발전사》역시 첫 장을 중국고대 광학의 발견과 그림자극의 기원부터 기술하고 있다.

송대《사물기원(事物紀原)》에 따르면,[4] 중국 민간연희 예술로서 그림자극은 기원전 1세기 한나라 무제의 초혼(招魂)의 이야기에서 기원한다. 무제는 먼저 죽은 이씨부인을 못내 그리워한 나머지, 그녀의 영혼을 불러 그리움을 달랠 수 있도록 하기 위해 제(齊)나라의 방술사를 불러들인다. 방술사는 대청에 하얀 휘장을 치고 휘장 옆에는 악사를 불러 앉게 했다. 그는 휘장 뒤에 이씨부인을 가장 닮은 궁녀를 부르고, 이윽고 밤이 들자 등불을 켰다. 휘장 뒤에서 궁녀가 춤을 추기 시작했고 악사의 구슬픈 음악이 잔잔하

그림자극의 한 장면. 중국 민간연희 예술로서 그림자극은 기원전 한 무제의 초혼의 이야기에서 기원한다.

게 연주되었다. 휘장에 비친 궁녀의 그림자는 휘장 앞의 무제에게 마치 이씨부인이 살아서 돌아온 것 같은 환상을 일으켰다. 무제는 그리움에 복받친 나머지 눈물을 떨어뜨리며 읊조렸다.

꿈인가 생시인가
서서 바라보니
나풀나풀 춤추는 듯
사뿐사뿐 걸어온다.[5]

〈이부인가(李夫人歌)〉로 불리는 무제의 이 시가가 영화사 서술에서 그림자극을 영화의 전사로 떠올리는 이야기로 읽혀지는 것은 무슨 이유일까?[6] 빛을 통해 화면 위에 그림자를 비추는 행위는 덧없이 사라지는 이미지를 불러오는 행위, 사는 자와 죽은 자 모두에게 깃들여 있는 영혼을 불러오는 초혼의 의식이었다. 죽음 혹은 삶으로의 회귀를 말하고 있는 점에서, 빛이 만들어내는 그림자극과 영화의 영상은 그 친연성을 드러내고 있다. 그래서 무제의 그림자를 통한 초혼과 영화 보기는 보이지 않는 것을 불러오는 주술성을 통하여 신화적이고 세속적인 의식이 되었다.

1896년 중국인들은 처음으로 영화를 대면하고 은막 위에 반짝거리며 움직이는 이 그림자놀이를 "서양그림자극"이라고 불렀다. 중국영화사 서술에서 영화의 전신인 그림자극은 찬란한 고대중국 문화를 회상하게 하는 것이지만, 서구영화 속에서는 서구문명을 위협하는 "황화(黃禍)"를 기록하는 치욕이 되기도 했다.

중국영화사는 중국의 오랜 구사회의 봉건적 침체와 근대 제국주의의 침략으로 영화의 발명이 중국에서 이루어지지 못하고 서구에서 탄생한 것이라고 서술하고 있다.[7] 여기서 우리는 중국의 고대는 새로운 문명, 영화의 고대적 원천이지만, 봉건 중국의 퇴보와 반식민지 상태의 중국근대사는 지양되어야 하는 이중성을 가지게 되었음을 발견한다. 이와 같은 기술은 반식민지 상태의 중국인의 서구를 향한 주체 생성과정이 이중적임을 보여 주는 것이며, 또 루쉰의 소설 《阿Q정전(阿Q正傳)》의 주인공 阿Q가 남과 말다툼을 할 때마다 하는 말인 "우리 조상은 그 전에는…… 네까짓 놈보다는 훨씬 더 잘살았어!" 그 정신승리법을 되새기고 있는 듯하다.

따라서 그림자극으로부터 영화의 역사를 서술하고 있는 중국영화사 기술은 처음 보는 새로운 사물을 기존의 자기 전통의 변형으로 통제해 가는가는 과정을 보여 주고 있다. 또한 서구를 근대로 보고 중국을 이의 대립항으로 보아 자신의 정체성을 확립하기 위해 영화의 기원을 자신의 고대문화에서 찾아 사물의 역사적인 기원, 그 먼 과거의 이상 속에서 자기 기원의 불가침적인 동일성을 발견하려는 것은 중국의 문화적 동질성을 표상하는 이데올로기 장치와 같은 역할을 수행하고 있음은 분명하다. 중국 자신의 문명에서 전래한 놀이를 서구가 자신의 근대 테크놀로지와 결합해 타자를 자신들의 지배적 틀 속에 가두는 문화적 장치로 쓰고, 그래서 자신이 발명한 문명이 다시 자신의 문명을 비문명으로 각인하는 도구로 돌아오는 것을 인식해 가는 중국의 영화사 서술은 봄과 보임 사이에서 연출되는 자아와 타아의 분리, 그 주체성의 불안감, 즉, 세계문명의 유일한 원천으로서의 중국문명에 대한 자아평가가 해소되는 데서 오는 불안감과, 타자의 시선으로 자신을 보고 있다는 자아의식의 생성을 동시에 보여주는 것이었다.

이제 우리는 중국영화사가 중국고대그림자극에서 기술하고 있는 것을 영화의 기원으로서가 아닌, 영화의 전사를 말하고 있는 것으로 읽어야 한다. 이는, 그림자극이 바로 중국에서 기원하는 것이 아니라 인도에서 기원하고 그것은 세계 전 지역의 문화에서 다양한 형태로 연행되어 온 것이 이를 설명해 준다. 움직이는 그림자극의 영상(이미지) 이야기 양식은 원시적으로 "그림을 보고 이야기하기"(이하 이를 '그림이야기'로 지칭함)[8]에서 발견된다. 그리고 이것은 그림자극을 영화의 전사로서 읽는데 일정한 힌트를 주고 있다.

중국에서 그림이야기는 "변(變)"의 형식으로 일정한 스토리를 이야기하는 텍스트였다. "변"은 곧 "환(幻)"과 연계하고 "환"은 "장면" 혹은 "출현"의 의미에서 확장되어 "변환"의 의미와 함께 쓰이고 있는 것에서도 알 수 있듯이[9], 시각성과 드라마성을 동시에 내포하고 있다. 특히 변문(變文)이 중국문학사와 희극사에서 매우 중요한 위치를 차지하고 있는 것은 그것이 최초의 장편 백화서사문학으로서, 변문은 바로 구술로 이야기하던 "변"의 문학적 텍스트이기 때문이다. 송대 민간에 성행하던 구두문학으로서 이야기(講 곧 말하기)와 노래(唱 곧 연기)가 서로 엇섞여 있었던 평화(平話)를 보면, 그 최초의 형식이 바로 그림이야기였다. 원명시대 넓게 판화로 제작되었던 평화의 인쇄본은 각 쪽마다 위쪽에는 그림이 그려져 있고 아래쪽에는 문자가 쓰여 있었다. 그림은 앞뒤로 이어지면서 일정한 이야기가 전개되는 양식을 취하고 있지만, 여전히 평화는 그 양식이 그림을 주종으로 삼고 있다. 평화는 평화(評話), 곧 이야기를 평술하는 것으로 바꾸어 말할 수 있어서, 이야기를 다시 그림과 문자로 풀어내는 것을 의미한다. 비록 평화는 점차 구술이 주를 이루는 형식으로 바뀌었지만, 이러한 평화는 곧 평화의

〈한희재야연도〉 부분. 〈한희재야연도〉는 그림이야기와 그림자극 간의 이전 과정을 형식적으로 잘 보여 주는 텍스트다.

문자 구술이 시각성과 친연성을 가지고 있는 것, 즉 시각이미지가 언어텍스트와 상호적으로 작용하고 있는 것을 설명해 주는 것이다. 정리하면 그림이야기는 첫째, 상하 혹은 좌우로 연속적인 그림, 둘째, 그림 사이에 일정한 장면구분의 존재, 셋째, 이 그림에 대한 풀이로서의 구술문자(언어), 넷째, 구술자 혹은 연행자의 연기(노래 혹은 몸짓)로 구성되어 있다. 따라서 이 그림이야기는 그림자극 이전에 출현한 형태로서 그림자극과는 매우 밀접한 관계를 가지게 된 것이다.

이 점에서 10세기 〈한희재야연도(韓熙載夜宴圖)〉는 바로 그림이야기와 그림자극 사이의 이전 과정을 형식적으로 잘 보여 주는 텍스트다.

남당 때 중서성의 고관이었던 한희재(韓熙載)가 귀족들과 함께 가기(歌妓)들에 빠져 밤새 연회를 벌인다는 소문이 황제 이욱(李煜)의 귀에 들어갔다.

"남당 황제 이욱은 정치가로서 한희재의 재능을 평가하고 그의 일을 묵인하였지만, 한희재의 유명한 연회를 직접 자신의 눈으로 볼 수 없음을 아쉬워했다. 그래서 이욱은 궁정화가 고굉중을 연회의 조사관으로 보내, 그가 그곳에서 본 기억에 기초하여 모든 일을 그리도록 하였다. 〈한희재야연도〉는 그렇게 해서 그려졌고 황제에게 바쳐졌다."[10]

이욱의 아쉬움은 곧 소문(소리)을 직접 보고싶었던 것이고, 이를 그리게 한 것은 곧 보기가 듣기(소리)와 더불어 글쓰기로 진입한 것을 의미한다. 그런데 이 보기의 텍스트는 연회가 시작하는 초저녁부터 파연하는 늦은 밤까지 시간의 경과를 두루마리 그림형식을 통해 연속해서 보여 주고 있으며, 시간의 차이는 바로 병풍이라는 벽 혹은 막에 의해 처리되고 있다.[11] 그래서 애초부터 이 엿보기를 그린 그림은 영화 필름과 매우 흡사한 기술적 특질을 갖는다.[12]

우리는 황제의 엿보기가 화가의 기억에 의해 매개되어 있으며, 이 시각성은 기실 소리에 의해 보충되고 있고, 또 소리(말)는 그림에 의해 보충되고 있다. 신하의 사생활에 대한 황제의 엿보기 욕망은 사실 타자의 시선을 통해서 충족되어 있으며, 이후 수많은 또 다른 텍스트를 낳았다. 또 그 그림에 쓰인 제발(題跋)은 북송대에 이르러서는 풍부한 문학적 상상력을 자극했고 심지어 한희재의 사생활을 문헌에 기록하도록 고무하기조차 했다. 다시 말해, 문자가 그림을 기록한 것이다. '소문→그림→설명→기록→다시 그려짐'의 과정은 말과 이미지, 시각과 문학적 글쓰기가 어떻게 서로 그 질서를 번갈아 전복하는지를 말해 준다.

〈한희재야연도〉는 연행자의 구술과 그 연행, 즉 그림이야기의 이전 형태이고, 그림이야기는 움직이는 그림자극의 선행 형식이다. 그리고 비약해 보면, 그림자극의 영상과 언어의 긴장은 초기 무성영화사에서 변사의 출현으로 이어진다. 황제에 대한 화가의 보고는 그림과 동시에 이 그림을 설명하는 구술로 이루어졌을 것이고, 황제 또한 이 그림에 대한 해석을 덧붙였을 것이다. 〈한희재야연도〉에 대한 구술과 해석의 순간은 문자와 이미지의 위계를 무너뜨리는 순간인 셈이다. 중국영화사의 기술은 바로 이 중국의 글쓰기 전통의 역사에서 영화의 탄생을 회고하고 있다. 19세기 말 영화는 바로 카메라가 폭로하는 날것으로서의 시각성을 보여 주면서 태어난 것이 아니고, 이미 이 위계가 무너뜨리는 순간에 탄생한 것이다.

　이로부터 무제의 이야기와 이에 관한 영화사 기술은 세 가지 층차의 문제, 첫째, 나타남과 사라짐의 양가적 공간으로서의 영화공간, 둘째, 시각성을 둘러싼 영상과 문학적 글쓰기의 위계문제, 셋째, 서구 근대문화의 중국적 수용의식과 그 방식을 내포하고 있다. 그리고 그것들은 서양영화의 중국 전래와 루쉰의 문학전향 이야기에서도 반복되고 있다.

3. 〈미국영화관람기(觀美國影戲記)〉: 영화공간과 "공(空)"

　1896년 파리에서 상영된 뤼미에르 형제(Auguste and Louis Lumière)의 영화에 대한 막심 고리키(Maxim Gorky)의 인상은 "어두운 생명의 그림자였고 소리 없는 망령의 움직임"이었고 "불길하고 불확실한" 어떤 것이었다.[13] 이에 대해 데이나 폴런(Dana Polan)은 "고리키는 영화의 상호 모순된 특질을 포착하고 있다. 한편으로 스크린에 영사된 영화는 물리적으로는 스크린 위에서 가물거리는 빛에 불과하다. 그것은 그림자이고 덧없이 사라지는 것이다. 하지만 그 그림자들, 영사라는 기계적 행위는 또 다른 영사행위로 연결된다. 즉 이것은 비실체적 물질에 생명과 정신적 힘을 부여해서 공허한 그림자들을 완전한 왕국으로 변모시키는 관객들의 정신적 투사를 의미한다."[14]라고 했다. 문학자 고리키에게 영상은 어쩌면 문자를 대신하는 불길한 징후로서 보인 것인지 모른다. 그렇다면 이 불길한 징후는 바로 현실과 허구, 글쓰기와 영상을 대립적으로 보는 위계의 징후다.

　폴런이 영화가 영사기의 빛의 물리적 투사와 그림자의 영상에 대한 정신적 투사를 그 특질로 하는 매체라는 점을 지적한 것은 곧 시각 테크놀로지의 비물질성을 주목한 것이기도 하다. 다시 말하면, 현실을 기록하는 영화의 테크놀로지뿐만 아니라 그 기술성에 부여된 가상성 혹은 환상성을 드러내고 있는 것이다. 이는 19세기 중반경부터 중국인이 환등을 처음 접하고 남긴 감상기에도 나타나고 있다. 1867년 청말 학자 왕도(王韜)는 유럽에 가서 환등을 본 뒤에 "특별히 그림을 그려 넣은 투명 유리조각으로 빛을 큰 거울에다 비추었다. 그러자 사람들이 살아 움직이는 듯했고 그 모습이 꼭 닮아 있다. 원림의 수석과 건물, 건물과 강과 산 모두 현실세계 그대로 고스란히 있어서 결코 허구가 아니다. 해와 달과 별이 밝게 비추는 것 같아서 황홀하여 몸이 하늘에 떠 있는 듯 같으니 그 교묘하고 판타스틱한 정경이 이를 데 없다"고 했다.[15]

"사람들이 살아 움직이는 듯했고 그 모습이 꼭 닮아 있다"고 하여, 환등기에 비친 사진의 핍진성과 사실성을 표현하는 동시에, "황홀하여 몸이 하늘에 떠 있는 듯 같으니"라고 하여 환상성을 표현하고 있다.[16] 이것은 왕도가 환등의 사진기술이 재현하는 생동적인 화면의 심미효과를 기술한 것이지만, 특히 우리의 주목을 끄는 것은 유럽의 새로운 시각매체에 대한 그의 인식이 중국문학 전통에서 그림자극이나 소설 등 픽션에 대한 진환론(眞幻論)적 인식을 벗어나지 않는다는 점이다.

중국 고전예술 특히 소설문학에서 사실성(眞)과 환상성(幻 혹은 假)은 언제나 서로 경계를 넘나들 수 있는 관계였다. 이는 중국예술의 진실관의 형성이 불교가 들어온 이후 불교의 환화관(幻化觀)을 그 기초로 하고 있기 때문이다. 위진남북조시대 대중들 사이에서 보편적으로 유행했던 마술은 불교가 교리를 전파하는 중요한 방식으로 종종 불교활동과 결합해 시행되었다. 육조(六朝) 지괴소설(志怪小說)과 당대 전기소설(傳奇小說)의 등장, 송대의 꼭두각시극, 그림자극 등 민간예술의 발전은 진과 환, 허와 실의 관계에 대해 명확한 인식 역시 성립하고 있었음을 말해 준다. 예를 들어《몽양록(夢粱錄)》에는 그림자극의 화본 및 인물조형에 대해 "그림자극의 화본과 역사서를 말하는 자는 모두 같은 점이 있는데, 그것은 대체적으로 리얼리티(眞)와 픽션(假)이 모두 똑같이 반씩이라는 점으로……"[17]라고 평하고 있는 것이 그러하다.

특히 청대 소설《홍루몽(紅樓夢)》에서 "가짜가 진짜가 될 때 진짜 또한 가짜이고, 무가 유가 되는 곳에서 유가 무가 된다"고 하는 등 여러 곳에서 사실성과 허구성의 관계에 대해 말하고 있다.[18] 이것은 청대까지 이어온 중국예술의 진환관을 반영하고 있어서 왕도가 서양의 환등을 보고 기술한 것은 바로 중국전통적인 진환관의 연장이라 할 수 있다. 그리고 그것은 빛이 만들어낸 시각적 영상을 현실과 허구의 이원적 분리가 아니라, 현실과 허구가 동시에 서로를 드러내는 이중성으로 파악하고 있음을 설명한다.

1896년 8월, 상하이에서 영화가 처음 소개된 뒤 약 1년 만인 1897년 9월 5일 상하이에서 발행되는《유희보(遊戲報)》에 실린 〈미국영화관람기(觀美國影戲記)〉를 보면 중국인의 영화영상에 대한 인식을 엿볼 수 있다. 당시 영화를 관람하며 스크린에 점멸하는 영상을 생동감 있게 묘사한 뒤 다음과 같이 영화영상에 대한 인상을 기술하고 있다.

……보는 사람들이 이에 이르러 정말 사람이 그곳에 들어 있는가 하고 의심하기도 하고 얼굴마다 희색이 만연하고 상기되었다. 하지만 돌연 등이 꺼지자 온갖 모습들이 온데간데없이 사라졌다. 다른 것도 훨씬 많지만, 이루 다 자세히 적을 수 없다. 참으로 기이한 모습이다. 다보고 나서 탄식하며 말하길, 천지 사이에 그 무수한 변화가 마치 환상 속의 도시와 같고, 그림자가 스쳐지나가는 것과 같도다. 전기에서 만들어내었다니 고금 이래 전에 없던 기이함이고, 세상 물상의 무한한 비밀을 다 드러내 놓는다. 그림자극처럼,

수천 리가 지척에 있는 듯하여, 축소할 필요도 없고, 그 안에 모든 물상이 그대로 나타나니, 이것이 어찌 솥에 새긴 상(象)과 다름이 있으랴. 나타난 듯 숨고, 숨어 있는 듯하면서도 나타나니, 인간사 참으로 꿈이요, 환상이요, 물보라요. 그림자일 뿐이니, 모두 이와 같이 볼지니라.[19]

여기에서 "수천 리가 지척에 있는 듯하여, 축소할 필요도 없고"라고 한 것은 영화공간이 거대한 물상과 광활한 공간을 재현할 수 있음을 지적하고 있어, 중국화론서인 《산수결(山水訣)》에서 중국회화 공간의 특성을 지적한 "(고작)지척의 그림이 수백 리의 풍경을 그려내고"[20]와 상통하고 있다. 아울러 "모든 물상이 그대로 나타나니, 이것이 어찌 솥에 새긴 상과 다름이 있으랴"라고 한 것은 영화공간이 또한 픽션임을 말하고 있는데, 그것은 여기서 말하는 "솥에 새긴 상"은 실재하는 물상이 아니고 주조한, 즉 예술적으로 가공한 물상의 이미지임을 말하고 있기 때문이다. 이것은 《좌전 선공3년(左傳 宣三年)》에서 솥에 관해 논하면서 솥에 새긴 상이 물의 실체가 아니며, 새로운 상을 구축한 것임을 말하고 있는 데서도 발견된다. 상이 물의 실체가 아님을 《한비자(韓非子)》의 〈해로(解老)〉편은 상형자 '상(象)'자의 의의를 통해 설명하고 있다.

사람들은 살아 있는 코끼리의 모습을 거의 본 적이 없다. 하지만 죽은 코끼리의 뼈를 얻어 그것을 그려냄으로써 그 살아 있는 모습을 떠올렸다. 이렇게 해서 마음으로 생각하는 것은 모두 상이라 하였다.[21]

코끼리(象)는 살아 있는 실물 없이 상상해 낸 것으로 사람의 상상이 가미된 것이다. 즉 상은 물의 반영이면서 동시에 물이 인간에게 인상 지어진 이미지를 말하고 있다.[22] 다시 말하면 "상"은 대상의 온전한 복제가 아니고 물의 어떤 특성만을 두드러지게 함으로써, 물에 없는 것이 들어와 있고,

원래 있는 것이 간과되어 있음을 말한다. 그렇다면 위에서 영화영상을 "솥에 새긴 상"과 같다고 한 것은 영상을 완전한 물상의 재현도 혹은 완전한 허상도 아닌 것으로 보고 있음을 말해 주고 있다.

특히 마지막 구절에서 "나타난 듯 숨고, 숨어있는 듯하면서도 나타나니, 인간사 참으로 꿈이요, 환상이요, 물보라요, 그림자일 뿐이니, 모두 이와 같이 볼지니라"라고 한 것은《금강경(金剛經)》에 나오는 "일체의 법은 꿈, 환상, 물보라, 그림자 같으며 이슬과 같고 번개와도 같으니 이와 같이 볼지니라"[23]를 영화영상의 해석에 적용한 것이다. 즉 영화영상공간을 "공(空)"으로 파악한 것이다. 이를 두고 홍콩학자 린녠퉁(林年同)은《금강경》의 "공"의 비유로 영화공간을 본 것은 영화영상공간을 완전한 환영적, 허무적 공간으로 간주한 것이라고 말한다.[24] 그러나 이것은 "공"에 대한 잘못된 이해에서 비롯한다. 반야사상에서 말하는 "공"은 현상계의 모든 존재는 잠정적인 가유(假有)의 존재일 뿐, 그 실체는 존재하지 않는다는 것을 의미한다. 그런데 여기서 잠정적이라고 한 것일 뿐 절대적 허무를 의미하는 것은 아니므로, "공"은 현상적으로는 유이지만 실천적으로 보면 무라는 것을 의미한다. 위진시대의 승조(僧肇)가 쓴 논문〈부진공론(不眞空論)〉은 반야(般若)의 공(空)을 '비유비무(非有非無)'로 이해한다. 공은 유도 아니고 무도 아니며, 그래서 유이면서 무인 이중성을 갖는다고 말할 수 있다(《반야경》속에서 "공"과 "환(幻)"은 종종 병용되거나 통용되고 있다).

그렇다면〈미국영화관람기〉에서 영화영상공간을 이와 같이 "공"으로 파악하고 있다는 것은 영상이 무도 아니고 유도 아닌, 또는 유이면서 무인 이중성을 가진 것으로 인식하고 있음을 보여 준다. 바꾸어 말하면 스크린에 명멸하는 영상을 현실도 아니고 환영도 아닌 그 자체, 혹은 현실이면서 환영인 것으로 보고 있다는 것이다. 공(空)으로서의 영화공간은 변(變), 환(幻) 혹은 역(易)의 공간이다. 즉 시간-공간적 제약에서 벗어나서 현실과 허구의 경계가 불분명해지는 영역이다.

영화의 리얼리티를 이해하는 데, 공이 무와 유, 허와 실의 상반된 의미가 함께 있는 것은 가상현실(virtual reality)의 의의에서도 드러난다. 가상현실 혹은 가상세계의 가상(virtual)은 라틴어 'virtus'에서 나온 것으로 어떤 효과를 만들어내는 내적 힘이나 기능, 미덕을 의미한다. 그런데 이 virtus는 상반된 의미를 함께 가지고 있다.[25] 즉 "허구적"인 뜻과 더불어 "실제적"이라는 뜻을 동시에 가지고 있어서 대상의 비실체성, 비존재성을 나타내기도 하지만, 그 효과는 진짜와 마찬가지로 동등하다는 것을 의미하고 있다. 그래서 가상현실의 테크놀로지가 강조하고 있는 것은 바로 기능적이고 현상적인 "있음(present)"이지, 실체적 의미의 "존재(existence)"가 아닌 것이다.[26] 앞에서 살펴보았듯이, 중국의 문학예술론에서는 현상(假)과 본체(眞)의 이분법이 존재하지 않는다. 둘이 쉽게 전화되는 것은 서로가 확정된 형태로 대립되어 있지 않는 사유에서 비롯함을 "공"에 대한 해석에서도 완연하게 드러나고 있다. 그래서 공(空)은 실체가 아니라, 실체의 가상성들을 생산해 내는 방식이다.

〈미국영화관람기〉의 저자에게 그림자의 세계는 현실세계에 위협적인 세계가 아니다. 즉 둘 사이에는 등급이 존재하지 않는다. 인생은 한 편의 드라마(人生如戲), 이 명제는 영화 스크린에 명멸하는 모든 이미지들과 현실세계는 모두 유희의 세계일 뿐임을 말한다. 그런데 중국의 그림자극은 하얀 휘장 위에서 번뜩거리며 나타났다 사라지는 그림자들이 만들어내는 드라마, 즉 또 하나의 세계 안에 들어있는 인간과 귀신들의 이야기였다. 빛이 만들어내는 그림자와 그 조작의 테크놀로지는 드라마를 구성하는 수단에 불과했다. 그래서 초기 중국영화론에서 영화, 즉 그림자극은 극(劇), 즉 드라마성이 본(本)이고, 영(影), 즉 영화적 메커니즘은 말(末)에 불과했다.[27] 이것은 초기 중국사에서 영화인식론의 전통을 이루는 요소 가운데 하나가

되었다. 그렇다면 서구영화에 대한 격의적 이해와 중국영화의 초기적 성격을 규정한 것은 중국 전통사유에서 배태한 것임을 여실히 보여 준다.

영화에 대한 "공"적 인식은 19세기말 중국 지식인층이 서구문화와 문물을 어떻게 이해했는가를 잘 보여 주는 예다. 이것은 문화적 의의에서 중국의 전통불교 사상이 서구의 현대성을 해석한 경우로서, 전통불교가 중국문인의 의식 속에서 서구과학과 철학논리에 대응하는 지식자원으로의 임시적인 역할을 한 것이다.

4. 루쉰의 환등기 사건: 보는 자 없는 보임과 엿보기 없는 드러냄

1896년 영화에 관한 "공"적 해석이 새로운 서구 테크놀로지를 자기 전통 안에서 인식한 것이라고 한다면, 1920년대 영화의 시원지를 고대중국 문화로 되돌려 놓고 있는 서술은 자기 문화를 구성하고 있는 "과거의 기억" 이었다. 이 "과거의 기억"의 공간은 반식민적 상황의 제3세계 지식인이 찾아낸 서구문명과 대등한 특권 장소로서의 고대중국이었다. 따라서 이 고대중국은 베니딕트 앤더슨(Bennedict Anderson)이 내셔널리티(nationality) 또는 국민을 구성하는 것을 특수한 문화적 조형물로 간주하고 제기한 "상상의 공동체(imagined communities)"와 밀접하게 연계된다. 루쉰의 문학전향의 에피소드가 영화의 발명권에 관한 중국영화사 기술과 겹쳐지는 곳은 바로 이 "국민"이었다. "국민(nation) 그 자체가 곧 이야기(narration)라고 한다면", [28] 영화의 전사로서가 아닌, 영화의 기원으로서 "중국"을 기술하고 있는 중국영화사와 현대문학의 기원으로서의 루쉰의 이야기는 역사(history)와 이야기(story)가 만나 "국가" 혹은 "국민성"을 형성하고 있는 권력적 담론이지만, 둘은 기원을 말하는 순간 동일시와 부정으로 분열되고 있다.

추억을 담은 사진 한 장이 과거의 공간과 시간에 대한 유일한 기억이 되어버릴 때, 이 과거의 기억은 구성되고 마침내 과거를 통제할 수 없게 만들어버리듯이,[29] 또 Cadava가 번역은 원작의 사후 생명(after-life)이듯이 사진도 피사체의 사후 생명이라고 지적한 것과 같이,[30] 레이 초우는 《원시적 열정》의 첫 장에서 중국문학사에서 너무나도 자주 반복되고 윤색되고 있는 루쉰의 환등사진 이야기를 "테크놀로지화된 시각"에 관한 담론으로 다시 읽고 있다.[31]

러일전쟁시 한 중국인이 구경꾼인 자국민에 둘러싸여 일본군에 의해 공개 처형되는 환등 경험은 훗날 청년 루쉰이 의학을 버리고 문학에 투신을 기억하는 것으로 다시 쓰였다. 이를 두고 과연 루쉰은 환등을 본 것일까 아니면 사진을 본 것일까 그리고 그것이 의학에서 문학으로의 전향을 말하고 있는 것일까 하는 논의를 일으켰다. 이를 염두에 두었는지 모르지만, 초우는 이에 대해 "그 일이 진짜로 일어났는가?의 여부가 아니라, 그가 글을 쓰기 시작한 이유를 설명하기 위해 영화를 본 경험을 예로 든 점이다"[32] 라고 못 박는다. 즉 시간적으로 나중에 이루어진 소급 행위라는 사실을 지적한다. 과거와 그 사건이 어떻게 해석되어 왔는가만을 중시하는 신역사주의적 시각으로 이 문학적인 이야기를 보면, 이는 사실 여부와 관계없이 이미 해석된 과거다.

우리가 앞서 읽은 〈한희재야연도〉의 화가 고굉중이 연회를 직접 보고 난 뒤, 그 자리를 떠나 기억의 형식으로 그려 넣었을 연회 장면들에서 사실과 기억의 관계는 곧 신역사주의가 말하는 경험이 구성하는 역사인 셈이다. 화가가 경험을 글쓰기하는 그 순간에 과거는 열어젖혀지고, 이는 객관적인 과거(사실)란 존재하지 않음을 지지하는 것이었다. 루쉰의 환등기억은 바로 과거를 신역사주의의 영역에 놓는 방식이며, 그가 떠올리는 기억의 사실로 하여금 지속적으로 수정을 가하게 하도록 열어놓고 있는 것이다. 따라서 환등기 사건은 이를 읽는 사람마다 서로 다른 의미를 부여하게 만든 것으로 전환시켜 놓았고, 그것은 사후 생명으로서의 환등사진의 생명으로의 회귀였다.

초우의 분석에 따르면, 루쉰이 본 환등(슬라이드)이 비추고 있는 것은 직접적이고 잔혹하고 날것 그대로, "매개 없이 메시지를 전달하는 것 같은 영화라는 새로운 미디어의 투명성, 그리고 이 새로운 미디어의 힘과 처형 그 자체의 폭력성 사이의 친연성이었다."[33] 초우는 테크놀로지화된 시각의 위협이 루쉰의 자의식에 가한 충격을 첫째, 그 자신이나 그의 동포들의 존재가 세계의 눈에는 구경거리로밖에 보이지 않는다는 깨달음, 곧 "국민의식"이었고, 두 번째는 "문학이나 글쓰기가 전통적으로 점하고 있던 역할을 빼앗고, 그것을 대체할지도 모르는 강력한 미디어와 자기가 만나고 있다는 그의 인식과 관련이 있다"[34]고 말한다.

초우는 테크놀로지 영상이 초래한 충격과 방향감각의 상실은 영화라는 미디어에 의한 확장과 증폭의 과정이라고 지적한다. 환등을 보는 순간, 루쉰의 민족자아는 봄과 보임으로 분열되고 자아의식은 영상기억의 폭력성 속에 들이밀어졌다. 민족자아는 단순히 스크린에 재현된 중국을 보는 문제가 아니라, 영화로서, 구경거리로서 중국이 보이고 처형되는 위치에 처해지고 있다는 것을 의미했다. 이것이 그녀가 말하는 테크놀로지화된 시각에 숨어 있는 폭력성이었다. 이를 두고 초우는 루쉰이 민족의식의 문제를 국민정신의 개혁으로 귀결 지음으로써, 시각적인 것을 거부하고 문학으로 회귀하는 것은 모순적이라고 했다. 그러나 이 회귀는 곧 문자 중심의 중국 전통으로의 재전향을 말하고 이 전통 회귀 뒤에 늘 불안과 죄의식에 사로잡혔을 것이라고 말한다.

하지만, 전통적인 문학적 글쓰기의 기원으로 읽히던 독해에서 벗어나 시각영상을 전통적인 언어와 대립적으로 불러내고 있는 이 대목은 문자와 영상의 이원 대립을 통해 전개되고 있다는 혐의를 떨칠 수 없다. 우선 초우는 루쉰의 눈에 비친 것과 시각이 초래하는 위협으로서 이 구경거리가 보여 주고 있는 것은 "명료하고 직접적이고 일견 투명한" 효과라고 했다. 하지만, 루쉰이 영화에서 받은 반응을 위협 혹은 충격으로 표현할 만큼, 슬라이드 영상이 참수장면을 강력하고 분명하게 적시하고 있는 곳은 사실 어느 대목에도 찾을 수 없다.

　　……그들 중 한 명은 묶여 있었고 그 주위엔 많은 사람들이 서 있었다. 그들 모두는 체격이 건장했지만 무감각한 표정을 하고 있었다. 설명에 의하면 손이 묶인 사람은 러시아의 스파이 노릇을 한 자로 본보기로서 공개적으로 일본군에 의해 참수될 참이었고 그들을 둘러싼 사람들은 이 구경거리를 보기 위해 모여 있었던 것이다……

　　이 날것의 상황―그 "말없음"―은 "약소한 후진국 국민은 아무리 몸이 튼튼해도 이처럼 무의미한 본보기의 대상이나 구경꾼이 될 수 없지 않은가…… 중요한 것은 그들의 정신을 개조하는 일이다…… 그래서 문학운동을 하기로 결심했다"로 이어지고 있다. 앞 참수장면의 기억과 이 루쉰의 후술은 기실 필연 관계를 가지고 있지 않다.[35] 즉 초우도 이를 두고 "그 구경거리가 이미지를 본 루쉰과 루쉰이 훗날 행한 그 사건의 재구성에 어떤 영향을 미쳤는지는 확실히 아는 것은 불가능하다"고 말하고 있다.[36] 즉 글쓰기에 대립시킬 만큼 환등사진이 내뿜는 시각성의 위협은 부재하다는 것을 보여 준다. 바꾸어 말하면 그 날것으로의 "말없음"의 "없음"에는 이미 처음부터 "말(의 있음)"을 새기고 있었다.

　　엿보기 행위는 보는 자와 보이는 자가 동시에 현존하는 관계 속에서 구축되지만, 폭로행위의 보는 자는 잠재적이고 부재하는 관객이고 혹은 보기를 거부하는 관객이다. 보는 자 없이 보이고, 엿보기 없이 드러내어지고 있는 근대중국의 역사는 치욕의 역사이고 식민지 경험을 겪은 모든 제3세계 국가의 조건이었다. 환등에 비친 약소한 후진국 국민을 폭로하는 행위 앞의 관객으로서 루쉰의 보기는 엿보기보다 더 참담한 것이었다. 그리고 그것은 글쓰기를 통해 철저하게 보임을 거부하는 행위로 이어진다. 치욕스러운 시각성, 그 엿보기 없이 드러냄에 대한 보는 자의 거부는 글쓰기를 통해 다시 철저하게 보인다. 따라서 루쉰의 글쓰기는 이 부끄러운 드러남에 대한 고뇌의 기록이며 그 기억을 씻어내는 행위다. 따라서 거기에서 보는 것과 쓰는 것은 투철하게 혼재되어 있다.

"문자문화란 쓰기와 읽기 중심의 문화이고 영화와 의학을 포함하는 테크놀로지의 대극에 위치한 문화인 것이다."[37]라고 한 대목에서 보듯이, 초우는 분명 영화와 의학을 글쓰기와 대극적인 것으로 설정하고 있다. 그런데 초우는 의학을 버리고 전통적인 문자문화로의 회귀 이후 루쉰을 엄습한 불안과 죄의식은 새로운 언어로서의 영화의 테크놀로지화된 시각의 "충격"에서 빚어진다고 했다. 그렇다면 영화의 테크놀로지화된 시각에 대한 두려움과 충격이 왜 의학에서는 발견되지 않았을까?[38] 루쉰이 "오늘날 미생물학을 가르치는 방법이 어떻게 진보했는지는 모르겠으나 그 무렵에는 슬라이드를 사용하여 미생물의 형태를 비쳐보았다"고 하고 있는 것은 루쉰 역시 근대의학이 테크놀로지화된 시각을 그 메카니즘으로 하고 있음을 인식하고 있다.

그러나 초우는 루쉰이 후에 "이 영화를 본 뒤부터 의학 따위는 그렇게 중요한 것이 아니라고" 느끼고 문학적 글쓰기를 택한 것에 주목함으로서, 문학적 글쓰기와 대립적으로 영화의 테크놀로지화된 시각에 주의를 기울일 뿐, 정작 루쉰이 글쓰기를 위해 버린 의학과 시각성의 연계를 보지 못하고 있다. 그렇다면 설령 그녀가 이 이야기를 시각과 관객의 문제로 바꾸어 사유함으로써 문학적인 표상양식과 시각적 표상 사이의 상호성에 대해

주의를 기울인다 할지라도, 그녀가 제기하는 시각의 무시 혹은 억압에 관한 논의는 거꾸로 이 에피소드를 문학의 문제로만 이끌어낸 기존의 중국문학 사적 의의-자신이 비판한 것처럼-[39]와 크게 달라지지 않는다.

초우는 해부학으로 상징되는 근대의학과 영화가 테크놀로지화된 시각을 통해 조우하고 있는 점, 그리고 그 시각성의 확장이 기실 근대 이후 서구의 합리주의적 사유의 광범위한 확장을 상징적으로 보여 주고 있음을 간과하고 있다. 근대 이후 시각화할 수 없었던 대상과 영역들이 영상을 통해 설명되어지는, 곧 보여 줄 수 있음(showability)의 무한한 확장은 영화에서 극대화되었고 그것은 바로 시각적 메커니즘의 폭력성을 확장했다. 그런데 이 보일 수 있음의 무한한 확장은 설명되어짐(explicability)[40], 곧 언어적 확장과 그 궤적을 같이한다는 것이다. 따라서 그녀가 지적한 대로 문학적인 표상양식과 시각적 표상 사이의 상호성, 그리고 그 상호성이 수반하는 권력 관계, 혹은 그 위계문제는 은폐되거나 무시될 뿐임을 똑같이 보여 주고 있는 것이다.

들리자마자 사라지는 음성과 같이, 은막 위에 나타났다 사라지는 영상을 영상으로 번역해 내지 못하고 문자로 밖에는 다시 인용할 수 없음을 루쉰은 글쓰기를 통해 보여 주고 있다. 루쉰이 환등사진을 기억하는 순간 그의 글쓰기는 시작되었다. 루쉰에게 시각영상은 자아에 대한 이미지의 외침이며 동시에 이미지에 대한 루쉰 자아의 투사다. 그래서 루쉰의 영상보기는 주체가 이미지를 구축하는 과정이며 동시에 이미지가 주체를 발견하는 과정이다. 중국의 글쓰기 전통에서 이미지(象)와 문자(書, 言)의 관계에 관한 논의는 역사적으로 문자중심주의를 드러내며 전개되지만, 그러나 언제나 둘은 상호보완적으로 실천되었다. 루쉰에게 글쓰기는 날것으로서의 이미지에 주석을 붙이는 작업이었고 그것은 영상과 문자가 대립하는 문자중심주의로의 회귀는 아니었다.

따라서 우리는 루쉰의 고백을 문학전향으로만 읽는 기존의 문학 읽기에서 벗어나 테크놀로지화된 시각의 담론임을 강조하는 초우의 분석이 영상과 문자 간 위계의 전복을 말하고 있는 해석을 오히려 방해하고 있다는 점을 떨칠 수 없다. 의학적 해부로 비유되는 루쉰의 날카로운 비판적 글쓰기[41]는 문학과 의학의 영역이 보충적으로 서로를 전환시키고 있음을 설명해 준다.

루쉰의 글쓰기에서 의학과 영화는 시각성을 통해 긴밀하게 연계되어 있다. 사실상 현대의학과 테크놀로지화된 시각은 서로 대응되는 긴밀한 관계를 갖고 있다. 카메라의 클로즈업이 인물의 감정을 들여다보게 하고, 현미경은 사물의 조직 속으로 깊이 들어가 인체 조직을 확대하고, 혹은 해부를 통해 인체 조직을 헤집고 보여 주는 외과적 수술은 기실 루쉰의 글쓰기와 동질적인 것이었다.[42] 루쉰은 바로 해부학적 시각으로 카메라 렌즈가 만들어내는 시각 혹은 영상경험을 얻었다. 루쉰은 센다이(仙臺) 의대 재학 시절 해부학 시간에 처음 시각적 테크놀로지의 충격적인 효과를 경험한다. 그럼에도 그가 문학적 글쓰기를 택한 것은 인류학적 시각이 규정하는 국가와 민족의 재현문제를 버리고, 해부학적 시각으로 전환한 것이다.[43] 따라서 그의 글쓰기는 고정적이고 죽은 국민성을 버리고 끊임없이 메스가 인체를 해부하듯, 문자로 국민성이라는 영혼을 해석해 내는 방법을 택한 것이다. 그래서 그의 글쓰기에서 국민성은 질병의 징후로서 그림자처럼 떠다니고 글쓰기는 그 그림자를 불러내는 작업이었다.

루쉰이 말하는 중국의 "국민성"은 일본의 민족주의로부터 일본 국민주의로의 전환과정에서 나온 것으로, 이것은 메이지 초기 서구의 위협에 대한 일본의 문화적 대응의 산물이었다. 따라서 일본의 국민성의 논의는 바로 이 시기에 시작된 것으로 이는 오리엔탈리즘의 일본적 수용과정이었다. 서양을 근대와 동일항으로 삼아 이에 대립하여 자신의 정체성을 확립하는 것은 곧 근대 일본이 만들어낸 상상의 공동체, 국민주의였다. 그런데 루쉰은 이러한 획일적 국민성의 개념에서 벗어나고 있는 것은 또 다른 글쓰기로서의 시각성에 대한 자각이었다.

20세기에 사진이나 영화 같은 새로운 미디어가 가져온 시각성이 문학에 침투해 문학을 변화시켰을 것이라는 초우의 지적에는 20세기 이전 영화의 전사가 삭제되어 있다. 그녀가 말한 "시각은 억압되어도 반드시 되돌아온다.[44]는 명제는 역으로 시각은 처음부터 글쓰기가 되어왔다는 것을 의미한다. 그리고 그것은 20세기 영화예술의 등장으로 글쓰기가 통합되는 전 지구적인 또 통사적인 명제, "언어(문자)는 억압되어도 반드시 되돌아온다"로 다시 규정될지 모른다.

5. 나오며

중국이 서구제국주의를 직면한 이후 비중국문화와 중국문화의 관계를 둘러싼 논의는 역사적인 논제가 되었고, 이때 영화는 20세기로 진입하는 시기 근대문화와 포스트모던 문화 사이에서 가장 중요한 매체였다. 그것은 새로운 시각 테크놀로지가 드러내는 힘과 전통적이고 특권적인 중국 문자의 주술성과의 해후다.[45] 그런데 이 해후가 전적으로 영화의 테크놀로지와 중국의 전통문화와의 충돌을 드러내는 것은 아니었다. 따라서 이 해후를 들여다보는 것은 근대 서구가 지워준 지식의 체계, 그 지배적 권력이 어떻게 작용하고 있는가를 찾아보는 것, 그리고 그것이 오리엔탈리즘, 혹은 자국의 문화중심주의적 사유에서 벗어나는 것임을 살펴보는 것이었다.

1896년 중국에 소개된 영화는 전통적인 연희예술인 그림자극(影戲)의 서구적 형태일 뿐이었다. 하지만 이 '서양 그림자극'은 구경거리에서 점차 중국사회의 가장 유력한 대중문화 형식이 되었다. 고대 그림자극 전통과 고대 광학의 발견에서 영화의 전사를 말하는 현대중국영화사의 기술, 서양 그림자극의 스크린에 어른거리는 그림자를 불교적 세계관으로 읽고 있는 19세기말 한 중국인의 글쓰기, 그리고 20세기 초 루쉰이 환등기 화면에 비친 자국민의 그림자에서 문학을 통한 자국민의 정신 개혁을 결심한 에피소드는 서구문화에 대한 중국의 사유의 궤적을 보여 주고 있다.

기원전 1세기경의 한나라 무제의 이야기는 루쉰에게 이어져 20세기에 등장한 시각 이미지가 전통적인 문학이나 글쓰기가 점하고 있는 지배적인 위계질서를 깨뜨리는 예감을 보여 주었다. 영화가 초혼(招魂), 곧 죽은 자를 불러내는 의식과 친연성을 가진다면, 루쉰의 글쓰기는 국민성, 즉 중국인의 영혼을 불러내는 작업이었고, 중국에서 영화와 문학이 만나는 20세기적 사건이었다.

우리는 초우가 문학과 영화의 연대기적 기원을 전복하고, 또 '중국'을 문화적 통일체로 보는 것을 해체하려하고 있음을 짐작할 수 있다. 그녀는 루쉰의 이야기를 중국 특유의 근대성의 예를 보여 주는 것이라기보다 미디어 테크놀로지의 전 지구적인 운동을 예시하는 것이라고 말한다. 즉 초우의 분석은 바로 서구가 만들어온 상상의 중국을 해체하려는 탈오리엔탈리즘적 기획이다. 따라서 초우가 루쉰의 환등기(영화) 이야기를 테크놀로지화된 시각의 관점에서 다시 읽음으로써, 시각이미지가 문학적 표상과 다른 의미작용을 하고 있다는 점을 간과하고 있는 기존의 해석을 비판하고 있는 것은 서구 형이상학의 전통, 즉 자크 데리다(Jacques Derrida)가 지적한 대로 소리(언어)중심주의의 전복적 사유를 통해 이루고 있는 듯이 보인다. 하지만 그녀의 전복적인 글읽기 역시 여전히 시각을 문자적 읽기 혹은 쓰기와 대립적으로 보고 있음을 드러냈다.

19세기 말 영화의 등장은 곧 새로운 글쓰기 방식의 등장을 의미한다. 문자언어라는 전통적인 지배적인 글쓰기 방식에서 벗어난 새로운 영상적 글쓰기, 즉 Cinemato-Graphy는 문학, 예술, 역사 등 각 영역에 파고들어 새로운 인식의 지도를 그려냈다. 따라서 이 새로운 글쓰기 방식과 전통적인 글쓰기에 관한 사고는 피할 수 없는 과제가 되었다. 이 글에서 영화의 전사로서 그림자극과 글쓰기를 말하고 있는 것은 기실 영화의 역사는 카메라라는 메커니즘의 발명에서 비롯한 것이 아니라, 그 정신적 준비로서 회화, 건축, 무용, 연극과 문학 등을 통해 이미 글쓰기 되었음을 말하고자 했다. 영화가 세기 말을 보여 주고 있는 그 지점이 전통성과 근대성이 만나고 있는 곳이라는 점에서 이를 상징적으로 보여 주고 있다.

그렇다면, 중국의 초기 영화 수용의식과 루쉰의 에피소드는 단순히 중국 지식인이 서구 시각영상과 그 테크놀로지의 충격에 대한 보고가 아니라, 시각을 통한 모더니티의 획득과 글쓰기를 통한 전통성의 획득이 동시에 진행되고 있는 이야기이다. 그래서 루쉰의 이야기는 시각성과 문학적 글쓰기의 대립으로 읽히는 것이 아니라, 오히려 그 둘의 대립적 이원성에 숨어 있는 서구 문화적 기획에서 벗어날 수 있음을 시사한다. 이때 영화 수용의식에 비친 '공'적 인식은 시각 테크놀로지를 전통 사유와 연계하여 사유해 보여 줌으로써, 시각 테크놀로지의 등장이 초래한 리얼리티의 위기를 픽션과 리얼리티의 이원적 대립의 소멸을 통해 극복할 수 있음을 암시해 주고 있다.

영화가 생산해 내는 폭로와 훔쳐보기의 기술적 확장은 이제 글쓰기의 도전을 통해 새로운 전복의 신화를 쓸 차례인지 모른다. 중국은 영화와 문학, 이미지와 문자, 이 두 글쓰기 사이에서 중국 그 두 자를 해체하고 또

생산해 낼 것이다. 따라서 우리가 영화 앞에 중국을 붙이는 작업은 이제 해체와 새로운 구축의 작업을 동시에 해내야 하는 일에 다름 아니다. 중국에서 영화는 처음부터 시놀로지(sinology)의 해체와 구축이 동시에 이루어지고 있는 장인 셈이다.

1) 불학은 다시 서학에 대한 이해가 심화된 이후엔 전통의 와해와 더불어 중국 사상사의 변방으로 추락하지만 개혁개방 이후 국학의 부흥과 더불어 중국 사상사 연구의 핵심을 이루고 있다. 葛兆光. 2000. 《中國思想史 第2卷. 7世紀至19世紀中國的知識,思想與信仰》. 復旦大學出版社. 650~670쪽.

2) Chow Rey. 1995. *Primitive Passions: Visuality, Sexuality, Ethnography, and Contemporary Chinese Cinema.* p.5. New York: Columbia University Press. 한역본: 정재서 옮김. 2004. 《원시적 열정》, 이산. 21쪽.

3) 程季華 主編. 1981(제2판). 《中國電影發展史-第1卷》. 中國電影出版社. 14쪽.

4) 송원대에 흥성한 그림자놀이에 관한 기록은 孟元老의 《東京夢華錄》, 吳自牧의 《夢梁錄》, 周密의 《武林舊事》에도 기록되어 있다.

5) 是耶非耶, 立而望之, 翩何姍姍其來遲. 〔淸〕沈德潛 編. 2000. 《古詩源》. 中華書局. 4쪽.

6) 그림자극은 민간에 전해져 일정한 스토리를 담는 연행예술로 발전하며 송대에 이르러 번성하게 된다. 13세기 원대 이후 중국의 그림자극(影戱)은 유럽에 알려지기 시작했고, 1767년 프랑스를 거쳐 영국에 전해졌다. 처음 프랑스에서 그림자극은 옹브르 시누아즈(Ombres Chinoises : 中國影燈)라 불린 뒤, 카랑 다슈(Caran d' Ache)의 개조를 거쳐 옹브르 프랑세즈(Ombres Francaises : 프랑스影燈)라는 이름이 붙여졌다. 程季華 主編. 1981(제2판). 《中國電影發展史-第1卷》. 中國電影出版社. 4쪽.

7) 우리나라는 그림자극의 시원지일 뿐만 아니라, 2000여 년 전 이미 중요한 광학 원리를 제기했음에도 불구하고, 이후 오랜 봉건적 성체성으로 말미암아 우리의 고대 과학자와 예술가들이 성취한 연구와 발명은 더 이상 발전을 이룰 수 없게 되었다. 특히 근 100년 동안 서구 제국주의 열강의 계속된 침략은 중국을 점차 반식민 반봉건 사회로 전락하게 하여, 사회와 과학의 발전에 심각한 침체와 박

해를 받게 함으로써 근대과학의 기초는 쇠약해질 대로 쇠약해져, 점차 현대영화 발명의 최종 완성을 구체화할 수 있는 조건과 가능성을 박탈당하고 말았다. Ibid, 13쪽.

8) Victor H.Mair,《Painting and Performance》. 중역본은 王邦維, 榮新江, 錢文忠 譯. 季羨林 藏定. 2000.《繪畫與表演-中國的看圖講故事和的印度起源》. 北京燕山出版社.

9) Ibid, 66쪽.

10) Wu Hong. 1996. *The Double Screen: Medium and Representation in Chinese Painting*. The University of Chicago Press. p.29.

11) Ibid, p.56~57.

12) 이 그림이 오늘날 중국에서 발행된 영화문헌 속에서 현대영화의 몽타주 기법을 상기시키는 텍스트로 언급되기도 한다. 鄧燭非. 1998.《電影蒙太奇槪論》. 中國廣播電視出版社.

13) "어제 저녁 어둠의 왕국에 있는 내 모습을 발견했다. 정말로 낯선 세계였다. 소리도 색채도 없는 어둠의 왕국. 땅, 물, 공기, 나무들과 사람, 모든 것이 다 잿빛이었다. 그것은 어두운 생명의 그림자였고 소리 없는 망령의 움직임이었다……정지 화면에 이어 갑자기 찰칵 소리가 나면서 화면이 살아 움직이기 시작했다. 저 끝에 가만히 놓여 있던 차가 우리를 향해 달려오는 것 같았다. 모든 것들이 삶의 숨결을 내뿜다가 화면을 벗어나 미지의 곳으로 사라져버렸다. 마치 영원히 소리를 낼 수 없으며 모든 생명의 색깔을 빼앗긴 형벌에 처해진 듯한 사람들이 흐릿한 회색 윤곽으로 잿빛 땅위를 걸어 다닌다. 소리와 색깔을 잃어버린 생명, 창백한 잿빛의 생명, 누추하기만 한 삶을 우리는 보고 말았다. 이처럼 소리 없는 잿빛 생명에 지쳐갈 때쯤 영화가 끝났다. 이미지들은 우리에게 뭔가를 알려주려는 것 같았다. 그러나 그것은 불길하고 불확실했으며 우리의 마음을 질리게 만들었다……." 앙마뉘엘 툴레 지음, 김희균 옮김. 1996.《영화의 탄생》. 시공사.

14) 주디스 메인(Judith Mayne) 지음, 강수영 · 류재홍 옮김. 1994.《사적 소설/공적 영화》. 시각과언어. 134쪽.

15) "專用 玻璃畫片, 取光于巨鏡. 人物生動, 意態畢肯. 園林水石, 屋宇河山, 皆系實有其地, 并
非虛構. 兼以日月星文, 光華掩映, 恍疑身在 漢中, 其巧幻如此." 이 인용문은 王一川의《在
寫實與奇幻之間》一文 (《中國現代性體驗的發生》, 233쪽, 北京師範大學出版社, 2001년)
에서 재인용한 것으로, 원문은《漫游隨錄》, 陳尙凡, 任光亮校点, 岳麓書社, 1985년.

16) 王一川. 2001년.《中國現代性體驗的發生》. 北京師範大學出版社. 234쪽.

17) 其話本與講史書者頗同, 大抵眞假相半. 周密 撰, 傅林祥 注. 2001.《夢梁錄·武林舊事》,
山東友誼出版社. 290쪽.

18) 假作眞時眞亦假, 無爲有處有還無(제1회), 假法眞來眞勝假(제160회), 要知道眞卽是假,
假卽是眞(제130회), 眞而不眞, 假而不假(제120회) 등.

19) ……觀者至此机疑身入其中, 無不眉爲之飛, 色爲之舞. 忽燈光一明, 萬象俱滅. 其他尙多, 不
能悉記, 洵奇觀也! 觀畢, 因嘆曰 : 天地之間, 千變萬化, 如蜃樓海市, 與過影何以異? 自電
法旣創, 開古今未有之奇, 泄造物無穹之秘. 如影戱者, 數萬里在咫尺, 不必求縮地之方, 千百
狀而紛呈, 何殊乎鑄鼎之像, 乍隱乍現, 人生眞夢幻泡影耳, 皆可作如是觀. 程季華 主編.
1981(제2판).《中國電影發展史》. 中國電影出版社. 北京. 9쪽.

20) 或咫尺之圖, 寫百千里之景. 동기창(董其昌)에 의해 문인화의 조종으로 추앙된 당대
의 뛰어난 화가이며 시인인 왕유(王維: 701~761)의 저작이나, 송대의 위작인 것
으로 전해지고 있다.

21) 人希見生象也. 而得死象之骨, 按其圖以想其生也. 故諸人之所以意想者, 皆謂之象也.

22) 코끼리를 가리키는 갑골문의 상형자로부터 심미대상으로의 전이과정에서 중국
문화에서 이미 상은 문자언어와 층차를 구축하고 있지 않음을 말하고 있다. 그
것은 중국의 문자와 회화의 기원에서부터 역상의 출현 등 글쓰기는 소리의 베낌
이 아닌 데서도 이를 설명한다.

23) 一切有爲法, 如夢幻泡影, 如露小如電, 應作如是觀.

24) 林年同. 1991.《中國電影美學》. 允晨文化. 92~93쪽.

25) 스콜라철학에서는 실행 상태가 아니라 잠재된 힘의 상태로 존재하는 것이 가상
적인 것이었다고 한다. 피에르 레비 지음, 전재연 옮김,《디지털 시대의 가상현

실》, 궁리, 2002년, 19~21쪽. 레비는 서문에서 최첨단의 근대성과 문화전통이 서로 충돌하는 상반된 요소가 결코 아님을 말하면서 가상현실과 불교의 공(空)과 도교의 허(虛)가 어떤 관계를 가지는 것은 아닌가라고 의문을 제기한다.

26) 王岳川 主編. 2004.《媒介哲學》. 河南大學出版社. 163쪽.

27) 이에 관해 다음 논문 두 편을 참조할 것: 1. 鍾大豊,〈論影戲〉2. 陳犀禾,〈中國電影美學的再認識〉

28) 姜尚中 지음, 이경덕, 임성모 옮김. 1997.《오리엔탈리즘을 넘어서》. 이산. 187쪽.

29) John Lewis Gaddis. 2002. *The Landscape Of History-How Historians Map the Past*. Oxford University Press, London. 한역본: 강규형 옮김. 2004.《역사의 풍경 : 역사가는 과거를 어떻게 그리는가》. 에코리브르. 202~207쪽.

30) 張歷君,〈時間的政治-論魯迅雜文中的技術化觀視及其敎導姿態〉(羅崗, 顧錚 主編. 2003.《視覺文化讀本》. 廣西師範大學出版社. 279~311쪽)에서 재인용. 원문은 Cadava. 1997. *Words of Light: Theses on the Photography of History*. Princeton University Press. p.15, 18.

31) 레이 초우 지음, 정재서 옮김. 2004.《원시적 열정》. 이산. 20~46쪽. 이하 인용문은 위 번역서에서 인용함.

32) Ibid, 24~25쪽.

33) Ibid, 26쪽.

34) Ibid, 28쪽.

35) 이에 대해, 장리쥔(張歷君)은 일본의 루쉰문학 연구자 다케우치 요시미(竹內好) 가환등기 사건을 의학에서 문학으로 전향한 것으로 읽는 것을 부정하면서 그의 문학의 근원은 "무"라고 불려져야 할 어떤 것이라고 한 견해를 인용하고 있다. 즉 루쉰이 문학 투신을 말하는 대목을 발터 벤야민(Walter Benjamin)이 지적한 역사유물론식의 "후술 역사(after-history)"라고 말하고 이것은 앞의 사건 서술과 실재적인 연계를 잇는 것이 아니라, "단열과 무"로써 그 둘을 연계하고 있다고 말한다. 즉 이 둘 사이의 틈이 독자로 하여금 담론의 조각(discursive fragment)들을 찾도록 하고 있다고 덧붙이고 있다. 張歷君,〈時間的政治-論魯迅雜文中的技術化觀

視及其教導姿態)(羅崗, 顧錚, 主編. 2003.《視覺文化讀本》. 廣西師範大學出版社. 286~287쪽.)

36) 레이 초우, 25쪽.

37) 레이 초우, 34쪽.

38) 장리쥔은 〈時間的政治-論魯迅雜文中的技術化觀視及其教導姿態〉에서 루쉰이 사용한 국민성 개념을 일본의 "국민기질" 탐색을 통해 추적하고 루쉰의 이에 대한 인식과 서구 의학에 대한 언급 등을 통해 루쉰의 글쓰기에 보이는 의학과 글쓰기의 관계 등을 방증자료 등을 통해 고찰하고 있다. 본고의 논지 역시 그의 사유와 자료를 빌고 있음을 밝힌다. 羅崗, 顧錚 主編. 2003.《視覺文化讀本》. 廣西師範大學出版社. 289~297쪽

39) Ibid, 23~24쪽.

40) 김영민 지음. 1995.《철학으로 영화보기 영화로 철학하기》. 철학과현실사. 205~213쪽.

41) 張歷君. 〈時間的政治-論魯迅雜文中的技術化觀視及其教導姿態〉(羅崗, 顧錚 主編. 2003.《視覺文化讀本》. 廣西師範大學出版社. 293쪽.

42) 鄭家建의 〈被照明的世界〉(《故事新編 詩學研究》. 福建教育出版社. 2001. 200~222쪽〉은 루쉰 소설의 현대적 글쓰기 기교로서의 영화적 기법의 수용에 관한 분석을 시도한 연구다.

43) 張歷君. 〈時間的政治-論魯迅雜文中的技術化觀視及其教導姿態〉(羅崗, 顧錚 主編. 2003.《視覺文化讀本》. 廣西師範大學出版社. 296~297쪽)

44) 레이 초우, 35쪽.

45) 루쉰은 門外文談에서 "중국문자는 특권자의 것이므로 존엄성과 아울러 신비성이있다"라고 꼬집었다. 원문은 魯迅全集(6). 김근. 1999.《한자는 중국을 어떻게 지배했는가》. 민음사. 23쪽에서 재인용.

중국 영화학을 둘레 짓기 위한 물음:

중국 영화학은 웨인 왕의 영화를 다룰 수 있는가?

임대근

1. 머리말

제목에서 비록 웨인 왕(Wayne Wang)을 언급하기는 했지만, 이 글이 그의 구체적인 텍스트를 분석하고자 하는 의도를 갖고 있다고 할 수는 없다. 오히려 그러한 분석 행위가 특정한 관점에서 가능한 것인지, 그렇다면 그것을 가능케 하는 주체는 어떤 존재인지 등과 같은 문제들에 대한 관심이야말로 이 글의 더욱 직접적인 의도라 할 수 있다. (중국 영화학이 다루어야 할) 구체적인 텍스트에 대한 분석은 전략적 필요에 의해 이후의 과제로 미루어질 것이다. 그러므로 이 글에서 '웨인 왕'은 어떤 상징으로서의 표상 혹은 예시로서의 기표일 뿐이다. 좀 더 징확하게 말하면 그는 모종의 제유적(提喩的) 기능을 담당하게 될 것이다. 왜냐하면 그 자신이 초월적 상징이나 격리된 유추만은 아닐뿐더러, 엄연한 현실적 존재이기도 하기 때문이다. 다시, 그렇다면, 앞서 제기한 '특정한 관점'이란 무엇을 말하는가?

질문에 대한 대답은, 이미 제목이 알려주고 있는 대로, 단도직입적으로 말하면 곧 '중국 영화학'이다. '중국 영화학'이라는 이 홑따옴표 속에 묶인, 다섯 음절로 이루어진, 기표를 대하는 순간 어떤 낯섦 혹은 어떤 기시감을 경험할 수도 있으리라. 낯섦의 경험은 어디에서 연유하는가? 영화의 국적주의적 명명이 일상화되어 있는 표현임에 비해 저마다의 국적을 갖고 있는 영화 현상들에 대한 '학적 체계'로서의 명명은 비일상적인 '사건', 혹은 매우 생소한 일이기 때문이다. 다시, 기시감은 어디에서 연유하는가? 그것은 '중국 영화학'이라는 명명에서 '학에 대한 자각적/비자각적 도외시에서 비롯된다. '중국영화'가 일상적 기표로 자리잡은 지 오래이므로, 그에 대한 '학적 체계'에 대한 고민 또한 어쩌면 그리 치열하지 않을 수도 있는 일이며 혹은 매우 당연한 일일 수 있기 때문이다.

이 글은 나태한 기시감에서 벗어나 낯섦의 행로를 뒤좇고자 한다. 그러나 그 낯섦 자체가 가능한 것인가 그렇지 않은 것인가 하는 데 대한 질문은 잠시 뒤로 미루어두고자 한다. 그에 대한 가능/불가능에 관한 물음은 그 자체로 별 이론(異論)의 제기 없이 자연스럽게 수용될 수 있거나 그렇지 않으면 매우 심각한 논쟁을 유발시킬 수밖에 없는 과제가 될 터이므로 좀 더 세밀한, 독립적인 주제로 쓰여야 할 것이다. 이 글에서도 한편 그 문제의 외곽을 때리는 전술을 구사하기는 하겠지만, 우선적으로는 유보를 통해서—일단 중국 영화학이라는 학적 체계가 수립 가능하다는 전제를 통해서— 좀 더 주목하고자 하는 문제에 대한 직접적인 접근통로를 마련하기 위한 최소한의 기반을 확보하고자 할 것이며, 이 글은 그러한 기반 위에서 쓰일 것이다. (그러므로 여기서 말하는 학은 잠정적으로 근대적 분과학문의 한 분야로서의 의미보다는 '공부' 혹은 '연구'에 좀 더 근접해 있는 표현이다.) 아울러, 웨인 왕이라는 한 표상을 통해 중국영화 공부의 목적은 과연 무엇이며, 그 방법론은 또 어떻게 설정될 수 있는가 하는 문제들을 논의하며, 아울러 (좀 더 직접적으로는) 그 둘레는 어느 범위까지 펼쳐질 수 있는가 하는 문제에 대한 답변을 시도하고자 한다.

2. 웨인 왕, 혹은 그의 필모그래피

그렇다면 우선 이 글을 풀어나가는 고리 노릇을 해 줄 웨인 왕에 대한 몇몇 사실들을 확인해 보자.

웨인 왕은 할리우드에서 활동하고 있는 중국계 영화감독이다. 그러나 우위선(吳宇森)이나 쉬커(徐克), 리안(李安) 등 중화권에서 경력을 쌓은 뒤 '이적'한 경우와는 달리 드물게도 본격적인 영화 이력의 출발을 미국에서 시작한 감독이다. 그렇다고 웨인 왕은 미국 태생도 아닌 바, 1949년 12월 1일 홍콩에서 태어났으며, 미국 영화광이었던 아버지가 존 웨인(John Wayne)의 이름을 빌려와 '웨인(Wayne)'이라고 이름 지었다고 전해진다. 그는 캘리포니아예술대학과 오클랜드예술대학에서 영화를 전공했으며, 사진·영화·방송·회화 등을 두루 공부했다. 학교를 졸업하고 홍콩으로 돌아가서 방송에서 드라마와 쇼 연출자로 혹은 영화계에서 잠시 활동했으나 그 이후 다시 미국으로 건너가 샌프란시스코에 정착해, 미국 영화연구소(AFI: American Film Institute)와 미국 국립예술기금(NEA: National Endowment for the Arts)에서 얻어낸 기금 2만 2,000달러로 1982년 첫 영화 《첸의 실종(Chan in Missing)》을 1982년 발표한다.[1]

웨인 왕은 《첸의 실종》 이후 1984년 《딤섬(Dim Sum: A Little bit of Heart)》, 1987년 《슬램 (Slamdance)》, 1989년 《뜨거운 차 한 잔(Eat a Bowl of Tea)》, 1990년 《삶은 값싸고… 화장실 휴지는 비싸다(Life is Cheap… But Toilet Paper is Expnsive)》, 1993년 《조이 럭 클럽(The Joy Luck Club)》, 1994년

《스모크(Smoke)》, 1995년 《블루 인 더 페이스(Blue in the Face)》, 1997년 《차이니즈 박스(Chinese Box)》, 1999년 《여기보다 어딘가에(Anywhere but Here)》, 2001년 《세상의 가운데(The Center of the World)》, 2002년 《러브 인 맨하탄(Maid in Manhattan)》, 2005년 《윈 딕시 때문에(Because of Winn Dixie)》 등을 꾸준히 발표해 왔다. 지금까지 발표한 장편영화만도 13편에 이르는 등 두세 해 남짓 만에 주기적으로 한 편씩의 영화를 선보임으로써 그 자체로 영화 만들기에 '성실한' 감독임을 보여 주고 있다.

이상과 같은 필모그래피를 통해서 확인할 수 있는 웨인 왕의 영화 이력의 특징은 두 가지 정도로 요약된다.

첫째, 그의 영화가 "지속적으로 미국 내 중국계의 문제를 다루어왔다"고 일반적으로 평가되지만, 최근에는 그 영화적 경향을 달리하고 있다는 점이다. 요컨대, 웨인 왕의 영화는 크게 두 가지 정도의 의미망으로 규정될 수 있다. 그 하나는 미국 내 화교(華僑)들의 문제를 다룬 작품들이고 다른 하나는 그렇지 않은, 즉 화교의 문제에서 벗어나 미국인들의 일상으로 시선을 돌린 작품들이다. 대체로 미국에서 살아가는 화교/화인(華人)/화예(華裔)들의 삶을 주로 다루었던 영화를 만드는 감독이라는 칭호는 결국 "할리우드와 작업하더라도 중국인으로서의 자기 색깔을 지키는 드문 감독"이라는 평가로까지 이어지는데, 이와 같은 평가를 가능케 한 기저에는 데뷔작 《첸의 실종》이 모종의 상징처럼 자리하고 있다. 그 이후 《딤섬》이나 《뜨거운 차 한 잔》, 《조이럭 클럽》 등도 모두 이러한 주제의 연속성을 보여 주며, 그에서 조금은 비껴나 있지만 여전히 "중국과 홍콩의 운명을 개인의 사랑이야기로 치환시키려 시도했던" 《차이니즈 박스》 또한 그 제재를 중화권에서 가져왔다. 이러한 주제의식의 이원화는 길게 보면 그의 초기작들과 근작들을 가르는 특성이라고 평가되기는 하지만, 그것 자체로 어떤 시기를 기준으로 확분

(確分)할 수는 없어 보인다. 왜냐하면, 중국적 제재와는 거리가 먼 실험적 영상을 시도했다고 평가받는《삶은 값싸고… 화장실 휴지는 비싸다》는《뜨거운 차 한잔》과《조이럭 클럽》사이에 위치하고 있으며,《차이니즈 박스》는 또 중국을 떠나 보편적(혹은 미국적) 문제의식을 담고 있었던《스모크》와《블루 인 더 페이스》,《여기보다 어딘가에》사이에 놓여 있기 때문이다. 더 나아가《세상의 가운데》와《러브 인 맨하탄》은 그와 같은 경지를 넘어서 더욱 보편적인 문제제기로 다가선다. 그러므로 웨인 왕의 영화 이력은 미국 내 중국인이라는 관심에서 미국 내 미국인이라는 관심으로, 다시 말하면, 상대적으로 소수-마이너리티에 대한 관심에서 다수-메이저리티에의 관심으로, 또 다시 말하면 특수에 대한 관심에서 보편에 대한 관심으로 목하 이동하고 있는 중이다.

둘째, 13편에 이르는 그의 작품에 대한 평가가 들쭉날쭉, 참치(參差)하다는 점이다. 어느 분야를 막론하고 다산의 작가에게서 자주 경험되는 바이기는 하지만[2] —그가 2005년 현재까지 데뷔한 지 만 24년 동안 약 2년마다 평균 1편을 제작해 왔음을 상기해 보면 굳이 다산의 작가로 분류하는데 의문을 제기할 수도 있을 것이다— 그럼에도 불구하고《첸의 실종》,《딤섬》,《스모크》등이 비평계의 찬사를 받았던 점과는 상반되게《슬램》은 "이방인으로서의 아이덴티티에 관한 계속되는 탐색이 지나치게 스타일화되어 강박관념으로 전락하고 종잡을 수 없는 과잉 이미지의 느와르 멜로드라마"라는 평가를,《차이니즈 박스》는 "상투성을 극복하지 못한 태작"으로 평가받는 등 기복이 심한 경향을 보여 주었던 것이다. 아이러니하게도 그의 영화에서 지금껏 가장 뛰어나다는 평가를 받는 작품은《스모크》다. 아이러니하다 함은《스모크》의 제재/주제는 미국 내 중국인의 문제를 다루어 온 감독이라는 그에 대한 명명을 배반하는 작품이기 때문이다.《스모크》는 뉴요커들의 일상사를 통해 세밀한 일상성을 다루었다고 평가됨과 동시에 "장 르누아르(Jean Renoir)와 오즈 야스지로(小津安二郎)와 에릭 로메르(Eric Rohmer)의 장점을 합쳐 놓은 걸작"이라는 찬사를 받으며 베를린영화제 은곰상과 심사위원 특별상을 수상했다. 그러나 어쨌든 웨인 왕은 나름대로의 작가적 고민과 정체성 발견에의 노력을 경주하고는 있으나, 일부 작품들이 보여 주는 커다란 낙차는 그의 영화세계의 수준을 일정한 눈높이에 맞추도록 하는 데 어려움을 가져다준다고 할 것이다.

따라서 웨인 왕의 영화세계는 또 다른 표현으로 '일관성의 혼란'이라고도 할 수 있다. 결국 그의 작품성은 일관된 수준을 유지하지 못하고 관습적 형식과 새로운 시도 사이를 오가면서 방황한다. 감독이 추구하는 영화미학 자체가 아직 본 궤도에 이르지 못했다는 평마저 있다. 그것은 바로 두 가지 지점, 제재/주제의 측면과 수준의 측면에서 야기되는 바, 일관성의 구성/구조와 일관성의 유지/지속 등에 문제를 제기할 수 있을 것이다.

중국 영화학을 거론하면서 웨인 왕을 들어 문제 제기를 하는 까닭은 그가 보여 주는 이와 같은 일관성의 혼란 전면(前面)에 자리하고 있는, 즉 20세기 말 그가 자신의 문제의식을 보편적 시야로 확대하기 이전까지 보여 주었던 상대적 일관성 때문이었다. 그는 자신의 생물학적 출생을 부정하지 않는 전제에서, 그와 더불어 자신의 환경학적 성장을 거부하지 않는 의식 사이에서, 미국사회 속의 중국인 —엄밀하게 말하면 중국인이 아닌 화교, 즉 중국계 미국인이라는 자신만의 독특한 문제 설정을 결합해 표출해 주었다. 좀 더 구체적으로 말하면, 그렇다면 웨인 왕의 영화에는 어떠한 국적을 부여할 수 있을 것인가? 그의 영화가 '미국영화'임은 두말할 나위 없는, 혹은 이론의 여지가 없는 사실이지만, 그가 보여 준 문제의식의 단면이 중국적 맥락을 벗어날 수 없다는 데 논의의 핵심이 자리한다. 이쯤 되는 지점에서 직접적인 문제 제기로 도약해 볼 수 있을 터, 즉 웨인 왕의 영화를 다루고 싶어하는 '중화적 욕망'이 그를 서슴없이 중화 중심적 영화 공부의 체계 속으로 편입시키고자 하는 의도를 노골적으로 드러내 보이고 있다는 사실

웨인 왕 감독의《조이럭클럽》. 웨인 왕의 영화가 '미국영화'임은 두말할 나위 없는, 혹은 이론의 여지가 없는 사실이지만, 그가 보여 준 문제의식의 단면이 중국적 맥락을 벗어날 수 없다는 데 논의의 핵심이 자리한다.

을 직시할 필요가 있다. 물론, 엄격히 말하면 그것은 애초부터 웨인 왕을 겨냥한 의도는 아니었다고 할 수 있다. 오히려 그것은 앞서 말한 바, 홍콩에서 건너간 감독들을 겨냥한 욕망에서 비롯되었다고 보는 편이 더욱 타당할 것이다.

1997년 대륙으로 반환된 홍콩을 맞이하면서, 중국 대륙은 "중국은 하나"라는 이상을 현실화하는 데 구체적인 한 걸음을 내딛게 된다. (대륙의 입장에서) 타이완의 경우를 보면, 여전히 미완의 과제일 수밖에 없는 명제이지만, 150년을 지속해 온 분리의 경험, 그러나 그 경험을 통해 홍콩이라는 도시가 축적한 이율배반적인 식민적-선진적 사회 · 문화 구조는 마침내 '중국-홍콩; 中國-香港; HONGKONG CHINA'이라는 기표를 획득하면서 식민적 구조에 대한 열등감을 극복하고, 선진적 구조를 온전히 그들 자신의 것으로 수용, 내화(內化)하려는 욕망을 숨기지 않게 되었다. 그것은 정치적 의미에서 "중국은 하나"라는 모토를 실현하는 것일 뿐 아니라, 사회 · 문화 전반에 걸쳐 그러한 '통일'의 발걸음을 진일보하게 내딛고자 하는 의지의 표현이기도 했다. 그 지점에서, 바로 현대 중국문화의 중요한 한 갈래이자, 홍콩 사회·문화가 독특한 방식으로 축적해 온 자신만의 영화 전통이 문제시되었던 것이다. 그리하여 욕망의 주체는 홍콩영화라는 욕망의 객체를 온전히 자기화하기 위한 노력들을 선보이는데, 거기서부터 (이미 형식적으로는 전혀 문제될 바 없는 홍콩이라는 정치적·법률적·지리적 경계 내부의 문제는 해결된 것으로 간주하고) 더 나아가 그 욕망의 대상을 확장하고자 하는 '중화적 세계화'를 실현하기 위한 작업 속에서 (식민지) 홍콩이 길러냈으나 이제는 (대륙 홍콩을 떠나) 할리우드의 양자로 입양된 감독들의 지위와 좌표, 명명의 문제가 발생했던 것이었다.

그러나 그러한 문제의 끝, 스펙트럼의 극단에는 스스로도 예상치 못했던 한 가지 매우 구체적인 실례이자 현실이 자리 잡고 있었으니 그가 바로 웨인 왕이었다. 그리하여 웨인 왕은 가장 극단적 예증으로서 이 글이 부여한 바와 같은 상징으로서의 표상, 예시로서의 기표, 혹은 모종의 제유적 기능이라는 권위를 획득하게 될 수 있었다.[3] 따라서 우리는 이제 욕망의 주체가 자신의 욕망을 실현코자 했던 기제 중 "입양된 감독들의 지위와 좌표, 명명의 문제"가 어떠한 방식으로 기획/구현되었는가 하는 과정을 추적해야 할 필요선상에 서게 되었다. 그러나 그와 같은 필요선상에서 매우 곤혹스러운 문제에 직면하게 되는데, 그것은 욕망의 주체들에 의해 중국영화('중국영화학'이 아닌, 그러나 그것과 매우 밀접한 연관을 갖고 있는)를 둘레 짓기 위해 벌어지고 있는 최근의 한 시도 때문이다.

3. '화인(華人)영화', 혹은 중국영화 공부의 둘레

중국영화의 둘레를 확정하는 일에 관해서는 일찍이 '삼중국영화'니

'중국어영화'니 '중국권영화'니 하는 개념들을 내세우며 논의한 바가 있었다.[4] 저마다 중국영화의 함의를 일정하게 지녀오기는 했지만, 이른바 '삼중국영화'는 1997년 이후 홍콩이 중국에 반환되는 정치사적 사건의 영향력 의해 더 이상 그 의미를 지속하지 못한데다 1980년대 중반 이후 1990년대까지 '삼' 중국 자신이 아시아영화를 이끌어주었던 일정한 구실을 상실해 버리고만 상황에서 '중국영화'의 입장을 부조(浮彫)할 만한 기운 또한 연쇄적으로 상실당함으로써 개념의 정합성을 유지하지는 못했다. 제재적 개념으로서 '중국권영화'는 나름대로 중국영화와 연관 지을 수 있는 가장 광범위한 둘레로 설정할 수 있다는 주장을 펴기는 했으나, 그 둘레 자체가 매우 광범위해 '목적으로서'의 중국영화 연구에는 어울리지 않고 오히려 '수단'이나 '방법'으로서의 중국영화 연구에 더 적합한 측면이 없지 않았다. 아울러 '중국권영화'라는 개념이 제재적 측면에서 사용될 경우, 그것은 때때로 중국영화의 개념적 정의를 근본적으로 부정하거나 배반할 수 있기 때문에 그 자체로 정합적 의미를 규정해낼 수는 없었다. 그나마 '중국어영화(華語電影)'라는 둘레가 양자 사이의 적절한 거리를 지켜줌과 동시에 저널리즘적으로나 아카데미즘적으로도 무리 없이 수용될 수 있는 나름대로의 정합성을 유지하고 있어 널리 쓰여 온 상황이었고 이를 지지해 오기도 했다. 그런데 최근 대륙 중국에서는 이러한 틀에서 벗어나는(혹은 일부 겹치는) 새로운 둘레 짓기를 시도하고 있으니 그것이 바로 '화인영화(華人電影)'라는 명명 혹은 개념이다.

그런데 '화인영화'라는 개념은 우리말로 옮기기에 곤란한 데가 있다. '화인'이라는 개념 자체가 '화교(중국 국적을 지닌 장기 해외 거주자)' 혹은 '화예(화교 및 화인들의 후손)'와 좌우/상하로 짝을 이루는 '거주국 국적을 소유한 자'라는 뜻이고 보면 더욱 그러하다. 그리하여 2000년 즈음 '화인영화'라는 말이 처음 쓰이기 시작할 때에는 말 그대로 해외에 거주하는 중국계 감독들에 의해 제작된 영화라는 정도의 일상적 의미를 갖고 있었다. 예컨대 루샤오펑(魯曉鵬)은 중국영화의 역사를 1896년으로 소급해 올라가 1996년을 그 100주년으로 파악하는 전제 위에서 국적을 초월하는 (transnational) 중국영화 현상과 그 연구에 관해 논의하면서 '해외 화인(의) 영화(海外華人(的)電影)' 혹은 '미국국적 화인영화(美籍華人電影)' 등의 개념을 사용하고 있는데, 이러한 개념 혹은 표현부터도 그러한 판단을 돕는다.[5]

'화인영화'라는 개념이 널리 쓰이기 시작한 것은 2004년 이후의 일이라고 판단된다. 물론 그 이전에도 '화인영화'가 쓰이지 않은 것은 아니었으나[6], 이러한 표현은 '거주국의 국적을 소유한 중국 출신'을 가리키는 '화인'의 일반적인 정의와 좀 더 직접적으로 연관된 것으로 보인다. 그런데 '화인'을 규정하는 수식어로 앞머리에 '해외'라는 표현을 쓰고 있음은 '화인' 개념이 이미 좀 더 폭넓게 자기 확장을 꾀하고 있었음을 암시하고 있었다 하겠다. 아울러 그 사용 빈도가 높아지면서 미묘한 의미의 변화까지 일어나고 있는 것으로 보인다. 즉 애초에 '화인영화'란, 말 그대로 해외에서 활동하는 중국계 감독들의 영화를 가리키는 말이었으나 최근에는 '화인영화'라는 말 자체를 중국 출신의 감독이라면 그 활동 지역이나 국적을 막론하고 일컫고자 하는 시도까지 드러나고 있다. 이쯤 되면 '화인영화'라는 뜻을 그 좁은 둘레와 좀 더 넓은 둘레로 나누어보아야 할 필요까지도 생겨나게 될 것이다. 그와 동시에 '화인영화'라는 개념은 지금까지 '중국영화'를 일컫는 가장 정합된 지칭인 '중국어영화'라는 개념조차도 대체하려는 욕망을 숨기지 않는다. 예컨대, 자오레이(趙蕾)의 책임편집에 따라 구성되는 중국 중앙텔레비전 방송국 인터넷판의 영화부분 칼럼에서는 2003년 열린 제56회 칸영화제를 소개하면서 "1980년대부터 지금까지 중국 영화는 칸과 베를린, 베니스 등 유럽의 3대 국제영화제에서 모두 중요한 상을 수상했다. 이는 중국어영화와 화인영화의 성황을 보여 줌과 동시에 화인영화의 자랑이다"[7](강조는 인용자)고 말함으로써 중국어영화와 '화인영화'라는 개념을 병칭하고

리안 감독의《와호장룡》.《와호장룡》은 '중국어영화'라는 개념을 널리 유포하는 데 일조했으나, 중국계 감독에 의한 비중국어영화가 더욱 많이 제작되고 있는 상황은 중국인들의 '중화주의'를 심리적으로 자극했을 개연성이 농후하다.

있고, 2004년 열린 제61회 베니스영화제에 심사위원 자격으로 참가한 중국인 쉬펑(徐楓)은 베니스영화제에서 중국영화가 부진했던 까닭을 설명하면서 '화인 감독'으로 허우샤오셴(侯孝賢)과 자장커(賈樟柯)를 병칭함으로써[8] 이러한 상황이 더욱 폭넓게 확산되리라는 조짐을 보여 주면서 그 예측 또한 가능케 한다. 저널리즘적 상황에서 뿐 아니라 학술계에서도 이러한 문제에 대한 고민은 일찍이 있어왔는데 그 대표 논자로는 인홍(尹鴻)을 들 수 있다. 학술계에서의 자리매김에 관한 고민은 저널리즘에서의 만연한 유포 상황과는 대조적으로 아직 그다지 무르익지는 않은 듯하지만, 그럼에도 그를 통해 '화인영화'라는 개념이 유포될 수밖에 없었던 까닭에 대한 모종의 암시를 읽을 수 있다는 점은 흥미롭다.

인홍은 이렇게 말한다.

세계무역기구 가입 이후 중국의 본토영화, 내셔널 시네마(민족영화) 혹은 본래적 의미에서의 이른바 중국영화는 어떻게 할리우드의 도전과 위협에 대응할 것인가에 대한 논의를 통해 우리는 '중국영화'라는 개념 자체가 2001년에 전에 없는 회의를 맞이하게 되었음을 문득 발견했다. 그해 중국에서는 사람들의 관심을 끌었던 절대 다수의 '중국어영화'는 거의 모두 엄밀한 의미에서 '중국영화'는 아니었다. 다국적회사의 자본과 인력, 관리, 시장 등이 이러한 영화를 지탱하고 제약하며 조종하는 중요한, 더 나아가 결정적인 요인이기도 하였다. 콜롬비아나 소니, 이마(Imar Film Co.를 말함: 인용자) 등 우리에게 잘 알려진 혹은 잘 알려지지 않은 할리우드, 그리고 해외를 배경으로 했음이 분명한 회사들의 이름이 이미 중국영화의 필름 위에 선명하게 찍혀지게 되었다. …… 내셔널 시네마, 국산영화, 중국영화의 개념은 모두 그 정의가 더욱 모호한 중국어영화, 심지어는 '비중국어 화인영화' 등에게로 그 자리를 양보하고 있다. 세계 영화, 더 정확하게 말하면 할리우드 영화가 지배하는 세계 영화의 회오리 속으로 편입된 중국영화는 '범중국영화'가 되었다.[9]

'중국영화'를 둘레 짓기 위한 글쓴이의 고민이 엿보이는 대목이지만, 그렇다고 중국영화를 통칭하는 말로 '범중국영화(泛中國電影)'라는 개념을 쓰자고 적극 주장하기에는 중화주의적 인상이 깊게 풍겨나므로 그다지 적절하지는 않은 듯하(다고 생각했을지도 모를 일이)다. '비 중국어 화인영화(非華語的華人電影)'라는 개념 또한 주목해 볼 필요가 있는데, 이는 결국 '중국어 화인영화'에 대응하는 것으로 판단되는 바 이전까지 쓰여 오던 '중국어영화'라는 개념과 '화인영화'라는 개념을 한데 맞물려 놓고 짝짓기를 시도한 것으로 보인다.[10]

이와 같은 흐름들을 볼 때, 중국 영화계/학술계가 '중국어영화'라는 개념에서 '화인영화'로 자신들과 관련된 영화들의 둘레를 확장하려고 하는 시도는 이미 큰 물결을 탄 것으로 보인다.

이러한 흐름의 발로는 2000년 리안 감독이 미국 콜롬비아영화사에서 제작한 《와호장룡(臥虎臧龍)》이 아카데미 외국어영화상 수상 등을 통해

미국 감독 톰 데이(Tom Dey)의 《상하이 눈》. 엄밀한 방식으로 영화의 국적을 규정할 수 없는 실례들이 점증하고 있는 현실 속에서 비중국계 비중국 국적의 영화감독들 또한 중국을 소재로 한 영화들을 만들어내고 있다.

전 세계적인 흥행과 인기몰이를 했던 현상과 무관치 않아 보인다. 중국의 전통적 소재를 가지고 중국계 감독이 중국인 배우들과 함께 중국어로 제작한 영화를 결국 '미국영화'라고 명명할 수밖에 없는 상황에서 《와호장룡》은 '중국어영화'라는 개념을 널리 유포하는 데 일조했으나, 나아갈수록 중국계 감독에 의한 비중국어영화가 더욱 많이 제작되고 있는 상황은 중국인들의 '중화주의'를 심리적으로 자극했을 개연성이 농후하다.[11]

따라서 '중국어영화'를 뛰어넘는 더욱 폭넓은 개념인 '화인영화'라는 개념을 새롭게 만들어냄으로써 전 세계적으로 영화의 국적주의가 무화되어 가고 있는 일각의 흐름을 이용해 오히려 거꾸로 이를 자신들을 중심으로 하는 재편-통일의 의도를 보이고 있는 것이다. 따라서 '화인영화'라는 개념은 그 자체로 정치적이며 이데올로기적 함의를 보인다. 이는 최근 중국(대륙) 문화계/학술계에서 폭넓은 '중국어문학〔華文文學〕' 등의 개념을 주장하면서 이의 발흥/중흥을 꾀하고 있는 현상과도 궤를 같이하는 것으로 보이며, "(문화적으로도) 중국은 하나다"라는 구호를 다각도로 펼쳐나가며 '문화 통일 정책'을 다기한 방식으로 실천하고 있는 점과도 무관치 않은 듯 판단된다. 그리고 더 나아가자면 일종의 '중국영화'의 세계화 전략이 거기에 숨어 있다고도 볼 수 있겠다. 물론 거기에는 해외에서 활동하고 있는 화교(화인/화예)들의 적극적인 요구가 들었 있음 또한 무시할 수 없는 요소라 할 것이다.

따라서 '화인영화' 란 좁은 의미에서만 보자면, 해외에서 활동하는 외국 국적의 감독이 제작한 영화라 할 수 있지만(중국어영화이건 비중국어 영화이건), 넓은 의미에서는 대륙-홍콩-타이완에서 제작되는 중국영화들을 모두 포괄하게 되는 것이다. 그러므로 '화인영화' 라는 개념을 우리말로 쉽게 '화교영화' 라고 하거나 '중국인영화' 라고 옮기는 것은 그 자체로 어려운 일이다. 우리말에서는 일상적으로 화교와 화인, 화예 등이 구분되지 않고 모두 '화교' 로 통칭되며(학술적으로야 구분할 수 있겠지만, 영화 연구/평론의 속성상 일상적/저널리즘적 쓰임을 무시할 수만도 없다), '중국인영화' 란 명백하게 중국 국적을 가진 감독이 만드는 영화라는 함의를 지니고 있기에 더욱 그러하다.

비교적 장황하게 '화인영화' 라는 개념을 따져보는 까닭은 결국 이 글이 펼치고자 하는 바, 웨인 왕의 영화가 과연 '중국영화' 공부의 둘레 속으로 끼어들어 올 수 있겠는가 하는 고민, 더 나아가 그와 같은 작업을 통해 중국영화 공부의 기초의 한 측면을 다져보고자 하는 의도가 함께 얽혀 있기 때문이다. 그리고 그 직접적 문제는 앞서 말한 대로, 미국 영화계에서 주로 화교들에 대한 문제의식을 바탕으로 영화를 만들어온 ─그것도 중국어가 아닌 영어로─ 감독을 '중국영화' 공부의 둘레 안으로 편입시킬 수 있을 것인가 하는 고민이다. '화인영화' 라는 개념을 미처 예상치는 못했으나 일찍이 중국 영화 둘레 짓기를 시도하면서 '중국권영화' 라는 개념을 내세운 바 있는데, 웨인 왕의 영화는 '중국을 제재로 한 영화' 속에 편입될 수 있음은 당연하다. 엄밀한 방식으로 영화의 국적을 규정할 수 없는 실례들이 점증하고 있는 현실 속에서 예컨대 중국계 감독이 아닌 비중국계 비중국 국적의 영화감독들 또한 중국을 소재로 한 영화들을 만들어내고 있기 때문에 (예컨대 《티벳에서의 7년(Seven Years In Tibet)》, 《상하이 눈(Shanghai Noon) 》등을 보라) 이러한 문제의식의 발로가 전혀 근거 없지만은 않다고 할 수 있을 것이다.

그러므로 이 지점에서, 이러한 문제의식은 또 다른 문제와 조우한다. 그 문제란 '중국영화' 공부의 폭넓은 방법론 설정에 관한 것인데, 위험을 무릅쓰고 이를 단순화하자면, '중국영화' 공부를 '영화학'의 일환으로 볼 것인가, 아니면 '중국학'의 일환으로 볼 것인가 하는 문제와 같다. 전자라면 중국영화 자체가 목적이 될 것이고, 후자라면 중국영화는 수단과 도구로 쓰이게 될 것이다. (그렇다고 이 또한 일도 양단하여 재단할 수 있는 문제가 아닌 것은 분명하다.) 중국영화 자체를 목적으로 삼더라도, 다시 그 방법론은 중국학적 방법론과 영화학적 방법론으로 이원화된다. 그러므로 이제 좀 더 구체적으로 이 문제에 관해 고민해 보기로 하자.

4. 짝짓기, 혹은 중국영화 공부의 방법

사실 '중국 영화학'이란 복합적 개념은 세 개념의 조합체, 즉 중국/영화/학이라 할 수 있다. 그러므로 중국영화 공부 자체를 둘레 짓기 위한 시도 혹은 그 방법론을 설정하기 위한 고민의 와중에서 불거져 나왔다고 할 수 있는 이 문제를 풀기 위해서는 그 조합이 어떤 방식으로 구성되는가를 먼저 살펴보아야 할 것인바, 그것은 적어도 세 가지 경우의 수를 보여 준다. 첫째, 중국+영화+학. 둘째, 중국영화+학. 셋째, 중국+영화학이다.

'중국+영화+학'이란 결국 '중국'과 '영화'를 대등한 관계로 설정하고 있는 경우다. 그것은 다르게 표현하면 '학'이라는 말미의 개념이 앞선 두 개념을 지배하고 있다고 할 수 있는데, 그러므로 '중국학+영화학'으로서의 자기 규정의 외화라 할 수 있다. 중국학과 영화학을 대등한 관계로 설정할 경우, 그를 통해서 유추할 수 있는 방법론이란 결국 중국학과 영화학의 학제적(interdisciplinary) 방법론의 결합임에 다름없다. 그러나 결국 중국학이나 영화학 또한 그 자신 본래부터 학제적 성격을 가지고 있으므로, 이와 같은 경우 '중국 영화학'은 중국학만을 위해 복무하지도, 그렇다고 영화학만을 위해 복무하지도 않으면서 양자의 방법론을 모두 동원해 중국학과 영화학 사이의 학제적 영역을 수립하게 된다. 예컨대 중국학을 위해 복무한다 함은 '중국'의 실체와 본질을 밝히기 위한 도구로서 중국영화를 상정하므로 특정 텍스트를 중심으로 삼을 수밖에 없으며 그러한 텍스트는 공시적 횡단면을 통해 자신의 모습을 드러낸다. 즉 학제적으로 존재하는 중국학의 다양한 범주와 방법들은 구체적 텍스트의 본질을 규명하기 위해 복무한다. 그러나 그 복무의 결과로 그것은 다시 중국학의 일원으로 회귀하게 된다. 영화학을 위해 복무한다 함은 중국영화 자체가 구성하고 있는 다양한 측면들에 대한 직접적 논의를 수행하는 데 20세기가 남겨 준 영화학의 다양한 학제적 방법론을 동원해 중국영화의 다원적 현상을 규명하고 이를 통해 특수 영화학을 넘어선, 보편(일반) 영화학에 일정한 도움을 줄 수 있다는 의미다. 다시 말하면, 영화학을 위해 복무하는 학문으로서의 '중국 영화학'은 중국영화의 본질을 밝히기 위해 다양한 기제들이 함께 작동하고 있는 영화현상에 관심을 가지며, '세계 영화'의 본질을 밝히기 위해 중국 영화학을 원용하는 스펙트럼의 한 극단을 보여 준다. 그러므로 앞서 말한 대로 중국학과 영화학의 결합은 중국 영화학 연구가 펼쳐내는 스펙트럼의 중간자적 인식에 대한 구애에 기반하고 있다고 할 수 있다.

매우 제한적이고 심지어 궁벽할 수조차 있음에도 한 가지 실례를 들어보자. 예컨대 중국영화사에서 빛나는 걸작으로 평가받고 있는, 1934년 우융강(吳永剛) 감독의 작품 《신녀(神女)》를 분석의 대상으로 삼고자 할 때, 그 목적을 1930년대 상하이(上海)라는 공간을 재구(再構)하고 나아가 그를 통해 당시 중국사회의 한 단면을 이해하고자 하는 데 둔다면, 분석의 주체는 부득불 텍스트를 통해 표면화된 다양한 외피들—예를 들면 여성의 복식, 당시 거리의 재현, 교육제도나 법률제도의 실현, 여성의 지위를 포함하는 민중들의 생활상 등—에 대해 학제적으로 다기한 방법론을 결부하고 있는 중국학의 도움, 즉 근대 중국에 관한 복식학, 도시학, 교육학, 법률학, 여성학적 방법론의 도움을 필요로 할 수밖에 없을 것이다. 그러나 영화학에 좀 더 방점을 찍는 작업을 수행하고자 한다면, 《신녀》라는 텍스트가 놓여 있는 중국영화사에서의 좌표를 설정하고, 작가로서 우융강 감독의 예술세계에 대한 의미 설정과 더불어, 구체적인 텍스트의 미학적 추구 등을 분석함과 아울러, 당시 중국영화계에서 이 작품이 제작-배급-상영되는 과정에서 발현되었을 다양한 현상은 물론 관객들의 수용 태도 등에 관해 물음을 던지게 될 것인 바, 이 또한 영화학이 그 경계의 지점에서 관계 맺고 있는 다기한 방법론, 즉 영화사학, 미학, 수용학, 영화산업에 관한 연구 등이 긴밀하게 얽혀 들 수밖에 없을 것이다. 물론, 현명한 독자들이 이미 눈치채고 있는 대로, 지금까지 밝힌 두 방법론이 그 활용의 과정에서 상대적 독립성을 견지하지만, 결과론적으로는 상호의 이익을 위해 다시 복무하게 될 것임은 두말할 나위 없다.

그러므로 이 지점에서 앞서 언급한 '중국영화+학' 혹은 '중국+영화학'은 '중국+영화+학'의 하위범주로 자신들의 존재 의미를 규정한다. 즉, 중국영화+학이란 그 대상을 중국영화에 대하여 설정하는 것이며(비록 이와 같은 입장이 세계 각국 영화가 갖는 특징들과의 비교 고찰에 의해 존재론적 해명을 얻을 수 있는 측면은 있으나 따라서 웨인 왕이 독립적으로 그 관심사가 될 수는 없다), 중국+영화학이란 중국의 영화학 혹은 중국에서 수행되고 있는 영화학을 일컫는다 할 수 있으니(따라서 웨인 왕은 경우에 따라 충분히 그 관심의 대상이 될 수 있다), 양자는 서로 다시 연구의 대상이나 연구의 목적, 연구 수행의 공간 등을 기준으로 자신의 영역을 표시한다. 그렇다면, 다시 웨인 왕에 대한 연구란 결국 중국+영화+학이 서 있는 기반 중 스펙트럼의 한쪽 극단으로서 중국학을 위해 복무하기 위함이라면 자신의 둘레 안으로 편입할 수 있게 된다고 할 것이다. 그러나 중간자적 인식에 기반한 중국 영화학의 수행 과정에 그를 섣불리 끌어들일 수 없다는 사실은 분명하다. 그러므로 이 언어의 유희와도 같은 고민의 첫 걸음을 서둘러 마무리짓고자 하는 이 시점에서, '중국 영화학'이란 결국 어찌 보면 자신의 기표를 어떠한 방식으로 드러내는가, 즉 한국어가 갖고 있는 매우 유용한 기표의 외화 방식 중 어느 것을 선택할 것인가 하는 문제라고도 할 수 있다. 다시 말하면, 띄어쓰기로 '중국 영화학'은 '중국영화학'으로 표현되어야 하는가, '중국 영화학'으로 표현되어야 하는가의 문제라고도 할 수 있는데, 전자의 경우란 한국어의 표기 관습 때문에 '학'을 붙여 쓰기는 했으나 결국 앞서 말한 '중국영화+학'의 함의를 끌어안고 있는 경우이며, 후자의 경우란 결국 좁게 보면 '중국+영화학', 나아가 '중국+영화+학'의 함의를 보유하고 있다고 할 것이다.

5. 맺음말

중국 영화학의 궁극적 목적이 무엇인가, 아니 그보다 앞서 중국 영화학이라는 분과학문 혹은 분과학문의 하위분과가 가능할 것인가 하는, 더욱 근본적인 물음은 제쳐두고 중국 영화학의 둘레는 과연 자신의 둘레를 어디까지 확장할 것인가에 관한 물음에 대한 답변을 먼저 시도했다.

답변을 구체화하는 과정에서 다시 제기된 물음. 왜 웨인 왕이었는가? 중국 영화학이라는 이름으로 웨인 왕의 텍스트를 다룰 수 있는가? 위 물음에 대답하는 과정에서 이 글은 우선 '화인영화'라는 새로운 이데올로기적 개념에 대한 성찰과 그 무분별한 수용에 대한 경계의 필요성을 언급했다. '화인영화'라는 개념은 그 자체가 여러 모호성과 불명확성을 지니고는 있으나 할리우드의 세계화 전략에 맞서는 중화주의적 이데올로기의 대응, 혹은 그에 맞서고자 하는 '중국권영화'의 또 다른 세계화 전략을 숨기고 있다고 할 수 있다. 따라서 그와 같은 개념 자체를 절대 전면 부정할 필요는 없되, 그렇다고 적극 부화(附和)할 필요도 없어 보인다. '화인영화'는 '중국어영화' 혹은 '중국권영화'와 때로는 만나고 때로는 헤어지면서 그 결을 끊고 맺고 있음이 분명한 지점이 설정될 수 있는 바, '삼중국영화'라는 기표의 중국적 입장에서의 재창출(대륙 중국의 욕망 추구에서 비롯되었으나 세 중국 그 어디도 마다할 이유가 없어 보이는)로서 혹은 '삼중국영화'라는 기표의 의미를 상실해 이를 대체할 개념을 궁구해 온 한국 저널리즘의 적극 수용이라는 두 가지 상황을 모두 경계할 필요가 있다. 오히려 교묘한 절충의 방식과 효과를 보여 준 '중국어영화'의 효용성과 정합성에 더욱 무게를 두어야 할 필요성이 강하게 제기된다. 그러므로 웨인 왕의 영화를 섣불리 '중국 영화학'의 둘레 속으로 끌어들일 수만은 없는 일이다.

매우 거친 논의임에 틀림없으며, 또한 근대가 우리에게 남겨 준 학문체계 분립의 낡은 유산을 적극 활용하고 있을지도 모른다는 사기 검열의 와중에서도 설익게나마 이 글을 마무리할 수 있는 동력으로서, 즉 근대의 유산을 활용했으면서도 아울러 그를 극복하고자 하는 시도로서 '학제간' 개념을 끌어들였으며, 한편으로는 둘레 짓기가 그 자체로 목적적이지는 않으며 결국에는 그 둘레를 다시 지우기 위한 한 과정이라는 점을 언급해 둠으로써 자기 정당성을 확보하고자 한다. 다만, 앞서 언급한 대로 중국 영화학의 궁극적 목적, 혹은 중국 영화학이라는 체계가 성립 가능한 것인지에 대한 근본적 물음에 대한 답변은 차후의 과제로 미루어질 수밖에 없음을 밝혀둔다. 그와 같은 작업은 기존 연구에 대한 성찰을 토대로 (이 글에서도 언급하기는 했으나) 통합 학문으로서의 지역학 연구와 영화학 연구의 본질에 대한 물음과 영화의 국적주의를 강조할 만한 근거, 즉 세계 영화의 보편적 인식론에 대한 반성이 함께 얽혀듦으로써 가능하게 될 것이다.

1) 이상 웨인 왕의 행적 및 이하 필모그래피는 씨네21 편. 1999.《영화감독사전》. 서울:한겨레신문사와 키노편집부. 2001.《2001키노 201감독》제2권. 서울:키노 네트, 그리고 IMDB〔http://www.imdb.com/name/nm0911061〕의 해당항목을 참조했음. 그는《첸의 실종》이전에 1975년《남자, 여자, 그리고 살인자(A Man, a Woman, and a Killer)》라는 중편영화를 만든 적도 있다. 이하 겹따옴표로 인용하는 웨인 왕의 영화에 대한 평가는 위의 자료를 참조했음.

2) 이 또한 일반화할 수 없는 상황이라는 점은 김기덕 감독을 예로 들 수 있겠다. 김기덕은 1996년《악어》로 데뷔한 이래 2004년《빈 집》에 이르기까지 11편을 제작했는데, 이를 1년 평균으로 환산할 경우 1.2편이라는 수치가 나온다. '빨리 찍기'의 대명사가 되어버린, 그러나 그의 작품들은 (찬반 양론이 팽팽하다는 사실을 충분히 수긍한다는 전제에서) 대부분 날카로운 현실적 문제의식과 그만의 독특한 미학적 감수성을 보여 준다는 평가를 받는다.

3) 그러므로 웨인 왕에 대한 관찰은 단순히 해외에서 활동하는 중국인/화교 감독들을 탐구 대상으로 삼는 행위 혹은 차이밍량(蔡明亮)과도 같이 동남아에서 태어났으나 주로 대만을 중심으로 활동하고 있는 감독들에 대한 탐구 행위와는 질적으로 다른 각도의 문제를 다루는 것일 뿐 아니라 아울러 미국 내 화교의 문제 혹은 영화 생산의 중심적 공간으로서의 할리우드를 염두에 둔 행위와도 거리가 멀거나 각도를 달리하는 문제인 것이다.

4) 졸고. 2001. 12.〈중국영화 둘레 짓기〉.《중국연구》제28권. 한국외대 중국연구소. 참조.

5) 魯曉鵬, 姜振華 · 胡鴻保 譯.〈中國電影一百年(1896~1996)與跨國電影研究 : 一個歷史導引〉.이 글은 원래 저자가 편집한 Transnational Chinese Cinemas : Identity, Nationhood, Gender, Honolulu: University of Hawaii Press. 1997의〈서언〉으로 수록

되었으나 이후 다시 수정 · 보완, 번역되었다. 中社網信息産業有限公司香港中文大學 中國文化硏究所(www.cc.org.cn)에서 판권을 소유하고 있어 인용의 출처를 판권소유자로 명시해야 함이 마땅하나 구체적인 글 내용은 香港中文大學 中國硏究服務中心〔http://www.usc.cuhk.edu.hk/wk_wzdetails.asp?id=1818〕에서 확인할 수 있다.

6) 2004년 이전 '화인영화〔華人電影〕'라는 표현이 쓰인 데 대해서는 다음의 글들을 참조.

   -小堯, 〈把脈 2000年 華語電影〉, 《江淮晨報》, 2000. 12. 21. 〔人民網 http://www.people.com.cn/GB/channel6/33/20001221/358020.html〕

   -武嘟嘟, 〈電影: 不合身的燕尾服〉, 《三聯生活周刊》, 2002. 11. 21. 〔新浪網 http://cul.sina. com.cn/s/2002-11-21/21561.html〕

7) 趙蕾, 〈綜述: 56屆夏納電影節素描 - 夏納龍譜〉, 〔CCTV http://www.cctv.com/movie/china_ film/2003-05-20/1881_2.shtml〕

8) 李亦筠, 〈評審徐楓透露華人導演落敗威尼斯原因〉, 《羊成晚報》, 2004. 9. 15. 〔羊成晚報 http://www.ycwb.com/gb/content/2004-09/15/content_761691.htm〕

9) 尹鴻, 〈跨國制作, 商業電影與消費文化: '大腕' 的文化分析〉, 《當代電影》, 2002 第1期. 여기에서는 〔文化硏究 http://www.culstudies.com/rendanews/displaynews.asp?id=131〕을 참조했음.

10) 이와는 조금 결을 달리하기는 하지만, 2002년 싱가포르에서는 '해외 화인'을 주제로 한 영화들에 대한 학술발표회가 열리기도 했다. 〔福建僑聯網 http://www.fjql.org/fjrzhw/a367.htm〕 2002년 6월 17일

11) 《와호장룡》의 아카데미상 수상 및 '중국어영화', '화인영화' 등에 관해 언급하고 있는 글로는 다음을 참조.

   《《臥虎藏龍》獲奧斯卡獎背后〉, 〔春天 http://www.spring.com.cn/spring/magazine/2001-3/55-27.htm〕. 이 글이 첫 머리에서 《와호장룡》의 리안 감독을 서슴없이 '타이완 감독'이라고 지칭하고 있다는 점은 흥미로운 사실이다.

참고문헌

씨네21 편. 1999.《영화감독사전》. 서울:한겨레신문사.

키노편집부. 2001.《2001키노 201감독》, 서울:키노네트.

尹鴻.〈跨國制作, 商業電影與消費文化: '大腕' 的文化分析〉,《當代電影》2002 第1期.

小堯. 2000. 12. 21.〈把脈2000年華語電影〉,《江淮晨報》.

武嘟嘟. 2002. 11. 21.〈電影: 不合身的燕尾服〉,《三聯生活周刊》.

李亦筠. 2004. 9. 15.〈評審徐楓透露華人導演落敗威尼斯原因〉,《羊成晩報》.

魯曉鵬, 姜振華·胡鴻保譯.〈中國電影一百年(1896~1996)與跨國電影研究: 一個歷史導引〉,
〔http://www.usc.cuhk.edu.hk〕

趙蕾.〈綜述: 56屆 夏 納電影節素描 - 夏納龍譜〉,〔CCTV http://www.cctv.com〕.

《《臥虎藏龍》獲奧斯卡獎 背后〉,〔春天 http://www.spring.com.cn〕

〔福建僑聯網 http://www.fjql.org/fjrzhw/a367.htm〕

IMDB〔http://www.imdb.com〕

임대근. 2001. 12.〈중국영화 둘레 짓기〉,《중국연구》제28권. 한국외대 중국연구소.

새로운 상상의 공동체들:

현대 일본영화에서의 차이와 정체성

얼 잭슨 주니어 저
박현희 역

1853년 페리(Matthew C. Perry) 함대의 '흑선(黑船)'이 에도 만(江戶灣 : 지금의 도쿄만(東京灣))에 처음 검은 그림자를 드리운 뒤로 서양은 일본의 문화와 민족 정체성의 형성에 가장 주요한 타자(Other)의 위치를 점해 왔다. 서양은 동시에 '일본'의 지속적인 통합성(사실상 그러한 위협이 조성한 통합)에 대한 가장 큰 위협을 상징했고, 그로 인해 일본은 그 위협을 극복하고 또 스스로 진입하기는 꺼려했지만 새로운 가능성이 가득 찬 더 넓은 세계를 깨달았을 것이다.[1] 일본-서양이라는 대립항은 국내적, 국제적으로 일본의 자기 이해 및 자기 확신의 역사에 강한 영향을 미쳐왔다. 일본이 메이지시대(明治時代)와 다이쇼시대(大正時代)에 행했던 동이시아에 대한 팽창주의적 공격은 부분적으로는 서구의 식민주의적 초강대국이 자기를 인식해 주기를 바라는 욕망에 의해 시작된 것이었다.

제2차 세계대전의 패배 이후 일본 정체성의 재발명 과정을 지나면서

일본이 가지고 있던 제국주의는 일종의 고립주의로 전환되었다. 대동아공영권(大東亞共榮圈)이 모든 아시아인들을 그 제국 안으로 포섭하려는 시도였던 반면에, 전후 일본이 가졌던 자신의 우월성에 대한 관념은 일본의 정체성을 보다 예외적이고 배제적인 용어로 재상상해 냈다.[2] 또한 그 중심적 발생구조는 일본/서양:자아/타자라는 이분법을 남겼다. 그러나 이 경우에 '서양' 그리고 특히 미국은, '일본인'을 단일하고 문화적으로 유일한 것으로 보는 '일본적인 것에 대한 이론', 즉 일본인론이라고 알려진 담론의 형성과정에 중요한 역할을 맡았다.[3] '우리들 일본인(われわれ 日本人)'은 일본인과 미군 점령세력 모두에게 명백한 차이를 가진 집단적 주체로서의 침범할 수 없는 동일성을 재현하게 되었다. 그러한 개념은 서양의 군부와 학문상의 오리엔탈리즘 모두를 만족시켰다.[4] 만일 이 두 지지자와 회의론이 비교적 최근에 잘 조직된 '일본인론'에 자극받았다면, 그 놀라움은 그 자체로 일본인론이 가진 가장 치명적인 이데올로기적 효과 가운데 하나를 지칭하는 것이다. 그것은 바로 역사의 소멸(eclipsing of history)인데, 이는 일본이 서양적 타자(Other)와의 변증법적 경쟁(agon)을 위해 다른 다수와 '시시한' 타자들('lesser' others)에게 가했던 특정한 역사만이 아니라, 이 신비화된 '이상적' 일본의 역사적 우연성을 가리킨다.

나는 일본의 문화적 혹은 민족적 '정체성'이 일본의 아시아 이웃에 대한 관계를 통해 재점검되는, 그래서 대안적 관계의 출현을 시사하는 현대 일본문화의 텍스트 및 실천들에 관심이 있다. 최근의 많은 영화들은 가메이 후미오(龜井文夫), 오시마 나기사(大島渚), 마스무라 야스조(增村保造), 스즈키 세이준(鈴木淸順), 이치가와 곤(市川崑), 후카사쿠 긴지(深作欣二), 오가와 신스케(小川紳介), 하라 가즈오(原一男) 같은 선배 영화감독들의 주변적인 반전통(countertradition)을 또한 인정하는 방향에서 생생한 움직임들을 보이고 있다.

이러한 영화들은 일본의 단일성과 유일무이성(uniqueness)이라는 현대의 신화들에 도전한다. 이 영화들은 또한 일본인론으로는 답을 찾을 수 없는 역사와 책임에 대한 질문을 던지며, 지금도 지속되는 이전 일본 제국주의자들의 정체성 정치학의 결과를 대중적 관심 속에 돌려놓는다.

그러나 책임에 관해 이야기하면서 나는 정치적 혹은 비판적 열망을 (앞의 설명에서 이야기되었듯) 실제 영화들과 혼돈하지 않는 것이 중요하다고 생각한다. 사실 나는 그러한 열망과 조금 떨어진 곳에 위치하는 두 영화, 《월드 아파트먼트 호러(ワールド アパートメント ホラー)》(오토모 가츠히로〔大友克洋〕, 1991)와 《스왈로우테일(Swallowtail)》(이와이 슌지〔岩井俊二〕, 1996)을 살펴보려고 한다. 이 영화들은 각각 재(再)판타지화하고 있는 진단적이고 징후적인 민족주의 담론에 양가적인 개입을 한다. 그러나 나는 이 두 영화가 각기 달성한 통찰만큼이나 또한 그 스스로를 배반하고 있는 약점들을 중요하게 보아야 한다고 생각한다.

또한, 원래 《스왈로우테일》은 필견목록에 오르는 최신 영화로 컬트 관객들에게 옹호되었지만, 일본 내 아시아인들에 대한 재현에서는 매우 나쁜 믿음의 잘못된 결과물로 언급되며 학계 안팎의 많은 비평가들에게 여러 차례 강하게 비판되었다는 사실을 밝혀 두어야겠다. 상하이계, 혹은 다른 중국계가 연기했어야 할 중요 배역들은 모두 일본 배우들이 차지했고, '또 다른 아시아' 하위문화에 대한 묘사는 그것을 찍은 필름보다도 더 얇은 판타지가 되어버렸다.

예를 들어 이와부치 고이치(岩淵功一)는 "일본인들과 아시아인들 사이의 어떤 '진정한' 만남"이 '완전히 부재' 하는 《스왈로우테일》이 보여 준 '일본 내 다문화적 혼돈을 재현하고자 하는 시도'를 개탄해 마지 않는다. 그리고 영화가 그러한 이민자들을 재현하는 대신에 "아시아 이민자들의 타자성을 심각하게" 받아들이고 있지 않기 때문에, 《스왈로우테일》은 사실상

'그러한 상상된 타자들을 통해서 일본인들이 잃어버린 무언가를 재현하고 있는 것이다.' 이와이 감독은 '고향과 다른 일자리를 버리고 가족을 위해 돈을 벌러 일본에 온 이민자들'에 대해 경의를 표시하고 있다. 《스왈로우테일》은 '그들에 관한 이야기를 생산하고자 하는' 욕망으로 만들어졌다. 그러나 이와부치는 "사실상 '우리들(일본인)'에 관한" 이야기인 '그들의' 이야기를 읽으면서 이와이의 그러한 '순진한 의도(good intention)'를 비판한다.[5] 나는 이러한 이와부치의 의견에 동의하면서, 영화의 근시안적 사고를 완전히 역으로 다시 고찰하고자 한다. 말하자면, 나는 《스왈로우테일》을 이민자들에 관한 영화가 아니라 일본, 일본의 정체성에 관한 영화로서, 그리고 정체성과 차이 사이에서 이동 중인 관계들에 관한 것으로서 읽고자 한다.

오히려 이런 넓은 평가(혹은 결함평가[disqualification])를 통해서 나는 이제 각 영화가 제시하는 것들의 특성을 요약해 낼 수 있을 것이다. 현대 일본의 문화적 민족주의 담론에 대한 꼼꼼한 간섭까지는 아니더라도, 최소한 그러한 담론들과 그 주체들 내부의 개념적인 소란스러움을 폭로함으로써 말이다. 앞에 언급한 한계 안에서 《월드 아파트먼트 호러》와 《스왈로우테일》은 각각 포스트모던 일본의 전 지구적 상상 속에서 정체성과 차이의 경계를 재배치하면서 각 영화의 상상적 민족지를 상연하고 있다. 두 영화는 일본인론에 도전하는데, 《월드 아파트먼트 호러》는 일본의 유일무이성이라는 신화를 무너뜨리며, 《스왈로우테일》은 일본 정체성이라는 것이 진정 양도될 수 없는 것인가를 질문한다.

이러한 민족주의적 담론 안의 자아/타자(Self/Other)라는 이분법 원칙에서 서양에게 대문자 'O'를 가진 타자(Other) 위치가 마련되었다는 사실은 서양이 스스로를 보편성과 동급으로 취급하는 서구 유럽-미국적 오만 속에서 작용하는 것이다. 따라서 어떤 특정한 일본/서양 이분법은 추상적인 자아/타자의 이분법 속으로 쉽게 전환된다. 이러한 양식에서 일본적 정체성

의 구성은 자아/타자의 이분법을 순수하게 개념적인 행위의 위치에 놓는다. 그 행위는 어떤 특정한 지리역사적 상황보다 우선하고, 완전히 독립적인 '정신적' 공간에서 일어난다.《월드 아파트먼트 호러》는 정체성 형성에 있어 순수 지성적인 자아/타자의 패러다임으로부터, 자아를 아직 진행 중인 상호 주관적인 계획—일반화할 수 없는 타자들 사이에 능동적으로 공존하는 자아로서—으로 깨닫는 이동과정을 드라마화하고 있다. 그리고《스왈로우테일》은 비록 의도적인 것은 아니라 해도 어쨌든 일본 정체성이 갖는 배타성의 한계를 드러내고, 우리들 일본인(われわれ 日本人)이 가지는 명목뿐인 단일성 안에 존재하는 다른 종류의 타자성에 대해 직관해 낸다.

1. 일본 자아 대 타자: 메이지-다이쇼-쇼와

일본 정체성의 형성과정 중, 자아/타자 이분법에서 서양이 타자의 위치를 배타적으로 점령한 것은, 자신이 다른 모든 문화들의 표준이며 또한 열망해야 할 이상이라고 생각하는 서양의 자아개념에서 일어난 것이다. 서구의 문화적 나르시시즘은 글자 그대로 일찍이 일본의 '서구화'를 서양이 어떻게 받아들였는가 하는 것에서 명백하게 드러난다. 대부분 이러한 과정은 서양에 대한 열망이 아니라 서양에 점령당할지 모른다는 두려움에서 촉발되었다. 더욱이, 근대화 내용의 대다수는 사실상 서양의 것들이 아니었다. 더 나아가 서양의 개념들은 신뢰할 만한 방식이 아닌 차라리 연금술적이라고 할 만한 방법들로 소개, 보급되었다.[6]

후쿠자와 유키치(福澤諭吉: 1835~1901)의 작업은 서양의 '원본'과 일본적 번안 사이의 차이를 예증해 보여 준다. 서양에서 후쿠자와는 서양의

민주주의의 원리를 일본어로 번역·설명하고, 교육을 장려했으며 게이오대학을 세운 메이지 계몽시대의 아버지로 추대된다. 후쿠자와의 저작 가운데 《학문의 권장(學問のすすめ)》과 《문명론의 개략(文明論之槪略)》은 종종 그의 '계몽'자 자격에 대한 근거가 되었다. 그러나 후쿠자와는 '평등'에 대한 서양의 개념과 권력자에 대해 반대할 수 있는 시민의 권리에 대해 반대했다. 뒤에 나는 다시 이 부분으로 돌아오고자 한다. 여기서 중요한 것은 그가 존 스튜어트 밀(John Stuart Mill)의 《대의정체론(On Representative Government)》을 번역하면서 'nation'을 국민(國民)이라는 용어로 소개함으로써 일본 민족주의에 대해 공헌한 부분이다. '국민'이라는 용어가 그 자신에게 의미했던 바를 공들여 정의하면서, 후쿠자와는 또한 '자아'와 '타자' 사이의 구별을 정면으로 주장했다. 그에게 국민은 집단을 의미하는데, 그 집단의 일원들은 집단 외부의 '타자'와의 대조 속에서 '자아'를 집단으로서(as the collective) 구별해 낸다. 국민의 구성원들은 그 '자아'에 대한 약속을 공유하며, 타자들이 아닌 그 집단의 관심사를 진전시키기 위해 활동한다. 이것은 그 자체로 밀로부터 근본적으로 벗어나지 않으면서도, 비판적 관심을 받을 만한 두 가지 이유를 가지고 있다. 우선, 후쿠자와는 국민이라는 용어를 에도시대(江戶時代) 학자들로부터 가져왔다. 그 학자들은 일본 국민이란, 태양의 여신 아마테라스 오미카미(天照大神: 일본에서 천황의 가계가 유래했다고 하는 천상의 태양의 여신)가 대대로 이어지고 있는 황실 가문의 첫 시조에게 처음 기증한 신성한 기증품이라 주장했다. 처음에 후쿠자와는 국민이라는 용어에 대한 생각을 이러한 에도시대 텍스트와는 구별했지만 이후에 천황에 대한 절대적 숭상과 충성을 위해 이 신화를 암시적으로 사용하려 했을 것이다. 따라서 국민이라는 용어의 정의 내부에 있는 '자아-타자' 구별은 모든 비(非)신성한 타자로부터 구별되는 일본 국민의 신성함으로 확대된다. 더 나아가 후쿠자와가 로마 알파벳의 소문자/대문자 사이의 차이를 명확히 드러내지 못했던 반면, 그의 저서와 비망록, 특히 가장 널리 알려진 《탈아론

《脫亞論》)》은 소문자 타자(other)와 대문자 타자(Other) 사이의 명백한 차이를 확연히 드러내 보여 준다.

> 일본은 아시아의 가장 동쪽 끝에 위치해 있다. 그러나 일본은 서양이 보여 준 문명화라는 새로운 국면 덕에, 문화적으로는 아시아로부터 이미 완전히 떨어져 나왔다. 따라서 일본이 중국과 조선이라는 두 아시아 이웃의 짐을 지게 된 것은 안타까운 일이다. 세 나라가 모두 동아시아적 정치사상을 통해 형성되었음에도 거기에는 인종적, 유전적 혹은 교육적으로 정해진 중요한 차이가 있다. 중국인과 조선인은 서로 매우 닮았고 또 일본과는 매우 다르다. 중국인과 조선인은 어떤 발전의 가능성도 보여 주지 못했다…… 서양 문명화의 장점을 접해도 그 고대 전통에 대한 완강한 집착을 버리지 못했다. 교육은 여전히 공자나 맹자의 저작에 대한 기계적 반복을 의미한다……그들은 여전히 야만적 폭력성을 지니고 있다.
> 우리는 우리의 이웃들이 서양을 따라잡는 것을 기다리고 있을 수 없다……아시아에서 완전히 떨어져 나가서 문명화한 서양 국가들에 편입되는 것이 일본에게는 훨씬 낫다.
>
> ―《탈아론》, 1885

후쿠자와는 일본과 이러한 '문명화한 서양 국가들'과의 첫 만남이 자발적이지 않은 것이었다는 사실을 간과했다. 사실 이러한 용감한 신세계 속 일본의 등장은 다 총부리 끝의 의도와 목적에서 나왔다. 1854년 가나가와조약(神奈川條約) 협상의 조용한 파트너 노릇을 했던 것은 1853년에 일본에 왔던 무장한 미국 해군함대 밀리어드 필모어(Millard Fillmore) 호였다. 이 조약으로 미국은 일본 입국권리를 비롯해 토쿠가와(德川) 정권이 양도를 원치 않았던 특권들을 얻어냈다.[7] 1858년, 최초의(초대 받지 않은)[8] 일본주재 미국 대사였던 타운센드 해리스(Townsend Harris)는 일본이 미국에 치외법

오토모 가츠히로 감독의 《월드 아파트먼트 호러》의 한 장면. 카메라가 도쿄의 서양 외국인의 모습을 잡고 있다.

권뿐만 아니라 매우 특권적인 무역권을 양도해 주도록 한 해리스조약 (Harris treaty)의 비준을 강요했고, 이로써 힘의 불균형을 확장, 고착시켰다.

일본인들은 이러한 조약들을 영국이 중국에게 강요했던 조약들과 비교하면서 그 불평등함에 대해 대단히 불만을 토로했다. 그러나 1872년에 일본은 페리의 행동을 모델 삼아, 조선에 항구를 개방할 것을 요구하기 시작했다. 1876년 일본은 조선에게 강화도조약(江華島條約) 서명을 강요했고, 그것으로 가나가와조약과 해리스조약에서 일본이 미국에 제국주의적이라고 비난했던 특권들과 정확히 똑같은 권리를 조선으로부터 얻어냈다.[9] 이러한 행동의 모양새는 위에 인용된 부분에서 알 수 있는 탈아론으로부터의 불길한 어조를 일깨워 준다. "우리는 중국과 조선이 우리와 지정학적으로 근접해 있다고 해서 특별대우를 해줄 필요는 없다. 우리는 서양이 그들을 어떻게 대하는지를 보고 그것을 본보기로 삼으면 될 것이다."

아이러니하게도, 후쿠자와가 주장한 탈아(脫亞)란 정확히 그 반대의 행동에 대한 정당화였다. 탈아는 다른 아시아 국가들에 대한 일본의 공격을 가능케 해주었던 비동일시(dis-identification)의 비유적 출발이다. 1894년 조선의 동학운동은 조선 정부에 대한 농민 봉기를 촉진시켰고, 중국과 일본은 군대를 보내 이를 진압했다. 그러나 일본은 군대를 계속 조선에 주둔시키고 중국에 조선의 독립을 인정할 것을 요구했다. 이에 대한 중국의 거절로 1894년 청일전쟁이 발발한다. 1895년의 승리로 일본은 금전적 배상뿐 아니라 랴오둥(遼東)과 타이완(臺灣)까지 요구한다. 중국은 시모노세키조약(下關

《월드 아파트먼트 호러》의 한 장면. 영화의 제목이 화면으로 보여지는 이것은 외국인 손님에 대한 코멘트인가?

條約)으로 이 영토를 일본에 넘겼다.

　　이로써 타이완에 대한 일본의 식민화가 시작되었으며 조선에 대한 점령이 단계적으로 시작되었다. 일본은 1945년 패전으로 제국이 와해될 때까지 동아시아와 동남아시아, 그리고 남태평양까지 삼켜버렸다. 제국주의적 사명이 서양에서 온 타자에 대한 일본 자아의 주장으로 여겨지면서, 그 사명의 이름으로 이러한 판타지 외부의 전체 인구와 문화가 일본의 공격 안에 다 포함되었다. 대동아공영권이라는 물결이 휩쓸고 지나간 그 많은 사람들과 그들이 사는 세계는, 현재 원상 복귀한 일본이 인정하기를 거부하거나 또는 교과서 수정을 외치는 자들이 삭제해 버릴 수 있는 '과거'로 결코 격하될 수 없다.

　　《월드 아파트먼트 호러》와 《스왈로우테일》은 그 과거를 재방문하지는 않지만, 억압된 것들의 회귀로서 징후적으로 과거가 일본을 재방문하는 것이다. 그러한 현상들은 '과거'는 '지나간 것'이 아니고 복잡한 현재의 역동적인 구성요소임을, 그리고 자신의 책임을 인정함으로써 미래 형성에 매개체가 될 수 있는 기회임을 주장한다.[10]

2. 《월드 아파트먼트 호러》

　　오토모 가츠히로의 《아키라(AKIRA)》(1988)는 국내외적으로 일본 애니메이션의 중요한 기념비적 작품이다. 《아키라》의 묵시록적 분위기[11]와 시각은 그의 첫 실사영화 《월드 아파트먼트 호러》로 더욱 울려 퍼지는 것 같다.

《월드 아파트먼트 호러》는 개발업자들이 점찍은 저소득층용 아파트에서 외국인 거주자들을 퇴거시키려 하는 야쿠자들의 이야기다. 거주민들과의 전쟁은 계속 방해를 받고 마침내는 아파트 벽에 숨어 있는 초자연적인 존재가 이를 훼방 놓는다. 외국인들을 대하는 영화의 태도와 외국인들을 내쫓으려는 영화 속 갱들의 태도는 별로 다르지 않다. 그리고 이러한 양가성은 내러티브에 대한 서곡 구실을 하는 영화의 오프닝 시퀀스에 의해, 그리고 이야기를 괄호 속에 몰아넣는 음악적 단서에 의해 혼합된다.

도입부

영화는 '엠바디먼트 필름 제공, 오토모 가츠히로 필름'이라고 쓰인 검은 화면과 거의 알아 들을 수 없는 소음들로 시작한다. 그리고 "오, 오, 오"로 시작하는 남자 가수의 노래가 시작된다. 노래가 시작되면 신주쿠(新宿)의 가장 활기찬 유흥가 중 하나이며 중국 마피아들과 야쿠자들의 전쟁터인 가부키조(歌舞技町)의 네온사인 거리 컷이 이어진다. 카메라는 가부키조라는 장소에 잠재해 있는 혼돈과 역동성을 강조하며 미친 듯이 흔들린다. 그 흔들림은 갑자기 멈추고 카메라는 짙은 금발의 여성을 비추고 패닝(panning)하면서 똑같은 금발의 동행 남자를 보여 준다. 그 커플은 멍한 표정으로 구걸을 하는 듯이 거리에 쪼그려 앉아 있다. 카메라가 군중 사이를 배회하다가 다음에 이어지는 장면들은 다양한 사람들이 모여 있는 상대적으로 정적인 실내 삽입 장면이다.

이러한 두 종류의 이어지는 컷들은 이 영화의 선택 원칙을 보여 준다. 화면 속 인물들은 모두 인종적으로 다른 동아시아인들, 즉 흑인에 가까운 피부색을 가진 사람, 남아시아인, 혹은 필리핀인이다. 몇몇 실내 장면에선 서비스업에 종사하거나 주방에서 일하는 인종적으로 다른 주체들이 묘사된다. 한 장면은 슈퍼마켓에서 장을 보고 있는 남아시아인이다.

이렇게 선택된 편집들은 가부키조가 비일본인인 동양의 방문객들에 의해 완전히 장악되었다는 인상을 준다. 때때로 카메라는 그 카메라가 꼼꼼히 선택해 찍은 장면들을 주의 깊게 보아주기를 요구한다. 가부키조를 통과하는 카메라가 딱 보기에도 동아시아인이 분명한 인물을 비출 때마다 카메라는 갑자기 방향을 돌리거나 갑자기 다른 외국인으로 컷을 전환한다. 같은 증거로, 카메라는 일본어로 된 사인(sign)은 피하고 중국어 사인에서는 천천히 팬(pan)하며 한국어 사인은 좀 더 길게 찍고 있다. 중국어 사인이 상대적으로 짧게 비치는 것은 앞서 동아시아인들이 짧게 찍혔던 것과 같은 이유에서일 것이다. 중국어는 한자로 쓰여 있어 자칫 일본어로 읽힐 수도 있지만, 한글은 딱 보기에 명백히 외국어인 사실 말이다.

카메라가 따라가는 유일한 동아시아인은 순찰 중인 경찰들이다. 입고 있는 제복으로 그들은 경찰이고 동시에 일본인임이 확인된다. 그들의 확실한 일본 국적은 법의 구현 시퀀스에서 볼 수 있다. 경찰들 또한 가부키조 안에 속하는 존재처럼 보이기 때문에 그 경찰들의 '속함'은 일본에서 아무 권한도 없는 외국인들과는 확연한 대조를 이룬다. 그리고 그러한 시각적인 대조는 거꾸로 외국인들과 위법이 함께 가는 관계임을 시사한다. 외국인들이 언제 일어날지 모를 질서의 혼란을 재현하고 있는 반면, '신분이 확실한 (identifiable)' 일본인은 법과 질서의 보존을 재현한다.

편집은 계속 힘을 쌓아가며 점점 리드미컬해지는데, 이는 길 힌가운데 서서 카메라를 바로 응시하며 미소 짓고 있는 한 남아시아 혹은 중동계 여성의 미디엄 롱 샷(medium long shot)으로 시작하는 도입부의 마지막에 이른다. 웃으며 바라보고 있는 그녀 얼굴을 카메라는 줌으로 클로즈업해 들어

간다. 그리고 영어로 '월드 아파트먼트 호러(World Apartment Horror)'라고 쓰인 검은 타이틀로 갑자기 바뀐다. 그 여성의 친숙한 미소와 카메라를 바라보는 솔직함, 그리고 타이트한 클로즈업은 개인 공간의 침해를 암시한다. 얼굴은 너무 가깝고, 미소는 너무 친근하며, 카메라 너머로 관객을 똑바로 바라보는 표정은 일반적인 손님들의 표정이 아니다. 타이트하게 찍힌 얼굴에서 영화 제목으로 화면이 갑작스레 넘어가면서, 그 여성의 이미지(즉, 자신의 일본 체류에 대해 너무 당당한 듯한 모습)와 '호러'라는 카테고리 사이에는 불편한 관계가 만들어진다.

배경음악 〈도쿄 부기우기(東京ブギウギ)〉의 락 버전(1947년, 스즈키 마사루〔鈴木勝〕 작사, 하토리 료이치〔服部良一〕 작곡)은 가부키조에 또 다른 면을 더해 준다. 카사기 시즈코(笠置シヅ子)가 처음 취입한 이 곡은 금세 큰 인기를 모았고 지금도 사랑을 받는 옛 유행가로 남아 있다. 도입 시퀀스의 이미지와의 관계 속에서 볼 때 노래의 역사는 그 가사보다 더 중요하다. 1947년은 미군이 일본을 완전히 점령하고 있을 때였다. 일상의 모든 것은 미군 총사령부에 의해 통제되고 있었고, 거리는 바와 카바레를 누비던 미군 병사들로 가득 찼다. 스트립쇼는 미군들을 위해 세워졌고 새로운 종류의 매춘인 '온리(only)'는 오로지 미국인 단골손님을 위한 이름이었다. 하토리의 회고담이 이 세계를 단지 간접적으로만 회상하고 있다 하더라도, 그 효과와 작용은 그 노래가 표시했던 명랑한 복종에 대해 알려준다.

전후(戰後)에 사람들이 듣는 모든 음악들은 일종의 멜랑콜리한 것들이었다. 그때 나는 〈이별의 블루스〉, 〈비의 블루스〉 같은 어둡고 수심에 가득 찬 곡을 많이 작곡했는데, 이런 곡들은 우리 일본인들을 더 슬프게 할 뿐이었다. 난 그런 블루스 작곡이 지긋지긋해졌고, 우리 모두의 기분을 밝게 해 줄 노래를 만들어 내려고 머리를 짰다.

그러던 어느 날, WVTR(The Radio Station of the U.S. military in Japan: 미군 라디오 스테이션)에서 부기우기 송이 내 귀에 들어왔다.[12] 난 그 노래를 꼭 진짜로 듣고 있었던 건 아니었지만, 내게 필요한 게 바로 그 곡이란 걸 알아챘다. 바로 그거였다. ―〈도쿄 부기우기〉

…… 내 칭찬을 하는 걸지도 모르겠지만, 난 미군들이 재즈밴드에게 〈도쿄 부기우기〉를 신청할 때, 혹은 지나가는 지프차에서 누군가가 〈도쿄 부기우기〉를 흥얼거리는 걸 들었을 때가 가장 기뻤다는 얘기를 해야겠다. 오리지날 곡에 대한 서투른 모방 시도가 어쩌면 미군의 사랑을 얻을지도 모른다는, 그리고 내 노래가 미국에 있는 가족들한테 그들이 일본에서의 얘기를 해 줄 때 생각나는 추억 속의 노래가 될 것이라는 생각을 했다. 내가 내 음악을 장벽 없는 언어의 차원에 이르도록 만들어야겠다는 책임감을 느끼기 시작한 것도 바로 그때였다.[13]

하토리의 이야기는 리듬을 고르는 것에서조차 미국의 음악적 취향을 고려해야 했다는 문화적 부담감을 강조하면서, 당시의 미군 점령에 대한 일종의 비굴함을 보이고 있다. 1948년에 카사기에 의해 녹음된 〈도쿄 부기우기〉는 일본인과 미군 사령부 사람들 모두에게 큰 히트를 쳤다. 이것은 미국식 민주주의 정신을 향한 일본의 진보라는 긍정적인 신호로서 일본의 군 뉴스 매체들에서 자주 언급되었다. 그리고 하토리의 바람 또한 실현되었는데, 많은 군인들이 집으로 돌아갈 때 특별한 추억으로 그 노래를 기억하며 돌아갔던 것이다. 전 점령세력 미군이 만든 회보를 보면, 도쿄를 불바다로 만들었던 'B-29 폭격기' 같은 특별한 애정의 대상들을 타이틀로 실은 잡지의 첫 페이지에 이 노래를 언급하고 있다.[14]

이러한 면에서 볼 때, 〈도쿄 부기우기〉는 외국 침략 세력의 문화적 명령에 대한 일본식 합의각서의 한 사례가 된다. 그처럼 이것은 이미지의 자취, 흔적에 대한 도발적인 코멘터리다. 첫째로, 이런 일화와 이 노래에 투사된 의미는 일본을 제2차 세계대전의 선동자가 아닌 희생자로 위치시킨다. 둘째로, 그 시퀀스의 '테마 송'으로서의 〈도쿄 부기우기〉는 미군 점령세력과 가부키조의 외국인들을 평행하게 놓으면서 암시적으로 두 그룹을 모두 일본의 식민자로 그리고 있다. 그러나 외국인들은 점령세력도 식민자도 아니다. 오히려 그들 대다수는 일본 제국주의 시대에 일본에 의해 식민화, 혹은 점령당했던 나라 출신들이다.

마지막으로, 이런 행위는 일본에서 어떤 권리도 없는 타자들에 대해서 원래부터 존재하던 외국인 혐오 반응을 정당화하고 심지어는 찬성까지 유도해 내기 위해서, 미국의 군사적 의제에 대한 비판을 이용하고 있는 것이다.

이야기

도입부에 이어서, 이야기는 그렇게 아무 권리도 가지지 못한 타자들의 일원인, 돈도 없고 언제든 싸울 태세도 갖추어진 몇몇 세입자들로부터 시작한다. 그 지역 야쿠자 조직에서 열심인 이토(다나카 히로유키[田中博行]: 《포스트맨 블루스(ポストマン・ブルース)》와 《탄환러너(彈丸ライナ-)》 같은 영화를 만든 '사부[サブ/SABU]'라는 감독 이름으로 더 잘 알려진 배우)는 그의 조직 형님인 이리에 히데가 관리하는 걸로 보이는 어떤 아파트를 방문한다. 그러나 히데는 정신이 나가서 방에 틀어박혀 있다. 그는 머리에 띠를 두른 채 칼을 쥐고는, 불경함과 악에서 우리를 보호해 주며 신도(神道)[15]의 신성함을 지니고 있다는 흰 천이 달린 가지와 비쭈기나무(sakaki)[16]의 나뭇가지로 만든 원 바깥으로 나가지 않으려고 하고 있다. 방바닥에는 악마 연구에 관련된 책이 있는데, 남아시아(인도)의 악령인 약샤(yaksha)의 사진이 실린 페이지가 펼쳐져 있다. 그 층에 하나밖에 없는 화장실 벽은 좀더 꼼꼼히 잘 그려진 약샤의 컬러 그림으로 덮여 있다.

히데를 병원으로 옮기고 나서 보스인 고쿠부(國部: '국가의 부서'라는 뜻의 성)는 히데에게는 좀 무리였던 숙제를 이토에게 준다. 그것은, 수익 가치가 더 있는 고층빌딩 건설을 위해 건물을 허물 수 있도록 입주자들을 모두 내쫓는 것이다.[17] 고쿠부는 이토가 원래 필리핀과 동남아시아 출신 창녀들의 콜걸업소를 관리했던 것을 언급하면서, 외국인들을 많이 다루어본 경험 때문에 그가 뽑힌 것이라고 추켜세운다.

이토는 히데의 아파트로 가서 만난 처음 입주자들을 내쫓기 시작한다. 파키스탄에서 온 무함마드, 중국에서 온 이씨 성의 남자 몇 사람, 필리핀 출신 호세, 방글라데시인 젊은이 등인데, 이들은 모두 일본어를 못하기 때문에 이토의 시끄럽고 긴 설명은 아무 효과가 없다. 일본어를 할 수 있는 유일한 입주자는 타이완에서 온 성실한 학생 찬(윙후아롱)뿐이다. 그러나 이토가 말을 너무 빨리 하고 외국인은 알아듣지 못할 비속어를 많이 쓰기 때문에 찬과의 대화 또한 어려움투성이다. 장광설 중간에 이토는 찬에게, "일본어를 할 수 있어서 훌륭해. 네가 바로 모범적 외국인"이라고 한다. '모범적 외국인'이라는 말은 타이완이 아직 완전히 그 의심을 벗지 못한 애매모호하고 기분 나쁜 구분인 '모범적 식민지'로서의 타이완이라는 전전(戰前) 일본의 주장을 상기시킨다. 찬의 깔끔한 외모, 깍듯한 예의, 그리고 부지런히 하는 일본어 공부 또한 이러한 암시를 강화한다.[18] 여기서 내가 '모범적 외국인'이라고 번역한 것은 '거울'이라는 단어의 관용적 표현이다.[19] 아이러니하게도 찬은 이 의미를 모른다. 그리고 말뜻을 이해하지 못한 그의 반응은 그래서 이토가 찬에게 했던 칭찬을 어떤 한계처럼 보이게 한다.

다른 한편으로, 찬이 자신의 오해를 표현하는 방법은 아래의 대화에서 찬의 단순한 이해방식이 보여 주는 것보다 훨씬 중요한 것을 나타내고 있다.

찬: 거울요?

이토: 그래. 거울 말이야.

찬: 내가 거울입니까?

찬은 안경을 벗어서 눈앞에서 몇 인치 떼어 들고 질문을 계속하면서 이토에게로 안경을 가져간다. 그리고 이 안경이 이토가 말한 그 거울인지를 확인하려고 한다. 찬이 이토의 말을 이해하는 방식은 지나치게 글자 그대로지만, 그 말뜻을 확인하려 드는 방법은 이 장면을 넘어서는 은유적인 고리를 발생시킨다. 찬의 안경은 그가 앞을 잘 볼 수 있도록 해주는 도구다. 그러나 그가 안경을 끼고 있는 동안, 그는 자신의 안경을 볼 수는 없다. 안경은 또한 타인들이 보는 그의 생김새를 이루는 액세서리다. 안경은 찬에게 앞을 볼 수 있게 해주지만 다른 사람이 그를 알아볼 수 있게도 해주는 것이다. 그러나 찬이 안경을 벗어서 눈 앞으로 들었을 때, 그의 시력은 떨어지지만 그는 안경을 볼 수 있다. 그리고 렌즈 안에서 그는 또한 거울을 발견하면서 자신의 원래 생김새를 본다. 이 위치에서 이토가 관심을 가지고 안경을 들여다봄으로써 찬은 이토에게 렌즈로 비친 찬의 반영을 보여 주게 되는 것이다. 그러나 찬은 이토를 향해서 쭉 손을 뻗음으로써, 이토가 본인의 모습을 볼 수 있게 해주기 위해 자신의 반영을 포기하는 것이 된다. 그 교환이 얼마나 진부하게 보이든지 간에, 그 제시를 매개하는 거울 같은 것의 드라마적 맥락과 기술적 특색은 이러한 관심의 정도를 정당화한다. 이런 마주침에는 민족적이고 인종적인 정체성 역사의 무게가 지워져서, 그 만남은 인식

을 넘어서 경합의 장에 들어선다. 그리고 거울과 같은 영화에 나타나는 많은 시각적인 것들(the specular)에 대한 영화적 중첩결정은 찬의 행동에 인식적, 현상학적, 존재론적 중요성―곧 짧게 다루게 될 클라이맥스 장면에서 다시 일어난다―을 부여한다.

그러나 이토의 관점에서 외국인들이 일본어를 못 알아듣는 것은 단순히 그들이 아파트를 떠나지 않으려 한다는 것을 의미한다. 이 난국에 이토가 부리는 짜증은 후쿠자와가 말한 아시아와의 비동일화만이 아니라 일본인론의 면면들도 보여 주고 있다. 이토가 내뱉는 빠른 열변을 들으며, 찬은 일본어는 너무 어려워서 빨리 이해할 수 없으니 조금 천천히 말해 달라고 한다. 이토는 여전히 빠른 속도로 말하면서도 찬에게는 아주 강한 동의를 표한다. "니 말이 맞다. 일본어는 어려워. 일본인도 이해하기가 어렵단 말이야!"

이토와 부하들은 이들을 내보내기 위해 놀래키고 겁을 주기로 한다. 그들이 건물에서 쥐를 쫓아낼 때 쓰는 연기탄에 불을 붙이자, 격분한 입주자들은 이토에게 몰려와 왜 그가 '아시안 이웃들'을 괴롭히는지 항의한다.

처음에 이토는 주춤하지만 금세 다시 열을 올려서 자신의 대답을 강조하는 듯 일본 검을 휘두르며 말한다. "우리 일본인은 아시아인이 아니야! 일본인은 백인이다!" 후쿠자와의 탈아론적 정서를 이상하게 인종화해서 확장시킨 이 말은 그때까지 아파트 안을 배회하면서도 비교적 간섭하고 있지 않던 악마까지도 깨운다. 비자연적 존재가 이토의 정신에 마침내 들어앉고, 그는 그 아파트에서 완전히 정신을 잃고는 마비상태로 들어서고 만다.

무함마드는 한때 아프리카 무당이었던 공장 노동자 친구에게 도움을 구한다. 무당이 아파트 건물에 들어섰을 때, 악마는 위험을 느끼고 톱으로 얼굴을 긋고 있는 코마 상태의 이토를 완전히 지배하려 든다. 무당은 이토의 손가락을 그 상처 속에 쑤셔 넣으면서 악마의 통제를 중단시키고 이토의 이마에 피로 줄을 긋는다. 이토는 바닥으로 쓰러진다.

무당은 화장실의 약샤 그림을 살펴보고 벽 속에 숨겨 있던 약샤 가면을 찾아낸다. 한 방글라데시인은 자신의 누이가 몇 년 전 일본에서 공부할 때 이 아파트에 살았었다고 고백한다. 그녀는 일본인들의 심한 편견으로 우울증에 빠져 그 화장실에서 자살을 시도했었다. 그래서 그녀의 오빠는 일본인들에게 저주를 내리기 위해 고향 마을에서 이 가면을 가져왔다. 그의 누이와 제2차 세계대전 중 일본인 병사들 손에 파괴된 고향 마을에 대한 복수를 위해서였다. 무당과 입주자들은 그 방글라데시인에게 그의 복수가 그와 같은 다른 외국인 입주자들을 해칠 뿐이라고 설득한다. 그리고 무당은 약샤와 맞서기에 앞서 먼저 이토부터 치료하려 한다.

무당은 이토의 피를 가지고 더 정성스레 얼굴에 줄을 그어주고 가슴에도 비슷한 문양을 그린다. 그는 모든 입주자들에게 이토 주변에 원을 그리며 앉게 하고, 기도를 올리거나 아니면 각자의 언어와 종교에서 신성한 텍스트를 골라 읽어달라고 한다. 무당은 무당 말을 못 믿는 사람들에게 암송에 꼭 믿음이 있어야 하는 건 아니라고 설득하고, 다양한 의식을 행하고 아프리카어 기도문을 암송한다. 이토는 곧 깨어나고 무슨 일이 일어났는지어리둥절해 한다. 찬은 그의 눈을 보며 말한다. "거울을 보면 이해할 거예요. 지금 여기엔 아시아도 없고 일본도 없어요." 모두가 웃는다. 이런 설명도 이상하지만 이토가 이 설명에 만족하는 것 같은 모습도 그에 못지않게 이상하다. 거기엔 어떤 거울도 없으며, 설사 있다고 해도 거울에 비추어진 이토의 모습은 그에게 어떤 것도 설명할 수 없을 것이다. 그러나 그 매우 불충분한 설명과 그것을 이토가 이해하는 장면은, 그 진술이 찬의 '거울'에 대한 오해로 시작되었던 수사학적 고리의 정점으로 기능함을 보여 준다. 첫째 예에서 찬은 안경을 벗어 이토 쪽으로 들어 보임으로써 '거울'을 언급했다. 이번에는, 그가 얼굴을 이토의 눈썹에 가까이 가져감으로써 '거울'을 강조한다.

그러나 영화는 이토의 어떤 감정적인 마음의 변화를 제시할지 모를, 이토의 어떠한 종류의 반응에도 긴 시간을 허락하지 않는다. 일동이 이토가 돌아온 것에 다행을 표시하고 찬이 위의 대사를 하자마자, 한 미친 남자가 계단을 뛰어 올라간다. 미친 히데는 병원에서 도망쳐서 박물관에서 야마토 다케루(日本武: 일본 고대사에 등장하는 무존〔武尊〕이자 영웅)의 검을 훔쳤다. 야마토(大和)는 현재의 나라(奈良) 부근을 말하는데, 야마토 가(家)는 5~7세기에 그 이웃들과 아이누라고 불리는 백인 계열의 원주민에게 전쟁을 벌여 승리했다. 황족의 신성함을 확립한, 일본어로 된 가장 오래된 역사서인《고지키(古事記)》(712)를 보면, 야마토 다케루는 서쪽의 '반항하는 종족들', 그리고 이후 남쪽을 복속시키라는 임무를 내려준 게이코(景行) 천황의 아들이다. 이후 '야마토'라는 단어는 '순수한 일본인'의 동의어가 되었다. 야마토 코토바(大和言葉)는 한자 원형의 일본어 단어와는 관계가 먼 '순수한 일본' 언어라는 뜻이고, 야마토 다마시이(大和魂)는 '일본 정신'이라는 뜻으로, 1920년대에서 제2차 세계대전 종전까지 일본의 초(超)민족주의 (ultranationalism) 시대에 부활된 고대적 용어이며 아직도 극우 세력들이 즐겨 쓰고 있다. 히데는 일본 무사도까지 겸한 신도의 장치를 모방하며 꾸며

진 인물이며, 아파트의 외계 무리들을 없애 달라면서 불러들이고 있는 성스러운 야마토 다마시이와 신성한 검에 대한 찬양을 통해서 야마토 코토바에 대한 찬사를 행하고 있는 것이다.[20] 그는 무당을 치려고 칼을 들지만, 이토는 히데를 저지하고 외국인들과 공간을 나누어 쓸 것을 설득하려 한다. 그러나 히데는 계속 공격해 대고, 그러는 동안 고쿠부가 불도저를 끌고 도착한다. 여피족처럼 트렌치코트를 입고 등장한 그는 히데를 찾으려고 잔뜩 화가 나 있고, 이토와 히데는 서로 싸우고 있다. 그러다 고쿠부가 히데가 휘두르는 칼을 피하려고 약샤 가면을 쓰자, 칼은 부러지고 가면은 갈라져 아래층으로부터 악령들을 불러 모은다. 입주자들과 이토는 두 야쿠자에게 뒤에 있는 괴물을 조심하라고 하지만 둘은 싸움에 정신이 없다. 입주자들은 도망가고 야쿠자들은 약샤에게 잡아먹힌다. 그리고 무당은 약샤를 물리친다.

다음 날, 이토와 그의 부하와 입주자들은 함께 아침을 만들고 부엌 구석에 있는 제단에 밥을 올린다. 제단 중심에는 약샤의 그림이 있다. 아직도 싸우고 있는 히데와 고쿠부의 목소리가 제단에서 들려온다. 약샤의 입 속에는 싸우는 두 일본인이 있다. 히데와 고쿠부는 영원한 전투의 지옥인 아수라에 있는 것이다.

이토와 여자친구는 건물에서 나와 지금까지의 장면들 속에서 가장 밝은 햇빛 속으로 걸어 들어간다. 그들은 타이완으로 여행을 가고 싶어한다는 얘기를 한다. 그녀는 거기 쥐들은 어떨까를 묻고, 이토는 "통제하기가 무척 힘들 거라고 장담해"라고 한다. 카메라는 팬해서 뒤쪽을 비추며 둘이 걸어온 길의 공간과 아파트 건물을 보여 준다. 아파트 베란다에서 입주자 중 하나가 난간에 옷을 널고 있고, 파키스탄인은 메카를 향해 기도하고 있다. 그러나 마지막의 이 낙관주의는 사운드트랙으로 인해 손상되는데, 이토가 타이완의 쥐들을 생각하고 있는 순간에 연주곡 〈도쿄 부기우기〉가 시작되고 마지막 크레딧에 이르기까지 이어진다. 이 마지막 시퀀스에서 플롯, 이미지, 사운드 트랙은 일본 내 외국인들에 대한 전혀 다른 세 가지 태도를 표현하고 있는 것 같다. 플롯상에서 이토는 아파트에 사는 외국인들과 화해한 듯하며, 여자친구와 타이완에 가고 싶어하는 것은 보다 코스모폴리탄적인 세계 시야를 시사한다. 거주자들의 베란다에서의 일상 이미지들은 일본에서 조화롭게 살아가는 많은 문화들의 장소를 의미한다. 그러나 사운드트랙은 이토의 변화와 그러한 다문화의 수용은 일본 정체성에 맞지 않는 일종의 항복이라고 말한다.[21]

그러나 영화 속에서의 타자성에 대한 모순적인 성향들의 공존은 영화에서 가장 중요한 지점이다. 두 가지 점에서 이 모순의 사례를 볼 수 있다. 예를 들어 '성스러운 칼'이 그렇게 쉽게 부러졌다는 사실을 생각해 보라. 그런 물건들은 사용하다 보면 흔히 부러질 수도 있기 때문에 이 사실은 무시되기 쉽다. 그러나 영화는 초자연적인 것을 수용한다. 약샤 가면의 마술도, 무당의 아프리카식 의식도 힘을 발휘하고, 파키스탄인의 알라에 대한 기도도, 중국인 무신론자가 읽은 불교 수마트라조차도 힘을 발휘한다. 작동이 안 되는 유일한 사이비는 일본의 국가적 신화인 야마토 신앙인 것이다.

둘째 사례는 영화의 도입부에서 이토가 아파트를 처음 방문했을 때 시작된다. 그가 1층에 들어섰을 때의 설정샷(establishing shot)은 많이 망가지고 다 떨어진 아파트의 모습을 보여 준다. 그리고 다 부서진 우체통으로의 느린 팬이 있다. 연필로 쓰인 이름들은 모두 외국어다. 동시에 마지막에 있는 히데의 우체통은 검정 판에 금색으로 글자가 칠해진 명판을 달고 있다. 그러나 이름은 일본어도 아니고 사람의 이름이 아닌, 그 빌딩의 소유주 야쿠자 집단의 이름인 흑룡회(黑龍會)다. 일본인의 존재는 중국인 입주자의 이름과 마찬가지로 한자로 표시되어 있다.

이런 점에서, 외국과 일본 사이의 명백한 차이는 잠시 유예된다. 그리고 이것은 영화 도입부의 패러다임을 간직하고 있게 된다. 영화 도입부에서 일본인들은 외국인들을 법의 반대지점에 놓이게 만드는 법으로서의 경찰이었다. 그러나 우체통의 이름에서 외국인들은 중립적인 개인이고, 일본인은 오직 범죄집단으로서만 확인되어 있다(거주자들은 아파트에 머물면서 어떠한 범죄도 저지르지 않는다. 반면에 영화 속 모든 일본인들은 범죄자들이다).

조직 이름이 흑룡회라는 것 또한 매우 의미심장하다. 실제 흑룡회는 우치다 료헤이(內田良平)가 1901년에 만든 초민족주의자들의 단체다.[22] 흑룡이라는 이름은 중국(일본이 만주국을 세운 지역)과 러시아의 경계를 이루는 아무르 강을 가리킨다.[23] 흑룡회라는 이름 자체는 그 조직의 원칙적 믿음—일본적 정체성의 인종적 바탕, 비일본인에 대한 인종적 우월성—을 반영한다.[24] 이 이름과 중국과의 관계 또한 일본의 제국주의 담론이 '민족'에 대한 정의를 조종할 수 있었던 방식을 보여 준다. 그 '민족'이라는 단어는 가끔 다른 동아시아 국가들을 그 범위 안에 포함시키면서 일본 제국의 합병에 대한 정당성을 주장하기도 했다.[25]

《월드 아파트먼트 호러》의 갱들이 사용하는 이 '흑룡회'라는 이름은 초민족주의자들이 보였던 침략성의 매우 위험하게 잠재된 형태로 그들의 행동과 태도를 범주화하고 있다. 우체통에 적힌 이름은 중요하게 인지해야 할 기억의 조각이다.

그러나 간접적으로, 영화의 일본 '정체성' 재형성은 소유와 그 기억으로의 소유해 가는 과정을 포함한다. 책임을 진다는 것은 거울에 대한 찬의 메시지에 대한 완전한 이해를 가능하게 해 주는 단계인데, 그것은 언어들 사이에서 그리고 현재와 미래의 아직 지나지 않은 역사들을 가로지르며 일어난다.

3. 《스왈로우테일》

　　《스왈로우테일》은 '엔 타운(円都)' 이라 불리는 가상의 공간과 (현재는 과거인) 근(近) 미래의 일본을 배경으로 한 포스트모던 동화다.

　　엔 타운은 일본 경제기적의 상징인 엔을 좇아온 이민자들로 가득 차 있다. 이 마을은 다양한 국적의 사람들로 차 있지만, 영화는 상하이 및 중국어권 지역에서 온 것으로 보이는 사람들을 중심으로 전개된다. 앞에서도 말했듯이 '상하이계 중국인' 은 일본인 배우들이 연기한다.

　　이 영화가 거의 전 세계적으로 비난을 받는 중요한 이유 중 하나는, 《스왈로우테일》이 사실상 '타자' 에 관한 영화가 아니라 실은 일본에 관한 영화이기 때문이다. 그리고 한 번 더 반복하자면, 나의 접근은 그러한 비판들에 동의하긴 하되 조금 다른 관점에서 동의하며 이루어진다. 나는 이 영화를 일본에 관한 영화로 읽을 것이다. 이러한 관점에서가 아니면 《월드 아파트먼트 호러》와의 비교는 거의 말이 안 될 것이다. 《월드 아파트먼트 호러》가 타자에 대립적인 자신으로부터 타자 속에 속한 자기로의 이동을 드라마화한 반면, 《스왈로우테일》은 내부적으로 불균질하고 근본적으로는 불확실한 일련의 수행으로서 일본의 '정체성' 을 재현한다. 차이와 불확실성은 플롯상에서만이 아니라 일본의 민족주의와 일본영화사 그 자체의 플롯들 안에 새겨진 매개 속에서도 절합되는 모티브들이다.

첫 번째 확인들

　　《월드 아파트먼트 호러》와 마찬가지로 《스왈로우테일》 역시 확실히 구별 가능한 일본인이라고는 오직 경찰밖에 없는 다문화적인 카오스 장면으로 시작된다. 들판에서 상하이 출신(임이 확실한) 여성의 시체가 발견되

《스왈로우테일》영화 속 엔 타운 클럽의 오픈 장면. 가상공간 엔타운은 일본 경제기적의 상징인 엔을 쫓아온 이민자로 가득하다.

고, 죽은 자의 친구들은 시체공시소에서 도교적인 송별의식을 치르려고 하며, 제복을 입은 경찰은 이를 제지한다. 남겨진 10대 소녀(이토 아유미〔伊藤步〕)의 표정은 이런 상황들에 거의 무관심하다. 그녀는 다른 상하이 출신 창녀인 글리코(차라〔Chara〕)에게 넘겨진다. 소녀는 글리코의 가슴에 새겨진 나비 문양의 문신에 매혹된 듯 보이고, 그러자 글리코는 소녀의 가슴에 매직으로 애벌레를 그려주고는 나비라는 뜻의 일본어 '아게하(あげは)'를 가타카나(片假名)로 써준다. 그리고는 "이게 네 이름이야"라고 말한다. 글리코는 아게하라는 새 이름을 얻은 이 소녀에게 문신과 관련된 이야기를 해준다. 글리코는 두 오빠와 함께 일본으로 왔다. 일을 찾지 못한 셋은 지갑을 훔치기 시작하고, 그러던 어느 날 둘째 오빠는 차에 치여 즉사하고 만다. 글리코와 오빠는 그의 시체가 아게하의 엄마 운명이 그랬듯이 또 하나의 무명의 시체로 버려진 채 앰뷸런스에 실려서 가버리는 것을 망연자실하게 바라보고만 있었는데, 이들은 일본어도 못하고 본인들의 법적 신분 상태를 알고 있기 때문이다. 글리코는 일본 내 '엔 타운' 사람들의 일반적 운명처럼 그

《스왈로우테일》영화 속 위조 지폐. 지폐 위조라는 범죄는 그것이 국가의 권위에 도전하기 때문만이 아니라 진실성이라는 개념상 '진짜'와 '가짜'의 양극단을 해치기 때문에 또한 전복적이다.

렇게 똑같이 인생을 끝내지 않기 위한 '신분증'으로 문신을 새긴 것이다.

글리코는 아게하를 공동체/농장인 아오조라('푸른 하늘'이라는 뜻)로 데려가고 아게하는 글리코의 연인 왕페이홍(미카미 히로시[三上博史])을 비롯한 엔 타운 사람들을 만난다. 왕페이홍이라는 이름은 쉬커(徐克) 감독의 시리즈물인《황비홍(黃飛鴻: Once Upon A Time In China)》으로 유명한 중국의 민족주의적 영웅인 황비홍을 떠올리게 한다. 아게하는 그곳에서 그들과 함께 일하게 된다. 아게하의 이웃들 중 하나인 흑인 미국 남자는 그녀에게 하나의 지침이 될 지혜의 말을 하나 준다.

하늘은 사람 위에 사람을 만들지 않았고, 사람 아래 사람을 만들지 않았다.

그는 "엔 타운의 신(神) 후쿠자와(Fukuzawa, 그는 이것을 퍽-어-자와[(Fuck-a-zawa)]로 발음한다)가 그렇게 말했다"고 하며 자기 말에 권위를 부여하려 한다. 그는 《학문의 권장》에서 따온 이 구절을 통해 기회의 평등

및 독립정신을 말하려 하지만, 이는 앞에서 필자가 설명한 대로 후쿠자와 유키치(福澤諭吉)에 대한 미국적 오해의 전통을 따르고 있는 것이다. 후쿠자와의 요점은 완전히 다른 것이었다. 후쿠자와는 이런 주장을 상정함으로써 사회적 불평등을 합리화하려 했다. 왜냐하면 누구나 교육을 받으면 모두가 세계에서 완전히 성공할 수 있는 것이므로, 가난한 자들과 사회 권력을 가지지 못한 자들은 나태함이라던가 그들의 태생적 한계의 결과 때문에 그렇게 된 것이라는 이야기다.[26] 후쿠자와에 대한 엔 타운의 숭배는 후쿠자와의 초상이 수십 년간 만 엔짜리 지폐에 찍혀 있었기 때문으로 보이기 때문에, 이는 또한 돈에 눈 먼 이민자들에 대한 일본의 경멸을 보여 주는 것 같다.

글리코와 동료들은 실수로 죽이게 된 글리코의 한 손님의 위 속에서 카세트테이프를 발견하게 된다. 테이프에는 프랭크 시나트라의 〈마이 웨이(My Way)〉가 녹음되어 있고 만 엔 지폐의 마그네틱 코드가 새겨져 있다. 아오조라의 수장인 란은 그 코드를 추출해 내고 천 엔짜리 지폐 위에 프린트해 낸다. 그렇게 조작된 천 엔 지폐는 동전교환기에서 만 엔으로 인식되고, 모든 천 엔 지폐는 만 엔의 가치를 가지게 된다. 엔 타운은 이 행운을 기회로 돈을 모아 나이트클럽을 사서 '엔 타운 클럽'이라는 라이브하우스를 열고, 글리코가 리드 보컬을 맡아 엔 타운 밴드를 조직한다.

라이브하우스 '엔 타운 클럽'의 내부 장식은 그 클럽을 열 수 있게 해주었던 것들에 대한 아이러니한 오마주(hommage)로 나타났다. 만 엔과 천 엔짜리 지폐의 확대사진을 벽에 걸고 각각의 지폐에 찍힌 인물인 후쿠자와 유키치와 소설가 나쓰메 소세키(夏目漱石)의 이미지를 조금 작은 사진으로 걸었다. 이렇게 일본의 공식적인 문화 역사상의 전형들을 팝 아트적으로 전환시킨 것은, 특히 '위조'가 그 그림들이 걸린 클럽을 열게 해주었다는 문맥에서 본다면, 이것은 이러한 인물들을 희화화하고 그들을 정전화한 이데올로기 장치들을 조롱하는 것이다. 후쿠자와는 오랫동안 만 엔 지폐 속의 인물이었다.

　　그러나 나츠메 소세키의 경우는 환유적으로 만 엔 지폐와 소세키 이전의 인물들의 변천을 시사한다. 그러한 변천들은 거꾸로 최근 일본 역사 속의 실제 위조사건들에 대한 질문들과 연관된다. 1950년대 천 엔 지폐에는 고대 일본의 쇼토쿠(聖德) 태자가 찍혀 있었다. 그러나 1963년에 있었던 미제의 천 엔권 위조사건 뒤, 일본 재무성은 쇼토쿠 태자를 이토 히로부미(伊藤博文)로 바꾸었다.[27] 이토 히로부미는 시모노세키조약을 성사시켜 랴오둥 반도와 타이완을 중국으로부터 넘겨받게 했던 일본의 정치가다.[28] 그는 또한 1905년 조선의 초대 총감이었다. 그가 조선 합병을 반대했다는 점이 높이 평가되고 있지만, 이렇게 그가 조선 독립을 지지했다고 간주하는 것은 사실 그가 만들고 유지했던 보다 은밀한 형태의 지배방식에 대한 오해다. 더욱이, 그는 통감 사임후 추밀원 의장의 신분으로 조선에 대한 일본의 합병 요청을 위해 러시아 대신을 만나러 하얼빈으로 갔다. 하얼빈에서 조선의 독립운동가 안중근이 이토를 사살하자, 일본은 이것을 1910년의 조선 합병에 대한 빌미로 사용했다.[29] 일본 화폐에서 이토의 이미지는 1984년 소세키로 교체될 때까지 불멸의 존재로 남아 있었다. 이토의 초상이 엔 타운 클럽 내부 장식에 직접적으로 나타나지는 않았지만, 이토와 후쿠자와 유키치와의 역사적 동시대성(그리고 공유되는 민족주의)과 함께 지폐상에서 소세키의 이미지로 연결되는 이토 히로부미의 연속성은 클럽을 장식하고 있는 소세키를 따라다닌다. 특히 지폐상의 이토 이미지의 각인과 일본 화폐 역사상 가장 성공적인 위조사건 사이의 관계를 볼 때 더욱 그러하다.

　　지폐 위조라는 범죄는 그것이 국가의 권위에 도전하기 때문만이 아니라 진실성이라는 개념상 '진짜'와 '가짜'의 양극단을 해치기 때문에 또한 전복적이다. 만일 위조지폐가 진짜처럼 보이고 똑같은 구매력을 갖게 된다면, 그 진짜와의 기능적 동등함은 '진짜' 지폐의 가치는 과연 어디서 나오는가를 질문하게 된다. 《스왈로우테일》에서 '진짜'와 '가짜'의 차이가 확실하지 않은 것은 법이 범죄에 응답하는 방식에 영향을 미친다. 어떤 장면에서 경찰관들은 다음과 같이 사건을 기술하고 있다. "수천 장의 위조 만 엔권이 시중에 나돌고 있다." 이것은 완전히 잘못된 진술이다. 엔 타운의 화폐 위조자들은 어떠한 위폐도 유통시키지 않았다. 그들은 오로지 지폐교환기를 통해서만 돈을 바꾸었다. 그리고 그들이 교환기에 집어넣은 돈은 만 엔권이 아니다. 그것은 란조차도 아무도 속지 않을 거라고 했던, 딱 보기에도 이상하게 위조된 천 엔권이다. 더욱이 지폐교환기를 통해서 받은 돈들은 완전히 진짜이며, 따라서 그들이 사용하고 유통시키는 돈 또한 역시 완전히 진짜다. 한 장의 위조 천 엔권만이 기계 안에 남고 바로 유통에서 제외된다. 또한, 그 위조된 돈도 '진짜' 다. 만 엔권 위폐란 존재하지 않는다. 여기서 위조된 것은 원래 일본 재무성이 발행하고 인증한 마그네틱 코드를 읽어내게 되어 있는 지폐교환기가 위조된 천 엔권에 부여한 가치인 것이다.

범죄에 대한 경찰의 기술은 여기에 필요한 거짓말이다. 왜냐하면 범죄과정에 대한 보다 정확한 기술은 '범죄' 를 사라지게 만들 것이기 때문이다. "진짜 천 엔권이 교환기에 들어갔다. 그 결과 사람들은 많은 양의 다른 진짜 천 엔권을 유통시키고 있다.", "수천 장의 위조" 지폐가 "유통되고 있다"는 주장은 또한 방어적인 합리화로, 혹은 이러한 주장이 조직의 자기 이해를 보호하는 것처럼 정신분석학적 의미의 방어적 대응으로도 작용한다. 다른 말로 하면, 벌어진 사건에 대해 좀 더 정확히 기술하는 것은 유통 중인 지폐들의 가치를 부정하지 않는다. 그것은 반대로, 합법적인 통화의 가치에 대한 '진실성' 을 질문한다. 따라서, 위조과정의 이러한 특징에서, 그리고 그러한 위조로 이루어낸 또 다른 상업적 모험 속의 후쿠자와 소세키의 이미지 차용에서, 엔 타운들은 국가의 권위와 국가가 발행하는 것의 확실성(authenticity)을 부정하고 있다.[30]

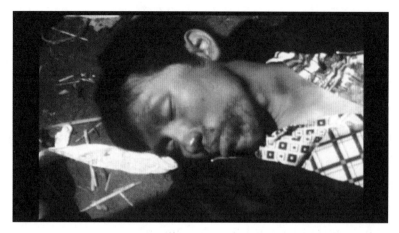

《스왈로우테일》영화 속에서 아게하가 의사를 만나러 가는 길(아편굴) 에 쓰러져 있는 아편중독자.

진짜(authentic)를 오디션하기

엔 타운 밴드 멤버의 오디션이 벌어지고 있는 동안, 건물을 흥정 중인 상하이 마피아는 갱들에게 자신을 '팔아버린' 한 재수 나쁜 일본 사업가에게 글리코와 페이홍을 소개한다. 갱들은 그 일본인을 빌딩의 주인으로 내세우려 하는데, 글리코나 페이홍 같은 외국인은 상업용 건물을 소유할 수 없기 때문이다. 마피아의 중개인은 그 일본인을 앞에 두고 중국어로 상황을 설명하는데, 그의 마피아 집단이 이 남자의 생명보험증서를 가졌으며, 만일 사업이 실패하면 이 사람이 죽고 글리코와 페이홍은 보험금을 타서 그 손해를 변상하게 될 것이라고 한다. 따라서, 오직 일본인만이 가질 수 있는 권리를 가진 '척' 하게 될, 그래서 장차 이 건물의 주인이 될 남자는, 사실상 살아 있다고 해도 아무런 능력이 없는 사람이며, 이러한 보증의 내용을 이해조차 하지 못한다. 이러한 설명을 오디션 중에 배치한 것은 일본 자본가의 주체성에 대한 수행적이고 심지어 우습기조차 한 성격을 강조하고 있다.

오디션 중의 이러한 간섭이 일본적 '정체성'으로부터 배제적인 경제적 특권을 치환시키는 반면, 오디션 중의 한 일화는 일본적 정체성의 언어적 배제성을 치환시킨다. 무대에 선 백인 남자 켄트는 유창한 일본어로 자신을 소개하면서, 부모는 미국인이지만 자신은 일본에서 태어나고 자랐으며 자기는 '빌어먹을 일본 교육 시스템 덕분에' 겨우 일본어밖에 못한다고 한다. 페이홍은 픽 하고 비웃지만 남자는 주장하기를, 일본에는 '진짜' 일본인과 같은 언어적, 문화적 환경에서 살았지만 외모상으로는 '외국인'으로 보이기 때문에 어디를 가도 외국인으로 취급받아 보이지 않는 존재가 된 많은 이들(invisible population)이 있다고 한다. 그는 이러한 인식의 한 단계로 사람들에게 '서드 컬처 키즈(Third Culture Kids)'라는 이름을 제안한다. 그는 또한 엔 타운 밴드가 될 만한 이러한 범주에 속하는(대부분이 백인이고 한 사람만이 흑인) 몇몇 뮤지션들을 찾아낸다.

엔 타운 밴드 내 흑인 멤버의 존재와 그의 침묵은 이 장면이 얼마나 문제적인가를 드러낸다. '서드 컬처 키즈'라는 이슈는 백인 남성들(그리고 특히 미국 백인 남성들)을 희생화의 중심에 놓는 방식으로 제시된다. 왜 이 문제점을 발화하는 자가 흑인 뮤지션이 아닌가? 왜 발화자는 미국인 백인 부모를 둔 자인가? 부모 중 한쪽이 일본인이고 한쪽은 다른 인종인 흑인, 인도인, 필리핀 등의 많은 혼혈아들은 어떠한가? 특히 이러한 자녀들과 그들의 상황이 진실이기 때문이다(켄트의 캐릭터가 가지는 문제점은 완전히 사이비다). 더 나아가 켄트와 엔 타운 밴드가 보여 주는 거짓 딜레마는 매우 많은 숫자의 '타자' '일본인'들이 겪는 곤경에서 다른 곳으로 관심을 전환시켜 버린다. 그들 '타자들'은 일단 겉으로 보이기로는 일본인으로 '통과(pass)'될 만한 그런 사람들이다. 그것이 '우리들 일본인' 경계의 안과 밖에서 동시에 자신을 발견하게 되는, 그리고 안정성과 역사적이고 사회정치적인 조건 속의 불의의 교정 사이에서의 고통스러운 균형 유지일 수 있는 '통과'일지라도 말이다. 그 타자들 중에는 일본 식민지 시기 동안 군인으로 혹은 노동자로 강제 징용되어 온 조선인들의 후예도 있고, 이들 조선인과 비슷한 운명으로 고생하는 중국과 타이완의 후손들도 있으며, 일본에서 태어나서 자랐든 아니든 여전히 외국인으로 낙인되는, 제2차 세계대전 이후 만주나 기타 지역에 버려진 일본 어린이들인 잔류 고아도 있고, 완전히 '본토' 일본인이지만 더 이상 존재하지도, 확인 가능하지도 않은 조상 때문에 '불가촉민'으로 분류되는 부라쿠민(部落民)도 있다. 이러한 집단들은 일본 문화에 대한 적응과 '일본인'이라는 단어가 정의하는 바 사이의 모순으로 복잡한 어려움을 겪고 있는데, 이 타자들에게 '일본인'이라는 정의는 그들에게 부과됨과 동시에 부정되고 있다. 켄트가 일본어로 떠들어대는 장면은 이러한 사람들이 겪는 딜레마를 결코 제시할 수 없다. 그의 행동은 일본적 정체성을 부인당한 어떤 이의 괴로움은 결코 제시하지 못하고, 대신에 일본어 마스터를 성취한 한 미국인의 모습만을 보여 준다. 어떠한 이슈를 꺼내 드는 게 아닌 단순한 뽐내기일 뿐이다.

이 장면에 대한 나의 설명이 조금 혼란스러울지도 모르겠다. 왜냐하면 나는 《스왈로우테일》을 일본인에 관한 영화로 읽는 것에서 조금 떨어져 '타자(otherness)'의 재현이라는 용어로 영화를 비판하는 사람들 입장에 더 가까이 갔기 때문이다. 나는 다음의 이유로 우회로를 택했는데, 우선, 이 장면의 그와 같은 점을 언급하는 것이 윤리적으로 필요하다고 생각했고, 둘째로, '미국인' 일본인의 이러한 속보이는 행동은 일본 '정체성'의 구성과 경계의 문제점을 이야기하며, 셋째로, 일본인인 것처럼 행동하는 미국인 배우의 가식이 비일본인을 연기하는 일본 배우들의 또 다른 속보이는 행동을 거울처럼 보여 주고 있기 때문이다.

지폐위조와 후쿠자와의 포기는 플롯상에서 엔 타운들이 일본의 민족적 담론의 '진정성(authenticity)'를 전복하는 방법이다. 글리코가 스타덤에 오르는 것은, 플롯상에서는 일본의 민족적 담론에 봉사 안에서 글리코와 페이홍의 그들만의 '진정성' 구성을 수반하며, 반대로 영화의 담론상에서는 지배적 질서와 주변화 된 타자 모두의 '진정성'을 파괴한다. 후자의 파괴는 위에 언급된 두 번째 가식을 포함하고 있다.

《스왈로우테일》에서 아게하가 의사에게 문신을 받기 위해 침상에 누워 있는 장면. 의사는 아게하에게 나비에 대한 첫 기억을 떠올리라고 한다.

어린 시절의 아게하가 욕실에서 본 나비. 나비가 날아가지 못하도록 아게하가 창문을 닫는 순간, 나비는 창문 사이에 끼어 죽고 만다.

《스왈로우테일》에서 아게하에게 나비 문신을 새기는 의사. 의사는 아게하에게 나비에 대한 첫 기억을 떠올리게 하는 프로이트적 의사(위 장면)에서 장자('나비의 꿈')를 연상시키게 하는 변발의 옆모습 (아래 장면)으로 보여진다.

글리코의 공연을 보고 놀란 탤런트 스카우터(다구치 토모로〔田口ト
モロ키〕)는 매쉬 뮤직(Mash Music) 담당자와의 인터뷰를 주선한다. 글리코와
페이홍은 스카우터와 관계자들이 다소 거만하게 줄지어 앉은 긴 테이블 반
대편의 벽 쪽으로 앉는다. 그들은 글리코에게 어디서 왔는지를 묻는다. 글
리코가 "상하이"라고 답하자 안 되겠다는 표시로 혀를 차고는 "외국인은 안
팔려"라며 한숨을 쉰다. 이것은 글리코가 아니라 그녀의 국적에 대한 거부
다. 회사는 그녀에게 '일본인이 될 것'을 제안한다. 이것은 물론, 불가능하
다. 그들이 의미하는 것은 그녀가 기꺼이 스스로 일본인임을 주장하고 그녀
가 일본인으로 나서게 될 광고나 미디어 캠페인에 적극 협조할 것을 말하는
것이다. 역설적이게도 '외국인'을 '잘 안 팔리게' 하고 글리코를 공식적으
로 일본인이 되지 못하게 하는 국가적 쇼비니즘은, 글리코의 전체적 개조과
정의 하나로 그녀를 일본인이 되게 해주는 것과 동일한 구조적 메커니즘의
하나다. 그러한 술책은 '일본'이나 '일본인' 개념의 자유화가 아닌, 지배적
인 배타적 정지상태의 일본 민족주의를 강화하고 거기에 완전히 집착하는
순전히 시장 주도적인 냉소주의다. 이 과정은 또한 글리코의 첫 히트 싱글
인 〈Shanghai Baby〉라는 타이틀에서 보이는 전 지구적 미디어 문화의 순전
히 표면적인 모순만을 제시한다. 가수는 상하이 출신이어서는 안 되는 반
면, 그녀는 '일본인'으로서의 자격이 있기 때문에 'Shanghai'—영어로 쓰여
더욱 이국적으로 느껴지는—의 이국주의를 탐닉할 수 있다(타이틀이 영어
로 쓰여 있기 때문에 글리코는 '실제로' 상당히 가까운 상하이와의 관계에
서 더욱 멀리 떨어질 수 있다.)

음반회사와의 인터뷰는 일본어로 진행되었기 때문에 글리코는 페이
홍에게 내용을 통역해 준다. 페이홍은 그녀의 국적에 관한 음반관계자의 제
안을 듣자, 바로 무릎을 꿇고는 영어로 아주 힘차게 말한다. "글리코를 스타
로 만들어만 준다면, 우리는 당신들이 원하는 대로 일본인이 되겠어요." 여
기에는 이미 논의된 앞의 가식보다 훨씬 더 흥미로운 방법으로 일본 배우들

이 다른 사람인 척하는 가식이 시작된다. 글리코를 연기하는 차라와 페이홍을 연기하는 미카미 히로시는 모두 일본인이다. 페이홍이 막후 인물들에게 '당신들이 원하는 대로 일본인이 되겠다'고 너무도 비굴하게 약속할 때, 그 장면의 도식은 자크 라캉(Jacques Lacan)의 타자에 대한 주체 관계의 도식을 닮아 있다. 라캉에 따르면, 기본적으로 타자에 대한 주체의 관계는, 타자가 주체로부터 무엇을 원하는지를 알고자 하는 주체의 욕망에 기반해 있다.[31] 이러한 구조의 가장 전통적 사례 중 하나는 엄마에 대한 아이의 관계다. 아이는 엄마와의 관계를 유지하기 위해 엄마가 무엇을 원하는지를 알아내고 싶어하는데, 그것은 자기가 확실히 엄마가 욕망하는 궁극적인 대상임을 확실히 하고 그것이 될 수 있도록 하기 위해서다.[32]

이를 논의에 보다 직접적으로 관련짓기 위해, 나는 라캉의 모델을 루이 알튀세르(Louis Althusser)의 호명(interpellation) 개념과 결합시키고자 한다. 호명이란 이데올로기적 국가 기구(Ideological State Apparatus)[33]의 기능으로, 그 기구들과 재현적 실천들은 그 기구(Apparatus)가 이상적이고 가장 자연스럽다고 제시하는 주체로 대상 자신을 '인식하도록' 각 개인들을 졸라댄다. 이러한 두 모델의 결합에서 나는 호명당한 주체와 그러한 작동의 사회적 표현의 심리내적(intrapsychic) 작동을 숙고한다. 다른 말로 하면, 알튀세르의 모델이 호명의 순간을 기술한다면, 나의 모델은 그 이후에 일어난 것을 설명한다. 호명을 요구받은 주체는 단지 제시된 정체성을 받아들이는 것 뿐 아니라 그것을 하나의 덕(virtue)으로 수행할 것이다. 그 덕은 어떤 면에서 그 정체성에 수여된 질서의 이득을 위한 것임을 암시한다. 이를 보다 급진적으로 해석하자면, 그 주체의 정체성 수행은 승인과 확인을 받기 위한 타자에 대한 호소다. 레코딩 관계자들에 대한 페이홍의 호소는 아무런 권리도 갖지 못한 불법적 외지인이 그 이외엔 아무도 자신을 승인해 줄 리 없는 바로 그 타자(Other)에게 청원하는 것이다. '당신들이 원하는 대로 일본인이 되겠다'는 그의 약속은 엄마의 완전한 관심을 갖기 위해서는 무엇이든지 해낼 유아의 절망적 심정을 반영한다. 페이홍이나 유아나 모두, 자신이 살아갈 가치가 있는 인생인지 아닌지를 승인 혹은 부인해 줄 권력을 향해 탄원하는 자들인 것이다.

이런 식의 해석을 최소한 플롯의 수준으로만 한정해 본다면, 이러한 상황은 매우 가슴 아픈 것이다. 그러나 이 안타까움을 침식하는 것은 등장인물과 배우들 간의 국적상의 부조화다. 배우인 차라와 미카미 히로시가 일본인이기 때문에 이 장면은 켄트의 오디션 만큼 공허해 보인다. 차라도 미카미도 글리코와 페이홍의 상황에 있지 않을 것이고 일본인이 되려고 시도하지도 않을 것이다. 차라는 일본인으로 '통과(pass)' 되려고 하는 중국인을 연기하는 일본인 배우다. 글리코가 일본인인 척하면서 하는 공연에 대한 격정을 차라는 아무 영향도 받지 않고 해낼 것이고, 또한 차라는 이 역을 일본인이라고 '통과된(pass)' '진짜' 중국 여배우가 했더라면 마주해야 했을 어떤 결과로부터도 자유롭다. 다 그녀가 일본 국적을 가진 덕분이다. 《월드 아파트먼트 호러》의 중국계 일본인 배우인 윙후아롱의 경우를 생각해 보자. 그는 중국어와 일본어를 완전하게 구사하며, 《주온 2(呪怨 2)》에서처럼 중국인이든 일본인이든 완벽히 연기할 수 있다.[34] 그러나 그의 필모그라피로 보자면 (적어도 이 글을 쓰고 있는 시점에는) 일본인 역을 한 적이 딱 두 차례뿐이다. 그의 '중국인'과 '일본인' 캐릭터가 모두 설득력이 있음에도, 중국인으로서의 '진정성(authenticity)'은 그가 '일본인' 역을 맡을 기회를 제한하고 있다. 반대로, 차라가 연기하는 글리코와 미카미 히로시가 연기하는 페이홍의 '비진정성(inauthenticity)'은 그들의 선택의 폭을 넓혀 준다.

이제 이러한 차이를 통해 영화를 다시 이해하자면, '당신들이 원하는 대로 일본인이 되겠다'는 페이홍 역할의 약속은 그 자체로서 연기자 미카미 히로시에 의한 약속의 달성이다. 아무런 결론도 없는 미카미의 타자 연기는 완전히 '당신들이 원하는 대로 일본인인' 배우의 경우이기 때문이다. 미카미가 별다른 노력 없이도 일본인을 성취하고 있는 반면에, 페이홍에게 '일본인'은 오직 비슷한 모방 수행을 통해서만 해낼 수 있는 존재의 형태다. 사실상 일본인 바깥에 있는 인물을 연기하는 미카미의 초상은 그 자체로 그 정체성의 성취다. 그러나 어떠한 존재를 태만하게 이행하는 것은 그 자체로 한계를 가지고 있다. 미카미가 이미 '당신들이 원하는 일본인'이라면, 그것은 또한 그가 쉽사리 다른 것이 될 수 없음을 의미한다. 그의 페이홍 초상이 그의 일본인 정체성에서 나오고 그것을 반영하고 있다고 해도, 그 정체성은 그의 기표하는 행동의 원천일 뿐 아니라, 또한 그들의 결과이기도 하다. 언제나 가정되는 그리고 항상 기표되는 그러한 정체성은 알튀세르 모델이 들려주는 것보다 더 깊은 우선적 호명을 제안한다. 부인을 해도 맞음이 확인되고 변장을 해도 결국은 나타나는 정체성은 그 확실함이 피할 수 없이 필연적이고, 그래서 궁극적으로는 불편하다. 그러한 면역상태의 정체성, 부정을 해도 사라지지 않는 긍정성은 일본인론의 '일본인'을 상기시키는 축도된 '특별사례'다. 일본인론은 자기 확인적이고 단일하며, 표현양식의 결과에 따라 달라질 수 있는 타자들의 정체성과는 전혀 관련되어 있지 않다. 민족주의적 담론은 일본인들에게 어떤 단일함, 단일하게 공유되는 정체성을 부여하는 것만 하지는 않는다. 일본인들의 예외적인 정체성 또한 부여한다. 미카미는 '당신들이 원하는 대로 일본인이 되겠다'는 페이홍의 간청 연기를 통해 일본인임을 표현하면서 그가 당연히 성취할 수 밖에 없는 무언가를 손쉽게 이루어낸다. 그가 일본인 정체성을 자동적으로 성취해 내는 것은 '일본인'으로서의 본래의 호명의 깊이에 대한 지표다. '일본인'으로 호명되는 것은 주체가 타자에게 '당신이 원하는 대로 일본인이 되도록' 만드는 숨겨진 약속이며, 이 약속은 정체성을 너무도 확실하게 확인시켜 주기 때문에 모든 행동은 '당신(타자)이 원하는 대로'의 일본인임을 거듭 단언하는 것이다.

　어떤 면에서 미카미의 상황은 엔 타운 클럽의 명목상 주인이 되게 강요당한 파산한 남자가 가진 딜레마를 추상화한 것이다. 그 남자는 현금도 신용도 없어 자산을 구입하거나 소유할 자격이 전혀 없다. 그러나 그는 일본 국적이어서 자산을 소유할 특권을 가지고 있기 때문에 주인 행세를 하도록 된 것이다. 그는 '당신들이 원하는 대로 일본인이 될 것'을 강요당한다. 그는 이데올로기적으로는 그의 일본인 정체성을 이루는 한 부분이지만 사실상 건물을 소유할 가능성도 없는 국적상의 특권을 강요당하는 것이다. 어쩔 수 없이 그 정체성을 연기해 내야 한다는 사실은 모든 우연성, 모든 개인적 소망, 모든 실제성을 짓밟는다.

　파산한 일본인 남자와 배우로서의 미카미 히로시 모두 그들이 어떻게 그 이상에 반대로 연기했든지 간에 아무튼 일본인 역을 해낸다. 아마도 일본인으로서의 호명은 'X가 원하는 대로의 일본인이 되기'(이것은 너무 쉽게 달성할 수 있기 때문에 거의 말이 안 되는 요구다. 일본적 정체성은 어느 '정도'라는 것을 허락하지 않는 순수함 그 자체이기 때문에 일단 일본인이 된다는 것은 '완전한' 일본인이 된다는 것이다)를 요구한 것에 대해 묵인해 준 데 대한 보상일 것이다. 그 묵인은 극히 신성해서 주체의 모든 행동은 원래의 묵인에 대한 반복으로서 그 정체성의 표현들로 종속될 것이다. 아마도 이런 식의 특권화된 덫은 이와이로 하여금 다른 아시아인들의 '에너지' 속에 있는 안식을 찾게 만들었던 일본사회 속의 권태와 피로 같은 것들이다. 이러한 관찰에 하나만 덧붙이자면, 나의 상반된 관점은 또한 대다수의 영화비평가들이 보다 직접적으로 전유한 관점과 일치하는 결론에 이르게 된다는 것이다.

자기 확인

윗 장면의 중요성은 내러티브와 배우들의 탈영화적 정체성 사이의 관계 속에 놓여 있다. 내가 자세히 논하게 될 마지막 장면은 내러티브, 영화적 제시, 일본영화의 역사 사이의 관련에 그 중요성이 있다.

장면은 아편굴로 들어가는 아게하의 모습으로 시작된다. 아편굴에 가는 이유는 아직 모른다. 아게하와 친구는 초기 독일 표현주의 영화들에서 나왔던 것 같은, 마약에 찌든 차이나타운 같은 닫히고 어두운 오리엔탈적 악몽 속으로 걸어 들어간다. 너무 끔찍한 광경을 뚫고 천천히 몇 분간을 어렵게 들어간 다음, 아게하는 병원 문의 반짝이는 흰 조명 빛에 도착하게 된다. 문이 열리자, 친절하게 생긴 턱수염을 기른 백인 남자가 등 뒤의 빛이 그리는 실루엣으로 비추어지고 조금 복잡하지만 깨끗하고 정돈된 방이 나타난다.

아게하는 그가 글리코에게 해주었던 것과 같은 나비 문신을 자기에게도 해달라고 한다. 의사는 그러겠다며 아게하를 침상에 눕힌다. 그리고는 나비에 대한 첫 기억을 떠올리라고 한다. 이러한 장면은 그가 아게하를 침상에 눕히고 기억을 요구하는 것에서 특히 지그문트 프로이트(Sigmund Freud)를 닮아 있음을 강조하고 있다.

이 장면은 문신을 새기는 의사와 침상에 누운 아게하를 중심으로 이루어져 있지만 동시에 그녀가 기억하되 부인하고 있는 기억의 플래시백 장면이 삽입된다(정신분석 활동과 비슷한 장면의 또 다른 한 면이다). 그 기억은 더러운 화장실에서 혼자 놀고 있는 매우 어린 시절의 소녀다. 머리 위로 날아다니는 나비를 보면서 어린 소녀는 나비가 도망가기 전에 와서 보라면서 엄마를 부른다. 엄마가 소녀의 부름에 응답하지 않자, 소녀는 변기 위로 올라가 나비가 나가지 못하도록 창문을 닫는다. 그러나 창문을 닫는 순간 나비는 그 사이에 끼어 죽고 만다. 이 이야기에서 아게하는 이상하게 소외되어 있지만 동시에 이야기로 인해 눈에 띄게 흥분한 듯하다. 의사는 그녀에게 "그 어린 소녀가 나비를 압사시킨 거니, 아니면 그 나비가 압사를 당한 거니?"라고 묻는다. 그가 질문을 할 때, 카메라는 그때까지 잘 보이지 않았던 그의 얇은 변발 머리모양을 강조하면서 옆 모습을 미디엄 클로즈 업(medium close-up)으로 잡는다. 그 순간까지, 의사의 모습과 모든 상황은 프로이트적이었다. 그 옆모습이 잡히는 순간 그것은 외모적으로 프로이트와 매우 달라지고, 질문은(들리기엔 역시 정신분석학적이더라도) 프로이트에서 장자(莊子)의 '나비의 꿈(胡蝶夢)' 이야기로 옮겨 간다.

이 장면의 전체적인 중요성은 역시 배우의 탈영화적 정체성과 일본 영화사에서의 그의 위치라는 문제를 수반한다. 여기서 소녀와 의사는 영어로 이야기하지만, 배우인 미키 커티스(Mickey Curtis)는 보통 일본어를 하는 인물을 연기한다. 커티스는 1938년 도쿄의 일본인-미국인 혼혈 집안에서 태어나 평생 도쿄에서 살았다. 그는 2개 국어를 완전하게 하며 영화배우, 음악가, 그리고 에도시대의 연희형태인 라쿠고(樂語: らくご) 공연자 등의 매우 다양한 경력을 가지고 있다. '서드 컬처 키즈' 일본인들은 단순히 넓두리 같은 불평뿐이었지만 커티스의 경력은 그 자체로 하나의 성취다. 그러나 그가 했던 어떤 연기는《스왈로우테일》의 그의 모습에 특별한 타당성을 주고 있다.

1959년 커티스는 제2차 세계대전 말기의 필리핀에서 오도가도 못하게 된 일본 병사들을 그린 이치가와 곤의 영화《들불(野火)》에 군인 나가마츠 역으로 출연했다. 이 영화에서 나가마츠는 굶주림에 미쳐 인육을 먹게 된다. 영화에서 그의 마지막 장면은 엄청나게 끔찍하다. 나가마츠가 원숭이라면서 총으로 쏴 죽인 일본 병사의 살을 잔인하게 뜯어 먹고 있는 모습이 한 병사에게 발견된다. 그러나 이를 발견한 병사에게 나가마츠는 피투성이 손을 뻗치며 살점을 내밀어 먹으라고 하고 계속 질겅질겅 살을 씹는다.

《들불》에서 커티스의 캐스팅은 훌륭한 충격이었다. 우선, 동료 군인을 잡아먹는 일본 병사의 묘사는 그 자체로 신성한 전쟁의 민족주의적 기억을 심각하게 모욕하는 것이다. 둘째로, 일본인 역에 미국인을 캐스팅한 것은 일본의 유일무이성(uniqueness)과 외국인이 일본어를 습득하기 불가능하다는 신화를 없애 준다. 뒤집어서, 이 역에 미국인을 캐스팅한 것은 또한 미군의 탐욕성과 그것을 지시하는 이데올로그들에 대한 공격이다(반면에, 일본인 배우에게는 일본인들 간의 식인이라는 범죄를 비껴가게 한다).

커티스가 맡은 나가마츠의 다양한 아이러니들은 또한 《스왈로우테일》에서의 커티스가 연기하는 친절한 의사에게 과잉의 의미를 부여한다. 간단히 말해, 아게하의 미개한 정체성(totem-identity)의 프로이트–도가적 분석을 성취시키는 작인은, 엔 타운 밴드 오디션의 '서드 컬처 키즈'의 상황을 뛰어넘는 '실제 삶'을 가진 배우에 의해 행해지며, 더욱 합법적으로 일본어의 배제성을 전치시킨다. 더 나아가, 배우의 명성을 결정하는 중요한 요소인 배역들 중에서 그를 가장 두드러지게 하던 역 중 하나는 바로 이 복잡한 일본인 식인 역할이다. 그 역할의 내부 모순과 치욕스러움은 배역과 배우의 국적 불일치에 의해 더 심화되었고 배우의 국적은 그 자체로 풀릴 수 없는 모순으로 남아 있다.

《스왈로우테일》의 비평이 실제 '이민자'와 진짜 '타자성'을 제대로 재현하지 못함에 중점을 두고 있지만, 이 장면의 시학과 숨어 있는 정치학은 일본과 일본영화의 가장 유명한 '타자성'의 구현에서 흘러나온다. 그 타자성은 이상한 외국인(a strange outsider, 變な外人)으로, 그가 외부에서 흘러들어온 자가 아니고 이민자도 아니기 때문에 외국인으로서의 그의 존재는 더욱 수수께끼인 채로 남아 있다.

어떻게 읽을 것인가

내가 《스왈로우테일》을 일본과 일본인에 관한 영화로 읽게 되었던 것은 이 영화를 가로지르는 변덕스러운 기질과 불안정한 의미들 때문이었다. 이 영화를 단지 이민자에 관한 것으로 읽으려 하는 것은 감독의 '작가적 의도'의 가장 문자 그대로의 선언, 혹은 영화라는 공상 작업의 '분명한 내용'으로 텍스트의 관련 범위를 한정시켜 버린다. 그리고 방법적이고 교의적인 미묘함을 넘어 그러한 독해는 영화의 의제를 '이민자들의 재현'이라는 영화의 표면적 목적에 대한 성공 및 패배 여부를 판별하는 것으로 축소시켜 버리고 만다. 그리고 그 의제는 그러한 독해의 질문을 두 종류로 한계 짓고, 성공 혹은 실패를 평가하는 데 필요하지 않은 영화적 요소들을 걸러낸다. 사실상, 영화의 실패에 중점을 두는 독해는 영화가 성취해 낸 것들을 발견해 낼 만한 아무런 이론적 혹은 방법적 토대도 가지고 있지 못하다. 왜냐하면 그런 성취들은 이민자들을 재현하는 것과 별로 상관없는 곳에 있고, 어떤 식으로 통제되는 영화의 의도에서 독립된 텍스트적 과정 안에서 일어나기 때문이다.

만일 나의 관점과 영화 읽기가 영화의 중심 주제에서 좀 벗어나 있다고 한다면, 나는 그 평가에 대해 논쟁하기보다는, 그러한 조금 벗어난 읽기가 영화의 전환된 언어들의 언쟁 의도들, 그 의미의 투사와 어떻게 공명할 것인가를 고려해 보고 싶다.

우에노 도시야(上野俊哉)는 다언어가 공존하는 곳에서는 항상 새로운 형태의 의사소통 방식, 혼성어, 크리올어, 번역어, 그리고 동화작용이라는 새로운 혼종어들이 발전된다고 하면서, 이 영화에서는 각종 언어들이 서로 영향을 끼치는 일 없이 단순히 함께 발화되고만 있는 점을 비판한다. 언어 간의 혼종은 《스왈로우테일》에서는 전혀 일어나지 않는다. 여기에 난 다시 한 번 동의하는데, 적어도 그러한 생산적 오염들이 영화의 허구 속 작인들 가운데에서는 일어나지 않음에는 동의한다. 그러나 그 오염은 서사적이고 영화적인 제시의 여러 차원을 넘나들며 일어난다. 그리고 개인적 발언들

조차도 직접적인 메시지를 전달하지만, 선택된 언어의 대사들은 또한 그 메시지와 관련 없는 의미들을 가진다. 그 메시지는 그럼에도 불구하고 의도되지 않은 소구자를 찾는다.

《스왈로우테일》의 한 서사적 진행은 주인공 아게하의 성장소설과 같다. 글리코가 소녀에게 이름을 지어준 다음에, 아게하가 가슴에 새겨진 애벌레 그림과 글자를 응시하면서 무릎을 꿇고 가슴 앞에 손거울을 들고 있는 짧은 장면이 있다. 아게하는 영어로 이렇게 속삭인다. "아게하, 내 이름은 아게하야." 이 소녀는 중국인 엄마를 두었고 중국인 이민자들 사이에서 자라났지만 중국어를 할 줄 모른다. 일본어가 그녀의 모국어다. 글리코가 지어준 이름은 일본어지만, 아게하는 이것을 그녀의 이름으로 받아들이는 의식에서 일본어가 아닌 영어로 받아들인다.

아게하는 글리코의 삶에서는 사라진 두 가지에 도착하는데, 그것은 이름과 엄마의 언어다. 우리는 그녀가 자기 이름을 인식하는 것과 그것의 토템을 묘사한 시퀀스를 보았다. 그러나 아게하가 중국어를 배우는 것은 스크린 바깥에서 일어난다. 그녀는 중국적 정체성의 모든 측면이 명백히 평가절하된 장에서 중국어를 배우기 시작한다. 그곳은 페이홍이 국외 추방을 기다리고 있는 감옥이다(글리코가 매쉬 뮤직과 계약한 후, 거기 있던 관계자는 페이홍을 불법 체류자로 보고한다). 아게하는 페이홍이 있는 감옥을 여러 번 방문한다. 그리고 대부분 영어로 대화한다. 점점 그녀는 한 번에 한두 단어씩 만다린어를 하기 시작하지만 페이홍은 보통 영어로 답을 하면서 이를 알아채지 못한다. 그리고 그가 중국어로 대답할 때, 그는 그들 중 하나가 언어를 바꿔서 하고 있다는 점을 알아채지 못하는 것 같다.

그러나 글리코가 기수로 성공했다는 뉴스는 페이홍의 관심을 중국어 발화행위로 돌려 놓는다. 이것은 아게하가 페이홍에게 글리코의 첫 싱글이 발매되었다고 말할 때 일어난다. 아게하는 글리코의 앨범을 찾으러 여러 레코드점을 돌아다닌 부분을 말하며 만다린으로 언어를 바꾸었다. 페이홍은 걱정하지 말라면서 새 음반은 원래 많이 발매되지 않는 게 일반적이라고 (영어로) 대답한다. 아게하는 영어로 모든 사람들이 그렇게 말한다고 답하고, 이번에는 만다린어로 그다음 레코드점에 가서 점원에게 그 앨범에 대해 물어보았다고 한다. "그 점원 말로는 우리도 몇 장 가지고 있었는데"라고 하면서, 아게하는 잠시 적당한 단어를 찾느라 말을 멈춘다. 잠시 후 아게하는 영어로 페이홍에게 "매진이란 단어를 중국어로 뭐라고 하지?"라고 묻는다. 그는 "마이 완 러(賣完了)"라고 자동적으로 답하고, 아게하는 다시 이야기로 돌아와서 그 가게에선 며칠 동안 '마이 완 러'였고 들러봤던 다른 레코드점들 역시 모두 '마이 완 러'였다고 설명한다.

　　잠시 후 자기가 아게하에게 가르쳐준 단어가 무엇인지, 그리고 아게하가 무슨 말을 하고 있는 것인지를 알아차린 페이홍은 갑자기 기뻐하며 펄쩍펄쩍 뛴다. 이것은 페이홍이 아게하가 중국어를 하고 있었다는 사실을 알아차리게 하는 자연스러운 연결이었을 것이다. 그러나 그녀가 중국어로 말하는 내용(《상하이 베이비》를 노래하는 '일본인' 가수로서의 글리코의 성공)은 그러한 깨달음과 인식을 전치시켜 놓는다.

　　이 전환된 관심 속에 발화되지 않은 언어 속 단어의 의미론적 과잉이 작동한다. 아게하는 '매진(sold out)'을 중국어로 어떻게 말하는지 물음으로써 중국어에 대해 관심을 환기시킨다. 그녀는 중국어를 리드미컬하게, 그리고 일종의 구두점으로 사용하며 '마이 완 러'라는 소리에 관심을 집중시키면서 이야기 속에서 이 단어를 여러 번 사용한다. 이 말이 '매진'의 번역어이기 때문에, '마이 완 러'의 반복은 또한 그것이 되돌려 놓는 용어를 환기시킨다. 따라서 '매진'은 전달된 메시지의 비난에서도 자유로운 한편 그 드라마틱한 맥락 안에서 하나의 메아리로 남게 된다. 따라서 '매진'이라는 말은 사용되어도 그 뜻이 협소해지지 않으면서 '마이 완 러'라는 말에는 포함되지 않는 의미를 지닌다. 'sold out(매진)'은 글리코의 싱글 앨범들처럼 재고가 모두 팔려 버려 물건을 구할 수 없음을 가리키는 말이다.

그러나 'sold out('팔려 버린'이라는 의미에서)'은 또한 이익을 위해 자신의 원칙을 타협하거나 배반한 누군가를 가리키기도 한다. 두 용어의 접근성은 거부된 용어의 부가적 의미와 함께 선택된 용어의 의도된 의미를 연결한다. 글리코의 앨범은 '마이 완 러' 되었을 것이다 왜냐면 글리코가 '팔려 버렸기(sold out)' 되었기 때문이다. 이것은 전형적으로 아이러니하고 뒤틀린 배치다. 글리코의 성공을 표현하는 말은 곧바로 그 성공과 모순되는 평가로 연결되어 있고, 사건을 향한 모순적 태도는 두 언어로 표현된 같은 내용 사이의 긴장에서 일어나고 있다. 그리고 이러한 모순적인 형성은 반대로 아게하의 중국어 습득과 함께 〈상하이 베이비〉를 부르는 '일본인' 가수로서의 아게하의 성공을 통합하고 분리시킨다('마이 완 러'라는 단어가 가리키는 것이 글리코의 성공의 누설인 반면 그 단어는 그녀의 언어 습득에 관심을 부르는 용어이기 때문이다).

영화의 시작 부분에도 이와 비슷하게 분열적인 의사소통의 사례가 나타난다. 여성(아게하)의 목소리는 영어로 이야기를 하고 있다. "옛날 옛적에, 엔이 세상에서 가장 강한 힘을 가지고 있었을 때, 사람들은 엔을 찾아왔다." 그러한 '엔 도둑들(円盜)'과 그들이 조직한 정착마을은 '엔 타운(円都)'이란 이름을 그들의 욕망의 대상에서 끌어왔다. 이것이 일본영화이고 아게하 역의 이토가 일본 배우이기 때문에, 누군가는 이 모놀로그가 일본어로 전달되리라 기대했을지 모른다. 그러나 대사를 외국어로 전달하는 것은 이 영화가 사로잡혀 있는 전치를 이루어낼 뿐 아니라, 그 특정 언어는 일본어에 존재하지 않는 생산적 다가성(polyvalences)을 허락한다. 일본 통화를 가리키는 '엔'이라는 단어는 영어단어 'yen'의 동음이의어이며, 이는 거꾸로 '열망'을 가리키는 광둥어에서 온 것 같다. 영어에서의 'yen'은 '어떤 것에 대해 열망을 가지다(to have a yen for something)'라는 표현 속의 명사거나, '어떤 것을 열망하다(to yen after something)'라는 구절의 동사다. 이것은 욕망 혹은 어떤 것을 갈망함을, 혹은 어떤 것을 강하게 열망함을 뜻한다.

이 내러티브가 영어로 서술되기 때문에 '장소로서의 엔 타운'과 '그 곳의 거주자들인 엔 타운' 모두의 일본어 '엔'은, 엔 타운들을 자극하는 열망과 그 열망의 대상 모두를 의미할 수 있다. 욕망과 그것의 대상은 다른 두 언어에서 온 같은 단어로 이름 지어졌다. 이 두 언어는《스왈로우테일》의 일본에서 명백하게 형상하는 두 언어들이다. '아오조라'가 가리키는 '푸른 하늘'이라는 말은 미군 총사령부가 일본에 강요했던 서구 스타일의 낙관적 민주주의를 가리키는 표어였다. 푸른 하늘(Blue Sky)이라는 영어 단어는 1950년대 태양족 영화의 가장 중요한 두 작품인《태양의 계절(太陽の季節)》(쿠라하라 코레요시〔藏原惟繕〕, 1956)과《미친 과실(狂った果實)》(나카히라 고〔中平康〕, 1956)에서 나이트클럽의 이름으로 나왔다. 이와이는 그 이름을 '아오조라'라고 일본어로 바꾸지만 이를 통해 그는 현 도쿄 도지사인 이시하라 신타로(石原愼太郎)의 민족주의의 결코 적절하지 않은 전통을 따르고 있다. 이시하라 신타로는 위에 언급한 태양족 영화들의 원작자이면서, 또한 노라고 말할 수 있는[35] 엔의 땅에 발 들인 동아시아 이민자들의 위험성을 일본사회에 경고하는 것으로 유명한[36] 인종주의자다.

《월드 아파트먼트 호러》와《스왈로우테일》이 똑바로 직면하지 않으며 제기하고 있는 문제는, 바로 예스라고도 말할 수 있는 대화를 이루어내기 위해 그것의 유아론을 넘어서는 다언어 사용의 문제인 것이다.

1) 서양의 도래 이전 일본은 사실상 분국(分國)의 형태로 되어 있었고, 이때부터 사
실상 위협적인 서양의 출현에 대항할 하나의 통합체로서의 '일본'이라는 국가
가 상상, 형성되었음을 말하는 것이다―옮긴이.

2) 일본 제국이 식민국가들을 평등하게 대한 적은 전혀 없지만, 그 제국주의의 논
리는 일본인 안에 식민국가의 국민들을 포함시키는 식의 보다 유연한 정의를 내
리곤 했다. 다음을 보라. 오구마 에이지(小態英二). 1995.《單一民族神話の起源: '日
本人'の自畵像の系譜》. 도쿄: 新曜社; 조현설 옮김. 2003.《일본 단일민족신화
의 기원》. 소명출판, 오구마 에이지. 2002.《'民主'と'愛國': 戰後日本のナショナ
リズムと公共性》. 도쿄: 新曜社.. 더욱이 역사적으로 내부의 타자들을 향한 일본
의 태도는 또한 더욱 유동적으로 명시(전략적으로 전개)된다. '일본인', '오키
나와인', '류큐인' 간의 인종적·민족적 공통성에 대한 다양한 논의들을 고려해
보아야 한다. 다음을 보라. Alan Christy. 1997. 'The Making of Imperial Subjects in
Okinawa.' In Tani E. Barlow, Ed. *Formations of Colonial Modernity in East Asia*. Durham
and London, Duke University Press. p.141~170. Julia Yonetani. 2000. 'Ambiguous
Traces and the Politics of Sameness: Placing Okinawa in Meiji Japan.' In *Japanese
Studies*, 20.1. p.16~31.

3) 요시노 고사쿠(高野耕作). 1992. *Cultural Nationalis in Contemporary Japan: A
Sociological Enquiry*. London: Routledge.

4) 예를 들어, 일본의 '집단정신'에 대한 군의 태도를 보려면 다음을 보라. John W.
Dower. 1986. *War Without Mercy: Race and Power in the Pacific War*. New York:
Pantheon. 일본에 대한 아카데믹하고 유사 아카데믹한 개념들의 조사를 위해서
는 Nathan Glazer. 1975. 'From Ruth Benedict to Herman Kahn: The Postwar Japanese
Image in the American Mind.' In Akira Irie, Ed. *Mutual Images: Essays in American*

Japanese Relations. Cambridge, Mass.: Harvard University Press. p. 38~68.

5) 이와부치 고이치(岩淵功一). 2002. 'Nostalgia for a (Different) Asian Modernity: Media Consumption of 'Asia' in Japan.' In *Positions*(Winter 2002) 10.3. p. 553~554.

6) See Earl Jackson, Jr. 'The Metaphysics of Translation and the Origins of Meiji Symbolist Poetics.' In *PMLA*.

7) Empire of Japan Treaty, Kanagawa, March 31, 1854. Treaty between the United States of America and the Empire of Japan [Ref.: U.S. Sen., Exec. Docs., 33rd, 2nd (1854~55), Vol. 6, #34, pp.153~155].

8) Harry Harootunian. 1993. 'America' s Japan/Japan' s Japan.' In Masao Miyoshi and H. D. Harootunian, Eds. *Japan in the World*. Durham and London: Duke UP. p.196~221.

9) Marlene J. Mayo. 1972. 'The Korean Crisis of 1873 and Early Meiji Foreign Policy.' In *Journal of Asian Studies*. 31.4(August, 1972). p. 793~819.

10) Edward I-te Chen. 1977. 'Japan' s Decision to Annex Taiwan: A Study of Ito-Mutsu Diplomacy 1894~95.' In *Journal of Asian Studies*. Vol XXXVII. No.1(Nov 1977). p. 61~72.

11) See Susan J. Napier. 1993. Panic Sites: The Japanese Imagination of Disaster from Godzilla to Akira.' In *Journal of Japanese Studies*. 19.2(Summer 1993). p. 327~351.

12) WVTR는 1945년 8월에 미군 점령세력이 접수한 라디오 도쿄(Radio Tokyo)의 방송국에서 방송을 했던 첫 미군 라디오 스테이션이었다. 이 방송국의 역할과 범위에 관한 초기의 다음과 같은 묘사는 이 방송국으로 인해 일어났던 지역문화를 완전히 휩쓸었던 전치(displacement)에 관해 알려 준다.
"점령 군대가 일본과 한국 내지에 상륙하면서 400와트짜리 이동용(mobile) 라디오 스테이션들은 군인들이 가장 좋아하던 라디오쇼를 제공해 주기 위해 함께 따라 움직였다. 현재 대부분의 군용방송은 예전에 두세 개의 일본 방송이 있었던 도시에서 미국으로 넘겨진 방송국 장비(fixed station)를 사용하고 있다……."

정규 방송 중에는 "주 3회 피아니스트 클로드 프랭크(Claude Frank)의 리사이틀……", "미국 밴드들의 최신 곡"을 방송하는 "종일 방송 〈도쿄 모스(Tokyo Mose)〉쇼", "재즈 중독자들"의 욕구를 충족시킬 만한 〈오프 더 레코드(Off the Record)〉와 〈재즈의 보석(Gems of Jazz)〉 같은 쇼들이 있었다.

라디오 스테이션은 대중문화 전치의 사례였을 뿐 아니라 정보 통제의 중심기관이기도 했다.

"AP, INS, UP, ANS에서 들어오는 뉴스들과 단파는 도쿄에 있는 군용방송 네트워크 뉴스룸으로 흘러들어 갔고, 거기서 뉴스는 하루 4회의 방송을 위해 편집되고 다시 쓰였다…… 일본과 한국의 신문들은 매일 이것을 받아 적는 것으로 뉴스를 전달 받았다."

〔다음에서 발췌함. 'Christmas All Year Round: WVTR Tokyo.' *Stars and Stripes Occupation Forces Christmas Souvenir Edition*. (December 25, 1945). Author uncredited.〕

13) 하토리의 다음 책에서. Hattori Ryooichi. 1993. *Boku no Ongaku Jinsei: Episoodo de Tsuzuru Wasei Zyazu Songushi*. Tokyo: Nihon Bungeisha. p.55~56. 하토리의 작품들에 대한 더 자세한 정보는 다음을 볼 것. Ueda Ken'ichi. 2003. 'Shanghai Bugi-Ugi 1945: Hattori Ryooichi no Booken.' In *Shanghai Boogie-Woogie, 1945: Hattori Ryooichi's Adventure*. Tokyo: Ongaku no Yuusha. 하토리의 곡들은 홍콩과 타이완의 대중문화에서도 역시 압도적 위치를 차지했다. 그레이스 창(Grace Chang)이 주연한 케세이 스튜디오(Cathay Studios) 뮤지컬은 곧잘 하토리의 음악을 사용했다. 그리고 보다 최근에는 차이밍량(蔡明亮)이 《안녕 용문객잔(Goodbye, Dragon Inn)》의 마지막 크레딧에 1960년대에 하토리의 음악을 변안한 중국어 노래를 삽입하면서 하토리에 대한 (아이러니한) 경애를 바치고 있다. 일본 통치하에 있던 나라들에서의 하토리 음악의 인기에 관한 정치학과 정치적 아이러니는 그의 음악이 《월드 아파트먼트 호러》에 사용된 것처럼 그의 노래가 가지는 아이러니에 또 나른 국면을 더해 주고 있다.

14) 한 예로, 미군 폭격부대 출신의 퇴역군인 버넌 클레이슨(Vernon Clayson)의 Contrails Newsletter에 실린 글을 읽어보라. 그는 50세가 되면서 희미해져 가는

기억들을 안타까워하는데, 특히 보잉 B-29의 포병으로 일했던 것에 대해 더욱 그렇다. 그 '낡은 전쟁용 말'이 한창 전성기일 때도 별로 '편하지 않았음'에도 불구하고, 클레이슨은 한국전쟁 동안 이 '제2차 세계대전의 유물'을 계속해서 탔던 것과 1954년의 터스칸(Tuscon)에 묻힌 이 비행기의 '무덤'까지도 찬양하고 있다. 클레이슨은 당시 동료들도 그러한 기억을 간직할 것이라 생각했고 그래서 그것을 도와줄 한 가지 방법, 즉 당시의 노래를 들을 것을 권유한다. 그는 이렇게 결론을 내린다. "그러니 전우들이여, 이런 노래들을 들으며 그 당시를 회상합시다. 고멘나사이(ごめんなさい), 도쿄 우기 부기, You Belong to Me,……"
Conrails Newsletter. http://www.40th-bomb-wing.com/contrail-2.html.

15) 유교·불교 등 외래 종교·사상과 대립하거나 또는 그 영향을 받으면서 발전하여 일본인들의 정신생활의 기반이 되어온 일본 고유의 민족신앙(민족종교)—옮긴이.

16) 차나뭇과의 상록 활엽 소교목으로, 일본에서 신도(神道)의 신성한 장소를 경계짓거나 장식하는 데 쓰인다—옮긴이.

17) 고쿠부를 연기하는 배우는 마스무라 야스조(增村保造)의 〈거인과 장난감(Giants and Toys)〉(1958)에서 어떻게든 이기고야 마는 한 광고회사 간부 역을 했다. 그러한 냉혹한 자본가적 충동의 아우라는 이 영화에서도 그의 캐릭터를 알려주며, 더 나아가 일본 야쿠자와 경제 기적 간의 동일성을 강조하고 있다.

18) 배우 웡후아롱은 사실 중국인 후손이지만 일본에서 태어나고 자랐다. 이 영화에서 그가 보여 주는 버릇과 일본어 악센트는 전형적인 타이완인 어투이지만, 사실 그는 2개 국어를 완벽하게 하는 네이티브 스피커다. 현재까지 그가 맡은 대부분의 역은 일본에 사는 중국계 인물 혹은 관광객이었다(《데드 오어 얼라이브(Dead or Alive)》, 미이케 다카시(三池崇史), 1999). 《스왈로우테일》에서는 총이 정면 발사되어 얼굴이 완전히 망가져 버리는 피에 굶주린 3인조 중 한 사람 역을 했다. 그러나 비디오용 영화 《주온 2(呪怨 2)》(시미즈 타카시(淸水崇), 2000)에서 웡은 일본인 샐러리맨을 연기했다. 그의 전형적 일본 샐러리맨 연기는 완

벽했다. 그러나 여기서의 윙의 역할에는 또 다른 과잉이 있다. 그의 아내(후지이 카오리)는 집 안의 악령에 완전히 홀려 버렸다. 아내가 그에게 아침을 해주고 있을 때 그는 완전한 일본어로 지겹고도 짜증나는 잔소리를 계속해서 해댄다. 아내는 남편이 뭐라고 하는지 알지 못하고, 마침내는 남편의 머리를 프라이팬으로 후려친다. 그는 바닥으로 쓰러져 온몸에 경련을 일으키며 심한 고통을 호소하고, 아내는 더 없이 행복한 표정으로 의자에 앉아 토스트에 버터를 바르며 아침식사를 즐긴다. 윙을 알아보게 하는 것은 일본인을 연기하는 그의 '중국인'이라는 성격이다. 반면에 바닥에 쓰러져 죽어가는 자가 '중국인 후손'이고 그의 발 밑에는 그것을 즐기고 있는 일본인 여성이 있다는 점을 알아보는 것은 또 다른 논의를 시사한다.

19) 영화의 원래 대사는 "일본어를 할 수 있어서 훌륭해. 네가 외국인의 거울이다"다. '거울'이라는 표현이 귀감(龜鑑), 본보기, 이상적 모델로 삼을 수 있을 만큼 훌륭하다는 뜻을 가진 일본어의 관용구라서, 저자는 이것을 '모범적 외국인'으로 번역했다—옮긴이.

20) 영화에서 히데는 야마토 코토바인 고지키의 어떤 구절을 암송하는데, 그것은 영화 속 인물들뿐 아니라 일본영화 관객들도 전혀 알아들을 수 없는 말들이다—옮긴이.

21) 그러나 그러한 결론은 그들의 승리 범위를 과장하는 것이다. 이것은 승리가 아니라 단지 임시적으로 유예된 것이다. 더 나아가 아파트의 공포를 경험한 조직의 어린 조무래기는 그의 민족주의적이고 인종적인 편견에 대해 꼭 무언가를 배울 필요는 없는 것이다. 그리고 그가 플롯상에서 '일본'을 대표하는 유일한 인물이기 때문에 영화는 민족과 민족적 상상에 대한 어떤 윤리적 혹은 도덕적 교환에 관해 완전히 모호한 채로 남아 있다.

22) Kuzuo Yoshihisa. 1933. *Toa Senkaku Shishi Kiden*. Tokyo: Kokuryukaim. Vol. I, p. 126~132, and passim; Uchida Ryoohei Bunsho Kenkyu Kai. 1992. *Kokuryukai Kankei Shiryoshuu*. Tokyo. Ino Kenji. 1990. *Uyoku minzoku-ha sooran*. Tokyo: Nijuuisseki Shoin.

23) E. H. Norman. 1944. 'The Genyosha: A study in the origins of Japanese Imperialism.' In *Pacific Affairs*. 17.3(Sept. 1944). p.261~284; see esp. p.271~274; 283~284.

24) Ishimoda Sho. 1952. *Rekishi to minzoku no hakken*. U of Tokyo P. p.104~106.

25) Baba Kimihiko. "일본에서…… 민족주의는 또한 아시아니즘(ajiashugi)을 포함하는 국체주의(國體主義: kokutaishugi) 개념을 구성하면서 서구화에 대한 반대로 나타났다. 일본 민족주의는 이러한 두 국면의 상호작용이다." 식민화 민족주의를 경험한 다른 아시아 국가들은 저항의 한 형태로서 나타났다.

26) Earl H. Kinmonth. 1978. 'Fukuzawa Reconsidered: Gakumon no Susume and its Audience.' In *Journal of Asian Studies*. 37.4 (1978). p. 677~696; 684~687.

27) Reiko Tomii. 2002. 'State v. (Anti-)Art: The Model 1,000-Yen Note Incident by Akasegawa Genpei and Compan.' In *Positions: east asia cultures critique* 10.1. p. 141~172; 151.

28) Ito Hirobumi. 1978. *Kankei Monjo Kenkyukai*. eds. Ito Hirobumi Monjo. Tokyo.

29) Hu Shih-k'ai. 1969. *Ito Hirobumi Ansatsu Jiken. Wagatsuma sakae*. ed. Nihon Seiji Saiban Shiroku: Meiji go. Tokyo. October 26, 1909.

30) 어떤 종교들이 그들이 모시는 신의 상을 만드는 걸 금지하고 있는 것처럼, 국가는 정부 외적으로 이미지를 만들어내는 것에 대해 국가에 대한 모독인 것처럼 반응한다. 천 엔권 그 자체는 국가가 위조행위에 대해 얼마나 확고하게 대응하는가를 예증하는 현대 일본 역사의 한 사건을 나타낸다. 1963년에 아방가르드 아티스트 아카세가와 젠페이(赤瀬川原平)는 작업의 일부로 천 엔권의 흑백 복사본 300장을 유통시켰다. 1964년에 아카세가와와 프린트를 도운 이들은 위조범으로 기소되었고 유죄를 선고받았다. 판결문과 아카세가와에 대한 선고(중노동 3개월 형)는 1970년 대법원에서 내려졌다.

다음을 볼 것. Tomii, p.143~144 and passim. 누구도 이 복사된 돈을 진짜 돈처럼 사용하려고 안 했고 진짜 돈으로 오해하지도 않았기 때문에, 검사는 이 형벌이 아카세가와가 저지른 범죄에 대한 것이 아니라 엔화의 신성함과 엔화에 국가가 내려준 배제적 권위에 대한 불손함에 대한 것이라고 주장했다.

31) Jacques Lacan의 다음 책을 볼 것. 'On the Possible Treatment of Psychosis.' In *Ecrits*. p. 197~198.; 'The Other, the locus from which the question of [the subject's] existence may be presented to him.' In *Ecrits*. p. 194.

32) "그러나 우리는 또한 인간의 욕망은 타자에 대한 욕망(desir de l'Autre)임을 덧붙여야만 한다. 여기서 de는 문법학자들이 주로 '주체적 결정(subjective determination)' 즉 그가 욕망하는 타자로서의 주체적 결정이라 부르는 것을 제공한다(인간 열정의 진정한 한계를 제공하는 것이다)". Jacques Lacan. *Ecrits*. p. 312.

33) 알튀세르는 국가기구를 억압적 국가기구와 이데올로기적 국가기구로 나누었는데, 군대나 경찰, 정부, 법정, 감옥 등은 전자에 속하고 가족, 학교, 교회, 노동조합, 언론 등은 후자에 속한다―옮긴이.

34) 윙후아룽을 언급한 각주 18번을 볼 것.

35) 이것은 이시하라 신타로가 쓴 책《NO라고 말할 수 있는 일본》을 염두에 둔 표현이다. 이 책에서 이시하라는 이제 일본이 미국을 향해 '노'라고 당당히 말할 수 있어야 한다고 주장했다―옮긴이.

36) 그는 도쿄 자위대 주둔지에서 있었던 연설에서 "삼국인, 외국인이 흉악한 범죄를 되풀이하고 있고 큰 재해로 인한 소요 사건조차 상정된다…… 치안 유지를 위해 자위대가 출동해 진압해 주기 바란다"고 말했다. '삼국인'이란 식민지 시절 중국인, 대만인, 조선인을 경멸하며 부르던 단어인데, '차별어'로 분류되어 현대 일본사회에서 쓰이지 않는 '사어'로 여겨져 왔다. 이 '삼국인 발언'은 그 내용이 관동대지진 당시 조선인 학살사건을 연상시킨다고 하여 일본 국내외적으로 큰 이슈가 되었다―옮긴이.

일본 고전영화에서의 저항하는 여성들

(이 원고는 2003년 서울여성영화제 일본영화 회고전의 발표문이다)

사이토 아야코 저
손희정 역

1.

　　나는 일본영화사가 아니라 영화이론을 중심으로 연구하고 있으며, 최근 '여우 와카오 아야코(女優 若尾文子)'에 관한 연구와 더불어 여성영화제 국제포럼에서 발표했던 〈눈물의 관현악: 울음의 정치학과 여성 공공영역의 전유(Orchestration of Tears: the Politics of Crying and the Reclaim of the Women's Public Sphere)〉라는 주제를 다룬 적이 있다. 큰 문맥에서 고려해보면, 이 두 연구는 여성의 표상과 여배우의 신체가 전쟁이라는 역사적 트라우마, 그리고 남성 주체와 어떤 관계를 가지고 있을까, 또 여배우 연구가 작가주의 중심의 영화비평에 어떤 패러다임의 변화를 가져올 수 있을까 등, 일본영화를 젠더비평이라는 관점에서 생각하는 실험에 대한 접근방법을 제시하고 있다고 볼 수 있다. 그러나 아쉽게도 일본영화 연구에서 젠더비평으로 영화사 다시 쓰기와 페미니즘적인 텍스트 분석은 아직까지 본격적으로 이루어지지 못하고 있다. 이런 현상에 대해 다양한 원인을 찾을 수 있을 것이다. 여기서는 그 문제에 대해 논하지 않기로 하지만 일본영화와 여성이라고 하는 문제를 어떤 식으로 접근해 갈 것인가 하는 점은 이후에 남겨진 큰 과제다.

　　이번 서울여성영화제를 위해 일본영화 특집을 준비하면서 프로그램 구성을 위해 몇몇 방법론이 고려되었다. 예를 들어, 여성감독에 초점을 맞추어 그 감독의 작품을 선정하는 방법은 여성영화제의 관점에서 보았을 때 굉장히 중요한 단면이다. 미조구치 겐지(溝口健二)의 작품들에서 조감독을 했고 여성감독 중에는 처음으로 상업영화 감독으로 활동했던 사카네 타즈코(坂根田鶴子).《곡예사의 사랑(瀧の白絲)》(1933)에서 조감독과 편집을 담당했던 그녀는 현재는 필름으로 존재하지 않는 《하츠스가타(初姿)》를 1936년에 촬영했고, 이후 전쟁 중에는 다수의 문화영화를 감독했다. 또 여성 다큐멘터리의 개척자라고 할 수 있으며 정치운동과 영화 쌍방으로 활동을 계속한 아츠키 타카(厚木たか), 일본을 대표하는 여배우이자 감독으로 6편의 작품을 남긴 다나카 기누요(田中絹代), 그리고 이외에도 히다리 사치코(左幸子), 미야기 마리코(宮城まり子), 하네다 스미코(羽田澄子), 도키에다 도시에(時枝俊江), 가와세 나오미(川瀬尚美), 가자마 시오리(風間志織), 다카야마 유키오(高山由紀子), 마쓰이 히사코(松井久子), 마사츠보 다즈코(槇坪ㅈ鶴子), 이데미츠 마코(出光眞子) 감독 등의 작품을 특집 상영하는 것도 가능한 선택이다.[1]

　　여성이 제작의 주체가 된다는 사실을 중요하게 여기는 것은 서울여성영화제를 포함해서 여성영화제의 기본정책이며, 이처럼 '카메라의 앞과 뒤'에 있는 여성 중 뒤에 있는 여성을 클로즈업하는 것은 영화학과 여성학적인 시점을 절합해 새로운 관점을 만들어 가는 하나의 방법론으로써 의미가 있다. 실제로 여성학적 관심으로 사카네 타즈코, 아츠키 타카에 대해서 연구하고 있는 젊은 연구자들도 있다.

기노시타 게이스케 감독의 《24개의 눈동자》. 이 영화가 어째서 그렇게까지 국민의 눈물샘을 자극했는가 하는 점에 대해서 생각한다면, 국민적으로 엄청난 인기를 끌었던 다카미네 히데코라는 여배우의 존재를 고려하지 않을 수 없다.

　　그러나 이번 특집에서는 여성감독의 작업을 회고하는 방식의 접근이 아니라 고전영화에 나타난 여성의 표상을 여배우라는 관점에서 생각해 보기로 하겠다(물론 이것은 여성 영화제작자의 작업을 경시하기 때문은 아니며, 만약 이후에도 일본영화 특집을 기획하게 된다면 꼭 기획 상영하고 싶다). 일본영화사에서 제작자로서의 여성에 주목하는 작업의 중요성은 말할 것도 없다. 그러나 영화사적으로도 그리고 관객과의 관계에서도 늘 여성과 영화를 연결시켜 주는 접점으로써 부상해 온 여배우의 작업 역시 매우 중요함에도, 여배우에 관한 비평적 · 이론적 고찰이 대체로 없었다는 것이 이 기획의 가장 큰 계기였다.

　　말하자면 2002년 여성영화제에서 제기했던 문제—기노시타 게이스케(木下惠介) 감독의 《24개의 눈동자(二十四の瞳)》(1954)가 어째서 그렇게까지 국민의 눈물샘을 자극했는가 하는 점—에 대해서 생각한다면, 국민적으로 엄청난 인기를 끌었던 다카미네 히데코(高峰秀子)라는 여배우의 존재를 고려하지 않을 수 없다. 그뿐 아니라, 문화 장치인 영화의 정치적 · 사회적 · 이데올로기적 측면과 작가성(作家性) 그리고 관객성(觀客性)의 동일화를 연결해 주는 존재로서의 배우의 신체, 특히 여배우의 신체는 남배우 이상으로 그 신체성(身體性)이 텍스트의 생성과 깊은 관계를 맺고 있다.[2] 한 편의 작품에서 의미의 협상(negotiation)을 발견해 내는 것은 단순히 작품을 형식적인 텍스트 분석을 중심으로 이해하는 작업을 의미하는 것이 아니라, 영화 텍스트가 생성해 내는 과정에 각인되어 있는 각각의 요소들을 더듬어 가는 과정이라고 할 수 있다.

그러므로 여배우의 존재에 주목하는 것이 배우로서 그녀의 연기가 훌륭한가, 혹은 스크린 밖의 페르소나가 어떤 것이었나, 하는 식의 평전적인 요소에 관해 고찰함을 의미하는 것은 아니다. 절대적인 존재인 감독(연출가)이 있어서 그 소재의 하나로 배우가 존재한다고 하는 고정된 관점이 아니라 (남자인) 연출가와 (여자인) 배우의 관계성에 주목하는 것이다.

이번에 선택한 것은 미조구치 겐지 감독의 고전적 무성영화《곡예사의 사랑》(1933), 그리고 미조구치의 초기 토키 대표작인《기온의 자매들(祇園の姉妹)》(1936), 기노시타 게이스케의《카르멘 사랑에 빠지다(カルメン純情す)》(1951)와《향기로운 꽃(香華)》(1964), 마스무라 야스조(增村保造)의《하나오카 세이슈의 아내(華岡青洲の妻)》(1967), 이치카와 곤(市川崑)의《1명의 아내, 9명의 정부(黒い十人の女)》(1961)다. 일단 이 여섯 편은 역사적인 흐름 안에서 맥락을 살필 수 있을 뿐만 아니라, 일본영화에서 두 번의 황금시대를 이끈 대표적 여배우들을 중심으로 선택한 것이다.

우선 영화제에서 상영한 여섯 편의 영화 중《곡예사의 사랑》,《기온의 자매들》,《카르멘 사랑에 빠지다》를 중심으로 오랫동안 '여성 중심적'이라고 생각된 일본영화에서 여성의 '저항'이 어떤 식으로 보이고 있는가를 확인해 보고자 한다.

페미니즘 이론은 남성 중심 사회에서 억압받는 여성이 어떤 식으로 그 체제를 지탱하는 지배적인 담론과 제도에 대항해 스스로의 위치와 주체성을 표현하는가를 고려할 때 '저항'과 '전복'이라는 두 양식을 중심으로 고찰해 왔다. 다시 말하면, 어떤 요소가 지배적인 표상인 것처럼 보여도 그것이 텍스트 생성과정 안에서 다시 읽히는 경우에는 텍스트를 여러 차례 흔드는 것이 되기도 하고, 또 지배 이데올로기에 의해 좌우되는 내러티브를 따르면서도 거기에 뭔가의 형태로 여성의 '저항'이 보이는 경우가 있는 것이다. 그리고 그것은 많은 경우에 '독자'의 위치와 관련 맺고 있다. 또, 비록 그 저항이 지배적 양식을 혼란시키고 전복시키는 힘을 가지고 있지 않다 하더라도, 적어도 전복적인 독해를 담론화하는 것만으로도 영화에서 젠더비평의 새로운 지평을 제시할 수 있지 않을까? 그러므로 일본영화사의 젠더비평은 여성사적인 발굴과 다시 읽기뿐만 아니라, 지금까지 남성감독 중심, 남성비평가 중심으로 구축되어 온 비평담론의 탈남성화와 탈전유화도 동시에 함께 하지 않으면 안 된다. 그러한 작업 안에서 영화문화를 주도하고 소비하며, 말하자면 그 문화에 참여해 온 여성관객의 역사화도 가능하게 될 것이다.

페미니즘 영화이론에서는 이미 고전이 된 로라 멀비(Laura Mulvey)에 따르면, 할리우드영화에서는 여성의 신체가 남성 중심 이데올로기에 의해 지지되고 또 남성 주체로 경도된 시각적 쾌락을 제공하는 '보이는 대상(to-be-looked-at-ness)'으로 객체화하며 주체성을 가지지 않는다는 도식이 명백히 밝혀지고 있다. 이런 문맥에서 보면, 1910년대 중반부터 시선(視線)의 제도화, 내러티브화가 차차 발전해 갔던 할리우드영화에 비교하면 일본영화에서는 이런 시선의 제도화가 극단의 형태로 나타나지는 않았다는 가설이 성립되어 있다(제도적 표현양식이 아니라 원시적 표현양식이 남아 있었던 1930년대 일본영화에서 할리우드 양식에 대항적 양식을 발견한 것이 노엘 버치(Noel Burch)의 《먼 곳의 관찰자에게(To the Distant Observer)》다.[3]

또 여배우에 대해서 말하자면, 전통공연에서는 온나가타(女形)라는 이름으로 오랜 기간 남성이 여성을 연기하고 있었고(덧붙여 말하자면 '온나가타'라고 하는 것은 '가장(假裝)'의 퍼포먼스로서 구축된 여성성에 불과하다), 또 영화가 전래된 이후로 처음 20년 동안에는 무대를 그대로 촬영한 것이 많았으므로 여성이 여성을 연기하는 일은 대체로 없었다고 할 수 있다.[4] 할리우드영화가 새로운 시각적 젠더 코드와 제도를 직접적으로 일본

관객 앞에 던져놓았고, 이에 영향을 받아 일본영화에서도 새로운 영화 언어와 화법의 모색이 시작되었다. 그 시기에 온나가타가 아닌 여배우의 신체는 그런 새로운 영화 표현에 없어서는 안 되는 것 중 하나가 되고 제도화했다. 즉 아시아 여러 나라에서 그랬던 것처럼, 일본영화사에서 여성 신체는 서구적인 근대화와 분리될 수 없을 뿐만 아니라 여배우의 신체는 전근대와 근대가 충돌하는 장(locus)이 되었다. 이런 상황은 1930년대에 정점을 맞이했으며, 이번에 상영된《곡예사의 사랑》과《기온의 자매들》에도 마찬가지로 나타나고 있다. 그리고 이후에 다시 한 번 이런 관계성이 현실에 나타나게 된다. 패전 후에 다시 미군 점령을 경험한 1950년대, 그 모순을 여성의 신체가 넘겨받았기 때문이다.《카르멘 고향에 돌아가다(カルメン故郷に歸る)》(1951)와《카르멘 사랑에 빠지다》는 1930년대의 신파 비극과는 반대로 패러디 양식 안에서 여배우의 신체를 통해 근대화와 전근대(일본적인 것=전쟁 전)라고 하는 갈등을 표출하고 있다.

2.

　　《곡예사의 사랑》과《기온의 자매들》은 1930년대를 대표하는 이리에 다카코(入江たか子)와 야마다 이스즈(山田五十鈴)라는 두 여배우의 작품이다. 이 두 배우는 전쟁 전부터 활약한 여배우 중에서 대표적인 존재다. 두 배우 모두 일본영화에서 여배우가 활약하게 된 1920년대 전반의 개척자적 존재일 뿐만 아니라 말하자면, 본격적인 영화 여배우 제1세대에 속한다. 그렇지만 두 사람은 완전히 다른 스타일의 여배우였다. 이리에는 여학교 시기에 가끔 신게키(新劇)에 대역으로 무대에 서게 되었고 가조쿠(華族: 1869년 일본 왕실에서 중세의 봉건영주제도를 없애고 그대신 귀족작위를 하사하면서 창설한 귀족 계급을 총칭하는 말—옮긴이)의 여성이 신게키에 출연했다

는 사실로 주목을 받으면서 동시에 그 아름다움이 높은 평판을 얻게 되었다. 그녀는 영화계에 진출해서 배우로서 인기를 얻기 전에 우선 용모와 자태의 아름다움으로 일본영화 최초의 본격적인 여성스타로 절대적인 인기를 누리게 되었다. 한편, 부친이 배우고 어머니가 게이샤(芸者)였던 야마다는 1930년 13세에 영화에 데뷔해서 어린 나이에 그 뛰어난 연기력으로 주목을 끌고, 미조구치의 《나니와 엘레지(浪華哀歌)》(1936), 《기온의 자매들》에서 연기력을 인정받았다. 이후 영화 무대에서 활약하면서 일본영화를 대표하는 '대여우(大女優)'가 되었다.

우선 《곡예사의 사랑》을 간단히 살펴보자. 보통 '다키노 시라이토(瀧の白絲)'는 신파 멜로드라마의 전형적인 여주인공으로 사랑하는 남자의 성공을 위해 스스로 자신을 희생하는 여성, 종국에는 그것을 위해 스스로 피해자가 되어버리고 마는 여성으로 독해되고 있다. 신파비극의 대가 이즈미 교카(泉鏡花)의 《다키노 시라이토: 《곡예사의 사랑》의 원제―옮긴이)》를 원작으로 하는 이 작품은, 그의 다른 작품 《오리즈루오센(折鶴お千)》, 《온나케이즈(婦系圖)》, 《니혼바시(日本橋)》 등과 나란히 무성시대 신파비극을 대표하면서, 일본 근대화에 수반하는 남자의 입신양명을 보필하는 여성의 자기희생을 미화하고 있다. 그러나 영화는 곡예사인 시라이토가 부르주아적인 여주인공이 아니라는 사실을 강조하고 있다. 예를 들어 시라이토가 킨야(欣也)와 사랑에 빠지는 이유는 첫 장면에서 그에게 안겨 말을 타면서 육체적인 흥분을 느꼈기 때문이다(그녀가 졸도하는 것은 그 흥분이 얼마나 강렬한 것이었는가를 보여 준다). 즉물적으로 표현하자면, 시라이토가 킨야를 원조하고자 하는 것은 자신의 잘못으로 직업을 잃고 만 킨야에 대한 미안함뿐만 아니라 킨야를 향한 강한 욕망을 가지고 있었기 때문이다. 시라이토는 부르주아 계급에게는 허락되지 않은 섹슈얼리티 주체성을 지닌 여성으로 표현되고 있다. 그녀는 근대적 부르주아 도덕관념을 따르지 않는다. 물론 도중에 시라이토의 헌신이 강조되고 이야기는 멜로드라마적 운명의 장난이

라는 비극적 시점으로 옮겨가지만, 시라이토의 기질의 격함, 여장부 같은 성격 등이 항상 영화에서 강조되고 있다.

예를 들어, 미조구치가 후에 제작하는 《마지막 국화 이야기(殘菊物語)》와 비교해 보자면, 미조구치적인 자기희생의 고전적 여주인공으로서의 시라이토를 거세하는 것은 시라이토를 연기한 이리에의 존재감이라는 사실이 두드러진다. 그것은 당시 여성에게는 획기적일 정도로 큰 키인 162센티미터에 이르는 그녀의 신체성과 여배우로서의 역량을 보여 주는 증거이기도 하지만, 그 이상으로 중요한 사실은 제작 당시 《곡예사의 사랑》이 '이리에 다카코, 오카다 도키히코(岡田時彦)'라는 인기스타 콤비를 중심으로 기획되고 미조구치가 감독한 스타 제일주의 영화였다는 점이다.

이제까지 서양적인 부르주아 숙녀를 많이 연기한 가조쿠 출신의 이리에가 이즈미가 만들어 낸 메이지 중기의 '전근대적'인 '곡예사'를 어떻게 연기해 내는가 하는 것이야말로 이 영화의 핵심이었다고 할 수 있다. 게다가 그녀가 곡예단의 단장이었던 시라이토처럼 이리에프로덕션(入江プロダクション)이라는 제작 프로덕션의 여사장이었던 것은 잘 알려진 사실이다(동시에 사장이라고 해도 이름뿐이고 실질적으로는 오빠와 남편이 경영했었다는 사실도 잘 알려져 있었지만). 사실 그녀의 이름을 딴 회사가 성립할 수 있었던 것은 그녀의 인기가 그만큼 절대적이었다는 사실을 보여 주는 주목할 만한 증거다(가조쿠라고 해도 가난한 귀족이었고, 이리에가 일가를 책임지고 있는 가장이었다. 그녀는 이후에 바세도 병(갑상선중독증)에 시달리면서도 요괴 고양이 배우로서 1950년대에도 계속 활동했던 사실은 잘 알려져 있다). 따라서 감독인 미조구치와 스타인 이리에가 어떤 식으로 《곡예사의 사랑》을 요리할 것인가 하는 점이 그 제작과정을 결정하는 큰 요소였다.

복원판 영화 《곡예사의 사랑》에서 시라이토는 법정에서 자살하며 킨야도 최후에 시라이토를 쫓아 자살한다. 원작에서는 킨야가 자살한 뒤 킨야의 어머니가 시라이토를 찾아와 감사의 예를 갖추고, 시라이토는 (그녀에게) 사면과 같은 사형의 날을 기다린다는 결말이다. 영화는 시라이토 스스로 자신의 죽음을 결정한다는 설정을 통해 시라이토의 '저항'을 명확히 보여 주고 있다. 즉 《곡예사의 사랑》에는 원작자인 이즈미의 시라이토, 미조구치의 시라이토, 그리고 이리에의 시라이토라는 세 시라이토가 존재하고 있는 것이다. 그리고 이리에는 이즈미와 미조구치가 그린 전근대적인 시라이토에 대항해 스스로의 신체성을 바탕으로 근대성으로의 이행이라는 모순을 받아내고 있다고 말할 수 있다(여기에서 자세히 논하기는 힘들지만, 이 작품은 사실 이즈미의 원작이라고는 하지만 그의 스승이었던 오자키 고요〔尾崎紅葉〕에 의해 대부분 수정되었고, 그 수정된 원고에서 시라이토가 세속화해 가는 모습이 역력히 드러나고 있다).

다음으로 《기온의 자매들》에서 야마다 이스즈가 연기한 오모챠(おもちゃ)는 다키노 시라이토에 비교해 보았을 때 분명 근대화의 한가운데에 위치해 있을 뿐만 아니라 전면적으로 '저항'하고 그리고 '패배'한다. 야마다의 의상에서 드러나는 근대와 전근대에 의해 찢어진 자아(自我)는 언니에 비해 훨씬 더 명확하다. 게이샤의 의상(전통적인 일본 머리와 기모노)이 전근대적인 일본 봉건주의를 나타내는 반면 단발과 양복은 근대적 합리주의의 상징으로 대비되고 있다. 미조구치의 여성영화 제작에서 절대로 없어서는 안 되는 존재는 각본가 요다 요시카타(依田義賢)다. 도쿄 출신의 미조구치가 교토로 가서 교토의 방언과 기온(祇園: 교토의 전통적인 게이샤의 거리—옮긴이)에서 살아가는 여성들을 그릴 수 있었던 것은 요다가 쓴 각본 덕분이었다고 자주 지적된다. 그러나 요다의 각본이라고 해도 몇 번씩 고쳐 쓰는 과정을 통해 미조구치가 희망하는 것을 완성해 가는 공동작업이 빠지지 않았다고 한다. 이런 작업으로부터 도쿄 출신인 미조구치가 교도라고 하는 봉건적인 지역성과 사회의 축도로서 기온을 바라보는 시선을 획득할 수 있었던 것이다.

《기온의 자매들》이 다방을 무대로 게이샤 여주인공을 그리고 있지만, 그 사회는《곡예사의 사랑》에서 그려진 하층의 사회와는 다르다. 곡예사로서 '천민' 세계에 속하는 시라이토는 부르주아적인 논리규범(코드)과는 무관한 세계에 존재하며, 말하자면 피지배자층에 있기 때문에 '자립' 해 있다. 그녀가 근대국가의 윤리코드에 따르는 것은 킨야를 통해서이며 '곡예사' 로서의 윤리코드를 존중하기 때문이다. 그러나 결국 근대국가 윤리코드가 아닌 '자결' 이라는 자기 스스로의 규범을 쫓으며, 따라서 어떤 의미에서는 최후까지 근대국가의 '법' 을 거부하고 스스로의 길을 선택하는 자유가 남겨져 있다. 그러나 반대로《기온의 자매들》에서 그려지는 게이샤의 세계는 말하자면 중간지대다. 지배계층에 예속되어 있으면서도 하층계급은 아닌, 전근대에서 근대로 이동하는 시기에 고착되어 있는 듯한 세계로 그려지고 있다. 요다가 심혈을 기울여 완성한 것은 시라이토가 지니고 있었던 자율성이 아니라 오히려 절대적인 복종을 강화시키는 세계다. 물론 일본사회가 1933년과 1936년 사이의 3년간 크게 변했다는 것 역시 이러한 차이의 무시할 수 없는 배경이다.

　　《기온의 자매들》에서 오모챠의 '저항' 은 일부러 주의할 것도 없을 정도로 분명하다. 이야기는 굉장히 잔혹한 운명을 오마챠에게 던져준다. 야마다는 전작(前作)인《나니와 엘레지》에서도 전근대에 저항하는 근대적인 여성 아야코(アヤ子)를 연기해서, 애인의 처를 연기했던 여배우 1세대 우메무라 요코(梅村容子)와 여배우로서 세대간의 차이를 부상시켰으며,《기온의 자매들》에서는 그녀 자신의 강렬한 자아 위에 근대성을 향한 전근대적 윤리의 거센 저항을 받아 스스로 신체에 상처를 입히고 마는 오모챠를 중첩해 하나가 된 것처럼 연기하고 있다. 1930년대에 데뷔해서 채 20세도 넘지 않았던 야마다가 게이샤인 어머니에게 엄격하게 예능인 세계의 법도를 배웠고, 또 일가를 책임지는 가장으로서 굉장히 높은 프로의식을 가지고 일했다는 사실은 잘 알려져 있다(이 점에는 어린 시절부터 고생했던 다카미네 히데코와 경우가 약간 비슷하다).

또 당시 부모와 촬영소의 맹렬한 반대에도 불구하고 니마이메 스타 (二枚目スター: 영화, 연극 등에서 미남[美男]역을 맡았던 스타―옮긴이)와 결혼 소동을 벌이는 등 '신여성'의 자아를 몸에 익힌 야마다를, 미조구치는 여배우로서 최대한 살리고 있다(기노시타 게이스케와 다카미네 히데코처럼 당초부터 배우를 염두에 두고 시나리오를 썼는지도 모를 일이다). 롱숏과 롱테이크를 많이 사용하는 미조구치의 연출법은 배우의 신체성을 전면에 드러내는 것이며, 오사카 출신의 야마다가 살았던 간서지방 사투리도 그녀의 신체성을 떨어트리지 않았다. 라스트신에서 오모챠가 게이샤라는 직업을 큰 소리로 떠벌리면서 절대로 지지 않겠다고 소리치는 당돌한 엔딩은, 여배우의 신체성이 만들어 낸 감정이 일시적으로 치솟으면서 내러티브의 논리를 능가해 버린 흔치 않은 순간이라고 말할 수 있다.

3.

크게 나누어보았을 때 다나카 기누요, 이리에 타카코, 야마다 이스즈가 제1세대 여배우에 속한다면, 제2세대를 대표하는 것이 하라 세츠코(原節子)와 다카미네 히데코다. 제2세대의 대표로서 다카미네를 꼽았는데, 이번에는 해외에서 《부운(浮雲)》 등으로 그녀와 콤비로 알려진 나루세 미키오(成瀬美喜男) 감독의 영화가 아니라 기노시타 게이스케 감독 작품에 주목했다. 왜냐하면 다카미네는 일본에서는 기노시타의 작품으로 훨씬 잘 알려져 있으며, 또 나루세와 기노시타가 감독한 작품에서 다카미네의 연기 폭이 얼마나 넓고 깊은지를 이해할 수 있기 때문이다. 뿐만 아니라 근래 일본에 많지 않은 게이 감독 중 하나인 기노시타의 작품이 제기하는 풍경과 여성, 가장(假裝)과 여성, 그리고 잠재적인 캠프 미학과 여성혐오증이라고 하는 긴장관계에 놓여 있는 여배우의 위치를 보는 것이 가능하기 때문이다.

나루세 미키오 감독의 《부운》. 여주인공 다카미네 히데코는 하라 세츠코와 함께 일본 여배우 제2세대를 대표하는 배우로, 한 시대의 일본영화가 지녔던 문화적이고 사회적 영향력을 고려하는 데 빠져서는 안 되는 존재다.

1929년 5세에 데뷔한 다카미네 히데코는 그 커리어를 본다면 이리에 타카코와 다나카 기누요, 야마다 이스즈의 제1세대와 필적하지만, 여배우로 집중을 받기 시작한 것은 1950년대부터였으므로 제2세대로 생각할 수 있다. 다카미네는 하라 세츠코와 필적하는 국민 여배우로서, 한 시대의 일본영화가 지녔던 문화적·사회적 영향력—그것은 대중의 상상력에 부여한 영향의 거대함과 연결되는데—을 고려하는 데 빠져서는 안 되는 존재다. 해외의 영화 팬에게는 나루세 영화의 여주인공으로 유명한 다카미네지만 일본에서는 뭐라 해도 기노시타의 《24개의 눈동자》(1954)와 《기쁨도 슬픔도 하 세월(喜びも悲しみも幾歳月)》(1957)에 의해 국민적인 '어머니'(그것도 아이를 잃은 어머니 역)로서 상징적인 여배우가 되었다. 그러나 이런 우상화는 여배우 다카미네 작업의 일부일 뿐이며, '국민적 어머니'가 되기 전 기노시타가 다카미네를 위해서 창조한 전후 점령기를 상징하는 릴리 카르멘(リリー・カルメン)이라는 이름의 특이한 캐릭터를 고려하지 않는다면 여배우로서 그녀의 작업과 그 중요성은 이해하기 어렵다.

《카르멘 사랑에 빠지다》는 기노시타가 1951년에 촬영한 일본 초기 컬러작품 《카르멘 고향에 돌아가다》의 속편이다. 《카르멘 고향에 돌아가다》는 기노시타가 다카미네를 위해 쓴 각본에 근거한 작품으로 다카미네에게는 기노시타와의 첫 작업이다. 무대는 미군 점령기의 일본이다. 이 시기에

《24개의 눈동자》의 다카미네 히데코. 다카미네가 '국민적 어머니'가 되기 전 기노시타가 다카미네를 위해서 창조한 전후 점령기를 상징하는 '릴리 카르멘'이라는 캐릭터를 고려 않는다면 여배우로서 다카미네의 작업과 그 중요성은 이해하기 어렵다.

는 특유의 뒤틀린 근대화와 서구화의 파도 안에서, 일본 국민의 오락을 위해 미국이 장려했다고 전해지는 1946년의 스트립쇼—최초에는 누드화를 감상하는 것 같은 세팅이었기 때문에 '가쿠부치쇼(額字ショ-: 액자쇼)'라고 불리었다—의 성공을 기점으로, 육체문학 등에서도 보이고 있듯이, '여성해방'은 우선 '여성 육체의 해방'인 것으로 파악되었다(이 배경으로 당시 사회현상이 된 '팡팡'이라고 불린 창부들의 존재를 고려하지 않으면 안 되는데, 기노시타는 미조구치, 그리고 스즈키 세이준(鈴木清順)처럼 '팡팡'들을 그리지 않고 스트리퍼를 다루었다).

　　《카르멘 고향에 돌아가다》는 전쟁의 상처가 도쿄만큼은 남지 않았던 지방의 전근대적 풍경 속에 도회에서 온 두 스트리퍼를 근대성의 폭력적인 각성으로 제시한다. 그리고 이제껏 자연화해 온 여성의 신체를 이질적인 것으로 도드라지게 할 뿐만 아니라 전후 일본의 혼란을 여성의 신체성에 투영했다. 기노시타는 여주인공인 릴리 카르멘을 어린 시절 소에게 머리를 밟혔기 때문에 약간 '모자라는' 캐릭터로 만들었는데, 이것은 기노시타가 다카미네라는 여배우의 지성(知性)을 신뢰하고 있었다는 사실을 보여 주는 깃이다. 카르멘이 연정을 품는 대상은 맹인 음악교사로 맹인이라는 설정이 거세된 남성성의 메타포라고 하는 것은 분명하다. 영화에는 맹인 교사는 나오지 않는다. 대신 의심스러운 한량 '예술가'가 등장한다.

기노시타는 한 인터뷰에서 "최초에 촬영에 대한 간단한 어드바이스를 주었을 뿐이고, 그녀는 곧 캐릭터를 이해했다. 그 후에는 그녀가 어떤 식으로 역을 해석하는가를 보면서 즐겼다. 무엇보다도 다카미네의 매력은 그녀의 지성이다"고 했으며, 또 카르멘에 대해서는 "나와 작업했을 때 그녀는 이미 대스타로 많은 작품에 출연하고 있었지만 나는 그녀가 즐길 수 있기를 원했고, 지금까지 하지 않았던 역을 연기하게 하고 싶었다. 그래서 그녀처럼 머리가 좋은 사람이 머리가 나쁜 캐릭터를 연기하는 것이 가장 좋다고 생각했다"고 말했다. 기노시타는 스트리퍼에게서 현실을 상실한 일본사회의 도덕관 저하를 발견하고 이에 불안감을 느껴서 《카르멘 고향에 돌아가다》를 썼다고 하는데, 실제로 영화를 보면 기노시타의 반동성이 확실히 엿보이기는 한다. 그러나 그 이상으로 그가 비판적인 패러디 정신으로 파악한 다카미네와 고바야시 토츠코(小林トッ子)의 약동하는 육체가 관객 시선의 대상화를 전치하는 가능성을 담지하고 있다는 것을 알 수 있다.[5]

《카르멘 사랑에 빠지다》는 전작의 1년 후에 제작되었다. 그사이에 다카미네는 스튜디오의 전속 배우였던 것을 그만두고 프리랜서가 되었으며, 사생활 문제 등을 이유로 반년간 파리에 유학했다(기노시타도 처음으로 이 시기에 프랑스로 건너갔다.) 기노시타는 파리에서 돌아온 다카미네와 자신의 체험을 바탕으로 점령기 일본의 서구화를 문제화했으며, 동시에 《카르멘 사랑에 빠지다》에서는 전위예술가를 문제시하고 있다. 전작에서는 카르멘과 아케미(朱實)의 스트립쇼가 중요한 스펙터클로 기능했었는데, 이번 작품에서는 노동자로서 두 사람이 클로즈업되고 있다.

5세부터 아역으로 연기를 해 온 다카미네는 사실 학교교육을 거의 받지 않았다. 게다가 다카미네 스스로 자서전에서 상세하게 설명하고 있지만, 양녀로 그녀를 데려다 키운 모친과의 긴 불화 갈등을 포함해 프로듀서에게 착취당했던 일 등 많은 고생을 겪은 사람이다. 이런 의미에서 카르멘과 아케미라는 캐릭터는 화려한 스타의 뒷면이라고 할 수 있는 허구성 그 자체가 자기 반영적으로 조직되어 들어가 있는 캐릭터이며, 다카미네는 의식적으로 자기반영을 과잉된 비평적 언설로 바꾸고 있다. 또 다카미네는 자타가 공히 인정하는 남성적인 성격이었고('어린 시절부터 스스로도 성별을 확실히 구별하지 않았던 나'라고 말하고 있다)[6], 카르멘이라는 캐릭터가 동시에 지니고 있는 남성성과 여성성은 드래그(異裝)가 젠더를 패러디하는 잠재력을 가지고 있다(이것은 스크류볼 코미디[Screwball Comedy]가 가지고 있는 도착성에 매우 가깝다고 말할 수 있다).

한편, 도시의 근대화는 한층 더 진행되었고 전작에서 시골 풍경에 어울리지 않는 여성의 신체를 창조했던 기노시타는 이번엔 풍경의 일부로 묻혀 버린 여성의 신체를 그리고 있다. 그리고 또 한 번 카르멘이 프레임을 향하는 유희에 가까운 감각으로 그 신체의 탈자연화를 의도하고 있다. 《카르멘 사랑에 빠지다》에서는 캐릭터 자신이 이야기의 주인공으로서 '저항'을 나타내고 있지는 않다. 그러나 영화를 전체적으로 봤을 때 카르멘이라는 캐릭터가 지배적인 젠더 규범을 교란시킬 수도 있다는 하나의 가능성을 지니고 있다. 그런 의미에서 《카르멘 사랑에 빠지다》는 일본 고전영화 안에서 찾아보기 힘든 퀴어영화라고 할 수 있다.[7]

4.

다음으로 《향기로운 꽃》, 《하나오카 세이슈의 아내》, 《1명의 아내, 9명의 정부》를 살펴보자. 《향기로운 꽃》, 《하나오카 세이슈의 아내》는 1960년대를 대표하는 여성작가 아리요시 사와코(有吉佐和子)의 소설을 원작으로 하는 문예영화의 대표작이며, 《1명의 아내, 9명의 정부》는 1950년대 후반부터 1960년대에 걸쳐 확장되었던 모더니즘적 묘사를 특징으로 하는 작품이다. 따라서 이 세 작품 안에서 한눈에 분명히 보이는 접점을 찾기는 힘들 수도 있다. 그러나 여기서 지적하고 싶은 것은 장르도 다른 이 세 작품이 모두 여자들 사이의 관계를 그 이야기의 중심으로 다루고 있다는 점이다. 전후 (戰後)의 '여성영화' 가 나루세 미키오와 미조구치 겐지 같은 전전(戰前) 신 파비극 등의 '여성영화' 전통을 이어받아 운명에 농락당하는 한 사람의 여 주인공을 그리고 있는 반면, 아리요시 사와코의 원작에 의한 이 두 작품의 특징은 '여자들 사이의' 의 관계를 깊게 추구하고 있다는 점이다. 그것도 아 내, 어머니, 딸이라는 역할로 규정되는 관계가 아니라, 그 역할을 넘는 강한 연대를 그리고 있다고 볼 수 있다.

《하나오카 세이슈의 아내》는 가부장제 안에서 억압받는 어머니와 며느리 간의 애증의 라이벌 관계가 강조되고, 《향기로운 꽃》에서는 나쁜 어 머니와 그 어머니 때문에 고통당하는 딸의 복잡한 애증관계가 다루어지고 있다. 두 작품을 비교해 보면 가부장제에 억압받으면서도 스스로 그것을 더 욱 강고한 것으로 만들어 가는 여자들 사이의 라이벌 관계를 일본 근대화 안에서 응시하는 마스무라의 《하나오카 세이슈의 아내》와, 모녀관계를 통 해 역사를 투영해 가는 기노시타의 《향기로운 꽃》 사이의 접근방법 차이가 부각된다. 여성을 우상화한 적이 없었던 기노시타의 한 여성에 대한 냉철한 시선이 오카다 마리코(岡田茉莉子)의 푸념하는 말투와 더불어, 고전적인 페 티시즘과 관음증적인 욕망의 대상, 즉 남성 시선의 객체로 기호화하는 여성 의 신체와는 다른 차원을 선사하고 있다.

여성들 사이의 교착된 관계성은 이치카와 곤 감독, 와다나츠 토(和 田夏十) 오리지널 각본의 《1명의 아내, 9명의 정부》에서도 중심이 되는 테마 다. 영화는 한심한 한 남자를 중심으로 라이벌 관계에 있는 여성들이 연대 혹은 결탁이라고 쉽게 표현할 수 없는 복잡한 관계를 만들어나간다. 그리고 최후에 각자 그 남자를 떠나 자기실현을 이루는 영화의 전개를 통해 우리는 《카르멘 사랑에 빠지다》와 더불어 이 작품이 남성사회에 대해 아이러니한 저항을 보여 주고 있다는 사실을 알 수 있다.

일본영화는 1958년에 최고의 관객 동원을 기록했고, 이어 1960년에 들어서 TV의 영향으로 급격하게 여성관객이 영화관에서 멀어지게 된다. 영화 산업계는 1950년대에 제2의 황금기를 맞이하게 되는데, 바로 이 시기에 다수의 스튜디오 출신 여배우들이 전성기를 맞이했다. 《하나오카 세이슈의 아내》를 감독한 마스무라 야스조 감독이 '일본영화의 여성중심주의'라고 말할 정도로 여성스타의 충실함이 스튜디오를 이끌어가는 힘이었다. 제3세대의 대표로 와카오 아야코(若尾文子), 오카다 마리코(《곡예사의 사랑》에서 킨야를 연기했던 오카다 도키히코의 외동딸이다), '미스 일본'에 선발되었던 미모로 명성을 날렸던 야마모토 후지코(山本富士子), 기시 게이코(岸惠子), 오토와 노부코(乙羽信子), 나카무라 타마오(中村玉緒)를 들 수 있다. 《1명의 아내, 9명의 정부》는 이러한 여배우들의 전성시대가 있었기 때문에 가능한 기획이었다.

《하나오카 세이슈의 아내》도 제2세대의 대표 다카미네와 제3세대의 대표 와카오라는 전후 일본영화를 주도했던 스타의 경연(競演)이 없었다면 실현 불가능했을 것이다(덧붙이자면 스튜디오 시대가 끝난 1960년대 말 오카다 마리코는 여배우이자 프로듀서로서 남편인 요시다 기쥬(吉田喜重)를 원조했고, 또 오토와도 남편인 신도 가네토(新藤兼人)에게 없어서는 안 될 존재가 되었다. 스튜디오를 이끌었던 최후의 여배우들은 《기노시타 게이스케 극장》과 다이에이(大映)가 제작한 TV 프로그램에서 1970년대 여성 드라마를 꽃피웠다. 1970년대 TV를 이끌었던 가족 드라마는 오즈 야스지로(小津安二郎)의 작품과 같은 쇼치쿠(松竹)영화사의 소시민 영화의 연장이었을 뿐 아니라, 1950년대 말부터 1960년대에 번성했던 문예여성영화의 연장이기도 하다는 것을 지적해 두지 않으면 안 될 것이다.

지금까지 간단하게 살펴본 대로 여배우에 초점을 맞추어 텍스트의 재독해를 시도하는 작업은 본래 상세한 텍스트 분석이 필요하다. 하지만 이번처럼 개략적 소개를 통해서라도 영화에 드러나는 여성의 표상이 다양한 층위의 절충에 의해 텍스트에 각인되어 있다는 사실을 간과해서는 안 된다는 계기가 되었다면 이번 강연의 목적은 이루어졌다고 할 수 있다. 나는, 여성의 표상이 정치적으로 긍정적인가 부정적인가라는 판단에 의한 분석을 넘어서, 만든 사람의 젠더를 본질적으로가 아니라 전략적으로 독해할 필요성을 고려해야 한다고 생각한다.

이제 마지막으로 문제를 하나 제기하고자 한다. 이 의문은 토치기 아키라(とちぎあきら)가 마스무라 야스조의 여주인공에 관해서 제기한 중요한 질문으로, 토치기는 다음과 같이 질문하고 있다.

어떤 의미에서 '마스무라적 여주인공'이 일본 근대의 공간에서 마찰을 일으키는 존재라고 할 수 있는 것일까. 《하나오카 세이슈의 아내》(1967)에서 여주인공인 가에(加惠)와 시어머니 사이의 패권 쟁탈전 같은 갈등을 보아온 세이슈의 여동생은 그 모양을 '여자들끼리 한 남자를 키우고 있다. 비료를 너무 많이 주면 영양과다로 오히려 뿌리가 썩는다'고 평한다. 돌출한 여성 존재를 그리면서도 이 작품은 그 주체 형성이 동시에 부권제를 유지하는 것에 가담하게 되어버리는 양가성을 지적하고 있는 것이다.

여기에서 마스무라 작품에 빈번하게 나타나는 그로테스크한 묘사와 폭력적 표현에 주목해 보자. 자신이 선택한 길을 고집스럽게 나아가는 여주인공에 대해 남자들은 폭력적으로 육체에 상처를 입고, 감각을 빼앗기는 고난을 맛보아야 하는 경우가 많다. 때로는 여자의 강고한 에고(ego)에 몰려 자진해서 스스로의 육체를 들볶는다. 그리고 여주인공에게 남겨진 선택도 최후에는 자살 혹은 애인과의 동반 자살밖에 없는 것으로 보인다.

마스무라에게 유럽적인 근대를 통과한다고 하는 것은 근대가 피할 수 없는 폭력을 둘러싼 관계와 욕망을 바라보는 것은 아니었는가. 그렇다면 앞의 질문은 다음처럼 바꿔 말할 수 있을지도 모르겠다.

마스무라 작품의 여자들은 주체 형성에 폭력이 따를 수밖에 없는 근대에서

근대 그 자체를 지탱해 온 남근주의적 부권제를 붕괴할 수 있는 계기를 주는 것이 가능했었는가,라고.[8]

토치기는 와카오 아야코로 대표되는 근대적인 자아와 의지를 가진 마스무라적 여주인공에 대해서 의문을 제기하고 있다. 그가 질문하고 있는 문제는 지배적인 제도 안에서 구축되어 온 젠더 규범을 내재적으로 껴안은 여성의 표상이 어떤 형태로 탈남성화가 가능한가 혹은 불가능한가 하는 문제다. 그리고 개인의 역사성과 공동체에 각인된 역사성의 접점으로씨의 '여배우'의 신체가 텍스트 생성에 다양하게 굴절된 역사성을 초래한다고 한다면, 텍스트 자체에 각인된 여배우의 신체가 나타내는 '저항'은 지배적인 가부장제를 교란하는 계기가 될 수 있었을까, 라고 하는 질문을 제기하고 있다. 최종적 대답은 '아니다'일지도 모른다. 그래도 이런 식의 회고 영화제를 계기로 그 궤적을 쫓아가는 것은 항상 필요한 작업이다.

주

1) 일본 여성감독에 대해서는, 일본 여성영화인을 대표하는 여섯 사람인 요시다 마유미(吉田眞由美), 다카노 에츠코(高野悅子), 오타케 요코(大竹洋子), 하야시 후유코(林冬子), 고토다 치에코(小藤田千榮子), 마쓰모토 유미코(松本侑壬子)가 쓴《여성감독 영화의 전모(女性監督 映畵の全貌)》라는 책에서 소개되고 있다. 또 다카노 에츠코와 오타케 요코 등을 중심으로 개최되어 온 도쿄국제여성영화제도 '제작자로서의 여성'을 제1의 기준으로 삼고 있다.

2) 여기서 간단히 여성스타와 여성관객의 동일화에 대해 이론적으로 고찰해 보겠다. 재키 스테이시(Jackie Stacey)는 여성스타와 여성관객의 관계가 로라 멀비(Laura Mulvey)가 전제한 대로 남성성과 여성성이라고 하는 이항대립으로는 이해할 수 없는 부분이 많으며, 종래에 정신분석 이론에만 근거한 동일화의 개념으로는 역사적·문화적으로 본 여성관객의 동일화 과정을 해명하는 것이 불가능하다고 주장한다. 스테이시의 주장은 다음처럼 간단히 정리해 볼 수 있다. 여성관객의 영화에 대한 동일화는 단순히 정신분석적 층위에서 뿐만 아니라 소비·오락이라고 하는 문화적·사회적 층위에 걸쳐서 설명하지 않으면 안 된다. 여성관객이 여성스타에게 의존하는 팬 심리는, 일종의 동성애적(호모 에로틱한) 욕망에 근거한 '여성의 (여성적인 것을 향한) 애착(feminine attachment)'으로 이해되어야 할 종류의 것이다. 그리고 이것은 여성의 '호모섹슈얼리티=레즈비어니즘'이라는 도식과는 완전히 연속적이지 않을 뿐만 아니라, 반드시 구별되어야 할 호모 에로틱한 욕망이다. 즉 실제 관객의 성적인 지향과는 별개로 '모든 여성관객이 가지고 있는 매혹이라고 하는 형태를 가진 호모 에로티시즘의 가능성'으로 이론을 구축할 필요가 있다. 동성애에 한정되지 않는 에로티시즘을 상정하기 위해서는 레즈비어니즘이라고 하는 여성 동성애의 '가능성을 배제하고 욕망을 탈에로스화하는 것이 아니라, 오히려 동일화의 에로스화'로 파

악할 수 있는 가능성을 탐구해야 하는 것은 아닐까. 또, 여성의 자기애라고 하는 개념도 '타자로서의 여성'이라는 시점에서 다시 생각하지 않으면 여성의 호모 에로틱한 욕망을 이해하는 것이 불가능하지 않을까. 스테이시에게 자기애는 '여성이 일관해서 시선의 주체와 객체 양방으로 정의되는 문화 안에서는 특별한 의미'를 가졌을 뿐 아니라, '여성성의 이미지에 대해 여성이 느끼는 매혹'에 깊게 관계하고 있다. (Jackie Stacey. 1994. 'From the Male Gaze to the Female Spectatorship.' In *Star Gazing: Hollywood Cinema and Female Spectatorship*. New York: Routledge. p. 19~48, 126~175.

그러나 실제로는 1970년대 이후의 이데올로기 비평에서 스타에 대한 '변신 욕망'과 이야기에 대한 과도한 '감정이입'은 영화를 진정으로 감상하는 '비평적' 태도에 반하는 것으로 '오락영화'를 주도하는 사춘기 특유의, 그리고 종종 여성과 관련시키는 정신적 유치함을 나타내는 것으로 이해되었다고 할 수 있다. 여성이 멜로드라마 등에 과도한 감정이입을 하고 여성스타를 동경하는 것은 여성의 지적 수준의 낮음을 보여 주고 또 여성 특유의 '허영심'을 부추키는 것으로 독해되었는데, 이는 여성의 본질론에 환원해서 이해하고자 하는 설명이다. 또 한편으로는 이런 식으로 여성이 자기애적으로 스타에 경도되고 또 적극적으로 감정이입을 하게 된 것은 부권사회가 규정한 '여성스러움'과 '미'의 가치관을 강박적으로 내재화했기 때문이라고 해석하는 페미니스트의 비판도 있었을 뿐 아니라, 더욱 내러티브와 스타에 대한 '감정이입'과 '동일화'는 종종 '여성적' 이라는 것과 연결되어 부정적인 요소로 파악되어 왔던 것이다.

당연한 일이지만, 여성관객이 아름다운 여성스타를 동경하고 숭배하는 것은 정신연령이 낮다거나 허영심과 경쟁심을 자극한다거나, 또는 아름다운 것은 남자든 여자든 아름답다고 느끼는 것은 당연하다는 식의 단순한 문제가 아니다. 사실 스테이시가 강조하는 대로 문화와 사회가 규정하는 '여성성'을 내재화한 여성에게 '동일화' 자체가 굉장히 복잡하고 복수의 회로를 가지고 있고 절대로 일대일 대응의 동일화 개념으로는 파악되지 않는 것이다. '동일화'는 포지션을 한정하지 않는데, 판타지의 구조에서도 이렇게 이동하는 위치야말로 더욱 중요한 시점이다. 게다가, '여성관객'이라고 하는 위치를 고려할 수 있다면 잠재적으로 남성관객도 얻을 수 있는 동일화의 형태가 있다고 설명할 수 있고, 이는 관객이 얻는 하나의 위치로써의 '여성'이라는 관점의 제시가 가능해진다. 결국 여성스타를 지탱하는 여성팬의 심리를 이해하기 위해서는 이성애/동성애 섹슈얼리티의 이항대립 개념을 확대해서 관계성 그 자체를 에로틱한 것으로 만드는 자기애와 동일화를 생각하지 않으면 안된다.

3) 개론적으로 말하면, 예를 들어 1930년의《모로코(Morocco)》에서 마를렌 디트로히(Marlene Dietrich)의 신체가 뛰어나게 페티쉬화했던 것처럼 시각과 내러티브가 연동되어 여성 신체의 객체화/기호화가 일어나는 할리우드와 같이 여배우의 신체가 에로틱한 시선의 대상으로 페티쉬화한 것은 적었던 것으로 생각된다. 그것은 리샹란(李香蘭, 야마구치 요시코[山口淑子])으로 대표되는 1930년대 후반부터 눈에 띄게 나타나게 된, 식민지라는 타자 표상으로서 여성이 나타난 시기에 완전히 제도화했다고 할 수 있을 것이다. 그러나 이 문제는 굉장히 큰 문제이므로 깊은 검토가 필요하다.

4) 대체로 1910년대 후반에 영화극운동(映畵劇運動)과 연쇄극(連鎖劇: 신파 등의 연극사이에 실사 필름을 영사하는 연극) 등이 유행했다. 그래서 당시 연극에 출현했던 신파의 여배우들이 연쇄극에도 출연했고, 거기서부터 영화에 출연하게 되었다고 이야기되고 있다.

5) Phyllis Brinbaum. 1999. *Modern Girls, Shining Stars, The Skies of Tokyo: 5 Japanese Women*. New York: Columbia UP. p. 235~247. 또 점령기의 여성 신체의 전시(展示)에 대해서는 Joanne Izbicki. 1996. 'The Shape of Freedom: The Female Body in Post-Surrender Japanese Cinema.' In *The U.S-Japan Women's Journal* 12 [1996]: p. 109~153 참고.

6) 高峰秀子. 1976.《私の渡世日記》下卷. 朝日新聞社. 188頁. 다카미네는 게이였던 기

노시타가 본질적으로 여성을 혐오하고 있었던 것과 기노시타가 술이 취해 "어이, 네가 남자였다면" 하면서 어깨를 탁탁 두드렸다는 이야기를 하고 있다(이 묘사에 대해서는, 영화계 내에서는 알려져 있었지만 영화계 외에서는 알려지지 않았던 기노시타의 게이 섹슈얼리티에 관해서 다카미네가 완곡하게 표현하고자 했던 것은 아닐까 생각된다).

7) 실제로 기노시타의 영화를 퀴어영화의 관점에서 연구하는 대학원생도 있다.

8) とちきあきら. 1997. 4. 11. 〈増村保造のデビュー作から15本 '近代主義' と '女の映畵'〉. 《OCSニュース》 550號. 19頁.

눈 먼 그대, 어디로 가는가?:

1950~60년대 일본영화의 페미니즘적 독해
(이 글은 사이토 아야코의 발표에 대한 질의자인 김소영의 답글이다.)

김소영

1. 고전 일본영화의 여배우들

2004년 서울여성영화제에서는 일본 고전영화 회고전과, '일본 고전 영화에서 저항하는 여성'이라는 주제로 세미나가 열렸다. 일본의 페미니스트 영화이론가인 사이토 아야코가 영화를 선정하고 발표를 맡았다. 영화로는 미조구치 겐지 감독의 《곡예사의 사랑》과 《기온의 자매들》, 기노시타 게이스케 감독의 《카르멘 사랑에 빠지다》, 《향기로운 꽃》, 이치카와 곤 감독의 《1명의 아내, 9명의 정부》, 마스무라 야스조 감독의 《하나오카 세이슈의 아내》가 상영되었다.

회고전의 작품들은 여배우에 방점을 두고 진행되었다. 아야코의 발제를 요약하자면, 일본 전통공연에서는 온나가타(女形)라는 남성이 여성을 연기했던 데 반해 영화에서는 여배우의 신체가 사용되었고 그래서 여배우의 신체는 전쟁 이전에는 전근대와 근대, 전쟁 이후에는 근대화와 일본적인 것(전쟁 이전)이 경합하는 중요한 장으로 간주될 수 있다는 것이다.

예를 들자면 전쟁 이전의 영화인 《곡예사의 사랑》과 《기온의 자매들》에는 각각 여배우 이리에 다카코와 야마다 이스즈가 출연하는데, 몰락한 귀족계급(가조쿠) 출신인 여배우 이리에 다카코는 시라이토라는 이름의 곡예사 역을 맡아 근대국가의 법을 거부하고 자결이라는 방법을 택한다. 이리에는 당시 여성으로서는 매우 큰 키인 162cm의 장신이었고 시라이토라는 천민계급의 역을 맡기 전까지는 서양적인 부르주아 숙녀를 많이 연기했다. 예컨대 귀족 출신의 서구적 여성상을 연기하는 스타 이미지를 가지고 있던 이리에가 메이지 중기의 전근대적 곡예사를 연기함으로써 계급과 시대가 교차 · 혼종되고, 영화 관람성의 상당 부분이 바로 그녀의 연행에 집중되게 된다. 이제까지 《곡예사의 사랑》을 전형적인 신파 멜로드라마로 그리고 시라이토를 사랑하는 남자를 위해 희생하는 여성으로 간주한 데 반해, 사이토는 이리에라는 여배우의 기호학적 재배열에 주목함으로서 그녀의 신체가 전근대에서 근대로의 이행과 동시에 근대 국가의 법을 거부하는 하층 계급성을 표식 한다고 읽는다.

《기온의 자매들》에서 게이샤의 법도에 저항하는 오모챠로 등장하는 야마다 이스즈는 실제 게이샤인 자신의 어머니로부터 예능인의 법도를 배웠으나 또 미남 스타와 결혼 소동을 벌이는 등의 신여성적 이미지를 갖고 있었다. 영화 마지막에 예상치 못한 갑작스러운 종결 부분에서 야마다는 신여성 게이샤의 어떠한 단호한 자기 결단을 표출한다.

이리에 다카코와 야마다 이스즈를 잇는 다음 세대 배우인 다카미네 히데코는 전후 일본의 화제작이었던 기노시타 게이스케의 《24개의 눈동자》와 《기쁨도 슬픔도 하 세월》에 의해 국민적인 '어머니'(그것도 아이를 잃은

어머니 역)로서 상징적인 여배우가 된다. 그러나 이렇게 국민적 어머니가 되기 이전 전후 미군 점령기를 암시하는 릴리 카르멘(リリ-カルメン)이라는 캐릭터를 연기했었다.

그러나 '국민적 어머니'가 되기 전 기노시타가 다카미네를 위해서 창조한 전후 점령기를 상징하는 릴리 카르멘이라는 이름의 특이한 캐릭터를 고려하지 않는다면 여배우로서 그녀의 작업과 그 중요성은 이해할 수 없다고 사이토는 강조한다. 2004년 서울여성영화제에서는 《카르멘 사랑에 빠지다》가 상영되었는데, 기노시타가 1951년에 촬영한 일본 초기 컬러작품 《카르멘 고향에 돌아가다》의 속편이다. 미군 점령기 시작된 스트립쇼를 배경으로 다카미네가 스트리퍼로 등장한다. 미국적 근대성의 체현으로서 여배우의 신체가 전시된 것이다.

2.《하나오카 세이슈의 아내》와 《서편제》

위 소개를 배경으로 이 글에서 중점을 두려고 하는 작품은 《하나오카 세이슈의 아내》다. 《하나오카 세이슈의 아내》는 일본의 1960년대를 대표하는 여성작가 아리요시 사와코의 소설을 원작으로 하고 있다.

사이토는 "전후(戰後)의 '여성영화'가 나루세 미키오와 미조구치 겐지 같은 전전(戰前) 신파비극 등의 '여성영화' 전통을 이어받아 운명에 농락당하는 한 사람의 여주인공을 그리고 있는 반면, 아리요시 사와코의 원작에 의한 작품의 특징은 '여자들 사이의'의 관계를 깊게 추구하고 있다는 점" 그리고 아내, 어머니, 딸이라는 역할로 규정되는 관계가 아니라, 그 역할을 넘는 강한 연대를 묘사하고 있다고 강조한다. 즉, 《하나오카 세이슈의 아내》에서는 가부장제 안에서 억압받는 어머니와 며느리 간의 애증의 라이벌 관계가 드러나고, 아리요시의 소설을 각색한 영화 《향기로운 꽃》에서는 나쁜 어머니와 그 어머니 때문에 고통당하는 딸의 복잡한 애증관계가 다루어지고 있다는 것이다.

사이토 아야코가 언급한 여배우가 영화적 의미화 과정에 관계되는 방식이나 여성 간의 관계 부각의 중요성에 동의하면서, 내가 좀 더 주목을 기울이려고 하는 것은 제국의 여성과 식민지 여성에 관계된 페미니즘의 개입 지점 부분이다.

《하나오카 세이슈의 아내》의 마지막, 여주인공 카에(와카오 아야코 분)는 나이 들고 눈이 먼 채 마취제 쭈쎈산의 재료로 사용된 약초 꽃밭에 서 있다. 카에는 하나오카 세이슈와 결혼해 가사와 길쌈 등에 노동력을 제공했을 뿐 아니라 외과용 마취제를 개발하려는 남편 하나오카 세이슈의 인체실험 대상으로 시어머니와 거의 경쟁하다시피 하면서 자신을 제공했다. 세이슈를 위해서 자신의 평생을 희생해 온 세이슈의 여동생은 그런 행동을 "여자들끼리 한 남자를 키우고 있다. 비료를 너무 많이 주면 영양과다로 오히려 뿌리가 썩는다"라며 신랄하게 비판한다.
실제로 외과수술의 개척자로 미국의 웰(Horace Wells)나 모턴(William Thomas Green Morton)보다 40년 앞서 마취약을 개발한 하나오카 세이슈(華岡靑洲: 1760~1835)는 전 세계에서 처음으로 유방절제 수술에 성공했고, 이렇게 약초 소재의 마취제를 통한 그의 외과 수술은 일본 근대 외과수술의 기반을 마련한다. 《하나오카 세이슈의 아내》는 영락없는 일본 근대성의 궤적을 하나오카 세이슈와 그를 위해 희생하는 어머니와 아내를 통해 보여 준다.
하나오카 세이슈는 중국 명(明)대 1592년에 출간되었다고 전해지는

임권택 감독의 《서편제》. 《하나오카 세이슈의 아내》의 카에와 《서편제》의 송화는 둘 다 시력을 잃게 되는 피해자지만, 두 사람이 민족−국가에 기입되는 방식은 다르다.

《본초강목(本草綱目)》의 약초 쓰임새와 서양 외과수술을 결합시켜 왕정복고를 내세운 메이지유신의 신구 결합처럼 일본 근대 외과수술을 탄생시키는 것으로 영화는 재현한다. 그 과정에서 희생이 요구되고 폭력이 가해지는 대상은 동물, 하층민 그리고 어머니, 아내, 여동생 같은 여성들이다.

　　그리고 또 이 영화가 강조하는 점은 그러한 전통을 흡수한 근대 외과학의 시혜를 가장 먼저 직접적으로 입게 되는 것은 여성의 몸, 그중에서도 모성과 에로틱한 특성이 가장 중첩되어 있는 유방이다. 이 영화에서 여성의 몸은 노동력이자, 질병이자, 실험실이며 또 모성과 섹슈얼리티가 교차되는 곳이다. 이 모든 역할을 다 치루고 나서 카에는 딸을 잃고 눈의 시력도 잃게 된다. 영화의 마지막, 눈이 먼 채 마취제의 재료로 쓰이는 꽃밭을 거니는 카에가 알레고리적인 화법으로 말하자면 자신의 삶을 바쳐 가능케 한 일본의 근대화는 20세기 초 조선을 비롯한 아시아 지역의 식민화로 이어진다. 그녀가 시력이 먼 채 꽃밭을 거니는 이 순간은 그래서 매우 미묘한 순간이다. 식민주의와 절합되는 근대화라는 문제틀과 역사적 과정을 배제하면 이 순간은 일본의 비평가 토치기 아키라가 마스무라 야스조의 여주인공에 대

해 지적한 부분만으로도 독해 가능하다. 즉, 걸출한 여성 존재를 그리면서
도 동시에 그 여성의 주체 형성이 부권제를 유지하는 것에 가담하게 되는
양가성의 문제가 그것이다.

2004년 서울여성영화제에서 이 작품《하나오카 세이슈의 아내》가
상영될 때, 관람객의 시선에는 다른 역사적 과정이 중첩된다. 카에와 같은
여성이 눈이 멀도록 희생해 성취한 일본의 부권적 근대화가 식민주의와 결
합되어 조선을 침략하게 된다. 영화《서편제》는 바로 그러한 식민지 근대화
과정에서 소위 전통의 소리를 찾는다고 딸 송화(오정해 분)의 눈을 멀게 한
소리꾼 아버지의 이야기다. 일본 여성 카에의 시력상실이 일본 근대화와 남
편 하나오카 세이슈가 근대 외과의학을 여는 데 결정적 기여를 했다면, 송
화의 시력상실은 일본 식민지 과정에서 사라져간 전통소리의 복원에 사용
된다. 두 여성 모두 피해자지만 그 두 사람이 민족-국가에 기입되는 방식은
다르다. 카에는 제국의 여성이며, 송화는 식민지의 여성이다. 카에의 눈먼
시선이 향하는 곳은 미래이지만, 송화의 보이지 않는 시선이 돌아가야 할
곳은 과거다. 물론 그 과거는 복원될 수 없는 것이다. 상실은 영구화한다.
그녀의 상실은 상실에 대한 애도, 정신적인 작업에 머문다.

일본의 여성학자 우에노 치즈코(上野千鶴子)는《내셔널리즘과 젠더
(Engendering Nationalism)》라는 책에서 일본 여성사의 자기 성찰적이면서 동
시에 역설적인 순간에 대해 지적하고 있다. 예컨대 1980년대 페미니즘이 여
성사에 영향을 미침에 따라 여성을 역사의 수동적 존재에서 주체적 의사 결
정자로 전환시키는 역사관의 패러다임 전환과 더불어, 일본 여성들을 전쟁
의 피해자로 보는 사관이 가해자로 보는 사관으로 바뀌게 된다. 이렇게 여
성의 역사적 주체성의 발견이 동시에 가차 없는 전쟁 책임 추구로 향했던
아이러니를 우에노는 페미니즘과 여성사의 성숙이라고 자성적으로 이야기

하고 있다.

민족국가의 경계를 가로질러 서로에게 대화하려는 아시아의 페미니스트들, 특히 식민화라는 역사적 짐을 진 일본과 한국 그리고 일본과 타이완, 일본과 타이의 페미니스트들은 카에들과 송화들이라는 눈먼 여성들을 등에 업고 있는 것이다. 그녀들이 그녀들에게 묻는다. 어디로 갈까?

한국영화를 통해 우회하기

폴 윌먼 저
이종은 역

서문

비교문학이라는 학제는 그 비교의 기준으로 인종적이면서 언어적인 단위를 강조하기 때문에 철저히 산업화된 문화형식인 영화 연구를 위한 모델로는 적절하지 않다. 구태여 비교문학과 종교 사이의 공모성을 환기할 필요는 없을지라도, 요한 볼프강 폰 괴테(Johann Wolfgang von Goethe)의 '세계문학'이라는 개념이 기대고 있는 보편성이란 결국 서구 기독교적 가치이므로 그 근거가 취약하다고 할 수 있다[1]. 다시 말해, 특정 '지역의' 문학작품이 세계문학의 척도로 고착되고 있다는 것이다. 그럼에도 불구하고 필요에 따라 변경만 한다면, 비교문학에 남아 있는 종교적 사고의 흔적은 비교영화연구라는 개념에 고려할 만한 실마리를 제공한다. 서구에서, 종교가 좀 더 세속적인 '보편의 가치들'로 전환됨에 따라, 사회제도를 제정하고 집행하던 권력이 성직자에서 지식인으로, 그리고 현재의 미디어 실행자로 이동하는 과정은 '공공 영역(public sphere)' 출현의 역사라 할 수 있다. 공공 영역이 법정에 도전해 마침내 통치를 위한 쟁점들을 논의하는 역할을 찬탈하는 과정은 소위 도덕적 철학과 미학의 특정 조합으로 일컬어지는 문학의 기반을 이루는 역사라 할 수 있다. 톰 네언(Tom Nairn)이 지적했듯이, 문학이 군대와 경찰이 법을 시행하는 권리를 가진 '근대국가'를 건립하기 위한 훈련장으로 대두된 이유이기도 하다. 이러한 변화를 추동하는 힘은 20세기 후반에 이르러 전 지구화의 쾌거를 이룬, 카를 마르크스(Karl Marx)에 따르면, 자본주의 생산양식의 점진적인 정교화와 확산이라 할 수 있는데, 영화의 역사가 19세기말 이래 서구에서 시행되었던 문화의 산업화와 일치한다는 것을 고려할 때, 영화는 결국 '보편주의'와 연관됨으로써 하나의 문화형식으로 규정될 수밖에 없다는 결론에 이르게 된다[2].

대부분의 영화이론과 영화사가 특정 가치를 가진 관점으로 정의되고 개념화된 보편성에 의해 귀결되기에, '세계영화(world cinema)'라는 범위 안에서 한 영화의 소재지가 그러한 가치의 현존 또는 부재에 의해 결정되는 것이 아니라는 것을 쟁점화할 필요가 있다. 비교의 기반으로서의 보편성은 1950년대 이후 급격하게 가속화되어 온 자본주의와의 보편적 만남이라는 측면에서 문제 제기가 가능하기 때문이다. 1946년 조르주 사둘(Georges Sadoul)의 《영화일반사(Histoire générale du cinéma)》가 처음으로 '세계영화'를 다루기 시작했지만, 첫 '세계영화' 연대기는 1963년 프랑스 파리에서 출간된 필리프 에스노(Phillippe Esnault)의 《세계영화 연대기(Chronologie dy cinéma mondial)》였으며, 1976년 벨기에에서 더크 로워트(Dirk Lauwaert)에 의해 편집된 《영화사 83년: 하나의 시간표(1893~1975)(83 Jaren Filmgeschiedenis: Een Tijdstabel(1893~1975))》는 그 뒤를 이었다. 불행히도 이는 '세계영화'라는 개념이 일반적으로 받아들여진 계기가 되었으며, 그 이후 영화 아카이브들에서의 상영회는 여행자들을 위한 소책자만큼이나 식민지로의 탐험여행과 친숙한 '발견'의 언어에 호소하게 됨으로써 현재까지 정기적으로 내셔널 시네마 시즌(seasons of national cinemas)의 전단 역할을 해왔다고 할 수 있다. 이러한 세계영화의 개념으로 인해, 내셔널 시네마들은 불가피한 비교의 파편으로서, 지배집단의 언어와 일치되는 민족의 언어를 통해 민족의 단일화된 '정신'에 호소하는 방식으로 문학사를 형성해 왔던 민족주의적 가정에 따라 정교화되어 왔다.

비교영화연구의 개념이 의미를 가지게 된 것은 바로 이런 고약한 맥락하에서다. 만약 영화를 '보편적 가치들'과 '민족주의적' 특정성 사이의 교차로에 위치지우는 영화사의 인습적인 문제들에서 탈피해, 다분히 민족주의적 신비화로 볼 수 있는 '피와 땅' 개념이 산업화된 문화상품에서 국가간의 차이를 야기하는 기준으로 작용한다는 믿음을 거부할 수 있다면[3], 민족의 역사와 산업적인 자본주의 문화형식 사이에서 특정 담론의 생산을 가능케 할 방법들에 대한 고찰은 가능해진다. 그러한 담론적 성운(권력을 위해 경쟁하는 집단들 사이의 사회적·역사적 긴장들이 서사화되는 방식을 조율하는 특정 제도적 네트워크에 의해 특징지워지는) 사이의 비교를 지탱하는 '보편성'은 무엇보다도 광범위하게 편재하고 있는 자본주의 생산양식에서 비롯된 것임을 거듭 강조할 필요가 있다. 악명 높게도, 자본주의는 상이한 가치들을 각기 다른 지역과 사람들, 경제적 요인에 적합하게끔 추동해 전개시키는 탁월한 능력을 가지고 있기 때문에 자본주의와의 조우가 기독교적 가치들과 차별성을 가질 수밖에 없게 된다. 모든 사물과 사람을 교환가치로 환원시킬 수 있는 힘과의 조우는 진, 선, 미 사이의 의미화된 등식과의 대면과는 전혀 다르기 때문이다. 이는 진, 선, 미 셋 중에 어떤 것도 아닌 사람과 제도들에 의해 전파되며, 자본주의 내에서 심지어 훨씬 더 억압적으로 반(反)민주적인, '전통적인' 권력 제도의 편에서 등식화되는 경향들에 반대하는 등식이다.

영화역사와 영화이론이 유럽과 미국이라는 양극에 의해 구체화된 특수 세력권 내에서 정교화되었다는 것을 고려한다면(전자는 문화에 대한 종교적 · 지식인적 모델로서, 후자는 문화산업화의 추동력으로 기능함으로써), 영화의 유럽적 · 미국적 모델이 현존하는 영화연구의 패러다임을 위한 틀을 구성하고 있을 뿐 아니라 영화의 기능들을 이해하기 위해 정교화되었다는 사실은 하등 놀랄 것 없이 당연하게 받아들여진다. 따라서 기존 영화이론으로 비유럽 · 미국 영화들을 이해하는 데 따르는 고충은 필연적이다. 이런 측면에서, 비교영화연구는 대안적인 학제가 아니라 영화적인 기능의 보다 나은 모델에 다시 이르기 위한 우회로를 형성한다고 할 수 있다.

이 글은 어떻게 '교정적인 것'을 이해할 수 있는가, 그리고 자본주의(자본주의로 발전되는 한편 그에 저항하거나 협상을 거두는 생산물과 경제적 · 이데올로기적 기제)와 만나는 과정에서 담론적인 '매듭들'을 그 특수성을 추적할 수 있는 소재지로서 동일시할 수 있는가에 대한 제안들로서, 상대적으로 불확실하게 진행되었다.

가설

프랑코 모레티(Franco Moretti)는 《뉴 레프트 리뷰(New Left Review)》 2000년 1, 2월호에서 학제로서의 비교문학을 재설정하기 위한 가설을 제시한다. 그는 프레드릭 제임슨(Fredric Jameson)에 의한 한 진술을 설명하면서 그것을 다음처럼 하나의 법칙으로 공식화하는 것에서 출발한다: '한 문화가 근대소설을 향해 이행해갈 때, 외래적 형식과 지역적 소재들 사이에는 항상 협상이 일어나는데', 이는 후에 '외래적 형식, 지역적 소재, 지역적 형식'이라는 삼항관계로 세분화된다. 다소 단순화한다면, '외래적 플롯, 지역적 인물들, 지역적 서사 목소리(narrative voice)' 다.

제임슨-모레티 법칙의 공식에서 자체적으로 생겨나는 첫째 질문: '한 문화가 근대소설로 이행할 때'라는 문장은 일련의 질문을 야기시킨다: 질문에서 문화를 추동하게 만드는 것은 무엇인가? 왜 문화는 예외 없이 '근대소설'을 향해 이행하는가? 왜 이러한 이행은 즉각적으로 '서사 목소리'를 둘러싼 문제라는 관점에서 개념화되는가?[4] 이러한 서사 목소리의 문제는 문학에서만 발견되는가? 문학은 언제나 서사 목소리를 연구할 수 있는 최적의 장소인가? 이 모든 쟁점들은 하나의 기본 문제를 둘러싸고 공전한다: 문화적 동학에서 문제가 되는 것은 무엇인가? 거기서 주체의 담론, 또는 주체성 담론의 배치(기입, 조율)가 그토록 중요하게 여겨지는 것은 어떤 이유인가? 구어(verbal language)이든 영화와 같은 코드들의 이질적인 조합이든 간에 이야기의 서술에서 '화자의 목소리(narrator's voice)'가 하는 역할은 무엇인가?

둘째 질문은 개인화된 목소리가 문화의 이행 척도로서 중심에 놓일 수 있는가다. 이는 계몽주의 측면에서 보자면 분명 논란의 여지가 있는 견해다. 그러나 문화의 근대로의 이행방식을 측정하는 방식이 문제가 있기는 하지만, 그에 대해 반대 입장의 논쟁을 구성할 정도는 아니다. 무엇보다 근대로의 이행이란, 전 지구적 현상으로서의 자본주의적 상품화로서, 긍정적이든 부정적이든[5] 내적 동질화의 경향(노동력의 단위로서 '주체들'의 형식적인 자율화와 균질화)을 갖는 것이 불가피할 뿐 아니라 문화적 역학을 추동하는 원동력이라는 인식을 의미한다. 결국, 소외와 아노미의 황폐함에 대한 잦은 비탄은 이미 지나간 전근대에 대한 후회와 개인화된 주체성으로의 진행에 대한 불신을 가지게 됨을 의미하게 될 뿐이다. 마치 '주체들'이 일종의 신분적 정체성인 양 인식되는 듯한 사회에서, 개인화된 주체성은 과거의, 전근대적 '서사 목소리들'을 치환하고, 이야기하기라는 행위의 통일성을 제공하고 지탱할 수 있는 '서사 목소리'를 통해 발화할 수 있는 공간을 만들어내려고 하는 것처럼 보인다.

모레티는 서사 목소리를 개념화하는 데에서 그것이 개인화된 주체성을 의미한다고 구체적으로 명기하지는 않았으며, 오히려 아노미에 반대해서 발화하는 목소리, 이를테면 카스트, 계급, 종교처럼 집단적으로 발화하는 목소리의 미덕을 격찬하려 했을지도 모른다. 하지만, 그가 다양한 민족문학에서 든 예들을 살펴볼 때, '근대'로의 이행이라는 측면에서의 화자에 관한 것으로, 화자의 목소리와 관련해 개인화가 점차 현저하게 기입된다는 입장이다.

또 다른 측면에서, 모레티는 테오도어 비젠그룬트 아도르노(Theodor Wiesengrund Adorno)와 막스 호르크하이머(Max Horkheimer)가 1947년 초판을 발행했을 때 《계몽의 변증법(Dialektik der Aufklärung)》에서 제기했던 문제들을 인식하지 못하고 있다. 아도르노와 호르크하이머에 따르면, '개인성의 원칙은 항상 모순들로 가득 차 있다. 사회를 지탱하는 개인은 훼손의 표지와 다름없다. 개인은 자유로워 보이지만 사실 경제적이며 사회적 장치의 산물이다. 문화산업이 개인성을 그토록 성공적으로 다룰 수 있는 유일한 이유는 개인이 항상 사회의 취약함을 재생산하기 때문이다.'(Adorno and Horkheimer 1973: 155) 이러한 주장은 '텍스트'라고 지칭되는 목소리들의 집결지에서 화자 중심의 발화와 다른 발화들 사이의 관계에 명시되어 있는 개인화의 과정이 사회적 관계들과 지표적 관계를 낳으며, 텍스트는 그 사회적 관계들 내에서 절합된다는 제안을 가능케 한다. 또한 항상 개인은 모두 '자아(self)'를 갖는다는 가정은 '자아'가 생성되는 데에서 지그문트 프로이트(Sigmund Freud)가 심리장치라 지칭하는 것과 역사적으로 발전된 사회적·경제적 조건 간에 상호 영향력과 통일성을 가지는 것을 의미하기 때문에 역사와 지표적인 관계를 갖는다고 추정된다. 그러므로 주체성이라는 문제들은 항상 벡터적인 것이 된다: 어느 문장[6]에서든지 서로 겹쳐질 수밖에 없는 다수의 문법적 주체들은 이를테면 표본조사가 엄청난 변수와 편차들을 판독 불가능한 사회적 관계들의 상형문자로 간주해 버림으로써 '전형적인 영국가족'은 2.3명의 자녀를 가진다는 결과를 산출하는 것과 마찬가지 방식으로 발화 '주체'를 생산해 낸다. 아도르노가 '어떻게 텔레비전에서 그러한 의지가 이미지들의 언어를 입력할 수 있는지'를 주목함으로써 '상형문자적 글쓰기'에 대한 자신의 초기 주장과 유사한 '이미지-글쓰기'라는 결론을 내면서, 텍스트는 '발화 위치들'의 조율과 통제가 복합적이며, 다중의 목소리를 가졌으며, 해독되어야 할 사회적 관계들의 허약성을 드러내기도 하는 주체성의 성운을 일으키는 장소로서 '생산자와 소비자가 만나는' 측면이 있다고 주장한다.

　　제임슨-모레티의 문화적 역학에 대한 법칙에 의해 제기되는 질문들은 중요하고도 어려운 것들이지만, 나는 때로는 '시작을 위해서는 도약할 수 있는, 판돈을 건 내기와 같은 가설'을 세워야 할 필요가 있으며, 앞으로 나아가기 위한 최선의(어쩌면 유일한) 길은 확실한 증거에 의존하는 것이라는 모레티의 견해에 동의한다. 그럼에도, 그러한 시도에 필요한 언어력을 다 갖춘 학자는 아무도 없을 뿐 아니라, 아무래도 번역에 의존해야 하기에 생길 수밖에 없는 문제들과 더불어 자료의 방대함으로 문학에서는 실행하기 매우 어려운 작업이라는 데에도 동의한다. 나는 문학연구에서 발생되었지만, 다른 학제는 물론 예술사의 특정 측면과 결합해 영화적인 서사화의 영역으로 확장될 수 있는 대안적 행로에 주목하고자 한다. 이러한 콘텍스트에서, 서사 목소리와 주체성에 대한 질문은 영화의 시각 체제, 즉 영화에서 공간들의 절합과 시각의 조율을 통해 서사적 목소리의 기입을 추적할 수 있다는 측면[7]에서 논의된다.

좀 더 구체적으로, 나는 영화적 장치의 근대성이 원근법적이라는, 근거 없는 주장과 관련해 일단 문제를 제기하고자 한다. 서로 경합하는 '목소리들'의 다중성과 '화자의 목소리'가 그것들을 조율하는 역할을 수행한다는 문학연구의 성과에 따르면, 영화 역시 하나 이상의 주체화 체제가 동시에 작동한다는 추정이 가능한데, 이는 지난 30년 이상 질문되어 온 시각과 주체성을 새롭게 재고할 수 있는 기회를 마련해 준다. 이른바 새로운 시각은 영화 제도, 즉 관객들과 영화 사이의 관계, 영화 기능에 대한 이론들과 연관된 연구에서 요구된다. '세계문학'에서 비롯된 제임슨-모레티 법칙은 서구 지식인들이 현재 의존하고 있는 시각체제인 원근법이 시각의 전(前)자본주의와 개인화된 양식 양자를 결합하는 복합 장치라는 인식과 관련된 쟁점의 탐구를 촉진시킨다. 결과적으로, 원근법은 불가피하게 하나 이상의 '말하는-보는' 주체 위치를 배정하게 되며, 그들 중 하나가 전체 방향을 이끌게 하는데(근대화하거나 의고적이 되는, 또는 그 둘 사이에서 협상해 결국 어느 하나에 치중하게 되는데), 거기에서 담론적 성운은 '우리' 독자·관객들을 움직이게 만든다. 이처럼, 텍스트를 조율하는 시각적·담론적 체제는 결코 하나의 단일화된 '시점'이나 단일 '주체성', 또는 정체성(만약 하나의 정체성이 한 사람의 주체 위치의 연쇄성을 정치적으로 절단시킨 버전이라면)의 표현이 아니다. 오히려 그것은 항상 과정으로서, 상동적인 마술의 세계로 인간을 용해시키는 것과 '공동의 선'에서 정서적, 지적으로 행위할 수 있는 개인화된 주체성의 지평 사이 어딘가의 새로운 '세팅'으로 독자·관객들을 '움직임'으로 초대하는 것이다. 즉, 텍스트의 소구 양식이라는 쟁점은 필연적으로 주체성의 문제 자체를 불러온다: 그 개념은 어떻게 이해되며, 어떻게, 어느 범위까지 전개될 수 있고 또 전개되어야 하는가? 한 텍스트의 소구 양식은 주체성을 개념화하는 방식을 제시하기 위해 항상 일시적이며 잠정적인 해결책만을 낼 수 있다. 스티븐 히스(Stephen Heath)가 지적했듯이, 텍스트는 '주체의 드라마'를 상연하지만, 그것은 단지 '그' 주체를 일종의 조율적인 상연(orchestral performance)으로 이해하는 조건에서만 성립한다. 게다가, 그것은 정신분석학이나 현상학처럼 주체성의 철학에서 상정되는 '그' 주체가 아니다. 오히려 아도르노와 호르크하이머가 지적한 대로, 한 사회구성체가 언제나 경합하는 '이익들'과 위치들의 불안정한 연쇄들이라는 점에서 '사회의 취약함'을 담지하는 표식을 만들어내는 것은 주체들의 성운이다.

게다가, 어떤 텍스트가 가지는 하나의 핵심적 차원은 필연적으로 그 활동을 가능케 하는 주체성의 특정 제도라는 주장은 이러한 차원이 항상 지배적이 되어야 함을 암시하지는 않는다. 오히려 그 여부는 독해를 통한 텍스트의 활성화 방식에 달려 있다. 텍스트가 마주치게 되는 조건들은 '한' 텍스트라는 바로 그 개념에 의해 제공되는 단일화된 표식 아래 한데 뭉쳐졌지만, 다양하고도 복합적으로 꼬인 담론적 실타래 사이에서 획득한 위계관계를 재배열할 수 있는 역사적인 변수들이다. 즉, 영화학자 아쉬쉬 라자디악샤(Ashish Rajadhyaksha)가 언젠가 대화 중에 지적했듯이, 텍스트의 소구 양식과 텍스트가 장기간의 문화변화의 역학과 관련을 맺는 방식에 대한 연구를 동일시하는 것은 내가 처한 특수한 서구적 맥락에서 지난 300년간 관습화되어 왔던 개인주의가 중층 결정된 결과라고 생각한다. 하지만 모든 관습이 반드시 나쁜 것만은 아니다.

그럼에도 불구하고, 영화에서의 소구 양식에 대한 문제를 연구하는 것은 문학적 참조물인 제임슨-모레티 법칙에 내재되어 있는 한계를 어느 정도는 극복 가능케 한다. 이는 영화적 소구 양식에 대한 연구가 구술 언어 없이 진행할 수 있기 때문이 아니라, 영화에서 구술 언어는, 그것이 명시적이든 잠재적이든 간에, 전개되는 소구의 전략 가운데 한 가지 요소에 지나지 않기 때문이다. 비교영화 연구적 접근의 핵심을 형성하는 것은 이러한 광범위하고 복합적인 소구 전략이다. 새로운 출발점과 기본법칙으로 작동케 할 새로운 가설의 설정은 다음과 같이 보다 명쾌한 문장으로도 표현될 수 있을 것이다: 한 문화가 '근대적' 발화형식이 가지는 양식들을 탐구하기 시작할 때, 그것은 항상 '외래적 형식'과 '지역적 소재들' 양자의 전개 범위와 특성 모두를 결정하는, 서로 경합하는 의고적인 세력들과 근대화하려는 세력들 사이의 협상으로서 이루어진다. '지역적 서사 목소리'[8]로 특징지워지는 지역적 형식을 만들고, 화자의 목소리를 주어진 사회적 · 역사적 성운 내에서 '근대화'를 위해 가장 직접적으로 동일시할 수 있는 유용한 선택과 문제들의 윤곽을 그릴 수 있는 장으로 만드는 것은 바로 이 협상을 통해서다. 그러므로 화자의 목소리의 (불)일치성과 관련해 드러나는 긴장들은 발화 위치를 형성하고 관장하는 사회적 '장'의 지표들로서 기능한다. 만약 전재되는 표현형식들(영화, 회화, 문학, 음악 등)에서 기입된 추가의 속박과 결정 요인들이 주어진다면, 주체가 특정 시공간 내에서 발화 위치를 점유하는 것이 가능하기 때문이다.

한국을 경유하기

1997년 초, 나는 잠시 서울에서 영화연구를 할 수 있는 기회를 가졌는데, 근대화와 근대성과 관련해 일련의 문제들과 부딪쳤다. 학생들과의 토론과정에서 한국영화에는 근대화를 둘러싼 긴장들이 시각적 구도의 특정성 뿐 아니라 내러티브나 영화 전반에 걸쳐 나타나고 있다는 점에서 영화를 이해하는 모델 자체를 재고할 필요가 있다는 합의에 이르렀기 때문이다. 당시 한국은 IMF위기 직전이었으며, 영화는 다소 약화된 구술적 소구 양식으로서[9] 시각적일 뿐 아니라 내러티브의 층위에서 역시 정체성과 주체성을 둘러싼 쟁점들이 협상할 수 있는 기회를 마련해 주었기에, 매우 중요한 정치적 공간을 점유했다고 할 수 있었기 때문이다. 서구 영화비평과 영화이론이 모든 영화를 측정할 수 있는 보편적 가치를 정교화했다는 견해를 버리고, 영화가 그것들을 배태해 낸 문화적 · 역사적 성운에 의해 형성되었다는 입장에서 출발했음에도, 한국영화에 대한 나의 표층적 이해와 그보다 훨씬 미약한 한국의 역사와 문화에 대한 지식은 내가 보았던 영화들에서 주체성과 근대화가 그토록 중요한 위치를 차지하고 있는 현상을 독해하려는 시도를 여전히 난관에 빠지게 했다[10].

1997년 광주 비엔날레에서 처음 발표되었던 논문에서, 김소영은 남한에서 영화마니아와 영화제의 갑작스러운 폭주 현상은 후기 독재시대에 이데올로기적 · 문화적 경향들 사이에서 생겨난 긴장들과 관련해 설명될 수 있다고 주장하면서, '신토불이(身土不二)'와 '세계화'라는 다소 복합적인 개념들을 이끌어냄으로써 요약한다: '신체와 자연 토양이 하나라는 의미의 '신토불이'라는 구호하에 1990년대 민족적 정체성 논의가 재부상했다. 민족과 신체, 자연을 혼합하는 이 핵심화된 개념은 근거 없이 탈근대적 담론으로 여겨지는 '세계화'로 인해 야기되는 불안에 대한 대항서사로 일종의 공모관계를 형성하고 있다.' 김소영에 따르면, '세계화'는 1991년 문민정부 출범시 표방했던 '전 지구화(globalization)'와 경제적 자유화에 대한 공식화된 입장인데, 이러한 구호화된 두 개념 사이 어딘가에서 정체성과 주체성에 대한 질문을 불러들여 협상할 수 있는 공간을 찾으면서, '근대에 대한 개념은 다소 추상적으로 남아 있다.' 또한, 김소영은 최근 서울과 부산, 부천, 전주에서 개최되는 국제영화제가 스스로를 그러한 공간에 위치시키면서 주체성과 정체성에 대한 질문을 다룰 수 있는 제도적 맥락을 마련하고 있기 때문에, 국제영화제는 이전 시대의 직접적인 투쟁이 일어났던 공장과 거리를 중계하는 새로운 '공공 영역(public sphere)'의 부상 가능성을 모색하고 있다고 주장한다.

    동시대 한국문화에 '근대에 대한 개념이 다소 모호하게 남아 있다'
는 진술은 한국영화의 위치를 전 지구적 문화시장 속에서 언급할 때 가장
자주 동원되는 표현인 '봉쇄'와 더불어, 나는 한국영화에 대한 독해를 '소
구 양식(들)'로 요약될 수 있는 영화의 다층적 차원에 집중시키려 한다. 리
얼리즘과 주체성을 강조하는 서구 영화이론의 통찰을 한국영화에 적용할
때, 그 특정성을 적합하게 다룰 수 없다는 것은 주지의 사실이다: 이를테면
샤머니즘적 주제를 다룬 영화에서 세속과 성스러움, 즉 사실적인 것과 초자
연적인 것 사이의 경계 육화는 상당히 다른 양상을 보일 것이다. 결과적으
로 리얼리즘이라는 서구적 범주는 노동자계급의 조직화가 유럽 정치 지도
에 처음 출현하던 시기에 퇴조해 가는 귀족문화와 새로 부상했던 부르주아
문화 사이의 타협의 산물이기에, 유럽적·미국적 문화의 역사와 같은 방식
으로 기능한다고 볼 수 없다: 리얼리즘과 자연주의 사이의 대립되는 관계라
든지, 리얼리즘으로 범주화되지만 멜로드라마적 양식으로도 볼 수 있는 힌
디와 다른 인도영화들은 그 예가 될 것이다.

    둘째, 서구영화의 기반이 되는 공간적, 심리학적 통일성 역시 서구
와 같은 방식으로 적용되지 않는다. 이는 한 장면 속의 공간적 관계들은 다
르게 작동하고 화자와 관객은 지배적인 유럽적·미국적 리얼리즘 영화의
관습을 전치시킬 수 있도록 기입되어 있기 때문으로[11], 이 같은 예들은 연
기 스타일과 그에 동반되는 미장센에서도 발견할 수 있다. 이와 관련해 유
일하지는 않지만 가장 좋은 예는 오히려 tacky 섹스플로이테이션 영화들에
서 찾을 수 있는데, 친밀성과 사적인 순간에 배우들이 계속해서 상상적 관
객을 향하는 것처럼 보이며, 그들의 뒤틀리고 과장된 보디랭귀지와 얼굴의
찡그림이 관객들을 향해 보여지도록 설정된다. 비가시적인 카메라에 의해
은밀하게 보여지는(overlooked) 커플들이 '사실적'이라는 견해(notion)는 장
면을 '공공연하게' 강조하는 연기 스타일과 제시 양식에 의해 대체된다. 결
과적으로 행동양식들과 이에 따른 정서는 미장센으로 상상적 관객을 통해

재현되는 사회적 기준을 현저하게 활성화시키는 일종의 '공개적인' 탐색으로 제시된다. 덧붙이자면, 마드하바 프라사드(Madhava Prasad)는 인도영화에서의 키스에 대한 금기를 설명하면서 동일한 메커니즘을 지적했는데, 이는 특히 샤이암 베네갈(Shyam Benegal)의 영화 《Nishant》(1975)의 소구양식 분석에 잘 드러난다. 마찬가지로, 샤머니즘적인 주제를 환기시키는 스릴러물인 이장호의 《나그네는 길에서도 쉬지 않는다》(1987)의 경우도, 영화의 도입부에 화자가 안정적인 위치를 확보하지 못하고 한참 동안 혼란을 야기하는 등 화자를 배치하는 전략을 판별하는 데는 어려움이 따른다.

　　김소영이 신토불이와 세계화 사이에서 규명한 주체성의 근대화 '문제'를 직접적이고 체계적으로 다룸으로써 나를 놀라게 한 영화는 유현목의 《오발탄》(1961)으로, 주체성의 개념을 개정하고 재형성하려는 시도가 현행의 영화 마니아적 문화에서뿐 아니라 이미 상당히 오래 전부터 있어왔다는 사실을 알려준다. 《오발탄》은 도입부 시퀀스에서 시선을 주목시키는 방식에 문제가 있음을 보여 준다. 1920년대 그리고리 코진체프(Grigori Kozintsev)와 레오니드 트라우버그(Leonid Trauberg)의 작품 같은 러시아 모더니즘을 연상시키는, 모던한 디자인의 바(bar) 유리문을 통해 거리에서 찍힌 바의 첫 번째 숏은 마치 근대성의 공간이 가로막아진 문을 '넘어서야' 도달할 수 있는 것처럼 보여 준다. 카메라는 곧 유리문을 지나쳐 양복을 입은 세 참전 군인들을 보여 주는데, 곧 그들 중 한 사람은 전통 한복을 입은 여자와 만난다. 그들이 걸으며 대화를 할 때, 그녀는 그의 몇 발자국 뒤에서 따라가고, 그 옆으로 그들을 한 프레임에 담기 위해 카메라의 트랙이 사용된다. 이 같은 장면은 영화의 주제를 압축된 형식으로 보여 준다고 할 수 있다: 근대성은 거리에 있는 화자의 관점에서 그다지 달갑지 않지만(모더니즘적 디자인의 이면에서 군인들이 출현하는 술 취하고 폭력적인 공간), '전통'의 공간이 유지되는 것 역시 더 이상 불가능한 상황으로, 이는 이후에 짧게 보여지는 커플들이 등장하는 장면에서 명확히 드러난다.

　　나는 동료나 학생들과 나눈 대화뿐 아니라 영화를 보고 확인한 결과, 주체성과 봉쇄라는 두 개념이야 말로 한국영화를 반추할 수 있는 주제라는 생각을 굳히게 되었다.

　　봉쇄는 주로 수출, 국제적인 인지도, 할리우드와의 경쟁에서 한국영화가 처한 어려움을 표현하기 위해 회자되던 용어로, 내 견해로는 예술영화의 국제주의와 관련해, 한국영화가 예술영화의 세계시장에 진출하기 어려운 것은 한국영화 내에 존재하는 봉쇄 때문이라는 가능성을 고려할 수 있다고 생각한다. 말하자면 '출구 없는' 상황을 빠져나가기 위한 어려움에서 기인하는 일련의 복합적인 긴장이라 할 수 있는데, 이는 내가 본 1970, 80년대에 만들어진 꽤 많은 한국영화들이 프리즈 프레임(freeze-frame)으로 종결되는 경향을 가지고 있다는 것과 연관될 수 있다. 만약 한국영화가 국제적인 예술영화 시장에서 상영되기에 낯설게 여겨지는 것이 한국영화 내부에 존재하는 봉쇄 때문이라면, 한국영화가 세계시장에 도달하는 것이 불가능한 상황을 설명할 수 있는 요인들의 규명이 요구된다. 이러한 '불가능한' 긴장은 한국영화뿐만 아니라 한국의 문화적 성운에서 역시 전반적으로 발견될 수 있는데, 다소 거칠게 분류해 보자면 다음과 같다.

　　1. 근대성은 바람직하지만, 일본의 식민통치와 함께 왔다. 이러한 근대성은 일본문화가 근대성이라는 이슈를 일본의 봉건제와 자본주의 사이의 협상을 위해 변형시켜 적용했다는 점에서 이미 극도로 의문시되었는데, 왜냐하면 일본의 근대성은 독일 전제군주제에게 영향을 받아 천황제를 근대화 체제로 확장하면서 형성되었기 때문이다. 이러한 근대성은 한국에 전파되어 복잡한 문제를 야기했는데, 1980년대 남한의 좌파 활동가들이 일본 저자에 의해 발간된 해설서를 통해 마르크시즘을 연구해야만 했던 사실을 그

일례로 들 수 있다.

2. 전통은 바람직하지만, 남한이 취하고 있는 위로부터의 독재적인 근대화에 대한 반대를 위해 동원될 때, 북한에 정통성을 부여할 수 있는 위험이 있는 것으로 간주되었다. 이는 남한 정권에 대한 반대는 곧 북한에 대한 동조를 의미했기 때문으로, '전통적인' 한국이라는 개념은 반드시 독재와 피해망상적인 반공 냉전 이데올로기에 의해 오염될 수밖에 없었으며, 남한의 근대성은 민족의 긍지, 강인함, 발전이라는 정부의 구호에 의해 대표되었다(반면 북한의 슬로건은 '주체'로, 그것 역시 날조된 '정통적인' 과거와의 연속성을 가지기 위해 동원되었다).

3. 일본적인 근대성을 거부한다면, 그 대안적인 근대성의 개념이 가능하다. 그것은 기독교와 선교(宣敎)의 형식으로 유입된 서구적 근대성이다. 하지만 가톨릭이든 신교든, 기독교는 이데올로기상으로 반근대적이고 반계몽적이며 봉건적이다. 비록 기독교(특히 신교의 경우)가 개인주의로의 적응을 담지하고 있다 할지라도, 그 기초는 주체성이 아니라 복종과 권위다. 그래서 일본과 서구의 근대성 개념은 모두 극심하게 반근대적 이데올로기에 기반한 역사적 짐이었다. 일본은 천황제를 근대에까지 영속시키려 했으며, 서구의 이데올로기와 제도적 틀은 근대성의 지연을 가져올 수밖에 없는 기독교로, 거기에는 서구의 봉건제와 전(前)자본주의의 잔재가 남아 있다. 레지스 드브레(Régis Debray)에 따르면, '이런 관점에서 유명한 경구를 좀 비꼬자면, 종교는 더 이상 인민의 아편이 아니라 헐벗은 자의 비타민이다.'(Debray 1996: 4)

4. 1940년대 말 이후, 남한에서는 근대성의 세 번째 개념이 가능해졌다. 즉, 신탁통치와 한국전쟁으로 내정에 개입하게 된 미국의 근대성이다.

미국은 제2차 세계대전 이후 냉전 체제를 구축하기 위해 UN과 NATO 산하에 한국을 전 세계 헤게모니를 장악하기 위한 교두보로 삼고자 했다. 이러한 근대성은 한국의 지역성에 의해 뒤얽혔는데, 미국으로부터 지원받는 군사독재 정권은 군대와 재벌 기업과 공조해 국가 주도의 자본주의화를 감행했으며, 이러한 공생관계는 부정부패를 양산했을 뿐 아니라 현재 남한 경제위기의 근본 원인이라 할 수 있다. 더구나 미국적인 근대성은 양공주의 예에서 볼 수 있듯 점령국의 문화형태를 가졌는데, 대중문화와 이데올로기가 전통으로부터 근대성으로의 이행을 기입하고 협상하는 민감한 영역이라는 점에서 의미심장하다. 여성 섹슈얼리티의 통제는 대부분 가치의 세대교체와 혈통을 통제한다는 관점으로 극화되었다.

미국식의 서구 근대성은, 한국이 일본의 식민통치에서 해방되고 독자적인 근대성을 형성할 수 있었던 바로 그 시점에 도래했다. 이러한 서구적 근대성의 도래는 전형적으로 미군의 강간 등으로 한국 여성들을 오염시키는 것을 통해(《은마는 울지 않는다》, 장길수, 1991), 또는 미국 억양을 가진 (여성) 선교사를 통해서만 재현될 수 있었음을 의미한다(《김약국의 딸들》, 유현목, 1963). 매춘이 근대성에 대한 메타포가 된 것은 근대성이 처음부터 타락하고 오염된 것으로 받아들여졌음을 알려준다.

이러한 측면에서, 1990년대 위안부 여성 문제가 공적으로 논의되기 시작하게 된 것은 개인적 주체성의 문제와 협상할 수 있는 가능성이라는 면에서 중요한 전환을 이루었다고 볼 수 있다. 위안부 문제는 일본 점령과 관련되며, 더 이상 미국의 점령과 그 근대화에 대한 비판을 의미하지 않기 때문에, 일본이 한국사회에 영향을 미치는 극악한 충격효과뿐 아니라 전통과 근대성 사이에서 대립되는 한국 여성의 지위를 소구할 수 있는 공간을 마련했기 때문이다. 여성은 전통 측면에서 '5천 년 역사'를 지닌 '단일민족'의 상징이었으며, 근대성 측면에서 여성은 극단적 용기의 개인적 행위를 통해 인

고라는 이름하에 침묵을 강요받았던 성적 착취와 종속의 '굴욕'을 거부하려 했다. 이런 점에서 위안부 여성이라는 이슈는 동시대 한국이 여성에 대해 가지는 태도에 대한 질문을 제기한다.

근대성과 그것의 그림자인 전통이 한국에 도래한 방식 때문에, 한국이 서구적 스타일의 근대성과 대면하고 협상했던 다양하고 복합적인 형식은 다음처럼 추정할 수 있다.

(a) 일본의 식민통치에 의해 수입된 근대성에서 억압된 측면(도시화, 산업화. 영화의 기원과 같은 문화의 산업화 역시 포함). 일본적 근대성은 한국에서 압제와 '동질화'을 서로 뒤섞이게 하였으나 동시에 그것이 19세기 후반 진행된 자본주의화 속에서 봉건체제를 유지하려 한 메이지 유신을 통해 구축되었다는 점에서 심각한 결함을 가졌다고 할 수 있다.[12]

(b) 기독교와의 연관성에 내재해 있는 퇴행적인 반근대적 경향(예를 들어, 《나비》, 문승욱, 2001)[13]

(c) 처음에는 미군에 의해 재현되었으며, 나중에는 국가 차원의 매춘으로 쟁점화된, 성적 요인의 타락으로, 두 요소는 1980년대 위안부 이슈로 가시화되었다. 한국의 봉건적 가부장제와 미국과 일본의 근대성은 여성의 섹슈얼리티라는 측면라는 매듭을 만들어내면서 서로 연계되었다.[14]

(d) 군사독재와 근대화의 연관으로, 현재까지 서울의 요지에 군사기지를 가지고 있는 미국이 개입되어 있다. 그러나, 이러한 독새는 식민 이전 조선 왕조체제와의 연속성을 기반으로 하는 전자본주의적 위계질서와도 연관된다. 북한 역시 지배자 가족을 신격화하고 세습체제를 가지려 했다는 점은 독재와 봉건적 왕조체제 사이의 연관성이 강조된다.[15] 근대화를 표방한

한국의 독재주의는 남북한 모두 명실상부하게 봉건적이다.

결과적으로, 전통으로 되돌아가는 길도 근대를 향해 앞으로 나아가는 길은 차단되었다고 할 수 있는데, 양 방향 모두 반(反)근대적이고 절대주의적이거나 타락한 사회조직을 향해 열려 있는 것처럼 보이기 때문이다. 개인주의적 해결이나 비판은 경험상 적절치 않은(정치적으로 효과가 없을 뿐 아니라 성폭력과 같은 예에서 알 수 있듯이 물리적 안전이라는 측면에서도 너무나 위험한) 것으로 간주되었으며, 집단적인 해결은 독재적인(그리고 당파적인) 것, 또는 봉건적 예속(절대 복종을 요구하는, 엄격하고 집단적이며 위계가 강요된 규율에 개인성이 함몰되는)의 잔재로 치부되었다.

주체성의 개념은 서사화 과정에서 서사 목소리의 조율에서 재현되는 것처럼, 근대성이 문화생산물의 개인성과의 협상방식과 연관된다는 점에서, 한국영화 내부의 이러한 봉쇄는 서사 목소리의 작동과 기입과 관련되어 생겨나는 '곤란들'을 이해하는 데 도움이 될 수 있다. 특히 '누가 발화하는가' (이장호의《나그네는 길에서도 쉬지 않는다》), '어떻게 공간 내에서 사건을 서사화하는가', 즉 화자의 목소리를 서사축의 중심으로 삼아 영화의 시공간을 배치하는 방식과 관련해서 두드러져 보인다.

내가 보았던 한국영화에서 이러한 문제들은 다음과 같이 수사학적 측면으로도 나타난다(이는 서구 고전영화의 규칙에 위반되는, 말하자면 '실수'로 치부되곤 한다).

■다중적인 초점을 가진 내러티브들(인물들이 연이어 나오는 집단적 내러티브로 이는 한국영화에는 중심인물이 없는 것 같다는 라자디약사의 지적과도 관련될 수 있다). 이러한 내러티브의 중심인물들은 그 집단을 대표하면서도 개인을 의미하는 이중성을 가지는데, 극화에서 긴장은 그 두

측면이 번갈아가며 등장하는 데서 생겨난다.

■ 대화장면들에서 거의 지켜지지 않는 공간적 통일성(180도 규칙의 파괴, 이전 샷과 다른 방향에서 보이는 것처럼 공간적으로 '비논리적' 위치에 놓인 등장인물들 등등).

■ 시대에 맞지 않는 부적절한 의상으로 대표될 수 있는 시공간상의 통일성의 문제. 배경은 1930년대지만 1950년대의 의상이 등장하는《김약국의 딸들》에서처럼 마치 복식의 고증이 주제를 궁극적으로 전달하는 데 별로 중요하지 않다는 식의 태도.

한국영화가 그 자체의 매우 특정하고 '불가능한' 근대화로 점철되어 있다는 가정은 개별 영화작가들이 그러한 근대화를 다루는 데에서 선호하는 해결책에서도 발견될 수 있다.

■ 임권택의 영화들은 인본주의적인 것으로 묘사되면서도, '민초'와 같은 함의를 부여하면서 민중과 연계되어 있다고 평가된다. 민중이라는 호명은 자연의 영원성과 순환이라는 개념을 환기시키는데, '재생'이 '전통'과 연관되며 '자연'과의 관련성 속에서 재현되기 때문이다. 그러나 이러한 인본주의는 인간 본성과 동일시되는, '인간'이라는 개념에서 추출된 역사라는 점에서 매우 추상적이며, 국가의 자기전시에 의해 가부장적 경향을 띠고 육화된 측면이 있기에 그 보편성은 근거가 없다고 할 수 있다. 임권택 영화에서 드러나는 인본주의적 가치는 결코 급진적이지도 투쟁적이시도 않다. 또한 인본주의는 '인간'을 규정하는 권리를 국가에 양도해서는 안 된다는 측면에서, 개인주의적이면서 반국가적 가치로도 주장될 수 없다. 이러한 인본주의 측면은 국제사면위원회의 보고서와 그 산하국들 간의 갈등과 같이,

UN의 인권 담론들이 현존하는 모든 국가들과 갈등관계에 놓일 수밖에 없다는 사실로 명백하게 가시화된다. UN 산하국들은 공식적으로 인권위원회에 소속되지만, 자국의 인권 위배가 보고되는 것을 찬성하지는 않는다. 따라서, 한국에서 동원될 수 있는 유일한 인본주의적 이데올로기는 개인주의의 급진적 차원을 결여할 수밖에 없게 된다.

　■두 번째 해결책은 사물들을 모호하고 부정확하게 전환시키는 전략으로, 많은 영화의 종결이 프리즈 프레임으로 이루어진 것은 징후적이라 할 수 있다. 이러한 모호함은 이를테면, 기독교의 재현방식에서 발견할 수 있는데,《오발탄》에서 개신교의 찬송가를 부르고 있지만, 교인들에게서 특정 종파의 특성보다는 다소 혼재된 기독교의 특성이 드러나는 것은 그 예라 할 수 있다. 기독교의 종파라는 종교적 문제에는 근대와 반근대, 그리고 전통(물론 한국의 전통은 아닐지라도)이라는 측면이 모두 혼재되어 있으므로 특정 차원에서 재현될 수 없다. 즉, 한국영화가 종교적 측면을 참조할 때, 서로 갈등하는 경향들을 고려하지 않는 것은 종교성에 대해 모호한 개념화가 이루어졌다는 점을 암시한다.

　■세 번째 방법은 편집증적인 리얼리즘이라 할 수 있는데, 도시나 농촌의 빈곤을 배경으로 하며, 사투리가 사용되며, 당대의 현실적인 사건을 다루는 등 외형 조건은 리얼리즘적이지만, 광기와 히스테리를 재현하는 것을 특징으로 한다. 여기서 순간적인 현란함을 보여 주는 형식(왕자웨이 영화나 그 카피인《홀리데이 인 서울》〔김의석, 1997〕 같은 영화에서 보이는 틸트된〔tilted〕 카메라앵글, 사건과 숏, 또는 프레임의 강박적인 반복) 뿐 아니라 연기와 분장에서 역시 불균등한 근대화의 양상이 드러난다는 점은 중요하다. 배우들이 관객들을 의식하는 전근대적 연기방식이 베르톨트 브레히트(Bertolt Brecht)나 세르게이 에이젠슈테인(Sergey Eisenstein)에게 영감을 주

기도 했지만, 한국영화의 경우에는 그러한 연기방식이 개인 주체성이 가지는 헤게모니적 개념의 비판을 위해 사용된 것이 아니기에 브레히트적 효과를 불러일으킨다고 보기에는 어렵다. 한국영화의 이러한 '히스테리컬한' 측면에 대한 논의는 김기영 영화들에 관한 김소영의 논문인 〈유예된 근대성: 한국영화에서 페티시즘의 논리〉(2001)에 잘 드러나 있다[16]. 히스테리컬한 측면이 강한 편집증적 리얼리즘은 또한 그 동전의 양면이라 할 수 있는 사회주의 리얼리즘의 유사종교적 특성을 상기시킨다. 편집증적 리얼리즘과 사회주의 리얼리즘은 현재 서구 상업영화를 지배하고 있는 시장 리얼리즘과 관련해서 그 관계를 좀 더 탐색할 여지가 있다; 광고를 연상시키는 현란한 이미지와 편집 스타일, 리듬, 내러티브를 중단시키고 도중에 끼어드는 신발과 의류와 같은 소비주의 아이템들의 프레임화, '포스트모던' 하다고 일컬어지는 환경을 가로지르는 발걸음이나 질주하는 자동차, 가상현실을 만들어내는 특수효과.

■네 번째는 미신이나 샤머니즘, 점술 같은 다양한 비합리적 전통양식들이 될 수 있다. 이러한 비합리주의는 다다를 수 없고, '말해질 수도 없는' 진리의 핵심을 소유하는 것으로 제시된다. 이는 샤머니즘과 같은 비합리성이 가지는 신성하면서 불안감을 주는 측면과 풍자, 또는 아이러니가 한데 뒤섞인 극도로 모호한 재현에서 생겨난다. 만다라나 다른 전자본주의적 신비주의들은 '자연'을 기반으로 한 것이며, 역사적 맥락을 삭제시킨다. 그러나 여기에는 새로운 재현 전략들이 시도되고 있는데, 이와 관련해 최정무는 1980년대 급진적인 연극들에서 사용되는 샤머니즘의 재현은 일종의 알레고리적 방법이었다는 점을 지적한다. 그에 따르면, 동시대 역사에 대한 비판적 재현이 직접적으로 이루어지는 것이 허용되지 않는 상황에서 샤머니즘은 역사성을 재도입하기 위한 방편이었다는 주장이다. 김소영이 지적했던 신토불이와 세계화 사이의 긴장 역시 주체성의 전근대적 개념을 새로

이 협상해 갱신한다는 측면에서 샤머니즘에 대한 갱신적인 토픽을 생산해 낼 수 있다. 즉, 신토불이라는 개념이 자아와 자연이 마술적인 합일을 이룬 다고 할 수 있으며, '전통'은 신분으로 위계화된 사회적 형식에 인해 고안 되었다고 할 수 있기 때문에 전통 이전의 구성체들을 불러낼 수 있기 때문 이다. 이와 같은 측면들은 동시대 한국영화에서 보이는 샤머니즘을 단순하 게 설명할 수 없으며, 말하자면 신(新)샤머니즘과 수정주의 샤머니즘과 같 이 좀 더 차별화가 필요함을 드러낸다. 신샤머니즘은 현재의 상황에 적용되 지만 탈역사적인 '사물의 상태'로 되돌아가는 것, 또는 전통적인 것을 영원 불멸하거나 심지어 보편적으로 제시하는 것을 의미하는 반면, 수정주의 샤 머니즘은 불멸성이나 보편성의 영역을 소환하지 않은 채 동시대의 역사적 과정들을 재현하기 위해 동원된 것으로 설명할 수 있을 것이다.

이러한 방식으로 한국영화를 고찰해 본다면, 결론적으로 영화에서 의 소구양식에 대한 고려는 직접적으로 문화이론의 중심 쟁점 중 하나로 이 끈다고 할 수 있다: 어떻게 텍스트상의 메카니즘을 통해서 역사적 경험의 사회적·문화적 차원이 한 텍스트 안에서 '독해될 수' 있는지에 대한 질문. 그 질문에 대답하기 위해서 한 텍스트의 형식적 측면과 특정 역사적 성운의 복합성들을 고려함으로써 텍스트와 역사 사이의 변증법을 개념화하는 것이 가장 좋은 방법이다. 소구양식의 추적은 무수하게 다른 역사적인 기원을 가 지는 주체성의 양식들이 동시에 전개되게 하기 위해 주체성의 관습적 개념, 즉 300년 동안 서구가 개인화의 협상을 통해 가정해 온 모나드적인 주체성 은 거부되거나, 또는 최소한 재설정되어야 한다는 통찰을 가져온다. 1950년 대 힌디영화에서 전개되는 소구양식의 복합성에 관한 연구인 발렌티나 비 탈리(Valentina Vitali)의 박사논문(2001, 얼스터 대학, 미출간)과 같이, 새로 운 패러다임의 출현이 몇몇 학자들에 의해 시도되고 있음에도 불구하고, 현 재 영화이론은 그러한 접근을 허용치 않는 실정이다.

짐꾸리기

　　서구의 문화이론가들에게 이러한 쟁점들은 많은 점들을 재사고할 필요가 있음을 확증시켜 준다. 우선, 한국영화나 인도영화, 일본영화를 서구 문화이론의 '맹점'으로 치부해서는 안 된다는 것이다. 한국이나 어떤 다른 영화도 서구 미학이론의 틀에 적합한가 여부의 차원으로 환원될 수 없다. 서구이론을 벗어나거나 그에 저항하는 한국영화에 실질적인 가치부여를 하는 대신, 서구 영화이론의 적합성에 대해 질문하는 것이 필요하다. 만약 그러한 이론들이 한국영화의 역사적이며 문화적인 차원을 '봉쇄'하지 않고 다룰 수 없다면, 유럽영화나 미국영화의 역사적이고 문화적인 차원을 다루어내는 능력을 얼마나 가지고 있다고 확신할 수 있을까?

　　둘째, 300년에 걸쳐 관습화된 개인주의 철학이 당연시될 수 없다. 미학과 스토리텔링에 대한 서구적 개념들은 르네상스 시기 원근법의 발명과 함께 도입되었으며, 이후 르네 데카르트(René Descartes), 베네딕트 드 스피노자(Benedict de Spinoza) 등에 의해 철학적으로 고안되었던 개인 주체성 개념을 전제로 한 채 무비판적으로 전개되었다. 미국의 문화이론가 마틴 제이(Martin Jay)는 심지어 데카르트적 원근법주의(Cartesian Perspectivalism)라는 조어를 통해 이탈리아 르네상스부터 17세기까지 200여 년에 걸쳐 일어났던 미학적이고 철학적인 운동들 사이의 연계성을 강조했는데, 이는 자본주의와 부르주아가 봉건적 귀족제의 문화적 · 이데올로기적 통치뿐 아니라 정치적 지배에까지 도전하던(두 차례의 세계대전을 대가로 치르고 마침내 부르주아와 자본주의의 승리로 귀결되었다고 할 수 있는) 시기로, '계몽'에 의해 출발되어 여전히 그 실현을 기다리고 있는 프로그램을 낳기도 했다.

　　한국영화를 비롯한 모든 '내셔널(national)' 시네마는 전(前)자본주의와 (한국의 경우에는, 식민시기에 도입된) 자본주의적 문화구성체가 다른 척도로 상호공존하며, 그 구성체들 사이의 긴장들은 지배적인 역사적 상황과 그 내부에서 경쟁하고 있는 힘들에 의존해서 각기 상이한 방식으로 협상되는 최고의 문화적 실천을 보여 준다[17]. 간단히 말해, 마이클 매키언 (Michael McKeon)의 표현을 빌어 설명하자면, 서구에서 르네상스 이전의 미학은 사물의 질서, 즉 세계가 신에 의해 고안되었으며, 그 질서는 신성한 텍스트에 대한 성직자의 해석을 통해 알 수 있다고 가정했다. 더욱이 사회질서는 엄격하게 분리된 신분으로 계층화되었으며, 각각의 신분에는 본질적인 특징이 부여되었다: 신분질서상 최상층에 있는 왕은 가장 부유하고 지혜로우며 가장 아름답고 강하도록 운명지워졌다. 귀족, 성직자, 그리고 다른 신분들 역시 마찬가지로 엄격하게 정의되었으며, '야만인'으로 불렸던 비(非)인민(전자본주 시대에 일반 인민은 농민이나 농노였다)에까지 내려간다. 법제화된 정체성은 보다 높은 신분에 있는 사람들에서 보다 낮은 지위에 있는 사람들에게까지 모두 부여되었다. (신의 시점의 잔재로 확인된 소실점과 거울관계를 이루는) 개인에 의해 점유된 독특한 시점구조인 원근법에 의해 도입된 혁신과는 반대로, 봉건사회에서 합법성은 권위자의 시야에 등장할 때만 개인에게 부여되었다: '관객'이라는 의례는 귀족 앞에 선 청원자로 나타나는 관행을 통해 권위자로부터 인정받을 수 있었다. 덧붙여, 서구를 관통해 온 점성학의 대중성과 마술적 사고는 말할 것도 없고, 헤브루 문화(예를 들어 골렘신화)와 시학의 다양한 측면에서뿐 아니라 한국의 신토불이 개념의 동시대적 관련성에 의해 예시된 것처럼, 신체/자아와 자연적 세계가 동일한 연속체 내에 있는 존재의 순간들로 간주되는 전(前)고대적 사고방식이 지속되어 왔고 경우에 따라서는 동원될 수 있음을 인정할 수 있는 증거는 충분하다.

많은 전(前)자본적, 심지어 전(前)역사적 이데올로기 요소들은 그 자체로 재현의 문제를 우선적으로 출현시키면서 르네상스와 계몽주의에 의해 자리를 잃었다고 예견되지만, 사실 상당 부분 아직 우리 자신의 문화에 존속되어 있으며, 영화 속에서뿐만 아니라 다른 사회적 의례(귀족의 공적인 등장, 스타 숭배, 정부의 여러 관행, 예술 전시 등등)에서도 동원되는 것을 목격할 수 있다. 폭로된 세계에 대한 신뢰와 리얼리즘적 재현에 대한 가치 부여를 떠받치고 있는 믿음은, 마법이나 주문들의 공명이 역사, 계층상의 위계질서나 신분제 같은 가치체계를 변화시킬 힘을 가지고 있다는 가정과 자본주의적 합법성과 정치적 열망, 전략들에 의해 요구되는 개인성에 대한 근대화된 강조를 통해 끈덕지게 지속되어 왔다.

　　전(前)자본주의적 미학이 현존하는 기표들 또는 사회 유기체라는 개념의 기표들이, 한 인물의 묘사에서 한 배우의 보디랭귀지까지, (만약 공간적 조화와 연속성이 암시된다면) 한 숏과 다른 숏의 공간적 탈구로부터 핍진성의 법칙과 모순되는 편집까지, 영화 전 영역에 거쳐 발견될 수 있다(예를 들어 구루 두트[Guru Dutt]의 《파야사(Pyaasa)》(1957)에는 카메라가 따라가는 시점을 가진 인물들이 포함되는 시점샷(view shot)이 있을 뿐 아니라, 한 인물의 모습을 보여 주고 나서 눈을 굳게 감고 있는 인물들을 뒤에서 커팅함으로써 움직임을 끝내는 장면도 있다). 마찬가지로, 모순되는 사운드의 시점 역시 상황에 따라서는, 영화에서 요구되는 신념 체제를 강화시키거나 훼손시킬 수 있다. 게다가, 전근대로부터 가해지는 압력은 현실감이 초자연적이거나 판타지(인도신화에서처럼)와 구별되는 방식을 조절해 활용할 수도 있으며, 주연 배우가 내러티브상의 경제성과 리듬에 대한 고려를 우선시한 프레임을 독주하는 경우나 또는 아모스 기타이(Amos Gitai) 영화에서 자주 시퀀스샷(sequence shots)이 미치 예로부터 전승되는 '정체성'의 흔적을 쫓으려는 듯 강박적으로 풍경을 훑는 방식(그의 영화는 또한 그러한 가정을 비판적으로 사용하기도 하는데, 1982년작 《필드 다이어리(Field Diary)》에서 재매장 장면을 그 예로 들 수 있다) 사용하기도 한다.

귀가: 프랑켄슈타인 남작과 드라큘라 백작, 그리고 마르크스

　　근대화하려는 세력과 의고적으로 되려는 세력 사이의 긴장들이 소구양식을 통해 조율된다는 점은 단지 비서구 문화적 실행에만 귀속되는 특성이 아니라는 것을 확증할 수 있는 두 가지 간단한 예가 있다. 프랑켄슈타인과 드라큘라의 이야기(1930년대 초 유니버셜영화사의 호러영화들이나 1950년대 후반의 해머영화(Hammer films)들처럼 때때로 영화산업의 발전기와 같은 시기에 만들어지기도 했다)는 유사한 긴장들과 협상하고 있음을 보여 준다. 그것들은 가상선을 지키지 않는다: 프랑켄슈타인이 이성적이고 과학적인 미래에 의해 종교적인 세계가 위협받는다는 이야기라면(남작은 신의 특권에 분노한다), 드라큘라는 이미 지나갔지만 아직 완전히 사라지지는 않은 종교적 세계(백작과 그의 세계는 과학적인 이성의 시대에는 자리 잡을 수 없지만, 그는 거기 존재하고 있다)에 관한 이야기다. 종교적으로 법제화된 신분사회에서 데카르트적(또는 스피노자적) 이성의 세계로의 이행이라는 같은 이슈를 다루고 있다.

　　'근대' 세계가 '과거의 부패'에 계속 의존하고 있는 둘째 예로 멜로드라마의 진화를 들 수 있다. 프랑스혁명기에 고안된 멜로드라마는 가문의 드라마와 관련이 있다: 즉, 자신이 속한 계급의 가치를 배반한 귀족과 결국에는 귀족의 후손으로 판명되는 '비범하지 않은 영웅'. 이러한 드라마와 소설의 형식에서는 더 이상 인물들의 사회적 신분(가문)을 안다고 해서 그 인물의 특성을 알 수 있는 것은 아니만 '신분'과 관련된 가치는 변하지 않았으며 여전히 '귀족'에 대한 열망이 남아 있다는 점에서 아젠다상의 문제가 생긴다. 내러티브의 층위에서는 '신분상의 불일치'라는 이야기 형식을 취한다. 최근 할리우드 멜로드라마 역시 같은 갈등을 다루고 있다고 할 수 있는데, 다만 변형된 형태로 그 재생산이 사회적 질서뿐 아니라 여성과 같은 인물들을 재생산하고 있는 측면이 강조된다.

할리우드 멜로드라마에서 이러한 문제는 세대간의 갈등으로도 나타난다. 부모는 '전통적인' 가치관에 의하면 계층과 가문의 평판에 의해 체화되는 '사회적 정체성'이 중요하다는 것을 알고 있기 때문에, 자식의 결혼 상대로 누가 적절한지를 알고 있다. 그러나 이미 개인화한 아들과 딸은 계층사회의 규칙을 위반하고, 계속해서 '적절치 않은' 상대를 고르려고 한다. 이 드라마의 해결은 개인적 선택의 편을 들어줄 수도 있지만, 또 한편으로는 그 선택이 비극의 원인이 되는 것을 보여 줄 수도 있다. 그 어떤 경우에도 중요한 것은 서로 반대되는 두 문화적 · 역사적 사회구성체 사이의 협상이다. 이런 갈등은 동시대 로맨틱 코미디에서도 나타난다. 주로 뉴욕이나 로스앤젤레스를 배경으로 하는데, 잠재적 상대라는 것을 제외하고는 서로에 관해 아무것도 알지 못하는 두 개인이 만난다. 여기서, '전통적인 지식'의 부재로 공황상태가 잠재하고 있음을 좀처럼 숨기지 않는다. 연인들이 서로를 발견하려는 악몽과 같은 여행에 착수하게 되면서, 부모의 간섭과 억압에 대한 두려움은 오히려 유감스러운 부재로 바뀌고, 각자의 입장에서 보면 아직은 의심하지 않을 만한 파트너의 과거와 인성에 관한 정보들에 의해 위협받는다. 《해리가 샐리를 만났을 때(When Harry Met Sally)》(로브 라이너〔Rob Reiner〕, 1989)나 《귀여운 여인(Pretty Woman)》(게리 마셜〔Garry Marshall〕, 1990)과 같은 영화는 신분적 위계에 따라 조직된 중세의, 혈통 중심의 세계는 아무 상관없어 보이지만, 한편으로는 그러한 요소가 그림자처럼 드리워 있을 수밖에 없다. 실제로, 이러한 코미디들은 멜로드라마의 변조로, 근본적으로 상이한 역사적 시기에 소속하는 두 갈등하는 이데올로기가 상호 공존하면서 협상하는 것들 보여 준다.

근대화는 문화적 텍스트(영화, 책, 축제, 전시 등)가 정체성과 주체성 사이의 긴장들을 조율하는 방식에 따라 측정될 수 있다. 여기서 정체성이란 제도적인 배열과 억압들에 고착되어 있는 것으로, 주체성은 그러한 정체성의 영역을 항상 초월하는, 사회적 환경과 관련해 개인이 취하는 복합적 방식들로 구분할 수 있지만, 그것이 꼭 주체성을 '옳지 않으며', 억압적 정체성과 반대로 '바람직하고' 해방적인 것이라는 주장은 아니다. 그것이 아무리 제한적이고 억압적이라 하더라도 제도는 우리의 희망과는 상관없이 어떤 형태를 부과할 수밖에 없기에 '정체성'은 회피할 수 없을 뿐 아니라 필연적으로 주어지는 것이다. 우리를 공공의 사회제도로 묶어내는, 이익집단의 일원으로 규정하는 관리 가능한 '정체성' 없이, 정치적 통치와 변화는 생각할 수 없다는 것인데, 이는 좀 더 급진적인 무정부주의적 유토피아의 불합리성과는 반대되는 입장이다. 내가 말하고자 하는 바는 주체성과 정체성 사이의 긴장이 우리 삶의 규정적 측면(그 이상이 아니라 최소한 그 정도)이며, 정체성에 대한 고려가 결코 주체성을 억압하는 것이 아니라는 것이다. 만약 주체성이 정체성에 의해 구획되는 경계를 넘어설 수 없다면, 그것은 전체주의적 규율일 것이다.

사회에 따라 '과거의' '전통적' 질서와 그 '도덕적 가치', 그리고 다른 한편에 있는, 개인 주체성이라는 개념을 작동시키는 '새로운' 근대화하려는 체계 사이의 긴장과 갈등은 각기 다르게 서사화될 것이다. 근대화는 신분, 계급, 젠더 등의 계층적 정체성으로 종속되는 데 대한 반대급부로서 문화적 텍스트가 개인 주체성에 투여하는 척도로 측정될 수 있다. 영화의 소구양식을 조율하려는 지휘봉이 되는 이러한 척도는 사회적-역사적 성운(또는 '사회') 내에서 서로 경합하는 '발화 위치들' 사이의 관계에 대한 지표가 된다. 인도사회의 예를 들자면, 카스트에서 계급 정체성으로의 전환이 바로 계층 정체성으로 비롯되는 문제들이 일련의 복합성을 만들어내게끔 한다.

한국영화에서만 이러한 문제들이 기입되어 있고 특정한 내러티브나 재현 전략을 양산하는 것은 아니다. 한국영화 리얼리즘화는 역사적이고 경제적인 환경의 점진적인 변화 속에서 그 긴장을 협상할 필요가 생겨난 결과다. 공포영화나 멜로드라마, 로맨틱 코미디의 예에서 알 수 있듯이, 이른바 근대사회는 그 형태만 다를 뿐이지 전통과 근대 간의 협상을 피해갈 수는 없다. 따라서, 한국, 인도 중국의 문화적 실천뿐 아니라 할리우드영화나 유럽영화에 역시 근대화라는 개념을 적용할 수 있다. 근대화는 서구사회의 선형적 연대기에 귀속된 것이 아니며, '오랜' 전통이 꼭 르네상스와 계몽주의를 통해 근대적인 개념의 개인화된 주체성으로 대체되는 것도 아니다. 한국영화 외의 다른 어떤 영화도 오래된 것과 새 것 사이의 투쟁에서 생겨나는 각기 다른 복잡한 것들과 협상해야 한다. 서구영화들도 봉건적이고 낡은 것이 전(前)역사적 이데올로기들과 함께하고 있다. 한국영화와 서구영화는 모두 근대화와 주체성이라는 동등한 문제와 관계되지만, 역사의 차이 때문에 영화의 소구양식에 의해 체계화되는 내러티브와 재현 형식들이 다르게 나타난다.

여기서 그리스문명에서 생산된 예술작품과 관련해 마르크스가 제기한 질문을 환기해 보는 것은 유용할 것이다. 즉, 텍스트들에는 각기 역사가 깊이 색인되어 있다는 것을 고려한다면, 20세기 후반의 서구 지식인들이 다른 문화적 성운에서 배태된 영화들을 '독해'하는 것이 과연 가능할 것인가? 마르크스는 문화적 형식이 그것을 배태한 역사에 의해 생겨난 것임에도 불구하고 고풍스러운 클래식 예술이 시공간적 경계를 초월하는 것처럼 보이는 이유에 대해 의문을 가졌다. 다시 말해, 예술작품의 보편성에 대해 문제제기를 한 것으로, '그리스 예술과 서사시가 어떻게 사회 발전의 특정 형식과 연관될 수 있는가를 이해할 수 없다는 난관에 부딪쳤다. 그 난관은 그것들이 여전히 우리에게 미학적 쾌락을 주며, 어느 정도까지는 하나의 기준이자 도달할 수 없는 이상으로 간주된다는 데에서 비롯된다.' 마르크스는 인간이 아이에서 어른으로 성장해 가듯 문화도 성숙기가 있다고 가정함으로써 그 문제를 해결하려 했다: '인문학에도 역사적인 유년기가 존재해야만 하지 않을까, 결코 그것이 반복이 불가능한 단계에 있다면 가장 최상의 미적 형식과 궁극적인 매혹은 어디서 얻어질 수 있을까?'

이는 마르크스의 통찰력 있는 지적들에 속한다고 할 수는 없다. 이상하게도, 그는 예술작품과 '사회발전의 형식' 사이의 연계를 분별하는 데 따르는 난관을 과소평가했다. 이 글의 초반에 다루었던 리얼리즘의 개념으로 되돌아가면, 리얼리즘이 새로이 부상하는 부르주아들의 세계와 권력을 '반영하는' 방식에는 몇몇 가정이 있다. 그러나 19세기 리얼리즘 예술작품의 많은 측면은 중세 국가의 형성과 그 이데올로기적·종교적 정당성에 연원을 둔 귀족들이 지속적으로 지배력을 가졌다는 것과 훨씬 연관성을 가진다. 19세기 유럽 소설과 멜로드라마의 악한 귀족들은 귀족적 가치를 폐기하지 않았다. 반대로, 종교적 가치들의 외설적인 이상화와 귀족들이 꼭 귀족적인 가치를 구현하는 것은 아니라는 씁쓸한 현실을 포함시킴으로써 바로 그와 동일한 가치에 종속되어 있는 중간계급을 위반한다. 내러티브 체계에서 역시 이러한 위반이 발견되는데, 이는 리얼리즘 소설에 등장하는 전지적 시점의 화자가 편재성을 가지고 있을 뿐 아니라 한 인물의 가장 내면적인 생각들까지 숨김없이 알 수 있기에 신과 같은 인물의 다소 세속화된 버전과 다름없다는 데에서도 드러난다. 뿐만 아니라, 롤랑 바르트(Roland Barthes)와 미셸 푸코(Michel Foucault)가 주장했듯, 저자라는 개념 자체가 중세의 종교적 사고방식에서 도출되어 자본주의 생산관계에 의해 상품화되고 개인화되었다. 그래서 리얼리즘소설 같은 '초월적'이고 '보편적'인 예술 형식에 관한 최소한의 언급은 그와 동시대에 속하는 '사회발전의 형식들'이나 다소 일반적인 '근대소설로의 이행'에 대한 직접적인 참조 이상으로 복잡해진다. 마르크스의 텍스트가 처음 출간된 1859년 이후, 예술작품은 명백히 그 예술이 속하는 시대의 생산관계를 단순하게 참조하는 정도로는 이해할 수 없어졌다. 마찬가지로 문명화가 인류의 성숙과 같은 단계로 성숙하기에 그리스 예술이 인문학의 유아기로 볼 수 있다는 견해 역시 이치에 닿지 않는 가설이다.

그럼에도 불구하고, 마르크스의 질문은 대답을 요한다. 어떻게 특정 사회-역사적 조건 내에서 형성된 문화 생산물이 다른 사회적·역사적 배열 하에서 '올바르게 인식될' 수 있는가. 다시 말해, 21세기 유럽인들은 한국 영화나 다른 비유럽영화를 감상하는 데 올바른 인식을 가능케 하는 방법은 무엇일까? 이 질문을 대답하기 위해서는 책 한 권 분량이 쓰이고도 남는다. 결국에는 '다른' 문화의 예술이 그 문화의 경계를 넘어서도 올바르게 인식 될 가능성이 있다는 것은 부인할 수 없는 사실이기 때문이다. 다만 그 방법 을 설명하는 데 어려움이 따르는데, 이를 위해서는 마르크스가 쉽사리 이해 하려 했던 지점으로 되돌아가는 것이 필요하다: 텍스트들이 역사를 기입하 는 방식은 정확히 무엇인가? 내 지식으로는, 지금까지 예술에 관한 어떤 이 론도 그 질문에 만족스러운 대답을 하지 못했다. 반면, 시대와 문화가 명백 히 다른 예술작품이 국제적으로 올바르게 인식되기 위해서는 보편적인 무 언가가 필요하다는 결론으로 쉽사리 미끄러지려는 것 역시 시기상조다. 북 아메리카인들, 또는 스코틀랜드인들은 데이비드 린치(David Lynch)의《로스 트 하이웨이(Lost Highway)》(1997) 같은 할리우드영화나 대니 보일(Danny Boyle)의《트레인스포팅(Trainspotting)》(1995) 같은 스코틀랜드 영화를 어느 정도 이해한다고 할 수 있을까? '지역성' 과 '동시대성' 은 항상 '그들 자신 의' 예술 작품을 가장 잘 이해하거나 올바르게 인식하는 요인이 아니라는 것을 입증하는 많은 예들이 있으며, 특히 모던아트(그중에서도 모더니즘) 는 대표적이다.

그러면 우리가 문화 생산물을 '이해한다' 는 것이 의미하는 바는 무 엇인가, 또는 우리가 이를테면 인도영화와 같은 무언가를 '올바르게 인식했다'고 말할 때 우리는 무엇을 올바르게 인식한 것일까? 인도인들이 꼭 그 영화들을 더 잘 이해할 수 있는 것일까?

이러한 질문에 대한 내 자신의 대답은 두 가지다. 그 종류가 무엇이든 한국영화는 한국 역사를 형성하는 조류에 의해서만이 풍요로워질 수가 있으며, 우리가 보고 경험한 것을 의미 있게 하기 위해서는 그에 친숙해질 수 있는, 은유적으로 말하면, 적절한 항법지도가 필요하다는 것이다. 그러나 우리가 그 지도를 구축하는 방식이나 그를 위해 고려하거나 폐기하는 요인들은 우리가 취하는 분석 양식에 달려 있다. 영화의 이슈로 되돌아가서, 만약 영화가 특정한 역사적 성운에 의해 배태된 문화적 산물임을 받아들인다면, 가장 중요한 이슈 중의 하나는 우리가 역사 그 자체를 이해하는 방식이 된다. 우리가 역사의 '작동들'을 이해하는 방식은 역사의 현존을 읽을 수 있게 해주며, 영화의 사회적·문화적 특정성을 읽는 방식을 제시해 준다. 구체적인 예를 들자면, 나는 영화에서 사용된 각기 다른 음악들과 같이 특정 지식들에 대한 설명을 듣고 나자 007시리즈의 신작보다도 인도 감독인 쿠마르 샤하니(Kumar Shahani)의 영화를 이해하는 것이 더 쉬웠는데, 그 이유는 이 영화에서 가정하는 역사의 작동방식은 나 역시도 공유하는 것이기 때문이다. 샤하니의 작업은 완전히 인도적이라 할 수 있지만, 문화적 역학과 발전에 관한 동일한 문제를 제기하고자 하는 모든 사람들에게 소구한다. 만약 내가 개인성이 보편적인 것이 아니며, 역사적 개념이라는 것을 깨닫는다면, 샤하니가 개인성과 주체성의 문제를 인도적 맥락에 위치시키는 방식과 서로 연관을 맺을 수 있으며, 그것은 내 자신의 개념적 세계만큼 '역사적'이며, 유사한 세력들(산업화, 도시화, 종교적 사고와 이성적 사고 사이의 갈등 등)로 설명할 수 있다. 내가 아무리 한국 역사에 친숙하지 않다고 하더라도, 한국영화 역시 마찬가지다. 동시대 한국문화의 많은 부분이 페미니즘이나 마르크스주의처럼 내게 상대적으로 친숙한 주체성의 개념들과 정

치적 입장들 간의 투쟁들로 형성되었다고 받아들여진다. 그렇기에 그것들
이 배열되는 방식이나 개념들은 나에게는 친숙한 동시에 낯선데, 한편으로
는 그러한 개념들을 연관시키려 하는 반면 다른 한편으로는 그 의미를 지역
적 요구에 알맞게 변화시키는 역사적 성운으로 인도한다. 그와 같은 '번역'
에서, 생겨나는 간극은 그와 관련된 문제들, 즉 변화의 중요성을 등기하고
평가할 수 있는 방식에 접근할 수 있는 공간을 마련해 준다. 그러한 '접근
가능한 관문'은 더 적합한 다른 길을 알아낼 때까지는 텍스트의 소구 양식
에 소구하는 것을 통해 발견될 수 있을 것이다.

후기

　　　비교 영화연구의 필요성을 주장하려 했던 내 논의에서 만족스럽지
않은 부분이 있는 것은 사실이고 인정하는 바다. 이에 대해 몇몇 논의가 있
었는데, 한국의 한 연구자에 의해 제기된 문제들은 이미 내 글에 명확하게
설명이 되어 있으며, 그의 보다 근본적인 문제 제기는 특정 영화의 분석과
한국영화가 기반하고 있는 역사적 궤적들에 대한 데이터베이스에만 국한되
는 것이다. 나는 현재 한국 학자들에 의해 진행되는 많은 연구의 결과를 기
대하고 있으며, 내가 한국이라는 우회로를 택함으로써 한국영화의 특정성
뿐 아니라 그 이상의 재고를 가능케 한 데 대해 기쁘게 생각한다.
　　　이에 대해 한 인도의 학자는 좀 더 이론적으로 체계화된 지적을 했
는데, 나는 대체적으로 그가 여지를 둔 단시에 동의하는 바이기에 만족스러
운 대답을 할 수는 없을 것이다. 그는 내가 '주체(subject)'라는 개념을 이중
적으로 사용하는 데 대해 다소 혼란이 생긴다고 지적했는데, 그와 같은 이
중성은 영어의 특성상 'subject'는 한 문장의 주어일 뿐 아니라, 정신분석적

개념이라 할 수 있는, 때로는 '자아'로 표현되는 '개인화된 주체'를 동시에 의미할 수밖에 없기 때문에 생겨난다. 이와 관련해 이 글에서 취하고 있는 입장은, 화자 또는 저자와 동일시될 수 있는 개별화된 실행체로서의 '인간 주체'이며, 결국 서로 연쇄적으로 겹쳐져 있는 다중적인 문법적 주어들을 의미한다. '화자'로 설정되는 '지배적인' 목소리의 '통일성'이란, 영화의 발화 주체가 결국 통일성을 가지고 있는 '것처럼 가정'하며, 그러한 상상적인 가정은 개별 주체로 인해 가능해진다는 것이다(화자는 당신이나 나와 같은 한 개인이다). 문법적 주체에서 개인 주체로의 미끄러짐이 '텍스트 내에서, 그리고 텍스트에 의해' 이루어지는 방식은 정신분석학, 시학, 역사이론, 그리고 역사기술 등을 비롯한 무수한 법칙들이 동원되어야 하는 복잡한 논의다.

그와 관련해서는 좀 더 고질적인 문제들은, 두 연구자가 지적했듯이 전근대와 근대를 구분하는 것을 둘러싸고 일어나는데, 나는 이 역시 '실질적인' 구분인 '것처럼 가정'하고 있다는 입장을 취하고 있다. 물론 '우리가' 결국 근대성 내부에서 말하고 있으며, 전(pre)과 후(post)란 근대를 벗어나서는 존재할 수 없는 것임을 인지해야 한다. 이는 자크 데리다(Jaques Derrida)의 구절을 빌어 표현하자면, 가능하다면 전근대, 혹은 포스트모던의 유령들이라 할 수 있다. 후자가 점차 전자처럼 보이기 시작하는 것은 동시대 사회들에서 벡터적인 변화의 지향성 사이의 구별이 점점 더 판독하기 어려워지기 때문이며, 그것은 명백히 포스트모던한 유령들이 그렇게 빈번히 문화분석에 등장하는 이유가 될 것이다. 그럼에도 불구하고 근대와 그 이전, 심지어는 근대 내부에서 고안된 산물로 간주되기도 하는 전근대라는 구분을 사용하는 것은 그것을 지칭하는 별다른 방법이 없기 때문이다. 문제는, 첫째는 지향성이라는 측면으로, 무수한 목소리들의 조율을 통해 '그 목소리들의 회랑'에서 식별할 수 있게 되는 '의고적이 되거나 근대화하려는' 벡터들은 텍스트에 의해 극화된다. 둘째, 좀더 복잡한 문제는 소위 항상 이미 정형성을 가진 것으로 간주되는 '과거'의 동원에서 생겨나는 것들이다. 근대성의 어떤 특정한 형태에 있어 저항될 필요가 있는 것을 거부하기 위해서는 '과거'의 어떤 측면을 동원하는 것이 유용하며, 때에 따라서는 필수적이 된다. 이런 점에서 전근대의 동원은 지배적인 근대성을 '넘어서려는' 근대화의 형식 그 자체가 될 수도 있다. 그러나 그러한 이론적 가능성이 개인화와 주체성이라는 개념에 의해 재현되는 균질화 경향을 철폐하는 것과 관련된다고 쉽게 단정 지을 수는 없다. 즉, 나 역시 '현재'에 반대하기 위해 '과거'의 어떤 측면을 선택해 '미래' 시제로 재서술화하려는 장점(또는 위험)이 아직까지는 확증적으로 여겨지지 않기 때문이다. 리트윅 가탁(Ritwik Ghatak)이나 샤하니 같은 감독들은 그들이 직면했거나 곤란을 겪고 있는 '근대성'의 한계를 초월하려는 방법으로 영화 안에 (구성된) '전통'을 동원함으로써 미래의 등가물로 만들려는 시도를 보여 주고 있다고 여겨진다. 그러나 이러한 정치적 · 문화적 · 시간적으로 뒤엉킨 매듭을 통해 어떤 주장을 하기 이전에 이론적인 작업뿐 아니라 상당히 분석적이고 비평적인 작업이 요구된다는 것을 인정해야만 한다고 생각한다.

주

1) 이 글은 김소영과 최정무가 기획했던 캘리포니아대학교 어바인캠퍼스 한국영화 콘퍼런스 발제문에서 발전된 것이다. 비교문학에 대해서는 르네 에티앵블(René Etiemble)의 미켈 뒤프렌느(Mikel Dufrenne. 1979. *Main Trends in Aesthetics and the Sciences of Art*. New York: Holmes & Meier) 기고문(p. 83~92)을 참조.

2) 이러한 논의에 대한 배경으로는 데이비드 하비(David Harvey)의 《자본의 한계 (The Limits to Capital)》(1999), 조반니 아리기(Giovanni Arrighi)의 《기나긴 20세 기(The Long twentieth Century)》(1994), 페터 우베 호헨달(Peter Uwe Hohendahl)의 《공공영역 재고찰하기(Recasting the Public Sphere)》(1995), 테리 이글턴(Terry Eagleton)의 《비평의 기능(The Function of Criticism)》(1984), 리처드 오만(Richard Ohmann)의 《문화를 판매하기: 전환기의 잡지, 시장, 계급(Selling Culture: Magazines, Markets and Class at the Turn of the Century)》(1996) 참조.

3) 내 주장은 국가를 형성하는 제도들의 특정 네트워크들(사법, 입법, 군사, 교육, 정치 기관 등)이 각기 특정한 방식으로 그 국가 경계 내에 포함되어 살고 있는 개인들을 소구하며, '민족문화'라고 알려진 것들을 만들어냄으로써 그들에게 귀속감을 부여한다는 것이다. 이에 대한 논의는 다음을 참조. Paul Willemen. 1994. 'The National.' In *Looks and Frictions*. London: Publishing.

4) 모레티의 주석은 미학 담론에서 '근대화'를 설명할 수 있는 장소는 결국 서사 목소리와 주체성이라는 주장을 입증하기 위해 다양한 민족문학의 분석으로부터 추린 확증적인 증거를 제시한다. 마이클 매키언(Michael McKeon)의 *The Origins of the English Novel*(1987), 제임스 후지이(James Fujii)의 *Complicit Fictions*(1993), 블라 트 고지치(Wlad Godzich)의 *The Culture of Literacy*(1997), 고지치와 키타이(Wlad Godzich and Jeffrey Kittay)의 *The Emergence of Prose*(1987)에 역시 다양한 증거들이 있으며, 문학을 넘어선 연구에 대해서는 Jonathan Crary. 1994. *Techniques of the*

Observer. Cambridge: MIT Press.를 참조.

5) 개인주의화의 '부정적' 측면에 대해서는 아도르노와 호르크하이머의 《계몽의 변증법》(1973) 중 "문화산업: 대중적 수용으로서의 계몽" 참고. '긍정적' 측면에 대해서는 아도르노의 《미학이론(Ästhetische Theorie)》(1983) 참고.

6) 한 문장이 기억과 함축, 내연 등에 대한 다양한 지식과 약호를 불러일으키는 많은 언술적인, 의미론상의 연쇄들로 구성되어 있으며, 거기에는 한 사람의 발화자 '나(I)'가 있다는 점을 환기할 필요가 있다. 즉, 각기 주어진 발화에서 하나의 발화 '주체'가 그러한 담론적 연쇄들을 총괄해 구성하는 역할을 하고 있다는 것이다. 예를 들어, '나는 집으로 가는 길이다(I am homeward bound.)'라는 단순한 문장에서, 첫째 어딘가로 가려는 의지를 표하고자 하는 주체가 있다. 둘째, 주체는 영어를 할 줄 안다. 셋째, 컨트리나 웨스턴, 포크 뮤직의 가사에서 나올 법한, 다소 목가적이며 고색창연한 미국식 방언과 친숙하다. 맥락상, 넷째는 '서부' 또는 '뜨내기'를 의미하는 말투와는 아이러니한 거리를 가진다고 할 수 있다. 이것이 각주라는 맥락에서, 다섯째, 영어를 읽고 이해할 수 있는 독자들에게 소구할 수 있는 예를 제공하는 자로 스스로를 위치시키는 주체가 가능할 것이다. 더 자세한 예는 아도르노의 《비판모델들: 창안과 유행어들(Critical Models: Inventions and Catchwords)》(1998)에서 볼 수 있는데, 어떻게 전근대적 목소리가 칸트와 헤겔의 주요 저작을 발화하는 명백히 근대화된 목소리를 따라 재인식될 수 있는가에 관해 설명된다.

7) '다른 측면들'이란 줌(zoom)과 같은 서사화의 행위를 수행하는 도구의 사용과 편집전략들을 포함하게 될 것이다. 줌과 화자의 수행에 관한 더 구체적이며 세분화된 논의는 다음을 참조. Paul Willemen. 2001. 'The Zoom in Popular Cinema.' In *New Cinemas: Journal of Contemporary Film*. 1, 1. 주어진 텍스트 내에서 경합하는 '주체'의 기입에 관련해 시각이 조율되는 방식에 관해서는 다음을 참조할 것. Paul Willemen. 1995. 'Regimes of Subjectivity and Looking. In *The UTS Review*. V. 1 n. 2.

8) 사회적 · 역사적 구성체들만큼이나 많은 주체성의 체제들이 있음에도, 다소 단순하게 자본주의와 그 이전의 봉건적 또는 전(前)자본주의적인 것들 사이의 대립으로 가정했다. 주요한 두 체제가 있다는 주장은 이러한 설명을 위해 필요했던 방법론적인 픽션이다. 다른 시각체제나 주체성, 화자의 기입의 구체화는 '자아' 감각의 구성 사이의 접합이 특정 종류의 '사회'와 사회적 관계의 특정 배열들에 속한 '주체 위치들'의 역동적인 상호작용(지배 그리고/또는 이익을 위한 투쟁)에 의해 특징지어지는 사회적 · 역사적 조건에서 어떻게 작동되는가에 대한 연구에서 비롯된다.

9) '약화된 구술적 소구양식'이라는 표현은 영화에서 시각적인 것으로 인해 구술언어를 무시할 수 없다는 사실을 강조하기 위해 사용되었으며, 구술언어는 '내적 대화'의 수준일지라도, 하나의 구조적인 힘으로 계속적으로 지속된다.

10) 한국영화에 대한 비평적 자료를 제공해 주었을 뿐 아니라 내가 한국영화를 독해하는 데 도움을 주었던 한국예술종합학교 교수들과 학생들에게 이 자리를 빌어 감사를 표한다. 특히 아낌없는 도움과 통찰력 있는 지적을 해주었던 김소영에게 감사한다.

11) 리얼리즘에 대한 가장 유용한 논의는 다음을 참조. Roman Jakobson. 1978. 'On Realism in Art. In L. Matejka and K. Pomorska eds. *Readings in Russian Poetics: Formalist and Structuralist Views*. Ann Arbor, Michigan: University of Michigan. p. 38~46. 소구양식에 대한 내 논의의 이론적 기반은 다음에 나타나 있다. Roman Jakobson. 1960. 'Linguistics and Poetics. In T.A. Sebeok ed. *Style in Language*. Cambridge, Mass.: MIT Press. p. 350~377.

12) 이런 점에서 일본이나 영국처럼 식민체제에 의해 수입된 '근대성들'은 '근대적'이라기보다는 '근대화된' 것이라는 지적만으로는 부족하다. 영국이나 일본에서 모두, '구시대의 부패'는 여전히 권력을 가지고 있으며, 근대화의 척도가 무엇이든 간에 지배계급은 정치적이며 이데올로기적 권력을 유지하기 위해 최소한의 양보만 있으면 되었다. 이전 시대의 계층상의 위계질서를 주변화해 어느

정도 유지한 채 '근대성'에 도달했다는 것은 질문의 여지를 낳는다. 이는 포스트제국뿐 아니라 포스트식민적 사회에서 역시 그 효력이 남아 있는 프로그램이라 할 수 있다.

13) 명백히 '근대화된' 종교의 형식에서 반근대적 측면을 찾아볼 수 있는 것은 한국에서 통일교가 세력을 형성할 수 있는 이유를 설명하는 데 도움이 된다. 한국에서 근대성의 개념에 봉건 요소가 혼재함은 공산주의를 배제한 채 근대화의 정통성을 갖기 위해서는 왜곡되고 부정한 방법이 요구되었다는 설명이 가능하다.

14) 한국의 페미니즘이 개인의 인권이라는 남녀 공히 해당되는 전반적인 차원에서 특히 복잡한 문제를 야기시키는 것은 여성 섹슈얼리티의 재현에서 그 문제가 함께 드러나기 때문이다.

15) 영어로 된 한국영화에 관한 연구서로는 이향진의 《동시대 한국영화: 정체성, 문화, 정치학(Contemporary Korean Cinema: Identity, Culture, Politics)》(2000)이 있는데, 북한의 최고 지도자인 김정일에 의해 영화론이 쓰인 적이 있다는 주목할 만한 사실이 기술되어 있다. 그것은 명백히 영화감독들이 김씨 일가의 세습체제를 지탱하는 방법을 고안한다는 측면에서 영화적 소구양식을 사용하게끔 하려는 의도로 쓰였다.

16) 김소영은 이 논문에서 그 시대의 한국영화에서 발견될 수 있는 프리즈 프레임에대해 보다 긍정적인 독해를 했다.

17) 르네상스 이전의 전자본주의적 미학에 관한 논의는 매키언의 *The Origins of the English Novel*(1987)을 참조.

저자

김소영

미국 뉴욕주립대학교(버팔로) 매체학과 석사학위를 받았고 미국 뉴욕대학교 티쉬예술대학원 영화이론학과 박사과정을 수료했다. 현재 한국예술종합학교 영상원 영상이론과 교수로 있다. 저서로 《근대성의 유령들: 판타스틱 한국영화》, 《시네마, 테크노문화의 푸른꽃》, 《김소영의 영화리뷰》, 편저로 《한국형 블록버스터: 아틀란티스 혹은 아메리카》, 《시네 페미니즘: 대중영화 꼼꼼히 읽기》 외 다수가 있다.

데이비드 데서(David Desser)

서던 캘리포니아 대학에서 박사학위를 받았으며, 현재 어배나 샘페인에 있는 일리노이 대학에서 영화학을 강의하고 있다. 일본·중국·한국 등 아시아 영화에 관심이 많다. 저서로 《The Cinema of Hong Kong: History, Arts, Identity》, 《Hollywood Goes Shopping: Consumer Culture and American Cinema》, 《Ozu's Tokyo Story》, 《Reframing Japanese Cinema: Authorship, Genre, History》(편서) 등이 있다.

데이비드 L. 엥(David L. Eng)

현재 러트거스 뉴저지 주립대학에서 가르치고 있다. 저서로는 《Racial Castration: Managing Masculinity in Asian America》, 《What's Queer about Queer Studies Now?》(편서), 《Q&A: Queer in Asian America》(편서, 1998년 람다 문학상 수상) 등이 있다.

모리 요시타카(毛利嘉孝)

런던대학교 골드스미스 컬리지에서 사회학 박사학위를 받았으며, 현재 도쿄예술대학 교수로 있다. 저서로는 《日式韓流—〈冬のソナタ〉と日韓大衆文化の現在》(편서) 등이 있다.

미츠히로 요시모토(Mitsuhiro Yoshimoto)

미국 캘리포니아 대학교에서 비교문학으로 박사학위를 받았으며, 현재 뉴욕대학교 동아시아 학과 교수로 있다. 일본의 영화와 미디어 문화에 관심이 많다. 저서로 《Kurosawa: Film Studies and Japanese Cinema》 등이 있다.

박병원

고려대 중어중문학과를 졸업하고 베이징영화대학(北京電影學院, Beijing Film Academy)에서 영화미학을 전공했으며, 베이징대학교 철학과에서 중국미학사와 영화예술연구를 연구했다. 2004·2005년간 서울대 인문학연구원에서 연구했으며, 현재 한국예술종합학교 영상원 강사로 있다. 논문으로 〈중국영화의 시적표현연구〉(석사논문), 〈영화영상과 시가의경의 공간글쓰기연구〉(박사논문)가 있으며 2000년에는 〈에이젠슈테인 몽타주론에 관한 중국시학적 소고〉로 영화진흥위원회 우수논문상을 받았다.

사이토 아야코(齊藤綾子)

현재 메이지가쿠인 대학(明治學院大學) 예술학부 교수로 있다. 2004년 서울여성영화제 아시아특별전에서 일본 1930~60년대의 여배우를 중심으로 '시대의 증거로서의 일본고전영화 속 여성'에 관한 발제를 진행했다.

안민화

한국예술종합학교 영상원 영상이론과
와 일본 메이지학원 대학원 영상예술
과를 졸업했다. 영상원 재학 시절부터
동아시아 영화와 그 담론에, 특히 젠
더와 계급의 정치학을 통해 아시아 영
화를 독해하는 데 큰 관심을 가졌다.
논문으로는 〈50년대 아이디어 픽처와
키노시타 케이스케의 멜로드라마의 여
성재현을 통해 본 일본 점령기 근대성
연구〉가 있으며 최근 인터 아시아학회
에서 〈30년대 일본멜로드라마를 통해
본 모던 걸의 저항과 전향〉을 발표했
다. 앞으로도 한국영화와 일본영화의
비교연구를 중심으로 동아시아 영화의
담론을 어떻게 생산적으로 만들 수 있
을까에 대한 고민을 계속할 예정이다.

얼 잭슨 주니어(Earl Jackson Jr.)

미국 캘리포니아 주립대학교(샌타크루
즈) 문학부 부교수이며 2005년부터 3
학기 동안 한국예술종합학교 영상원
영상이론과 초빙교수로 강의했다. 2006
년에는 한국국제교류재단의 지원으로
한국영화의 재현의 문제를 연구하고
있다. 저서로 《Strategies of Deviance:
Studies in Gay Male Representation》, 《Fantastic
Living: The Speculative Autobiographies of
Samuel R. Delany》, 《East Asian Film Literacy》
등이 있다.

요시미 순야(吉見俊哉)

도쿄대학교 사회학연구과 박사과정을
수료했으며, 현재 도쿄대학교 정보학
환(情報學環) 교수로 있다. 전공은 도시
론과 문화사회학이다. 저서로 《소리의
자본주의: 전화, 라디오, 축음기의 사
회사(聲の資本主義)》, 《도시의 드라마투
르기(都市のドラマトゥルギ-)》, 《미디어
문화론(メディア文化論)》, 《박람회: 근대

의 시선(博覽會の政治學)》 등이 있다.

이와부치 고이치(岩淵功一)

오스트레일리아 웨스턴시드니대학교
에서 박사학위를 받았다. 미디어와 문
화학, 전 지구화·초국가주의 연구가
전공이며, 현재 일본 국제기독교대학
(ICU) 국제관계학과 조교수다. 저서로
《아시아를 잇는 대중문화: 일본, 그 초
국가적 욕망(トランスナショナル・ジャパ
ン)》, 공저로 《변모하는 아시아와 일본
(變容するアジアと日本)》, 《새로운 커뮤니
케이션 풍경: 미디어 전지구화의 신비
벗기기(The New Communication Landscape:
Demystifying Media Globalization)》, 《일본
속의 한국인: 주변부의 비판적 의견
(Koreans in Japan: Critical Voices from the
Margin)》 등이 있다.

임대근

한국외국어대학교 중국어과를 졸업하
고 동대학원에서 〈초기 중국영화의 문
예전통 계승연구(1896-1931)〉로 박사학
위를 받았다. 지금은 한국외대 등에서
강의하면서 중국 영화를 비롯한 근현
대 문화예술에 대한 관심을 바탕으로
연구와 번역 활동 등을 하고 있다. 펴
낸 책으로 《중국 영화이야기》, 《현대
중국의 연극과 영화》(공저), 《아큐와
건달, 예술을 말하다》(역서), 《격동의
100년 중국》(역서), 《세계 영화이론과
비평의 새로운 발견》(공역) 등이 있으
며, 연구논문으로 〈중국문예사에서 영
화의 지위〉, 〈중국영화 세대론 비판〉
등 다수가 있다.

추아 벵후아(Chua beng-huat, 蔡明發)

현재 싱가포르국립대 사회학과 교수로
있다. 주택 및 도시계획, 소비사회학,

아시아에서의 소비주의, 싱가포르 사회 등을 주로 연구하고 있다. 저서로는 《Life Is Not Complete Without Shopping: Consumption Culture In Singapore)》, Consumption in Asia: Lifestyles and Identities)》 (편서) 등이 있다.

크리스 베리(Chris Berry)
영국에서 태어나 리즈 대학에서 중국학을 공부했고, UCLA 영화와 텔레비전학과를 마쳤다. 베이징에서 오스트레일리아로 이주해 중국 영화산업과 관련해서 일을 했다. 멜버른 라트로브 대학을 거쳐 현재는 영국의 골드스미스 대학에서 강의를 하고 있다.

폴 윌먼(Paul Willemen)
로라 멀비, 피터 월렌과 더불어 영국에서 가장 활발한 영화이론가다. 영화 전문 저널인 《스크린(Screen)》과 《프레임워크(Framework)》에서 편집을 담당했으며, 현재 얼스터 대학에서 미디어학을 가르치고 있다. 저서로는 《Looks and Frictions》, 《Questions of Third Cinema》(편서), 《The Films of Amos Gitai a Montage)》 (편서), 《The Encyclopaedia of Indian Cinema》 (공저) 등이 있다

프랜 마틴(Fran Martin)
멜버른 대학교에서 박사학위를 받았고, 현재 오스트레일리아 멜버른 대학교 교수로 있다. 젠더와 섹슈얼리티, 탈식민주의와 세계화, 영상문화와 대중문화, 트랜스 아시아문화 등이 주요 연구분야다. 저서로 《Situating Sexualities: Queer Representation in Taiwanese Fiction, Film and Public Culture》, 《Interpreting Everyday Culture》(편서), 《Mobile Cultures: New Media in Queer Asia》(편서) 등이 있다.

하승우
한국예술종합학교 영상원 영상이론과 전문사를 졸업했고 문화연구를 전공했다. 현재는 영상원에서 강의를 맡고 있으며, 자율주의적 마르크스주의의 입장에서 비물질노동과 영화를 연계시키는 작업을 구상하고 있다.

헤마 라마샨드란(Hema Ramachandran)
영국 스코틀랜드 네이피어 대학교에서 영화학으로 박사학위를 받았으며, 현재 서던 일리노이 대학 영상·사진학과 방문교수로 있다. 논문으로 <The animation of Anne: Japanese anime encounters the diary of a holocaust icon> 등이 있다.

역자

박수연
보스턴 대학교를 졸업하고 현재 한국예술종합학교 영상원 영상이론과 전문사 과정에서 영화와 문화를 공부하고 있다.

박현희
단국대학교 연극영화학과와 연세대학교 인문학부를 졸업하고 한국예술종합학교 영상원 영상이론과 예술전문사 과정을 마쳤다. 일본영화 전공으로 현대 일본영화의 동아시아 전유에 관한 논문을 썼으며 일본의 식민지 시기 동아시아 각국의 영화사를 일본과 서구 문화의 전파와 유입과의 관계 속에서 파악하는 것에 관심을 가지고 있다.

손희정
연세대학교(영문학, 한국사학 학사)를
졸업하고 중앙대학교 첨단영상대학원
영상예술학과 영화이론 석사과정을 마
쳤다. 논문으로 〈한국의 근대성과 모
성재현의 문제: 포스트 뉴웨이브의 공
포영화를 중심으로〉가 있으며, 현재
서울여성영화제 프로그램 코디네이터
로 있다.

이경은
한국예술종합학교 영상원 영상이론과
에서 영화이론과 문화이론을 공부했다.

이은주
한국예술종합학교 영상원 영상이론과
영상문화이론 전문사 과정을 수료했다.

이정일
한국예술종합학교 영상원 영상이론과
전문사 과정에서 영화와 문화를 공부
하고 있다.

이종은
한국예술종합학교 영상원 영상이론과
전문사 과정을 졸업했다. 〈90년대 한
국, 그 욕망의 투사: 한석규와 심은하
〉(《한국형 블록버스터: 아틀란티스 혹
은 아메리카》), 〈이만희의 《귀로》: 내
셔널 시네마와 젠더 정치학〉(《영화언
어》 2004년 봄 호) 등을 썼으며, 현재
한국영화사 강의를 하고 있다.

임지연
한국예술종합학교 영상원 전문사 과정
에서 영화와 문화를 공부하고 있으며,
방송작가로도 활동하고 있다

전민성
한국예술종합학교 영상원 이론과에서
석사논문으로 〈민족국가 건설 시기의
가족, 국가, 자본의 역학에 대한 연구-
1960~1970년대 초의 남한 코미디 영화
를 중심으로〉라는 공부를 했다. 현재
영국 얼스터 대학과 인도 CSCS(문화
사회연구센터)의 비교영화연구 합동과
정에서 박사 공부를 진행하고 있다.

주창규
중앙대에서 〈역사의 프리즘으로서 '映
畵란 何오'〉(2004)로 박사학위를 받았
다. 현재 여러 대학에서 강의를 하고
있고, 이종문화기획(異種文化企劃) 〈관객
의 꿈〉의 대표로서 역사의 영화적 번
역을 지향하는 대안영상문화컨텐츠의
제작을 준비하고 있다. 연구, 교육, 예
술창작, 문화기획의 합일을 추구하는
삶 자체가 이종합(異種合)이다.

황미요조
한국예술종합학교 영상원 영상이론과
전문사 과정에서 영화와 문화를 공부
하고 있다.

트랜스: 아시아 영상문화

편저_ 김소영

글쓴이_ 김소영 데이비드 데서 데이비드 L. 엥 모리 요시타카 미츠히로 요시모토 박병원
사이토 아야코 안민화 얼 잭슨 주니어 요시미 슌야 이와부치 고이치 임대근
추아 벵후아 크리스 베리 폴 윌먼 프랜 마틴 하승우 헤마 라마샨드란

펴낸곳_ 현실문화연구
펴낸이_ 김수기

편집_ 좌세훈 이시우
디자인_ 권경 강수돌
마케팅_ 오주형
제작_ 이명혜

초판 1쇄_ 2006년 3월 15일
초판 2쇄_ 2007년 8월 30일
등록번호_ 제22-1533호
등록일자_ 1999년 4월 23일
주소_ 서울시 서대문구 충정로2가 190-11 반석빌딩 4층 현실문화연구
전화_ 02)393-1125
팩스_ 02)393-1128
전자우편_ hyunsilbook@paran.com

값 32,000원
ISBN 89-87057-50-X 93680